過去問3回分＋実力養成用科目別練習問題

公認心理師

（CBT付き）

試験対策 2023年版

編著：IPSA心理学大学院予備校

秀和システム

本書の使い方

　本書の旧版は、過去5回の過去問題と詳しい解答解説、更に科目別の練習問題と詳しい解説で構成されていました。

　ただその量の多さから870ページと大変分厚い重い本になっており、どこでも気軽に勉強できるという物ではありませんでした。今回の本はその反省を踏まえ内容を大きく変更しております。

　まず紙としてご提供する過去問題は3回分としました。これにより大幅なページ減（お値段も500円安くなりました）となります。

　そして、紙にしなかった過去の問題については本書用のCBT（Computer Based Testing）でご利用できるようにしました。スマホでもPCでも動作しますので、いつでもどこでもご利用になれます。

　科目別練習問題は旧版同様収録いたしました。

　つまり、コンパクトになってお得になったのに、学習できる内容は増えているのです。

　ぜひこの本で反復練習をして、合格を勝ち取ってください。

◆ CBT模擬試験のWebサイトはこちら

https://kouninshinrishi.trycbt.com/support_9784798069197

　こちらのサイトを開くと、問題が始まります。最後まで解くと、何問正解したかがわかります。

　是非CBT模擬試験もご活用ください。

※なお、本書は膨大な量のコンテンツをなるべく低価格でお届けするため、問題編と解答編が一冊になっています。258ページまでが問題編で、259ページ以降が解答編です。258ページと259ページの境目をカッターナイフ等で切り離してご利用いただくこともできます。

はじめに

　本書は、公認心理師試験の直前対策として、本試験の練習として解いていただけるように作成した問題集です。本書には、公認心理師試験の練習問題や、2019年にIPSA心理学大学院予備校で行われた模擬試験、第1回公認心理師試験（2018年9月9日）の問題・解答解説、第1回公認心理師試験（2018年12月16日の追加試験）の問題・解答解説、第2回公認心理師試験（2019年8月4日）の問題・解答解説、第3回公認心理師試験（2020年12月20日）、第4回公認心理師試験（2021年9月19日）、第5回公認心理師試験（2022年7月17日）の問題・解答解説を収録しているほか、試験勉強を行う上で重要なポイント、本番前の要チェックポイントなどについて紹介しています。

　国家試験は、過去問と似たような出題がなされることも多く、また過去問から出題傾向をある程度読み取ることが可能ですので、本試験対策として過去問をあらかじめ解いておくことは必須と思われます。公認心理師試験も回を重ねるにつれて、徐々に問題の均質性が整ってきたように思われますので、特に本書に収録しているような近い年度の過去問は重要と考えられるでしょう。

　公認心理師資格が成立して、はや5年が経過しましたが、これまでは経過措置という意味合いが強い期間でした。これからは、大学の学部＋大学院修士課程の公認心理師カリキュラムを終えた方たちが受験し、公認心理師となっていきます。公認心理師の資格が今後良いものになるように、みんなが協力し合うことが必要です。今後、職能団体や学会、その他様々な形で、公認心理師という心理の専門職同士、切磋琢磨していける場が増えていくことを望んでいます。IPSA心理学大学院予備校（株式会社 Cutting edge）や、関連法人である一般社団法人国際心理支援協会でも、そのような場を提供するなど色んなつながりを紡いでいけたら幸いです。

2023年1月1日
IPSA心理学大学院予備校　浅井伸彦

CONTENTS

『巻末資料』 593

公認心理師試験の基本情報

●公認心理師試験内容について

　2018年9月9日にはじめての公認心理師試験が、2018年12月16日に追加試験が東京と北海道で行われ、2019年8月4日に第2回公認心理師試験、2020年12月20日に第3回公認心理師試験、2021年9月19日に第4回公認心理師試験、第5回公認心理師試験（2022年7月17日）が行われました。試験内容については、日本心理研修センターから出された公認心理師出題基準（ブループリントを含む、公認心理師試験設計表）に基づくとされ、また公認心理師現任者講習会テキスト（金剛出版）から出るのではないかという噂も流れていました。

　実際の試験が6回行われた結果、わかったことは、

1. 公認心理師出題基準はあくまで「基準」でしかないこと。ただし、ある程度の出題の方向性はここで確認できる。
2. 公認心理師現任者講習会テキスト（金剛出版）で取り上げられた内容で、他の書籍等にはあまり記載のない内容が複数取り上げられていた。
3. 知識として覚えていれば解ける問題（知識問題）、事例を読んだのち公認心理師の常識や協働の考え方が問われる問題（事例問題）の大きく2つに分けられた（白書などの資料を用いた時事問題も知識問題に含まれる）。

　本テキストでは、これらを総合して、今後の公認心理師試験に対応できるように執筆しています。他の国家試験でも「過去問で良問とされる問題は、少し形を変えて何度も出題される」ということがありますので、過去問に基づいた学習は重要になることでしょう。

◆ 公認心理師試験の事例問題をクリアするコツ

　公認心理師試験では、大きく「知識確認問題」と「事例問題」とに分かれています。今後も基本的には変わらずに、このような形で出題がなされていくと思わ

れます。「知識確認問題」は、当然その知識を覚えていなければ解くことができませんが、「事例問題」については知識だけではなく、むしろ現場感覚や想像力などが必要とされます。

また、公認心理師試験は、心理学といった曖昧な学問に根ざしているため、学派や人、時と場合によって選ぶ選択肢が異なる場合、愚直に考えて悩んでも誤ってしまう問題がどうしても出てきてしまいます。ここでは過去問から考えられる「公認心理師試験をクリアするための一定の解答ルール」をあらかじめ覚えておくことで、そのような設問で迷う回数を減らしましょう。

●解答する上での前提ルール

まずは、高校入試・大学入試などでもよくいわれる、試験問題を読む上でのルールについてご紹介します。

◆ 設問の主語は誰か。意識して読み取る。

設問の主語が「公認心理師」と思い込んで読んでいると、実は「家族に対するセンターの初期の対応として（第1回 問67）」や、「市の対応として（第1回 問74）」、「学校の取組として（第1回 問146）」、「関係者（上司、人事労務担当者、産業保健スタッフ、家族など）の対応として（第1回 問149）」などが主語になっている場合があります。

医師が行う対応と公認心理師が行うべき対応が異なったり、その他関係者の行うべき対応が異なったりすることが多くありますので、「設問の主語が誰か」については注意深く読み取る必要があります。

◆ 「すべて」「絶対」など、例外を許さない表現が入っている選択肢は誤りが多い。

「すべて」「いかなる場合」「絶対」「全部」など、極端な表現が選択肢に書かれている場合は注意しなければいけません。これらのような例外を許さない表現が用いられる選択肢は、誤りであることが多いといえます。心理学の世界に限らず、多くの物事には「例外」が存在するため、このような例外を許さない表現を用いることで「正しそうな選択肢」を「誤りの選択肢」に変えてしまうことが可能です。

◆「最も適切なもの」「正しいもの」の違いを把握しておく。

　設問では「最も適切なもの」という表現と「正しいもの」という表現が混在しています。「正しいもの」ということは「誤りでないもの」という意味ですが、「最も適切なもの」とは必ずしも「正しいもの」とはいえず、残りの選択肢がより不適切であれば、選択することが可能です。そのため、「最も適切なもの」を答えるように問われた場合は、「他の選択肢と比べて、よりマシなもの」を選ぶと考えておきましょう。

◆「不適切なもの」「誤っているもの」に気をつける。

　公認心理師試験では、「最も適切なもの」や「正しいもの」だけではなく、「不適切なもの」や「誤っているもの」を答えさせるものも多く出題されます。わざわざ下線を引いてくれているものの、試験で焦ってしまうと読み間違えてしまうことが少なくありません。適切なものか不適切なもの、正しいものか誤っているもの、どちらを答えさせようとしているかについて、落ち着いて読んで解答する習慣をつけましょう。

◆「1つ選べ」「2つ選べ」に気をつける。

　公認心理師試験では、「適切なものを1つ選べ」のほか、「適切なものを2つ選べ」と2つ答えさせるものも多く出題されます。こちらもわざわざ下線を引いてくれているものの、試験で焦ってしまうと1つしかマークしないというミスが起きることがあります。2018年の第1回公認心理師試験の前には、IPSA心理学大学院予備校で「公認心理師模擬試験（模試）」を行いましたが、その際にも「2つ選べ」に対し、1つしか選んでいない人が多く、特に最後の設問では気が抜けたのか、それまでの設問で2つ選べていた人も1つしかマークしないケースが目立っていました。最後まで気を抜かず、問題文を入念に読んで解答することが大切です。

◆問題文に書いてあることと、自分で想像したものとの区別を明確にする。

　上記と同様、設問にある問題文や選択肢を入念に読み込むことの重要性について、他にも気をつけるべき点があります。公認心理師の実際の心理支援や心理的アセスメントでは、非常にあいまいな点やよく観察しなければ見落とす点などが見込まれますが、公認心理師試験はあくまで試験ですので、アセスメントする対象は書いてある文字・数字・記号しかありません。あまりに想像力を発揮しすぎると、問題文に書いてないことも想像しすぎてしまい、正答から離れてしまう可能性があります。

　問題文を読む際は、もちろん自分の想像力も用いながら、「問題文に書いてあること」と「問題文から推測されること」を区別して読むことをお薦めします。

◆ 設問をひと文字ずつしっかり読み、前提条件等を読み飛ばさない。

　さらに、設問にある問題文や選択肢を入念に読み込むことの重要性についてです。「まず行うべきこと」、「作業同盟を構築するため」、「インフォームド・コンセントの観点から」という前提条件が設定されていることがありますので、その前提条件に合致した選択肢を選ぶようにしましょう。

◆ その他

　問題文中に、わざわざ書かれてあるということは、何か意味がある可能性が高い（答えにつながっているか、ひっかけるため）ので、問題文に書かれている意味を考えながら読みましょう。

●事例問題全体における解答ルール

　ここに示してあるルールは、概ね公認心理師等の心理職に課せられているものと同一といえますが、あくまで公認心理師試験を解答するにあたってのルールとして、これまでの試験から見られる傾向を示しています。立場や学派、状況や環境によって対応は異なるため、絶対的なルールではないことをご理解ください。

◆ 全般的なルール

　――事例をよく読み、症状や問題、特徴（特異なことも含めて）とされることから、関連がない疾患名は外していきます。

── 心理支援を行うにあたって、インフォームド・コンセントを大切にしましょう。学校でのチーム支援（集団守秘義務）や、クライエントその他の自傷他害の危険性、被災地における支援など、クライエントをはじめとした人の命や安全を優先するためには、守秘義務が完全に守れないこともあること（守秘義務の例外）については、前もってクライエントに伝えておく必要があります。

◆ 心理支援/カウンセリング

──公認心理師の役割として自分でやるべきか、その他の人物がやるべきか、立場によって行うべきことは異なってきます。

──安心・安全は心理支援を行う上でとても重要です。

──カウンセリングでは、まずは傾聴して共感したり、できていることや来室できたことをねぎらうことが重要です。すべてを医療機関へとつなぐ必要はありませんが、必要に応じて医療機関へつなげる態勢をとります。

──チーム医療、チーム学校など協働を大切にしましょう。特に医師との連携は重要です。

──守秘義務（秘密保持義務）を守ることは非常に重要です。ただし、虐待の可能性がある場合や、人の命にかかわる場合や重大な怪我などが予想される場合は、通告義務が優先になります。また、被災など秘密を保持することによって危険が予想される場合や、学校などチーム支援をする場合には集団守秘義務などの例外があります。とはいえ、誤解が生じたり、重大なことが隠蔽される可能性があるため、クライエントの情報はその家族であっても気軽に伝えてはいけません。

──依存症が疑われる患者/クライエントが、意思を強く持って約束をすると言ってきた場合も、その意思だけに任せてはいけません。患者/クライエントの心の弱さとは関係なく、依存から抜け出すことや離れた状態を維持すること自体、誰にとっても非常に困難です。まずはクライエントにしっかりと問題認識させることが重要です。

──カウンセリング等、公認心理師の支援において安易に「励ます」「勇気づける」といったこと、また誰かの考えを押し付けるようなことをしてはいけま

せん。

――クライエントの気持ちに共感する目的であっても、クライエント本人や家族のこと、本人や家族の行った対応などを非難してはいけません。

――部屋を施錠して閉じ込める・身体拘束をする等は、原則的にしてはいけません。 精神保健指定医であっても、そのような患者の権利を侵害する行為を行う可能性があることについては、よく注意する必要があります。

――公認心理師による心理支援において、むやみに即効性のあるアプローチや介入を行うこと、説得、早急な助言、趣味や気晴らしを助言することは慎むべきです。

◆ その他

――公認心理師・クライエント双方を守るために、治療構造を守ることは大切です。

――公認心理師の立場として常に中立的でいることがいいとは限りません。

――公認心理師は原則的に、クライエント/患者の身体にふれないようにしましょう。

――公認心理師の立場として、むやみに薬物療法に頼ることは慎むべきです。また、なんでも精神科の受診を勧めるべきではありません。

――ただし、妄想・幻覚があれば薬物療法を受けさせるために、比較的早く精神科の受診を勧めることがあります。

◆ 被災地/事故現場

――被災・被害を受けた人たちがいる現場において、公認心理師はまず被災者・被害者の救援を行い、安全の確保をすることが重要です。また、いくら安全であっても食料や水などライフラインがなければ生きていけないので、ライフラインを確保することも重要です。カウンセリングなどの心理支援は、それらが落ち着いてきてからになります。

――被災地では、子どものほうがハイリスクといわれています。特に発達障害や何らかの既往歴がある場合はリスク要因となりやすいので注意が必要です。被災者/被害者が自分から話したい気持ちを持って語ろうとし始めない限

り、公認心理師が被災者/被害者に早急に感情表出させたり、語らせたりしないことが大切です。(デブリーフィングの禁止)

◆ アセスメント

――一回の面接や一つの心理検査などで見立てを立てるのではなく、テストバッテリーを行うなど、多面的にアセスメントを行うことは重要です。
　学校では、心理検査をじっくり行うことは難しい場面も多く、心理検査のバッテリーはできる範囲でのみ行うことが望ましいといえます。

　心と身体とは密接に関連し合っていますので、心身が相関している可能性を考え、注意深く生活をチェックするためにクライエントの話を聴きます。ただ、心身相関のような状態が見られたとしても、身体疾患や脳の器質的異常に起因する可能性も捨てきれないため、公認心理師が「心身相関」だと断定はしてはいけません。
　知能や能力、性格、特徴、症状などのチェックと、各検査の点数のチェックなど総合的に問題文を読み解くことが大切です。

◆ あらかじめ目を通すべき白書等資料

医療領域：厚生労働白書、サイコロジカル・ファーストエイド、健康日本21
　　　　　（第二次）、被災者のこころのケア 都道府県対応ガイドライン

福祉領域：高齢社会白書、自殺対策白書、子ども・若者白書、少子化社会白
　　　　　書、母子家庭白書、子ども虐待対応の手引き、国民生活基礎調査

教育領域：学習指導要領、生徒指導提要、コミュニティ・スクール2017（学校
　　　　　運営協議会制度）

司法領域：犯罪被害者白書

産業領域：労働経済白書、過労死等の労災補償状況、労働者の心の健康の保
　　　　　持増進のための指針「職場における心の健康づくり」「労働者への
　　　　　教育研修及び情報提供」、仕事と生活の調和（ワーク・ライフ・バ
　　　　　ランス）憲章

全体の出題傾向分析

　ここでは、過去すでに行われた公認心理師試験や、公認心理師試験ブループリントから読み取れる全体の出題傾向に関する分析を行います。以下、大きく「事例問題」「統計・実験」「基礎心理学」「心理支援・査定」「医学編」「関係行政論」「職責」に分けて分析内容をご紹介します。

◢ 事例問題

　事例問題では、正解するためのポイントがある程度決まっています。過去問や今後行われる試験が全く同じポイントで解けるとは限りませんが、それでも事例問題の解き方自体は大きく変わりません。後のページで紹介するポイントと、これまで学んでこられた知識を照らし合わせることで、正答率は飛躍的に高まり、迷う時間も減らすことができるようになるでしょう。

◢ 統計・実験

　統計や実験に関する問題は、大きく分けて知識に関するものと、事例の形で解かせるものに分かれます。まずは練習問題や5回分の公認心理師試験問題を解くことから、統計や実験に関する知識が不足しているのか、統計や実験を行う際の考え方に慣れていないのか、出題のされ方に惑わされているのかについてチェックし、知識が不足している場合は基礎的なテキストから始めましょう。

◢ 基礎心理学

　基礎心理学の分野は非常に広く、闇雲に学習していてはキリがありません。基礎心理学の中でも出題される分野は、ブループリントからある程度予測が可能ですので、まずはブループリントに記載のある心理学分野を特定しましょう。各心理学分野に関して1冊ずつ書籍を読むと、時間がかかりすぎてしまいますので、まずは過去の公認心理師試験で出題された問題は少なくとも覚えておきましょう。国家資格では、過去問から繰り返し出題されることがあります。

▰心理支援・査定

　第1回試験では、認知行動療法や森田療法の出題が目立ちましたが、その後の試験では、精神力動的心理療法・認知行動療法・人間性心理学的アプローチ・家族療法やナラティブなどがバランスよく出題されていました。査定に関しては、複数の心理検査についての概要や点数の意味合いを知らなければ解けない問題が出題されていました。ロールシャッハ・テストのスコアリング・解釈については出題されていませんでした。幅広く心理検査を知る必要がありそうです。

▰医学

　身体・精神疾患で出題されたものとしては、認知症、摂食障害、境界性パーソナリティ障害、心的外傷後ストレス障害（PTSD）、統合失調症、対象喪失に伴う悲嘆反応、パニック障害、解離性障害、病的窃盗、神経発達症群（自閉スペクトラム症、注意欠如多動症、知的能力障害（知的障害））、依存症、反応アタッチメント障害、心身症、言語障害、2型糖尿病、がん患者の支援、聴覚障害などが出題されていたようです。

　認知症や神経発達症群（発達障害等）に関する出題が多くみられました。また、DSM-5の名称、ICDの名称の双方の表記が入り混じって出題されていたため、両方の障害名に目を通しておいた方がいいかもしれません。

▰関係行政論

　法律や制度に定められている事項に関して、正しいかどうかについて答えさせる問題が出題されています。最新の法改正については、できるだけ把握しておく必要があります。また、白書からも出題されるので、インターネット上などで白書のチェックをしておきましょう。

▰職責

　ブループリントでは、公認心理師の職責に関する出題割合が高く設定されていましたが、実際の試験での出題比率は決して高いものではありませんでした。今後、出題比率が高くなる可能性がありますが、出題比率に関わらず重要なのは「公認心理師法」や、倫理、スーパービジョンに関する項目です。臨床心理士会の倫理綱領や公認心理師法に最低1〜2回は目を通すことを心がけておきましょう。

実力養成用科目別練習問題

問1 32歳の女性A。Aは元交際相手の男性から暴行を受け、警察署での取り調べを受けることとなった。当該男性はすでに身柄を確保されており、Aの安全は現在のところ確保されているように見受けられるが、Aはずっと脅えている様子であった。そこで、担当の警察官からの勧めにより、署内にある相談室に来室し、公認心理師である相談員Bと面談した。

この場合の相談員Bによる助言として、**最も適切なもの**を1つ選べ。

① もう男性は捕まっているので、そんなに怯える必要はありません。

② そんなに脅えた様子を見せていると、また悪い男につけ入られますよ。

③ 震えが止まらないようなので、リラクゼーション法の集団療法に参加してみてはどうでしょうか。

④ 私も似たような経験がありますから、あなたのことはよくわかります。

⑤ それは恐かったでしょう。少なくともここは安全ですから、落ち着いてからでいいですよ。

問2 12歳男児A、小学校6年生。Aの学級では頻繁に児童間のトラブルが起こり、学級全体として私語も多く落ち着かず、授業が成立しないことも多くなっていた。学級の保護者達からは担任に「学級が荒れているのをどうにかできないのか」というクレームが入ることも多かった。

先日、休み時間にAが学内相談室を訪れ、泣きながら「学級にいる数名の男児から外見について悪口を言われる。筆記用具をとられてゴミ箱に捨てられたこともあった。学級にいると落ち着かず怖い。教室に行くくらいなら死にたいと思う時もある。この話は母や先生には言わないで欲しい」とスクールカウンセラーBに相談があった。

スクールカウンセラーBの対応として最も**適切なもの**を1つ選べ。

① Aとの関係性を考慮し、「この話は絶対に他の人には話さないので大丈夫」とAに伝え、Bのみで継続して話を聴いていく。

② 管理職に報告し、担任教師の交代を提案する。

③ 学級内でのいじめが疑われるため、担任教師に報告し、対応は担任教師に一任する。

④ Aの「相談内容を保護者や教員に知られたくない」という気持ちも含めて、管理職や校内のいじめ対策委員会に報告をする。

⑤ 職員会議で全職員にAの相談内容を詳細に報告し、チーム学校として支援体制を強化するよう依頼する。

問3 78歳、男性Ａ。2年前に妻が病気で急死し、1人暮らしとなった。それまで身の回りのことは妻に任せきりだったため、心配した娘が自分の自宅近くにアパートを借りて住むことを提案し、1年前に引っ越してきた。半年前頃から、近所に住む娘に「外出したいのだが、鍵が見つからない」、「置いてあった通帳がなくなっている」などと電話をかけてくることが増えた。週に2、3回娘が様子を見に行くと、掃除や片づけができておらず、買ってきた惣菜の食べ残しや洗濯物がそのまま放置されていることが多い。本人に聞くと、「たまたま置いてあるだけ」、「いつもはちゃんとやっている」と返答するものの、もともと真面目できっちりしたところのある父親だけに、娘はおかしいと感じるようになっていた。先日の訪問では、家の前を何も持たずにうろうろしているＡに出くわし、どこに行くのかと尋ねると「病院にいる妻を迎えに行く」と答えるため、娘の心配がより一層強まった。

Ａと家族に対する今後の支援として、**適切なもの**を2つ選べ。

① 妻を亡くした正常な悲嘆反応と思われるため、訪問して様子を見守るよう娘に勧める。

② 引っ越しによる環境の変化からうつ病を発症している可能性が高いため、すぐに前の家に戻るように勧める。

③ 神経認知障害が疑われるため、精神科への受診を促す。

④ 近隣の地域包括支援センターで、介護サービスの利用を相談する。

⑤ 徘徊による事故が心配なため、特別養護老人ホームへの施設入所の手続きを行う。

問4 72歳の男性。2日前に風呂場でやけどをしたために診てほしいと同居する息子の妻に付き添われ来院。担当医師の診察結果では背面の熱傷、両手首のあざが認められた。あざはおむつを自ら脱がないように縛られてできたという。その際に公認心理師は担当医師から対応を相談された。ソーシャルワーカーによると、半年ほど前に男性の妻が死去したため息子の家に引っ越してきた。診療録によると、直近1か月に外科でベッドからの転倒による打撲と爪の剥離、内科で脱水による治療を受けている。

この時、公認心理師が提案する対応として、最も**適切なもの**を1つ選べ。

① 息子の妻に家庭内の人間関係について尋ねる。

② 介護サービスの利用を促す。

③ 市に通報する。

④ 息子の妻に今回と過去の受傷機転の詳細について尋ねる。

⑤ 息子の妻に対する指導及び助言を行う。

問5　89歳、女性Ａ。3ヶ月前に自宅で転倒、大腿骨を骨折。整形外科のある総合病院に入院、手術を受けた。手術はうまくいったが、筋力が戻らず、自力では起き上がれない状態のまま帰宅した。入院前は、自分の身の回りのことは1人で行うことができ、地域の活動にも積極的に参加していたが、帰宅後、外出する機会もなく、同居する娘がすべて世話をしていた。ある日、娘が様子を見に行くと、ベッドから落ちた状態で倒れていた。「1人で歩ける」と自分で動こうとしたようだった。また、日付や時間を間違えたり、同じ質問を何度も繰り返すようになり、娘はＡの様子をおかしいと感じるようになった。

その後、Ａの通院の際、整形外科の主治医より、総合病院に勤務する公認心理師に相談依頼があった。

Ａへの今後の支援として、**適切なもの**を1つ選べ。

① もともと外向的なＡの性格を配慮し、外来でのＡとの心理面談を提案する。

② HDS-R検査で、Ａの認知機能を評価する。

③ 日付や時間を間違える理由として睡眠障害の可能性が高いため、主治医より睡眠薬の処方を検討してもらう。

④ ひきこもり支援の範疇としてとらえ、訪問支援（アウトリーチ）でＡとの心理面談を行う。

⑤ 娘の介護疲れが心配なので、娘に精神科への受診を勧める。

問6　9歳の男子Ａ、小学3年生。Ａには登校渋りがみられ、不登校とまではいえないものの、年間20回以上の欠席が認められる。担任Ｂがその様子を見ていると、授業中も授業内容には集中できず、Ａの気持ちは授業中いつも上の空であるように感じられる。担任Ｂは、Ａのことを考えて公認心理師であるスクールカウンセラーに相談を持ちかけた。

本事例において、公認心理師らが行う可能性のある適切な心理教育的援助サービスについて、**正しいもの**を1つ選べ。

① 一次的援助サービス

② 二次的援助サービス

③ 三次的援助サービス

④ 開発的援助サービス

⑤ 予防的援助サービス

問7　22歳の男性Ａ、無職。Ａは通信制高校を4年で卒業した後、20歳の時に大学へ進学したが大学生活に馴染めず、ひきこもり状態となり、1年後に退学した。退学後のＡは昼夜逆転し、外出もせず自室で過ごすことが多かった。父親とは全く話さず、母親には罵声を浴びせることもあった。両親はリーフレットで見た近くの地域若者サポートステーションへ事前連絡をせずに足を運んだ。担当し

た公認心理師BにAの母は「昔はこんな子ではなかった。息子にどう関わっていいのかわからない」と言う。一方、父親は「ただのわがままにしか思えない。大学も辞めたことだし、すぐにでも働かせてほしい」と言う。

このときの公認心理師Bの対応として、**適切なもの**を2つ選べ。

① 両親の養育に関する課題を探索し、適切な対応を積極的に指示する。

② 両親の苦悩を聴き、不安を支えるような対応を心がける。

③ 医療・保健機関との連携を視野に入れて対応する。

④ 両親にAの来所を促すよう勧め、迅速に就労支援を開始する。

⑤ 地域での対応が必要であり、地域包括支援センターへリファーする。

【事例】 あなたが公認心理師として病院で勤めていると、医師よりパニック症と診断されたM（31歳、女性）のカウンセリングのオーダーが入った。Mは、1ヶ月前より職場に行こうと思って電車に乗ると、だんだん息苦しく感じたり目眩や吐き気を感じるようになったとのこと。それ以降、Mは各駅に停まり走行間隔の短い普通電車にしか乗れなくなってしまったという。Mは「電車の中では、息苦しくなった時に閉じ込められた車内で、倒れて死んでしまうのではないかという恐怖を感じるのです」とカウンセリングで話した。

問8 Mのパニック症に伴っていると思われる恐怖はどれか、次の記述のうち、**正しいもの**を1つ選びなさい。

① 赤面恐怖

② 対人恐怖

③ 広場恐怖

④ 閉所恐怖

⑤ 高所恐怖

【事例】 公認心理師であるあなたはスクールカウンセラーとして、普段子どもや保護者の相談を受けている。ある日、いじめを受けているという相談を中学3年生の生徒Uより受けた。Uは「相談していることがバレると余計にいじめがひどくなるから、誰にも言わないでほしい」とスクールカウンセラーであるあなたに告げた。

Uによると、いじめの加害者は3名いて、Uと同じクラスの生徒であるとのこと。休み時間になるたびに、校舎の裏で殴ったり蹴ったりの暴力を受けていると話した。

問9 上記事例から、Uを取り巻く学校状況に対し、どのような対応をするとよいか、**適切なもの**を1つ選びなさい。

① スクールカウンセラー自らが、休憩時間に校舎の裏まで行き、いじめの現行犯で加害者3名を捕まえる。

② Uを説得し同意を得た上で、加配（介助）の教師を休み時間の度にUの

もとへ行かせる。

③ いじめは悪いことであるとUにはっきり伝え、勝手に行動せずに必ずUと相談して同意を得る旨とともに、絶対にいじめがひどくならないようにUのことを守るから一緒に解決策について考えたいと申し出る。

④ いじめから逃げるために、明日から学校を休むことを提案する。

⑤ 「Uがもっと強くなれば、いじめはなくなるはず」と伝え、精神的な部分も含めて強くなる方法を教える。

問10　9歳の女児A、小学3年生。幼少期、保育所から集団参加が難しいとの指摘を受け、医療機関を受診したところ、発達障害と診断。その後、受診は途絶えていた。

小学校入学時より、授業中はぼんやりとしていて、話を聞いていないようにみえることがあった。周囲よりワンテンポ遅れて活動に参加することが多く、担任教師がサポートしながら学校生活を送っていた。Aの教室の机の中には配布したプリントがそのままになっており、担任が時々持ち帰るよう声をかけるが、時間が経つと元に戻ってしまう。Aの学業成績はクラスの中で平均的である。

担任教師より勧められ、スクールカウンセラーとの面談に応じた母親は、「小さい頃から発達が遅めだとは言われていたが、一人っ子だったので気にならなかった。いつか追いついてくれたら良いと思っている。持ち物など、学校の準備は、本人が困ると思い、私がいつも手伝ってきた。今となれば、あれこれ手を出しすぎてきたのがよくなかったのかと反省している」と言う。

今後スクールカウンセラーが行う支援として、**不適切なもの**を1つ選べ。

① Aに対する保護者の気持ちを受け止め、これまでの家庭での対応を振り返る。

② 面談の中で、一般的な発達障害の特性について、Aの保護者に説明する。

③ Aの保護者に医療機関への受診を検討するように提案する。

④ Aに適した指導案を学校に指示する。

⑤ 通級指導教室（通級による指導）も視野に入れて、Aの保護者との継続面談を行う。

問11　14歳の女子A、中学2年生。Aは複数の生徒のSNSに自分の自傷行為痕の画像を送った。画像を送られた生徒の1人であるBはそのことを自分の母親に訴え、Bの母親から学校に相談があった。そこで、教員はAを呼び出し「Aのことをとても心配している生徒がいるが何か心当たりはないか」と尋ねたところ、5名の生徒に自傷行為の画像を送ったことを告白したので、Aやその5人の生徒とスクールカウンセラーが面談することになった。画像を送られた生徒Cとの面談の中で、Cは「秘密にしてほしい話なんだけど」と前置きした後、以前Aが

自分の父親と性的関係を持っていると言っていたこと、後日、それは嘘だとA
が言ったので腹が立ったことを語った。

スクールカウンセラーの対応として、最も**適切なもの**を1つ選べ。

① Aが性的虐待に遭っている可能性があるのでスクールカウンセラーを含
む学校と父親で面談をし、虐待の有無を確認する。

② Aとのカウンセリングを通して信頼関係を形成した後、性的な被害経験
について尋ね、事実が確認できAの同意が得られた場合は虐待を通告す
る。

③ 性的虐待の可能性もあるがAの虚言である可能性の方が高いので、守秘
義務を優先し、虐待の可能性についてはスクールカウンセラーの心のう
ちにとどめておく。

④ Cが秘密にしてほしいと望んでいることも含めて教員と情報共有し、虐
待通告することを学校に要望する。

⑤ Aの母親と面談をし、Aが父親との性的関係を友人に語ったことを伝え、
気をつけてAを見守ることを要望する。

実力養成用科目別練習問題

【事例】 あなたは、私設相談室で勤務している公認心理師です。初回面接より、週一回
50分の枠でカウンセリングをしている、クライエントのDについて悩んでいます。Dは
上司との人間関係の悩みで来室していましたが、次第に被害妄想的な内容に話が膨ら
むようになり、50分枠では終わらず、気分次第で突然来室するようになりました。これ
までこのようなクライエントに対応した経験がないため、自分の力の限界も感じ、Dに別
の公認心理師へのリファーを提案すると、「私のことを見捨てるんですか？　これだけ
時間もお金も割いて通ってきたのに、すべてが無駄になります。」と言われました。

問12 Dの言葉に対し、公認心理師としてどのように返答するべきか、**適切なもの**を1
つ選びなさい。

① 「そういうつもりは全くありません。ご紹介がよりDさんの助けになるか
と思い提案しましたが、もし私にお任せいただけるのであれば、精一杯
最後までカウンセリングを務めさせていただきます。」

② 「見捨てるだなんて、これまで私もどれだけあなたのためにがんばって
きたか、ご存知でしょう。それでも、あなたのことを思っているからこ
そ、次のセラピストを紹介したのですよ。」

③ 「そういった感情のことを、見捨てられ不安といいます。あたかも見捨て
られたかのように感じるかもしれませんが、あなたの病気がそうさせて
いるだけですので、あまり気にしなくていいですよ。」

④ 「そのような思いをさせてしまったのであれば、申し訳なく思います。こ
のまま私が担当させていただくこともできるのですが、より適切なサ
ポートをするには紹介するのが適当だと考えました。これまでお話しい

ただいたことや、こちらで考えてきたことについては紹介状にしっかり
書かせていただきますね。」
⑤ 「私では力が及ばず、あなたに最適な方をご紹介した方があなたのために
なると思い、紹介しています。カウンセリングはお金や時間がかかる
ことなので、最適な方を見つけるまでの仕方ないこととして割り切って
いただけませんか。」

【事例】 小学3年生の男児Gは、通常学級に在籍している。しばしば、授業を妨害する
言動が激しくなっており、担任も対応に苦慮している。本人は、「誰もわかってくれない」
と落ち込むことが増え、登校することを渋りだし、不登校となった。Gの1、2年時の担
任は、Gのことを、「他人の気持ちをあまり尊重しないが、語彙が豊富で、大人びたセリ
フや意見や感想を述べていた」と話していた。担任が家庭を訪問し、「Gが、1歳半健診
で言葉の遅れを指摘され、療育機関に紹介されていたこと」、「6歳時の療育機関におけ
る記録では、会話が一方的で簡単なゲームの理解が難しい、文脈を無視した感情の表
出などが列記され、入学後の集団適応について懸念があると記述されていたこと」、「自
閉スペクトラム症との診断を受けていたが、学校への引き継ぎは諸事情により行われて
いなかったこと」などを母親から聴取した。担任は学校に情報を持ち帰り、対応につい
て公認心理師と相談することにした。

問13 Gのアセスメントを実施した、その後のスクールカウンセラーとしての対応に
ついての記述のうち、**適切なもの**を1つ選びなさい。
① アセスメント結果は、インフォームド・コンセントの観点から、全て担
任、保護者、本人に伝える。
② アセスメントの結果を踏まえ、平均的な発達段階に近づけることを目的
とした指導を行う。
③ アセスメントの結果は、平均より劣っている部分に関する結果だけを伝
える。
④ 発達障害に対する正しい認識を持ってもらえるよう、学校通信などを
使って発達障害に関する情報を学内に周知し、定期的に児童向けの講座
を開催する。
⑤ Gが「わかってくれない」と発言するのはなぜかということに注目し、ア
セスメント結果を支援に役立てる。

問14 中学校1年生の男子A。小学校5年生の夏休み明けより、起床時に腹痛、頭痛を
訴えるようになり、学校を休みがちになった。3学期に入ると、「学校に行くの
が怖い」と家から出られず、登下校の時間には外出ができない状態となった。医
療機関を受診し、定期的なカウンセリングを続けるうちに、学校以外の外出は
可能となった。趣味のプラモデルを作ったり、好きな漫画を買いに本屋に行っ

たりすることはできている。中学校入学をきっかけに、Aは登校への意欲をみせるものの、制服を着ようとすると、再び腹痛、頭痛の症状が出現するようになった。Aは「小学校の同級生に会うのは怖いが、勉強はしたいと思っている。将来的には進学して、興味のあるパソコンの分野に進みたいと思っている」と両親に話しているという。

Aが利用する機関として、最も**適切なもの**を1つ選べ。

① 通級指導教室（通級による指導）
② 教育支援センター
③ 児童自立支援施設
④ 児童相談所
⑤ 発達障害者支援センター

問15 13歳の男子A、中学1年生。最近、友人関係で悩んでいるため中学校の相談室の公認心理師に初めて相談に来た。Aは自身の友人関係について、「特にいじめられているわけではなくて、話す友達もいるんです。こんなことで相談するのは弱い証拠ですよね」と話した。

公認心理師のAへの言葉として、最も**適切なもの**を1つ選べ。

① もっと困っている人がいるので、あなたとのカウンセリングは1回だけにしましょう。
② よく相談室に来られましたね。勇気がいったことでしょう。
③ あなたは友人関係について悩んでいると思っているかもしれませんが、その根底にはご両親との関係に関する問題があるように思われます。
④ 話す友達がいたとしても、あなたがそれだけ悩んでいるのだから、それはいじめとも言えるのではないでしょうか。
⑤ 正直になってもらって大丈夫ですよ。非常に言いにくいかもしれませんが、本当はあなたはいじめられているのではないでしょうか？

問16 19歳の男性A、大学生。大学生になって、コンビニでアルバイトを始めた。コンビニでの作業は様々あり、先輩に教えられながら、試用期間を過ぎた。一通り仕事内容を把握したものの、ミスが目立ち、先輩や店長から注意された。Aとしては、注意をしていてもミスが無くなることはなかった。Aはミスをしたことや注意されたことがあまりなかったことから、不安に思い、学生相談室を訪れた。WAIS-Ⅲ の 結 果、FIQ 98、VIQ 109、PIQ 89、VC112、PO86、WM107、PS91であった。

これらの情報からの判断として、最も**適切なもの**を1つ選べ。

① Aは同時処理が苦手であるため、いくつかの仕事を処理する場合、ミスをしやすい。
② 視覚的な情報処理が苦手であるため、商品の配置はミスをしやすい。

③ 言語の理解が平均よりも低いことから、指示が多くなると混乱してしまう。

④ 検査結果に特に目立った特徴はないことから、仕事内容に慣れておらず緊張している。

問17 54歳の女性A。最近同居している80歳の母の物忘れがひどくなり、昼間に安心してパートへ出かけられない。1年前から、財布が見つからずにAが盗んだと疑ったり、1人でスーパーへ行くと帰り道に迷ったりするようになった。3か月前にはコンロの火を消し忘れたことがあり、それ以来、台所には立たせないようにしているという。Aはこの状態を改善したいと考え、市の相談センターに来談した。

この場合のセンターの対応として、**不適切なもの**を1つ選べ。

① 認知症の専門医にかかるように勧める。

② 要介護認定等の判定を受けるように勧める。

③ 母親の日中の見守りができる人がいないかを尋ねる。

④ 民生委員へ情報提供を行い、支援を依頼する。

⑤ 母親の部屋を、日中施錠するように提案する。

【事例】 中学2年生、男児の不登校の相談。初回は母親と二人で来室したが、2回目の面談前に母親から電話があり、「本人が外出することを渋るので、説得するので遅れます」と連絡があった。30分遅れて二人で来室したものの、男児は不満そうな顔を終始見せていた。3回目の面談前にまた母親から電話があり、「何を言っても本人が今日は行かないと言っています。どうしたらいいですか」と連絡があった。

問18 上記の状況で、母親に対しどのような対応が望ましいか、**適切なもの**を1つ選びなさい。

① カウンセリングは、なんとか本人が来てもらわないことには進められないので、やはり多少無理やりでも連れてくるように言う。

② 子どもが来なくなったということは、子どもは今カウンセリングに来るべきではないので、子どもが自分から来たくなるまで待ってもらい、親からの連絡を待つ。

③ 子どもが来ないこと自体、子ども自身の問題であり、それをなんとか「無理やり」にならないようにするのは母親の務めである。母親がうまく子どもを「無理やり」にならないよう連れてこられるよう、母親にアドバイスをする。

④ 母子間のコミュニケーションが悪循環している可能性を考え、子どもがカウンセリングに来ないことはとりたてて問題にせず、母親が家庭の中でどのようにコミュニケーションすることが、母子関係を変化させるか

について考える。

⑤ 子どもを無理やり連れてこようとした母親側に問題があることが考えられるので、今後はカウンセリングに母親ひとりで来てもらい、母親の問題について深く探索していく。

問19 4歳の男児A。3人兄弟の末っ子、未熟児で出生、3歳児健診の時に言葉の遅れを指摘されている。父母は共働きで、母が育児や家事を担っている状態であった。母は、「末っ子だからおっとりしているだけ」と話し、保育園では、保育士の指示に対してすぐに動けず周囲から少し遅れて動くことがあったり、質問をされても笑顔で顔を赤らめ、答えないという姿が目立つとのことだが、保育士たちからはAは恥ずかしがりやでのんびりした性格なのだと理解されていた。
Aの支援を考えた時、Aに発達検査・知能検査・心理検査を1つだけ実施するとしたらどのようなものになるか以下から選べ。

① WISC-Ⅳ
② 新版K式発達検査2001
③ CAT
④ バウムテスト
⑤ 家族画

問20 28歳の女性A。生後3カ月の乳児と2歳児の母親。2人を連れて保健センターへ来談。Aは泣きながら「夫は残業が多いため、家事も育児も手伝ってくれない。家事と育児で1日が終わり、夜中は下の子が何度も泣くので眠れない。夫の両親は同じ市内だが手伝いを頼みにくい。このままでは子どもに手をあげてしまいそう」と語った。
この場合、最も適切な対応は以下のうちどれか。

① Aに気晴らしとなるようなことをするように助言する。
② Aの代わりに夫やその両親にサポートを依頼するように提案する。
③ Aに精神科の受診を勧める。
④ Aに「今が一番辛い時期なので一緒に乗り越えましょう」と声をかける。

問21 高校1年生（16歳）の男子Aは、高校受験時に両親が離婚しており、受験勉強に身が入らず、不本意入学していた。高校入学後は友人と夜遅くまで遊ぶことが多く、同居している母親が心配で度々、児童相談所へ相談に訪れていた。ある日、友人ら数名と30万円相当の窃盗事件を起こし、警察に逮捕された。母親に対する、Aの今後の処分についての説明として最も**適切なもの**を1つ選べ。

① 重大な犯罪の為、少年院送致は免れない。
② 触法少年であるため、児童相談所に送致される。
③ 両親の離婚や不本意入学など、精神的に不安定になっている様子がうか

がえるため、医療観察制度を利用してカウンセリングを受ける必要がある。

④ 反省している様子もうかがえ、初犯であることから試験観察となる。

⑤ 家庭裁判所にて調査が行われ、その結果によって処分が決まる。

問22　28歳の女性A。元々同棲していた相手Bと別れた後、Bからの電話とメールが何百件もくるため、しばらくの間無視をしていた。だが、そのメールの中に、Aの自宅の近くに来て監視しているかのような内容や、脅迫と受け取れる内容も含まれていたため、Aは恐怖を感じて外出が難しくなった。ある日、意を決して警察署に勤務する公認心理師Cのもとに相談に訪れた。
このときのCの対応として、最も**適切なもの**を1つ選べ。

① 加害者が配偶者でないため、DV防止法の対象とはならないことを伝える。

② Bのしていることは脅迫罪にあたるため、多職種連携を考えて、刑事課に捜査を要求する。

③ 「たいへんだとは思いますが、実際に暴行を加えられたわけではないので、警察としては動きようがないですね」と伝える。

④ 少しでも安心、安全を感じられるように、あたたかな雰囲気の中Aとともに考え話し合う。

⑤ Aは外出が困難であるため、系統的脱感作によるエクスポージャーを行い、少しずつ元の生活へと戻せるよう寄り添う。

問23　70歳の男性Aは、息子と2人で暮らしている。仕事を定年退職してから不眠を訴え、精神科へ定期的に受診していた。今年に入り、Aは「足に力が入らずよくこける」と話しており、顔や腕にアザがある様子も何度か見られた。また、病院内での些細な物音にも敏感に反応する姿が見受けられるようになった。そして、通院予定日にAから「通院するための電車賃がなく、今後も通院できない」と電話があった。その電話の背景でAとは別の男性の罵声が聞き取れた。
この時の対応として最も**適切なもの**を1つ選べ。

① 市町村へ通報する。

② 息子に電話を代わってもらい、交通費を渡すよう依頼する。

③ Aの自宅へ訪問し、状況を確認する。

④ 今回のキャンセルを受理し、次回の予約を取るように促す。

⑤ 通院へのモチベーションの低下がうかがえるため、動機づけ面接を実践する。

【問24・25・26共通事例】　N（74歳、男性）は、配偶者であるO（68歳、女性）を連れて福祉事務所へ来所した。福祉事務所の窓口では対応が困難な内容と判断されたため、同施設所属の公認心理師にリファーが行われた。Nは「妻が最近、長男の嫁（女性，42歳）との関係が悪く、財布が見当たらないと、『嫁に盗られた』と大変なことになるのです。実際には引き出しに自分でしまっていたりするのです。なので、精神分裂病という病気なのではないかと思っています。」と公認心理師に伝えた。Nによると、Oはほかにも、独り言を言っていたり、ひとりで外出した際に家に帰れなくなったり、夕食を1日に3回作っていたこともあるという。

問24　Oの症状名を推測して、**適切なもの**を1つ選びなさい。
① 妄想気分
② 妄想知覚
③ もの盗られ妄想
④ 関係妄想
⑤ 注察妄想

問25　Oに対して実施する心理検査として、**適切なもの**を1つ選びなさい。
① MMSE
② MMPI
③ MPI
④ SDS
⑤ BDI-Ⅱ

問26　Nに対してかける言葉として、**適切なもの**を1つ選びなさい。
①「まぁあまり気にしないでください。よくあることなので。」
②「一度警察に届け出た方がいいかもしれませんね。」
③「もっと奥様をよく見張っていてください。」
④「一度、病院に受診されてはいかがでしょうか。」
⑤「事実確認をしたいので、息子さんの奥様を次回連れてきていただけますか。」

問27　6歳の男児、A。実母は17歳の時、未婚のままAを出産。その後、実母は結婚するが、しばらくすると継父より実母へのDVが始まった。Aが4歳の時、酔った勢いで実母に縫うほどのけがをさせたことからDVが発覚、警察から児童相談所に通告があり、一時保護となった。その後の聞き取りにより、日常的に継父からAへの身体的虐待が繰り返されていたことも分かり、児童養護施設への入所となった。入所直後、夜泣き、落ち着きのなさがみられたAだが、現在はなくなっている。職員には「いつ家に帰れる？」、「ママに会いたい」と泣きながら話

すことが度々ある。実母は離婚調停中で、自立に向け、パートで働き出している
ところである。

施設における家族支援について、**適切なもの**を2つ選べ。

① Aの実母への思いや実母の現状について、児童相談所と情報共有し、家
庭復帰に向けた課題を話し合う。

② Aがいかに実母に会いたがっているのかが伝わるように、まずはAと実
母が電話や手紙でやりとりできる機会を持つようにする。

③ 面会や外出、一時帰省の際には、その目的、約束事についてパンフレット
やしおりなどを用いて説明し、あらかじめ合意をとることが必要である。

④ 実母のいるAの場合、週末里親の利用は今後も検討されない。

⑤ 家庭復帰後は、市町村の要保護児童対策地域協議会に引き継がれるた
め、施設の家族支援は終了する。

問28 16歳の男子A、私立高校1年生。1学期の後半から学校を休みがちとなり、2学
期は1度も学校に来ることができていなかった。担任教師が母親から聞いたと
ころによると、本人は女子生徒から何か言われたのが原因で、学校に行けなく
なっているという。担任教師が家庭訪問しても、Aは会おうとしなかった。定期
試験を受けなければ成績がつかず、留年になる可能性もあるので、1週間後にあ
る中間試験は受けるように、母親を介して担任教師が促した。すると、中間試験
は、母親に送迎してもらい保健室で受けるということだった。この時点で担任
教師からスクールカウンセラーに対して、どのように対応すればいいのかと相
談があった。

この段階で、スクールカウンセラーのとるべき対応として、最も**適切なもの**を1
つ選べ。

① 何らかの精神疾患を発症している可能性が高いので、母親と面接を行
い、精神科受診を促す。

② 本人と面接しないことには問題は解決しないので、中間試験の後、その
まま面接することを担任・母親を介して本人に伝える。

③ 本人を刺激しないように、当面は経過を観察するよう担任教師に伝える。

④ 苦手な女子生徒に対して慣れていくために、中間試験後、担任教師がA
を教室につれていくように促す。

⑤ 母親に、中間試験までに一度来校してもらい、スクールカウンセラーも
交えて話ができないか、提案する。

【事例】　50代の男性Iは、数年前より心窩部・背部痛があり、近隣の病院を受診するも、原因不明と言われ、非ステロイド性抗炎症薬を使用するのみの処置であった。しかし、痛みが増悪し、当院の消化器内科を受診。精査の結果、すい臓がんのステージⅣと診断され、入院となった。疼痛への対処として、フェンタニル貼付剤が開始されていたが、疼痛が続き、疼痛緩和目的として、緩和ケアチームが参加することとなった。

問29　次の事例を読んで、緩和ケアチームにおける公認心理師の初期対応として、**適切なもの**を1つ選びなさい。

① Iの疼痛緩和目的での依頼のため、公認心理師は積極的に参加する必要はない。

② がんの影響で生じる、不安感・恐怖感、喪失感などの心理的問題を訴えてきた場合に面接を行う。

③ 精神科的問題が隠れていることもあるため、まずはアセスメントを実施して、精神疾患、発達障害などの有無を確認する。

④ Iはがんの発見の遅れから否認の心理機制があることを予想し、支持的療法を用いて面接をする。

⑤ 病歴や社会的背景など、Iの情報を把握し、面接では身体的問題など、話しやすい話題から始める。

【問30・31共通事例】　5歳の男児A、幼稚園児。幼稚園の先生から落ち着きがないと指摘されたとのことで、28歳の母親が一人で児童相談所を訪れ、そこで働く公認心理師が面接を行った。母親によると、Aは去年、幼稚園の先生から発達障害ではないか、といわれたが、特に検査を受けさせるなどのことはせず様子を見ていたという。母親は3年前にAの父親と離婚、現在ではA、母親、そして内縁の夫の3人で同居しているという。さらに話を聴いてゆくと、内縁の夫はAに対して厳しくしつけ、母親とケンカになったときに激高して母親に手をあげることもあったことをうかがわせるような発言もあった。しかしそこを明確にしようとすると、話を逸らしたりあいまいな言い方になったりして、はっきりしない。また、母親の語り口は淡々としており、感情の起伏を感じさせないものだった。

問30　Aの見立てに関する次の記述のうち、最も**適切なもの**を1つ選べ。

① Aの落ち着きのなさは、家庭環境の不安定さや、虐待によるものである可能性がある。

② Aは発達障害の可能性が高いので医療的支援が必要であるから、Aにすぐ小児科医の診察を受けさせるよう母親に伝える。

③ Aの落ち着きのなさは、複雑な家庭環境からくるうつ症状だと考えられるので、まずは医師の診断のもと抗うつ薬の服用を始めるようアドバイスする。

④ Aの年齢で落ち着きのなさが発現するのは統合失調症の可能性がある
から、まず医師の診断を受けさせるよう母親に勧める。
⑤ 幼稚園児に落ち着きがないのは普通のことだから、Aに関して異常や心
の苦しみを疑うべきではない。

問31 母親に対する見立ておよび介入として、最も**適切なもの**を1つ選べ。
① 大切なことを説明する母親の能力の弱さから、知的障害の疑いがあるの
で、Aの支援にあたってはまず母親の知能検査を行う。
② 母親自身が、内縁の夫による暴力など高いストレス下にある可能性を考
慮して支援に当たる必要がある。
③ 母親はAの支援を求めて来所したのだから、公認心理師が行う支援は母
親に対するものではなく、あくまでAに対するものだけに限定すること
が、来談者尊重の視点から大切である。
④ Aに対して内縁の夫による虐待がおこなわれているから、ただちに家庭
訪問をして内縁の夫に注意をする。
⑤ 母親の感情の乏しさおよび話の内容の分かりづらさは、うつ症状か若年
性認知症の症状であることが考えられるため、まず医療機関の受診を勧
める。

問32 45歳の女性A、専業主婦。3か月前、自転車に乗って買い物に行こうとして、交
差点で信号待ちをしている際に、突然、自動車が突っ込んできて、歩道にいる人
たちを次々にはねていった。A自身は幸い軽傷ですんだが、小さい子どもを含
む数人が亡くなった。それ以来、車が突っ込んでくる場面やひかれた子どもが
苦しんでいる様子を何度も思い出すようになり、恐怖感が強くなった。事故現
場を通ることができなくなり、徐々に自転車に乗ることもできなくなっていっ
た。また、夜は目がさえて眠れなくなった。そこで、インターネットで調べて、
専門の治療が行える精神科病院を訪れた。
Aに対する支援・治療として、**不適切なもの**を1つ選べ。
① 三環系抗うつ薬
② SSRI
③ 持続エクスポージャー
④ EMDR
⑤ クライエント中心療法

問33 15歳の男子A、中学3年生。中学2年の2学期から学校を休みがちになった。
中学3年の1学期からは別室に登校できるようになったが、2学期になってから
連続して休むことが増えた。Aに別室の担当教員が欠席について尋ねたところ、
朝方まで眠れないときがあること、死にたい気持ちがとても強く押し寄せるこ

とがあること、自分の悪口を言う声が聞こえるときがあること、盗聴されているような気がして怖いことなどを語り、そのことを教員がスクールカウンセラーに相談してきた。

公認心理師（スクールカウンセラー）として**不適切なもの**を1つ選べ。

① Aが教員に訴えた症状などをカウンセラーが直接聴き、より丁寧な情報収集や見立てを行う。

② 教員や保護者に統合失調症であると伝え、医療機関の受診を勧める。

③ 自殺の危険性を除外できないのでAとのカウンセリングを開始し、その中でAに医療機関の受診を提案する。

④ 教員が抱えている不安に共感し、チームとして一緒に対応していくことを提案する。

⑤ Aや保護者に医療機関の受診を提案し、カウンセラーが紹介状を作成する。

問34　14歳の女子A、中学校2年生。学内の生徒数名とコンビニで万引きを行い補導されたが、その後も深夜外出、別の店での万引きで再度補導された。生徒指導の担当教員がAと話をしようとしても、Aは「先生に話すことはない」と拒否し、次第に登校も拒否するようになった。中学校からは、Aは母との2人暮らしだが、幼少期から母は仕事で帰宅が深夜になることも多く、近所に住む祖母が家事などの面倒を見ているとの情報提供が事前にあった。担任から教育相談室を勧められ、教育相談を受けることとなり、Aは母親と来室する予定であったが、当日は母親の仕事の都合が合わないとの理由でAは、祖母と共に来室した。Aは「今日ここに来ないと先生や母親が口うるさく言ってくるから」と言い、「夜に家に一人でいても暇。友達と遊んでいる方が楽しいのは当たり前」と話しながら深くため息をつく様子が見られた。

このとき、Aとのラポールを構築するために教育相談室の公認心理師がとるべき対応として最も**適切なもの**を1つ選べ。

① 母親に連絡を取り、Aが家庭内で寂しい思いを抱えていることを伝えた上で今後の面接に同席してもらえるよう依頼する。

② 「来室をしないと周囲の大人に口うるさく言われる」とA自身が面接に否定的な思いを持ちながらも相談室に来室したことを肯定し、労う。

③ 母親のネグレクトが疑われるため、学校長に報告した後に児童相談所に通告する。

④ 「友達との楽しい時間は重要だが、夜に外出することはしてはいけない」と助言する。

⑤ 補導された際の状況について、その当時の心境も含めてAに詳細な聞き取りを行う。

【事例】 A県B市において、暴走族による強盗致傷事件が発生した。成人2名を首謀者として、X、Y、Zの3名の未成年が犯行を行い、全員が現行犯として検挙された。Y(13歳、男性)は、中学校に行かずXやZと遊び歩いていた。また、暴走族内でもバイクの後ろに乗せてもらうなどし、小学生の頃から付き合いがあった。家族は、祖父と2人の生活保護世帯。母親はシングルマザーでYを育てていたが、母親に新しい彼氏ができて以来、現在母親は行方不明。Yは戸籍上、祖父の子となっており、祖父が保護者を担っている。犯行時に被害者を木刀で力任せに殴ったことで、被害者は重症となった。

問35 Yについて考えられる処遇と、その理由に関する次の記述のうち、**適切なもの**を1つ選びなさい。

① 問題行動を起こすことになった原因として、家庭事情も考慮に入れられることや、また本人の年齢が低く、更生できる可能性が高いと判断されるため、祖父の同意を得て、児童自立支援施設の自立支援処遇を受けさせる。

② 事件の罪質や情状を鑑みると、保護処分の限界を超えていると判断されるので、検察官に送致(逆送)し刑事裁判を受けさせる。

③ 児童相談所における判定の結果、資質の問題が大きいと考えられるため、少年院に送致し矯正教育を受けさせる。

④ 事件の罪質や情状を鑑みると、保護処分の限界を超えていると判断されるので、地方裁判所で審判を受け、場合によっては少年刑務所に入所させる。

⑤ 家庭事情を調整していくことが、本人の資質よりも優先されるので、家庭裁判所や児童相談所には通告しない。

問36 小学校のスクールカウンセラーである公認心理師に、担当校の養護教諭Aより以下の相談があった。小学6年生の女子生徒Bは、1学期の途中から、時々休憩時間になると「しんどい」、「あまり眠れなかったから、頭が痛い」と保健室に来ることがあった。夏休み明け、久しぶりに登校したBは以前より少し痩せたように見え、心配したAが話を聞いてみると、「夏休み前に、お母さんが家を出て行ってしまった。お父さんは週に2回家に帰ってきて、その時にお小遣いをくれるので、コンビニで食べ物を買っている」という。しっかりした性格のBは、小学4年生の弟Cの世話もしており、洗濯なども自分でしているという。Aは、最近、Cの忘れ物が多く、宿題をしていないことがあると担任教師が話していたのを思い出した。帰り際、Bは「お父さんから家のことを他の人には絶対に話してはいけないと言われている。お父さんにばれると、また叩かれてしまうから秘密にしておいてほしい」とAに頼んだ。
Aに対する公認心理師の助言として、最も**適切なもの**を1つ選べ。

① 「秘密にしてほしい」というBの気持ちを優先し、今後も養護教諭Aが

② じっくり話を聞くように勧める。

② 管理職に報告し、虐待の可能性があることを、児童相談所に通告するよう促す。

③ 現状を把握するため、父親に連絡を取り、事実確認を行う。

④ 「しんどい」、「頭が痛い」という症状には、心理的な要因が考えられるので、スクールカウンセラーとの面談を強く勧める。

⑤ 学校で明らかに問題となっているのは、弟Cの忘れ物や宿題に関することなので、発達障害の可能性を疑い、支援するように勧める。

問37　31歳の女性A。「自分の特性にあった仕事を知りたい」と公認心理師Bが勤務する地域障害者職業センターの相談に訪れた。Aは学生時代、勉強は苦手であったが友人は多かった。高校卒業後、民間企業に就職し接客の仕事が中心の部署に配属された。上司や同僚からの評価も高く、A自身もやりがいを持って仕事に取り組んでいた。しかし、異動した経理・事務の部署では、計算間違いや書類作成のミスが多く上司から注意を受けることが増え、うつ病を発症。長期療養の為、現在は休職中である。職場復帰に向け、地域障害者職業センターにてリワーク支援を開始した。公認心理師Bとの面談の中で、Aは「会社に報告していなかったが、実は高校生の頃に限局性学習障害（SLD）の診断を受けた。今後雇用形態も含め自分の体調、特性に合う仕事の仕方を考えたい」と話した。

この時、Aに対する支援として最も**適切なもの**を1つ選べ。

① 本人の得意・不得意を把握する為、発達検査を必ず受けるように伝える。

② 障害者職業センターで職業評価を受けることを提案する。

③ Aには知らせず、Aの会社の上司に診断名や障害特性を伝え、業務内容の変更・調整などの合理的配慮を依頼する。

④ 「障害者雇用枠で勤務することが望ましい」とAに伝える。

⑤ Aと相談し、特別障害者手当を申請する。

問38　55歳の男性A。従業員8名の企業の社長（事業者）である。職場でストレスチェック制度を活用することで、従業員の心理的健康を図りたいと相談室の公認心理師Bに相談に来た。Bは必要な研修を修了し、産業医とともに、ストレスチェックの共同実施者となっている。

Aの相談に対するBの対応について、**不適切なもの**を1つ選べ。

① Aに職場の集団分析結果を提供し、必要な対応を協議する。

② Aに未受検者のリストを提供し、未受検者に受検の勧奨を行うよう助言する。

③ 面接指導の実施日時について、Aと従業員とが情報を共有できるよう助言する。

④ 面接指導を実施した医師から、Ａが就業上の措置の必要性及び措置の内容について意見聴取するよう助言する。

問39 16歳女子Ａの両親は、子育てに対する姿勢の違いから協議離婚をした。Ａの身の回りの世話は母親が一身に背負っており、父親は仕事が多忙であることを理由にＡと関わる時間が少なかった。それでも、休みの日はＡと一緒に過ごす時間を設けるような様子もうかがえた。離婚後は、親権者となる母親がＡの養育を行い、父親とは面会交流が設けられた。ある日、母親はＡから「離婚後の面会交流では父親に身体を触られなくなった」と離婚前の性的虐待を疑う発言を耳にし、公認心理師に相談に訪れた。

公認心理師が説明した面会交流について**不適切なもの**を１つ選べ。

① 子どもが面会交流を拒否する場合には面会交流が認められない場合もある。

② Ａと父親との面会交流に母親が立ち会うことができる。

③ 面会交流では性的虐待は見られず、父親の権利であるため、面会交流を拒否することはできない。

④ 離婚時に親権者は必ず取り決める必要はあるが、面会交流については必ず取り決める必要はない。

⑤ 離婚に至った経緯が、母親や子どもへの暴力であった場合は面会交流が認められない場合もある。

問40 21歳の大学生、男性Ａ。就職活動で訪問していた会社の会議室で気分が悪くなり、救急搬送された。検査の結果、身体的には問題がなく、心療内科を勧められた。それ以来、時折強い不安を感じるという。心療内科では、抗不安薬を処方されたが、医師の紹介もあり、カウンセリングルームを訪れた。「就職活動が始まったときから、漠然とした不安があった。何が不安なのかと考えてもよくわからない。ここ最近は、思ったよりも忙しくなり、疲れることを気にして趣味や友達と会うことも控えている」と話す。

Ａに対する心理支援のアプローチとして、適切でないものを１つ選べ。

① 不安の対処法の一つとしてリラクゼーション法を教示する。

② 不安に感じる際の考えを把握し、適切な考え方に修正する。

③ 最近控えていた趣味や活動を無理のない範囲で再開してもらう。

④ 不安の日内変動をモニタリングしてもらう。

⑤ 漠然とした不安は抑圧されたものが原因であるとし、内省を促す。

【問41・42・43共通事例】 最近、B（男性、33歳）は課長に叱られることが多く、Bいわく「人格を否定するような言葉」を度々言われており、そのことをパワハラではないかと考えている。どこに相談すればいいかわからなかったため、社内の公認心理師のカウンセラーに相談した。

幼いころから、対人コミュニケーション能力は人一倍あるが、何事に対しても不安になりやすく完璧主義だった。3才児健診では特に問題は指摘されていないが、学校での発表の準備に時間が足りず、間に合わないと思ってパニックになってしまうこともしばしばあった。高校は進学校で成績優秀、有名国立大学を卒業後、現在の職に就いた。最近は、仕事において「間違えないように」という気持ちが強く、何度も資料をチェックしたり、発表用のスライドのレイアウトや誤字脱字がないかのチェックに何時間もかけてしまったりするため残業が多く、休息が十分にとれず、日中の仕事でぼーっとしていることも多く集中できていない。

そのようなBに対し、課長は「仕事に対してやる気が見られない」「なんでこんなこともできないのか」「全く使えない奴だ」という言葉を言うとのこと。公認心理師のカウンセラーは「パワハラの場合、どこに相談すればいいのか。もっと職場でうまくやっていくためにはどうすればいいのかアドバイスがほしい」と求められた。

問41 上記の事例から、公認心理師がBに対して行う対応として、**適切なもの**を1つ選びなさい。
① 会社や課長が訴えられては大事になるので、訴訟沙汰にならないように落ち着くようBを説得する。
② 課長の発言は明らかにパワハラにあたるため、カウンセラーから課長に対し、早急に是正勧告を出す。
③ 真実かどうかを確かめる必要があるので、課長と当事者であるB、公認心理師の三者で、事実確認を目的とした会議を行う。
④ 実際のところはわからないので、Bの話に傾聴・共感しながらも、急いで行動することは避け、産業医とも相談する。
⑤ パワハラを決して野放しにしていてはいけないので、Bには労働基準監督署の住所を伝え、今のうちに弁護士やBとともに訴訟の準備をする。

問42 事例を読んで、Bが心療内科を受診した場合、最も診断される可能性の高いものとして、**適切なもの**を1つ選びなさい。
① 抑うつ障害
② 強迫性パーソナリティ障害
③ 強迫性障害
④ パニック症
⑤ 全般性不安症

問43　事例のように、公認心理師であるカウンセラーが従業員に行うケアのことを何と呼ぶか、**適切なもの**を1つ選びなさい。

① セルフケア
② ラインケア
③ 事業場内産業保健スタッフ等によるケア
④ 事業場外資源によるケア
⑤ グリーフケア

問44　67歳の女性、主婦。一人で来院。数年前より家事の段取りが悪くなったという。料理では必要以上に作ってしまったり、買い物では必要以上の品物を買ってしまったりすると話す。家族からは、段取りの悪さ以外、特に注意されない。認知症のスクリーニング検査に加えて実施する検査として、最も**適切なもの**を1つ選べ。

① WAIS–Ⅳ
② ADAS
③ MMPI
④ BADS
⑤ RBMT

【事例】　あなたは公認心理師として、A市役所の生活保護課に勤務しており、主に被保護者の就労支援に携わっている。R(45歳、男性)は2年前から生活保護を受給しており、担当のケースワーカーから再三にわたって求職活動に関する指導を受けているが、職に就いては辞めることを繰り返している。今回、担当ケースワーカーから公認心理師に、就労に関する意欲喚起を行うため、カウンセリングの依頼があった。Rは、生活保護を受ける前には自営業で生活を営んでいたが、事業に失敗し、多額の借金を負ったことから、家族と離れ、生活保護を受けることとなった。あまりひとと会いたがらず、最近は体調不良をしばしば訴えるようになった。

Rは「定職に就きたいのはやまやまなのですが、私にできることはあまりありません。どこで働いても続かず、うまくやっていける感じがしません。」と話しており、これまでいくつかの職場を転々とし、職場関係で辛い思いを繰り返してきたことで自信を失っているのかもしれない。

問45　上記事例のような市役所で働く公認心理師として、Rにどのような対応をすればよいか、**適切なもの**を1つ選びなさい。

①Rの精神疾患の有無を見定め、心理治療を行う。
②Rの就労意欲の乏しさが何からきているかを、面談の中でアセスメントし、適切な形での就労支援へとつなげる。

③ Rとケースワーカーの関係を取り持ち、2人の関係性を良くする。

④ Rの就労意欲を高めるために、叱咤激励をする。

⑤ Rの就労意欲を阻害している精神的原因を根本治療する。

問46　5歳の男児A、幼稚園年長児。Aは3歳児健診の際に、発達の遅れを指摘されていたが、母親は「この子の個性を障害というのか」と憤慨して支援を受け入れなかった。5歳になって保健師から「一度話をするだけでいいから」と促され、市の発達相談に母子で来所し、公認心理師Bが面接した。

母親は話し始めるなり保健師の対応の悪さについて語り、「保健師はAのことを障害児扱いする。挨拶だってちゃんとできる子なのに。保健師が幼稚園にも変なことを吹き込むから、先生までもがそういう目で見てくる」と勢いよく語った。Aは面接中、持参した電車の玩具で始終独り遊びをしており、Bが呼びかけると「こんにちは」と目を合わせずに答えた。

このとき、Bがとる対応として、**適切なもの**を2つ選べ。

① 母親にジョイニングするため、一緒になって保健師の悪口を言う。

② 母親の労苦をねぎらいながら、「保健師の対応に不満があるんですね」と共感的理解を示す。

③ 就学を控えていることもあり、できるだけ早めに発達検査を受けるよう勧める。

④ 面接場面でのAの様子からも、自閉スペクトラム症の可能性があると伝え、症状について心理教育を行う。

⑤ 幼稚園と連携することは、園でもAの発達を促す個別的な関わりを考えていけるという利点があると説明する。

問47　12歳の男児A。2歳下に妹がいる。幼少時は、うつ状態の母が主に面倒を見ていたが、Aが8歳時に母は突然失踪。その後は父が養育を担ってきたが、昼夜問わず仕事に出ており、Aと妹は、家に残された現金で食事を買い、平日は2人で生活をしている状況であった。コンビニエンスストアでAが万引きをしたことから、ネグレクト状態にあることがわかり、兄妹共に児童相談所に一時保護をされた。兄妹からの聞き取りからは、家での火遊びが常習化していたこと、父のアダルトビデオを兄妹で鑑賞し、その真似をAが妹に指示する形で行っていたことも明らかになった。発達検査ではAの発達は正常域にあることが示唆された。

この時、Aが措置される可能性の高い施設を2つ選べ。

① 児童自立支援施設

② 児童心理治療施設

③ 第三種少年院

④ 少年サポートセンター

【問48・49・50共通事例】　中学1年生のTは、夏休み明けから学校に行けていない。カウンセリングには、TとTの母親が来室した。母親によると、Tの父親は昔から厳しく、Tにはテレビゲームを一切買い与えたりしていない。父親は仕事で忙しいため、普段母親がTと関わっていることが多いが、いつまでたってもTが学校に行かないことや、父親から感じる無言のプレッシャーを感じ、Tに優しくしたいと思いながらもイライラして顔に出てしまうことも多いと、母親が自らを述べた。Tは学校には行けていないが、毎日学校から渡される宿題や、家事の手伝いをしてくれるという。

カウンセリングの中で、セラピストはTや母親に話を聞きながら家族樹形図を描き、Tの原家族についての理解を深めた。母親は、自分ひとりで家のことをすべてすることがいかに大変か、また父親が全く家のことや育児には関わってくれていないことを涙ながらに語り、それに対してセラピストは「よくがんばってやってこられた」ことを労った。

セラピストはまた、このような会話を隣で聞いていたTが、自分を責める可能性を考え、「そんな大変なお母さんのことを、あなた（T）は家事手伝いなどすることで助けていることは立派だ。不登校になると、宿題や家事手伝いもできない子も多いが、どうしてそのようにできるのか」と尋ねた。するとTは、褒められたことに一瞬驚いたあと、やや得意げに「学校には行けていないけど、できることをするのは当然。実は学校の先生から、適応指導教室へ行くことも勧められている」と答えた。そこであなたは、家族療法の視点をもって関わることにした。

問48　上記事例から、Tを取り巻く家庭状況に対して、どのような対応をするとよいか、**適切なもの**を1つ選びなさい。

① 父親が原因と思われるので、父親が来室した際に、または手紙を書くなどをして「もう少し優しくされてはいかがでしょうか」と伝える。

② 母親が原因と思われるので、「イライラされるのはわかりますが、これからはTくんのためにもう少し我慢していきませんか」と伝える。

③ T自身が原因と思われるので、「Tくんの怠けは変えようがないので、みんなでTくんのことを説得しましょう」と伝える。

④ 家族構造が問題だと考えられるので、次回は家族全員でカウンセリングに来てもらうように伝える。

⑤ 父親もカウンセリングに呼び、父親も仕事をがんばっていることを労い、Tのことを心配しているだろうと推し量って伝える。

問49　セラピストがこの面接で行っていることはどれか、**適切なもの**を1つ選びなさい

① ラポール形成

② リフレーミング

③ ジョイニング

④ エナクトメント
⑤ 三角関係化

問50 事例にある適応指導教室のことは別名で何と呼ばれるか、**正しいもの**を1つ選びなさい。
① 教育支援センター
② 教育センター
③ 児童家庭センター
④ 児童相談所
⑤ 子ども家庭センター

問51 20歳の男性A、大学生。中学、高校時代から対人関係が苦手であった。特に、人前で発表することは大きな恐怖心を伴うので、極度に回避していた。大学の1、2年生のころは、発表が少ない講義を選択し、表情を隠すためにマスクを常用していた。講義室では、できるだけ出入口に近い一番後ろの席に座り、常に下を向いていた。ところが3年生になると、グループで討議したり発表したりする機会が多くなるゼミが開始された。初めてゼミで発表することになった際、頭の中が真っ白になり、全く発表にならなかった。この時以来、大学に通うことができなくなり、近くのコンビニに行くのも、人の目が気になるようになった。Aはこのままでは卒業できないと感じて、精神科のクリニックを受診した。そこで社交不安症と診断され、医師の紹介で認知行動療法を専門とする相談室に来談した。
Aに対する認知行動療法として、**適切なもの**を**2つ**選べ。
① 不安を和らげるために行っている「マスクをつける」「下を向く」などの行動をコーピングとして称賛し、別のコーピングを一緒に考えていく。
② 幼少期の体験が症状に影響を与えているので、幼少期の体験を詳しく聴き取っていく。
③ ゼミ発表の練習を行い、その場面をビデオに撮って、自己イメージの妥当性を検証する。
④ 近くのコンビニに行く「実験」を行い、予想と結果、そして両者を比較して学んだことをシートに記入していく。
⑤ より悪化する可能性があるので、原則としてホームワークは実施しない。

【事例】 これまで柔道整復師として整骨院で働いてきたあなたは、公認心理師の資格を取得後、開業しました。そこで、カウンセリングだけでなく、柔道整復師としての知識と技術やアロマセラピーも取り入れ、心身に関わる多くの治療法を試みたいと考えています。ある時、適応障害と診断されてカウンセリングを実施しているクライエントが、過緊張による頭痛や肩こりを訴えました。

問52　クライエントの訴えに対して、公認心理師としてどのように対応するべきか、**適切なもの**を1つ選びなさい。

① リラックス作用のあるラベンダーの精油を業者より入荷しているため、それをクライエントに販売する。

② 公認心理師の資格に加え柔道整復師の資格も持っているため、マッサージの定期的な施術を薦める。

③ クライエントが主体的に判断できるように、近隣の心療内科や鍼灸整骨院などのリストを渡す。

④ 提携先の心療内科のE医師が、心身相関について造詣が深いため、E医師への紹介状を書く。

⑤ ひとり紹介するごとに、20%の紹介料をもらうことになっているので、自費診療で行っている鍼灸師を紹介する。

問53　ある心理相談機関に、高校1年生のAが、母親とともに初めて来談した。面接では、主に母親が語り、Aは母親からの促しに応じて、時折、説明を加える程度であった。公認心理師Bは、Aと2人で話をしたいと思い、母親にしばらく退室してもらうことにした。Bと2人になると、Aは、実は死ぬことばかり考えているのだと話したのち、「ここで話したことは、お母さんに言わないでもらえるのでしょうか？」と尋ねてきた。

下線部のAの発言に対し、公認心理師Bは、まずどのように応じるべきか。最も**適切なもの**を1つ選べ。

① すぐに面接を中断して、母親に入室してもらい、Aに希死念慮があることを伝える。

② 死ぬことを考えるくらいつらい状況であることに共感しつつ、どうして母親に言わないでほしいのか尋ねる。

③ 「死ぬことばかり考えている」ということから、命を守るために守秘義務の例外について話す。

④ 希死念慮があることから、医療機関にリファーする。

⑤ Aとの関係性が重要であるので、母親に言わないことを約束する。

【問54・55・56・57共通事例】　あなたはスクールカウンセラーとして、中学校でおよそ週1回程度勤務している。

通常学級に所属する中学2年生の男子Sは、教室の中で授業中じっとしていられず、教室内を歩き回ったり、他の生徒に話しかけたり、鉛筆やノート、消しゴムを使って授業中にも遊ぶなど落ち着きがない。体育の成績は優秀で、徒競走でもクラスで一番速かった。また、授業でも興味のある事柄については誰よりも集中して取り組み、その単元だけ成績が高くなることもしばしばある。

Sが興味のない授業を聞かず、好き勝手やっている様子を教師が注意すると、Sが不機嫌になって暴れることが何度かあったため、教師はSを注意する回数を大幅に減らしてしまった。それを見ている周りの生徒達は、Sだけが「やりたくないことをしなくていい」と認められている感じがし、不公平感を感じるようになったため、Sに対してそっけない態度をとるようになってきた。そのため、Sは暴力をふるうようになったり、ますますやりたい放題になってきた。

問54　あなたが公認心理師であるスクールカウンセラーの立場で、中学校で行う活動として、**適切なもの**を1つ選びなさい。
　　　① 教員へのコンサルテーション
　　　② 教員へのスーパーヴィジョン
　　　③ 教員への心理的アセスメント
　　　④ 教員への教育分析
　　　⑤ 教員への夢分析

問55　Sの行動傾向からどのような可能性が考えられるか、**適切なもの**を1つ選びなさい。
　　　① 限局性学習症の疑い
　　　② 行為障害の疑い
　　　③ パーソナリティ障害の疑い
　　　④ 注意欠如・多動症の疑い
　　　⑤ 選択性緘黙の疑い

問56　Sに対してどのような声掛けを行うか、**適切なもの**を1つ選びなさい。
　　　①「あなたももうちょっと空気を読んで、他の子と関わる必要がありますよ。」
　　　②「誰もわかってくれないのですね。私だけはあなたのことをわかっていますよ。」
　　　③「興味のあることはできるのに、なぜ授業など他のことについては集中できないのですか。」
　　　④「本当はみんなと仲良くしたいのに、うまくいっていないんだね。ここで

のお話は誰にも伝わらないから、一緒に考えてみませんか。」

⑤「どうしてみんなに暴力をふるったり嫌がらせするのですか。」

問57 事例を読んで、Sを取り巻く学校状況に対し、どのような対応をするとよいか、**適切なもの**を1つ選びなさい。

①Sは発達障害の疑いがあるため、保護者面談の際に児童精神科への受診を薦める。

②S以外の関わりのある生徒を集め、Sの発達障害について心理教育を行う。

③Sに毎日関わっている教師の教室運営能力が問題であるので、担任教師や特に問題となっている科目の教師を集め、心理教育を行う。

④Sのできないところばかりがクローズアップされてしまっているので、まずはSのできるところ、得意なところや、S自身の持つ悩みについて焦点を当てて、Sや教師と関わる。

⑤Sのできないところばかりがクローズアップされてしまっているが、できるところや得意なところについて話題にするとSが調子にのるので、そのことには触れず、Sの話をただ傾聴する。

問58 17歳の女子A、高校2年生。最近、授業に集中できなくなっているため、学校の相談室の公認心理師に初めて相談に来た。Aはその理由として、「余計なことばかり考えてしまっていて……」と話した。次第に口数が少なくなり、「実は、先日、友達と遊んでいて帰宅が遅くなってしまって。その帰り道に痴漢にあって……。自分が遅くまで遊んでいたのが悪かったんだと思います……。」と絞り出すように言って涙をこぼした。

公認心理師のAへの言葉として、最も**適切なもの**を1つ選べ。

①とりあえず、今、相談に来ることができているくらいの状態ではあるので、良かったですね。

②確かに帰宅が遅くなったことがいけなかったですね。

③そんな辛いことを話すには勇気がいったよね。

④どんな風に被害にあったか、詳しく教えてください。

問59 10歳の男児A、小学校4年生。Aは多弁で落ち着きがなく、学校では友人関係でトラブルになることも多かった。両親は共働きであり、放課後は両親の迎えが来るまで校内の学童保育を利用している。4年生になり学童保育の同級生とのトラブルが続き、A自身が学童保育に通うことを拒否するようになった。担任教員から報告を受けた母親が心配し、Aを連れて公認心理師Bが勤務する医療機関を受診した。その後、Aは自閉スペクトラム症/自閉症スペクトラム障害（ASD）と注意欠如・多動症（AD/HD）の診断を受けた。Aは知的には高く、療

育手帳取得の対象ではなかったが、障害福祉サービス受給者証は取得することができた。母親は「学童保育以外で、Aの特性に配慮しながら、地域の中で同年代の子どもと交流できる場が欲しい」と希望している。

Aが利用する支援機関として最も**適切なもの**を1つ選べ。

① 地域包括支援センター
② 児童家庭支援センター
③ 放課後等デイサービス
④ 児童自立支援施設
⑤ 児童心理治療施設

問60 29歳女性A。昨夜、階段から落ちてしまったため診てほしいと医療機関に来院した。担当医の診察では、頭部に裂傷と血腫、腹部には複数の打撲の跡、四肢には内出血痕が多数見られた。医師が本当に階段から落ちたのか確認すると、Aは泣きながら「夫に暴力を振るわれている」と語った。しかし、一通り話し終えると「もう大丈夫です、通報はしないで下さい」と怪我の治療のみを継続して欲しいと訴えた。公認心理師は医師から対応を相談された。

この時に公認心理師が提案する対応として、最も**適切なもの**を1つ選べ。

① 家庭内暴力の発見には通告義務が発生するため、警察もしくは配偶者暴力相談支援センターに通報する。
② Aの意志を尊重し、とりあえず通告はせず、配偶者暴力相談支援センター等の利用について情報を提供するよう努める。
③ 被害者を発見したものが警察に通報することは守秘義務によって制限を設けられているため、控えるべきである。
④ Aの意志を尊重し、夫の話題は扱わず、怪我の治療のみを行う。
⑤ 心理師としてAに詳しく事情を聴き、傾聴に努める。

問61 35歳の男性A、会社員。取引先とのトラブルで自信をなくし、それから営業成績が落ちてきたことで、降格を余儀なくされた。同僚からは「悪循環になっているから、そのトラブルのことは忘れて、気持ちを早く切り替えたほうがいい」といわれている。社内の公認心理師との面接で、Aは「気持ちを切り替えたほうがいいのはわかっているが、自分ではどうにもならない。何かいい方法はないか」と尋ねてきた。

Aに対する治療法として、最も**適切なもの**を2つ選べ。

① 認知行動療法
② 選択的セロトニン再取り込み阻害薬〈SSRI〉
③ 電気けいれん療法
④ 自律訓練法
⑤ マインドフルネス

問62　34歳の男性A、事務職。がん検診で大腸がんが見つかった。通院のため、上司に事情を説明すると「がん治療で仕事を休むことが増えるだろうから、退職せざるを得ないね」と言われた。社内相談室の公認心理師に相談に来て、「もう立ち直れない。何も考えられない。退職するしかない」と訴えた。

公認心理師がAにまず行う対応として、**不適切なもの**を1つ選べ。

① Aの心理的な状態を把握し、産業保健スタッフと連携する。

② 社内の産業保健スタッフと医療機関とが連携し、仕事を継続しながら治療を受ける方法があることを説明する。

③ Aの要望に応じて、産業医から上司にAの病状や必要な配慮について説明できることを伝える。

④ 上司からの理解のない発言が見られたことから、すぐに人事課に行って職場を変更してもらうように助言する。

問63　30歳の男性A。Aは公認心理師Bによるカウンセリングを受けている。3回目のセッションではこれまでと異なり、セッション中に黙ることが多くなった。Bはそれを察して、「思うところがあれば、なんでも話してください」と伝えたが、Aは特にないといい、セッションは終了した。次のカウンセリングは、予約したものの3日前にキャンセルし、2週間ほど経った後、再度カウンセリングの予約をしたいと、連絡があった。

Aに生じた心理的プロセスとして、**不適切なもの**を1つ選べ。

① 3回目のカウンセリングで、抵抗が生まれ、Bに話すことが怖くなった。

② Bのカウンセリングに疑問を感じ、続ける意欲が無くなった。

③ 自己開示していくなかで、様々な感情を表出させられたBに敵意をみせた。

④ カウンセリングを続ける意欲がなくなったが、もう一度向き合おうと決心した。

問64　10歳の男児A。Aは小学校のスクールカウンセラーBのもとに「家に帰りたくない」と相談をした。Bが事情を詳しく聞くと、Aの両親は3年前に離婚しており母と二人暮らしをしていたが、半年ほど前から母に彼氏ができて一緒に家に住むようになった。同居を始めてから、Aは母の彼氏から暴力や暴言を受けており、母は「Aが悪いことをしたからだ」と言って助けてくれないという。実際に、Aの体には多数の外傷痕や熱傷の跡がみられた。しかし、Aはこのことを誰にも言わないでほしいとBに訴えた。

このときのBの対応として最も**適切な方針**を1つ選べ。

① 校長に伝え、小学校から児童相談所に通告する。

② Aの気持ちを汲んで守秘義務に従い、Bだけで対応する。

③ 虐待が事実かどうか判断するために、Aの話は伏せて母親に家庭の状況

を確認する。

④ 校長や教員と相談して虐待の疑いを確証する必要があるため、Ａの気持ちを十分に受け止めた上で帰宅するよう諭す。

⑤ Ａの話のみでは虐待の有無を判断できないため、客観的な指標として心理検査を検討する。

【問65・66共通事例】 父子家庭で、父親とP（当時8歳，男児，特別支援学校在籍）の二人暮らし。こだわりが強く、言うことをきかないPのことを、知的障害や発達障害に関する父親の理解不足から、大声で怒鳴るなど、身体的虐待や心理的虐待に至る危険性があった。そのためPについては、児童相談所が特別支援学校と連携して支援を行ってきた。特別支援学校高等部卒業後、Pは生活介護事業所への通所を開始したが、父親は依然として障害に理解は少なく、市役所の障がい福祉課が相談支援事業所とも連携して支援を始めた。PのIQは50に満たず、言語的交流が難しいように感じられる。

問65 事例から、Pの父親はどんな状態だと考えられるか。**適切なもの**を1つ選びなさい。

① 元々のパーソナリティとして怒りが出現しやすく、タイプＡ性格と呼ばれる。

② 間欠性爆発性障害の疑いがあるため、早急に精神科の受診を薦めるべきである。

③ 毎日の生活の中で、子どもが言うことを聞いてくれないことはストレスになりやすく、仕事と育児の両立の難しさから怒りっぽくなっているのかもしれない。

④ 子どもに知的障害や発達障害があることからは、父親も同じく知的障害や発達障害がある可能性が考えられ、そのために感情制御が困難であると思われる。

⑤ 反社会性パーソナリティ障害か境界性パーソナリティ障害の可能性が考えられ、感情調節困難な状態が垣間みられている。

問66 相談支援事業所に務める公認心理師のカウンセラーが、Pに行う心理支援として、**適切なもの**を2つ選びなさい。

① 遊戯療法
② 自由連想法
③ 箱庭療法
④ 認知再構成法
⑤ 回想法

問67 3歳の女児、A。実母は望まない妊娠で、妊婦健診にはほとんど行かないままAを出産。実父とはAが生まれる前に別れている。もともと気分が不安定になりやすい実母だったが、Aを出産後さらに状態が悪化、昼夜逆転することも多かった。Aが1歳の時、実母の養育困難を理由に一時保護された時期があった。また、Aが2歳の時、仕事上知り合った男性と恋愛関係になり、Aを置いて外出することが増え、近隣の住民からの通告があり、施設入所に至った。実母は精神科に通院するようになり、気分の良いときはAを引き取りたいと言うが、児童相談所との面談やAとの面会については無断でキャンセルすることが度々ある。Aは入所当初から、初めて会った職員でも誰彼かまわず接近し、抱きつく様子がみられていた。一方、職員が勤務交代するときには、それまでべったりくっついていた職員と離れることに寂しがる様子はみられない。施設職員との外出時には、見知らぬ人にでも急に近づき、一方的に話しかけにいく様子がみられる。知的発達面に遅れやアンバランスさはみられないが、食事の場面など静かに待つことが難しい。

Aに考えられる心理的問題として、最も**適切なもの**を1つ選べ。

① 注意欠如多動症／注意欠如多動性障害＜AD／HD＞
② 分離不安症／分離不安障害
③ 自閉スペクトラム症
④ 養育者との愛着形成の阻害
⑤ PTSD＜心的外傷後ストレス障害＞

問68 35歳の男性A。Aは2年前からうつ病と診断されて自殺未遂歴がある。1か月前からひどい抑うつ状態となり、自傷を繰り返しているところを両親が発見し、Aを精神科外来に連れてきた。両親は入院治療を希望していたが、本人がそれを拒否した。2名の指定医による診察の上、自傷他害の恐れがあるとして入院の必要性が明らかになった。

この時に行うべき対応として、最も**適切なもの**を1つ選べ。

① 家族の同意はあるが、本人の同意がないため入院措置を取ることができない。
② 自傷他害の恐れがあると2名の指定医が判断しているため措置入院が可能である。
③ 応急入院により、72時間を限度として入院させることが可能である。
④ 家族の同意があり、指定医の判断があるため任意入院が可能である。
⑤ 本人が入院を拒否していても、4週間までなら医療保護入院が可能である。

問69 40代男性のAは、まじめで几帳面な性格で、3か月前から、あるプロジェクトのリーダーに抜擢された。しかし、最近、仕事上でもミスが増え、遅刻や無断欠勤をするようになった。医師の診断を受けた結果、Aはしばらく会社を休み、薬物治療を受けつつ、定期的に公認心理師Bと面接を行うことになった。面接の中では、Aが仕事を休んでいることに罪悪感を抱えている様子が伺えた。また、Aは依存的になるのが怖いという理由で服薬への抵抗を示した。

　この時の公認心理師Bの対応として、**最も適切なもの**を1つ選べ。

① 回復のために仕事を休むことの必要性と重要性について、説明する。

② 仕事のミスをどのようにして減らすかについて話し合う。

③ 服薬がストレスになっているため、徐々に減薬することを勧める。

④ 服薬への抵抗を示す気持ちを汲み、薬に頼らなくてもいいように面接回数を増やす。

【事例70・71共通問題】 40代の男性Hは、うつ病のため、ストレスケア病棟に入院している。入院して2週間であるが、メンタルケアプログラムには嫌がらずに参加していた。病院スタッフとあまり会話をしないHであるが、不調な様子は見せず、治療は順調のようであった。ある日、Hの妻が、主治医に「Hが『この頃、考えてもいないことが頭に浮かぶ。頭がおかしくなったんじゃないかと心配している。病院の人が信用できない。みんな俺を責めているのか』とメールしてきた」と話しかけてきた。主治医から連絡を受けて、ストレスケア病棟担当の公認心理師も話を聞くことになった。妻は動揺しており、「入院前にはこんなこと言ったことはない、治療に専念してもらうために入院させたのに、逆に状態が悪化しているのではないかと思っている」とのことである。

問70 病棟担当の公認心理師として、Hの状態をアセスメントするために情報を収集する必要があります。次の記述の中から、**適切なもの**を1つ選びなさい。

① Hとじっくり話をする。その際、二人きりで個室のベットサイドで話をすることが望ましく、Hの所有物、本や写真などを観察し、Hの生活状況や家族関係、友人関係を把握するための質問をする。

② 妻からHの様子をじっくりと聞き、病態水準を検討するために心理検査を行うことを告げ、同意を得る。

③ Hのように自ら話そうとしない患者には、日常生活の観察を行うことが望ましい。必要とあれば、心理検査も行うが、一般的なルールに従って時間的な枠組みを決め、効率よくアセスメントをする。

④ このような場合、治療に用いられている薬物の関係や、病棟での生活など、様々な影響因を考える必要があるため、公認心理師も精神医学的な見地から検討することになる場合がある。

⑤ Hの治療がこのところ、どのように進んでいるのか、それについてHにはどのように伝えられているのか、治療スケジュールの兼ね合いについて、

主治医にのみ話を聞く。

問71 Hの状況に対するアセスメントについて、どのようなことが考えられるだろうか。次の記述の中から最も**適切なもの**を1つ選びなさい。

① Hの症状とその考えられる原因を、まずはHや妻から聴取し、さらに、心理検査も用いてアセスメントを行う。その結果を吟味し、主治医に伝える。

② 主治医からの心理検査の依頼があったため、Hから心理検査を受ける同意を得る手続きを省き、実施する。

③ Hは自ら話そうとはしないが、こちらの質問にはまじめに応対してくれる。これは、こちらの支援的な態度によって良好な関係が成立していることを示す。

④ 妻から最近のHの様子を聴取し、主治医と相談し、心理検査を予定する。Hに同意を得た上で、ロールシャッハ・テストとTATの2つの検査の実施が妥当である。

⑤ Hの状態に相応しい査定方法について提案するため、Hに関わる職種を集めてカンファレンスを行い、情報を共有する。

【問72・73共通事例】 W(29歳、女性)は、元交際相手から暴力を受けたことをきっかけにして、精神症状と不眠を訴え病院で受診した。Wの話によると、夜にすぐ寝付けず、睡眠中もよく恐い夢にうなされて目を覚ますとのこと。昼間に眠気がひどく、そのせいでぼーっとしていると、いつの間にか日が暮れて夜になっていたということもある。ちょっとした物音でひどく驚き、何でもないようなことで震えている。
ときには、「ごめんなさい、ごめんなさい」と誰かに対して謝っていることもあるが、その時のことは後になると全く覚えていない様子。Wは現在も元交際相手が追いかけてくる可能性を考えて、怯えながら生活しているようであった。

問72 Wは、交際相手からの暴力がトラウマになっている可能性があるが、そのトラウマに対してどのような対応をするとよいか、**適切なもの**を1つ選びなさい。

① 「まずは、トラウマとなっている暴力を受けた場所に、ご家族かお友達と行ってみましょう」

② まずは、トラウマに関する話題ではなく、比較的気分が楽な時や、落ち着いていられる場所について話す。

③ 「では、早速今日からEMDRでのトラウマ処理を行っていきましょう」

④ 「その出来事の関係者に集まってもらって、その時の状況について毎週話し合いましょう」

⑤ 「その出来事が今でも起こっているかのように感じるのは気のせいなので、気にしないようにしましょう」

問73　Wとのカウンセリングにおいて、今後どのような経過をたどる可能性があるか、**適切なもの**を1つ選びなさい。

① 認知行動療法によって、自分がまだ危険な状態にあるという認知を修正する。

② 恐い夢に関して夢分析を行い、その後に夢のワークを実施する。

③ 自我状態療法や催眠療法などを用いて、リソースや安全感の確保に努める。

④ 長時間曝露療法やEMDRによって、積極的にトラウマの脱感作を行っていく。

⑤ 辛かった気持ちに寄り添い、Wの気持ちを受け入れ共感する面接を続ける。

問74　29歳の女性A、会社員。3年前に仕事でFAXの誤送信をして上司にきつく叱られて以来、FAX番号やメールアドレスが間違っていないか、何度も確認するようになった。それから確認行動が徐々にエスカレートしていった。FAX番号や新規のメールアドレスについては、1つずつ、慎重に確認し、気になったら初めから確認し直すことを繰り返すため、1件のFAXやメールを送信するのに20分ほどかかかるようになった。また、FAXやメールを確かに送ったかどうかも頻繁に気になり、そのたびに確認するようになった。そのため、業務効率が著しく低下していた。家庭でも、家を出るときにガスの元栓が閉まっていること、玄関の鍵をかけたことを何度も確認するため、仕事に遅刻することもあった。困ったAは、心理相談室を訪れた。

Aに実施するテストバッテリーに含める心理検査として、最も**適切なもの**を1つ選べ。

① BDI-Ⅱ

② Y-BOCS

③ LSAS-J

④ MMSE

⑤ SDS

問75　6歳の男児A。両親からの身体的虐待・ネグレクトにより、4歳時に児童養護施設に入所。就学時より、思い通りにならない場面で、他児への暴力、物を壊すといったことが目立つようになった。指導をされてもへらへらと笑い、同じ行為を繰り返すため、Aの担当ケアワーカーはAとの関係に疲弊し、公認心理師に相談した。学校では授業中の離席が目立つということであった。発達検査では正常域であることが示された。

この場合の対応として、**不適切なもの**を1つ選べ。

① Aの行動について、担当ケアワーカーだけでなく他のケアワーカーから

も詳しく聴取する。

②担当ケアワーカーの疲弊感については、管理職にも相談するよう促し、公認心理師からも管理職に報告する。

③Aの問題行動改善のために、すぐにプレイセラピーを導入する。

④児童相談所に相談し、協議を行う。

⑤児童精神科への受診を勧める。

統計・実験

問1 推測統計学における統計手法について、**正しいもの**を1つ選べ。

①F検定とは、F分布に基づく2つの標本間の平均値差を検定することによって、2つの母集団間の平均値差を推定する検定であり、3つ以上の標本間に対しては分散分析を用いる。

②回帰分析において、予測の精度を示す指標として標準偏回帰係数（β）が用いられる。

③ピアソンの積率相関係数では、0を最小、10を最大として相関の度合いを表すことができる。

④共分散構造分析の適合度指標として、GFIやAGFI、CFI、RMSEA、AICのほか、χ^2値も用いられる。

⑤2値データに対して回帰分析を行う場合には、カテゴリカル回帰分析を用いる。

問2 心理学研究における質問紙調査法について、<u>誤っているもの</u>を1つ選べ。

①被験者のバイアスが入り込みやすい。

②Osgood,C.E.による形容詞対を用いてスケーリングする方法を、SD法（Semantic differential method）と呼ぶ。

③質問紙調査法では、質問項目における内的整合性の高さを確認し、信頼性を測定するために、コーエンの一致係数（κ）が用いられる。

④質問紙調査法では、本調査実施前に質問内容が適切かどうか、誤字脱字がないか、倫理的に配慮されているか、言葉に誤りはないか等をあらかじめチェックするために、予備調査を行うとよい。

⑤氏名や年齢など、被験者の基本データを記載する部分として、質問紙の表紙にあたる項目のことをフェイス項目と呼ぶ。

問3 統計学の基礎知識について、**正しいもの**を1つ選べ。

①身長・体重などの数値間の間隔が等間隔で、絶対ゼロ点があるものを間隔尺度と呼ぶ。

② 名義尺度や順序尺度といった尺度水準が低いものに対しては、推測統計学的な分析ができないため、従属変数には間隔尺度などのより尺度水準が高いものを使う。

③ 標準偏差とは、分散の平方根のことである。

④ 推測統計学では、平均値の種類として、中央値や最頻値、代表値が用いられる。

⑤ 変数とは、変化しうる数値のことのみを表すため、変化しうる数値以外のものに対しては、因子や要因という言葉が用いられる。

問4 次のうち、第2種の過誤の説明として**適切なもの**を1つ選べ。

① 帰無仮説が真であるとき、対立仮説を棄却する確率である。

② 帰無仮説が真であるとき、対立仮説を採択する確率である。

③ 対立仮説が真であるとき、帰無仮説を棄却する確率である。

④ 対立仮説が真であるとき、帰無仮説を採択する確率である。

問5 心理学実験について、**誤っているもの**を1つ選べ。

① 医師が何の効果もない粉を薬として患者に渡すと、本来存在しないはずの効果が患者に現れることをプラセボ効果という。

② 実験者が意図的に結果を捻じ曲げようとしなくても、実験者自身が実験の一部としてかかわると、実験者が本来望んだ結果になりやすいことを、実験者効果という。

③ 教師が生徒に対して期待を持つことによって、その期待が生徒の成績を向上させることをピグマリオン効果という。

④ 先に与えられた情報によって、後の事柄に影響を与えることをサブリミナル効果という。

⑤ 肩書や学歴など一部の情報から、社会的に望ましい方向に捉えてしまうことを光背効果という。

問6 心理学で用いられる推測統計学に関連する次の記述のうち、**正しいもの**を1つ選びなさい。

① カイ二乗検定は、クロス集計表を用いた母集団の比率の差の検定のことで、ノンパラメトリック検定のひとつである。

② 分散分析（ANOVA）は、三要因以上の場合に用いることのできる母集団間の平均値の差に関する有意差検定であり、二要因間の場合は用いることができないため代わりにt検定を用いる。

③ 因子分析とは、各質問項目に共通の因子を抽出することで、合成変数として情報を集約させ、合成得点の算出ができる形にする分析である。

④ クラスター分析とは、ひとつの質的データからなる従属変数を、複数の

量的データからなる独立変数によって予測、説明する分析である。

⑤ いわゆる相関係数とは、Pearsonの積率相関係数のことではなく、Spearmanの順位相関係数のことを指す。

問7　信頼性・妥当性に関する次の記述のうち、**正しいもの**を2つ選びなさい。

① 妥当性を確かめるための方法として、再検査法、代理検査法、折半法、内的整合法がある。

② 妥当性が高い尺度では、必ず信頼性が高いといえる。

③ 妥当性は、主に内容的妥当性や基準関連妥当性、構成概念妥当性に分けられる。

④ 基準関連妥当性は、表面的妥当性と論理的妥当性とに分類される。

⑤ 自由回答やインタビューなどにおける質的データの信頼性を検討する際には、Cronbachの α 係数を用いることが多い。

問8　心理学的研究法として、**正しいもの**を1つ選びなさい

① SD法（セマンティック・ディファレンシャル法）とは、Osgood, C.E.によって提唱されたもので、刺激に対して抱かれる情緒的意味を、分析的に把握することで、反応の予測を立てるものである。

② 観察法には、自然観察法と実験的観察法があり、日誌法は実験的観察法の中に含まれる。

③ 質問紙調査法では、その質問紙に含まれる質問項目が、誘導とならないように気をつける必要があり、できるだけ語尾は同じ言い回しで統一する必要がある。

④ 質問紙法では、同じような内容を尋ねる質問項目が複数ある場合、「はい」「いいえ」などの回答の意味が逆方向になる項目を逆転項目と呼び、用いることが禁じられている。

⑤ リッカート法で計測した個人の態度等に関する数値は、比率尺度として考えられる。

問9　心理学実験に関する次の記述のうち、**適切なもの**を1つ選びなさい。

① 心理学実験を行う際に、研究上の本来の目的を偽って研究を行うことは倫理上許されない。

② 研究・実験のために得る個人情報は、研究・実験以外の目的で使用してはならない。

③ 日本人の平均年収が実態より高く見えるため、平均値の代わりに最頻値を用いた。

④ 平均値では数列を十分に表しきれないため、標準誤差を用いてデータの散らばりを把握した。

⑤ データを一列に並べた場合に、ちょうど中央にくる値のことを中央値と呼び、モードとも呼ばれる。

問10　推測統計学に関する次の記述のうち、**正しいもの**を1つ選びなさい。

① 推測統計学において、分散とは標準偏差の平方根である。

② 平均値が1、標準偏差が0である正規分布のことを、標準正規分布と呼ぶ。

③ 間隔尺度とは、数値間の間隔が一定で、絶対ゼロ点がある尺度水準のことをいう。

④ 互いに独立して動けるデータの個数のことを自由度と呼び、合計を算出すると1減るという特徴がある。

⑤ 棒グラフのことを、推測統計学ではヒストグラムと呼ぶ。

問11　統計学に関する次の記述のうち、**正しいもの**を2つ選びなさい

① ノンパラメトリック検定では、名義尺度や順序尺度を扱うことができない。

② 因子分析において、直交回転とは因子間の相関がゼロであることを想定して行うものである。

③ 相関係数を算出した際に、有意確率が5%水準で有意であれば、有意に相関があるといえる。

④ カイ二乗検定には、独立性の検定と適合度の検定とがある。

⑤ 母集団の分布が均一でない場合、各群の平均値に差があるかを検定するためには、t検定を用いる。

問12　統計学の基礎知識について、**正しいもの**を1つ選べ。

① 推測統計学的な仮説を立てて検証する形をとる場合、調査者が望むものと反対の仮説として、対立仮説を立てる。

② 対立仮説が採択され、帰無仮説が棄却される確率であり、統計的検定により実際に算出される値のことを、有意水準と呼ぶ。

③ 統計学的に有意かどうかについては、通常p<0.10（10%）を基準として判断を行う。

④ 帰無仮説が誤っているにもかかわらず、採択してしまうことを第二種の過誤と呼ぶ。

⑤ 棒グラフのことを英語ではヒストグラムと呼ぶ。

問13　重回帰分析において、2つ以上の説明変数が強い相関を示していることを表すものとして、**正しいもの**を1つ選べ。

① 多重共線性

② 標準偏回帰係数

③ 重相関係数

④ 決定係数

⑤ 偏回帰係数

問14　重回帰分析に関する次の説明のうち、**誤っているもの**を1つ選べ。

① 分散拡大要因（VIF）が非常に高い場合、検定結果が正しく計算されないことがある。

② 独立変数間の相関が高くなると、分散拡大要因（VIF）が高くなる。

③ 重相関係数とは基準変数と予測値との相関を表している。

④ 決定係数は寄与率とも呼ばれ、重相関係数を2倍した値である。

問15　心理学研究における質問紙法について、最も**適切なもの**を1つ選べ。

① 社会的望ましさの影響は受けにくい。

② 一般に回答者の主観的側面を捉えている。

③ 結果の解釈に調査者のバイアスが入り込みやすい。

④ 集団に対して実施するのは、困難である。

⑤ 実施に時間がかかるのがほとんどである。

基礎心理学

問1　ピアジェの認知的発達段階と関連する用語について、正しい組み合わせを1つ選べ。

① 感覚運動期　―　循環反応

② 前操作期　―　脱中心化

③ 具体的操作期　―　誤信念課題

④ 形式的操作期　―　象徴的思考

問2　運動の知覚に関して、電車等に乗車している際、隣の電車が動き出したことによって、自らが乗車している電車が動き出したように錯覚する現象を表す言葉として、**正しいもの**を1つ選べ。

① 仮現運動

② 自動運動

③ 誘導運動

④ 運動残効

⑤ 逆行運動

問3 発達に関して、**正しいもの**を1つ選べ。

 ① 世代が進むにつれて、身体的発達が促進されていることを生理的早産という。

 ② W.Sternは、遺伝と環境の相互作用説を提唱した。

 ③ 成熟説を唱えたA.Gesellの理論に基づき、ウズギリス・ハント乳幼児発達評価尺度が作成された。

 ④ 共鳴動作とは、乳児が大人の動作を意図的に模倣することをいう。

 ⑤ 外界の刺激に対して反射的に体を動かす行動を、モロー反射という。

問4 ゲシュタルト心理学について、**最も適切なもの**を1つ選べ。

 ① 他のものよりも明瞭な形で意識される心的要素を、部分ではなく全体として捉える。

 ② プレグナンツの法則とは、人の行動が、人と環境の相互作用の働きによって規定されるというものである。

 ③ 習慣、注意、記憶といった心的機能や心的過程を研究対象とした。

 ④ ネズミの迷路学習から、認知地図という潜在学習を発見した。

 ⑤ Kohler,W.は、知覚の体制化を理論化した。

問5 潜在連合テストについて、**誤っているもの**を1つ選べ。

 ① 通常はPCを用いて実施するが、紙に印刷された語句を分類する紙筆版も存在する。

 ② 回答は社会的望ましさの影響を受けにくい。

 ③ PC版では、全課題における語句分類の正答数を指標とする。

 ④ 呈示される刺激を、できるだけ速く正確に分類することが求められる。

 ⑤ 刺激として画像も使用できる。

問6 社会的な行動を行う際に、自らの行動が社会的に見て適切といえるかを、周りの状況や他者の振る舞いに基づいて観察したり調べたりすることを表す言葉として、**正しいもの**を1つ選べ。

 ① 自己モニタリング

 ② 社会的学習理論

 ③ 社会的比較理論

 ④ 同調行動

 ⑤ 黒い羊効果

問7 Kohlberg,L.の道徳性の発達について、**正しいもの**を1つ選べ。

 ① 普遍的価値が葛藤する「囚人のジレンマ」課題を用いて、道徳性の発達を理論化した。

② 判断そのものよりも、判断するに至った行為の理由付けによって、発達段階を3水準6段階に分けた。

③ 慣習に従う前の段階から、最終的には道徳的な価値基準が内在化され、社会的な契約を重視する状態へと発達する。

④ 道徳性は知能と役割取得能力の発達と連動しているとの仮説を基にしている。

⑤ Erickson,E.H.の生涯発達理論に影響を受けて、青年期や成人期にわたる道徳性の発達を唱えた。

問8　下記のうち、内発的動機づけによる行動として最も**適切なもの**を1つ選べ。

① 昨日宿題をしなかったことを母親から叱られ悲しかったので、今日は全部終わらせた。

② 一回ごとにおこづかいをもらえる約束となり、お風呂掃除を毎日行った。

③ テレビで見たカブトムシの話が気になり、図書館でカブトムシのことを調べた。

④ クラスの友達に喜ばれたので、翌日もカブトムシの絵を描いて学校に持っていった。

⑤ 部活の先生に、次の練習試合で得点をあげられたらレギュラーにできると言われ、家での練習をさらに増やした。

問9　プログラム学習について、**正しいもの**を1つ選べ。

① 行動主義の立場から、Thorndike,E.L.によって提唱された。

② 学習者の積極的な反応を重視する。

③ スモールステップの原理を用いて、系統化された集団学習法である。

④ 仮説を立てて実験して検証するプログラムである。

⑤ ティーチングマシンは、コンピュータによる学習支援システムCMIの原型となった。

問10　言語の発達について、**正しいもの**を2つ選べ。

① Bruner,J.は、言語獲得装置 (LAD) により言語の法則性を獲得していくと考えた。

② Piaget,J.は、集団的独話を幼児の自己中心性と捉え、外言から内言へと移行していくと考えた。

③ Chomsky,N.は、大人同士での会話とは異なる働きかけをする、言語獲得支援システム (LASS) により、子どもは言語を獲得していくと考えた。

④ Whorf,B.らは、言語が思考を規定すると考え、言語相対性仮説を提唱した。

⑤ 語用論は、ことばの意味と話し手の意図などを分けて考える。

問11 パーソナリティ理論について、**正しい組み合わせ**を1つ選べ。

① Kretschmer,E. – 発生的類型論
② Scheldon,W.H. – 価値類型論
③ Spranger,E. – 性格類型論
④ Jung,C.G. – 気質類型論
⑤ Allport,G.W. – 特性論

問12 知覚・感覚に関する次の記述のうち、**正しいもの**を1つ選びなさい。

① ある刺激の強度が「強くなった」「重くなった」と感じるために必要な刺激強度は、感覚領域によって異なる。その刺激強度の最小単位のことを、ウェーバーの法則では丁度可知差異と呼ぶ。

② 形の変化の知覚において、人間の網膜は対象からの距離の変化により、網膜像も大きさを変える。実際に1m先にいる人と2m先にいる同じ大きさの人では、網膜上では2倍の違いがあるが、実際にはそれほど大きさに違いを感じない。そのことを幾何学的錯視と呼ぶ。

③ 網膜からの神経は、それぞれ左右の眼球の鼻に近い側にある神経が交叉しており、電気信号が脳の視覚野に送られる際に、右視野で見た情報は左半球に送られ、左視野で見た情報は右半球に送られる。このような知覚した側と反対側の脳に伝達されることを、感覚モダリティと呼ぶ。

④ 踏切の二つのライトの点滅を見ていると、光点が一方から他方へと移動しているように錯覚することがあるが、その現象を自動運動と呼ぶ。

⑤ 人が刺激を受容する感覚として、体性感覚と呼ばれるものは視覚、聴覚などの感覚受容器から受け取った感覚を指す。

問13 認知の注意モデルに関する次の記述のうち、**正しいもの**を2つ選びなさい。

① Engell, G.のフィルターモデルでは、注意を向けなかった情報（刺激）は、情報認知の早期段階でフィルターにかけられて失われ、そのフィルターを通り抜けた情報（刺激）のみに、高次の情報処理がなされると考えられる。

② Treisman, A.の注意の減衰モデルでは、注意を向けなかった情報（刺激）は減衰されるが、完全に失われるのではなく、意識しないまま高次の情報処理が行われていると考えられる。

③ Lavie, P.の最終選択モデルでは、注意の有無に関わらず、全ての情報は高次な情報処理をされており、情報の重要度によって、反応が行われる前にフィルターを通し、反応が決定されるとした。

④ Cherry, E.C.は両耳分離聴の実験を行った。その実験は、左右の耳に別々のメッセージを再生して、実験協力者に聞こえたメッセージを追唱してもらうものである。この実験から左右の両方の耳から入った情報は、

同時に認知できない事が発見された。

⑤ カクテルパーティ効果は、少数が静かに話しているような環境下で、混乱して自身の相手との会話が認識できなかったり、自身に必要な事象を見ることができなくなる脳の働きである。

問14　記憶に関する次の記述のうち、**正しいものを2つ**選びなさい。

① 記憶は、その分類として、記憶時間の短い方から並べると、短期記憶、感覚記憶、長期記憶の順番に並べることができる。

② 長期記憶は、下位分類として言葉で表すことが可能な「宣言的記憶」と、言葉で表すことが不可能な「非宣言的記憶」とに分けることができる。

③ 短期記憶を長期記憶化するには、何度も目にふれさせたり、何度も唱えたりすることでリハーサルを行う。

④ 数秒から数分の間、記憶を保持する短期記憶には、感覚記憶とワーキングメモリが含まれており、それぞれ感覚を伴った記憶を感覚記憶、作業を行っている時に一時的に蓄えた記憶をワーキングメモリと呼ぶ。

⑤ George, A.M.の研究で、ワーキングメモリは約20秒程度記憶を保持できるといわれており、その数は3±2でマジカルナンバー5と呼ばれる。

問15　学習に関する次の記述のうち、**正しいものを1つ**選びなさい。

① Pavlov, I.P.による「パヴロフの犬」の実験では、犬に肉片を提示すると唾液を分泌し、ベルの音を聞かせても唾液を分泌しない状態で、ベルの音と肉片の提示を同時に行う手続きを何度も繰り返すと、犬は次第にベルの音を聞いただけで、唾液を分泌するようになることが観察された。これらの手続きを条件づけと呼ぶが、この際の肉片は条件刺激であり、ベルの音は無条件刺激と呼ばれる。

② Skinner, B.F.の実験で発見されたオペラント条件づけでは、エサが出てくるレバーとエサの出ないレバーの設置された仕掛けの箱にネズミを入れておき、ネズミが偶然エサの出るレバーを押す（オペラント反応）→エサが出る（反応結果）→エサの出るレバーを押す頻度が増える。これらのオペラント条件づけを三項随伴性（弁別刺激＋オペラント反応＋反応結果）で説明することができる。

③ Bandura, A.は、観察学習を社会的学習理論として体系づけ、模倣学習とした。

④ 苦痛なこと、嫌なことを避けることで、苦痛と向き合わなくても済むことを学習し、それが行動として定着することを回避学習というが、回避学習とはレスポンデント条件づけの一つである。

⑤ 野生児研究において、ある特定の時期に言語発達や情動発達を促すために重要な乳幼児期の環境を、臨界期と呼ぶ。

問16 学習理論に関する次の記述のうち、**正しいもの**を**2つ**選びなさい。

① Fantz, R.L.による社会的参照法とは、乳児に2つ以上の刺激を提示し、注視時間の違いから、その刺激を弁別しているかを確認する方法である。

② 乳児に同じ刺激を反復して提示すると、その刺激への慣れによって注視量が減少する。しかし、その刺激に対して慣れた乳児に、新しい別の刺激を提示すると、注視量が最初の刺激に対して示した注視量と、ほぼ同じ水準まで上昇する。この刺激への慣れを馴化、新奇刺激に対する注視量の回復を脱馴化と呼ぶ。

③ 刺激Aに反応Bが条件づけられた場合に、刺激Aと類似した刺激A'に対しても、反応Bが同様に生起することを般化と呼ぶ。また、その条件反射の手続きを繰り返していくことで、刺激Aと刺激A'の区別ができるようになることを弁別と呼ぶ。

④ 学習の分類において、試行錯誤学習は、Thorndike, E. Lが提示した概念である。試行錯誤学習とは、解決につながる諸要素を「考える」という行動を続けることで、問題解決を生む「ひらめき」につながる学習のことをいう。つまり、解決につながる行動を突然とるようになるものではなく、「考える」という行動の結果、学習がなされるものである。

⑤ 学習理論における転移とは、心理面接において、クライエントが過去に重要な他者に向けていた感情を、セラピストなど別の対象に向ける態度のことである。

問17 統計資料に関する以下の記述から、**正しいもの**を1つ選びなさい。

① 警察庁の「自殺統計」によると、自殺者数は平成10年より30,000人を下回ることなく推移している。

② 警察庁の「自殺統計原票データ」によると、平成29年の自殺者数は、男性が女性の2倍以上である。

③ 内閣府・警察庁の「平成27年中における自殺の状況」によると、自殺の原因・動機は「健康問題」よりも「経済・生活問題」の方が、全ての年齢群においても多い。

④ 生活保護受給者数は、214万人（平成29年）、164万世帯（平成29年）と続けて増加傾向にある。

⑤ 「平成29年版厚生労働白書」によると、生活保護の世帯類型別被保護世帯数の対前年同月伸び率は、高齢者世帯は一貫してマイナスとなっている。

問18 統計や施策について述べた以下の記述から、**正しいもの**を**2つ**選びなさい。

① 日本の合計特殊出生率は、平成29年では1.43であり、平成17年の1.26と

比べ漸増してきている。

② 平成29年に発表された「国立社会保障・人口問題研究所『日本の将来推計人口（2017年推計）』」によると、現在の傾向が続けば、2065年には我が国の人口は半数程度になり、1年間に生まれる子どもの数は半数程度の約55万人となり、高齢化率は約38%に達するという見通しがなされている。

③ 平成27年4月に子ども・子育て支援新制度が施行されることに併せ、厚生労働省に子ども・子育て本部が発足した。

④ 子ども・子育て本部では、少子化対策や子育て支援施策の企画立案・総合調整を行い、子ども・子育て支援法に基づく給付等や児童手当など財政支援の一元的な実施等を行い、認証保育園制度を文部科学省、厚生労働省、内閣府の共管としている。

⑤ 厚生労働省では、待機児童の解消に向けて、「待機児童解消加速化プラン」に基づき、取り組みを進めている。

問19 心理学の歴史や精神物理学、実験心理学に関する次の記述のうち、**正しいもの**を1つ選びなさい。

① 科学としての心理学は、1897年にTitchener, E.B.による世界で最初の心理学実験室に端を発する。Titchener, E.B.はアメリカで心理学実験室を創設した。

② Fechner.G.T.は、刺激間の強度の違いに関する相対的な関係について測定を試みた。

③ 刺激強度の違いのことを丁度可知差異と呼び、人が刺激を感知することのできる最小の刺激強度を絶対閾と呼ぶ。

④ 刺激間の強度の変化を感知するために、最小の刺激強度のことを、弁別閾と呼ぶ。

⑤ 感覚そのものの大きさについて対数関係を示す法則を、ウェーバーの法則という。

問20 次のうち、心理学の専門用語に関する説明として、**正しいもの**を1つ選びなさい。

① 要素主義的な心理学への反論として、Wertheimer, M.らは構成主義心理学を立ち上げた。

② Köhler, W.のチンパンジーの実験によって、試行錯誤の結果として、洞察学習が起きることが明らかになった。

③ 社会構成主義とは、社会が人間関係の中で交わされる言語によって、構成されているという考え方である。

④ オペラント条件づけとは、Watson, J.B.によって提唱された条件づけであ

る。

⑤ 行動主義では、トールマンの認知地図という概念の中で、潜在学習という学習の形態が見出された。

問21 次の心理学的アプローチのうち説明として、**正しいもの**を1つ選びなさい。

① 精神力動アプローチとは、自由連想法や催眠療法などを用いて、精神的な力をつけていくことを試みるアプローチである。

② 認知行動アプローチとは、ひとの認知にアクセスすべく催眠やイメージ療法を用いて、行動を変容していくアプローチである。

③ 人間性アプローチとは、「いま、ここで」を重視するアプローチで、主要なものとして森田療法やマインドフルネスなどがある。

④ ナラティヴ・アプローチとは、支配されてきた物語（ドミナントストーリー）を、クライエントが主体的に生きてきた物語としての代替可能な物語（オルタナティヴストーリー）へと語りなおせるように、セラピストがクライエントに寄り添う。

⑤ システム論的アプローチとは、意識・前意識・無意識といった心のシステムをもとに、精神の内界を探るアプローチである。

問22 ひとの心の基本的な仕組みとその働きに関する次の記述のうち、**正しいもの**を1つ選びなさい。

① 電車に乗っていて、隣の電車が動いたのを見て、自分の乗っている電車が動き出したと知覚してしまうことを仮現運動と呼ぶ。

② 記憶のメカニズムとして、記銘・保持・符号化というプロセスが考えられている。

③ Seligman, M.は、ポジティヴ心理学において、Well-beingの5つの要素としてPERMAを提唱している。PERMAとは、P（Positive emotion：ポジティヴ感情）、E（Enjoyment：楽しみ）、R（Relationship：関係性）、M（Meaning：意味・意義）、A（Achievement：達成）の頭文字を取ったものである。

④ 物事をやろうという気持ちのことを、動機づけ（モチベーション）と呼び、外発的動機づけと内発的動機づけとに分かれる。

⑤ 胎児期のうちから存在するといわれる原始反射には、吸啜反射、把握反射、モロー反射、バビンスキー反射、膝蓋腱反射などがある。

問23 人の心の基本的な仕組みとその働きに関する次の記述のうち、**正しいもの**を1つ選びなさい。

① Vygotsky, L.S.は、発達の最近接領域として、乳幼児が発達していく上で物理的に近い位置にいる人物が、よりよく乳幼児の発達を促すことが

できると考えた。

② セルフ・エスティームとは、ある状況下において、適切な行動を選択し遂行する能力があると感じる自己に対する可能性の認知のことで、日本語では自己効力感と呼ばれる。

③ 集団心理が働くことで、集団が極端な決断に傾くことを集団の凝集性と呼び、リスキーシフトとコーシャスシフトの2つに分かれる。

④ Erikson, E.H.は、アイデンティティ理論を考え、同一性地位として、同一性達成、モラトリアム、同一性拡散、早期完了を唱えた。

⑤ Piaget, J.の認知発達理論では、発達段階を感覚運動期、前操作期、具体的操作期、形式的操作期の4つに分けて考え、人間と環境の相互作用によって認知機能が発達すると考えた。

問24 言語に関する次の記述のうち、**正しいもの**を1つ選びなさい。

① 母国言語獲得の過程において、Chomsky, A.N.は、全ての自然言語には、共通する性質や規則性や知識があると考え、それらを生得的に理解する言語の基盤のことを構文文法とした。

② 限局性学習症の一つであるディスレクシア（読字障害）の中でも、遺伝的・解剖学的な要因、視覚・聴覚などの感覚受容器の要因ではなく、認知レベルでの要因は、音韻処理と呼ばれ、字と音を結びつける認知過程や文字のまとまりを単語として認知し、その意味を想起する能力であるが、その認知過程に障害があることを要因とする。

③ 言語の獲得過程初期における喃語とは、一般的に生後約2、3ヶ月の乳児期に始まる「アーアー」や「ウーウー」など、子音を伴わない母音のみの発声であり、生後約6ヶ月に時期に「ダダダー」「バブバブ」のように、子音を伴った発声で、母語発声の準備ともいわれるクーイングが始まる。

④ DSM-5で、限局性学習症に分類される読字障害（ディスカリキュリア）では、文字や正確な文章を書くことに難しさを感じ、文字を使って自分の考えや気持ちを表現することに困難をきたす。

⑤ 高次脳機能障害の一つである失語症の分類において、Wernicke（ウェルニッケ）失語は、運動性失語や表出性出語とも呼ばれ、言語の理解は比較的容易に可能だが、流暢に発話することができないという症状を持つ。また Broca（ブローカ）失語とは、感覚性失語や受容性失語とも呼ばれ、言語の理解が困難な状態を示し、流暢に発話することは可能だが、その発話内容は意味不明で、言語的なまとまりがない症状を持つ。

問25 感情や人格に関する次の記述のうち、**正しいもの**を1つ選びなさい。

① ひとの感情を司る脳の部位の名称は、それぞれ海馬・線条体・扁桃体・

帯状回・側坐核・前頭前野腹内側部で構成される大脳辺縁系と、大脳新皮質の一部である。

② 扁桃体への情報入力の経路は、大きく分けて、刺激→視床→扁桃体→反応という経路をたどる情報伝達のスピードが速い低次回路と、刺激→視床→感覚皮質→扁桃体→反応という経路をたどる高次回路とに分けることができる。また蛇を見た際に、「くねくねした物体が動いている→危険かを判断する」のが低次回路で、「くねくねした物体→植物のつたであるか蛇であるかを判断→危険かを判断する」のが高次回路である。

③ 感情の発達段階を本格的に研究したBridges, M.B.によると、新生児～3ヶ月では、興奮・快・不快だった感情が、3ヶ月～6ヶ月では、怒り・嫌悪・恐れが加わり、6ヶ月～12カ月までには、得意・子どもへの愛情・おとなへの愛情・喜び・希望・嫉妬・羞恥など、およそ大人が感じるであろう感情のほぼ全てを、感じることができるようになるとされる。

④ DSM-5によるパーソナリティ障害のクラスター分類では、境界性パーソナリティ障害はA群に含まれ、統合失調型パーソナリティ障害はB群に含まれ、強迫性パーソナリティ障害はC群に含まれる。

⑤ パーソナリティ特性において、Wing, L.の三つ組特性とは、以下の3つを指す。1つめは、対人操作的・反道徳的・搾取的な「マキャベリズム」、2つめは、衝動性が高く利己的で、良心や罪悪感が著しく欠如している「サイコパシー傾向」、そして3つめは、自身が賞賛され注目を集める強い欲求を持ち、それらが満たされない場合に過度に攻撃的・競争的になる「自己愛傾向」である。

問26 感情の理論に関する次の記述のうち、正しい組み合わせを1つ選びなさい。

① 感情の末梢説とは、末梢起源説とも呼ばれ、Cannon, W.とBard, P.が提唱した。古典的な感情喚起の機序に関する理論で、「悲しいから泣く」と考えた。感情表出の機序としては、外界からの刺激は、まず視床に送られると考えられる。視床は、感覚皮質に情報を送ると同時に、視床下部にも情報を送る。感覚皮質に送られた情報や刺激によって、感情体験がカテゴライズされ、視床下部に送られた情報によって、身体反応が生じるというモデルを想定している。

② James, W.とLange, C.の提唱した古典的な感情喚起の機序に関する理論のことは、感情の中枢説や中枢起源説と呼ばれ、「悲しいから泣くのではなく、泣くから悲しいのだ」と考えられた。感情表出の機序としては、まず対象からの刺激を感覚皮質で知覚し、感覚皮質に入力された刺激は運動皮質に伝わり、身体反応が起こるというモデルを想定している。

③ 感情の2要因説とは、Schachter, S.とSinger, J.の提唱した感情喚起の機序に関する理論のことである。感情は生理的な喚起が起こった後、その

身体反応を認知的にどのようにフィードバックするかによって決まり、その要因とは、生理的変化と原因帰属の2要因であるというモデルを想定している。

④ 表情フィードバック仮説とは、感情は文化によって構築されていると主張する説のことである。感情は、社会的で経験則的であり、文化の固有性からの影響を多分に受け、それらの影響下での感情表出法に基づき獲得されるものであり、社会的模範やその文化固有の理想的な人間関係などによって形成されると考えられた。

⑤ 感情の社会構成主義説とは、Tomkins, S. と Ekman, P. によって提唱された理論で、表情筋はそれぞれ感情の種類に対応して収縮するため、現在起きている状態を表情から脳へフィードバックすることができ、それらが感情に影響を与えると考えられた。

問27 人格理論に関する次の記述のうち、**正しいもの**を1つ選びなさい。

① 様々な人格の類型論のうち、身体的特徴と気質との関係を仮定し、それぞれ細長型（分裂気質）、肥満型（循環気質）、闘士型（粘着気質）として、人格を分類した気質類型論を提唱したのは Sheldon, W.H. である。

② 人格を複数の特性の集合と捉え、その特性の組み合わせで人格を記述する特性論の研究をはじめ、人格特性を表す単語を辞書から選択・分類し、個々人が持っている個別特性と、多くの人が共通して持つ共通特性に区別したのは、Eysenck, H.J. や Cattell, R.B. らの研究者である。

③ 類型論の一つとして、Jung, C.G. は、様々な人格を、心的エネルギーが外界へ向かう外向型と、内界へ向かう内向型の2つの型に分け、さらにそれぞれを、思考型・感情型・感覚型・直観型の4つに分けた2型×4型の計8型に分類した。

④ 特性論の中でも現在広く使われる概念に、Eysenck, H.J. が提唱したビッグファイブ（特性5因子論）が挙げられるが、ビッグファイブとは、人間が持つ様々な性格の要素を、神経症傾向、外向性、経験への開放性、協調性、誠実性の5つに分類し、各要素をどれほど多く、または少なく持つかということから、人格を総合的に捉えるものである。

⑤ 類型論の一つで、成人の身体部位を測定し、その身体部位の発達度合いによって、Spranger, E. は人格類型を内臓緊張型、身体緊張型、頭脳緊張型の3型に分類した。

問28 学習や発達に関する心理学について、**正しいもの**を1つ選びなさい。

① 原始反射には、吸啜反射や把握反射、モロー反射、膝蓋腱反射などがある。

② 条件付けには、大きく分けて古典的条件づけとレスポンデント条件づけ

とがある。

③ 目標行動をスモールステップに分けて、段階的に導く強化の方法をシェイピングと呼ぶ。

④ Bandura,A.によって体系付けられた、行動に対する直接的な強化がなくても、モデルとなる人物の行動を見るだけで成立する学習のことを、模倣学習と呼ぶ。

⑤ Thorndike,E.L.によって行われた猫の問題箱に関する実験で、何かのきっかけでエサを手に入れることができることが続くと、徐々にエサを手に入れるまでの時間が短くなる学習のことを洞察学習と呼ぶ。

問29 言語や発達に関する心理学について、**誤っているもの**を1つ選びなさい。

① 赤ちゃんは生後9ヶ月頃には、自分と他者だけでなく、モノを含んだ三項関係で物事を捉えることができるようになる。

② Morris,C.W.は、事象に対して「記号」という形で表現することができると考え、記号論を統語論、意味論、語用論という3つに分けた。

③ Vygotsky,L.S.は、外言が発達したものを、子どもは次第に頭の中で使えるようになり、内言化していくと考えた。

④ Sapir,E.とWhorf,B.L.は、使う言語によって人の考え方が異なるという言語決定論や、言語や文化の影響によって外的事象の捉え方や分類の仕方が異なるという言語相対論を考えた。

⑤ 養育者による言語的な刺激に対して、同じように口の動作を行うことをエントレインメント（相互同期性）と呼ぶ。

問30 脳に関する次の記述のうち、**正しいもの**を1つ選びなさい。

① 扁桃体は大脳皮質を経由せずに、感覚器から直接入力を受けていることから、無意識的な感情に関与していると考えられている。

② Brodmann, K.らは、脳の特定部位に電気刺激を与えたり、その特定部位に障害を起こすことで、脳機能が対応した脳部位のみで活性化することを発見した。それらの知見をもとに脳の分類を行い、Brodmannの脳地図が作成された。以上のような脳の特定部位と脳機能との関係を、脳の機能局在論と呼ぶ。

③ ストレス状況下の身体機能に重要な影響を及ぼす交感神経と、リラックス時など、それと拮抗した働きを持つ副交感神経、それらに指令を出す役目の脳と末梢とをつなぐ脳神経の3つを合わせて自律神経系と呼ぶ。

④ 睡眠は、急速眼球運動を伴うノンレム睡眠と、それを伴わない睡眠の深さによって、4段階あるレム睡眠を、90分から110分周期で繰り返しているとされる。

⑤ アミノ酸やアセチルコリン、モノアミンなどの神経伝達物質は、シナプス

で産生され、神経インパルスがニューロン末端まで到達すると、末端に
あるニューロン小胞と呼ばれる細胞に含まれた神経伝達物質を、ニューロン間隙へ放出して、標的である他の神経細胞や細胞に情報を伝達する。

問31 脳に関する次の記述のうち、**正しいもの**を1つ選びなさい。

① 中枢神経系を構成する器官の集合体で、延髄や橋、小脳を合わせて脳幹と呼ぶ。

② 大脳は、右脳と左脳に分かれており、その間は脳梁と呼ばれる交連繊維の束によってつながれている。脳梁では、右脳－左脳の情報の行き来がなされている。

③ 海馬とは、情動記憶や情動反応の処理に関わる脳の器官で、海馬や帯状回を含む記憶に関わる回路はYakovlev回路と呼ばれている。

④ 大脳は大きく分けて、大脳皮質と脳梁、大脳辺縁系に分かれる。うち大脳皮質は、前頭葉、側頭葉、頭頂葉、後頭葉に分かれている。

⑤ 高次脳機能障害とは、脳の機能のうち、言語・記憶・注意・情緒などの認知機能に障害が起きる障害であり、その発症の原因は、約80％が交通事故などの脳外傷、約10％が脳梗塞・くも膜下出血・脳出血などの脳卒中で、残りの約10％がてんかん・脳腫瘍・低酸素脳症・正常圧水頭症によるものである。

問32 脳・神経の生理的機序に関する次の記述のうち、**正しいもの**を1つ選びなさい。

① 局所脳血流変化を活用した器質的ではない抑うつ症状の診断に使われる光トポグラフィ検査は、その抑うつ症状が、うつ病であるか統合失調症なのか双極性障害なのかを、70-80％の精度で分類できる。

② 事象関連電位とは、1-3Hzのδ（デルタ）波, 4-7 Hzのθ（シータ）波, 8-13Hzのα（アルファ）波, 14Hz-のβ（ベータ）波などにより構成される脳の電位変動を指す。

③ 発汗は、その要因により3種に分類することができ、暑さを感じた時や運動をして体温が上昇した際に、アポクリン腺から汗の分泌が起こる温熱性発汗と、緊張や驚愕した際の精神的な刺激によって、エクリン腺とアポクリン腺から発汗が起こる精神性発汗、辛いものや酸っぱいものを食べた際の刺激によりエクリン腺から発汗が起こる味覚性発汗がある。

④ 皮膚電位図とは、皮膚電気活動をグラフで表すもので、心身の活動状態を表す指標などとして活用されるが、犯罪捜査に使われるポリグラフ（嘘発見器）では、皮膚電位図のみを使用している。

⑤ 末梢の感覚受容器に入力された物理的・化学的刺激は中継核を通り、末梢からの刺激に意味づけをして、大脳皮質の各感覚領域に情報を伝達す

る。その各感覚受容器から入った抽象的な刺激が、より具体的な意味の
ある刺激に置き換わっていくことを感覚モダリティと呼ぶ。

問33 脳の機能と構造に関するものとして、**正しいもの**を1つ選びなさい。

① パペッツの回路は、情動が生まれることに関連する神経回路とされている。

② 視床下部は、摂食や性行動などの本能的行動や情動に関連している。

③ ブローカ野は側頭葉に存在し、感覚性言語中枢と呼ばれる。

④ 中脳は、体のバランスに重要な姿勢に関する中枢がある。

⑤ 感情を伴う記憶を司る脳部位として、海馬がある。

問34 脳の機能と構造に関するものとして、**正しいもの**を1つ選びなさい。

① 睡眠は、深い眠りと浅い眠りの大きく2つに分かれるが、浅い眠りの段階のことを、ノンレム睡眠と呼ぶ。

② 脳波において、せん妄患者では、シータ波が増加する。

③ アルファ波は、閉眼時や安静時に増加し、前頭前野を中心に観察される。

④ 脳幹網様体は、睡眠と意識水準を保つ働きを持つ。

⑤ 統合失調症患者の脳波では、突発性脳波異常を示す棘波が見られる。

問35 記憶に関するものとして、**誤っているもの**を1つ選びなさい。

① ワーキングメモリは、視空間スケッチパッドと音韻ループ、中央実行系の3つから構成されていると考えられる。

② 記憶のメカニズムとして、記銘－保持－再生／想起の3つの段階に分けることができる。

③ 想起するときに意識を伴わず、何かを判断する際に用いられる記憶を潜在記憶と呼ぶ。

④ 記憶内容が意識上に保持されている状態の記憶を、二次記憶と呼ぶ。

⑤ 注意欠如・多動症では、ワーキングメモリに意識を集中し続けることが困難といわれている。

問36 脳の機能と構造に関するものとして、**誤っているもの**を1つ選びなさい。

① 延髄は、嘔吐や嚥下、唾液、呼吸、消化、循環の中枢を含む生命維持に不可欠な機能を担う。

② 視床では、視覚や聴覚、体性感覚等、感覚入力を大脳新皮質へ中継する。

③ 松果体は、感情の形成や処理、学習や記憶に関係する。

④ 大脳の左右半球間で情報のやり取りをする交連繊維の束のことを、脳梁と呼ぶ。

⑤ 内分泌器官のひとつで、ACTH（副腎皮質刺激ホルモン）やプロラクチ

ン、甲状腺刺激ホルモンなどを分泌する部位を、脳下垂体と呼ぶ。

問37　対人関係における心理過程に関して**正しいもの**を1つ選びなさい。
　　① 意図的に自分に関する情報を他者に与える自己開示は、良好な関係を築くことに役立つ。
　　② ひとは課題を遂行するときに、他者がいるだけで遂行が促進したり、抑制されたりする。一般的に、課題が促進するか抑制されるかに関しては、課題内容は関係なく、他者との関係性によって決まるとされている。
　　③ 所属している集団に同一化し、自分自身が集団の一部としての感覚をもって行動することがある。このような感覚を社会的アイデンティティという。
　　④ 社会的ジレンマとは、個人や集団の欲求や期待が、他者や他集団によって阻止されている状況のことをいう。
　　⑤ 人間関係において、価値観や態度が似ていると自分の意見と一致する可能性が高いことから、好意を抱きやすい。これを類似性というが、単純接触効果もそこに含まれる。

問38　Kelley, H. H. の帰属理論（共変原理）の記述に関して、**適切なもの**を1つ選びなさい。
　　① Fがある本を読んで感動したとき、F以外も感動している人が多い場合、弁別性が低いと考えられる。
　　② Fが本のジャンルに関わらず、よく感動して涙を流してしまう場合、一貫性が高いと考えられる。
　　③ Fがある本を読んで感動したとき、また別の日に同じ本を読んだときでも感動する場合、合意性が高いと考えられる。
　　④ Fが「感動すると評価されている本」を読んで久しぶりに感動し、また読むたびに感動する場合、本よりもFが感動しやすい性格だといえる。
　　⑤ Fが「感動すると評価される別の本」を読んだ際、今度は感動せず、それを何度も読んでも感動しない時、その原因はFにある。

問39　家族、集団及び文化が個人に及ぼす影響についての記述に関して、**適切なもの**を1つ選びなさい。
　　① 個人の存在は、システム論の観点からは除外される。
　　② システム論によると、クライエントの問題は、クライエントの性格特徴などの個別性を理解することが重要視される。
　　③ 個人の発達に影響を与える環境において、家庭や学校などの人が直接関わる最小の環境のことをエクソシステムという。
　　④ 対象者に禁止命令と、それと矛盾するメタ的な禁止命令が繰り返し提示

され、対象者がその矛盾した命令から逃れられない状況のことを、機能不全という。

⑤ 家族の内外に起きた問題に対して、問題が起きる前の安定した状態に戻ろうとするような変化を起こすことを、恒常性に基づく変化という。

問40 Piaget, J. の発達理論に関する記述のうち、**正しいもの**を1つ選びなさい。

① 1歳程度では、物の存在を自分の感覚を通して受けとめ、運動的な働きかけをすることで認識する。そのため、見えなくなった対象は存在しないものとして認識する。

② Piaget, J.は、人間の発達をシェマの発達ごとに、大きく4つの段階に分けた。感覚運動期、前操作期、具体的操作期、形式的操作期がそれである。

③ 「ごっこ遊び」ができるようになった時期には、他人の立場になって考えることができる一方で、機械や植物などにも、ひとと同じように心があると信じアニミズムがまだ残っているとされる。

④ 具体的操作期では、思考の可逆性と、保存の概念が備わってくることが特徴であり、論理的な思考ができるようになる。

⑤ 言語の発達は、親などの他者とコミュニケーションをとることによってはじめて獲得され、次第にそれが頭の中でも使えるようになると考えられる。

問41 メンタライゼーションや心の理論に関する記述のうち、**正しいもの**を2つ選びなさい。

① 過去に体験した事や得られた情報が、意識していないところで統合されて、これまでとは全く異なるやり方を思いつくことができる。

② 他者のいつもと違う行動や、外見的な様子に気づくことができる。

③ 友人が突然、部屋から出ていった時に、その行動の理由を考えることができる。

④ 赤ん坊が泣き出した時、その理由を考えて対処することができる。

⑤ 自分が過去に取った行動について、そのきっかけや動機を思い出し、考えることができる。

問42 愛着理論に関する記述のうち、**正しいもの**を1つ選びなさい。

① 回避型の愛着タイプの子どもは、母子分離時に強い不安や混乱を示し、親との再会時には強く身体接触を求める一方で、怒りや攻撃を示す。

② 愛着形成や健全な発達のために必要な心理的、情緒的相互作用のある環境のことを、マターナルデプリベーションという。

③ 愛着行動は、ストレスのある状況で、特定の対象への親密さを求めるた

めの行動であり、明確な行動は生後すぐにみられる。

④ 他者との安定した関わりをもてるのは、主に養育者との愛着を内在化した内的作業モデルが、適応的に機能しているからである。

⑤ 愛着行動には、よじのぼりや抱きつきなどの「能動的身体活動」や、父親や母親のまねをする「ごっこ遊び行動」がある。

問43 ライフサイクル論に関する記述のうち、**正しいもの**を1つ選びなさい

① Erikson, E.H.は、思春期までを対象とし、心理−性的・心理−生物学的なライフサイクル論を提唱した。

② 中年期では、「次世代を確立させ導くことへの関心」を意味する「生成継承性」が、心理的課題となる。

③ 自我同一性の形成のために、社会から与えられる猶予期間を「モラトリアム」といい、25歳を過ぎたあたりで自然に終わる。

④ Jung, C.G.は、ライフサイクルを「少年期」「成人前期」「中年期」「老年期」とに分け、老年期に最大の危機を迎えると考えた。

⑤ Levinson, D.はライフサイクルを四季になぞらえ、4つの発達期を得て進んでいくとし、各発達期の間には、停滞期が存在すると考えた。

問44 加齢による心身機能および社会的な変化に関する記述のうち、**適切なもの**を1つ選びなさい。

① 身体機能の加齢による変化は、緩徐な低下を特徴とする。すべての器官系が一様に同じ速度で劣化する。

② 推論・暗記・思考・計算など、新しい場面への適応に関する知能は、高齢になっても保たれるといわれている。

③ 加齢による一般的な知能の低下は激しく、特に低下が目立つのは70歳以降といわれている。

④ 加齢による聴力の低下など、感覚機能の衰えは、コミュニケーションに影響し、保守的な態度となるなど、心理的な影響もある。

⑤ 老年期のうつ病は、他の年代のうつ病とは異なる点があるが、通常の診断基準で評価されることが多い。

問45 高齢者の心理社会的課題と必要な支援に関する記述のうち、**適切なもの**を1つ選びなさい。

① ソーシャルコンボイとは、社会的支援ネットワークのことであり、高齢者ではこのネットワークを維持することが課題となる。

② 愛着を抱いていた人物や環境、身体機能などを失う喪失に対する反応の総称をグリーフというが、特に社会的な役割を失った場合の反応のことをビリーブメントという。

③ 加齢に伴い様々な機能が低下する中、幸福感が低下しない現象を、エイジングパラドックスという。これは、加齢に伴った資源の喪失に対して、あきらめることで生じると考えられている。

④ サクセスフルエイジングは、「生きがい」と訳されることもあるが、高齢者の態度や心理、精神状態の問題など、主観的評価によって評価されるものである。

⑤ BPSDとは、高齢者が認知症と診断されてから、突発的で予想し得ないような近親者の死や、交通事故などの心的外傷体験をした状態をいう。

問46 障害者(児)支援に関する次の記述のうち、**正しいもの**を2つ選びなさい。

① "TEACCH"とは、米ノースカロライナ州で1972年から行われている、主に自閉症スペクトラムの当事者および、その養育者のための発達障害者支援プログラムのことで、その特徴として「自治体規模の援助」「幼児期から成人期までの長期間の援助」「専門家チームでの援助」「構造化された教育」がある。

② ソーシャルスキルトレーニング(SST)とは、認知療法の一つと位置づけられる技能訓練のこと。行動やコミュニケーション、指示の理解や判断、対人関係に問題があるとされている患者全般を対象とし、「ゲーム」「ディスカッション」「ロールプレイ」「共同作業」などを通し、インストラクション→モデリング→リハーサルとフィードバックという手順で、その対象スキルを学ぶ訓練である。

③ 特別支援教育の「通級」による指導は、普段は特別支援学級の中で指導を受けている児童生徒に対し、必要に応じて通常学級に通いながら、特別な指導を通常学級の中で受けるものである。

④ 障害者の就労支援の事業所形態として、雇用契約を結んで就労し、最低賃金以上の給料を受給する「A型事業所」のほか、雇用契約を結ばずに通所し、授産的な活動に対して工賃を受給する「B型事業所」がある。

⑤ 応用行動分析(ABA)は、軽度から重度の自閉症の子どもに対して行われる療育プログラムであり、行動を観察・記録し、望ましい行動を強化して、望ましくない行動を減少させるための一連のプログラムである。

問47 障害者の支援に関する記述のうち、**適切なもの**を1つ選びなさい。

① 発達障害者支援法における「発達支援」とは、心理機能の適正な発達を支援し、及び円滑な社会的生活を促進するため行う発達障害の特性に対応した医療的、福祉的及び生物学的援助をいう。

② 移動支援とは、外出困難な障害者(児)に、社会生活上必要不可欠な外出及び余暇活動や社会参加のため、外出時にヘルパーを派遣し、必要な移動の介助及び外出に伴って必要となる介護を提供するサービスであ

る。身体障害者（児）、発達障害者（児）、精神障害者（児）、知的障害者
（児）が対象となる。

③ 障害者自立支援法では、20歳以上の障害者に対し、障害の種類にかかわ
らず、共通した福祉サービスを共通の制度により提供することで、自立
支援を目指すことを定めている。

④ インクルーシブ教育システムは、適切な場で個別に学ぶことを追求する
とともに、個別の教育的ニーズのある幼児や児童生徒に対して、自立と
社会参加を見据えて、その時点で教育的ニーズに最も的確に応える指導
を提供できる多様で柔軟な仕組みを整備するものである。

⑤ 発達障害などにより学習に困難を抱える子どもたちへの支援において、
ICT（情報通信技術）を効果的に活用した教育が行われている。

問48 障害者の特徴・支援に関する記述のうち**正しいもの**を**2つ**選びなさい

① 対象者の行動理解には、観察による情報収集や、質問や面接による情報
収集があるが、知的障害者の場合、質問紙に基づく面接が中心になる。

② 対人的興味がなく、社会性やコミュニケーションの障害のある自閉スペ
クトラム症の児童には、周りの環境の理解、課題・スケジュールの理解
を促す際に、環境を分かりやすく構造化する方法が有効である。

③ 発達障害の診断名告知後の感情的反応について、いくつかの段階説があ
る。そのうち、螺旋形モデルは、ショック・否認・悲しみと怒り・適応・
再起の5つの段階を示している。

④ Carol Grayが考案した発達障害児に社会のルールや環境を理解させる
ための支援方法を、ソーシャル・ストーリーという。

⑤ 自閉スペクトラム症では、感覚の鋭敏さはあるが、鈍感さはめったにみ
られない。

問49 ゲシュタルト心理学に関係する心理学者として、**不適切なもの**を1つ選べ。

① Lewin,K.
② Wertheimer,M.
③ Koehler,W.
④ Thorndike,E.L.
⑤ Kanizsa,G.

問50 アメリカのコーネル大学で心理学実験室を開いたTitchener,E.B.によって提
唱された心理学について、**正しいもの**を1つ選べ。

① 心的機能を対象とする。
② 心的過程を対象とする。
③ 要素間の連合する法則について明らかにする。

④「習慣」や「注意」、「記憶」について明らかにする。

⑤ 内観療法によって意識を複数要素に分解する。

精神・身体医学

問1 発達障害について、**正しいもの**を1つ選べ。

① 発症の原因として、発達過程における生育環境によるところが大きい。

② 薬物療法は適用外である。

③ 2つ以上の発達障害の併存は認められない。

④ 注意欠如多動症は、衝動性や多動性がみられなくても診断が可能である。

⑤ 自閉スペクトラム症の診断には、知的能力障害がみられることが必要である。

問2 DSM-5の神経発達症群／神経発達障害群について、**正しいもの**を**2つ**選べ。

① 知的能力障害

② 神経性過食症

③ せん妄

④ コミュニケーション症

⑤ 適応障害

問3 高次脳機能障害について、**正しいもの**を1つ選べ。

① 事故における脳の損傷によって起きた障害のことであり、脳血管障害や脳症、脳炎によるものは含まれない。

② 右半球や頭頂葉が損傷した場合、会話が困難な状態（失語）がみられる。

③ リバーミード行動記憶検査は、検査を何度も施行することで、練習効果が結果に影響してしまうことが問題とされている。

④ 道具の使い方や物事の順番がわからなくなることを観念失行と呼ぶ。

⑤ 発症する前に経験した事柄が思い出せなくなることを前向性健忘と呼ぶ。

問4 平成29年度以降の過労死等の労災補償状況のうち、脳・心臓疾患に関する事案で支給決定件数の最も多かった業種（大分類）として、**正しいもの**を1つ選べ。

① 建設業

② 製造業

③ 運輸業、郵便業

実力養成用科目別練習問題

④ 卸売業、小売業

⑤ 宿泊業、飲食サービス業

問5 DSM-5に記載される「性別違和」の説明として、**正しいもの**を1つ選べ。

① 指定されたジェンダーとは異なる別のジェンダーとして扱われたいという強い欲求がある。

② 体験または表出するジェンダーと、指定されたジェンダーとの間の著しい不一致が、少なくとも3カ月続く。

③ 20歳以上で、結婚をしておらず、未成年の子どもがいない。

④ 日本における成人の有病率は、2.2：1で出生時が男性の割合が高い。

⑤ 出生時の性別と同じ性別の人に性的魅力を感じる。

問6 レビー小体型認知症の説明として、**正しいもの**を1つ選べ。

① レム睡眠行動障害を併発する。

② 幻覚の中でも、幻視よりも幻聴がよくみられる。

③ 無気力状態や常同的、強迫的な儀式行動がみられる。

④ パーキンソニズムがみられた後、認知機能の低下が起こる。

⑤ レビー小体型認知症は、家族歴または遺伝子検査から、原因となる遺伝子変異の証拠がある。

問7 ストレスについて、**正しいもの**を1つ選べ。

① コーピングコストとは、ストレスに対する対処行動によって生み出される健康や行動に対する有害な影響のことをいう。

② ストレスとは、外部刺激によって引き起こされる生体が示す特異的な反応状態のことをいう。

③ ストレスとストレッサーは、同じ意味である。

④ セリエによる汎適応症候群では、その期間は警告反応期、困惑期、疲憊期の3段階に分けられる。

⑤ ストレスの一次的認知評価とは、ストレスに対処できるかどうかに関する評価のことを指す。

問8 精神保健及び精神障害者福祉に関する法律〈精神保健福祉法〉に規定する内容として、**正しいもの**を1つ選べ。

① 精神保健指定医は、五年以上診断又は治療に従事した経験を有することが条件として求められている。

② 精神保健指定医は、五年以上精神障害の診断又は治療に従事した経験を有することが条件として求められている。

③ 市町村は、精神保健の向上及び精神障害者の福祉の増進を図るため、精

神保健福祉センターを設置する。

④ 市町村は、精神保健及び精神障害者の福祉に関する事項を調査審議するため、地方精神保健福祉審議会を設置できる。

⑤ 患者に入院が必要であり、家族等に連絡が取れず同意が得られない場合、自傷他害のおそれのない場合には措置入院の手続きが行われる。

問9 チーム医療の考え方として、最も**適切なもの**を1つ選べ。

① チーム医療では、医師がリーダーシップを発揮することが原則である。

② チーム医療は病院で行われ、診療所では呼び方が異なる。

③ チームの構成員として、管理栄養士や言語聴覚士などは含まれない。

④ 患者自身もチームの構成員として考えられる。

問10 DSM-5に記載されているギャンブル障害について、**正しいもの**を2つ選べ。

① 秩序破壊的・衝動制御・素行症群の中に位置づけられている。

② 賭博のために、重要な人間関係や仕事、教育の機会を失ったことがある。

③ 賭博の資金を得るために、窃盗などの非合法的行為に手を染めたことがある。

④ 当てはまる項目数によって、軽度から重度の重症度が特定される。

⑤ 気分が高揚した躁状態のときに賭博をすることが多い。

問11 機能性身体症候群について、**正しいもの**を2つ選べ。

① 神経症やうつ病等、他の精神障害に伴う身体症状である。

② 各疾患は、同じような愁訴や症状が多い。

③ 薬物療法はあまり効果が見られず、カウンセリングや認知行動療法が有効である。

④ 原因不明の疲労感や頭痛、めまい等、医学的に説明できない症状を呈する。

⑤ 代表的なものとして、機能性ディスペプシア、過敏性腸症候群、逆流性食道炎等がある。

問12 心の健康問題により休業した労働者が職場復帰を行う際に、職場の公認心理師が主治医と連携する場合の留意点として、**正しいもの**を2つ選べ。

① 主治医と連携する際は、事前に当該労働者から同意を得る必要はない。

② 主治医の復職診断書は、労働者の業務遂行能力の回復を保証するものではない。

③ 主治医に情報提供を依頼する場合の費用負担については、事前に当該労働者と取り決めておく。

④ 主治医からの意見を求める際には、疾病性よりも事例性に基づく情報の

提供を求めるようにする。

⑤ 当該労働者の業務内容については、プライバシー保護の観点から主治医に提供すべきではない。

問13 神経伝達物質について、**不適切なもの**を2つ選べ。

① ニューロンのシナプスの間隙において情報伝達に関わる物質のことである。

② 神経伝達物質は、アミノ酸とペプチド類、モノアミン類とに分けられる。

③ 生体における受容体分子に対して働く神経伝達物質等と似通った機能を持つ薬のことをアンタゴニストと呼ぶ。

④ 神経伝達物質とは、ドーパミンやセロトニン、ノルアドレナリン、アセチルコリンのことを指し、グルタミン酸やアスパラギン酸は含まれない。

⑤ 神経伝達物質は脳だけでなく腸においても分泌される。

問14 脊髄損傷患者にみられる症状について、**誤っているもの**を1つ選べ。

① 幻肢痛
② 低血圧
③ 排泄機能障害
④ せん妄
⑤ 性機能障害

問15 自閉スペクトラム症と併存する症状として、**正しいもの**を2つ選べ。

① レット症候群
② 発達性協調運動症
③ 社会的 (語用論的) コミュニケーション症
④ 抑うつ障害群
⑤ 選択性緘黙

問16 心神喪失者等医療観察法について、**正しいもの**を2つ選べ。

① 心神喪失とは、精神の障害により事物の理非善悪を弁識する能力又はその弁識に従って行動する能力が著しく減退した状態のことである。

② この法律の目的は、他害行為の再発防止を図ることだけではなく、対象となる人の社会復帰を促進することまで含む。

③ 処遇要否決定は地方裁判所裁判官1名と精神保健審判員 (精神科医)1名の合議によって行なわれる。

④ 処遇要否決定は、入院決定か、本法による医療を行わないかのいずれかである。

⑤ 退院の決定は、対象者、対象者の保護者、指定入院医療機関からの申し

立てがあれば可能である。

問17 睡眠中に、発声や複雑な運動行動を伴う覚醒状態が反復して見られ、覚醒した際には完全に覚醒して混乱や失見当識はない。通常入眠から90分以上経過した睡眠の後半により多く見られ、昼寝の間にはみられない。この状態について、**最も適切なもの**を1つ選べ。

① ナルコレプシー
② 複雑部分発作
③ レム睡眠行動障害
④ ノンレム睡眠からの覚醒障害
⑤ 悪夢障害

問18 統合失調型パーソナリティ障害の特徴について、**正しいもの**を1つ選べ。

① 他人の動機を悪意あるものと解釈する。
② 下位文化的規範に合わない奇異な信念を持つ。
③ 自分は社会的に不適切である、との考えを持つ。
④ 孤立した行動を選択し、社会的関係から離脱している。
⑤ 自己卑下的な判断による過剰な社交不安がある。

問19 向精神薬に関する説明として、**正しいもの**を1つ選べ。

① 向精神薬とは、統合失調症や躁状態に使われる薬物の総称で、メジャートランキライザーとも呼ばれる。
② ベンゾジアゼピン系の抗不安薬は、強迫性症やパニック症の第一選択薬として用いられる。
③ 大うつ病性障害には、重篤な副作用がないことから、SSRI（選択的セロトニン再取り込み阻害薬）が第一選択薬として用いられる。
④ 錐体外路症状には、遅発性ジスキネジアや急性ジストニア、アカシジアなどがあり、これらは休薬、断薬しても症状として残りやすい。
⑤ 血中半減期とは、服薬後に薬物が血液内に浸潤し、最高血中濃度に達した時間から濃度が半減するまでの時間をいう。

問20 精神保健福祉法について、**正しいもの**を2つ選べ。

① 精神保健指定医は国家資格であり、優れた精神科治療を行えることを認める資格である。
② 医療保護入院は、精神科医の診察と家族等の同意に基づいて本人の意思によらず精神科病院へ強制的に入院させる制度である。
③ 自傷・他害のおそれがある精神障害者を都道府県知事の権限で精神科病院に強制的に入院させることを、措置入院と呼ぶ。

④ 2013年の改正で、従来の保護者制度が廃止された。

⑤ 入院患者を身体拘束する場合は、事態が著しく切迫しているから、必ずしも身体拘束を開始することを文書で患者本人に告知する必要はない。

問21　解離性障害の特徴的な症状として、**不適切なもの**を1つ選べ。

① 複数の人格

② 一部の記憶欠如

③ 現実感の消失

④ 連合弛緩

⑤ 感覚の麻痺

問22　摂食障害に関する次の記述のうち、**正しいもの**を1つ選びなさい。

① 神経性やせ症には、摂食制限型と過食・排出型がある。

② 神経性やせ症と神経性過食症とは全く関連がない。

③ 神経性やせ症には、死の危険性はない。

④ 神経性やせ症は女性にのみ発症する。

⑤ BMIは概ね16以下が基準である。

問23　神経性やせ症に関する次の記述のうち、**正しいもの**を1つ選びなさい。

① 血圧が高くなる。

② 心拍数が上がる。

③ 下痢が多くなる。

④ 産毛が濃くなる。

⑤ 体温が高くなる。

問24　パニック症に関する次の記述のうち、**正しいもの**を1つ選びなさい。

① パニック発作による不安は、およそ30分ほどでピークにくるといわれている。

② パニック症は最悪の場合、死にいたることがあるので、早急に向精神薬を服用することが推奨される。

③ パニック症がどんな社会的場面でも起こるようになった場合、全般性不安症と呼ばれる。

④ SSRIなどの抗うつ薬はパニック症には効かないため、ベンゾジアゼピンの抗不安薬を使う必要がある。

⑤ パニック症が、カフェインやアルコールの摂取と関連することがある。

問25　「加齢」に関する次の記述のうち、**適切なもの**を2つ選びなさい。

① 加齢に伴う記憶障害では、流動性知能への障害が大きく、結晶性知能は

比較的保たれる。

② 加齢に伴い記憶力は低下するが、意味記憶はエピソード記憶と比べ保たれにくい。

③ 認知症は大きく分けて、脳血管性認知症とアルツハイマー型認知症、レビー小体型認知症の３つに分かれ、そのうちのレビー小体型認知症では保たれる能力と失われる能力がバラバラの状態となる。

④ アルツハイマー型認知症では前頭葉や側頭葉の萎縮がみられ、記憶障害、見当識障害などが現れるが、パーソナリティは比較的保たれやすい。

⑤ 加齢によって身体機能や認知機能が虚弱となった場合をフレイルと呼び、健常な状態と要介護状態の中間にあたる。

問26 次のうち、統合失調症に関する説明として、**正しいもの**を１つ選びなさい。

① 統合失調症は妄想と幻覚、カタレプシーを主症状とする精神疾患のひとつである。

② 統合失調症は、もともと Morel, B.A. の早発性痴呆、Hecker, E. の破瓜病に Jaspers, K. が妄想病を加えて早発性痴呆としたものを、Bleuler, E. が精神分裂病とした。

③ 統合失調症に完全な治癒はないとされ、主症状が減弱した状態を寛解と呼ぶ。

④ Schneider, K. の１級症状のことを陰性症状とも呼ぶ。

⑤ フィンランドでの実践から世界的に広まってきているオープンダイアローグは、慢性の統合失調症の治療についてエビデンスが多く存在する。

問27 患者の訴えと精神症状に関する次の記述のうち、**正しいもの**を１つ選びなさい。

① 「考えがまとまらず支離滅裂になってしまう」との訴えは、観念奔逸である。

② 「ニュースで自分のことを毎日報道されている」との訴えは、関係妄想である。

③ 「自分の考えが相手に勝手に伝わってしまう」との訴えは、思考操作である。

④ 「周囲によって迫害されている」との訴えは、妄想気分である。

⑤ 「自分が他者よりも優れている」という考えは、心気妄想である。

問28 次のうち、PTSD（外傷後ストレス障害）の主な症状として、**正しいもの**を１つ選びなさい。

① 抑うつ気分

② 精神運動性の焦燥

③ 広場恐怖
④ 思考途絶
⑤ 否定的な信念

問29　認知症の中核症状として、**誤っているもの**を**2つ**選べ。
① 失行
② 失錯
③ 失語
④ 失禁
⑤ 失認

問30　抗精神病薬の副作用である錐体外路症状として、**誤っているもの**を1つ選べ。
① アカシジア
② パーキンソニズム
③ 遅発性ジスキネジア
④ 悪性症候群
⑤ 急性ジストニア

問31　以下の人物名と用語との関連として、**誤っているもの**を1つ選べ。
① Jaspers,K.T. ― 了解不可能
② Kraepelin,E. ― 人格偏奇
③ Bleuler,E. ― 談話療法
④ Schneider,K. ― 陽性症状
⑤ Kahlbaum,K.L. ― 緊張病

問32　次の向精神薬の説明として、**適切なもの**を1つ選びなさい。
① 抗精神病薬はマイナートランキライザーと呼ばれ、主に統合失調症等に投薬される。
② 抗うつ薬の第1選択薬はSSRIとされており、減薬するときには退薬症候としてめまいや嘔気が生じやすいため、医師と相談しながら適宜漸減していく必要がある。
③ メチルフェニデートは、抗躁薬や気分安定薬といわれ、主には双極性障害やてんかん等に使われる。
④ 認知症に対しては抗認知症薬としてドネペジル等が開発されており、認知機能を改善することで、認知症の症状を改善することができる。
⑤ ベンゾジアゼピン系の抗不安薬は比較的安全で依存性も低いため、睡眠導入剤として使われることも多い。

問33 次のうち、子どもにみられる障害に関する説明として、**適切なもの**を1つ選びなさい。

① 精神遅滞は知的障害とは異なり、精神的に幼い状態のことをいう。

② 知能指数が69以下の場合はすべて、軽度知的障害として診断される。

③ トゥレット症は、チックの形が複数存在し、ストレス等の心因性のものが多いとされており、遺伝的要因は考えにくい。

④ 行為障害と反社会性パーソナリティ障害の関連性はあまり見受けられない。

⑤ 小児期発症流暢症では、会話をする際に不自然に音を延長させたり、音を繰り返したり、何度も言葉をつまらせる症状がみられる。

問34 次のうち、DSM-5に記載される神経発達症として、**正しいもの**を1つ選びなさい。

① 知的能力障害

② 全般性不安症

③ アスペルガー障害

④ レット症

⑤ 小児期崩壊性障害

問35 次の「診断」に関する記述のうち、**正しいもの**を1つ選びなさい。

① APA（アメリカ心理学会）によって作られたDSMは現在第5版まで出ており、日本語版にも翻訳がなされている。

② ICD－10とは国連の世界保健機関（WHO）による国際疾病分類のことである。現在第11版が出ており、精神疾患だけではなく身体疾患についての記載がなされている。

③ DSM－5による診断を行う際、DSM－Ⅳ－TRから引き続き、5軸からなる多軸診断を用いる。

④ 医師でなければ投薬を行うことはできないが、精神科では公認心理師でも診断を行うことができる。

⑤ 精神疾患の診断には、症状から診断を行う場合と、原因から診断を行う場合とがある。

問36 DSM-5の神経発達症群／神経発達障害群に関する記述のうち、**適切なもの**を1つ選びなさい。

① 知的能力障害群（知的障害）の程度は、IQによってのみ区分されている。

② コミュニケーション症群は、言葉を扱って、他者とコミュニケーションをとることに困難が生じる疾患群のことであり、語音症、小児期発症流暢症、発達性協調運動症が含まれている。

③ 自閉スペクトラム症は、社会的コミュニケーションおよび対人関係における持続的な欠陥が特徴であり、通常の会話のやりとりができないことから、表情などの非言語的コミュニケーションの理解が乏しい場合に評価される。

④ 注意欠如・多動症は、不注意および／または多動性−衝動性の持続的な様式で、機能または発達の妨げになっているものを指すが、その診断基準はすべての年代において共通である。

⑤ 発達性協調運動症は、発達段階早期に始まり、日常生活における協調運動が、本人の年齢や知能に応じて期待されるものよりも、不正確であったり、困難であったりした場合に評価される。

問37　神経系に関する次の記述のうち、**正しいもの**を1つ選びなさい。

① 体性神経は、運動神経と末梢神経に分かれる。

② 自律神経の中でも、興奮したときに優位になるのは副交感神経である。

③ 交感神経はノルアドレナリンとの関連が強く、副交感神経はアセチルコリンとの関連が強いと考えられる。

④ 脊椎動物では、脳のみが中枢神経である。

⑤ 神経細胞のことをシナプスと呼び、軸索から樹状突起へとつながっている。

問38　次の身体疾患に関する説明のうち、**正しいもの**を1つ選びなさい。

① 橋本病は甲状腺機能亢進症の代表的な疾患であり、2：10で女性に多く、常に汗が出たり脈が速くなり、疲れやすくなる症状がみられる。

② 1型糖尿病とは、インスリンの作用不足により血糖値が慢性的に高くなる生活習慣病のひとつである。多くは食生活や運動不足、肥満など環境因子によって発症する。

③ 狭心症や心筋梗塞は虚血性心疾患に含まれ、冠動脈が動脈硬化を起こすことで発症し、発症すると胸痛や息苦しさなどが症状として現れる。

④ HIVウィルスに感染すると免疫細胞が破壊され、免疫不全を起こし様々な病気を発症するようになり、これをエイズと呼ぶ。エイズは輸血や性交渉のほか、皮膚の接触によっても感染する。

⑤ ダウン症は、性染色体異常による遺伝性疾患とされており、21番目の染色体が3本存在する。800人〜1,000人程度に1人がダウン症といわれており、多くは知的障害を伴う。

問39　人体の構造について書かれている次の記述のうち、**正しいもの**を1つ選びなさい。

① 人間の全身の骨格は、体幹と体肢より作られており、可動性のある関節

結合を動かす平滑筋と心筋や血管の壁を作る骨格筋に区別される。
② 血液は体重の9分の1で、細胞成分の血球と液体成分の血漿からなる。
③ 呼吸器系は気道と肺胞が集まった肺よりなる。肺は横隔膜に覆われており、胸郭や肺胸膜を覆う壁側胸膜との間の空間を縦隔という。
④ 消化系は口腔、食堂、胃、小腸、大腸をはじめとし、肝臓や胆嚢、膵臓も含まれる。
⑤ 循環器系は、心臓から全身に血液を送る小循環と、肺に血液を送る肺循環とに分かれる。

問40 次の感染症に関する記述のうち、**正しいもの**を1つ選びなさい。
① 寄生虫やウィルス等の病原体が感染することで出現する病態のことを感染症といい、真菌や細菌は含まない。
② 病原体に汚染された物体や食品などから、口や生殖器によって体内に侵入する感染形態のことを、飛沫感染という。
③ 咳やくしゃみで飛び散った病原体を吸入することで、病原体が体内に侵入する感染形態のことを、空気感染という。
④ 空気中に浮遊している病原体を吸入することで、病原体が体内に侵入する感染形態のことを、浮遊感染という。
⑤ 母親から胎児や新生児に、胎盤や母乳を介して、病原体が体内に侵入する感染形態のことを、垂直感染という。

心理的アセスメント・心理支援

問1 心理アセスメントについて、最も**適切なもの**を1つ選べ。
① 初回面接はアセスメント面接に徹することを心掛ける。
② 生育歴よりも病歴をまずは把握する。
③ 心理検査は必要と判断すれば、すすんで行う。
④ アセスメントによる結果は修正しても良い。
⑤ 情報をすばやく収集するため問診票は必ず書いてもらう。

問2 心理検査の実施について、最も**適切なもの**を1つ選べ。
① クライエントの負担を考え、投映法よりも質問紙法から行う。
② 検査時間が多く取れない場合、検査によっては自宅に持って帰ってやってきてもらう場合がある。
③ 心理検査の結果は、クライエントに必ず詳細に報告しなければならない。
④ クライエントが緊張している場合、緊張がとけるまで検査を中断する。

問3 本人の意欲や仕事環境に問題はなく、他人とのコミュニケーションも取れるにもかかわらず、事務作業が極端に遅い発達障害が疑われる成人に対して用いる検査として、最も**適切なもの**を1つ選べ。

① AASP
② SDS
③ WAIS－Ⅲ
④ ADHD－RS
⑤ WISC－Ⅳ

問4 観察法について、最も**適切なもの**を1つ選べ。

① 観察法を大きく分けると、自然観察法と場面観察法がある。
② ある行動が生起しそうな場面などを選択し、その場面での行動を観察する方法として日誌法がある。
③ どのような方法であれ、観察者は中立的な立場で対象には一切関わってはならない。
④ 一定時間内に対象行動が生起するかどうかを観察する方法を行動目録法という。
⑤ 実験的観察法では、生態学的妥当性についての問題を含んでいる。

問5 NEO-PI-Rについて、**正しいもの**を1つ選べ。

① 利他性、応諾、慎み深さ、優しさなどを表す因子は、誠実性である。
② 5つの次元は、さらに5つの下位次元で構成されている。
③ 神経症傾向は、この人格検査によって初めて採用された。
④ 活動性は開放性の下位次元に含まれる。
⑤ 青年期から老年期までの幅広い年齢層をもとに標準化されている。

問6 インテーク面接でのクライエントとの関わりに相応しい態度として、最も**適切なもの**を1つ選べ。

① クライエントの主訴を理解するために、まず心理検査を行う。
② クライエントの緊張をとくために、リラクゼーション法を勧める。
③ 主訴の内容によっては対応できないことがあることから、まず公認心理師に何ができるかを伝えておく。
④ クライエントの趣味など主訴と直接関係のないことのみを聴き、ラポール形成を行う。
⑤ 半構造化面接によって、クライエントの主訴を把握する。

問7 福祉事務所が行うこととして、**正しいもの**を1つ選べ。

① ストーカーに対して、家庭裁判所の許可を得て接近禁止命令を出す。

② 別居中の夫婦に対して、子どもの生活費の支払いや養育における役割分担などについて調停をする。

③ 生活保護や児童手当の支給を決定する。

④ 新オレンジプラン実行の中核として、国民の健康と福祉の向上に寄与する。

問8 児童虐待について、最も**適切なもの**を1つ選べ。

① 小学生以上の子どもにお小遣いをあげないことは、経済的虐待にあたる。

② 食事や寝床を用意していても、養育者が子どもだけをおいて頻繁に留守にすることはネグレクトにあたる。

③ 子どもが傷つくことを直接的でなく間接的に言うことは心理的虐待にはあたらない。

④ 養育者が子どものいる前でアダルトビデオを鑑賞することは、性的虐待にはあたらない。

⑤ 道路に飛び出しそうになった子どもの腕をつかんで引き戻すことは、身体的虐待にあたる。

問9 心理教育的援助サービスの説明として、**正しいもの**を1つ選べ。

① 三次的援助サービスは、すべての児童生徒を対象とする。

② 二次的援助サービスでは、問題を生み出さないために配慮の必要な児童生徒へ援助を行う。

③ 心理教育的援助サービスには、学習面、心理・社会面、進路面の3領域がある。

④ 学級内でソーシャルスキルトレーニング（SST）を行うことは、一次的援助サービスにあたる。

⑤ 特別な援助を必要とする児童生徒に対して適切なアセスメントを行うことは、二次的援助サービスにあたる。

問10 教育支援センター（適応指導教室）の説明として、最も**適切なもの**を1つ選べ。

① 学校教育法に設置が規定されている。

② いじめや不登校等に関する教育相談を行う。

③ 学校に在籍しながら障害に応じた特別の指導を行う。

④ 中学校を卒業した者についても、必要に応じて進路等に関した支援を行う。

⑤ 社会的適応の促進が目的であるが、前提として学校復帰を目標とする。

問11 児童虐待への対応として、**不適切なもの**を1つ選べ。

① 虐待を受けている児童の情報を、地域の民生委員にも開示する。

② 通告を受けた市町村は、必ず児童相談所に報告しなければならない。

③ 児童相談所の一時保護中は、行動自由の制限を行う場合がある。

④ 一時保護の期間が2か月を超える場合は、家庭裁判所の承認が必要である。

⑤ 都道府県知事は、児童虐待のおそれがあると認めるときは、保護者に対し出頭することを求めることができる。

問12 ケースフォーミュレーションについて、**不適切なもの**を1つ選べ。

① ケースフォーミュレーションは構造化されていない面接で行う。

② ケースフォーミュレーションは治療技法を用いている最中でも行う。

③ ケースフォーミュレーションでは、ポジティブな心理的特徴も含める。

④ ケースフォーミュレーションでは、心理検査の結果も参考にする。

⑤ ケースフォーミュレーションは、面接外の情報も参考にする。

問13 子育て環境に関するわが国の現状について、**正しいもの**を**2つ**選べ。

① 行政による子育て支援は、母親当事者の自覚が必要なため、実際に子育てが始まる出産後以降に行われるのが効果的である。

② 親による体罰は、しつけを目的とした場合を除き、児童虐待とみなされる。

③ 児童相談所での児童虐待相談対応件数は、年々増加傾向にあり、平成27年度には初めて10万件を超えた。

④ 心理的虐待が増加傾向にある要因には、経済的困窮が考えられる。

⑤ 児童相談所は、里親制度に関する情報提供や里親に対する助言・研修を実施している。

問14 緊急時やむを得ない場合として、身体拘束を行うことのある場合に該当する例として、**最も適切なもの**を1つ選べ。

① 高齢者施設において、他の入居者の身体に危険がさらされる可能性があるため、夜間は基本的に身体拘束を行う。

② 精神科病院において、患者が今にも飛び降りてしまいそうであり、身体拘束以外の代替手段が思いつかないため、一時的に身体拘束を行う。

③ 児童自立支援施設において、児童が勝手に部屋を飛び出してしまうと危険であるため、児童自立支援専門員が不在の際には、一時的に身体拘束を行う。

④ 高齢者施設において、入居者が点滴を勝手に外してしまい、血だらけになっていることが複数回見られたため、手にミトン型の手袋を装着する。

⑤ 高齢者施設において、入居者の徘徊が多く見られるため、ベッドに身体の一部をひも等で縛りつける。

問15 被災地における支援者のケアについて、**適切なもの**を2つ選べ。
① 支援者同士の役割分担をし、業務の固定化をする。
② モチベーション維持のため、業務に対しての価値付けを行う。
③ 支援者は被災地域の負担とならないよう、健康管理は自ら行い、心のケアも自分一人で解決する。
④ 住民の心理的な反応について啓発活動を行う。
⑤ 支援者自身も被災している場合は、支援に回らず被支援者の立場をとる。

問16 家族療法について、**適切なもの**を2つ選べ。
① 現実の自己と理想の自己を一致させることを目的としている。
② 問題に対するクライエントの考え方について話し合い、修正を試みる。
③ クライエントと一対一のカウンセリングであっても、セラピストとの関係をシステムと捉える。
④ 問題そのものよりも問題がどのように語られているかに注目する。
⑤ クライエントとの信頼関係を築くため、傾聴や伝え返しを重視する。

問17 配偶者からの虐待被害を受けた人を保護し、一時保護や自立支援をする施設として**正しいもの**を1つ選べ。
① 配偶者暴力相談支援センター
② 家庭裁判所
③ 児童相談所
④ 警察

問18 ゲシュタルト療法について、最も**適切なもの**を1つ選べ。
① フェルトセンスに焦点を当て、それを自己概念と照合する。
② クライエントの非合理な信念に対して論駁を試みる。
③ 「今ここ」での気づきの流れを体験することを重視する。
④ 夢やイメージを技法には用いず、現在の現象に注目する。
⑤ クライエントの持つ資源に注目し、解決を構築していく。

問19 シェイピング法について、**正しいもの**を1つ選べ。
① 不安階層表を作成する。
② 行動を強化するために、強化子（好子）を除去する。
③ 望ましい行動をした時に、代理貨幣を与える。

④ 反応の頻度の高まりと共に手がかりを撤去する、プロンプティングを用いることもある。

⑤ 目標行動の生起率が非常に低い場合に用いられる技法である。

問20 次の各種心理検査について、**最も適切なもの**を1つ選べ。

① ロールシャッハテストは知的水準の評価もすることができる。

② ビネー式知能検査の知能指数を基にしてウェクスラー式知能検査の偏差知能指数が作成された。

③ SCTは、文章を完成させることから質問紙法に分類される。

④ SLTA 標準失語症検査は、「聴く」「話す」「読む」「書く」「描く」の下位項目から構成されている。

⑤ Trail Making Test（TMT）は神経症傾向を把握するために有効である。

問21 エゴグラムの実施や解釈について、**正しいもの**を1つ選べ。

① 6つの自我状態のバランスからパーソナリティを把握する。

② 平坦型が理想的な自我状態である。

③ W型は、規則遵守の意識が乏しく、衝動的になりやすい特徴がある。

④ M型は、葛藤状態に陥りやすく、怒りを内に向けてしまう特徴がある。

⑤ エゴグラムは構造分析の中で役立てられる。

問22 クライエントの考えや思い込みを、セラピストとクライエントが一緒になって「科学者」のように検証していくという、認知療法で重視される治療関係のことを何と呼ぶか。**最も適切なもの**を1つ選べ。

① 社会構成主義

② 行動実験

③ ソクラテス式問答

④ 協同的経験主義

⑤ 認知再構成法

問23 ひきこもり当事者への訪問支援について、**最も適切なもの**を1つ選べ。

① ひきこもり中の子どもと親の関係が不健全であっても、当事者のみを対象とする。

② 家族から訪問する者の人数や性別について要求があった場合、その通りにすべきである。

③ 当事者が面会を拒否している場合は、訪問することができない。

④ 当事者の心身の状態が悪化し、自他の傷害の危険性がある場合は、警察に任せる。

⑤ 家族の伝言や手紙などを介して、訪問に対する当事者の反応を確認する

ことがある。

問24 チーム学校の考え方として、**最も適切なもの**を1つ選べ。
① スクールカウンセラーは、心理的なアセスメントのみを行う。
② スクールカウンセラーが面接で知り得た秘密を、学校内で必要に応じて共有する。
③ スクールカウンセラーは外部性を持つ専門家であり、学校管理職の指示下にはない。
④ スクールカウンセラーとスクールソーシャルワーカーとは、相談内容に応じて分担することが重要である。

問25 配偶者暴力相談支援センターの機能について、**誤っているもの**を1つ選べ。
① 被害者の自立支援のための情報提供や助言
② 加害者に対する接近禁止命令の申し立て
③ 被害者の心身の健康回復のための医学的または心理学的な援助
④ 関係機関との連絡調整
⑤ 被害者と同伴家族の安全確保のための一時保護

問26 応用行動分析学を用いて不適切な行動を消去しようと介入する際、気をつけなければならない現象は何か。**正しいもの**を1つ選べ。
① 確立操作
② シェイピング
③ プレマックの原理
④ 非両立行動分化強化
⑤ バースト

問27 ワーク・ライフ・バランスについて、**不適切なもの**を1つ選べ。
① 多様な働き方や生き方が認められる。
② 働きがいのある人間らしい仕事の実現が求められる。
③ 働く人々に対し自己啓発の時間よりも、その家族・友人などとの充実した時間を持つことが推奨され、仕事と家庭の両立が重要視される。
④ 国は、国民運動を通じた気運の醸成、制度的枠組みの構築や環境整備などに取り組む。
⑤ 男性の子育てや介護への関わりの促進・女性の能力発揮の促進を併せて進めることが必要である。

問28　発達や知能に関する検査について、**正しいもの**を1つ選べ。

① 新版K式発達検査2001は、0歳から16歳11か月までが対象とされている。

② 津守・稲毛式乳幼児精神発達診断では、養育者が乳幼児の発達に関する質問紙に答える。

③ 田中ビネー知能検査Ⅴでは15の下位検査で構成され、「言語性領域」「動作性領域」「作動記憶領域」「知覚推理領域」の4つの領域で分類されている。

④ WAIS－Ⅳでは、全検査IQ（FIQ）のほか、動作性IQ（PIQ）や言語性IQ（VIQ）に分けられ、さらに群指数である言語理解、知覚統合、作動記憶、処理速度の4つの下位尺度が設けられている。

⑤ CAARSは、成人を対象とした自閉スペクトラム症の重症度の評価尺度であり、自己記入式のものと観察者評価式のもの、各66問の質問項目から成る。

問29　ロールシャッハ・テストについて、**正しいもの**を1つ選べ。

① 実施手順として、自由反応段階、質問段階に続き、限界吟味段階がある。

② 図版は、黒5枚、赤黒3枚、多色2枚からなる左右対称のものである。

③ 自由反応段階では、図版が何に見えたかだけを記録する。

④ たとえ図版に対する反応数が少なくても、反応を促してはならない。

⑤ 実施法の一つである片口法は、検査者による判定の差異が小さく、信頼性が高い検査とされている。

問30　心理的アセスメントに関する次の記述のうち、**正しいもの**を1つ選びなさい。

① 心理的アセスメントとは、主に心理検査のことを指しており、カウンセリングの中で聴取した内容は一般的に含まれない。

② 心理的アセスメントは、エビデンスベースドで行うべきであるので、ナラティヴな考え方はそぐわない。

③ ラポールの形成と心理的アセスメントは、心理面接を行う際にあらかじめ最初に行われるべきであり、継続面接の中で後からアセスメント内容が変化することがないように初回面接で十分に気をつける。

④ 主訴について、初回面接で語られるものが、継続面接の中で変わっていくことがあるので、適宜主訴を確認して、カウンセリングの方向性を修正していくことも必要である。

⑤ 通常カウンセリングは非構造化面接であるが、初回面接では心理的アセスメントを行うために、構造化面接を行うべきである。

問31 心理検査に関する次の記述のうち、**正しいもの**を1つ選びなさい。

① 質問紙法の心理検査は、投映法よりも一般的に信頼性や妥当性が高いといわれている。

② テストバッテリーを組む場合、検査時間がかかりすぎるとクライエントに負担が大きくなるため、必ず3つ以内に収めるべきである。

③ 心理検査の解釈を行う際、あまり生育歴を参考にしすぎると、解釈が不当に歪んでしまう可能性があるため、できるだけ心理検査の結果のみで解釈を行う。そのことをブラインドアナリシスと呼ぶ。

④ 心理療法を行っているクライエントに心理検査を行う際は、心理療法担当のセラピストが必ず検査を行う必要がある。

⑤ 小さな子どもに対して心理検査を行う場合であっても、交絡変数を増やさないように、できるだけ笑顔を作らず淡々と行うことが重要である。

問32 次のうち、質問紙法の人格検査として、**正しいもの**を1つ選びなさい。

① MPI
② SCT
③ HDS−R
④ HTP
⑤ TAT

問33 2歳3ヶ月の赤ちゃんに行うことのできる発達検査として、**正しいもの**を1つ選べ。

① WPPSI−Ⅲ
② WISC−Ⅳ
③ WAIS−Ⅳ
④ WMS−R
⑤ 新版K式発達検査

問34 WAIS-Ⅳに関する説明として、**正しいもの**を1つ選べ。

① 全検査IQは、大きく言語性IQ（VIQ）と動作性IQ（PIQ）とに分けられる。

② WAIS−Ⅳでは、言語理解、知覚統合、作動記憶、処理速度の4つの群指数に分けられる。

③ 対象年齢は、16歳〜90歳11ヶ月である。

④ 14の下位検査から構成される。

⑤ WAIS−Ⅳは、発達障害の鑑別のための検査である。

問35　観察法に関する次の記述のうち、**正しいもの**を<u>2つ</u>選びなさい。

① Sullivan, H.S. は、治療者に求められる態度として「関与しながらの観察」の必要性を唱え、精神医学のことを対人関係の学問であると考えた。

② 時間見本法とは、ある行動が生起する可能性のある場面を選択し、その時間の中で観察をする方法。観察時間を短いインターバルに分けて、それぞれのインターバルの一部の行動について記録することである。

③ 観察法によって研究を行う際、2名の評定者の一致度合いを測定するためにCronbach, L.J. の α 係数を用いる。

④ 観察法は、日常の自然な行動や言動を観察する自然的観察法と、実験状況を作って観察する実験的観察法とに分かれる。

⑤ ストレンジ・シチュエーション法とは、以前と異なる発達環境に関するシチュエーションを設定し、環境変化が起こった場合に子どもがどのように反応するかをアセスメントする方法である。

問36　ケースフォーミュレーションに関する次の記述のうち、**正しいもの**を1つ選びなさい。

① ケースフォーミュレーションは、学習のメカニズムによって形式化するため、精神分析的アプローチには適さない。

② ケースフォーミュレーションは専門知識を用いた分析をすることから、クライエントが理解することが難しい場合、必ずしも説明する必要はない。

③ ケースフォーミュレーションは医学的な診断に必ずしも縛られるものではない。

④ ケースフォーミュレーションは介入計画に関わるものであるため、一度、仮説を設定したら変更しない方がよい。

⑤ ケースフォーミュレーションとは、事例の定例化と訳されるように、クライエントの状態を決まった理論に当てはめて理解することである。

問37　知能検査・発達検査に関する次の記述のうち、**正しいもの**を1つ選びなさい。

① 知能とは構成概念のひとつであり、Wechsler, D. の考える知能とBinet, A. の考える知能、Cattell, R.B. の考える知能は別のものを指している。

② WISC – Ⅳにおいて、全検査IQは言語性IQと動作性IQの2つに分けられ、さらに言語理解、知覚統合、作動記憶、処理速度という4つの群指数の下位尺度に分けられる。

③ WAIS – Ⅲでは、知能指数の平均が100、標準偏差が10に調整されている。

④ ビネー検査における知能指数とは、生活年齢／発達年齢から算出される。

⑤ 知能検査のはじまりは、図形や記号などの非言語的な質問から成る陸軍

α式と、言語的な質問から成る陸軍β式が第一次世界大戦の際、兵士の能力を測定するために開発されたことに遡る。

問38 次のうち、質問紙法の心理検査に関する記述として、**適切なもの**を1つ選びなさい。

① 虚偽尺度は、矢田部・ギルフォード性格検査や東大式エゴグラムには採用されていない。

② MMPIでは、10の臨床尺度とは別に、K（修正）、F（頻度）、L（虚偽）、〜（疑問）といった妥当性尺度が用意されている。

③ 矢田部・ギルフォード性格検査は150の質問項目の回答により、4つの性格類型に分類することで、特性論的にも類型論的にも査定することができる。

④ BDI-Ⅱとは、ベック抑うつ評価尺度ともいわれ、認知療法を創始したBeck, A.T.により作られた抑うつ検査で、20の質問項目から抑うつ状態の重症度を測定する。

⑤ MAS（顕在性不安尺度）は、Taylor, F.W.により作成された不安検査で、現在感じている不安である状態不安と、性格特性としての特性不安を測定する。

問39 心理検査の実施に関する次の記述のうち、**正しいもの**を1つ選びなさい。

① ロールシャッハ・テストの包括システムにおいて、図版に対しての反応数がどのくらいであるかは特にきまりはなく、被検者が自発的に反応できたものに対して解釈を行う。

② クライエントの本来の状態をできるだけ把握するために、心理検査は、クライエントを必ずリラックスさせた状態で行わないといけない。

③ 心理検査の結果を第三者が確認する際には、解釈の齟齬が生じないようにできるだけ専門用語を多用した方が良い。

④ 検査の目的をクライエントに伝え、理解や同意を得ることをデブリーフィングという。

⑤ 心理検査の結果をフィードバックする際には、書面に検査結果をまとめて報告することが一般的であるが、その表現はできるだけ簡潔かつ明確なものである方が望ましい。

問40 次の心理検査について、**正しいもの**を2つ選びなさい。

① 内田クレペリン精神作業検査では、単純加算を繰り返し、その正答数から性格を査定する。

② MMPIはミネソタ多面人格目録と呼ばれ、550問からなり、はい、いいえの2件法で回答する。

③ バウムテストはBuck, J.K.によって創始された描画による人格検査である。

④ TAT（Thematic Apperception Test：主題統覚検査）の児童版として、Bellak, L.らによって開発されたCATというものがある。

⑤ 風景構成法は中井久夫によって創案されたもので、川・山・田・道・家・木・人・花・動物・石の順で10個のアイテムを描いてもらう。

問41 心理検査について、**正しいもの**を<u>2つ</u>選びなさい。

① 心理検査の信頼性とは、測定したい概念を測定できているかどうかということである。

② 被検査者の計算能力を測定したい場合、説明の文章に難解な表記を用いると、検査の妥当性を低めてしまう可能性がある。

③ 心理検査で導かれた結果は、あくまでクライエントの一側面であり、クライエント特性の全体像を表していると考えない方がよい。

④ HTPのような描画法は、心理査定のツールとして用いられるだけでなく、クライエントとのラポールの形成を目的として用いられることもある。

⑤ 心理検査の結果は個人情報であるため、被検査者と主治医以外には伝えてはいけない。

問42 心理検査の実施に関する次の記述のうち、**正しいもの**を<u>2つ</u>選びなさい。

① 心理検査は、クライエントに対して必ず同意を得たうえで実施する。

② 検査者は医師の指示に従って検査を実施すればよいのであって、検査を受けることになった経緯や理由などは知らなくてもよい。

③ 心理検査の実施後には、クライエントの心身の状態を確認する。

④ 心理検査を実施する際、クライエントに対する負担を考慮し、セラピストが独自に手順を変更してもよい。

⑤ 検査時は、クライエントの回答の内容だけに注目すればよいのであって、回答時の様子や課題への取り組み方について観察する必要はない。

問43 次の要支援者の特性や状況に応じた支援方法の選択・調整に関する記述のうち、**適切なもの**を1つ選びなさい。

① カウンセラーや他者に相談を求めることを援助要請と呼ぶが、直接の援助要請がなされない間でも、カウンセラー側から積極的にアプローチして援助要請を引き出すことが求められる。

② セラピスト自身における未解決な過去の問題がある場合、中立的にクライエントの問題が扱えず、セラピスト自身にとっての重要な他者への想いがクライエントに図らずとも向けられてしまうことがあり、そのことを

転移と呼ぶ。
③ 根拠に基づいた支援をすることが重要であるため、必ずエビデンスベイスドアプローチを第1選択として行うべきである。
④ 生物・心理・社会モデルと呼ばれるように、まずは生物学的な部分を重視してアプローチし、そのあとに心理学的な部分、社会学的な部分という順番でケアを行うべきである。
⑤ エビデンスベイスドアプローチだけでなく、ナラティヴベイスドアプローチも織り交ぜた形で最もクライエントに適切な形を模索することが重要である。

問44 次のうち、家族療法の技法として、**正しいもの**を1つ選びなさい。
① 認知再構成法
② リフレーミング
③ 交流パターン分析
④ ソーシャルスキルトレーニング
⑤ 実験

問45 次の記述のうち、良好な人間関係構築のためのコミュニケーションとして、**正しいもの**を1つ選びなさい。
① クライエントの言葉をオウム返しする。
② カウンセリング時間は柔軟に延長などで対応できるよう、厳格に定めないようにする。
③ 積極的な傾聴よりも受動的な傾聴を心がけ、クライエントを圧倒しないようにする。
④ セラピストが十分に一致できていないとしても、無条件の肯定的関心をクライエントに向け、共感的理解を示すことが治療的である。
⑤ セラピストとクライエントは同じ治療目標に向けて面接を行っていくため、あらかじめ作業同盟を形成することが必要とされる。

問46 心理療法及びカウンセリングの適用の限界に関する次の記述のうち、**正しいもの**を1つ選びなさい。
① 動機づけ面接では、クライエントの変わりたくないという気持ちを支持し、言い争いにならないようにすることを重視している。
② セラピストが負の感情をクライエントの前で示すことによって、クライエントが正の感情を出して関係性が補われることを負の相補性という。
③ メタ分析とは、複数の様々なテーマを用いて統計学的研究を行い、それらを質的研究法を用いて総括する方法をいう。
④ 効果研究とは、心理療法の有効性を検討するために行われる研究で、

1980年以降メタ分析が普及してきた。
⑤ 陽性転移や陰性転移が生じた場合は、カウンセリングを続けていくことは難しいため、別のセラピストや医師に紹介する方がよい。

問47 人間性心理学において代表的な人物と用語の組み合わせに関して、**誤っているもの**を2つ選べ。
① Berne,E. ── 交流分析理論
② Perls,F. ── ファンタジー・トリップ
③ Gendlin,E.T. ── 体験過程療法
④ Rogers,C.R. ── 指示的心理療法
⑤ Maslow,A.H. ── 実存的心理療法

問48 認知行動療法について、**適切なものを2つ選べ**。
① うつ病などの精神症状にはよく用いられるが、慢性疼痛などの身体症状には効果が期待できない。
② ホームワークとして課題を与える際は、クライエントの安全感を基にして設定したほうがよい。
③ ケースフォーミュレーションは、毎回の面接を参考に変化させても良い。
④ 不安障害には必ずリラクゼーションを行い、弛緩させた後に曝露を行う。
⑤ 薬物療法との併用によって、再発率が減少する。

問49 被災地支援に関する情報として、**正しいもの**を1つ選びなさい。
① PTSDは、子どもが罹患することはまずないため、子どもよりも大人のPTSD予防に関するケアを優先する。
② 被災地支援においては、安全面に関するケアの次に、精神面でのケアが大切であるため、公認心理師のチームはできる限り早く現地でカウンセリングを始めるのが望ましい。
③ 東日本大震災における精神科医療チームの活動から、災害派遣医療チーム（DMAT）が組織された。
④ 被災後すぐに、過覚醒やフラッシュバックなどの症状が生じている被災者は、PTSDを罹患している可能性が考えられる。
⑤ 被災時における環境の変化に対し、発達障害の子どもは敏感に反応することが多いため、特に配慮が必要なことがある。

問50 社会的弱者、マイノリティが自らの権利を行使して、自立した生活をできるように支援するため、権利を代弁・擁護する活動のことをなんというか、**正しいもの**を1つ選びなさい。
① インフォームド・コンセント

② アドボカシー

③ ソーシャル・アクション

④ ノーマライゼーション

⑤ インクルージョン

問51 家族樹形図のことを表す用語はどれか、**正しいもの**を1つ選びなさい。

① ヒストグラム

② エゴグラム

③ エニアグラム

④ ジェノグラム

⑤ エコマップ

問52 ストレスチェックに関する文章として、**適切なもの**を1つ選びなさい。

① ストレスチェックは、1年に1回どのような事業場であっても従業員に必ず受けさせなければならない。

② ストレスチェックを定められた通りに実施しないことに対して、企業に対しては罰則が課せられている。

③ ストレスチェック制度は、労働安全衛生法が改正されたことによって、2014年12月から開始された。

④ ストレスチェックの実施者には、医師、保健師、その他の厚生労働省令で定める者（所定の研修を修了した看護師や精神保健福祉士）がなることができる。

⑤ ストレスチェックには個人分析しか用意されていないため、事業場全体のストレスチェックを行うことは今のところできない。

問53 緩和ケアや終末期医療に関する次の記述のうち、**正しいもの**を<u>2つ</u>選びなさい。

① がん医療においては、がん患者の心を専門とする学問として、精神腫瘍学（サイコオンコロジー）の研究が活かされている。

② 緩和ケアとは、生命を脅かす疾患に直面する患者や家族に対し、痛みや身体的問題、心理社会的問題、スピリチュアルな問題への評価・予防・対処を行うケアを指す。

③ Alfons Deekenは、著作「死ぬ瞬間」において、末期状態の心理プロセスを否認、怒り、取引、抑うつ、受容の5段階として提示した。

④ 臨死患者の治療・看護を行うターミナルケアでは、患者のQOL（Quality of love）を維持し高めるために、公認心理師は患者に寄り添うことが重要である。

⑤ 延命措置を断り、自然の経過を受け入れる死のことを尊厳死と呼ぶが、死期が迫った場合の医療の希望を書面に記すものを「リヴィング・ウィ

ル」や「事前指示書」といい、書面や本人からの意思表示がなければ認められない。

問54　心の健康教育に関する次の記述のうち、**正しいもの**を1つ選びなさい。

① Caplan, G.による分類では、第一次予防は、スクリーニング等によってリスクが高い人々を早期発見して、早期介入することを意味する。

② Caplan, G.による分類では、第二次予防は、すでに問題を抱えている人に対して再発、悪化したりすることを防ぐ活動のことを意味する。

③ 公認心理師には、予防のための啓発活動よりも、精神疾患を罹患したり問題を抱えたりした人を、対象とすることが薦められている。

④ アメリカのInstitute of Medicine（IOM）は、メンタルヘルスの予防として予防・治療・教育・維持の4つのレベルを設定している。

⑤ アメリカのInstitute of Medicine（IOM）は、予防のことを、普遍的予防、選択的予防、指示的予防の3つに分類している。

関係行政論

問1　非行少年の処遇について、**正しいもの**を1つ選べ。

① 審判は厳格なものとするため、和やかな雰囲気というよりも反省を促すような厳しい雰囲気を重視しなければならない。

② 原則として全ての事件を家庭裁判所に送致しなければいけないが、14歳未満の少年については児童相談所に通告、送致を行う。

③ 複数人を故意に殺害したり、死刑や懲役、禁錮にあたるような重大事件の場合は、16歳以上では死刑になることもある。

④ 少年への処分が直ちに決められない場合、少年事件の専門家である保護司に委託し、補導委託という形がとられることがある。

⑤ 保護観察中における少年が守るべき特別遵守事項が変更されることはない。

問2　児童虐待の防止等に関する法律（児童虐待防止法）について、**適切でないもの**を2つ選べ。

① 2000年（平成12年）に施行された後、何度も改正されている。

② 児童虐待防止法で定められている通告義務は、その他の守秘義務に関する法律の規定によって妨げられるものではない。

③ 児童虐待を受けたと思われる児童を発見した者は、虐待の事実を確かめた後、市町村若しくは児童相談所に通告しなければならない。

④ 児童虐待の通告を受けた児童相談所の職員は、子どもの安全を確保する

ために、誰が通告者なのかを親に伝えることが法で認められている。

⑤ 児童虐待の通告を受けた児童相談所は、その児童の安全確認を行わなければならない。

問3 保護処分について、<u>誤っているもの</u>を1つ選べ。

① 保護処分に付す必要がないと判断された場合には、不処分決定が下されることがある。

② 審判が行われた結果、保護司や保護観察官の指導のもと社会での立ち直りを図ることを保護観察という。

③ 矯正教育が必要と判断された場合には、少年院への送致となることがある。

④ 刑事処分が相当と思われるような事件の場合、犯行時に14歳以上の少年で、故意に人を殺害した場合は、原則的に検察官送致となる。

⑤ 少年が比較的に低年齢の場合、家庭環境での保護が欠けていることなど、家庭的な雰囲気の中での指導が必要と判断されると、児童自立支援施設への送致がなされることがある。

問4 高齢者虐待の防止、高齢者の養護者に対する支援等に関する法律（高齢者虐待防止法）について、**正しいもの**を2つ選べ。

① 高齢者虐待を受けたと思われる高齢者を発見した場合には、すみやかに市町村へ通報する。

② 養護者による高齢者虐待を発見した場合、一般市民であっても通報義務が課せられる。

③ 高齢者虐待防止法での「高齢者」は、75歳以上を指す。

④ この法律の「養護者」には、養介護施設従事者は含まれない。

⑤ 高齢者虐待の種別は、身体的虐待、心理的虐待、介護・世話の放棄・放任（ネグレクト）、性的虐待、及び社会的虐待の5つである。

問5 いじめ防止対策推進法について、<u>誤っているもの</u>を1つ選べ。

① いじめには、インターネットを通じて行われる行為も含まれている。

② 学校は、いじめの防止等に関する措置を実効的に行うため、心理、福祉等の専門家などにより構成される組織を置くこととされた。

③ 「いじめの防止等のための対策に関する基本的な方針」について、地方公共団体には策定の義務があり、国及び学校には策定の努力義務がある。

④ 個別のいじめに対して学校が講ずべき措置として、1.いじめの事実確認、2.いじめを受けた児童生徒又はその保護者に対する支援、3.いじめを行った児童生徒に対する指導又はその保護者に対する助言について定

められている。

⑤いじめが犯罪行為として取り扱われるべきものであると認めるときには、所轄警察署と連携するように定められている。

問6 労働者派遣事業の適正な運営の確保及び派遣労働者の保護等に関する法律（労働者派遣法）について、**誤っているもの**を1つ選べ。

①派遣労働者の派遣期間は原則3年である。

②すべての業務において、派遣できるのは原則3年である。

③60歳以上の派遣労働者を派遣する場合は、派遣先の事業所における同一の組織単位に対し、3年を超えて派遣できる。

④事業所単位での派遣可能期間の延長があれば、派遣先の事業所における同一の組織単位に対し、3年を超えて派遣できる。

問7 産業・労働分野の法令について、**正しいもの**を1つ選べ。

①労働基準法は、労働条件の平均的な基準を定めた法律である。

②労働契約法は、労働者の地位を向上させることを目的としている。

③労働組合法は、労働争議を行う権利を定めている法律である。

④労働安全衛生法は、労働委員会による争議の調整方法を定めている。

⑤職業安定法は、使用者が果たすべき安全配慮義務について規定している。

問8 配偶者からの暴力の防止及び被害者の保護等に関する法律（DV防止法）について、**正しいもの**を**2つ**選べ。

①配偶者からの暴力の定義は、身体的暴力のみならず、精神的暴力、性的暴力も含まれる。

②保護命令の申し立ては、身体に対する暴力または生命等に対する脅迫のみが対象とされる。

③元配偶者が離婚後に引き続き暴力をふるっている場合は、DV防止法ではなくその他の法律での対応となる。

④家庭裁判所が出す保護命令には、6ヶ月の接近禁止命令や、2か月の退去命令が含まれる。

⑤配偶者暴力相談支援センターは、都道府県により設置される。

問9 家庭裁判所に送致された少年の審判を行う際に、少年を少年鑑別所に送致し、一定期間そこに収容することを観護措置という。観護措置に関する説明として、**誤っているもの**を1つ選べ。

①観護措置は最長で8週間まで延長が可能。

②観護措置決定について不服がある時、法定代理人である親権者や後見

人によってのみ、家庭裁判所に対して異議申立てができる。

③ 観護措置は、家庭裁判所の決定によって行われる。

④ 警察によって逮捕され勾留となった場合、事件が家庭裁判所に送致されると、そのまま少年鑑別所に送致されることがある。

⑤ 観護措置では、少年の処分を適切に決めるために検査が行われることがある。

問10 少年法に定められている事項に関して、**誤っているもの**を1つ選べ。

① 少年院に収容できる年齢は、おおむね12歳以上である。

② 少年院は、少年法に定められている事項に関して第一種〜第四種までの少年院に分かれている。

③ この法律で「少年」とは、二十歳に満たないものをいう。

④ 罪を犯した少年は、家庭裁判所の審判に付する。

⑤ この法律では、非行のある少年に対して性格の矯正や環境の調整に関する保護処分、また少年の刑事事件に関して特別の措置を講ずることが目的とされている。

問11 公認心理師に関する次の記述のうち、**正しいもの**を1つ選びなさい。

① 公認心理師は、正当な理由がなく、その業務に関して知り得た人の秘密をもらしてはならない。公認心理師でなくなった後は10年間にわたり秘密保持義務が適用される。

② 公認心理師はその業務を行うに当たって心理に関する支援を要する者に当該支援に係る主治の医師があるときは、その指導のもと適切に支援を行わなければならない。

③ 公認心理師は、平時における通常業務だけではなく、災害や事件・事故等緊急時にも公認心理師としての役割を果たすことが求められる。

④ 公認心理師は心理学の専門家であるため、心理学に関する知識や技術を十分に身につけることが求められる。医学についてはその限りではない。

⑤ 公認心理師はその職務上、地域社会の動向とは離れた形での実践を行うこととなるため、公認心理師の専門性にのみ特化した役割を発揮して業務を行うことが求められる。

問12 次の記述のうち、**正しいもの**を2つ選びなさい。

① 世界保健機関（WHO）が、1980年に発表した国際障害分類において発表した障害像は、健康状態が疾患や変調によって機能障害を引き起こし、その機能障害が個々の能力障害を引き起こし、その機能障害と能力障害が、社会的不利を引き起こすという状態である。

② 発達障害の特徴として「高次脳機能の習得障害であること」のほか、「進

行性であること」「発達期に生じること」「日常生活や社会生活において対応を必要とする問題があること」が挙げられる。

③「障害者差別解消法」は、障害の有無にかかわらず、共に生きる共生社会の実現を目指し、2016年4月に施行された。この法律により役所・学校・病院・会社などは正当な理由がなくサービスを拒否したり、学校への入学を拒否することはできなくなった。

④「発達障害者支援法」において定義づけられる発達障害とは、自閉症・高機能自閉症・学習障害（LD）・人格障害・注意欠如／多動性障害（ADHD）・吃音・トゥレット症候群・レット障害が含まれる。

⑤　2016年4月の「障害者差別解消法」の施行に伴い、合理的配慮が行政に義務づけられた。事業者には努力義務とされているが、合理的配慮とは、一人ひとりの障害による個々の問題に対する配慮ではなく、障害を持つ当事者の全体的なQOL向上を目指す配慮である。

問13　次のうち、要支援者等のプライバシーへの配慮について、**正しいもの**を1つ選びなさい。

① 個人情報保護法は、行政機関の保有する個人情報の取扱いについて定めるために、2003年に成立し2005年に全面施行された。

② 個人情報保護法では、5,000人分以下の個人情報を取り扱う小規模事業者には適用されない。

③ 個人情報を取得する場合、あらかじめ本人に利用目的を明示する必要はない。

④ 本人の同意を得ないで提供できる特例においては、「人種」については提供できないが、「信条」「病歴」については提供が可能である。

⑤ 検査や治療、カウンセリング等の際、クライエントに対し、「知る権利の保障」「伝える義務の遂行」「自己決定権」という観点からインフォームド・コンセントがなされるべきである。

問14　医師法・医療法について説明する文章として、**正しいもの**を**2つ**選びなさい。

① 医師法には、診療録を、診療が始まった日より5年以上、保存しなければならない旨が定められている。

② 医療法と同法の施行規則には、病院・診療所において、診療に関する諸記録の過去5年分の保存が、義務づけられている。

③ 医療法では、病院のことを30名以上の患者を入院させるための施設と定義づけている。

④ 医療法では、都道府県がそれぞれの地域の実情に応じて、医療提供体制の確保を図るために策定された医療計画について定められている。

⑤ 医療法では、国民は自由に医療機関を選択することができ、都道府県に

医療機関の情報の報告が義務づけられている。

問15 スクールカウンセラーについて述べた以下の記述より、**適切なもの**を1つ選び
なさい。

① スクールカウンセラーには、公認心理師と臨床心理士のみがなることが
でき、大学教員や精神科医の場合「スクールカウンセラーに準ずるもの」
という扱いになる。

② スクールカウンセラーとスクールソーシャルワーカーの職務は同じであ
り、都道府県や市町村によって名称が異なる。

③ スクールカウンセラー活用調査研究委託事業は、1995年より旧文部省主
導で始まった。

④ スクールカウンセラーは、生徒のうち精神障害を患っていると思われる
者が、今後心療内科での診療やカウンセリングを受け続ける必要がない
ように、できる限り学校内で心理治療を行うことが求められる。

⑤ スクールカウンセラーは教員免許を持つ教員とは異なり、校長や教頭と
は独立した形で動くことができる。

問16 文部科学省による諸調査について述べた以下の記述より、**適切なもの**を**2つ**選
びなさい。

① 文部科学省の「平成28年度児童生徒の問題行動・不登校等生徒指導上
の諸課題に関する調査」によると、養護教諭に相談するよりも、スクール
カウンセラー等の相談員に相談する件数の方が、いずれの学校種におい
ても高い。

② 文部科学省の「平成28年度児童生徒の問題行動・不登校等生徒指導上
の諸課題に関する調査」によると、学級担任に相談する件数がいずれの
学校種においても最も高い。

③ 文部科学省の「平成28年度児童生徒の問題行動・不登校等生徒指導上
の諸課題に関する調査」によると、不登校児童生徒が指導を受けた学校
外の施設としては、2番目に適応指導教室が挙げられる。

④ 文部科学省の「平成28年度児童生徒の問題行動・不登校等生徒指導上
の諸課題に関する調査」によると、小学校の不登校児童が指導を受けた
学校外の施設としては、教育委員会所管の機関、適応指導教室が、病院
や診療所よりも2倍以上件数が多い。

⑤ 文部科学省においては、2006年度（平成18年度）より、いじめの「発生
件数」に代わって「認知件数」という言葉が使われている。

問17 少年法に関する次の記述のうち、**正しいもの**を1つ選びなさい。

① 少年事件において、14歳以上18歳未満の虞犯少年については、必ず家

庭裁判所へ送致される。

② 少年とは、少年法では18歳に満たない者のことである。

③ 2007年の改正少年法では、少年院に収容できる年齢の下限を14歳から、おおむね12歳に引き下げている。

④ 少年法では、少年の健全な育成を期し、非行のある少年に対して、性格の矯正及び環境の調整に関する刑事処分を行うとともに、刑事事件については、特別の措置を講ずることを目的とする。

⑤ 触法少年とは、保護者の正当な監督に服しない性癖があるなど、その性格又は環境に照らして、将来、罪を犯し、又は刑罰法令に触れる行為をするおそれがあると認められる少年のことをいう。

問18 司法面接に関する次の記述のうち、**適切なもの**を1つ選びなさい。

① 司法面接とは、事件や事故、虐待にかかわった子どもが、心の傷を将来に残さないようにするための治療的面接である。

② 司法面接では、主にプレイセラピー（遊戯療法）を行う。

③ 司法面接では、オープンクエスチョンよりもクローズドクエスチョンを用いる。

④ 司法面接では、個人情報保護の観点からビデオ録画やインターネットにつながったパソコンの使用はせず、筆記による記録で正確に記載することが求められる。

⑤ 司法面接は、必要になった時点において、できるだけ早期に行われる。

問19 少年院や少年鑑別所に関する次の記述のうち、**適切なもの**を2つ選びなさい。

① 少年院とは、地方裁判所から保護処分として送致された少年の健全育成をはかる目的において、矯正教育や社会復帰支援を行う施設のこと。

② 少年院では、個別面接や集団討議は行われるが、ソーシャルスキルトレーニングや職業指導などは行われない。

③ 少年院とは、家庭裁判所の観護措置決定により送致された少年を収容し、少年の資質や環境、非行の原因等について調査を行う収容施設である。

④ 少年鑑別所法は、平成26年に定められ、少年鑑別所の設置、管理及び収容者の処遇に関する基本原則がそこに規定されている。

⑤ 平成27年に施行された新少年院法では、再非行の防止や適切な処遇が実施されるように66年ぶりの全面改正が行われた。

問20 労働災害について説明する文章として、**適切なもの**を1つ選びなさい。

① 労働災害（労災）とは、労働安全衛生法で定められており、うつ病などの精神障害や身体の負傷や身体疾病が最も認められやすい。

② 労災に認定された場合、労働者災害補償保険法に基づき、傷病の治療等のための療養補償、労働ができず賃金を得られない期間に関する休業補償、後遺障害に対する障害補償がなされるが、遺族に対する補償や葬祭を行うための費用までは補償されない。

③ 労働災害防止計画では、従来より、過労死等の労働者の健康確保対策の推進が打ち出されている。

④ 労働災害防止計画では、メンタルヘルス対策に取り組んでいる事業場の割合を80％以上にすることが掲げられている。

⑤ 安全配慮義務については、労働安全衛生法には明文化されているが、労働契約法には明文化されていない。

問21 精神保健福祉法に関する次の記述のうち、**正しいもの**を1つ選びなさい。

① 精神保健指定医になるには、5年以上精神障害の診断または治療に従事した経験が必要である。

② 精神保健指定医は厚生労働省が認める国家資格であり、人権を制限しない自発的入院や処遇にかかわる。

③ 自傷他害のおそれのある精神障害者を市町村長の権限で精神科病院に入院させる制度を措置入院という。

④ 精神障害の医療や保護のために入院が必要だが、本人の同意が得られない場合、指定医の診察と家族等の同意に基づいて本人の意思によらず精神科病院に入院させる制度を医療保護入院という。家族等の該当者がいない場合は市町村長となる。

⑤ 自傷他害のおそれのない場合、本人の同意がなくとも指定医の診察によって、24時間に限り入院させることができる。

問22 「配偶者からの暴力の防止及び被害者の保護に関する法律（いわゆるDV防止法）」に関する次の記述のうち、**正しいもの**を1つ選びなさい。

① 被害者を発見した人が通報する場合、警察ではなく必ず配偶者暴力相談支援センターに通報する必要がある。

② 配偶者による身体的な暴力が実際に行われたのではなく、脅迫のみで実行がなされていない場合では保護命令を申し立てできない。

③ 保護命令には、配偶者が被害者に接近することを禁止する「接近禁止命令」と、配偶者に対し、被害者と住む住居から退去を命じる「退去命令」、「電話等禁止命令」の3つがある。

④ 「接近禁止命令」は、被害者への接近を禁止して被害者を保護するものであり、被害者の子どもやその他家族への接近禁止については、所定の別の手続きを行う必要がある。

⑤ 最近では、親しい関係にある友人関係や恋人関係においても、身体的な

暴力や言葉の暴力、メールやSNSでのコミュニケーションに悩む事例が多く、デートDVもDV防止法で保護される対象である。

問23 「いじめ防止対策推進法」に関する次の記述のうち、**正しいもの**を1つ選びなさい。

① いじめ防止対策推進法で対象となる「いじめ」には、「インターネット上での誹謗中傷」などは含まれないため、今後改正などで対応していく必要がある。

② いじめ防止対策推進法では、複数の教職員のほか心理、福祉等の専門家やその他の関係者によって構成する組織を置くことが定められている。

③ いじめ防止対策推進法によれば、「いじめ」の加害者が少年法で定められる刑事処分の対象年齢である14歳以上に達しない場合、たとえ被害者の身体の安全が脅かされているように思われても警察ではなく、児童相談所に通報しなければならない。

④ 周囲から見て「いじめではないか」と思われるものであれば、その対象となる生徒が心身の苦痛を感じていなくても「いじめ」として扱うことができる。

⑤ いじめ防止対策推進法には、学校に務める教職員や対象となる児童生徒以外の児童生徒、その保護者が講ずべき基本的施策について記されている。

問24 障害者総合支援法に関する次の記述のうち、**正しいもの**を<u>2つ</u>選びなさい。

① 障害者総合支援法では、障害者の福祉に関する事務を所掌する部局や、都道府県が設置する施設において障害者の権利擁護の機能を果たすように定めている。

② 障害者総合支援法では発達障害者を除く障害者が自立し、社会経済活動に参加することを目指しており、発達障害者については発達障害者支援法に規定される。

③ 障害者総合支援法では、障害者自立支援法での「障害程度区分」が「障害支援区分」として改められ、定義も変更された。

④ 障害者総合支援法では、重度訪問支援について元々肢体不自由、知的障害のみが対象とされていたが、精神障害者も受けられるようになった。

⑤ 障害者総合支援法では、地域移行支援について元々施設の入所者や精神科病院入院患者が対象とされていたが、地域における生活に移行するために重点的な支援を必要とする者も受けられるようになった。

問25 次のうち、児童虐待についての説明として、**正しいもの**を1つ選びなさい。

① 身体的虐待や心理的虐待、性的虐待など、直接的に児童に不利益を与え

る行為については虐待とされるが、育児放棄は虐待の中には入らない。

② 経済的虐待とは、お小遣いを与えない、必要な衣服や文具、食事などを買い与えない、必要なものを買ったりサービスを受けるためのお金を与えないといった形での児童虐待のひとつである。

③ 児童虐待防止法第10条では、市町村長や児童相談所長が立入調査や一時保護を行おうとする時は、必要に応じ都道府県知事に対し援助を求めることができる。

④ 冤罪被害などを防ぐために、児童虐待の通告に関しては、本当に児童虐待といえるのかその行為をよく見極め、証拠をしっかりと集め、時間をかけて考えた上で慎重に行う必要がある。

⑤ 児童福祉法での児童相談は、児童相談所だけではなく、市町村にも義務がある。

問26 高齢者虐待に関する次の記述のうち、**正しいもの**を1つ選びなさい。

① 高齢者虐待とは、養護者による高齢者への身体的虐待、介護・世話の放棄・放任、心理的虐待、経済的虐待といった行為と定義されている。

② 高齢者虐待防止法にいう高齢者とは70歳以上をいう。

③ 高齢者虐待防止法は、高齢者の権利利益の擁護に資することを目的に、高齢者への虐待防止についてのみ記載されている。

④ 高齢者の虐待は、高齢者本人が虐待されていると自覚していなければ、認定されることはない。

⑤ 高齢者の身体拘束について、「切迫性・非代替性・一時性」を満たす、緊急やむを得ない場合の身体拘束は身体的虐待にはあたらない。

問27 次の労働に関する法律や制度の説明のうち、**適切なもの**を1つ選びなさい。

① 労働三法とは、労働基準法、労働安全衛生法、労働組合法のことをいう。

② 労働安全衛生法の目的は、職場における労働者の安全と健康を守り、労働災害を防止することである。

③ 労働基準法では、労働者を雇用するすべての企業は、就業規則を作成し、行政官庁に提出することが義務づけられている。

④ 労働契約法では契約関係についてのみ定められているが、労働安全衛生法では労働者の安全配慮義務が定められており、使用者は労働者がその生命、身体等の安全を確保しつつ労働することができるように配慮しなければならない。

⑤ ストレスチェックは、労働者が50名以上いる企業では、必ず1年に1回実施しなければならない。その場合、パートタイマーは含まれない。

問28　次の医療に関する法律・制度についての記述のうち、**正しいもの**を1つ選びなさい。

① 医療法は、良質な医療が受けられるように、医療を受ける者の利益を保護する目的で定められているが、医師との信頼関係については記されていない。

② 厚生労働省による医療計画制度は、厚生労働大臣が定める基本方針に即して、全国各地どこでも同じように医療を受けることができるように、地域を越えた連携による医療提供体制の確保を図るために策定された。

③ 高齢者の医療の確保に関する法律では、原則として対象は65歳以上の高齢者とされ、自己負担は一割負担とされている。

④ 自殺対策基本法では、自殺対策を総合的に推進して自殺の防止を図り、あわせて自殺者の親族等の支援の充実を図り、もって国民が健康で生きがいをもって暮らすことのできる社会の実現に寄与することを目指している。

⑤ 心神喪失者等医療観察法では、精神の障害により事物の理非善悪を弁識する能力、またはその弁識に従って行動する能力のない状態を心神耗弱と呼ぶ。

問29　次の教育に関する法律・制度についての記述のうち、**正しいもの**を**2つ**選びなさい。

① 学校教育法における学校とは、幼稚園・小学校・中学校・高等学校・大学・高等専門学校・中等教育学校・義務教育学校・特別支援学校が含まれるが、専修学校や各種学校は含まれない。

② 2007年の学校教育法改正により、学校には副校長や主幹教諭、生徒指導主任を置くことができるようになった。

③ 教育基本法では、子どもが教育を受ける義務として義務教育が定められている。

④ 教育基本法では、学校における政治活動の禁止、国公立で設置される宗派教育の禁止、男女共学について定められている。

⑤ 不登校とは、何らかの心理的、情緒的、身体的、あるいは社会的要因や背景により、児童生徒が登校しない、あるいはしたくてもできない状況のことをいい、「義務教育の段階における普通教育に相当する教育の機会の確保等に関する法律」では、30日以上欠席した場合に不登校とみなすよう定義づけられている。

問30　次のうち、心の健康に関する知識普及を図るための教育、情報の提供として、**正しいもの**を1つ選びなさい。

① 薬物依存症とは、薬物の反復使用の結果、一定の容量では効果が減弱

し、当初の容量と同効果を得るためには、より多くの容量を服用する必要が生じた状態である。

② 健康日本21とは、こころの健康対策の一貫として、うつ病等精神障害の予防を目的とし、その原因としての生活習慣を改善する運動である。

③ 健康日本21は、健康増進法によって都道府県、市町村での作成が要請されている。9つの分野として「こころの健康づくり」もその中に含まれており、ストレス減少、睡眠時間確保、自殺者の減少に関して目標値を定められている。

④ 心的外傷後ストレス障害に関する心理教育は、思い込みによって罹患率が増大することを防ぐために、必ず災害や事件・事故が起きた後に行うべきである。

⑤ 薬物使用において、精神依存が強い薬物であればあるほど、身体依存も強く、催幻覚の作用が強い傾向がある。

問31 次のうち、心の健康に関する知識普及を図るための教育、情報の提供として、**適切なもの**を2つ選びなさい。

① Albee(1982)による予防の方程式では、ストレスと脆弱性を分子、コーピングスキル＋自尊心＋提供されたソーシャルサポートを分母としたものを発生率としている。

② 抑うつのリスク要因として、個人的要因、社会的要因のほか、外的な出来事を含めた3つがあるということが、石川ら(2006)によって指摘されている。

③ 効果的な予防プログラムには、対象となる問題に対して複数の介入方法を用いること(＝多様な教育方法)が原則として必要とされている。

④ 予防プログラムの対象となる行動の発生に影響を与えることができるように、できるだけ早い段階で行い、参加者の発達的なニーズを考慮する必要がある。

⑤ 予防プログラムでは、単にプログラムを実施するだけではなく、計画・実施・フォローアップ・効果の検証といったプログラム評価のプロセスを踏むことが重要である。

職責

問1 公認心理師の法的責任について、**正しいもの**を1つ選べ。

① 秘密保持義務違反に対して、被害者の告訴がなくても検察官は起訴できる。

② 公認心理師の名称使用の停止処分を受けた者が、その停止期間中に心

理師という文字を用いた場合、10万円以下の罰金が科せられる。
③ 秘密保持義務違反は、民事責任と職業上の倫理責任のみに問われる。
④ クライエントの秘密だけでなく、クライエントからもたらされた第三者の秘密に関しても、秘密保持義務は生じる。
⑤ 正当な理由なく秘密を漏示した場合、必ず公認心理師の登録の取り消しが命じられる。

問2 公認心理師法に定められる公認心理師の役割に関する次の記述のうち、**正しいもの**を1つ選びなさい。
① 心理支援を要する者に対する心理状態の観察や分析を行うことが役割として定められている。
② 心理支援を要する者に対する相談は役割に該当するが、アドバイスや指導については該当しない。
③ 心理支援を要する者の関係者への相談は役割に該当するが、アドバイスや指導については該当しない。
④ 国民への心理教育や心理学的な情報の提供については、役割として定められていない。
⑤ 心の健康に関する知識の発展を図るための調査・研究の実践を行うことが役割として定められている。

問3 公認心理師の主治医との連携について、**正しいもの**を1つ選べ。
① クライエントが主治医の関与を望まない場合でも、公認心理師は主治医からの指示の必要性をクライエントに説明をする。
② 主治医からの指示には、公認心理師はどんな場合も従わなければならない。
③ 主治医がいるかどうかは、初回面接の時点で必ず確認しなければならない。
④ 心理的支援に直接関連のない疾病にかかる主治医がいる場合、その医師が「主治の医師」に当たる。
⑤ 主治医の指示があれば、公認心理師は服薬指導ができる。

問4 公認心理師の業務として、最も**適切なもの**を1つ選べ。
① 身体に関する相談に応じ、助言、指導その他援助を行う。
② 心理に関する研究や調査を行う。
③ 知識及び技能の向上に努める。
④ 要支援者に主治医がいるか確認する。
⑤ 業務上知り得た秘密は必ず守る。

問5 心理学的研究や実験を行う際の倫理について、最も**適切なもの**を1つ選べ。

① 臨床に関わる研究や実験を行う際、「研究」や「実験」という言葉を使うことは、不必要な混乱を招く可能性があるため、あたかも研究とは関係なく心理支援が行われているように装う。

② 実験におけるバイアスを考え、実験において想定される実験協力者の不利益を秘匿し実験後に本当の不利益事項を伝える。

③ 実験におけるバイアスを考え、研究目的を偽って実験を行い実験後に本当の目的を伝える。

④ 心理検査の用紙を質問紙法の一部として用いる際、実際の検査用紙をコピー機で印刷して用いることは認められていないため、実験者が自らパソコンで実際の検査用紙と同じ項目を入力する。

⑤ 臨床に関わる対照実験を行う際、統制群と実験群の間の差を厳密に調べるために、実験後においても統制群には一切治療的な関わりを導入してはいけない。

問6 公認心理師が他機関にクライエントを紹介する際の注意点として、**適切なもの**を1つ選べ。

① クライエントの同意を得られなかった場合、紹介先へ情報提供は行わない。

② 紹介する際に多くの情報を渡すため、情報収集のための面接を再度行う。

③ 信頼のおける公認心理師のいる相談機関を一つ紹介する。

④ 薬物療法が必要と判断したため、医師に依頼する。

⑤ 紹介した後の経過に関しては紹介先での守秘義務があるため、公認心理師は知り得ない。

問7 クライエントに関する個人情報の扱い方について、最も**適切なもの**を1つ選べ。

① クライエントの家族から、最近のクライエントの様子や話している内容について聞かれたため伝える。

② クライエントの主治医から、クライエントの命に関わることで問い合わせを受けたため伝える。

③ 連携先のスクールカウンセラーや学校長に、定期的にカウンセリング内容について細かく伝える。

④ 学会発表を行う際、クライエントの名前をイニシャルにし、都道府県や学校、企業、病院の名称もアルファベットの頭文字に置き換える。

⑤ 利便性を考え、クライエントの個人情報の入ったファイルをパスワードなどはつけずにインターネットのクラウド上に置く。

実力養成用科目別練習問題

問8　公認心理師の責務と職業倫理とに基づく相談業務の対応として、**不適切なもの**を1つ選べ。

① クライエントが現在関わっている他の専門家との連携を試みる。

② セラピスト−クライエント関係では治療構造を重視する。

③ 即効性のある技法を優先的に取り組む。

④ 心理支援を行う上でエビデンスに重きをおいて関わる。

⑤ 秘密保持義務が守れない可能性があったとしても、虐待のおそれのあることについては通告を行う。

問9　公認心理師の職業倫理に関する次の記述のうち、**正しいもの**を1つ選びなさい。

① タラソフ事件における判決から導き出された警告義務のほか、タラソフ判決以後においては自殺についても適用される保護義務と呼ばれる義務が追加された。

② 自傷他害のおそれがあるクライエントに関する秘密に関しては、守秘義務よりも通告義務のほうが優先されるため、例外的に守秘義務を守る必要はない。

③ 法的秘密保持では、本人が隠しておきたい秘密だけではなく、隠すことに実質的な利益がある秘密を含むため、職業倫理的な秘密保持よりも法的秘密保持の方が厳しい。

④ 公認心理師には、相手を利己的に利用することが禁止されているが、公認心理師自身が勤務する別の相談機関にリファーすることについては特に問題はない。

⑤ 公認心理師は、大学や大学院で学ぶ内容にとどまらず、一般の公認心理師に普及する水準の知識や技術を常に保ち続けるべき義務を負っている。

問10　公認心理師の問題解決能力と生涯学習に関する次の記述のうち、**正しいもの**を1つ選びなさい。

① スーパーヴィジョンとは、スーパーヴァイジーとスーパーヴァイザーが必ず1対1で行うことが定められており、スーパーヴァイジーが複数名いる場合のことをコンサルテーションと呼ぶ。

② コンピテンシーとは、ある特定の専門家が適切かつ効果的な方法で業務を行うことのできる資格を持ち、その専門職としての倫理観や価値観に沿って思考・判断・意思決定までできることを意味する。

③ Fouad, N.A. らのコンピテンシーの立方体モデルでは、基盤コンピテンシー、機能コンピテンシー、発展コンピテンシーという3つの次元が設定されている。

④ 反省的実践（reflective practice）とは、自らの取り組みに関して悩んだ

り、一人になって内省を繰り返すことによって、臨床実践でうまくいっていない部分を改善させる取り組みのことである。

⑤ 公認心理師はその成長の中で、教育分析を生涯受け続けることが求められる。

問11 次のうち、医療機関への紹介や医療機関からの紹介に関して、**適切なもの**を1つ選びなさい。

① クライエントに自殺念慮がある場合は、クリニックではなく精神科病院をすぐに紹介するのが望ましい。

② クライエントに医療機関を紹介する際、複数箇所を紹介すると混乱させる要因となるので、紹介するのは1箇所にするべきである。

③ 医療機関から患者を紹介された際、診療情報提供書によく目を通し、主治医の方針を確認することが望ましい。

④ 医療機関を紹介する際、紹介を行うセラピスト側にもできるだけ金銭的利益があることを考慮して紹介するのがよい。

⑤ 医療機関に紹介する際、医師が診断する際にバイアスとなる可能性があるため、事前情報としての紹介状は、必要最低限の内容に抑えておくのがよい。

問12 公認心理師法の総則に関して、**不適切なもの**を1つ選べ。

① 公認心理師の業務の適正を図ることを目的としている。

② 国民の精神障害の治療を行うことを目的としている。

③ 公認心理師の働く分野として、保健医療、福祉、教育その他の分野が挙げられる。

④ 心理に関する支援を要する者の関係者に対する指導は、公認心理師の業務にあてはまる。

⑤ 心の健康に関する知識の普及を図るための教育及び情報の提供は、公認心理師の業務である。

問13 タラソフ判決やタラソフ事件について、**誤っているもの**を1つ選べ。

① 自身あるいは他者の生命に関する明確かつ切迫した危険がある状況では、タラソフ判決による警告義務が適用される。

② タラソフ判決以降では、警告にとどまらず犠牲者となり得る人を積極的に保護することを求めている。

③ 警告義務については、生命の危険という点では自殺も同様であり、自殺にも適用される。

④ 保護義務が発生する状況として、当事者間に特別の信頼に裏付けられた関係が存在することが大切である。

⑤ 犠牲者になり得る人が特定できない場合、明確で切迫した危険とはいえない状況であっても、保護義務は発生する。

問14　公認心理師の倫理について、**正しいもの**を1つ選べ。
① リファーはできるだけ早い段階、可能であれば初回に行うことが必要である。
② リファーするにあたって、初回面接時での的確な心理的アセスメントは必要ではない。
③ 公認心理師が退職する際、ある程度の余裕がある場合は長期間悩ませることを防ぐため、すぐには退職について伝えず、伝え方について熟慮して、退職の直前に伝えることが望まれる。
④ 公認心理師が退職する際、クライエントが終結を希望するなど、分離不安が強く出てしまっている可能性がある場合には、引き継ぎについて強く提案することが望まれる。
⑤ 公認心理師が突然不在となることに関して、あらかじめ所属機関の対応としてのマニュアルを作っておくことは、臨機応変な対応の阻害となってしまうため避けるべきである。

問15　公認心理師の秘密保持義務について、**正しいもの**を1つ選べ。
① クライエントの秘密を守るために、公認心理師はできる限り一人で対応することが重要であり、いざといった時には連携の相手やリファー先を探すことが望まれる。
② 複数のリファー先を提示することは、クライエントを混乱させる要因となりえるため、リファー先はできる限り1箇所にするべきである。
③ リファー先の機関にクライエントの情報提供を行う場合は、特にクライエントの承諾を得る必要はない。
④ 虐待が疑われる場合は、秘密保持の例外にあたる。
⑤ チーム医療やチーム学校など、チーム内で行われる守秘義務に関しては、法律上全く問題はない。

問16　公認心理師の訓練について、**正しいもの**を1つ選べ。
① コンピテンシーの中核には、科学的実践がある。
② コンピテンシーは、基盤コンピテンシーと機能コンピテンシーの2つに分けられる。
③ 公認心理師は、自己内省を促進させるために、教育分析を受けることが奨励されている。
④ スーパーヴィジョンには、個人スーパーヴィジョンのほか、集団で行う集団スーパーヴィジョン、仲間同士で行うピアスーパーヴィジョンがある。

⑤ マスターセラピストと呼ばれるような熟練したセラピストは、これまでの経験によって臨床のプロセスの多くは自動化され、スムーズな臨床に貢献している。

問17 公認心理師法に定められる役割、知識及び技術に関する次の記述のうち、**正しいもの**を1つ選びなさい。

① 心理に関する支援が必要な者に対して、各種専門家の間で連携を行うため、専門家間における守秘義務は最低限にし、十分な情報交換を行うことが求められる。

② 対象者の心理に関する課題を理解し、本人や周囲に対して、有益なフィードバックを行うために、特定の心理療法の理論と技法について学び、実施のための基本的な態度を身につけることが求められる。

③ 公認心理師の資格取得後も自ら研鑽を継続して積むことが求められる。

④ 心理状態の観察・分析等の内容を他専門領域の専門家に伝える場合、公認心理師として適切な専門用語を駆使して所見を書くことが求められる。

⑤ 精神疾患が疑われる者についてはともかく、身体疾患が疑われる者については、必要に応じて医師への紹介等の対応が求められる。

2020年12月試験全問題

2020年12月試験 (午前の部)

2020年12月20日10時00分〜12時00分

問1 要支援者と公認心理師の関係について、**適切なもの**を1つ選べ。

① 心理療法の面接時間は、要支援者のニーズに合わせてその都度変えるのが良い。

② 投薬が必要となり、精神科に紹介したケースも、必要であれば心理的支援を継続する。

③ 知らない人に対して気後れして話ができないという友人の母親のカウンセリングを引き受ける。

④ 大学附属の心理相談室で新規ケースのインテーク面接を行う場合、受理するかどうかは自分一人で決める。

⑤ 学校内で自殺者が出た場合の緊急介入時には、事実を伝えるのは亡くなった生徒と親しかった少数のみに限定するのが原則である。

問2 統合失調症の症状が増悪したクライエントへの公認心理師の介入について、**適切なもの**を1つ選べ。

① 症状増悪時は、心理的支援を行わない。

② 幻聴に関して、幻覚であることを自覚させる。

③ 緊張病性昏迷では、身体管理が必要となる可能性があることを家族に伝える。

④ 作為体験によるリストカットは、ためらい傷程度であれば特に緊急性はない。

⑤ 服薬を拒否するクライエントに対して、薬は無理に服薬しなくてよいと伝える。

問3 自殺予防や自殺のリスク評価について、**正しいもの**を1つ選べ。

① 文化的・宗教的な信条は、自殺のリスクに関連しない。

② 自殺念慮に具体的な計画があると、自殺のリスクが高い。

③ 家族や身近な人に自殺者がいても、自殺のリスクが高いとは言えない。

④ 自殺予防のための情報提供などの普及啓発は、自殺の二次予防として重要である。

⑤ 自殺手段や自殺が生じた場所について繰り返し詳しく報道することは、自殺予防になる。

問4 ある医療機関で入院患者が自殺し、3日後に同じ病棟の患者が続けて自殺した。この病棟における自殺のポストベンションについて、最も**適切なもの**を1つ選べ。

① 第一発見者のケアを優先する。

② 患者の担当以外の病棟スタッフは対象にならない。

③ 自殺の原因を特定し、病棟の問題を解決することが目的である。

④ 入院患者と医療スタッフが当該自殺に関する率直な感情を表現する機会を設ける。

⑤ 守秘義務のため、亡くなった患者と親しかった他の患者には自殺について伝えない。

問5 遊戯療法と最も関係が深い人物として、**正しいもの**を1つ選べ。

① A.Ellis

② A.Freud

③ A.T.Beck

④ H.A.Murray

⑤ J.B.Watson

問6 奥行きの知覚における両眼性の手がかりとして、**正しいもの**を1つ選べ。

① 陰影

② 輻輳

③ 重なり

④ 線遠近法

⑤ きめの勾配

問7 統計的仮説検定の説明として、**正しいもの**を1つ選べ。

① t検定では、自由度が大きいほど、帰無仮説の上側確率に基づく棄却の限界値は小さい。

② 2つの条件の平均に有意な差が認められない場合、それらの平均には差がないといえる。

③ K.Pearsonの相関係数が0.1%水準で有意であった場合、2つの変数間に強い相関があるといえる。

④ 対応のない2群のt検定では、各群の標準偏差が大きいほど、有意な差があるという結果が生じやすい。

⑤ K.Pearsonの相関係数の有意性検定では、サンプルサイズが小さいほど、帰無仮説の上側確率に基づく棄却の限界値は小さい。

問8 心理学の実験において、「XがYに及ぼす影響」の因果的検討を行うとき、**正しいもの**を1つ選べ。

① Xを剰余変数という。

② Yを独立変数という。

③ 研究者があらかじめ操作するのはYである。

④ Xは、値又はカテゴリーが2つ以上設定される。

⑤ 結果の分析には、XとYの相関を求めるのが一般的である。

問9 100gの重さの知覚における弁別閾を測定したところ10gであった。このとき
に予測される400gの重さの知覚における弁別閾として、**正しいもの**を1つ選
べ。

    ① 2.5g

    ② 10g

    ③ 13.01g

    ④ 20g

    ⑤ 40g

問10 E.C.Tolmanは、ラットの迷路学習訓練において、訓練期間の途中から餌報酬
を導入する実験を行っている。この実験により明らかになったこととして、最も
適切なものを1つ選べ。

    ① 回避学習

    ② 観察学習

    ③ 初期学習

    ④ 潜在学習

    ⑤ 逃避学習

問11 N.Chomskyの言語理論の立場として、**正しいもの**を1つ選べ。

    ① 言語発達のメカニズムは、遺伝的に決定されている。

    ② どのような言語にも共通する普遍文法は存在しない。

    ③ 言語の文法は、ヒト以外の動物種にも認めることができる。

    ④ 句構造規則によって作られた文の表層構造は、変形規則によって深層構
造となる。

    ⑤ 脳の中にある言語獲得装置は、報酬と罰の経験によって文法を獲得する
働きを持つ。

問12 質問紙法を用いたパーソナリティ検査について、**正しいもの**を1つ選べ。

    ① 検査得点の一貫性のことを妥当性という。

    ② α係数は、検査項目の数が多いほど、低い値をとる。

    ③ 再検査法では、2時点の検査得点間の相関係数を用い、検査の安定性を
みる。

    ④ 検査が測定しようとしているものを正しく測定できている程度のことを
信頼性という。

    ⑤ 検査得点の分散に占める真の得点の分散の割合が高いほど、検査結果
の解釈が妥当になる。

問13 摂食行動を制御する分子について、**正しいもの**を1つ選べ。
① グレリンは、食欲を抑制する。
② レプチンは、食欲を促進する。
③ オレキシンは、食欲を抑制する。
④ 肥満症では、血液中のグレリン濃度が上昇する。
⑤ 肥満症では、血液中のレプチン濃度が上昇する。

問14 自己中心性バイアスに該当する現象として、最も**適切なもの**を1つ選べ。
① ハロー効果
② スリーパー効果
③ 自己関連づけ効果
④ フレーミング効果
⑤ スポットライト効果

問15 ケース・アドボカシーの説明として、**正しいもの**を1つ選べ。
① 患者が、医療側の説明を理解し、同意し、選択すること
② 医療側が、患者に対して行おうとしている治療について十分な説明を行うこと
③ 障害のある子どもと障害のない子どもを分けずに、特別な教育的ニーズをもつ子どもを支援すること
④ ある個人や家族がサービスの利用に際して不利益を被らないように、法的に保障された権利を代弁・擁護すること
⑤ 障害者が社会の中で差別を受けることなく、権利の平等性を基盤にして、一般社会の中に正当に受け入れられていくこと

問16 精神分析理論の防衛機制に関する実験的研究の結果を基盤に発展した心理検査として、最も**適切なもの**を1つ選べ。
① SCT
② TAT
③ MMPI
④ P−Fスタディ
⑤ ロールシャッハ・テスト

問17 公認心理師が心理相談での記録や報告を行う際に留意することとして、最も**適切なもの**を1つ選べ。
① 病院からの紹介状への返事は、クライエントには見せない。
② 守秘義務があるため、面接内容は自身の上司には報告しない。
③ 録音は、クライエントを刺激しないために気づかれないように行う。

④ 心理検査の報告は、検査を依頼した職種にかかわらず専門用語を使って書く。

⑤ インテーク面接の記録には、観察事項に基づいた面接時の印象も併せて記録する。

問18 心身症に関連した概念について、**正しいもの**を1つ選べ。

① 慢性疼痛患者には、抗うつ剤は無効である。

② 進学や結婚は、気管支喘息の増悪に関与しない。

③ タイプA型行動パターンは、消化性潰瘍のリスク要因である。

④ 本態性高血圧症が心理的ストレスで悪化している場合は、心身症と考える。

⑤ アレキシサイミア〈失感情症〉とは、以前楽しめていた活動に対して楽しめない状態を意味する。

問19 過敏性腸症候群〈IBS〉について、**正しいもの**を1つ選べ。

① 感染性腸炎は、発症と関連しない。

② 内臓痛覚閾値の低下が認められる。

③ 我が国の有病率は、約2%である。

④ プロバイオティクスは、有効ではない。

⑤ 下痢型IBSは女性に多く、便秘型IBSは男性に多い。

問20 介護保険が適用されるサービスとして、**正しいもの**を1つ選べ。

① 配食サービス

② 精神科訪問看護

③ 介護ベッドの購入

④ 住宅型有料老人ホーム

⑤ 通所リハビリテーション

問21 T. Kitwoodの提唱した認知症に関するパーソンセンタード・ケアの考え方について、**最も適切なもの**を1つ選べ。

① 問題行動を示したときは、効率的に管理しなければならない。

② ケアで重要なことは、介護者自身の不安や弱さなどは考慮せず、理性的に行うことである。

③ 認知症の治療薬が開発されるまで、専門家として認知症の人にできることはほとんどない。

④ 認知症は、第一の視点として、中枢神経系の病気としてよりも障害としてみるべきである。

⑤ ケアは、安全な環境を提供し、基本的ニーズを満たし、身体的ケアを与

えることが中心となる。

問22 Alzheimer型認知症について、最も**適切なもの**を1つ選べ。
　　① うつ症状が起こる。
　　② 見当識は保持される。
　　③ 近時記憶障害は目立たない。
　　④ 具体的な幻視が繰り返し出現する。
　　⑤ 注意や明晰さの著明な変化を伴う認知の変動がみられる。

問23 児童の社会的養護における家族再統合について、最も**適切なもの**を1つ選べ。
　　① 家庭復帰が困難な子どもは対象ではない。
　　② 児童福祉施設は、家族再統合には積極的に関与しない。
　　③ 家庭裁判所は、申立てがあった場合、直接保護者に適切な治療や支援を
　　　　受けることを命令できる。
　　④ 子どもが、家族の歴史や事情を知った上で、肯定的な自己イメージを持
　　　　つことができるよう支援する。
　　⑤ 施設や里親などにおける子どもの生活が不安定になるため、分離中の実
　　　　親との交流は、原則として控える。

問24 学習者が自分の目標を決め、その目標を達成するために自らの計画を立て、実
行段階で思考、感情及び行為をコントロールし、実行後に振り返り、自らの学習
行動を評価するプロセスとして、**正しいもの**を1つ選べ。
　　① 観察学習
　　② 自己調整学習
　　③ 認知的徒弟制
　　④ 古典的条件づけ
　　⑤ 有意味受容学習

問25 学校心理学における心理教育的援助サービスの考え方について、最も**適切なも
の**を1つ選べ。
　　① 心理面の援助を中心に行う。
　　② スクールカウンセラーが単独で援助する。
　　③ スクールカウンセラーに援助を求める子どもを対象とする。
　　④ 非行をする子どもなど、援助ニーズの高い子どもを対象とする。
　　⑤ スクールカウンセリング活動は、学校教育の一環として位置づけられる。

2020年12月試験全問題

127

問26 構成的グループエンカウンターの特徴として、最も**適切なもの**を1つ選べ。

① グループを運営するリーダーを決めずに実施する。

② 参加者の内面的・情動的な気づきを目標としていない。

③ 特定の課題設定などはなく、参加者は自由に振る舞える。

④ レディネスに応じて、学級や子どもの状態を考慮した体験を用意できる。

⑤ 1回の実施時間を長くとらなくてはいけないため、時間的な制約のある状況には向かない。

問27 事業場における労働者のメンタルヘルスケアについて、**正しいもの**を1つ選べ。

① 労働者は、自己保健義務を負っている。

② 労働者の主治医が中心となって推進する。

③ 人事労務管理スタッフは、関与してはならない。

④ 産業医の中心的な役割は、事業場内で診療を行うことである。

⑤ 対象範囲を、業務に起因するストレスに限定することが大切である。

問28 F. Herzberg の2要因理論に関する説明として、**正しいもの**を1つ選べ。

① 達成動機は、接近傾向と回避傾向から構成される。

② 職場の出来事で満足を与える要因を達成欲求という。

③ 分配の公正と手続の公正は、仕事への動機づけを高める。

④ 職場での満足を感じる要因は、仕事への動機づけを高める。

⑤ 職場の出来事で不満足につながる要因をバーンアウトという。

問29 糖尿病について、**正しいもの**を1つ選べ。

① 糖尿病は、1型から2型に移行することが多い。

② 糖尿病の運動療法には、無酸素運動が有効である。

③ 2型糖尿病患者に、血糖自己測定〈SMBG〉は不必要である。

④ 非定型抗精神病薬の中には、糖尿病患者に使用禁忌の薬がある。

⑤ 健診でHbA1c値が6.8％であった場合は、糖尿病の可能性は低い。

問30 甲状腺機能低下症にみられる症状について、**正しいもの**を1つ選べ。

① 下痢

② 頻脈

③ 眼球突出

④ 傾眠傾向

⑤ 発汗過多

問31 抗精神病薬を長期間投与された患者に多くみられる副作用のうち、舌を突出させたり、口をもぐもぐと動かしたりする動きが特徴的な不随意運動として、**正しいもの**を1つ選べ。
- ① バリズム
- ② アカシジア
- ③ ジストニア
- ④ ジスキネジア
- ⑤ ミオクローヌス

問32 医療法で、「高度の医療技術の開発及び評価を行う能力を有すること」が要件として定められている病院として、**正しいもの**を1つ選べ。
- ① 救急病院
- ② 精神科病院
- ③ 特定機能病院
- ④ 地域医療支援病院
- ⑤ 臨床研究中核病院

問33 公認心理師の業務について、**不適切なもの**を1つ選べ。
- ① 必要に応じて、他の保健医療の専門家と協力する。
- ② 心理療法の料金については、心理療法を始める段階で合意しておく必要がある。
- ③ 心理療法の効果に焦点を当て、限界については説明を行わず、心理療法を開始する。
- ④ 心理的アセスメントには、心理検査の結果だけではなく、関与しながらの観察で得た情報も加味する。
- ⑤ クライエントが、被虐待の可能性が高い高齢者の場合は、被害者保護のために関係者との情報共有を行う。

問34 対人援助職のセルフケアと自己点検において重要な感情労働について、**不適切なもの**を1つ選べ。
- ① 感情労働は、第三の労働形態である。
- ② 感情労働は、A.Hochschildによって定義された概念である。
- ③ 感情労働とは、職業上、自己の感情をコントロールすることが要求される労働のことである。
- ④ 感情労働における深層演技とは、クライエントの感情を意識的に自分の感情として感じることである。
- ⑤ 感情労働における表層演技は、自らの感情とは不一致でも他者に表出する感情を望ましいものにしようとすることである。

問35 専門職連携を行う際の実践能力として、**不適切なもの**を1つ選べ。
　① 自分の職種の思考、行為、感情及び価値観について省みることができる。
　② 他の職種の思考、行為、感情及び価値観について理解することができる。
　③ 他の職種との関係の構築、維持及び成長を支援及び調整することができる。
　④ 他の職種の役割を理解し、自分の職種としての役割を全うすることができる。
　⑤ 患者の意向よりも、他の職種との間での共通の目標を最優先にして設定することができる。

問36 乳児期の認知発達に関する研究手法である馴化・脱馴化について、**不適切なもの**を1つ選べ。
　① 乳児の弁別能力の発達を調べることができる。
　② 吸てつ〈sucking〉反応の変化を指標とすることができる。
　③ 刺激に対する注視時間の回復を指標とすることができる。
　④ 乳児の再認記憶の有無を確かめるために使うことができる。
　⑤ 実験手法の1つとして、乳児に対して2つの刺激を同時に対呈示することができる。

問37 L. S. Vygotskyの発達理論に含まれる概念として、**不適切なもの**を1つ選べ。
　① 内言
　② 自己中心性
　③ 精神内機能
　④ 高次精神機能
　⑤ 発達の最近接領域

問38 インテーク面接におけるアセスメントについて、**不適切なもの**を1つ選べ。
　① クライエントの生活における適応状態を確認する。
　② 支援を受けることについての動機づけを確認する。
　③ クライエントの問題に関連する情報を初回で漏れなく収集する。
　④ 客観的な情報収集に努めながら、クライエントの語りを共感的に聴く。
　⑤ クライエントの問題の心理的要因だけではなく、生物的要因や社会的要因についても評価する。

問39 H. Gardnerが多重知能理論で指摘した知能に含まれるものとして、**不適切なもの**を1つ選べ。
① 空間的知能
② 言語的知能
③ 実用的知能
④ 対人的知能
⑤ 論理数学的知能

問40 職場の心理専門職として管理監督者研修を行うこととなった。研修内容に盛り込む内容として、**不適切なもの**を1つ選べ。
① セルフケアの方法
② 労働者からの相談対応
③ 代表的な精神疾患の診断法
④ 職場環境などの評価及び改善の方法
⑤ 健康情報を含む労働者の個人情報の保護

問41 睡眠薬に認められる副作用として、通常は**みられないもの**を1つ選べ。
① 奇異反応
② 前向性健忘
③ 反跳性不眠
④ 持ち越し効果
⑤ 賦活症候群〈アクティベーション症候群〉

問42 高齢者虐待の防止、高齢者の養護者に対する支援等に関する法律〈高齢者虐待防止法〉について、**誤っているもの**を1つ選べ。
① 市町村は、高齢者を虐待した養護者に対する相談、指導及び助言を行う。
② 養護者又は親族が高齢者の財産を不当に処分することは虐待に該当する。
③ 国民には、高齢者虐待の防止や養護者に対する支援のための施策に協力する責務がある。
④ 警察署長は、高齢者の身体の安全の確保に万全を期するために、市町村長に援助を求めなければならない。
⑤ 身体に重大な危険が生じている高齢者虐待を発見した者は、速やかに、そのことを市町村に通報しなければならない。

問43 口唇裂口蓋裂、皮膚血管腫、熱傷などによる可視的差違がもたらす心理社会的問題について、最も**適切なもの**を1つ選べ。

① 家族への依存性が強くなるため、社会的ひきこもりとなることが多い。

② 可視的差違は、子どもの自尊感情の低下を招くリスク要因にはならない。

③ 可視的差違を有する子どもの多くは、年齢に応じた心理社会的発達を遂げることが難しい。

④ 家族や友人だけではなく、広く社会一般の反応や受容の在り方は、子どもが可視的差違に適応していくに当たり重要な要因となる。

問44 ナラティブ・アプローチに基づく質問として、最も**適切なもの**を1つ選べ。

① その出来事が起こったとき、どのような考えが頭をよぎりましたか。

② 今話されていたことですが、それを今ここで感じることはできますか。

③ その罪悪感は、どのようにお母さんとの関係を邪魔しているのですか。

④ 寝ている間に問題が全て解決したとしたら、どのように目覚めると思いますか。

問45 心理療法やカウンセリングの効果研究の方法について、最も**適切なもの**を1つ選べ。

① 要因統制に基づく実験的な研究であることが必須である。

② 一事例実験にみられる介入効果を評価する場合には、因子分析が用いられることが多い。

③ 特定の心理療法を行う実験群と未治療の統制群を設定して、効果の比較を行う必要がある。

④ メタ分析では、ある介入法に基づく複数の効果研究について、効果サイズを算出することができる。

問46 合理的配慮について、**適切なもの**を1つ選べ。

① 公平性の観点から、入学試験は合理的配慮の適用外である。

② 合理的配慮の対象は、障害者手帳を持っている人に限られる。

③ 合理的配慮によって取り除かれるべき社会的障壁には、障害者に対する偏見も含まれる。

④ 発達障害児がクールダウンするために部屋を確保することは、合理的配慮には含まれない。

問47 知覚や意識について、**誤っているもの**を1つ選べ。

① 共感覚は、成人より児童に生じやすい。

② 幻覚は、意識清明時にも意識障害時にも生じる。

③ 入眠時幻覚がみられる場合は、統合失調症が疑われる。

④ 事故などで、四肢を急に切断した場合、ないはずの四肢の存在を感じることがある。

問48　「心の理論」について、**不適切なもの**を1つ選べ。
　　① 自他の心の在りようを理解し把握する能力である。
　　② 標準誤信念課題によって獲得を確認することができる。
　　③ D.Premackがヒトの幼児の発達研究を通して初めて提案した。
　　④ 「信念─欲求心理学」の枠組みに基づき、人々の行動を予測すると考えられている。

問49　2018年（平成30年）の高齢者による犯罪について、**誤っているもの**を1つ選べ。
　　① 刑務所入所時点で65歳以上である女性の罪名の80 ％以上が窃盗である。
　　② 刑法犯による検挙人員中に占める65歳以上の者の比率は、約10 ％である。
　　③ 刑法犯による検挙人員中に占める65歳以上の者の比率を男女別で比較した場合、男性よりも女性の方が大きい。
　　④ 窃盗による検挙人員の人口に占める比率を、20歳以上65歳未満と65歳以上とで比較した場合、後者の方が大きい。

問50　精神保健及び精神障害者福祉に関する法律〈精神保健福祉法〉について、**誤っているもの**を1つ選べ。
　　① 裁判官は、精神障害者又はその疑いのある被告人に無罪又は執行猶予刑を言い渡したときは、その旨を都道府県知事に通報しなければならない。
　　② 警察官は、精神障害のために自傷他害のおそれがあると認められる者を発見したときは、最寄りの保健所長を経て都道府県知事に通報しなければならない。
　　③ 保護観察所の長は、保護観察に付されている者が精神障害者又はその疑いのある者であることを知ったときは、その旨を都道府県知事に通報しなければならない。
　　④ 矯正施設の長は、精神障害者又はその疑いのある者を釈放、退院又は退所させようとするときは、あらかじめその収容者の帰住地の都道府県知事に通報しなければならない。

問51 入院患者が公認心理師の面接を受けるために、病棟の面接室に車椅子で入室した。車椅子から面接室の椅子に移乗する際に看護師と公認心理師が介助したが、車椅子から転落した。健康被害は起こらなかった。

それを診断した主治医の他に、インシデントレポートの作成者として、**適切なもの**を2つ選べ。
- ① 看護師
- ② 病院長
- ③ 公認心理師
- ④ 病棟看護師長
- ⑤ 医療安全管理責任者

問52 DMS-5の全般不安症／全般性不安障害の症状について、**正しいもの**を2つ選べ。
- ① 易怒性
- ② 抑うつ
- ③ 強迫念慮
- ④ 社交不安
- ⑤ 睡眠障害

問53 被害者支援の制度について、**正しいもの**を2つ選べ。
- ① 被害者支援センターは、法務省が各都道府県に設置している。
- ② 受刑者の仮釈放審理に当たって、被害者は意見を述べることができる。
- ③ 財産犯の被害に対して、一定の基準で犯罪被害者等給付金が支給される。
- ④ 刑事事件の犯罪被害者は、裁判所に公判記録の閲覧及び謄写を求めることができる。
- ⑤ 日本司法支援センター〈法テラス〉は、被疑者・被告人がしょく罪の気持ちを表すための寄附を受けない。

問54 トラウマや心的外傷後ストレス障害〈PTSD〉に関連するものとして、**適切なもの**を2つ選べ。
- ① PTSDの生涯有病率は、男性の方が高い。
- ② PTSD関連症状に、薬物療法は無効である。
- ③ 心的外傷の出来事による身体的影響は少ない。
- ④ 治療開始の基本は、クライエントの生活の安全が保障されていることである。
- ⑤ 複雑性PTSDは、複数の、又は長期間にわたる心的外傷的出来事への暴露に関連する、より広範囲の症状を示す。

問55 少年鑑別所が法務少年支援センターという名称を用いて行う地域援助について、**正しいもの**を2つ選べ。

① 公認心理師が、相談を担当する。

② 必要に応じて心理検査や知能検査を実施する。

③ 相談対象は、未成年、その保護者及び関係者に限られる。

④ 学校や関係機関の主催する研修会や講演会に職員を講師として派遣する。

⑤ 個別の相談は、保護観察所内に設置されている相談室で行うことを原則とする。

問56 学校保健安全法及び同法施行規則について、**正しいもの**を2つ選べ。

① 通学路の安全点検について、学校は一義的な責務を有する。

② 児童生徒等の健康診断を毎年行うかどうかは、学校長が定める。

③ 学校においては、児童生徒等の心身の健康に関し、健康相談を行う。

④ 市町村の教育委員会は、翌学年度の入学予定者に就学時の健康診断を行う。

⑤ 児童生徒等の健康診断の結果が児童生徒と保護者に通知されるのは、30日以内と定められている。

問57 雇用の分野における男女の均等な機会及び待遇の確保等に関する法律〈男女雇用機会均等法〉に規定されているセクシュアル・ハラスメントについて、**正しいもの**を2つ選べ。

① 業務上明らかに不要なことや遂行不可能なことを強制すること

② 異性に対して行われるものであって、同性に対するものは含まないこと

③ 職場において行われる性的な言動により、労働者の就業環境が害されること

④ 業務上の合理性がなく、能力や経験とかけ離れた程度の低い仕事を命じることや仕事を与えないこと

⑤ 職場での性的な言動に対して、労働者が拒否的な態度をとったことにより、当該労働者がその労働条件につき不利益を受けること

問58 公認心理師を養成するための実習で学ぶ際に重視すべき事項として、**適切なもの**を2つ選べ。

① 自らの訓練や経験の範囲を超えたクライエントも積極的に引き受けるようにする。

② 実習で実際のクライエントに援助を提供する場合には、スーパービジョンを受ける。

③ 実習で担当したクライエントに魅力を感じた場合には、それを認識して

対処するように努める。

④ 業務に関する理解や書類作成の方法を学ぶことよりも、クライエントへの援助技法の習得に集中する。

⑤ クライエントとのラポール形成が重要であるため、多職種との連携や地域の援助資源の活用に注目することは控える。

問59 石けんの香りが机を清潔に保とうとする行動に影響を与えるかについて実験を行った。香りあり条件と香りなし条件を設けて、机の上の消しくずを掃除する程度を指標として検討した。その結果、全体的には香りあり条件と香りなし条件の差が検出されなかったが、尺度で測定された「きれい好き」得点が高い群は、全体として「きれい好き」得点が低い群よりもよく掃除をした。さらに、高い群では香りあり条件と香りなし条件の差は明瞭でなかったが、低い群では、香りあり条件が香りなし条件よりも掃除をする傾向が顕著に観察された。

この実験の結果の理解として、**正しいもの**を1つ選べ。

① 交互作用はみられなかった。

② 実験要因の主効果は有意であった。

③ 「きれい好き」要因の主効果は有意ではなかった。

④ 実験要因の主効果と交互作用が有意であった可能性が高い。

⑤ 「きれい好き」要因の主効果と交互作用が有意であった可能性が高い。

問60 15歳の女子A、中学3年生。Aが人の目が怖くて教室に入れないということで、学校からの勧めもあり、公認心理師Bがいる市の相談センターに母親Cから相談申込みの電話があった。Cの話によると、学校ではいじめなどの大きな問題はないが、1か月前から不登校状態が続いているという。母子並行面接ということで受理し、面接を行うことになった。インテーク面接当日、Aは、担当であるBとの面接が始まる際に、Cとの分離に不安を示した。インテーク面接の最中も、Aの緊張は高く、なかなか自分の状態について語ることができなかった。

Bが行うインテーク面接とその後の初期対応として、最も**適切なもの**を1つ選べ。

① AとCとの関係性が面接に影響するため、母子同室面接は行わない。

② Aが未成年であるため、Aの在籍校にはAが来所したことを報告する。

③ 人の目が怖い理由や原因についてAに尋ね、まずはそれを意識化させる。

④ 面接に期待していることをAに尋ね、Bが最善の努力をすることを伝える。

⑤ 言語面接が可能である場合、身体に作用するリラクセーション技法は用いない。

問61 30歳の男性A、自営業。Aは独身で一人暮らし。仕事のストレスから暴飲暴食をすることが多く、最近体重が増えた。このままではいけないと薄々感じていたAは、中断していたジム通いを半年以内に再開するべきかどうかを迷っていた。その折、Aは健康診断で肥満の指摘を受けた。

　　J.O.Prochaskaらの多理論統合モデル<Transtheoretical Model>では、Aはどのステージにあるか。最も**適切なもの**を1つ選べ。

① 維持期
② 実行期
③ 準備期
④ 関心期（熟考期）
⑤ 前関心期（前熟考期）

問62 30歳の女性A、会社員。Aは、精神科病院において入院治療を受けている。20代後半より抑うつエピソードを繰り返していたが、医療機関の受診歴はなかった。入院の1か月ほど前から口数が多くなり、卒業後交流のなかった高校時代の友人たちに電話やメールで連絡を取るようになった。衝動的な買い物が増え、職場での尊大な態度が目立つようになった。心配した家族の支援で入院となり、1か月が経過した。症状は改善しつつあるが、依然として口数は多く、睡眠は不安定である。Aは、仕事を休んでいることへの焦りを主治医に訴えている。

　　この時点での公認心理師のAへの支援として、最も**適切なもの**を1つ選べ。

① 障害年金制度について情報を提供する。
② 幼少期の体験に焦点を当てた心理面接を行う。
③ 会社の同僚に対する謝罪の文章をAと一緒に考える。
④ 毎日の行動記録を表に付けさせるなどして、生活リズムの安定を図る。
⑤ Aの同意を得て、復職の時期について職場の健康管理スタッフと協議する。

問63 45歳の男性A、市役所職員。Aは上司の勧めで健康管理室を訪れ、公認心理師Bが対応した。Aの住む地域は1か月前に地震により被災し、Aの自宅も半壊した。Aは自宅に居住しながら業務を続け、仮設住宅への入居手続の事務などを担当している。仮設住宅の設置が進まない中、勤務はしばしば深夜に及び、被災住民から怒りを向けられることも多い。Aは「自分の態度が悪いから住民を怒らせてしまう。自分が我慢すればよい。こんなことで落ち込んでいられない」と語る。その後、Aの上司からBに、Aは笑わなくなり、ぼんやりしていることが多いなど以前と様子が違うという連絡があった。

　　この時点のBのAへの対応として、最も**適切なもの**を1つ選べ。

① Aの上司にAの担当業務を変更するように助言する。
② Aの所属部署職員を対象として、ロールプレイを用いた研修を企画する。

③ 災害時健康危機管理支援チーム＜DHEAT＞に情報を提供し、対応を依頼する。

④ Aに1週間程度の年次有給休暇を取得することを勧め、Aの同意を得て上司に情報を提供する。

⑤ Aに健康管理医＜産業医＞との面接を勧め、Aの同意を得て健康管理医＜産業医＞に情報を提供する。

午前の部

問64 1歳半の男児A。母親BがAの高熱とけいれん発作を訴えて、病院に来院し、Aは入院することとなった。これまでに複数の病院に通院したが、原因不明とのことであった。Bは治療に協力的で献身的に付き添っていたが、通常の治療をしてもAは回復しなかった。Bは片時もAから離れずに付き添っていたが、点滴管が外れたり汚染されたりといった不測の事態も生じた。ある日突然、Aは重症感染症を起こし重篤な状態に陥った。血液検査の結果、大腸菌などの複数の病原菌が発見された。不審に思った主治医がBの付き添いを一時的に制限すると、Aの状態は速やかに回復した。

　Aの状態と関連するものとして、最も**適切なもの**を1つ選べ。

① 医療ネグレクト

② 乳児突然死症候群

③ 乳幼児揺さぶられ症候群

④ 反応性アタッチメント障害

⑤ 代理によるミュンヒハウゼン症候群

問65 9歳の男児A、小学3年生。Aは、学校でけんかした級友の自宅に放火し、全焼させた。負傷者はいなかった。Aはこれまでにも夜間徘徊で補導されたことがあった。学校では、座って授業を受けることができず、学業成績も振るわなかった。他児とのトラブルも多く、養護教諭には、不眠や食欲不振、気分の落ち込みを訴えることもあった。Aの家庭は、幼少期に両親が離婚しており、父親Bと二人暮らしである。家事はAが担っており、食事は自分で準備して一人で食べることが多かった。時折、Bからしつけと称して身体的暴力を受けていた。

　家庭裁判所の決定により、Aが入所する可能性が高い施設として、最も**適切なもの**を1つ選べ。

① 自立援助ホーム

② 児童自立支援施設

③ 児童心理治療施設

④ 児童発達支援センター

⑤ 第三種少年院（医療少年院）

問66 13歳の男子A、中学1年生。Aの学校でのテストの成績は中程度よりもやや上に位置している。試験に対しては出題される範囲をあらかじめ学習し、試験に臨む姿もよくみられる。しかし、その試験を乗り切ることだけを考え、試験が終わると全てを忘れてしまう質の低い学習をしているように見受けられる。勉強に対しても、ただ苦痛で面白くないと述べる場面が目につき、学習した内容が知識として定着していない様子も観察される。

現在のAの状況の説明として、最も**適切なもの**を1つ選べ。

① リテラシーが不足している。
② メタ記憶が十分に発達していない。
③ 深化学習や発展学習が不足している。
④ 機械的暗記や反復練習が不足している。
⑤ 具体的操作期から形式的操作期へ移行できていない。

問67 21歳の男性A。Aは実母Bと二人暮らしであった。ひきこもりがちの無職生活を送っていたが、インターネットで知り合った人物から覚醒剤を購入し、使用したことが発覚して有罪判決となった。初犯であり、BがAを支える旨を陳述したことから保護観察付執行猶予となった。

保護観察官がAに対して行う処遇の在り方として、最も**適切なもの**を1つ選べ。

① 自助の責任を踏まえつつ、Aへの補導援護を行う。
② Bに面接を行うことにより、Aの行状の把握に努める。
③ Aが一般遵守事項や特別遵守事項を遵守するよう、Bに指導監督を依頼する。
④ 改善更生の在り方に問題があっても、Aに対する特別遵守事項を変更することはできない。
⑤ 就労・覚醒剤に関する特別遵守事項が遵守されない場合、Aへの補導援護を行うことはできない。

問68 32歳の女性A、会社員。Aは、感情の不安定さを主訴に社内の心理相談室に来室し、公認心理師Bが面接した。職場で良好な適応状況にあったが、2か月前から動悸をしばしば伴うようになった。その後、異動してきた上司への苛立ちを強く自覚するようになり、ふとしたことで涙が出たり、これまで良好な関係であった同僚とも衝突することがあった。最近では、緊張して発汗することがあり、不安を自覚するようになった。

Bが優先的に行うべきAへの対応として、最も**適切なもの**を1つ選べ。

① 休職を勧める。
② 瞑想を教える。
③ 認知行動療法を勧める。

2020年12月試験全問題

④ 医療機関の受診を勧める。

⑤ カウンセリングを導入する。

問69 16歳の女子A、高校1年生。Aは、食欲不振、るい痩のため1週間前から入院中である。高校に入学し、陸上部に入部した後から食事摂取量を減らすようになった。さらに、毎朝6時から走り込みを始めたところ、4か月前から月経がなくなり、1か月前から倦怠感を強く自覚するようになった。入院後も食事摂取量は少なく、「太ると良い記録が出せない」と食事を摂ることへの不安を訴える。中学校までは適応上の問題は特になく、学業成績も良好であった。自己誘発嘔吐や下剤の乱用はない。身長は159cm、体重は30kg、BMIは11.9である。

公認心理師のAへの支援として、**不適切なもの**を1つ選べ。

① 食事へのこだわりを外在化する。

② Aの家族に治療への参加を促す。

③ 部活動への葛藤について傾聴する。

④ 栄養士の助力を得て食事日記を付けることを勧める。

⑤ 点滴を受けて、栄養状態を速やかに改善するように勧める。

問70 72歳の男性A。Aは、高血圧症で通院している病院の担当医に物忘れが心配であると相談した。担当医の依頼で公認心理師Bが対応した。Aは、1年前より徐々に言いたいことがうまく言葉に出せず、物の名前が出てこなくなった。しかし、日常生活に問題はなく、趣味の家庭菜園を楽しみ、町内会長の役割をこなしている。面接時、軽度の語健忘はみられるが、MMSEは27点であった。2か月前の脳ドックで、頭部MRI検査を受け、軽度の脳萎縮を指摘されたという。

BのAへの助言として、**不適切なもの**を1つ選べ。

① 高血圧症の治療を続けてください。

② 栄養バランスのとれた食事を心がけてください。

③ 運動習慣をつけて毎日体を動かすようにしてください。

④ 生活習慣病の早期発見のために定期的に健診を受けてください。

⑤ 認知症の予防に有効なお薬の処方について、医師に相談してください。

問71 22歳の男性A、大学4年生。Aは12月頃、就職活動も卒業研究もうまくいっていないという主訴で学生相談室に来室した。面接では、気分が沈んでいる様子で、ポツリポツリと言葉を絞り出すような話し方であった。「就職活動がうまくいかず、この時期になっても1つも内定が取れていない。卒業研究も手につかず、もうどうしようもない」と思い詰めた表情で語っていた。指導教員からも、日々の様子からとても心配しているという連絡があった。

Aの自殺リスクを評価する際に優先的に行うこととして、**不適切なもの**を1つ選べ。

① 絶望感や喪失感などがあるかどうかを確認する。

② 就職活動の方向性が適切であったかどうかを確認する。

③ 現在と過去の自殺の念慮や企図があるかどうかを確認する。

④ 抑うつ状態や睡眠の様子など、精神的・身体的状況を確認する。

⑤ 就職活動や卒業研究の現状を、家族や友人、指導教員に相談できているかどうかを確認する。

問72 8歳の男児A、小学2年生。授業についていけないという保護者からの主訴で、児童精神科クリニックを受診した。家庭生活では問題なく、勉強も家で教えればできるとのことであった。田中ビネー知能検査ではIQ69、Vineland-Ⅱでは、各下位検査領域のv評価点は9~11であった。

Aの評価として、最も**適切なもの**を1つ選べ。

① 知的機能が低く、適応行動の評価点も低いため、知的能力障害の可能性が高い。

② 知的機能は低いが、適応行動の評価点は平均点であるため、知的能力障害の可能性は低い。

③ 保護者によると、家庭生活では問題ないとのことであるが、授業についていけないため、学習障害の可能性が高い。

④ 保護者によると、勉強も家で教えればできるとのことであるが、授業についていけないため、学校の教授法に問題がある可能性が高い。

問73 25歳の男性A、会社員。Aは、上司Bと共に社内の相談室に来室した。入社2年目であるが、仕事をなかなか覚えられず、計画的に進めることも苦手で、Bから繰り返し助言されているという。Bによれば、同僚にタイミング悪く話しかけたり、他の人にとって当たり前の決まり事に気がつかなかったりすることもあり、職場の中でも煙たがられているという。会社以外での対人関係で困ることはない。この1か月は早朝覚醒に悩まされ、起床時の気分も優れなかったため、会社を何日か休んだ。BDI-Ⅱの得点は42点、AQ-Jの得点は35点であり、Y-BOCSの症状評価リストは1項目が該当した。

Aに関する見立てとして、最も**適切なもの**を1つ選べ。

① 軽度抑うつ状態

② 強迫症／強迫性障害

③ 社交不安症／社交不安障害

④ 自閉スペクトラム症／自閉症スペクトラム障害〈ASD〉

問74　21歳の男性A、大学3年生。Aは将来の不安を訴えて、学生相談室を訪れ、公認心理師Bと面談した。Aは、平日は大学の授業、週末はボクシング部の選手として試合に出るなど、忙しい日々を送っていた。3か月前にボクシングの試合で脳震とうを起こしたことがあったが、直後の脳画像検査では特に異常は認められなかった。1か月前から、就職活動のためにOBを訪問したり説明会に出たりするようになり、日常生活がさらに慌ただしくなった。その頃から、約束の時間を忘れて就職採用面接を受けられなかったり、勉強に集中できずいくつかの単位を落としてしまったりするなど、失敗が多くなった。

　　　　BのAへの初期の対応として、**不適切なもの**を1つ選べ。

　　　① 高次脳機能障害の有無と特徴を評価する。

　　　② 医師による診察や神経学的な検査を勧める。

　　　③ 不安症状に対して、系統的脱感作の手法を試みる。

　　　④ 現在悩んでいることを共感的に傾聴し、問題の経過を理解する。

問75　70歳の女性A。Aは最近、昼間の眠気が強くなったと訴える。夜間の睡眠は0時から6時頃までで変化はなく、毎日朝夕2回30分程度の散歩をしている。高血圧のため3年前から服薬しているが、血圧は安定しており、健診でもその他に問題はないと言われている。最近、就床すると、足に虫が這うように感じて眠れないことがある。昼間の眠気はあるが、何かをしていれば紛れる。週3回の編み物教室は楽しくて眠気はない。食欲はあり、塩分摂取に気をつけている。

　　　　Aへの睡眠衛生指導上の助言として、**適切なもの**を2つ選べ。

　　　① 散歩は、睡眠に良い効果があるので続けてください。

　　　② 睡眠時間が足りないので早く床に就くようにしてください。

　　　③ 昼間に何かをして眠気が紛れるのであれば心配はいりません。

　　　④ 深く眠るために熱いお風呂に入ってすぐ寝るようにしてください。

　　　⑤ 足の不快感のために眠れないことについては、医師に相談してください。

問76　5歳の男児A。Aは、実父からの身体的虐待が理由で、1か月前に児童養護施設に入所した。Aは、担当スタッフの勧めで同施設内に勤務する公認心理師Bの面談に訪れた。担当スタッフによると、Aは、入所時から衝動性・攻撃性ともに高かった。施設内では、コップの水を他児Cにかけたり、他児Dを椅子で殴ろうとしたりするなど、Aの暴力が問題となっていた。また寝つきが悪く、食欲にむらが見られた。Bとの面談でAは暴力の理由を「いつも僕が使っているコップをCが勝手に使ったから」「Dが僕の手首を急に掴んだから」と語った。また、「夜眠れない」と訴えた。

　　　　Bが初期に行う支援として、**適切なもの**を2つ選べ。

　　　① 遊戯療法を速やかに導入し、Aに心的外傷体験への直面化を促す。

　　　② 受容的態度でAの暴力を受け入れるよう、担当スタッフに助言する。

③ コップ等の食器は共用であるというルールを指導するよう、担当スタッフに助言する。

④ Aの様子を観察し、Aが安心して眠れる方法を工夫するよう、担当スタッフに助言する。

⑤ 衝動性や攻撃性が高まる契機となる刺激ができるだけ生じないように、担当スタッフと生活環境の調整を検討する。

問77 24歳の女性A、小学5年生の担任教師。Aの学級は、前任からの担任教師の交代をきっかけに混乱した状態に陥った。Aの学級の複数の児童が、授業中の私語や立ち歩きなどの身勝手な行動をしていた。学級のその他の児童たちは知らん顔で、学習にはある程度取り組むものの、白けた雰囲気であった。Aは学級を立て直したいが、どうすればよいか分からない。

スクールカウンセラーがAに対してこの学級についてのコンサルテーションを行う際に、重視すべきこととして、**適切なもの**を2つ選べ。

① 保護者の意見

② 児童の家庭環境

③ 個々の児童の学力

④ 学級のルールの定着

⑤ 教師と児童の人間関係

2020年12月試験 (午後の部)

2020年12月20日13時30分～15時30分

問78 公認心理師が、成人のクライエントの心理に関する情報を医療チームに提供する場合に事前に必要なものとして、**正しいもの**を1つ選べ。

① 成年後見人の同意
② クライエント本人の同意
③ 医療チームが作成した手順書
④ ストレングス・アセスメント
⑤ シェアード・ディシジョン・メイキング

問79 精神科領域における公認心理師の活動について、**適切なもの**を1つ選べ。

① 統合失調症患者に対するソーシャルスキルトレーニング〈SST〉は、個別指導が最も効果的とされる。
② 神経性やせ症／神経性無食欲症の患者が身体の話題を嫌う場合、身体症状に触れずに心理療法を行う。
③ 精神疾患への心理教育は、家族を治療支援者とするためのものであり、当事者には実施しない場合が多い。
④ 境界性パーソナリティ障害の治療では、患者への支援だけではなく、必要に応じてスタッフへの支援も行う。
⑤ 妊産婦に精神医学的問題がある場合、産科医が病状を把握していれば、助産師と情報を共有する必要はない。

問80 心理学の研究法において、質問紙法と比較したときの面接法の特徴として、**適切なもの**を1つ選べ。

① 臨機応変な対応が困難である。
② 回答者に与える心理的圧力が弱い。
③ 回答者の個別反応を収集しにくい。
④ データの収集に手間と時間がかかる。
⑤ 高齢者や幼い子どもには負担が大きい。

問81 個体を最もよく識別できるように、観測変数の重みつき合計得点を求める方法として、**最も適切なもの**を1つ選べ。

① 因子分析
② 重回帰分析
③ 主成分分析
④ 正準相関分析
⑤ クラスター分析

問82 2×2のクロス集計表における2変数間の関連性を示す指標として、最も**適切なもの**を1つ選べ。
① 偏相関係数
② 順位相関係数
③ 積率相関係数
④ 部分相関係数
⑤ 四分点相関係数

問83 ヒトの聴覚について、**正しいもの**を1つ選べ。
① 蝸牛にある聴覚受容器は、双極細胞と呼ばれる。
② 音源定位には、両耳間時間差と両耳間強度差が用いられる。
③ ピッチ知覚の場所説は、高周波音の知覚の説明が困難である。
④ 聴覚感度は、可聴域内で周波数が高くなるほど単調に減少する。
⑤ 主観的な音の大きさであるラウドネスの単位は、デシベルである。

問84 学習の生物的制約を示した実験の例として、最も**適切なもの**を1つ選べ。
① E.L. Thorndikeが行ったネコの試行錯誤学習の実験
② H.F. Harlowが行ったアカゲザルの学習セットの実験
③ J.Garciaらが行ったラットの味覚嫌悪学習の実験
④ M.E.P.Seligmanらが行ったイヌの学習性無力感の実験
⑤ W. Köhlerが行ったチンパンジーの洞察学習の実験

問85 パーソナリティの理論について、**正しいもの**を1つ選べ。
① 場理論では、環境とパーソナリティの二者関係をモデル化する。
② 期待‐価値理論では、個人が生得的に有する期待、価値の観点からパーソナリティの個人差を考える。
③ 5因子理論では、5つの特性の上位に、行動抑制系、行動賦活系という2つの動機づけシステムを仮定する。
④ 認知‐感情システム理論では、個人の中に認知的・感情的ユニットを仮定し、パーソナリティの構造を捉える。
⑤ パーソナル・コンストラクト理論では、個人の中にコンストラクトと呼ばれる単一の認知的枠組みを仮定する。

問86 ヒトのサーカディアンリズムと睡眠について、**正しいもの**を1つ選べ。
① 加齢による影響を受けない。
② メラトニンは、光刺激で分泌が低下する。
③ 時計中枢は、視床下部の室傍核に存在する。
④ 睡眠相遅延（後退）症候群は、夕方から強い眠気が出る。

⑤ ノンレム睡眠とレム睡眠は、約45分の周期で出現する。

問87 社会的排斥の原因を説明する理論として、最も**適切なもの**を1つ選べ。
　　① 衡平理論
　　② バランス理論
　　③ 社会的交換理論
　　④ 社会的インパクト理論
　　⑤ 社会的アイデンティティ理論

問88 精神疾患の診断・統計マニュアル改訂版第5版＜DSM-5＞について、**正しいもの**を1つ選べ。
　　① 機能の全体的評価を含む多軸診断を採用している。
　　② 次元モデルに基づく横断的症状尺度が導入されている。
　　③ 強迫症／強迫性障害は、不安症群／不安障害群に分類される。
　　④ 生活機能を心身機能・身体構造、活動及び参加の3要素で捉えている。
　　⑤ 分離不安症／分離不安障害は、「通常、幼児期、小児期または青年期に初めて診断される障害」に分類される。

午後の部

問89 知能検査の実施について、最も**適切なもの**を1つ選べ。
　　① 検査者が十分に習熟していない検査を用いることを控えた。
　　② 被検査者に求められたため、検査用紙をコピーして渡した。
　　③ 客観的情報を収集するために、被検査者とのラポール形成を避けた。
　　④ 被検査者が検査に対する先入観や恐怖心を抱かないように、事前に検査について説明することを控えた。
　　⑤ 実施時間が2時間を超え、被検査者が疲れている様子であったが、そのまま続けて全ての検査項目を実施した。

問90 MMPIの実際と解釈について、**正しいもの**を1つ選べ。
　　① 各質問項目には、5件法で回答する。
　　② 追加尺度は、20尺度開発されている。
　　③ F尺度は、心理的防衛の高さを示している。
　　④ 第5尺度（Mf)は、性別により解釈基準が異なる。
　　⑤ 第0尺度（Si)と第7尺度（Pt)が90の場合は、精神的混乱状態と解釈できる。

問91 集団や組織、コミュニティにおいて、無力な状態にある人々が自らの中に力があることに気づき、能動的にそれを使い、環境の変化を求めていけるようになることを何というか、最も**適切なもの**を1つ選べ。

① 自己実現
② コーピング
③ 自己効力感
④ コンピテンス
⑤ エンパワメント

問92 うつ病を疑わせる発言として、最も**適切なもの**を1つ選べ。

① 眠る必要はないと思います。
② いつも誰かに見られている気がします。
③ 何をするのもおっくうで面倒くさいです。
④ 人前で何かするときにとても不安になります。
⑤ 鍵がかかっているかを何度も確認したくなります。

問93 物質関連障害について、**正しいもの**を1つ選べ。

① 物質への渇望や強い欲求を身体依存という。
② 物質の使用を完全に中止した状態を離脱という。
③ 身体的に危険な状況にあっても物質の使用を反復することを中毒という。
④ 同じ効果を得るために、より多くの物質の摂取が必要になることを耐性という。
⑤ 物質の反復使用により出現した精神症状が、再使用によって初回よりも少量で出現するようになることを乱用という。

問94 遺伝カウンセリングにおいて、経験的再発危険率が最も重要な疾患として、**正しいもの**を1つ選べ。

① 統合失調症
② ダウン症候群
③ Huntington 病
④ 家族性 Alzheimer 病
⑤ 筋緊張性ジストロフィー症

問95 災害時の保健医療支援体制について、最も**適切なもの**を1つ選べ。

① 災害派遣精神医療チーム〈DPAT〉は、都道府県医師会によって組織される。
② 災害拠点病院は、高度の医療を提供できる400床以上の病院の中から厚生労働省が指定する。
③ 災害派遣医療チーム〈DMAT〉は、各都道府県で実施する養成研修の修了者によって構成される。

④ 災害医療コーディネーターは、所定の研修を修了した者に対して厚生労働省が付与する資格である。

⑤ 広域災害救急医療情報システム〈EMIS〉は、インターネット上で災害時の医療情報の共有を図るシステムである。

問96 Clinical Dementia Rating〈CDR〉について、**正しいもの**を1つ選べ。

① 介護必要度に関する評価はしない。

② 質問調査による他者評価尺度である。

③ 健常と認知症の境界は、0.5点である。

④ 判定には、家族からの情報は考慮されない。

⑤ 人の見当識障害は、中等度障害と判定される。

問97 MMSEについて、**正しいもの**を1つ選べ。

① 非言語性課題が3問ある。

② 人の見当識課題は含まれない。

③ シリアル7課題（100から7を順に引く）は4回まで行う。

④ 直後再生課題に続く4課題の後に、遅延再生課題が実施される。

⑤ 直後再生課題では、全ての名称を言えるまで4回繰り返して尋ねる。

問98 学びは多様であるが、例えば洋裁を学ぶ際に、工房に弟子入りし、仕上げ、縫製、裁断などの作業に従事し、やがて一人前となるような学びを説明する概念として、最も**適切なもの**を1つ選べ。

① 問題練習法

② ジグソー学習

③ 問題解決学習

④ 正統的周辺参加

⑤ プログラム学習

問99 我が国のキャリア教育において、文部科学省が示した小学校段階のキャリア発達の特徴について、最も**適切なもの**を1つ選べ。

① 低学年では、計画づくりの必要性に気づき、作業の手順が分かる。

② 低学年では、仕事における役割の関連性や変化に気づくようになる。

③ 中学年では、将来の夢や希望を持ち、実現を目指して努力しようとする。

④ 高学年では、自分のことは自分で行うようになる。

⑤ 高学年では、自分の長所や短所に気づき、自分らしさを発揮するようになる。

問100 教育場面におけるパフォーマンス評価のための評価指標を示すものとして、**正しいもの**を1つ選べ。

① ルーブリック
② ポートフォリオ
③ テスト・リテラシー
④ ドキュメンテーション
⑤ カリキュラム・マネジメント

問101 2016年(平成28年)から2018年(平成30年)までの少年による刑法犯犯罪について、**正しいもの**を1つ選べ。

① 検挙人員は減少している。
② 共犯者がいるものは60%以上である。
③ 検挙されたもののうち、学生・生徒は30%以下である。
④ 14歳から15歳の検挙人員は、16歳から17歳の検挙人員よりも多い。
⑤ 殺人・強盗・放火・強制性交等(強姦)の凶悪事件は10%程度である。

問102 社会的勢力は、組織や集団の目標を実現するためのリーダーの影響力の基盤となる。このうち、メンバーがリーダーに対して好意や信頼、尊敬を抱くことで、自らをリーダーと同一視することに基づく勢力として、**正しいもの**を1つ選べ。

① 強制勢力
② 準拠勢力
③ 正当勢力
④ 専門勢力
⑤ 報酬勢力

問103 大脳皮質運動関連領域の構造と機能について、**正しいもの**を1つ選べ。

① 運動前野は、運動に対する欲求に関わる。
② 補足運動野は、運動の準備や計画に関わる。
③ 一次運動野は、体幹や四肢の平衡の維持に関わる。
④ 一次運動野は、Brodmannの6野に位置している。
⑤ 一次運動野が障害されると、同側の対応する筋に麻痺が生じる。

問104 神経性やせ症／神経性無食欲症の病態や治療について、**正しいもの**を1つ選べ。

① うつ病が合併することは少ない。
② 未治療時には、しばしば頻脈を呈する。
③ 無月経にならないことが特徴である。
④ 心理社会的要因に加え、遺伝的要因も発症に関与する。

⑤ 未治療時に、しばしばリフィーディング症候群を発症する。

問105 双極性障害について、**適切なもの**を1つ選べ。
① 遺伝的要因は、発症に関与しない。
② うつ病相は、躁病相よりも長く続く。
③ 自殺のリスクは、単極性うつ病よりも低い。
④ うつ病相に移行したら、気分安定薬を中止する。
⑤ 気分の変動に伴ってみられる妄想は、嫉妬妄想が多い。

問106 向精神薬の薬物動態について、**適切なもの**を1つ選べ。
① 胆汁中に排泄される。
② 主に腎臓で代謝される。
③ 代謝により活性を失う。
④ 薬物の最高血中濃度は、効果発現の指標になる。
⑤ 初回通過効果は、経静脈的投与の際に影響が大きい。

問107 精神保健及び精神障害者福祉に関する法律〈精神保健福祉法〉に基づく精神障害者の入院について、**正しいもの**を1つ選べ。
① 応急入院は、市長村長の同意に基づいて行われる。
② 措置入院は、72時間を超えて入院することはできない。
③ 措置入院は、2名以上の精神保健指定医による診察を要する。
④ 緊急措置入院は、家族等の同意に基づいて緊急になされる入院をいう。
⑤ 医療保護入院は、本人と家族等の双方から書面による意思確認に基づいて行われる。

問108 労働基準法に基づく年次有給休暇について、**正しいもの**を1つ選べ。
① 雇入れの日から3か月間継続勤務した労働者に対して付与される。
② 原則として、法定休日を除き連続して4日間以上の年次有給休暇の取得は認められていない。
③ 週所定労働日数及び週所定労働時間によって、付与される年次有給休暇の日数が異なる場合がある。
④ パートタイム労働者への年次有給休暇の付与は、法による定めはなく、各事業者の方針によって決定される。
⑤ 事業の正常な運営が妨げられる場合においても、労働者は希望した日に年次有給休暇を取得することができる。

問109 公認心理師の対応として、**不適切なもの**を1つ選べ。
　① 親友に頼まれて、その妹の心理療法を開始した。
　② カウンセリング中のクライエントに自傷他害のおそれが出現したため、家族に伝えた。
　③ 治療審査委員会が承認した第Ⅲ相試験で心理検査を担当し、製薬会社から報酬を得た。
　④ カウンセリング終結前に転勤が決まり、クライエントへの配慮をしながら、別の担当者を紹介した。
　⑤ 1年前から家庭内暴力＜DV＞を受けているクライエントの裁判に出廷し、クライエントの同意を得た相談内容を開示した。

問110 心理臨床の現場で働く公認心理師の成長モデルとスーパービジョンについて、**不適切なもの**を1つ選べ。
　① 自己研さんの1つとして、教育分析がある。
　② 公認心理師の発達段階に合わせたスーパービジョンが必要である。
　③ 自己課題の発見や自己点検といった内省の促進は、スーパービジョンの目的である。
　④ M.H.Rønnenstad と T.M.Skovholt は、カウンセラーの段階的な発達モデルを示した。
　⑤ 経験の浅い公認心理師のスーパービジョンにおいては、情緒的な支えよりも技術指導が重要である。

問111 児童虐待防止対策における、児童相談所の体制及び関係機関間の連携強化について、**不適切なもの**を1つ選べ。
　① 児童心理司を政令で定める基準を標準として配置する。
　② 第三者評価など、児童相談所の業務の質の評価を実施する。
　③ 都道府県は、一時保護などの介入対応を行う職員と、保護者支援を行う職員を同一の者とする。
　④ 学校、教育委員会、児童福祉施設等の職員は、職務上知り得た児童に関する秘密について守秘義務を負う。
　⑤ 家庭内暴力〈DV〉対策と児童虐待対応の連携を強化し、婦人相談所や配偶者暴力相談支援センターなどとの連携・協力を行う。

問112 流動性知能の特徴として、**不適切なもの**を1つ選べ。
　① 図形を把握する問題で測られる。
　② いわゆる「頭の回転の速さ」と関連する。
　③ 学校教育や文化的環境の影響を受けやすい。
　④ 新しい課題に対する探索的問題解決能力である。

153

⑤ 結晶性知能と比べて能力のピークが早期に訪れる。

問113 A.D.Baddeley のワーキングメモリ・モデルのサブシステムとして、**誤っているもの**を1つ選べ。
① 感覚貯蔵
② 音韻ループ
③ 中央実行系
④ エピソード・バッファ
⑤ 視空間スケッチパッド

問114 U.Neisser が仮定する5つの自己知識について、**不適切なもの**を1つ選べ。
① 公的自己
② 概念的自己
③ 対人的自己
④ 生態学的自己
⑤ 拡張的/想起的自己

午後の部

問115 発達障害のある子どもの親を対象としたペアレント・トレーニングについて、**不適切なもの**を1つ選べ。
① 育児から生じるストレスによる悪循環を改善する。
② 対象は母親に限定していないが、参加者の多くは母親である。
③ 親と子供が一緒に行うプレイセラピーを基本として発展してきた。
④ 子どもへの関わり方を学ぶことで、より良い親子関係を築こうとするものである。
⑤ 注意欠如多動症/注意欠如多動性障害〈AD/HD〉のある子どもの親に有効である。

問116 動機づけ面接の基本的スキルとして、**不適切なもの**を1つ選べ。
① クライエントが今までに話したことを整理し、まとめて聞き返す。
② クライエントの答え方に幅広い自由度を持たせるような質問をする。
③ クライエントの思いを理解しつつ、公認心理師自身の心の動きにも敏感になる。
④ クライエントの気づきをより促すことができるように、言葉を選んで聞き返す。
⑤ クライエントの話の中からポジティブな部分を強調し、クライエントの価値を認める。

問117 公認心理師が留意すべき職責や倫理について、**不適切なもの**を1つ選べ。

① 心理的支援に関する知識及び技術の習得など資質向上に努めなければならない。

② 法律上の「秘密保持」と比べて、職業倫理上の「秘密保持」の方が広い概念である。

③ 心理的支援の内容・方法について、クライエントに十分に説明を行い、同意を得る。

④ 心理状態の観察・分析などの内容について、適切に記録し、必要に応じて関係者に説明ができる。

⑤ クライエントの見捨てられ不安を防ぐため、一度受理したケースは別の相談機関に紹介（リファー）しない。

問118 児童虐待の防止等に関する法律〈児童虐待防止法〉が施行された2000年（平成12年）から2018年（平成30年）までの間、児童相談所における児童虐待相談対応件数は年々増加しているが、その背景として想定されるものの中で、**不適切なもの**を1つ選べ。

① 警察との連携強化により、警察からの通告が急増した。

② 児童相談所全国共通ダイヤルの運用などにより、社会的意識が高まった。

③ 相談対応件数全体におけるネグレクトによる通告件数の割合が急増した。

④ 子どもの面前の家庭内暴力〈DV〉が心理的虐待に含まれるようになった。

⑤ きょうだい児への虐待は、他のきょうだい児への心理的虐待であるとみなされるようになった。

問119 学級経営について、**不適切なもの**を1つ選べ。

① 学級集団のアセスメントツールには、Q－Uなどがある。

② 学級経営には、教師のリーダーシップスタイルの影響が大きい。

③ 学級づくりの1つの方法として、構成的グループエンカウンターがある。

④ 学校の管理下における暴力行為の発生率は、小学校より中学校の方が高い。

⑤ 問題行動を示す特定の児童生徒が教室内にいる場合、その児童生徒の対応に集中的に取り組む。

問120 慢性疲労症候群について、**不適切なもの**を1つ選べ。

① 男性より女性に多い。

② 筋肉痛がよくみられる。

③ 睡眠障害がよく見られる。

④ 6か月以上持続する著しい倦怠感が特徴である。

⑤ 体を動かすことによって軽減する倦怠感が特徴である。

問121 発達障害者支援法について、**不適切なもの**を1つ選べ。

① 発達支援には、医療的援助も含まれる。

② 支援対象には、18歳未満の者も含まれる。

③ 支援対象には、発達障害者の家族も含まれる。

④ 国の責務の他に、地方公共団体の責務も定められている。

⑤ 支援は、個々の発達障害者の性別、年齢及び障害の状態に関係なく、一律に行う。

問122 学校教育法施行規則において、小学校及び中学校のいずれにも設置が規定されていないものを1つ選べ。

① 学年主任

② 教務主任

③ 保健主事

④ 教育相談主任

⑤ 進路指導主事

問123 保護観察所の業務として、**不適切なもの**を1つ選べ。

① 精神保健観察を実施する。

② 仮釈放者に対する保護観察を実施する。

③ 遵守事項違反による仮釈放の取消しを行う。

④ 保護観察に付された者に対する恩赦の上申を行う。

⑤ 少年院に入院中の少年に対する生活環境の調整を実施する。

問124 チーム医療について、**最も適切なもの**を1つ選べ。

① 多職種でのカンファレンスは、議論や検討の場ではない。

② 医療に従事する多種多様な医療スタッフが、場所を共有する。

③ 患者自身がチームの意思決定や治療選択に関わることはない。

④ 各職種の機能と役割について、互いに知っておくことが必要である。

問125 J.E.Marciaが提起した自我同一性地位について、**正しいもの**を1つ選べ。

① 同一性達成型とは、人生上の危機を経験し、職業などの人生の重要な領域に積極的に傾倒している地位である。

② 早期完了型とは、人生上の危機を発達早期に経験し、職業などの人生の重要な領域に積極的に傾倒している地位である。

③ モラトリアム型とは、人生上の危機を経験しておらず、職業などの人生
の重要な領域に積極的に傾倒していない地位である。

④ 同一性拡散型とは、人生上の危機を経験していないが、職業などの人生
の重要な領域に積極的に傾倒しようと努力している地位である。

問126 DSM-5の急性ストレス障害〈Acute Stress Disorder〉について、**正しいも
の**を1つ選べ。

① 主な症状の1つに、周囲または自分自身の現実が変容した感覚がある。

② 心的外傷的出来事は、直接体験に限られ、他者に生じた出来事の目撃は
除外される。

③ 6歳以下の場合、死や暴力、性被害などの心的外傷体験がなくても発症
することがある。

④ 心的外傷的出来事の体験後、2週間以上症状が持続した場合は心的外傷
後ストレス障害〈PTSD〉に診断を切り替える。

問127 作業同盟（治療同盟）に関する実証研究について、**正しいもの**を1つ選べ。

① 作業同盟が強固であるほど、介入効果は良好である。

② 作業同盟の概念には、課題に関する合意は含まれない。

③ 作業同盟の効果は、対人プロセス想起法によって測定される。

④ 作業同盟が確立していることは、心理療法の介入効果の必要十分条件で
ある。

問128 感情と文化の関連性について、**不適切なもの**を1つ選べ。

① 各文化にはそれぞれ特異な社会的表示規則があり、それによって感情表
出が大きく異なり得る。

② 社会的構成主義によれば、それぞれの文化に固有の感情概念や感情語に
よって、感情経験が大きく異なり得る。

③ 日米比較研究によれば、見知らぬ他者と同席するような状況では、概し
て日本人は表情が乏しくなる傾向がある。

④ 日本で優勢とされる相互協調的自己の文化では、米国で優勢とされる相
互独立的自己の文化に比して、怒りや誇りが経験されやすい。

問129 副交感神経系が優位な状態として、**正しいもの**を2つ選べ。

① 血管拡張

② 血糖上昇

③ 瞳孔散大

④ 胃酸分泌の減少

⑤ 消化管運動の亢進

問130 生物心理社会モデルに共通する考え方を含んでいるものとして、**適切なもの**を2つ選べ。
　　① DSM−5
　　② HTPテスト
　　③ 洞察の三角形
　　④ Cannon−Bard説
　　⑤ 国際生活機能分類（ICF）

問131 むずむず脚症候群について、**正しいもの**を2つ選べ。
　　① 妊婦に多い。
　　② 鉄欠乏性貧血患者に多い。
　　③ 運動によって症状は憎悪する。
　　④ 早朝覚醒時に出現する異常感覚が特徴である。
　　⑤ 選択的セロトニン再取り込み阻害薬〈SSRI〉によって症状が改善する。

問132 アルコール依存症の離脱症状について、**正しいもの**を2つ選べ。
　　① 過眠
　　② 幻視
　　③ 徐脈
　　④ 多幸
　　⑤ けいれん

問133 高齢者に副作用の少ない睡眠薬として、**適切なもの**を2つ選べ。
　　① バルビツール酸系薬剤
　　② フェノチアジン系薬剤
　　③ オレキシン受容体拮抗薬
　　④ メラトニン受容体作動薬
　　⑤ ベンゾジアゼピン受容体作動薬

問134 社会状況の変遷によって、子どもの不登校もその発生や捉え方も変遷してきた。この不登校の現象について、**適切なもの**を2つ選べ。
　　① 1960年代に、ニューカマー家庭の不就学が問題となった。
　　② 1980年代の詰め込み教育の時代に、学校恐怖症が発見された。
　　③ 1990年前後のバブル経済の時代に、登校拒否という言葉が生まれた。
　　④ 2000年代の児童虐待防止法改正以降、居所不明児が注目された。
　　⑤ 現在、不登校の子どもを対象とする特別の教育課程を編成することができる。

（注：「児童虐待防止法」とは、「児童虐待の防止等に関する法律」である。）

問135 健康日本21（第二次）において、こころの健康として数値目標が設定されている精神障害として、**適切なもの**を2つ選べ。

① 依存症
② 気分障害
③ 適応障害
④ 発達障害
⑤ 不安障害

問136 1歳の女児A。Aは離婚した母親Bと共に、Bの実家で祖父母や叔母と住んでいる。実家の敷地内には、伯父夫婦やいとこが住んでいる家もある。昼過ぎから深夜にかけて仕事に出ているBに代わり、祖父母や叔母がときどき農作業の手を休めて、Aの世話をしている。いとこたちが学校や幼稚園から帰宅すると、Aは年長のいとこに見守られ、ときには抱っこされながら、夕食までの時間を過ごしている。

Aに対する養育の解釈として、最も**適切なもの**を1つ選べ。

① クーイング
② コーチング
③ マザリーズ
④ ミラーリング
⑤ アロマザリング

問137 30歳の男性A、会社員。独身で一人暮らしである。Aは、職場での不適応感を訴えて精神科を受診した。幼少期から心配性と言われてきたが、ここ半年ほどでその傾向が一層強まってきた。仕事で失敗したり、失業したりするのではないか、重大な病気にかかっているのではないかなど気になって仕方がない。自分でも心配しすぎだと分かってはいるが、いらいらし、仕事にも集中できず、疲労がつのる。寝つきも悪く、しばしば早朝に覚醒してしまうこともある。

医師からAの状態をアセスメントするよう依頼された公認心理師が、Aに実施するテストバッテリーに含めるものとして、最も**適切なもの**を1つ選べ。

① AQ-J
② CAPS
③ GAD-7
④ LSAS-J
⑤ Y-BOCS

問138 37歳の男性A、会社員。Aは、大学卒業後、製造業に就職し、約10年従事したエンジニア部門から1年前に管理部門に異動となった。元来、完璧主義で、慣れない仕事への戸惑いを抱えながら仕事を始めた。しかし、8か月前から次第に仕

事がたまるようになり、倦怠感が強まり、欠勤も増えた。その後、6か月前に抑うつ気分と気力の低下を主訴に精神科を受診し、うつ病と診断された。そして、抗うつ薬による薬物療法の開始と同時に休職となった。しかし、主治医による外来治療を6か月間受けたが、抑うつ症状が遷延している。院内の公認心理師に、主治医からAの心理的支援が依頼された。

このときのAへの対応として、最も**優先されるべきもの**を1つ選べ。

① 散歩を勧める。
② HAM-Dを行う。
③ うつ病の心理教育を行う。
④ 認知行動療法の導入を提案する。
⑤ 発症要因と症状持続要因の評価を行う。

午後の部

問139 87歳の女性A。Aは軽度のAlzheimer型認知症であり、日常生活において全面的に介助が必要である。特別養護老人ホームのショートステイ利用中に、介護士Bから虐待を受けているとの通報が、同僚から上司に寄せられた。施設の担当者がAに確認したところ、Bに太ももを平手で叩かれながら乱暴にオムツを替えられ、荒々しい言葉をかけられたとのことであった。Aは、夫と死別後、息子夫婦と同居したが、家族とは別の小屋のような建物で一人離れて生活させられていた。食事は、家族が気が向いたときに残り物を食べさせられ、食べ残すと強く叱られたことも、今回の調査で判明した。

AがBと家族の双方から受けている共通の虐待として、最も**適切なもの**を1つ選べ。

① 性的虐待
② 経済的虐待
③ 身体的虐待
④ 心理的虐待
⑤ ネグレクト

問140 75歳の男性A。Aの物忘れを心配した妻の勧めで、Aは医療機関を受診し、公認心理師Bがインテーク面接を担当した。Bから「今日は何日ですか」と聞かれると、「この年になったら日にちなんか気にしないからね」とAは答えた。さらに、Bから「物忘れはしますか」と聞かれると、「多少はしますが、別に困っていません。メモをしますから大丈夫です」とAは応えた。

Aに認められる症状として、最も**適切なもの**を1つ選べ。

① 抑うつ状態
② 取り繕い状態
③ 半側空間無視
④ 振り返り徴候

⑤ ものとられ妄想

問141 16歳の男子A、高校1年生。Aは、友達と一緒に原動機付自転車の無免許運転をしていたところを逮捕され、これを契機に、教師に勧められ、スクールカウンセラーBのもとを訪れた。Aには非行前歴はなく、無免許運転についてもしきりに「友達に誘われたからやった」「みんなやっている」「誰にも迷惑をかけていない」などと言い訳をした。Bは、Aの非行性は進んでいるものではなく、善悪の区別もついているが、口実を見つけることで非行への抵抗を弱くしていると理解した。

　BがAの非行を理解するのに適合する非行理論として、最も**適切なもの**を1つ選べ。
① A.K.Cohenの非行下位文化理論
② D.Matzaの漂流理論
③ E.H.Sutherlandの分化的接触理論
④ T.Hirschiの社会的絆理論
⑤ T.Sellinの文化葛藤理論

問142 55歳の男性A、会社員。Aの妻Bが、心理相談室を開設している公認心理師Cに相談した。Aは、元来真面目な性格で、これまで常識的に行動していたが、2、3か月前から身だしなみに気を遣わなくなり、部下や同僚の持ち物を勝手に持ち去り、苦情を受けても素知らぬ顔をするなどの行動が目立つようになった。先日、Aはデパートで必要とは思われない商品を次々とポケットに入れ、支払いをせずに店を出て、窃盗の容疑により逮捕された。現在は在宅のまま取調べを受けている。Bは、逮捕されたことを全く意に介していない様子のAについて、どのように理解し、対応したらよいかをCに尋ねた。

　CのBへの対応として、最も**優先度が高いもの**を1つ選べ。
① Aの抑圧されていた衝動に対する理解を求める。
② Aの器質的疾患を疑い、医療機関の受診を勧める。
③ Aに内省的構えを持たせるため、カウンセリングを受けるよう勧める。
④ Aに再犯リスクアセスメントを実施した後、対応策を考えたいと提案する。
⑤ Aの会社や家庭におけるストレスを明らかにし、それを低減させるよう助言する。

問143 20代の男性A、会社員。Aは、300名の従業員が在籍する事業所に勤務している。Aは、うつ病の診断により、3か月前から休職している。現在は主治医との診察のほかに、勤務先の企業が契約している外部のメンタルヘルス相談機関において、公認心理師Bとのカウンセリングを継続している。抑うつ気分は軽快

2020年12月試験全問題

し、睡眠リズムや食欲等も改善している。直近３週間の生活リズムを記載した表によれば、平日は職場近くの図書館で新聞や仕事に関連する図書を読む日課を続けている。職場復帰に向けた意欲も高まっており、主治医は職場復帰に賛同している。

　　次にＢが行うこととして、最も**適切なもの**を１つ選べ。

① 傷病手当金の制度や手続について、Ａに説明する。

② Ａの診断名と病状について、管理監督者に報告する。

③ 職場復帰の意向について管理監督者に伝えるよう、Ａに提案する。

④ 職場復帰に関する意見書を作成し、Ａを通して管理監督者に提出する。

⑤ Ａの主治医と相談しながら職場復帰支援プランを作成し、産業医に提出する。

問144 35歳の男性Ａ、会社員。Ａは、製造業で1,000名以上の従業員が在籍する大規模事業所に勤務している。約３か月前に現在の部署に異動した。１か月ほど前から、疲労感が強く、体調不良を理由に欠勤することが増えた。考えもまとまらない気がするため、健康管理室に来室し、公認心理師Ｂと面談した。ＡはＢに対して、現在の仕事を続けていく自信がないことや、部下や後輩の指導に難しさを感じていること、疲労感が持続していることなどを話した。前月の時間外労働は約90時間であった。

　　このときのＢの対応として、最も**適切なもの**を１つ選べ。

① 面談内容に基づき、Ａに休職を勧告する。

② Ａの上司に連絡して、業務分掌の変更を要請する。

③ 医師による面接指導の申出を行うよう、Ａに勧める。

④ 積極的に傾聴し、あまり仕事のことを気にしないよう、Ａに助言する。

⑤ 急性のストレス反応であるため、秘密保持義務を遵守してＡの定期的な観察を続ける。

問145 20歳の女性Ａ、大学２年生。Ａは「１か月くらい前から教室に入るのが怖くなった。このままでは単位を落としてしまう」と訴え、学生相談室に来室した。これまでの来室歴はなく、単位の取得状況にも問題はみられない。友人は少数だが関係は良好で、家族との関係にも不満はないという。睡眠や食欲の乱れもみられないが、同じ頃から電車に乗ることが怖くなり、外出が難しいと訴える。

　　公認心理師である相談員が、インテーク面接で行う対応として、**不適切なもの**を１つ選べ。

① Ａに知能検査を行い知的水準を把握する。

② Ａが何を問題だと考えているのかを把握する。

③ Ａがどのような解決を望んでいるのかを把握する。

④ 恐怖が引き起こされる刺激について具体的に尋ねる。

⑤ 恐怖のために生じている困り事について具体的に尋ねる。

問146 55歳の男性A、会社員。Aは、意欲や活気がなくなってきたことから妻Bと共に受診した。Aは4か月前に部長に昇進し張り切って仕事をしていたが、1か月前から次第に夜眠れなくなり、食欲も低下した。仕事に集中できず、部下に対して適切に指示ができなくなった。休日は部屋にこもり、問いかけに何も反応しないことが多くなり、飲酒量が増えた。診察時、問診に対する反応は鈍く、「もうだめです。先のことが見通せません。こんなはずじゃなかった」などと述べた。血液生化学検査に異常所見はみられなかった。診察後、医師から公認心理師Cに、Bに対して家族教育を行うよう指示があった。

　　 CのBへの説明として、**不適切なもの**を1つ選べ。

① 薬物療法が治療の1つになります。

② 入院治療が必要になる可能性があります。

③ できる限り休息をとらせるようにしてください。

④ 今は落ち着いているので自殺の危険性は低いと思います。

⑤ 気晴らしに何かをさせることは負担になることもあります。

問147 12歳の女児A、小学6年生。Aは、7月初旬から休み始め、10月に入っても登校しなかったが、10月初旬の運動会が終わった翌週から週に一度ほど午前10時頃に一人で登校し、夕方まで保健室で過ごしている。担任教師は、Aと話をしたり、保護者と連絡を取ったりしながら、Aの欠席の原因を考えているが、Aの欠席の原因は分からないという。スクールカウンセラーBがAと保健室で面接した。Aは「教室には絶対に行きたくない」と言っている。

　　 BのAへの対応として、**不適切なもの**を1つ選べ。

① 可能であれば保護者にAの様子を尋ねる。

② Aがいじめ被害に遭っていないかを確認する。

③ 家庭の状況について情報を収集し、虐待のリスクを検討する。

④ 養護教諭と連携し、Aに身体症状がないかどうかを確認する。

⑤ Aが毎日登校することを第一目標と考え、そのための支援方法を考える。

問148 A社は、新規に参入した建設業である。最近、高所作業中に作業器具を落下させる事例が立て続けに発生し、地上で作業する従業員が負傷する事故が相次いだ。そのため、事故防止のための委員会を立ち上げることになり、公認心理師が委員として選ばれた。委員会では、行政が推奨する落下物による事故防止マニュアルが用いられている。

　　 事故防止の仕組みや制度の提案として、**不適切なもの**を1つ選べ。

① マニュアルの見直し

② 規則違反や不安全行動を放置しない風土づくり

③ 過失を起こした者の責任を明らかにする仕組みづくり

④ 過去のエラーやニアミスを集積し、分析する部門の設置

⑤ 従業員にエラーやニアミスを率直に報告させるための研修

問149　17歳の女子A、高校2年生。Aは、自傷行為を主訴に公認心理師Bのもとを訪れ、カウンセリングが開始された。一度Aの自傷は収束したが、受験期になると再発した。AはBに「また自傷を始めたから失望しているんでしょう。カウンセリングを辞めたいって思ってるんでしょう」と言うことが増えた。BはAの自傷の再発に動揺していたが、その都度「そんなことないですよ」と笑顔で答え続けた。ある日、Aはひどく自傷した腕をBに見せて「カウンセリングを辞める。そう望んでいるんでしょう」と怒鳴った。

この後のBの対応として、最も**適切なもの**を1つ選べ。

① 再発した原因はB自身の力量のなさであることを認め、Aに丁重に謝る。

② 自傷の悪化を防ぐために、Aの望みどおり、カウンセリングを中断する。

③ 再発に対するBの動揺を隠ぺいしたことがAを不穏にさせた可能性について考え、それをAに伝える。

④ 自傷の悪化を防ぐために、Bに責任転嫁をするのは誤りであるとAに伝え、A自身の問題に対する直面化を行う。

問150　9歳の男児A、小学3年生。Aは、注意欠如多動症／注意欠如多動性障害〈AD/HD〉と診断され、服薬している。Aは、待つことが苦手で順番を守れない。課題が終わった順に担任教師Bに採点をしてもらう際、Aは列に並ばず横から入ってしまった。Bやクラスメイトから注意されると「どうせ俺なんて」と言ってふさぎ込んだり、かんしゃくを起こしたりするようになった。Bは何回もAを指導したが一向に改善せず、対応に困り、公認心理師であるスクールカウンセラーCに相談した。

CがBにまず伝えることとして、最も**適切なもの**を1つ選べ。

① 学級での環境調整の具体案を伝える。

② Aに自分の行動を反省させる必要があると伝える。

③ Aがルールを守ることができるようになるまで繰り返し指導する必要があると伝える。

④ Aの年齢を考えると、この種の行動は自然に収まるので、特別な対応はせず、見守るのがよいと伝える。

問151　50歳の女性A、看護師。Aは看護師長として、職場では部署をまとめ、後進を育てることが期待されている。これまでの理想の看護を追求してきたが、最近は心身ともに疲弊し、仕事が流れ作業のように思えてならない。一方、同居する義母の介護が始まり、介護と仕事の両立にも悩んでいる。義母やその長男であ

る夫から、介護は嫁の務めと決めつけられていることがAの悩みを深め、仕事の疲れも影響するためか、家庭ではつい不機嫌になり、家族に強く当たることが増えている。

　　Aの事例を説明する概念として、**不適切なもの**を1つ選べ。

① スピルオーバー
② エキスパート・システム
③ ジェンダー・ステレオタイプ
④ ワーク・ファミリー・コンフリクト

問152　16歳の男子A、高校1年生。Aは、スクールカウンセラーBのいる相談室に来室した。最初に「ここで話したことは、先生には伝わらないですか」と確認した上で話し出した。「小さいときからズボンを履くのが嫌だった」「今も、男子トイレや男子更衣室を使うのが苦痛でたまらない」「こんな自分は生まれてこなければよかった、いっそのこと死にたい」「親には心配をかけたくないので話していないが、自分のことを分かってほしい」と言う。

　　BのAへの初期の対応として、**適切なもの**を2つ選べ。

① Aの気持ちを推察し、保護者面接を行いAの苦しみを伝える。
② 性転換手術やホルモン治療を専門的に行っている病院を紹介する。
③ 誰かに相談することはカミングアウトにもなるため、相談への抵抗が強いことに配慮する。
④ クラスメイトの理解が必要であると考え、Bから担任教師へクラス全体に説明するよう依頼する。
⑤ 自殺のおそれがあるため、教師又は保護者と情報を共有するに当たりAの了解を得るよう努める。

問153　14歳の男子A、中学2年生。Aについて担任教師Bがスクールカウンセラーである公認心理師Cに相談した。Bによれば、Aは小学校から自閉スペクトラム症／自閉症スペクトラム障害〈ASD〉の診断を受けているとの引継ぎがあり、通級指導も受けている。最近、授業中にAが同じ質問をしつこく何度も繰り返すことや、寝ているAを起こそうとしたクラスメイトに殴りかかることが数回あり、Bはこのままでは Aがいじめの標的になるのではないか、と危惧している。

　　Cの対応として**適切なもの**を2つ選べ。

① 保護者の了解を得て主治医と連携する。
② 周囲とのトラブルや孤立経験を通して、Aに正しい行動を考えさせる。
③ Aから不快な言動を受けた子どもに、発達障害の特徴を伝え、我慢するように指導する。
④ Aの指導に関わる教師たちに、Aの行動は障害特性によるものであることを説明し、理解を促す。

⑤ 衝動的で乱暴な行動は過去のいじめのフラッシュバックと考え、過去のことは忘れるようにAに助言する。

問154 中学校の担任教師A。Aは、同じ部活動の女子中学生3名について、スクールカウンセラーBに、次のように相談した。3名は、1か月ほど前から教室に入ることができずに会議室で勉強しており、Aが学習指導をしながら話を聞いていた。先日、生徒たちの表情も良いため、教室に入ることを提案すると、3名は「教室は難しいが、放課後の部活動なら見学したい」と言った。早速、Aが学年教師の会議で報告したところ、他の教師から「授業に参加できない生徒が部活動を見学するのは問題があるのではないか」との意見が出された。

この場合のBの対応として、**適切なもの**を2つ選べ。

① 部活の顧問と話し合う
② Aに援助チームの構築を提案する
③ Bが学年教師の会議に参加して話し合う
④ 学年教師の会議の意見に従うようAに助言する
⑤ Aがコーディネーターとして機能するように助言する

2021年9月試験全問題

2021年9月試験 (午前の部)

2021年09月19日10時00分〜12時00分

問1　公認心理師法について、**正しいもの**を1つ選べ。

① 公認心理師登録証は、厚生労働大臣及び総務大臣が交付する。

② 公認心理師が信用失墜行為を行った場合は、登録の取消しの対象となる。

③ 公認心理師登録証は、公認心理師試験に合格することで自動的に交付される。

④ 公認心理師の名称使用の停止を命じられた者は、30万円以下の罰金に処される。

⑤ 禁錮刑に処せられた場合、執行終了後1年を経過すれば公認心理師の登録は可能となる。

問2　身体損傷により病院に搬送された患者で自損行為の可能性が疑われる場合、緊急に確認するべき事項として、**優先度の低いもの**を1つ選べ。

① 自らの意思で行ったかどうかを確認する。

② 致死的な手段を用いたかどうかを確認する。

③ 明確な自殺の意図があったかどうかを確認する。

④ 背景にストレス要因があったかどうかを確認する。

⑤ 明確な致死性の予測があったかどうかを確認する。

問3　大学の学生相談室のカウンセラーである公認心理師が、学内の保健管理センターの精神科医、障害のある学生を支援するコーディネーター、ハラスメント相談員やクライエントの所属学部の指導教員などと連携して行う支援について、**最も適切なもの**を1つ選べ。

① 相談の秘密を守るため、できるだけ連携せずにすむ支援方法を工夫する。

② 情報の取扱方法について、情報共有する関係者の間で合意形成の必要はない。

③ 支援に関わる関係者と情報共有することをクライエントに説明し、同意を得る。

④ 個人情報保護の観点から、情報共有する関係者は学校に雇用された教職員である必要がある。

⑤ 説明し同意が得られた後は、情報共有の在り方に関するクライエントの要望は受け付けない。

問4　心的過程の「全体」や「場」を重んじ、集団力学誕生の契機となった心理学の考え方として、最も**適切なもの**を1つ選べ。

① 構成心理学

② 比較心理学

③ 行動主義心理学
④ 新行動主義心理学
⑤ ゲシュタルト心理学

問5 観測値として、9、5、7、8、4が得られたとき、値が6.6となる代表値（小数点第2位を四捨五入）として、**正しいもの**を1つ選べ。
　　　① 中央値
　　　② 幾何平均
　　　③ 算術平均
　　　④ 相乗平均
　　　⑤ 調和平均

問6 因子分析による解析を計画している調査用紙の回答形式として、最も**適切なもの**を1つ選べ。
　　　① 順位法
　　　② 一対比較法
　　　③ 自由回答法
　　　④ 評定尺度法
　　　⑤ 文章完成法

問7 P.WallとR.Melzackのゲートコントロール理論が、元来、対象としていた感覚として、最も**適切なもの**を1つ選べ。
　　　① 温覚
　　　② 嗅覚
　　　③ 痛覚
　　　④ 触圧覚
　　　⑤ 自己受容感覚

問8 大人の攻撃行動を観察していた幼児が、その後、同じ攻撃行動を示した。この過程を示す用語として、最も**適切なもの**を1つ選べ。
　　　① 洞察学習
　　　② モデリング
　　　③ 嫌悪条件づけ
　　　④ シェイピング
　　　⑤ オペラント条件づけ

問9　C.R.Rogersのパーソナリティ理論の特徴として、**最も適切なもの**を1つ選べ。

　　① 自己概念を扱う。

　　② 精神−性発達を扱う。

　　③ パーソナリティ特性を5因子で捉えている。

　　④ リビドーの向かう方向で内向型と外向型に分類している。

　　⑤ パーソナリティ特性を外向−内向と神経症傾向という2軸で捉えている。

問10　失読と失書について、**最も適切なもの**を1つ選べ。

　　① 純粋失書では、写字が保たれる。

　　② 失読失書の主な責任病巣は、海馬である。

　　③ 純粋失読の主な責任病巣は、帯状回である。

　　④ 失読失書では、なぞり読みが意味の理解に有効である。

　　⑤ 純粋失読では、自分が書いた文字を読むことができる。

問11　集団や社会の多くの成員が、自分自身は集団規範を受け入れていないにもかかわらず、他の成員のほとんどがその規範を受け入れていると信じている状況を指す概念として、**最も適切なもの**を1つ選べ。

　　① 集団錯誤

　　② 集合的無知

　　③ 集団凝集性

　　④ 少数者の影響

　　⑤ 内集団バイアス

問12　知覚の老化の説明として、**正しいもの**を1つ選べ。

　　① 温度感覚の閾値が下がる。

　　② 嗅覚の識別機能が低下する。

　　③ 高音域に先行して低音域の聴取が困難になる。

　　④ 近方視力が低下する一方、遠方視力は保たれる。

　　⑤ 明所から暗所への移動後における視覚の順応時間が短くなる。

問13　DSM−5の神経発達症群／神経発達障害群に分類される障害として、**正しいもの**を1つ選べ。

　　① 素行症／素行障害

　　② 脱抑制型対人交流障害

　　③ 神経性やせ症／神経性無食欲症

　　④ 解離性同一症／解離性同一性障害

　　⑤ 発達性協調運動症／発達性協調運動障害

問14 DSM-5の心的外傷およびストレス因関連障害群に分類される障害として、**正しいもの**を1つ選べ。
　　① 適応障害
　　② ためこみ症
　　③ 病気不安症
　　④ 強迫症／強迫性障害
　　⑤ 分離不安症／分離不安障害

問15 TEACCHの説明として、最も**適切なもの**を1つ選べ。
　　① 青年期までを支援対象とする。
　　② 生活や学習の環境を構造化する。
　　③ 被虐待児を主な支援対象とする。
　　④ 標準化された統一的な手順を適用する。
　　⑤ 視覚的手がかりを使わずにコミュニケーションを支援する。

問16 脳損傷者に対する神経心理学的アセスメントで使用される検査の説明として、最も**適切なもの**を1つ選べ。
　　① HDS-Rの成績が低下している場合、遂行機能障害が疑われる。
　　② RBMTは、手続記憶の障害を検討するために用いられる。
　　③ SLTAには、非言語性の認知検査も含まれる。
　　④ WAIS-Ⅳの数唱の成績は、注意障害の程度を知る助けになる。
　　⑤ WCSTは、失認症を評価する検査である。

問17 H.S.Sullivanの「関与しながらの観察」を深めていくために必要なことについて、最も**適切なもの**を1つ選べ。
　　① 自分の中立的な立ち位置が揺れ動かないよう努めること
　　② 自分のその場での言動と関係付けてクライエントの反応を捉えること
　　③ 自分の主観に現れてくるイメージをもとにしてクライエント理解を進めること
　　④ 観察の精度を高める道具として、標準化された検査の導入を積極的に進めること
　　⑤ これまでのやりとりの流れから切り離して、今ここのクライエントの感情を理解すること

問18 心理療法における「負の相補性」の説明として、最も**適切なもの**を1つ選べ。
　　① セラピストとクライエントが、お互いに過去の誰かに関する感情を相手に向けること
　　② セラピストの働きかけに対して、クライエントがその方針に無意識的に

逆らおうとすること

　　③ セラピストが言葉で肯定的なことを言いながら態度が否定的なとき、ク
　　　ライエントが混乱を示すこと

　　④ セラピストが問題の言語化を試み続ける中で、クライエントが行動に
　　　よって問題を表現しようとすること

　　⑤ クライエントが敵意を含んだ攻撃的な発言をしてくるのに対して、セラ
　　　ピストが同じ敵意を含んだ発言で応じること

問19　産後うつ病の説明として、**最も適切なもの**を1つ選べ。

　　① 双極性障害との関連は少ない。
　　② 有病率は約10%から15%である。
　　③ マタニティー・ブルーズと同義である。
　　④ M−CHATがスクリーニングに用いられる。
　　⑤ 比較的軽症がほとんどで、重篤化することはない。

問20　職場復帰支援について、**最も適切なもの**を1つ選べ。

　　① 産業医と主治医は、同一人物が望ましい。
　　② 模擬出勤や通勤訓練は、正式な職場復帰決定前に開始する。
　　③ 傷病手当金については、職場復帰の見通しが立つまで説明しない。
　　④ 職場復帰は、以前とは異なる部署に配置転換させることが原則である。
　　⑤ 産業保健スタッフと主治医の連携においては、当該労働者の同意は不要
　　　である。

問21　2018年（平成30年）の特徴や傾向として、**正しいもの**を1つ選べ。

　　① 入所児童は、年々増加している。
　　② 家族との交流がある入所児童は、半数を超える。
　　③ 被虐待体験を有する入所児童は、半数に満たない。
　　④ 幼児期に入所し、18歳まで在所する児童が年々増加している。
　　⑤ 入所児童の大学・短期大学などへの進学率は、おおむね60%以上であ
　　　る。

問22　感覚運動学習について、**最も適切なもの**を1つ選べ。

　　① 運動技能学習の効果は、短期的である。
　　② 感覚運動段階は、児童期の特徴である。
　　③ 感覚運動学習は、感覚系と運動系による連合学習である。
　　④ 一定の休憩を入れて運動技能を学習する方法は、分習法である。
　　⑤ 感覚運動学習においては、課題にかかわらず全習法が効果的である。

問23　ユニバーサルデザインの考え方に基づいて、授業を実施する場合に重要な視点として、最も**適切なもの**を1つ選べ。

① 同化
② 熟達化
③ 焦点化
④ 体制化
⑤ 符号化

問24　保護観察所において生活環境の調整が開始される時期として、**正しいもの**を1つ選べ。

① 家庭裁判所の審判が開始される時点
② 医療及び観察等の審判が開始される時点
③ 矯正施設から身上調査書を受理した時点
④ 矯正施設において、仮釈放（仮退院）の審査を始めた時点
⑤ 矯正施設から仮釈放（仮退院）を許すべき旨の申出が行われた時点

問25　ホルモンの作用の説明として、**正しいもの**を1つ選べ。

① メラトニンは睡眠を促す。
② インスリンは血糖値を上げる。
③ 副腎皮質ホルモンは血圧を下げる。
④ プロラクチンは乳汁分泌を抑制する。
⑤ 抗利尿ホルモンは血中のナトリウム濃度を上げる。

問26　くも膜下出血の説明として、最も**適切なもの**を1つ選べ。

① 脳梗塞に比べて頻度が高い。
② 症状は24時間以内に消失する。
③ 緩徐に進行する頭痛で発症する。
④ 高次脳機能障害の原因ではない。
⑤ 脳動脈瘤の破裂によって起こる。

問27　アルコール健康障害について、**正しいもの**を1つ選べ。

① コルサコフ症候群は、飲酒後に急性発症する。
② アルコール幻覚症は、意識混濁を主症状とする。
③ アルコール性認知症は、脳に器質的変化はない。
④ 離脱せん妄は、飲酒の中断後数日以内に起こる。
⑤ アルコール中毒において、フラッシュバックがみられる。

問28 I型糖尿病の高校生の治療における留意点として、最も**適切なもの**を1つ選べ。
① 運動は禁止である。
② 食事療法により治癒できる。
③ 2型糖尿病に将来移行するリスクが高い。
④ 治療を受けていることを担任教師に伝える必要はない。
⑤ やせる目的でインスリン量を減らすことは、危険である。

問29 せん妄について、**適切なもの**を1つ選べ。
① 小児では発症しない。
② 注意の障害を呈する。
③ 早朝に症状が悪化することが多い。
④ 予防には、補聴器の使用を控えた方がよい。
⑤ 予防には、室内の照度を一定にし、昼夜の差をできるだけ小さくすることが有効である。

問30 特定健康診査と特定保健指導について、**正しいもの**を1つ選べ。
① 公認心理師は、特定保健指導を行うことができる。
② 特定健康診査は、介護保険法に基づく制度である。
③ 76歳以上の者は、特定保健指導の対象とならない。
④ 一定の有害な業務に従事する者は、特定保健指導を受けなければならない。
⑤ 特定健康診査は、要支援状態にある40歳以上の者を対象として実施される。

問31 医療法で規定されている医療提供施設として、**正しいもの**を1つ選べ。
① 保健所
② 介護老人保健施設
③ 市町村保健センター
④ 地域包括支援センター
⑤ 産業保健総合支援センター

問32 精神障害などにより、財産管理などの重要な判断を行う能力が十分ではない人々の権利を守り、支援する制度を何というか、**正しいもの**を1つ選べ。
① 医療観察制度
② 介護保険制度
③ 成年後見制度
④ 障害者扶養共済制度
⑤ 生活福祉資金貸付制度

問33 労働基準法が定める時間外労働の上限規制として、**正しいもの**を1つ選べ。
① 原則として、月60時間とする。
② 原則として、年360時間とする。
③ 臨時的な特別な事情がある場合には、年960時間とする。
④ 臨時的な特別な事情がある場合には、月150時間（休日労働含む）とする。
⑤ 臨時的な特別な事情がある場合には、複数月平均120時間（休日労働含む）とする。

問34 心理支援におけるスーパービジョンについて、**誤っているもの**を1つ選べ。
① スーパーバイジーの職業的発達に適合させることが望ましい。
② スーパービジョンの目的の1つに、特定のスキルの熟達がある。
③ 後進の指導に当たる立場では、スーパービジョンの技能を学ぶことが望ましい。
④ スーパービジョンの目的の1つに、心理療法理論の臨床場面への応用と概念化がある。
⑤ スーパービジョンとは、スーパーバイジー自身の心理的問題を扱うカウンセリングのことである。

問35 医療におけるアドバンス・ケア・プランニング〈ACP〉について、**誤っているもの**を1つ選べ。
① 話し合いの内容を文章にまとめ、診療録に記載しておく。
② 話し合いの構成員の中に、親しい友人が含まれることがある。
③ 患者の意思は変化する可能性があるため、話し合いは繰り返し行われる。
④ 患者の意思が確認できない場合は、担当医療従事者が本人にとって最善の方針を決定する。
⑤ 患者と多職種の医療・介護従事者、家族等の信頼できる者と今後の医療・ケアについて十分な話し合いを行うプロセスである。

問36 H.P.Griceの会話の公理〈maxims of conversation〉に**該当しないもの**を1つ選べ。
① 根拠があることを話す。
② 場の雰囲気に配慮する。
③ 過不足なく情報を伝える。
④ その時の話題に関連したことを言う。
⑤ 曖昧な表現を避け、分かりやすく情報を伝える。

問37 成人のクライエントに対して行う心理検査の目的として、**不適切なもの**を1つ選べ。

① クライエントによる自己理解や洞察を深める。

② セラピストのセラピー継続への動機づけを高める。

③ クライエントに関わるスタッフの支援の手がかりとする。

④ セラピストがクライエントの理解を深め、支援の方針を決定する指標にする。

⑤ セラピストとクライエントの間で、コミュニケーションやセラピーを深める道具とする。

問38 M.E.P.Seligmanが提唱するPERMAのそれぞれの頭文字の意味として、**誤っているもの**を1つ選べ。

① Pはポジティブな感情を表す。

② Eは力を獲得することを表す。

③ Rは他者との良い関係を表す。

④ Mは生きる意味を表す。

⑤ Aは達成を表す。

問39 T.L.BeauchampとJ.F.Childressが提唱した医療倫理の4原則に**該当しないもの**を1つ選べ。

① 正義

② 説明

③ 善行

④ 無危害

⑤ 自律尊重

問40 児童の権利に関する条約〈子どもの権利条約〉に**含まれないもの**を1つ選べ。

① 生命に対する固有の権利

② 残余財産の分配を受ける権利

③ 出生の時から氏名を有する権利

④ 自由に自己の意見を表明する権利

⑤ できる限りその父母を知りかつその父母によって養育される権利

問41 医師から依頼を受け、MMSEを実施・解釈し報告する際の公認心理師の行動として、**不適切なもの**を1つ選べ。

① 被検査者の実際の回答内容を解釈に含める。

② 検査時の被検査者の緊張や意欲についても解釈に含める。

③ カットオフ値を上回った場合は、認知症ではないと所見を書く。

④ 総得点だけでなく、被検査者が失点した項目についても報告する。

⑤ 被検査者が難聴で口頭による実施ができない場合は、筆談による実施を試みる。

問42 適性処遇交互作用について、**誤っているもの**を1つ選べ。

① 指導方法や学習環境のことを処遇という。

② 統計学的には交互作用効果によって検証される。

③ 学びの成立に影響を与える個人差要因を適性という。

④ 学習者の特徴によって教授法の効果が異なることを指す。

⑤ 他者の援助と学習者の問題解決との中間領域にみられる。

問43 学校にピアサポート・プログラムを導入する目的として、**不適切なもの**を1つ選べ。

① 思いやりのある関係を確立する機会を提供する。

② 公共性と無償性という基本を学ぶ機会を提供する。

③ 学校のカウンセリング・サービスの幅を広げる機会を提供する。

④ リーダーシップ、自尊感情及び対人スキルを向上させる機会を提供する。

⑤ 傾聴や問題解決スキルなど他者を援助するスキルを習得する機会を提供する。

問44 免疫担当細胞に**含まれないもの**を1つ選べ。

① 単球

② 好中球

③ 赤血球

④ B細胞

⑤ T細胞

問45 犯罪被害者等基本法に関する記述として、**誤っているもの**を1つ選べ。

① 犯罪被害者等のための施策は、犯罪被害者等が被害を受けたときから3年間までの間に講ぜられる。

② 犯罪被害者等が心理的外傷から回復できるよう、適切な保健医療サービスや福祉サービスを提供する。

③ 犯罪被害者等のための施策は、国、地方公共団体、その他の関係機関、民間の団体等との連携の下、実施する。

④ 刑事事件の捜査や公判等の過程における犯罪被害者等の負担が軽減されるよう、専門的知識や技能を有する職員を配置する。

⑤ 教育・広報活動を通じて、犯罪被害者等が置かれている状況や、犯罪被害者等の名誉や生活の平穏への配慮について国民の理解を深める。

問46 公認心理師が、クライエントに心理療法を行う場合、インフォームド・コンセントを取得する上で、最も**適切なもの**を1つ選べ。
① 公認心理師が考える最善の方針に同意するように導く。
② 深刻なリスクについては頻度が低くても情報を開示する。
③ 心理療法についての説明はクライエントにとって難解なため、最小限に留める。
④ クライエントに対して不利益にならないように、心理療法を拒否したときの負の結果については強調して伝える。

問47 公認心理師の基本的なコンピテンシーについて、最も**適切なもの**を1つ選べ。
① 科学的な知見を参考にしつつも、直観を優先して判断する。
② 要支援者への関わり方や対応の在り方を自ら振り返って検討する。
③ 普遍的な視点に立ち、文化的背景を考慮せず、要支援者を同様に扱う。
④ 専門職としての知識と技術をもとに、最低限の実践ができるようになってから職業倫理を学ぶ。

問48 ストレンジ・シチュエーション法におけるアタッチメントの類型の説明として、最も**適切なもの**を1つ選べ。
① 回避型は、養育者との分離場面で激しく泣きやすい。
② 安定型は、養育者との分離場面で泣きの表出が少ない。
③ 無秩序・無方向型は、養育者との再会場面で激しく泣きやすい。
④ アンビバレント型は、養育者との再会場面でしばしば激しい怒りを表出することがある。

問49 いじめ防止対策推進法について、**正しいもの**を1つ選べ。
① 学校は、いじめ問題対策連絡協議会を置くことができる。
② 学校は、いじめの防止に資するものとして、体験活動等の充実を図る。
③ 学校は、地方公共団体が作成した、いじめ防止基本方針を自校の基本方針とする。
④ 学校は、いじめ防止等の対策を推進するために、財政的な措置を講ずるよう努める。

問50 心理的支援活動の理論化について、最も**適切なもの**を1つ選べ。
① 参加的理論構成者は、理論化を専門に行う。
② 地域援助においては、参加的理論構成者としての役割が必要になる。
③ 臨床心理面接の事例論文においては、一般化に統計的手法が必須である。
④ 量的データを扱う際には、研究者のリフレクシヴィティ〈reflexivity〉が

重要である。

問51 個人情報保護について、**誤っているもの**を1つ選べ。
① 本人の同意があれば、当該本人に関する個人データを第三者に提供できる。
② クライエントが公認心理師に対する信頼に基づいて打ち明けた事柄は、個人情報に該当しない。
③ 個人情報には、指紋やDNAの塩基配列など身体に固有の特徴を符号化したデータも含まれる。
④ 個人情報取扱事業者は、その取扱う個人データについて、安全管理のために必要な措置を講じなければならない。

問52 雇用の分野における男女の均等な機会及び待遇の確保等に関する法律が示す、職場におけるセクシュアルハラスメントの防止対策について、**誤っているもの**を1つ選べ。
① 労働者がセクシュアルハラスメントに関して事業主に相談したこと等を理由とした不利益な取扱いを禁止する。
② 紛争調整委員会は、セクシュアルハラスメントの調停において、関係当事者の同意を得れば、職場の同僚の意見を聴取できる。
③ 労働者の責務の1つとして、セクシュアルハラスメント問題に対する関心と理解を深め、他の労働者に対する言動に必要な注意を払うことを定めている。
④ 事業主は、他社から職場におけるセクシュアルハラスメントを防止するための雇用管理上の措置の実施に関して必要な協力を求められた場合に、応じるよう努めなければならない。

問53 要保護児童対策地域協議会について、**正しいもの**を<u>2つ</u>選べ。
① 対象は、被虐待児童に限られる。
② 構成する関係機関は、市町村と児童相談所に限られる。
③ 関係機関相互の連携や、責任体制の明確化が図られている。
④ 要保護児童対策地域協議会における情報の共有には、保護者本人の承諾が必要である。
⑤ 被虐待児童に対する情報を共有することにより、児童相談所によって迅速に支援を開始できる。

問54 マインドフルネスに基づく認知行動療法として、**適切なもの**を<u>2つ</u>選べ。
① 内観療法
② 応用行動分析

③ 弁証法的行動療法
④ アサーション・トレーニング
⑤ アクセプタンス&コミットメント・セラピー〈ACT〉

問55　我が国における子どもの貧困問題について、**適切なもの**を2つ選べ。
　　　① 学力達成や教育機会に対する影響は小さい。
　　　② 貧困と児童虐待の発生には、関連がみられる。
　　　③ 子どもの貧困と関連する問題は、顕在化しやすい。
　　　④ 貧困状態にある母子世帯の8割以上が、生活保護を受給している。
　　　⑤ 生活保護を受給する家庭で育った子どもは、出身世帯から独立した後も
　　　　生活保護を受給する割合が高い。

問56　特別支援教育の推進について（平成19年4月、文部科学省）が示す特別支援教育コーディネーターの役割として、**適切なもの**を2つ選べ。
　　　① 保護者に対する学校の窓口となる。
　　　② 特別支援教育の対象となる児童生徒を決定する。
　　　③ 特別支援教育の対象となる児童生徒に対して、直接指導を行う。
　　　④ 特別支援教育の対象となる児童生徒について、学校と関係機関との連絡や調整を担う。
　　　⑤ 外部の専門機関が作成した「個別の教育支援計画」に従い、校内の支援体制を整備する。

問57　司法場面における認知面接で、面接者が被面接者に対して求めることとして、**適切なもの**を2つ選べ。
　　　① 文脈の心的再現
　　　② 視点を変えての想起
　　　③ 毎回同じ順序での想起
　　　④ 確信が持てる内容を選んで話すこと
　　　⑤ 話す内容に矛盾があればその都度説明すること

問58　治療と仕事の両立支援について、**適切なもの**を2つ選べ。
　　　① 仕事の繁忙などが理由となる場合には、就業上の措置や配慮は不要である。
　　　② 労働者の個別の特性よりも、疾病の特性に応じた配慮を行う体制を整える。
　　　③ 事業場における基本方針や具体的な対応方法などは、全ての労働者に周知する。
　　　④ 労働者本人からの支援を求める申出がなされたことを端緒に取り組むこ

とを基本とする。

⑤ 労働者が通常勤務に復帰した後に同じ疾病が再発した場合には、両立支援の対象から除外する。

問59 ストレッサー、ネガティブな自動思考（以下「自動思考」という。）及び抑うつ反応の3つの変数を測定した。ストレッサーは、調査前の出来事を測定した。変数間の相関係数を算出したところ、ストレッサーと抑うつ反応の相関係数は0.30、ストレッサーと自動思考の相関係数は0.33、自動思考と抑うつ反応の相関係数は0.70で、いずれの相関係数も有意であった。パス解析を行ったところ、ストレッサーから自動思考への標準化パス係数は0.31で有意であり、自動思考から抑うつ反応への標準化パス係数は0.64で有意であり、ストレッサーから抑うつ反応への標準化パス係数は0.07で有意ではなかった。以上の結果から解釈可能なものとして、最も**適切なもの**を1つ選べ。

① 自動思考は、抑うつ反応に対して影響を与える説明変数ではない。

② 抑うつ反応は、ストレッサーに対して影響を与える説明変数である。

③ ストレッサーは、抑うつ反応に対して自動思考を介して影響を与えている。

④ 自動思考が根本的な原因として、ストレッサーと抑うつ反応の両方を説明している。

⑤ 抑うつ反応に対して、ストレッサーと自動思考は対等に説明する変数となっている。

問60 32歳の女性A、2歳の子どもの母親。Aは、市の子育て支援センターで、公認心理師Bに育児不安について相談した。3年前に結婚により仕事を辞め、2年半前から夫の転勤でC市に住んでいる。夫は優しいが、仕事が忙しいため、Aは一人で家事や育児を行うことが多い。知り合いや友人も少なく、育児について気軽に相談できる相手がおらず、孤独感に陥るという。BはAに対し、地域の育児サロンなどに参加し、育児や自分の気持ちについて話すなど、子育て中の母親との交流を提案した。BのAへの提案のねらいとして、最も**適切なもの**を1つ選べ。

① 感情制御

② グリーフケア

③ 情緒的サポート

④ セルフ・モニタリング

⑤ ソーシャル・スキルズ・トレーニング〈SST〉

問61 5歳の男児A、幼稚園児。Aが4歳のときに、おやつが準備されるのを待てずに手が出てしまう、1歳下の弟とのきょうだいげんかが激しいといったことを母親が心配し、教育センターの公認心理師に相談するために来所した。Aには、母子関係の問題や発達的なつまずきはみられなかったため、月に1度の相談で経過をみていたところ、5歳の誕生日を過ぎた頃から、弟とのけんかが減った。おやつもすぐに食べずに待てるようになったとのことである。

Aの状態の背景に考えられる心理的発達として、最も**適切なもの**を1つ選べ。

 ① 共同注意
 ② 自己抑制
 ③ 脱中心化
 ④ メタ認知
 ⑤ アタッチメント

問62 22歳の男性A、大学4年生。公認心理師Bが所属する大学の学生相談室に来室した。Aは、6つの企業の就職面接に応募したが、全て不採用となり、就職活動を中断した。その後、就職の内定を得た友人が受講している授業に出席できなくなり、一人暮らしのアパートにひきこもり気味の生活になっている。Aは、「うまく寝付けなくなって、何事にもやる気が出ず、自分でも将来何がしたいのか分からなくなって絶望している」と訴えている。

BのAへの初期対応として、最も**適切なもの**を1つ選べ。

 ① 就職活動を再開するよう励ます。
 ② 抑うつ状態のアセスメントを行う。
 ③ 保護者に連絡して、Aへの支援を求める。
 ④ 発達障害者のための就労支援施設を紹介する。
 ⑤ 単位を取得するために、授業に出席することを勧める。

問63 公認心理師Aが主演者である学会発表において、実験結果の報告のためのスライドを準備している。実験の背景、目的、結果、考察などをまとめた。Aは他者の先行研究で示された実験結果の一部を参考論文から抜き出し、出所を明らかにすることなく自分のデータとして図を含めてスライドに記述した。

このまま発表する場合、該当する不正行為を1つ選べ。

 ① 盗用
 ② 改ざん
 ③ ねつ造
 ④ 多重投稿
 ⑤ 利益相反

問64 28歳の女性A。Aが生活する地域に大規模な地震が発生し、直後に被災地外から派遣された公認心理師Bが避難所で支援活動を行っている。地震発生から約3週間後に、AからBに、「地震の後から眠れない」と相談があった。Aの家は無事だったが、隣家は土砂に巻き込まれ、住人は行方不明になっている。Aはその様子を目撃していた。Aによれば、最近崩れる隣家の様子が繰り返し夢に出てきて眠れず、隣家の方向を向くことができずにいる。同居の家族から見ても焦燥感が強くなり、別人のようだという。
BのAへの対応として、最も**優先されるもの**を1つ選べ。

① ジョギングなどの運動を勧める。
② 生き残った者の使命について話し合う。
③ リラックスするために腹式呼吸法を指導する。
④ 行方不明になった住人が必ず発見されると保証する。
⑤ 現地の保健医療スタッフに情報を伝えることへの同意を得る。

問65 70歳の女性A。長男、長男の妻及び孫と暮らしている。Aは、1年ほど前に軽度のAlzheimer型認知症と診断された。Aは、診断後も自宅近所のスポーツジムに一人で出かけていた。1か月ほど前、自宅をリフォームし、収納場所が新たに変わった。それを機に、探し物が増え、スポーツジムで使う物が見つけられなくなったため、出かけるのをやめるようになった。Aは、物の置き場所をどう工夫したらよいか分からず、困っているという。
Aに対して行うべき非薬物的介入として、最も**適切なもの**を1つ選べ。

① ライフヒストリーの回想に焦点を当てた介入
② 日常生活機能を補う方法の確立に焦点を当てた介入
③ 有酸素運動や筋力強化など、複数の運動を組み合わせた介入
④ 物事の受け取り方や考えの歪みを修正し、ストレス軽減を図る介入
⑤ 音楽を聴く、歌うなどの方法によって構成されたプログラムによる介入

問66 67歳の男性A、税理士。重度認知症の母親Bと二人で暮らしている。Aは、Bの介護をしながら税理士の仕事をしている。Aは、1年前から集中力や思考力が低下して、仕事が捗らなくなった。ミスも増えたため、仕事を辞めようかと悩んでいた。物忘れ、不眠、食欲低下についてもかなり心配していた。Aは、現在の状態がBの初期症状と類似しているのではないかと心配し、医療機関を受診した。Aは、手段的日常生活活動作〈IADL〉に問題はなく、HDS－Rは29点、老年期うつ検査－15－日本版〈GDS－15－J〉は13点であった。
診断として疑われるAの状態として、最も**適切なもの**を1つ選べ。

① うつ病
② パニック症
③ 前頭側頭型認知症

④ Lewy小体型認知症
⑤ 心的外傷後ストレス障害〈PTSD〉

問67　小学3年生のある学級では、1学期の始めから学級での様々な活動に対し積極
的で自主的に取り組む様子がみられた。そこで、児童のやる気をさらに高める
ために、児童が行った活動に点数をつけて競わせることが試みられた。その結
果、2学期になると、次第に点数のつかない活動では、児童の自主的な取組がみ
られなくなり、3学期になるとさらにその傾向が顕著になった。
この現象を説明するものとして、最も**適切なもの**を1つ選べ。
　　　① 学級風土
　　　② 遂行目標
　　　③ 期待価値理論
　　　④ ピグマリオン効果
　　　⑤ アンダーマイニング効果

問68　45歳の男性A、小学校に勤務しているスクールカウンセラー。Aが勤務する小
学校では、「ともに学び、ともに育つ」という教育目標のもとで、「支え合う学級
集団づくり」に取り組んでいた。Aは、5年生の担任教師からクラスの児童同士
の人間関係の改善や児童相互の理解を豊かにするための授業を実施してほしい
と依頼を受けた。そこで、Aは児童がより主体的・対話的で深い学びができる
ように、アクティブラーニングを取り入れた授業を行うことにした。
Aが行うアクティブラーニングの視点を用いた指導法として、最も**適切なもの**
を1つ選べ。
　　　① 児童の個性に合うように、複数の方法で教える。
　　　② 学習内容が定着するように、内容を数回に分けて行う。
　　　③ 全員が同じ内容を理解できるように、一斉に授業を行う。
　　　④ 全員が正しく理解できるように、原理を積極的に解説する。
　　　⑤ 具体的に理解できるように、例話の登場人物のセリフを考えさせる。

問69　16歳の男子A、高校1年生。万引きにより逮捕され、少年鑑別所に収容された
後、家庭裁判所の審判により保護観察処分となった。Aは、審判終了後すぐに
母親Bと共に保護観察所に来た。Aの居住する地域を担当している保護観察官
Cが、初回の面接を行うことになった。審判直後であり、家庭裁判所からは、氏
名、年齢、非行名、遵守事項に関する意見など、最小限の情報が届いている。
Cの初回面接における対応方針として、最も**適切なもの**を1つ選べ。
　　　① 特別遵守事項を設定する。
　　　② 担当する保護司が同席できるよう手配する。
　　　③ 保護処分の決定に対する抗告について説明する。

④ 関係構築を優先し、家族関係や成育歴についての質問は控える。

⑤ 家庭裁判所において既に確認されているため、事件内容についての質問は控える。

問70 製造業A社は、これまで正社員の大半が男性であった。ここ数年の労働力不足を背景に、様々な人材を登用する機会を模索している。女性の管理職の増加を目指したキャリアコンサルティングの実施、外国人社員に伴って来日した配偶者の採用に加え、社内に障害者支援委員会を設置して精神障害者の就労支援を行うなど、個々の違いを認め、尊重し、それらを組織の競争優位性に活かそうとする取組を行った。その取組をきっかけとして、女性社員、高齢者や国籍の異なる社員なども少しずつ増えて、今では属性の異なった人と協働する機会が増えている。

このA社の取組を全体的に表すものとして、最も**適切なもの**を1つ選べ。

① コンプライアンス

② キャリアマネジメント

③ ポジティブアクション

④ アファーマティブアクション

⑤ ダイバーシティマネジメント

問71 39歳の男性A、会社員。Aは、中途採用で入社して10年目になるが、これまで会社内での人付き合いは良好で、安定した仕事ぶりから上司の信頼も厚い。最近になり、Aは、キャリアに希望が持てないと企業内相談室に来室した。「今この会社を辞めたら損失が大きいので、この先も勤めようと思う」と述べる一方で、「この会社を離れるとどうなるか不安である」、「今この会社を辞めたら生活上の多くのことが混乱するだろう」と述べた。

Aの発言内容から考えられるAの組織コミットメントとして、最も**適切なもの**を1つ選べ。

① 規範的コミットメント

② 行動的コミットメント

③ 情緒的コミットメント

④ 存続的コミットメント

⑤ 態度的コミットメント

問72 53歳の女性A。もともと軽度の弱視がある。大学卒業後、管理栄養士として働いていたが、結婚後、出産を機に退職し、その後、職には就いていない。2年前に一人娘が就職し一人暮らしを始めた頃から、抑うつ的になることが増え、身体のほてりを感じることがしばしばあり、頭痛や倦怠感がひどくなった。また、これから何をしてよいのか展望が持てなくなり、不安な状態が続いていた。し

かし、最近、かつて仕事でも趣味でもあった料理を、ボランティアで20歳から30歳代の女性らに教える機会を得て、彼女らとの会話を楽しみにするようになっている。

Aのここ数年来の心身の状態として、**該当しないもの**を1つ選べ。
① 更年期障害
② 空の巣症候群
③ アイデンティティ危機
④ 生成継承性〈generativity〉
⑤ セルフ・ハンディキャッピング

問73　50歳の女性A。抑うつ気分が続いているために精神科に通院し、院内の公認心理師Bが対応することになった。7か月前にAの17歳の娘が交際相手の男性と外出中にバイクの事故で亡くなった。事故からしばらく経ち、Aは、事故直後のショックからは一時的に立ち直ったように感じていたが、3か月ほど前から次第に抑うつ状態となった。「どうしてあの日娘が外出するのを止めなかったのか」と自分を責めたり、急に涙があふれて家事が手につかなくなったりしている。

BのAへの対応として、**不適切なもの**を1つ選べ。
① 悲しみには個人差があるということを説明する。
② 娘の死を思い出さないようにする活動がないか、一緒に探索する。
③ Aが体験している様々な感情を確認し、表現することを援助する。
④ 子どもを亡くした親が体験する一般的な反応について、情報を提供する。
⑤ 娘が死に至った背景について、多様な観点から見直してみることを促す。

問74　35歳の女性A、公立中学校のスクールカウンセラー。近隣の中学校で、いじめが原因と疑われる生徒の自殺が起きた。Aは、教育委員会から緊急支援のために当該中学校に派遣された。Aは、緊急支援の内容を事前に校長と相談した上で、介入を行うこととなった。中学校の現在の様子は、生徒の保健室の利用が増えてきており、生徒や保護者の間では、自殺についての様々な臆測や噂も流れ始めている。

Aが行う緊急支援として、**不適切なもの**を1つ選べ。
① 動揺している生徒に対して、個別に面接を行う。
② 動揺している保護者に対して、個別に面接を行う。
③ 教師に対して、自身の心身のケアについての心理教育を行う。
④ 自殺をした生徒に対するいじめの有無について、周囲の生徒から聞き取りを行う。

⑤ 教師に対して、予想される生徒のストレス反応とその対処についての心理教育を行う。

問75　70歳の女性A。Aは、Aの夫である会社役員のBに付き添われ、開業している公認心理師Cのもとを訪れた。Bによると、Aは自宅近くのスーパーマーケットで大好きなお菓子を万引きし、店を出てから食べているところを警備員に発見されたとのこと。Aは、「万引きはそのときが最初で最後であり、理由は自分でもよく分からない」と述べるとともに、同居している半身不随のBの母親の介護を一人で行っているため自分の時間を持てないことや、Bが介護はAの仕事であると言っていることへの不満を述べた。AとBは、Cに対してAが二度と万引きしないようになるための助言を求めている。
CのAへの理解として、**不適切なもの**を1つ選べ。

① Aは、窃盗症の疑いが強い。
② Aは、ストレスへの対処力が弱まっている。
③ AとBの夫婦間コミュニケーションが不十分である。
④ Aにとっては、Bの母親の介護が負担になっている。
⑤ Aに器質的疾患があるかどうかを確認する必要がある。

問76　20歳の女性A、大学3年生。Aは、母親Bと精神科を受診した。Bによると、Aは、1か月前に親友が交通事故に遭うのを目撃してから、物音に敏感になり不眠がちで、ささいなことでいらいらしやすく、集中力がなくなったという。一方、初診時にAは、「事故のダメージはない。母が心配し過ぎだと思う」と声を荒げ、強い調子でBや医師の話をさえぎった。医師の依頼で、公認心理師CがAの状態把握の目的で心理検査を施行した。検査用紙を渡すと、Aはその場で即座に記入した。結果は、BDI-Ⅱは10点、IES-Rは9点であった。
CがAの心理検査報告書に記載する内容として、**最も適切なもの**を1つ選べ。

① 心理検査の得点やBの観察、Aの様子からは、PTSDが推測される。
② 心理検査の得点からはAのPTSDの可能性は低いため、支援や治療が必要なのは過度に心配するBである。
③ 心理検査の得点からはPTSDの可能性が高いが、Aが否定しているため、結果の信ぴょう性に問題がある。
④ 心理検査の得点からはPTSDの可能性は低いが、その他の情報と齟齬があるため、再アセスメントが必要である。
（注：「PTSD」とは、「心的外傷後ストレス障害」である）。

問77 7歳の男児A、小学1年生。Aは、スクールカウンセラーBの相談室の開放時間に、よく訪れていた。最近、Aが学校に連絡なく2日間欠席したため、担任教師と一緒にBがA宅を家庭訪問した。Aは、アパートの階段下に座っていたが、最初、Bらの質問に何も答えなかった。やがて、「お父さんがお母さんを叩いている。家ではけんかばかりだし、僕も叩かれることがある」と話した。「他の人にけんかのことを話すとお父さんとお母さんに叱られる」とも訴えた。

Bや学校がとるべき初期対応として、**適切なもの**を**2つ**選べ。

① Aの両親と面談をして、信頼関係の構築を図る。
② Aに両親のけんかの原因や頻度などを詳しく質問する。
③ 児童虐待の確証を得られるよう、近隣住民から情報収集をする。
④ Aから聞いた発言やその際の表情・態度をそのまま記録しておく。
⑤ 校内で協議の上、市町村の虐待対応担当課又は児童相談所に通告する。

2021年9月試験 (午後の部)

2021年9月19日13時30分～15時30分

問78 公認心理師が担当する成人のクライエントに関する情報を、本人の同意なく開示することについて、秘密保持義務違反に当たるものはどれか、最も**適切なもの**を1つ選べ。
 ① クライエントが、友人に危害を加える可能性が高い場合、当事者に知らせる。
 ② クライエントが、1歳の娘の育児を放棄している場合、児童相談所に通報する。
 ③ 所属する医療チーム内で、クライエントの主治医及び担当看護師と情報を共有する。
 ④ クライエントが、自殺を企図する可能性が高い場合、同居している保護者に連絡する。
 ⑤ 別居中の母親から音信不通で心配していると相談された場合、クライエントの居場所を教える。

問79 教育相談の現場での遊戯療法において、小学4年生の女子Aが、「授業が分からない」、「友達がいなくて学校に居場所がない」、「お父さんがお布団に入ってくる」、「おばあちゃんが入院中で死なないか心配」と話した。
公認心理師として、最も優先的に考慮するべきものを1つ選べ。
 ① Aの学力
 ② Aの祖母の病状
 ③ Aの父親の行動
 ④ Aの学校での居場所
 ⑤ Aのソーシャル・スキル

問80 傷病者若しくはじょく婦に対する療養上の世話又は診療の補助を行うことを業とする職種として、**正しいもの**を1つ選べ。
 ① 看護師
 ② 介護福祉士
 ③ 社会福祉士
 ④ 理学療法士
 ⑤ 精神保健福祉士

問81 A.Ellisが創始した心理療法として、最も**適切なもの**を1つ選べ。
 ① 行動療法
 ② 精神分析療法
 ③ ゲシュタルト療法
 ④ 論理情動行動療法
 ⑤ クライエント中心療法

問82 観察者の有無が作業に及ぼす影響をみる実験において、参加者を作業時に観察者がいる群といない群に分け、各群の参加者に単純課題条件と複雑課題条件の双方を課した。
この結果の分析方法として、最も**適切なもの**を1つ選べ。
　　① 2要因混合分散分析
　　② 2要因被験者間分散分析
　　③ 2要因被験者内分散分析
　　④ 複数個の1要因被験者間分散分析
　　⑤ 複数個の対応のある平均値のt検定

問83 他者と比べて、自分についてよりポジティブな判断を行うかどうかを検討する目的で研究を行う。他者に対する性格の評定と自分に対する性格の評定を同時に得る場合に、両者の評定を行う順序について適用すべき方法は何か、最も**適切なもの**を1つ選べ。
　　① 一定化
　　② バランス化
　　③ マッチング
　　④ ランダム化
　　⑤ カウンターバランス

問84 色覚の反対色過程と関連するものとして、最も**適切なもの**を1つ選べ。
　　① 中心窩の存在
　　② 色の残効の生起
　　③ 桿体細胞の存在
　　④ 色の恒常性の成立
　　⑤ 二色型色覚者の存在

問85 ある疾病において、「10%が死亡する」と表現した場合のほうが、「90%が生存する」と表現した場合よりも、リスクが高く感じられる。このことを表す用語として、最も**適切なもの**を1つ選べ。
　　① 連言錯誤
　　② 確証バイアス
　　③ アンカリング効果
　　④ フレーミング効果
　　⑤ 利用可能性ヒューリスティック

問86 認知言語学の説明として、最も**適切なもの**を1つ選べ。
　　① 生成文法理論をもとに構築されている。

② 言語習得における経験の役割を重視する。

③ 言語に特化した認知能力を強調する立場をとる。

④ 言語的カテゴリーには、明確な境界線があるとみなす。

⑤ ゲシュタルト心理学でいう「図と地」の概念には、否定的である。

問87　A.H.Maslowの欲求階層説において、最も下位の欲求として位置付けられるものはどれか、**適切なもの**を1つ選べ。

① 安全の欲求

② 自尊の欲求

③ 生理的欲求

④ 自己実現の欲求

⑤ 所属と愛の欲求

問88　「感情は覚醒状態に認知的評価が加わることで生じる」とする感情理論として、最も**適切なもの**を1つ選べ。

① A.R.Damasioのソマティックマーカー説

② P.Ekman、C.E.Izardの顔面フィードバック説

③ S.Schacter、J.Singerの2要因説

④ W.B.Cannon、P.Bardの中枢起源説

⑤ W.James、C.Langeの末梢起源説

午後の部

問89　情動について、最も**適切なもの**を1つ選べ。

① 情動処理の脳内部位は、主に下垂体後葉である。

② 情動麻痺は、不可逆的な情動の麻痺状態である。

③ 特別な対象を持たない不快な感情と定義されている。

④ 情動失禁とは、喜びの感情や興味が失われた状態である。

⑤ 脳内で他者の行動を模倣するミラーニューロンが関与する。

問90　親密な対人関係の説明原理として、最も**適切なもの**を1つ選べ。

① 社会的絆理論

② 社会的学習理論

③ 社会的交換理論

④ 社会的比較理論

⑤ 社会的アイデンティティ理論

問91　L.Kohlbergの道徳性の発達理論において、「近所のおばあさんは、いつもお菓子をくれるから良い人である」という判断に該当する発達段階として、**適切なもの**を1つ選べ。

① 法と秩序の志向性
② 社会的契約の志向性
③ 罰と服従への志向性
④ 対人的同調への志向性
⑤ 報酬と取引への志向性

問92 サクセスフルエイジングの促進要因として、最も**適切なもの**を1つ選べ。
　① 防衛機制の使用
　② ライフイベントの多さ
　③ ソーシャル・コンボイの維持
　④ タイプＡ行動パターンの獲得
　⑤ ワーク・エンゲイジメントの増加

問93 世界保健機関〈WHO〉による国際生活機能分類〈ICF〉の説明として、**正しいもの**を1つ選べ。
　① 分類対象から妊娠や加齢は除かれる。
　② 医学モデルと心理学モデルに依拠する。
　③ 社会的不利が能力障害によって生じるとみなす。
　④ 生活上のプラス面を加味して生活機能を分類する。
　⑤ 心身機能・構造と活動が、それぞれ独立しているとみなす。

問94 G.Batesonの二重拘束理論に関連する概念として、最も**適切なもの**を1つ選べ。
　① 三角関係
　② 両親連合
　③ 世代間境界
　④ ホメオスタシス
　⑤ メタ・コミュニケーション

問95 手話をコミュニケーション手段とする被検査者にWAIS－Ⅳを実施する。回答場面におけるやりとりに際して、結果に影響が出ないように注意を必要とする下位検査として、最も**適切なもの**を1つ選べ。
　① 符号
　② 類似
　③ パズル
　④ 行列推理
　⑤ バランス

問96 パーソナリティ障害に適用するため、認知行動療法を拡張し、そこにアタッチメント理論、ゲシュタルト療法、力動的アプローチなどを組み込んだ統合的な心理療法として、最も**適切なもの**を1つ選べ。

① スキーマ療法
② 対人関係療法
③ 動機づけ面接
④ 問題解決療法
⑤ アクセプタンス&コミットメント・セラピー〈ACT〉

問97 心理療法における効果検証に用いられる方法として、最も**適切なもの**を1つ選べ。

① 主成分分析
② クラスター分析
③ ランダム化比較試験
④ コレスポンデンス分析
⑤ 修正版グラウンデッド・セオリー・アプローチ

問98 病初期のAlzheimer型認知症の所見として、最も**適切なもの**を1つ選べ。

① 徘徊
② 錐体外路症状
③ 着脱衣の困難
④ 遠隔記憶の障害
⑤ 同じ話の繰り返し

問99 教育評価について、最も**適切なもの**を1つ選べ。

① 教育評価は、全国統一の基準に基づく。
② カリキュラム評価は、ルーブリックに基づく。
③ カリキュラム評価の対象には、部活動が含まれる。
④ 教育評価の対象には、潜在的カリキュラムが含まれる。
⑤ カリキュラム評価の対象には、学習者の学習・成長のプロセスが含まれる。

問100 情状鑑定に関する説明として、最も**適切なもの**を1つ選べ。

① 簡易鑑定として実施される。
② 行動制御能力の有無や程度を評価する。
③ 理非善悪の弁識能力の有無や程度を評価する。
④ 量刑判断を行う上で考慮すべき事項について評価する。
⑤ 裁判所から依頼されることはなく、被告人の弁護人からの依頼による私

的鑑定として実施される。

問101 ストレスチェック制度について、**最も適切なもの**を1つ選べ。
① 産業医は、ストレスチェックの実施責任を負う。
② 派遣労働者のストレスチェックの実施義務は、派遣元事業者にある。
③ ストレスチェックの実施に当たり、事前に労働者全員から同意をとる。
④ ストレスチェックは、2年ごとに1回実施することが定められている。
⑤ ストレスチェックの対象は、ストレスチェックを希望した労働者である。

問102 動機づけ理論の説明として、**最も適切なもの**を1つ選べ。
① D.C.McClelland の目標達成理論では、課題への不安や恐怖を示す回避動機によって動機づけが低下すると考える。
② E.A.Locke の目標設定理論では、難易度の低い目標を設定した方が動機づけが高まり、業績の向上につながると考える。
③ E.L.Deci の認知的評価理論では、金銭などの外的報酬により、内発的動機づけが高まると考える。
④ F.Herzberg の2要因理論では、会社の衛生要因を改善しても動機づけは高まらないと考える。
⑤ V.H.Vroom の期待理論では、管理監督者の期待が高いほど、労働者の動機づけが高まると考える。

問103 メニエール病の説明として、**最も適切なもの**を1つ選べ。
① めまいは一過性で反復しない。
② めまいは難聴や耳鳴りを伴う。
③ めまいの持続時間は数秒である。
④ めまいを起こす疾患の中で最も頻度が高い。
⑤ 過換気をきっかけにめまいが始まることが多い。

問104 統合失調症の特徴的な症状として、**最も適切なもの**を1つ選べ。
① 抑えがたい睡眠欲求が1日に何度も起こる。
② 自分の考えが周囲に伝わって知られていると感じる。
③ 毎回同じ道順を辿るなど、習慣への頑なこだわりがある。
④ 暴力の被害に遭った場面が自分の意思に反して思い出される。
⑤ 不合理であると理解しているにもかかわらず、打ち消すことができない思考が反復的に浮かぶ。

問105 依存を生じやすい薬剤として、**適切なもの**を1つ選べ。
① 抗認知症薬
② 抗てんかん薬
③ 三環系抗うつ薬
④ 非定型抗精神病薬
⑤ ベンゾジアゼピン系抗不安薬

問106 抗認知症薬であるドネペジルが阻害するものとして、**適切なもの**を1つ選べ。
① GABA受容体
② NMDA受容体
③ ドパミントランスポーター
④ アセチルコリンエステラーゼ
⑤ セロトニントランスポーター

問107 児童福祉法に定められているものとして、**正しいもの**を1つ選べ。
① 保護観察
② 合理的配慮
③ 子どもの貧困対策
④ 児童福祉施設における体罰の禁止
⑤ 日本にいる子どもとの面会交流を実現するための援助

問108 少年法について、**正しいもの**を1つ選べ。
① 少年とは、18歳に満たない者をいう。
② 少年の刑事処分については、規定されていない。
③ 14歳に満たない者は、審判の対象とはならない。
④ 審判に付すべき少年とは、刑罰法令に触れる行為を行った者に限定されている。
⑤ 少年事件は、犯罪の嫌疑があるものと思料されるときは、全て家庭裁判所に送致される。

問109 医療関係者が患者から取得した個人情報の開示について、本人の同意を得る手続が例外なく**不要なもの**を1つ選べ。
① 財産の保護のために必要がある場合
② 公衆衛生の向上のために特に必要がある場合
③ 医療法に基づく立入検査など、法令に基づく場合
④ 本人の生命、身体の保護のために必要がある場合
⑤ 児童の健全な育成の推進のために特に必要がある場合

問110 チームアプローチをとる際の公認心理師の姿勢として、**不適切なもの**を1つ選べ。
① 自分の役割と限界を自覚する。
② チーム形成の目的や、支援方針を共有する。
③ チーム内のスタッフ間の葛藤や混乱を整理する。
④ チームアプローチのためには、社会人としての常識を必要とする。
⑤ チームアプローチであっても、職務に関する問題は、専門家として責任を持って一人で解決を図る。

問111 認知的不協和が関わる現象として、**不適切なもの**を1つ選べ。
① 顕示的消費
② 禁煙の困難さ
③ 説得や依頼における段階的要請
④ 入会におけるイニシエーション
⑤ 既に購入した製品のパンフレットや広告の閲読

問112 味覚の基本味に**含まれないもの**を1つ選べ。
① 塩味
② 辛味
③ 酸味
④ 苦味
⑤ うま味

問113 心理的アセスメントにおけるインフォームド・コンセントの説明として、**不適切なもの**を1つ選べ。
① 被検査者が幼い場合には、保護者に情報提供をする。
② 検査をいつでも途中でやめることができることを伝える。
③ 検査がどのように心理的支援に活用されるかについて説明する。
④ 心理的支援に否定的な影響が想定される場合、検査の性質の一部を伏せて実施する。
⑤ 被検査者に説明する際には、被検査者が理解できるような言葉にかみ砕いて情報を伝える。

問114 アウトリーチ（多職種による訪問支援）の説明として、**不適切なもの**を1つ選べ。
① 多職種・多機関でのチーム対応が求められる。
② 虐待事例における危機介入で用いられる手法の1つである。
③ 支援者が自ら支援対象者のもとに出向く形態の支援である。

④ 対象者のストレングスの強化より病理への介入が重視される。

⑤ 対象者の多くは、自ら支援を求めない又は求められない人である。

問115 心身症に**含まれないもの**を1つ選べ。

① 緊張型頭痛

② 過換気症候群

③ 過敏性腸症候群

④ 起立性調節障害

⑤ 心気障害（病気不安症）

問116 災害支援者を対象とするストレス対策として、**不適切なもの**を1つ選べ。

① 生活ペースを維持する。

② 業務のローテーションを組む。

③ 住民の心理的反応に関する研修を行う。

④ ストレスのチェックリストによる心身不調の確認を行う。

⑤ 話したくない体験や気持ちについても積極的に話すように促す。

問117 複雑性悲嘆に対するJ.W.Wordenの悲嘆セラピーの原則や手続として、**誤っているもの**を1つ選べ。

① 故人の記憶を蘇らせる。

② 悲しむのをやめたらどうなるかを一緒に考える。

③ 喪失を決定的な事実と認識することがないように援助する。

④ 故人に対するアンビバレントな感情を探索することを援助する。

⑤ 大切な人がいない状況での新たな生活を設計することを援助する。

問118 緊急一時保護が必要であると児童相談所が判断する基準に**該当しないもの**を1つ選べ。

① 保護者に被虐待歴がある。

② 子どもへの性的虐待の疑いが強い。

③ 子どもに重度の栄養失調が認められる。

④ 保護者が子どもを殺してしまいそうだと訴えている。

⑤ 保護者が暴力を振るうため帰りたくないと子どもが訴えている。

問119 学習障害について、**誤っているもの**を1つ選べ。

① 特別支援教育の対象とされている。

② 特定の領域の学業成績が低くなりやすい。

③ 計画の立案が困難であることにより特徴付けられる。

④ 必要に応じて、頭部画像検査などの中枢神経系の検査が用いられる。

⑤ 聞く、話す、読む、書く、計算する又は推論する能力のうち特定のものの習得と使用に著しい困難を示す。

問120 心神喪失等の状態で重大な他害行為を行った者の医療及び観察等に関する法律〈医療観察法〉について、**誤っているもの**を1つ選べ。

① 通院期間は、最長5年以内である。
② 社会復帰調整官は、保護観察所に置かれる。
③ 精神保健観察は、社会復帰調整官が担当する。
④ 入院施設からの退院は、入院施設の管理者が決定する。
⑤ 心神喪失等の状態で放火を行った者は、医療及び観察等の対象となる。

問121 うつ病で**減退、減少しないもの**を1つ選べ。

① 気力
② 喜び
③ 罪責感
④ 思考力
⑤ 集中力

問122 公認心理師が、小学校高学年を対象に30分程度のいじめ予防プログラムの実践を依頼された。実施するプログラムを作成・評価する際の留意点として、**不適切なもの**を1つ選べ。

① 小学校の教師に対して説明責任を果たす。
② 当該小学校におけるいじめ事象を聞き取る。
③ 実践したプログラムの終了後に形成的評価を行う。
④ アクションリサーチの観点からプログラムを実施し、評価する。
⑤ 参加児童に対して質問紙調査を実施し、アウトカムを査定する。

問123 倫理的ジレンマがより強まるものとして、最も**適切なもの**を1つ選べ。

① 輸血が必要な患者が、宗教上の理由で輸血を拒否している場合
② 疼痛緩和が必要な患者に、医療チームが疼痛コントロールを行う場合
③ 医療チームが、新規の治療技術について臨床倫理委員会に申請している場合
④ 多職種でコミュニケーションの必要性を認識し、意思疎通を図っている場合

問124 ヒトの知覚の特徴として、最も**適切なもの**を1つ選べ。

① 欠損した情報を補わずに知覚する。
② 感覚刺激が継続して呈示される場合、感度は一定である。

③ 音を聞いて色を感じ取るなど、1つの物理的刺激によって複数の感覚知覚が生じることがある。

④ 対象の特性を保持して知覚できるのは、対象からの感覚器官に与えられる刺激作用が変化しない場合である。

問125 人を対象とした心理学研究の倫理に関する説明として、**最も適切なもの**を1つ選べ。

① 効率的に研究を進めるために、協力が得られやすい知人を研究対象にする。

② 自発性が保証された状況下で、対象者からインフォームド・コンセントを取得することが求められる。

③ 研究計画の立案や研究費の獲得、研究の実行など、個人で複数の役割を担う多重関係は回避すべきである。

④ 研究過程で収集した対象者の情報は、データのねつ造ではないことの証明として、研究終了後にすべて公表する。

問126 アルコール依存症について、**最も適切なもの**を1つ選べ。

① 不安症とアルコール依存症の合併は少ない。

② アルコール依存症の生涯自殺率は、約1％である。

③ アルコール早期離脱症候群では、意識障害は起こらない。

④ 脳機能障害の予防に、ビタミンB1の投与が有効である。

問127 学生相談で語られることの多い、学生生活サイクル上の課題の説明として、最も**適切なもの**を1つ選べ。

① 入学期は、対人関係をめぐる問題が相談として語られ、学生生活の展開が課題となる。

② 中間期は、無力感やスランプなどが相談として語られ、自分らしさの探求が課題となる。

③ 卒業期は、研究生活への違和感や能力への疑問が相談として語られ、専門職としての自己形成が課題となる。

④ 大学院学生期は、修了を前に未解決な問題に取り組むことが相談として語られ、青年期後期の節目が課題となる。

問128 A.Banduraの理論において、自己効力感〈self‐efficacy〉を高める方法として、最も**適切なもの**を1つ選べ。

① モデリング

② タイムアウト

③ ホームワーク

④ トークン・エコノミー

問129 心理検査結果を報告する際の対応として、**不適切なもの**を1つ選べ。
　　　① クライエントが得意とする分野も記載する。
　　　② 報告する相手によって、伝え方を工夫する。
　　　③ クライエントが検査を受ける態度から推察できることを記載する。
　　　④ 検査の記録用紙をコピーしたものを、そのままクライエントに渡す。

問130 仕事と生活の調和推進のための行動指針で設けられた、「多様な働き方・生き方が選択できる社会」に必要とされる条件や取組として、**不適切なもの**を1つ選べ。
　　　① パートタイム労働者を正規雇用へ移行する制度づくりをすること
　　　② 就業形態にかかわらず、公正な処遇や能力開発の機会が確保されること
　　　③ 育児、介護、地域活動、職業能力の形成を支える社会基盤が整備されていること
　　　④ 子育て中の親が人生の各段階に応じて柔軟に働ける制度があり、実際に利用できること

問131 学校教育に関する法規等の説明として、**誤っているもの**を1つ選べ。
　　　① 学校教育法は、認定こども園での教育目標や教育課程等について示している。
　　　② 学習指導要領は、各学校段階における教育内容の詳細についての標準を示している。
　　　③ 教育基本法は、憲法の精神を体現する国民を育てていくための基本理念等について示している。
　　　④ 学校保健安全法は、学校に在籍する児童生徒・教職員の健康及び学校の保健に関して示している。

問132 ケース・フォーミュレーションについて、**適切なもの**を2つ選べ。
　　　① クライエントの意見は反映されない。
　　　② 個々のクライエントによって異なる。
　　　③ 精神力動的心理療法では用いられない。
　　　④ クライエントの問題に関する仮説である。
　　　⑤ 支援のプロセスの中で修正せずに用いられる。

問133 感染症の標準予防策について、**適切なもの**を2つ選べ。
　　　① 全ての患者との接触において適用される。
　　　② 個人防護具を脱ぐときは、手袋を最後に外す。

③ 手袋を外した後の手洗いや手指の消毒は、省略してもよい。
④ 電子カルテ端末を用いて情報を入力するときは、手袋を外す。
⑤ 個人防護具は、ナースステーション内の清潔な場所で着脱する。

問134 社会的養護における永続性（パーマネンシー）について、**正しいもの**を<u>2つ</u>選べ。
　　① 里親委託によって最も有効に保障される。
　　② 選択最適化補償理論に含まれる概念である。
　　③ 対象がたとえ見えなくなっても、存在し続けるという認識である。
　　④ 国際連合の「児童の代替的養護に関する指針」における目標である。
　　⑤ 子どもの出自を知る権利を保障できる記録の永年保存が求められる。

問135 パニック発作の症状として、**適切なもの**を<u>2つ</u>選べ。
　　① 幻覚
　　② 半盲
　　③ 現実感消失
　　④ 前向性健忘
　　⑤ 心拍数の増加

問136 20歳の女性A。Aは、無謀な運転による交通事故や自傷行為及び自殺未遂でたびたび救急外来に搬送されている。また、Aは交際相手の男性と連絡が取れないと携帯電話を壁に叩きつけたり、不特定多数の異性と性的関係を持ったりすることもある。現在、救急外来の精神科医の勧めで、公認心理師Bによる心理面接を受けている。初回面接時には、「Bさんに会えてよかった」と褒めていたが、最近では、「最低な心理師」と罵ることもある。Aは、礼節を保ち、にこやかに来院する日もあれば、乱れた着衣で泣きながら来院することもある。心理的に不安定なときは、「みんな死んじゃえ」と叫ぶことがあるが、後日になるとそのときの記憶がないこともある。
DSM-5の診断基準に該当するAの病態として、最も**適切なもの**を1つ選べ。
　　① 双極Ⅰ型障害
　　② 素行症／素行障害
　　③ 境界性パーソナリティ障害
　　④ 反抗挑発症／反抗挑戦性障害
　　⑤ 解離性同一症／解離性同一性障害

問137 30歳の男性A、会社員。喫煙をやめたいが、なかなかやめられないため、会社の健康管理室を訪れ、公認心理師Bに相談した。Bは、Aが自らの行動を観察した結果を踏まえ、Aの喫煙行動を標的行動とし、標的行動の先行事象と結果事

象について検討した。

先行事象が、「喫煙所の横を通ったら、同僚がタバコを吸っている」であるとき、結果事象として、最も**適切なもの**を1つ選べ。

① 喫煙所に入る。
② タバコを吸う。
③ 同僚と話をする。
④ 自動販売機で飲み物を買う。
⑤ コンビニエンス・ストアでタバコを買う。

問138 28歳の男性A、会社員。Aは、最近、会社に出勤できなくなり、産業医から紹介されて公認心理師Bのもとを訪れた。Aは、人前に出ることはもともと苦手であったが、1年前に営業部署に異動してからは特に苦手意識が強くなり、部署内の会議への参加や、上司から評価されるような場面を避けがちになった。Bが実施した心理検査の結果、BDI-Ⅱの得点は32点、MASのA得点は32点、L得点は5点、LSAS-Jの総得点は97点であった。

Aのアセスメントとして、最も**適切なもの**を1つ選べ。

① 顕在性不安が強い。
② 抑うつ状態は軽度である。
③ 軽度の社交不安が疑われる。
④ 重度の強迫症状がみられる。
⑤ 好ましく見せようとする傾向が強い。

問139 27歳の男性A、中学校教師。Aは、スクールカウンセラーBに、担任をしているクラスの生徒Cのことで相談を持ちかけた。Aによると、Cは、授業中にAに対してあからさまに反抗的な態度をとるという。それにより、授業を中断しなければならない場面が何度もあった。他の生徒の不満も高まってきており、学級運営に支障を来し始めている。Aによると、Cの行動の原因については全く見当がつかず、疲弊感ばかりが増している状態であるとのこと。

BのAへのコンサルテーションにおける対応として、最も**適切なもの**を1つ選べ。

① 具体的な行動は提案しない。
② 具体的かつ詳細な質問を行う。
③ 心理学用語を用いて説明する。
④ なるべく早く解決策を提案する。
⑤ Aの気持ちを長期間繰り返し傾聴する。

問140 65歳の女性A、夫Bと二人暮らし。Aは、半年前から動作が緩慢となり呂律が回らないなどの様子がみられるようになった。症状は徐々に悪化し、睡眠中に

大声を上げ、暴れるなどの行動がみられる。「家の中に知らない子どもがいる」と訴えることもある。Bに付き添われ、Aは総合病院を受診し、認知症の診断を受けた。

Aに今後起こり得る症状として、最も**適切なもの**を1つ選べ。

① 反響言語
② 歩行障害
③ けいれん発作
④ 食行動の異常
⑤ 反社会的な行動

問141 7歳の男児A、小学1年生。入院治療中。Aは、気管支喘息と診断され通院治療を受けていた。喘息発作で救急外来を受診したとき、強引に押さえられて吸入処置を受けた。それを機に、吸入器を見ると大泣きするようになり、自宅での治療が一切できなくなった。そのため、発作により、救急外来を頻回に受診するようになり、最終的に入院となった。医師や看護師が吸入させようとしても大泣きして手がつけられず、治療スタッフが近づくだけで泣くようになったため、主治医から公認心理師に心理的支援の依頼があった。

Aに対して行う行動療法的な支援の技法として、**適切なもの**を1つ選べ。

① 嫌悪療法
② 自律訓練法
③ エクスポージャー
④ バイオフィードバック
⑤ アサーション・トレーニング

問142 54歳の男性A、会社員。仕事への興味の減退を主訴に心理相談室に来室した。Aは、大学卒業後、技術系の仕事に就き、40歳代で管理職になった。4か月前にゴルフ友達が亡くなったのを機に不眠傾向となり、かかりつけ医から睡眠薬を処方された。しかし、症状は改善せず、体調不良を自覚して検査を受けたが異常は指摘されなかった。清潔な身なりで礼容は保たれているが、張りのない声で、「楽しい感情が湧かない」、「ゴルフが大好きだったのに行く気がしない」、「ふさぎ込んでいるので家庭の空気を悪くして申し訳ない」と述べた。飲酒習慣は晩酌程度という。

最も優先して確認するべきAの症状を1つ選べ。

① 易疲労感
② 希死念慮
③ 自信喪失
④ 早朝覚醒
⑤ 体重減少

問143 25歳の男性A、消防士。妻と二人暮らし。台風による大雨で川が大規模に氾濫したため、Aは救出活動に従事した。当初は被災住民を救出できたが、3日目以降は遺体の収容作業が多くなった。5日目を過ぎた頃から、同僚に、「自分は何の役にも立たない。何のために仕事をしているのか分からない。家ではいらいらして、妻に対してちょっとしたことで怒り、夜は何度も目を覚ましている」と話した。心配した同僚の勧めで、Aは医療支援チームの一員である公認心理師Bに相談した。
この段階でのBのAへの対応として、最も**適切なもの**を1つ選べ。

① もう少し働き続ければ慣れると伝える。
② 職業の適性に関する評価が必要であることを伝える。
③ 家庭では仕事のつらさについて話をしないよう勧める。
④ 他の消防士も参加できるデブリーフィングの場を設ける。
⑤ 急なストレス状況でしばしばみられる症状であることを伝える。

問144 12歳の女児A、小学6年生。Aに既往歴はなく、対人関係、学業成績、生活態度などに問題はみられなかった。しかし、ある日授業中に救急車のサイレンが聞こえてきたときに、突然頭を抱え震えだした。その後、Aはかかりつけの病院を受診したが、身体的異常はみられなかった。Aはそれ以降、登校しぶりが目立っている。保護者によると、1年前に、家族旅行先で交通死亡事故を目撃したとのことであった。AやAの家族は事故に巻き込まれてはいない。スクールカウンセラーであるBは、教師の校内研修会でAへの対応に役立つような話をすることになった。
Bが提示する内容として、最も**適切なもの**を1つ選べ。

① 発達障害への対応
② 曖昧な喪失へのケア
③ 心理的リアクタンスの理解
④ トラウマ・インフォームド・ケア
⑤ 反応性アタッチメント障害の理解

問145 14歳の男子A、中学2年生。Aは、生後間もない頃から乳児院で育ち、3歳で児童養護施設に入所した。保護者は所在不明でAとの交流はない。Aはおとなしい性格で、これまで施設や学校でも特に問題はみられなかったが、中学2年生の冬休み明けからふさぎ込むことが増えた。ある日、児童指導員Bに対して、「どうせ仕事なんだろう」、「なぜこんなところにいなくてはいけないんだ」と言いながら暴れた。また、「生きている意味がない」とメモを書き残して外出し、Aが育った乳児院の近くで発見された。Aの態度の変わりように困ったBは、施設内の公認心理師CにAへの対応を相談した。
CのBへの助言・提案として、最も**適切なもの**を1つ選べ。

① Aの自立支援計画の策定を始めるよう助言する。
② 児童相談所に里親委託の検討を依頼するよう提案する。
③ Aが自分を理解してもらえないと感じるような、Bの対応を改善するよう
　助言する。
④ Aには注意欠如多動症／注意欠如多動性障害〈AD/HD〉の疑いがある
　ため、医療機関の受診を提案する。
⑤ 信頼できる大人との日常生活の中で、Aが自分の人生を自然に振り返る
　ことができるような機会が大切になると助言する。

問146 30歳の女性A、小学4年生の担任教師。Aは、2学期開始から10日後、同じ小
学校のスクールカウンセラーである公認心理師Bに次のように相談した。Aが
担任をしている学級では、1学期の終わり頃から児童Cが悪口を言われており、
休むこともあったという。2学期になっても、Cへの悪口が続いており、登校し
づらくなっている。
いじめ対応の基本を踏まえて、Bが最初に確認することとして、最も**適切なもの**
を1つ選べ。
　① 学級経営の方針
　② Cの合計欠席日数
　③ 小学校周辺の地域の状況
　④ Aの児童全般への関わり方
　⑤ 学級における児童全体の様子

問147 40歳の男性A、小学4年生の担任教師。Aは、スクールカウンセラーである公
認心理師Bに学級の状況について相談した。Aの学級では、児童同士が罵り
合ったり、授業中の児童の間違いを笑ったりすることがたびたび起きている。
学級の児童の多くが、自分の感情を直接、他の児童にぶつけてしまうため、トラ
ブルに発展している。Aは、児童の保護者数名からこの件について対応するよ
う要望されており、A自身も悩んでいるという。BのAへの提案として、最も**適
切なもの**を1つ選べ。
　① WISC－Ⅳ
　② 道徳教育
　③ スタートカリキュラム
　④ メゾシステムレベルの介入
　⑤ ソーシャル・スキルズ・トレーニング〈SST〉

問148 35歳の男性A、会社員。Aは、不眠を主訴として勤務する会社の相談室を訪れ、
相談室の公認心理師Bが対応した。Aによると、最近、Aはある殺人事件の裁
判員となった。裁判は8日間のうちに4回実施される。裁判開始前からAは守秘

義務の遵守が負担となっていたが、1回目、2回目の裁判の後はほとんど眠れなかったという。BはAの気持ちを受け止め、不眠に対する助言をしたが、Aは、「裁判は残り2回あるが、どうすればよいか」と、Bにさらに助言を求めた。
BのAへの助言として、**適切なもの**を1つ選べ。

① 裁判所に連絡するよう伝える。
② 理由や詳細を述べることなく辞任ができることを伝える。
③ 具合の悪い日は、補充裁判員に代理を務めてもらうよう伝える。
④ 評議を含め裁判内容については、親しい友人か家族に話を聞いてもらうよう伝える。
⑤ 評議を含め裁判内容についてのカウンセリングは、裁判終了後に可能になると伝える。

問149 73歳の男性A、大学の非常勤講師。指導していた学生に新型コロナウイルスの感染者が出たため、PCR検査を受けたところ、陽性と判定され、感染症病棟に入院した。入院時は、38℃台の発熱以外の症状は認められなかった。入院翌日に不眠を訴え、睡眠薬が処方された。入院3日目の夜になり突然、ぶつぶつ言いながら廊下をうろうろ歩き回る、病棟からいきなり飛び出そうとする、などの異常行動が出現した。翌日、明らかな身体所見がないことを確認した主治医から依頼を受けた公認心理師Bが病室を訪問し、Aに昨夜のことを尋ねると、「覚えていません」と活気のない表情で返事をした。
BのAへのアセスメントとして、最も**適切なもの**を1つ選べ。

① うつ病
② せん妄
③ 認知症
④ 脳出血
⑤ 統合失調症

問150 20歳の男性A、大学1年生。Aは、大学入学時に大学の雰囲気になじめずひきこもりとなった。大学の学生相談室への来室を拒否したため、Aの両親が地域の精神保健福祉センターにAのひきこもりについて相談し、両親が公認心理師Bと定期的な面接を行うことになった。面接開始後、1年が経過したが、Aはひきこもりのままであった。Aは、暴力や自傷行為はないが、不安や抑うつ、退行現象がみられている。留年や学業継続の問題については、両親が大学の事務窓口などに相談している。最近になり、両親が精神的な辛さを訴える場面が多くなってきている。
BのAやAの両親への支援として、**不適切なもの**を1つ選べ。

① 自宅訪問を行う場合、緊急時以外は、家族を介して本人の了解を得る。
② ひきこもりの原因である子育ての問題を指摘し、親子関係の改善を図る。

③ 家族自身による解決力を引き出せるよう、家族のエンパワメントを目指す。

④ 家族の話から、精神障害が背景にないかを評価する視点を忘れないようにする。

⑤ 精神保健福祉センターや大学等、多機関間でのケース・マネジメント会議を行う。

午後の部

問151 20歳の男性A、大学2年生。Aは、最近授業を欠席することが多くなり、学生課から促され、学生相談室の公認心理師Bのもとを訪れた。Aは大学2年生になってから、携帯端末を使用して、夜遅くまで動画を視聴したり、友人とやりとりをしたりすることが多くなった。それにより、しばしば午前の授業を欠席するようになっている。どうしても出席しなければならない授業があるときは、早く起きるために寝酒を使うこともある。Aの表情は明るく、大学生活や友人のことを楽しそうに話す。

BのAへの助言として、**不適切なもの**を1つ選べ。

① 昼休みなどに軽い運動をしてみましょう。

② 寝酒は睡眠の質を下げるのでやめましょう。

③ 毎朝、決まった時間に起きるようにしましょう。

④ 寝る前は携帯端末の光などの刺激を避けましょう。

⑤ 休みの日は十分な昼寝をして睡眠不足を補いましょう。

問152 10歳の女児A、小学4年生。Aは、自己主張の強い姉と弟に挟まれて育ち、家では話すが学校では話さない。医療機関では言語機能に異常はないと診断を受けている。Aは、幼なじみのクラスメイトに対しては仕草や筆談で意思を伝えることができる。しかし、学級には、「嫌なら嫌と言えばいいのに」などと責めたり、話さないことをからかったりする児童もいる。Aへの対応について、担任教師BがスクールカウンセラーCにコンサルテーションを依頼した。

CのBへの助言として、**不適切なもの**を1つ選べ。

① Aの発言を促す指導は、焦らなくてよいと伝える。

② できるだけAを叱責したり非難したりしないように伝える。

③ Aが話せるのはどのような状況かを理解するように伝える。

④ Aの保護者と連絡を密にし、協力して対応していくように伝える。

⑤ 交流機会を増やすため、Aを幼なじみとは別の班にするように伝える。

問153 40歳の男性A、会社員。Aは、まじめで責任感が強く、人望も厚い。最近、大きなプロジェクトを任された。それにより、Aは仕事を持ち帰ることが増え、仕事が気になり眠れない日もあった。納期直前のある日、他部署から大幅な作業の遅れが報告された。その翌日、Aは連絡なく出勤せず、行方不明になったため、

捜索願が出された。3日後、職場から数十km離れたAの実家近くの駅から身分
照会があり発見された。Aはこの数日の記憶がなく、「気がついたら駅にいた。
会社に迷惑をかけたので死にたい」と言っているという。

会社の健康管理部門のAへの対応として、**誤っているもの**を1つ選べ。

① 安全の確保を優先する。

② できるだけ早期に健忘の解消を図る。

③ 専門医に器質的疾患の鑑別を依頼する。

④ 内的な葛藤を伴っていることに留意する。

問154 0歳の男児A。18歳の母親Bは、医療機関に受診のないまま緊急の分娩により
Aを出産した。分娩自体は正常で、Aの健康状態に問題はなかったが、母子の状
態が安定するまで医療機関に入院となった。医療機関から連絡を受けた児童相
談所がBとの面談を実施したところ、Bは精神的に安定しているものの、Aを養
育する意思がなかった。また、経済的な問題もみられ、Aの父親も不明であっ
た。Aを養育することが可能な親族も見当たらない。

この時点で考えられる主な措置先を2つ選べ。

① 乳児院

② 里親委託

③ 一時保護所

④ 児童自立支援施設

⑤ 母子生活支援施設

2022年7月試験全問題

2022年7月試験 (午前の部)

2022年07月17日10時00分〜12時00分

問1 個人情報の保護に関する法律における「要配慮個人情報」に該当するものを1つ選べ。
- ① 氏名
- ② 掌紋
- ③ 病歴
- ④ 生年月日
- ⑤ 基礎年金番号

問2 心理支援におけるスーパービジョンについて、最も**適切なもの**を1つ選べ。
- ① 最新の技法を習得することが主な目的である。
- ② スーパービジョンの対象にアセスメントは含まれない。
- ③ 異なる領域の専門家の間でクライエントの支援について話し合われる。
- ④ スーパーバイジーの心理的危機に対して、スーパーバイザーはセラピーを行う。
- ⑤ スーパーバイジーには、実践のありのままを伝える自己開示の姿勢が求められる。

問3 障害者の職業生活における自立を図るため、雇用、保健、福祉、教育等の関係機関との連携の下、障害者の身近な地域において就業面及び生活面における一体的な支援を行い、障害者の雇用の促進及び安定を図ることを目的とする施設として、最も**適切なもの**を1つ選べ。
- ① 就労移行支援事業所
- ② 精神保健福祉センター
- ③ 障害者職業総合センター
- ④ 障害者就業・生活支援センター
- ⑤ 国立障害者リハビリテーションセンター

問4 高い目標を立て、それを高い水準で完遂しようとする動機として、最も**適切なもの**を1つ選べ。
- ① 親和動機
- ② 達成動機
- ③ 外発的動機
- ④ 生理的動機
- ⑤ 内発的動機

問5 心理学の実験において、独立変数と従属変数の因果関係の確かさの程度を表すものとして、最も**適切なもの**を1つ選べ。
- ① 内的妥当性

② 収束的妥当性

③ 内容的妥当性

④ 基準関連妥当性

⑤ 生態学的妥当性

問6 重回帰分析において、説明変数間の相関の絶対値が大きく、偏回帰係数の推定が不安定となる状態を説明する概念として、**正しいもの**を1つ選べ。

① 一致性

② 共通性

③ 独自性

④ 不偏性

⑤ 多重共線性

問7 観察法のチェックリスト法による2人の評定の一致の程度を表す指標として、**最も適切なもの**を1つ選べ。

① α 係数

② γ 係数

③ κ 係数

④ ϕ 係数

⑤ ω 係数

問8 ヒューリスティックスの説明として、**適切なもの**を1つ選べ。

① いくつかの具体的事例から一般的、普遍的な法則性を結論として導く手続のことである。

② 外的な事象をもとに内的なモデルを構成し、その操作により事柄を理解する手続のことである。

③ 一連の手順を正しく適用すれば、必ず正しい結果が得られることが保証されている手続のことである。

④ 現在の状態と目標とする状態を比較し、その差異を最小化するような手段を選択していく手続のことである。

⑤ しばしば経験から導かれ、必ずしも正しい結果に至ることは保証されていないが、適用が簡便な手続のことである。

問9 子どものディスレクシアの説明として、**最も適切なもの**を1つ選べ。

① 知的能力障害（精神遅滞）を伴う。

② 生育環境が主な原因となって生じる。

③ 文字の音韻情報処理能力に問題はない。

④ 読字と同時に、書字にも障害がみられることが多い。

⑤ この障害のある人の割合は、言語圏によらず一定である。

問10 R.S.LazarusとS.Folkmanによるトランスアクショナルモデル〈transactional model〉の説明として、**適切なもの**を1つ選べ。
① パニック発作は、身体感覚への破局的な解釈によって生じる。
② 抑うつは、自己・世界・未来に対する否定的な認知によって生じる。
③ 無気力は、自らの行動と結果に対する非随伴性の認知によって生じる。
④ ストレス反応は、ストレッサーに対する認知的評価とコーピングによって決定される。
⑤ 回避反応は、レスポンデント条件づけとオペラント条件づけの原理によって形成される。

問11 嚥下反射の中枢が存在する部位として、最も**適切なもの**を1つ選べ。
① 延髄
② 小脳
③ 中脳
④ 辺縁系
⑤ 視床下部

問12 高次脳機能障害における遂行機能障害の説明として、最も**適切なもの**を1つ選べ。
① 話題が定まらない。
② 自発的な行動に乏しい。
③ 行動の計画を立てることができない。
④ ささいなことに興奮し、怒鳴り声をあげる。
⑤ 複数の作業に目配りをすることができない。

問13 コストに対する報酬の比が個人の期待である比較水準を上回る場合に当事者はその関係に満足し、一方、別の他者との関係におけるコストと報酬の比である選択比較水準が比較水準を上回る場合には、その関係に移行すると考える理論に該当するものを1つ選べ。
① バランス理論
② 社会的浸透理論
③ 社会的比較理論
④ 相互依存性理論
⑤ 認知的不協和理論

問14 H.S.Sullivanの着想に基づく前青年期における互いの同質性を特徴とする仲間
関係として、**適切なもの**を1つ選べ。

① ピア・グループ
② チャム・グループ
③ ギャング・グループ
④ セルフヘルプ・グループ
⑤ エンカウンター・グループ

問15 注意欠如多動症／注意欠如多動性障害〈AD/HD〉の児童へのアセスメントについ
いて、最も**適切なもの**を1つ選べ。

① 親族についての情報を重視しない。
② 1歳前の行動特性が障害の根拠となる。
③ 運動能力障害の有無が判断の決め手となる。
④ 家族内での様子から全般的な行動特性を把握する。
⑤ 保育園、幼稚園などに入園してからの適応状態に注目する。

問16 H.Ebbinghausが文章完成法を開発した際に、測定しようとした対象として、
最も**適切なもの**を1つ選べ。

① 性格
② 病態
③ 対人知覚
④ 知的統合能力
⑤ 欲求不満耐性

問17 WAIS－Ⅳにおいて、制限時間のない下位検査を1つ選べ。

① 算数
② パズル
③ 絵の完成
④ 行列推理
⑤ バランス

問18 自分自身で一定の手順に従い、段階的に練習を進めることによって、心身の機
能を調整する方法として、最も**適切なもの**を1つ選べ。

① 森田療法
② 自律訓練法
③ シェイピング
④ スモールステップ
⑤ セルフ・モニタリング

問19 T.Holmes らの社会的再適応評価尺度において、LCU得点〈LifeChange Unit score〉が最も高く設定されているライフイベントを1つ選べ。

① 親友の死
② 近親者の死
③ 配偶者の死
④ 本人の怪我や病気
⑤ 経済状態の大きな変化

問20 職場におけるメンタルヘルス対策として、G.Caplan の予防モデルに基づく二次予防に該当するものを1つ選べ。

① 職場復帰支援プランの作成
② 高ストレス者への医師による面接指導
③ メンタルヘルスケアに関する研修の実施
④ 過重労働対策としての労働時間の上限設定
⑤ 疾病を抱える労働者への治療と仕事の両立支援

問21 T.Dembo と B.Wright らが提唱した障害受容の理論に関する説明として、**正しいもの**を1つ選べ。

① 価値範囲を縮小する。
② 相対的価値を重視する。
③ 失われた能力の回復を重視する。
④ 精神障害の病識研究を端緒とする。
⑤ 障害に起因する波及効果を抑制する。

問22 深刻な逆境経験がありながらも、良好な心理社会的適応を遂げる過程を示す概念に該当するものを1つ選べ。

① ジョイニング
② レジリエンス
③ エントレインメント
④ ソーシャル・キャピタル
⑤ ソーシャル・インクルージョン

問23 認知症の行動・心理症状 [behavioral and psychological symptomsof dementia〈BPSD〉] について、**最も適切なもの**を1つ選べ。

① 生活環境による影響は受けない。
② 前頭側頭型認知症では、初期からみられる。
③ 治療では、非薬物療法よりも薬物療法を優先する。
④ Alzheimer 型認知症では、幻視が頻繁にみられる。

⑤ 単一の妄想として最も頻度が高いのは、見捨てられ妄想である。

問24 特別な教育的支援を必要とする子どもへの就学相談や就学先の決定について、最も**適切なもの**を1つ選べ。
① 就学相談を経て決定した就学先は、就学後も固定される。
② 就学相談は、心理検査の結果を踏まえて就学基準に照らして進める。
③ 就学相談のために、都道府県教育委員会は就学時健康診断を実施する。
④ 保護者、本人等との合意形成を行うことを原則とし、市町村教育委員会が最終的に就学先を決定する。
⑤ 就学先が決定した後に、保護者への情報提供として、就学と当該学校や学級に関するガイダンスを行う。

問25 少年院における処遇について、**適切なもの**を1つ選べ。
① 公共職業安定所と連携し、出院後の就労先の確保のため就労支援を行う。
② 矯正教育課程のうち医療措置課程の実施が指定されているのは、第2種少年院である。
③ 在院中の少年に対して、高等学校卒業程度認定試験を受験する機会を与えることはできない。
④ 仮退院中の少年の相談に応じることはできるが、退院した少年の相談に応じることはできない。
⑤ 障害を有する在院者には、適当な帰住先の有無にかかわらず、出院後速やかに福祉サービスを受けられるよう特別調整を行う。

問26 事業主が職場における優越的な関係を背景とした言動に起因する問題に関して雇用管理上講ずべき措置等についての指針（令和2年、厚生労働省）が示す、職場におけるパワーハラスメントの3つの要素に該当するものを1つ選べ。
① 上司による部下への行為
② 行為者が正規雇用労働者であるもの
③ ひどい暴言や名誉棄損などの精神的な攻撃
④ その行為により労働者の就業環境が害されるもの
⑤ 当該労働者が通常就業している事業場で行われた行為

問27 アレルギー反応によるアナフィラキシーの症状として、最も**適切なもの**を1つ選べ。
① 顔の腫れ
② 手の震え
③ 気道の拡張

④ 血圧の上昇
⑤ 脈拍の減少

問28 慢性的なコルチゾールの過剰状態に伴う症状として、**正しいもの**を1つ選べ。
① 低血糖
② るい痩
③ 眼球突出
④ けいれん
⑤ 満月様顔貌

問29 我が国における**移植医療**について、最も**適切なもの**を1つ選べ。
① 移植件数が最も多い臓器は腎臓である。
② 臓器を提供する意思表示に年齢の制約はない。
③ 移植を受けた患者に精神障害が生じるのはまれである。
④ 肝移植の大部分は脳死後の臓器提供によるものである。
⑤ 生体移植における提供者の意思確認は移植医療チームが行う。

問30 DSM-5の回避・制限性食物摂取症／回避・制限性食物摂取障害の特徴として、最も**適切なもの**を1つ選べ。
① 小児に特有である。
② 食べることへの関心を失う。
③ 過度の減量を契機に発症する。
④ 体型に対する認知に歪みがある。
⑤ 文化的慣習によって引き起こされる。

問31 DSM-5の月経前不快気分障害が含まれる症群又は障害群を1つ選べ。
① 抑うつ障害群
② 不安症群／不安障害群
③ 身体症状症および関連症群
④ 双極性障害および関連障害群
⑤ 心的外傷およびストレス因関連障害群

問32 睡眠薬として用いられるオレキシン受容体拮抗薬の副作用として、頻度が高いものを1つ選べ。
① 依存
② 傾眠
③ 呼吸抑制
④ 前向性健忘

⑤ 反跳性不眠

問33 自傷他害のおそれはないが、幻覚妄想があり、入院を必要とする精神障害者で、本人も入院を希望している。この場合に適用される精神保健及び精神障害者福祉に関する法律〈精神保健福祉法〉に基づく入院形態として、**適切なもの**を1つ選べ。
① 応急入院
② 措置入院
③ 任意入院
④ 医療保護入院
⑤ 緊急措置入院

問34 小児科における公認心理師の活動の留意点に含まれないものを1つ選べ。
① 家族は心理的支援の対象である。
② 治療すべき身体疾患を見逃さないよう連携を図る。
③ 虐待に関わる証拠の発見収集はもっぱら医師に任せる。
④ 疾患についての治療内容や自然な経過を知るようにする。
⑤ 重篤な疾病の診療で疲弊した医療者を支えることは業務の1つとなる。

問35 低出生体重児及びその発達に関する説明として、**不適切なもの**を1つ選べ。
① 低出生体重児は、高体温症になりやすい。
② 低出生体重児は、単胎児よりも多胎児により多い傾向がある。
③ 極低出生体重児は、運動障害や知的障害などの合併症の頻度が高い。
④ 日本における低出生体重児の出生比率は、2005年以降9〜10%である。
⑤ 低出生体重児は、一般的に新生児集中治療室〈NICU〉などにおける医療ケアを要する。

問36 身体障害者福祉法施行規則別表第5号（身体障害者障害程度等級表）で定められている障害種に該当しないものを1つ選べ。
① 視覚障害
② 肢体不自由
③ 発達性協調運動障害
④ 聴覚又は平衡機能の障害
⑤ 音声機能、言語機能又はそしゃく機能の障害

問37 うつ病に対する認知行動療法の主な技法として、**不適切なもの**を1つ選べ。
① 認知再構成法
② 問題解決技法

③ 活動スケジュール
④ 持続エクスポージャー法
⑤ ソーシャル・スキルズ・トレーニング〈SST〉

問38 生物心理社会モデルに関する説明として、誤っているものを1つ選べ。
① 心理的要因には、感情が含まれる。
② 生物的要因には、遺伝が含まれる。
③ 社会的要因には、対処行動が含まれる。
④ 多職種連携の枠組みとして用いられる。
⑤ 生物医学モデルへの批判から提案されたモデルである。

問39 アクセプタンス＆コミットメント・セラピー〈ACT〉の説明として、誤っているものを1つ選べ。
① 第3世代の行動療法と呼ばれる。
②「今、この瞬間」との接触を強調する。
③ 心理的柔軟性を促進させることを目指す。
④ 理論的背景として対人関係理論に基づいている。
⑤ 価値に基づいた行動を積み重ねていくことを重視する。

問40 緩和ケアの定義（2002年、WHO）の基本的な考え方について、誤っているものを1つ選べ。
① 家族も対象とする。
② QOLの改善を目指す。
③ 疾患の終末期から開始する。
④ がん以外の疾患も対象とする。
⑤ スピリチュアルな問題に配慮する。

問41 強制性交（強姦）等罪の犯罪被害者に認められる可能性があるものとして、誤っているものを1つ選べ。
① 加害者の刑事手続に参加すること
② 加害者の公判記録の閲覧及び謄写をすること
③ 加害者の刑事裁判結果につき通知を受けること
④ 加害者が少年の場合、加害者の少年審判を傍聴すること
⑤ 加害者の刑事裁判で証言するときに付添人を付き添わせること

問42 T.Wardらが提唱したグッド・ライブス・モデル〈Good LivesModel〉について、**不適切なもの**を1つ選べ。
① クライエントにとっての接近目標と自己管理を重視している。

午前の部

② 性犯罪者のリラプス・プリベンション・モデルに基づいたモデルである。

③ 人間の尊厳や権利を重視し、ポジティブ心理学的アプローチをとっている。

④ クライエントを社会の中に包摂し、その立ち直りへの動機づけを高めるものである。

⑤ 一次的財〈primary goods〉とは人間が生きる上で必要なもので、行為主体性、友情など11の項目が挙げられている。

問43 質的研究と関わりが深い研究方法や分析方法として、**不適切なもの**を1つ選べ。

① PAC分析

② 主成分分析

③ エスノグラフィー

④ 複線径路・等至性アプローチ

⑤ グラウンデッド・セオリー・アプローチ

問44 我が国における思春期・青年期の自傷と自殺について、**適切なもの**を1つ選べ。

① 10代の自殺者数は、男性よりも女性の方が多い。

② 10代の自傷行為は、女性よりも男性の方が多い。

③ 非致死性の自傷行為は、自殺のリスク要因ではない。

④ 繰り返される自傷行為は、薬物依存・乱用との関連が強い。

問45 大学における合理的配慮について、最も**適切なもの**を1つ選べ。

① 発達障害のある学生が試験時間の延長を申し出た場合には、理由を問わず延長する。

② 弱視のある学生による試験時の文字拡大器具の使用を許可することは、合理的配慮に含まれる。

③ 大学において何らかの支援を受けている発達障害のある学生は、我が国の大学生総数の約6％である。

④ 大学においてピアサポーター学生が、視覚障害のある学生の授業付き添いをする場合、謝金支払いは一般的に禁止されている。

問46 母子保健法で規定されている内容として、**正しいもの**を1つ選べ。

① 産前産後の休業

② 乳幼児の予防接種

③ 母子健康手帳の交付

④ 出産育児一時金の支給

問47 職場における自殺のポストベンションとして、**不適切なもの**を1つ選べ。

① 必要に応じて専門職員による個別相談の機会を与える。

② 集団で行う場合には、関係者の反応が把握できる人数で実施する。

③ 自殺の原因になったと推測される人間関係を含め詳細まで公にする。

④ 強い心理的ショックを経験した直後の一般的な心身の反応について説明する。

問48 幻肢の説明として、**不適切なもの**を1つ選べ。

① 鏡を用いた治療法がある。

② 痛みやかゆみを伴うことがある。

③ 上下肢を失った直後に発症する。

④ 切断端より遊離したり縮小したりすることがある。

問49 学生相談に関する説明として、**不適切なもの**を1つ選べ。

① 学生相談では、カウンセラー、教職員、学生支援組織及び教育組織の連携と協働が重要である。

② 学生相談の対象は、深刻な困難を抱えている一部の学生ではなく、在籍する全ての学生である。

③ 入学してくる多様な学生に対応するために、現在は、医学モデルでの対応が重要視されている。

④ 学生相談では、個別面接のほか、合宿などを含めたグループカウンセリングやメンタルヘルス関係の講演会などが開催されている。

問50 J.T.Reasonが提唱している安全文化の構成要素を表す内容として、**不適切なもの**を1つ選べ。

① 自らのエラーを率直に報告する。

② 定められた指揮系統に厳密に従う。

③ 不可欠な安全関連情報を提供する。

④ 安全に関する情報を基に正しい結論を導き出す。

問51 公認心理師としての実践において倫理的に問題とされる多重関係に該当するものを2つ選べ。

① 適度に自分の経験を開示する。

② クライエントから母親のイメージの投影を受ける。

③ 心理職の同僚間で相互にコンサルテーションを行う。

④ 終結を記念してクライエントとレストランで会食する。

⑤ 税理士であるクライエントに確定申告を手伝ってもらう。

問52 多職種チームによる精神科デイケアにおいて、公認心理師が主に行う業務として、**適切なもの**を2つ選べ。

① 心理教育を行う。
② 作業プログラムを企画する。
③ 利用者にピアカウンセリングを行う。
④ 利用者の公的補助導入について助言する。
⑤ ストレスに関して個別相談を希望する利用者に面接する。

問53 ナラティブ・アプローチで用いられるナラティブの概念の説明として、**適切なもの**を2つ選べ。

① ABCシェマの形式をとる。
② 内容であると同時に行為も意味している。
③ 人間の認識形式の1つに位置付けられる。
④ 一般的な法則を探求するための手がかりとなる。
⑤ 語り手や環境とは切り離された客観的な現実を示すものである。

問54 コミュニティ・アプローチの説明として、**正しいもの**を2つ選べ。

① 意思決定プロセスは、専門家が管理する。
② サービスの方略は、心理療法が強調される。
③ 病因論的仮定は、環境的要因が重視される。
④ サービスのタイプは、治療的サービスが強調される。
⑤ マンパワーの資源は、非専門家との協力が重視される。

問55 障害者の権利に関する条約〈障害者権利条約〉の内容として、**適切なもの**を2つ選べ。

① 障害者の使用に特化した設計をユニバーサルデザインという。
② 障害者は、障害の程度に応じて居住する場所について制限される。
③ 障害者権利条約を実施するための法令制定に障害者は積極的に関与する。
④ 暴力等を経験した障害者の心理的回復のために適当な措置をとることが国に求められる。
⑤ 必要な支援を行うことを目的として、支援者は本人の了解なしに個人情報を取り扱うことができる。

問56 不登校児童生徒への支援の在り方について（令和元年、文部科学省）の内容として、**適切なもの**を2つ選べ。

① 学校に登校するという結果を最終的な目標として支援する。
② 学習内容の確実な定着のために、個別の教育支援計画を必ず作成する。
③ 組織的・計画的な支援に向けて、児童生徒理解・支援シートを活用する。

227

④ フリースクールなどの民間施設やNPO等との積極的な連携は、原則として控える。

⑤ 校長のリーダーシップの下、スクールカウンセラー等の専門スタッフも含めた組織的な支援体制を整える。

問57 学校におけるいじめへの対応として、**適切なもの**を2つ選べ。

① 加害児童生徒に対して、成長支援の観点を持って対応する。

② 被害者、加害者、仲裁者及び傍観者といういじめの四層構造に基づいて事案を理解する。

③ 当事者の双方に心身の苦痛が確認された場合には、苦痛の程度がより重い側へのいじめとして対応する。

④ 保護者から重大な被害の訴えがあったが、その時点でいじめの結果ではないと考えられる場合は、重大事態とはみなさない。

⑤ いじめの情報が学校にもたらされた場合には、当該校に設置されている学校いじめ対策組織を中心に情報収集や対応に当たる。

問58 触法少年について、**正しいもの**を2つ選べ。

① 触法少年は、少年院に送致されることはない。

② 触法少年に対する審判結果は、被害者には通知されない。

③ 触法少年とは、14歳未満で刑罰法令に触れる行為をした少年をいう。

④ 触法少年は、警察官による事件の調査に関し、いつでも弁護士である付添人を選任することができる。

⑤ 児童相談所は、警察から送致を受けた触法少年の事件については、家庭裁判所に送致しなければならない。

問59 学習方法の違いにより学習内容の習得度に差があるかを検討する研究を行った。まず、参加した80名の生徒を無作為に2群（各40名）に分割して事前テストを行い、両群の能力が同等であることを確認した。そこで、一方を講義形式で学習する群、他方を協同学習で学習する群とし、学習後に事後テストを行った。事後テストの平均値（標準偏差）は、講義形式群67.34（9.12）、協同学習群76.40（8.79）であった。また、事前テストと事後テストの得点間の相関係数は、講義形式群0.66、協同学習群0.54であった。学習方法の違いにより習得度に差があるかを検討する分析法として、最も**適切なもの**を1つ選べ。

① 2群の事後テストの平均値を対応のあるt検定で分析する。

② 2群の事後テストの平均値を対応のないt検定で分析する。

③ 2群の事前テストと事後テストの相関係数を対応のあるt検定で分析する。

④ 2群の事前テストと事後テストの相関係数を対応のないt検定で分析する。

⑤ 2群の事後テストの平均値と相関係数を被験者間2要因分散分析で分析する。

問60 乳児50名を対象として、視覚認知機能を調べる実験を行った。まず、実験画面上に図形Aを繰り返し提示したところ、乳児は最初は画面を長く注視したが、その後、注視時間は減っていった。注視時間が半減したところで、画面上に図形Bを提示したところ、乳児の画面の注視時間が回復して長くなった。一方、異なる乳児50名を対象として、同様に画面上に図形Aを繰り返し提示し、注視時間が半減したところで、画面上に図形Cを提示した場合は、乳児の画面の注視時間は回復しなかった。この2つの実験結果から解釈される乳児期の視覚認知機能の性質として、最も**適切なもの**を1つ選べ。

① 図形Cよりも図形Bを選好注視する。
② 図形Bには馴化し、図形Cには脱馴化する。
③ 図形Bよりも図形Cに強い親近性選好を示す。
④ 図形Aの後に、図形Cよりも図形Bの出現を期待する。
⑤ 図形Aと図形Bは区別するが、図形Aと図形Cは区別しない。

問61 7歳の男児A、小学1年生。登校しぶりがあり、母親Bに伴われ市の教育センターに来室した。Bによると、Aは、「クラスの子がみんな話を聞いてくれない」、「授業で何をやったら良いのか分からない」と言っている。Bは、Aが教室内での居場所がないようで心配だと話した。公認心理師である相談員CがAに話しかけると、Aは自分の好きなアニメの解説を一方的に始めた。Aに対する支援をするに当たり、Aの適応状況に関する情報収集や行動観察に加え、CがA自身を対象に実施するテストバッテリーに含める心理検査として、最も**適切なもの**を1つ選べ。

① AQ-J
② CAARS
③ CAT
④ NEO-PI-R
⑤ WISC-Ⅳ

問62 20歳の男性A、大学2年生。単位取得ができず留年が決まり、母親Bに連れられて、学生相談室の公認心理師CがAを面接した。Bの話では、1年次からクラスになじめず孤立しており、授業もあまり受講していない。サークル活動やアルバイトもしておらず、ほとんど外出していない。昼夜逆転気味で自室でゲームをして過ごすことが多い。Aは、「何も困っていることはない。なぜ相談しなければいけないのか分からない」と、相談室に連れてこられたことへの不満を述べるものの、相談を継続することは渋々承諾している。CのAへの初期の対応として、最も**適切なもの**を1つ選べ。

① 情緒的側面に触れながら、問題への気づきを徐々に促す。

② 自室のゲーム機を片付けるといった刺激のコントロールを試みるよう促す。

③ 問題状況を改善するための目標設定とその優先順位を検討するよう働きかける。

④ 自分の価値観を点検し、自分の言動が周囲にどのような影響を与えるのかについて考えるよう促す。

⑤ 授業に出ることについてポジティブなフィードバックを与えて、望ましい行動が強化されるよう働きかける。

問63 45歳の女性A、小学4年生の男児Bの母親。Aは、Bの不登校について、教育センターで教育相談を担当している公認心理師Cに相談に訪れた。親子並行面接の親面接において、AはBについて少ししか話さず、結婚以来、夫から受けてきたひどい扱いについて軽い調子で話すことが多かった。Cは、夫との関係でAが傷ついてきたものと推察しながらも、Aの軽い話しぶりに調子を合わせて話を聞き続けていた。そのうちにCはAとの面接を負担に感じるようになった。E.S.Bordinの作業同盟（治療同盟）の概念に基づいた、CのAへの対応方針として、最も**適切なもの**を1つ選べ。

① Cを夫に見立てて、夫に言いたいことを口に出してみるロールプレイを提案する。

② C自身が、面接を負担に思う自らの気持ちを逆転移と自覚し、その気持ちを重視する。

③ ここに相談に来ることでどんなことが違ってきたら良いと思うかを尋ね、目標について話し合う。

④ 親子並行面接であることを踏まえ、Bへの関わり方を話題の焦点とし、話が他に逸れても戻すようにする。

⑤ Aが話している内容と、その様子が不調和であることを取り上げ、感情体験についての防衛への気づきを促す。

問64 14歳の女子A、中学2年生。1学期に学校を休むことが多かったことを心配した母親Bに連れられ、夏休みに小児科を受診した。BによるとAは、5月の連休明けから頭が痛いといって朝起きられなくなり、遅刻が増えた。めまい、腹痛、立ちくらみがあるとのことで、6月からは毎日のように学校を休むようになった。家では、午後になっても身体がだるいとソファで横になって過ごすことが多い。しかし、夕方からは友達と遊びに出かけ、ゲームやおしゃべりに興じることもある。排便によって腹痛が改善することはないという。Aの状態の理解として、最も**適切なもの**を1つ選べ。

① 不安症
② 統合失調症
③ 過敏性腸症候群
④ 起立性調節障害
⑤ 自閉スペクトラム症

問65 25歳の女性A、会社員。Aは、混雑した電車に乗って通勤中、急に動悸や息苦しさ、めまいを感じ、「このまま死んでしまうのではないか」という恐怖に襲われ、慌てて病院の救急外来を受診した。心電図などの検査を受けたが、異常は認められず、症状も治まったため、帰宅した。しかし、その日以来、突然の動悸や息苦しさなどの症状が電車内で繰り返し出現した。次第に電車に乗ることが怖くなり、最近は電車通勤ができていない。複数の医療機関で検査を受けたが、原因は特定されず、心療内科クリニックを紹介された。受診したクリニックの公認心理師にAの心理的アセスメントが依頼された。Aの状態の理解として、**適切なもの**を1つ選べ。

① 強迫観念
② 心気妄想
③ 侵入症状
④ 対人恐怖
⑤ 予期不安

問66 47歳の男性A、会社員。Aは不眠を主訴に妻Bに伴われて総合病院の精神科を受診した。2年前にAは昇進し、大きな責任を担うことになった。しかし、この頃から寝付きが悪くなり、飲酒量が増加した。最近は、Bの再三の注意を無視して深夜まで飲酒することが多い。遅刻が増え、仕事にも支障が生じている。担当医は、アルコール依存症の治療が必要であることを説明した。しかし、Aは、「その必要はありません。眠れなくて薬が欲しいだけです」と述べ、不機嫌な表情を見せた。一方、Bは入院治療を強く希望した。AとBの話を聞いた担当医は、公認心理師CにAの支援を依頼した。現時点におけるCのAへの対応として、最も**適切なもの**を1つ選べ。

① 入院治療の勧奨
② 自助グループの紹介
③ 動機づけ面接の実施
④ リラクセーション法の導入
⑤ 認知リハビリテーションの導入

問67 50歳の男性A、会社員。Aは、1年前に職場で異動があり、慣れない仕事への戸惑いを抱えながら何とか仕事をこなしていた。8か月前から、気力低下が顕著となり、欠勤もみられるようになった。憂うつ感と気力低下を主訴に2か月前に精神科を受診し、うつ病の診断の下、当面3か月間の休職と抗うつ薬による薬物療法が開始された。Aは、2か月間の外来治療と休職により、気力低下や生活リズムは幾分改善し、復職に意欲はみせるものの、不安は残っている様子である。改訂心の健康問題により休業した労働者の職場復帰支援の手引き（令和2年、厚生労働省）に基づき、現段階のAに必要な支援として、最も**適切なもの**を1つ選べ。

① 試し出勤制度の活用
② 管理監督者による就業上の配慮
③ 主治医による職場復帰可能の判断
④ 産業医等による主治医からの意見収集
⑤ 傷病手当金など経済的な保障に関する情報提供

問68 78歳の女性A。3年前に夫と死別した後は、一人暮らしをしている。元来きれい好きで、家の中はいつもきちんと片付いていた。遠方に住む一人娘のBは、安否確認を兼ねて毎日電話でAと話をしている。Aは、2年ほど前から何度も同じ話を繰り返すようになり、半年前頃から、Bと午前中に電話で話したことを忘れて、1日に何度も電話をかけるようになってきた。心配になったBがAを訪問すると、家の中や外に大量のごみがあり、冷蔵庫に賞味期限切れの食材が大量に入っていた。Aの人柄が変わった様子は特にないが、Bが捨てるように説得しても、Aは食べられるから大丈夫と言って取り合わない。Aの状況から考えられる病態として、最も**適切なもの**を1つ選べ。

① うつ病
② ためこみ症
③ 前頭側頭型認知症
④ 持続性複雑死別障害
⑤ Alzheimer型認知症

問69 4歳の男児A。Aの養育は精神障害のある母親Bが行っていた。1歳6か月時の乳幼児健診では、発語がなく、低体重で、臀（でん）部がただれていた。母子で自宅に閉じこもり、Bが不調のときは、Aは菓子を食べて過ごした。ある時、Aに高熱が続くため、小児科を受診したところ、感染症が疑われた。一方、う歯（虫歯）が多数あり、発語も乏しく低栄養状態もみられたため、児童相談所に通告された。Aの一時保護が医療機関に委託され、Aは入院加療となった。Aの入院中にBの精神症状が増悪したために、Aは、退院後に児童養護施設に入所することになった。入所初期のAへの支援方針として、最も**適切なもの**を1つ選べ。

① リービングケアを開始する。
② 発語を促すために、言語聴覚療法を開始する。
③ Aのプレイセラピーを通して、トラウマ体験の表現を促す。
④ 歯磨きや整髪、衣類の着脱などの身辺自立を優先して訓練する。
⑤ 食事や就寝、入浴など、日課の一貫性が保たれるように工夫する

問70 14歳の男子A、中学2年生。Aはささいなきっかけからクラスメイトにひどく殴り掛かったことで生徒指導を受けた。その後、Aの欠席が多くなってきたことが気になった担任教師Bは、公認心理師であるスクールカウンセラーCにAを紹介した。Cとの面接において、Aは、父親が母親にしばしば激しく暴力を振るい、母親が怪我をする場面を見てきたと述べた。しかし、父親からAへの暴力はないという。Cが優先的に行うべき対応として、最も**適切なもの**を1つ選べ。

① Aの家庭環境を詳細にアセスメントする。
② 外部機関と連携しAの発達検査を速やかに行う。

③ Bと協力してAと両親を交えた面談の場を設ける。
④ 学校でカウンセリングを受けることをAの保護者に提案するよう、Bに
伝える。
⑤ 学校として児童相談所などに虐待の通告を行うために、管理職などに事
実経過を伝える。

問71 15歳の男子A、中学3年生。Aは、推薦で高校に進学が決まってから、友人B
とよく遊んでいた。ある日、Bがゲームセンター内の窃盗で逮捕された。Aは直
前までBと一緒にいたが、警察で共犯ではないと認められた。動揺していたA
は教師の勧めで、スクールカウンセラーCに話を聴いてもらった。AはCに、「そ
の日は、Bが置きっぱなしの財布を見つけ、盗んで遊ぼうと誘ってきた。迷った
が、そうすれば進学できなくなり、親にも迷惑をかけると思い、Bにやめた方が
いいと言って帰宅した」と述べた。Bの非行にAが加担しなかった理由を理解
する上で、適合する非行理論として、最も**適切なもの**を1つ選べ。
① A.K.Cohenの非行下位文化理論
② E.H.Sutherlandの分化的接触理論
③ H.S.Beckerのラベリング理論
④ R.K.Mertonの緊張理論
⑤ T.Hirschiの社会的絆理論

問72 23歳の男性A、会社員。大学時代はサークル活動で中心的な存在であった。入
社2か月後に行われたストレスチェックの結果、高ストレス者に該当するか否
かを判断する補足的な面接を公認心理師Bが行った。Aのストレスプロフィー
ルは次のとおりであった。「心理的な仕事の負担」は質、量ともに低い。「仕事
のコントロール度」、「技能の活用度」、「仕事の適性度」及び「働きがい」が低い。
「上司からのサポート」と「同僚からのサポート」は高い。ストレス反応は
「いらいら感」が強い。「仕事や生活の満足度」は低いが、「家族や友人からのサ
ポート」は高い。BのAへの面接で確認すべき事項として、優先度の高いものを
1つ選べ。
① 長時間労働の有無
② 家庭生活のストレスの有無
③ 精神的な疾患の既往の有無
④ 職場の人間関係に関する問題の有無
⑤ 仕事の与えられ方に関する不満の有無

問73 21歳の女性A、理工系の大学3年生。中学校の理科教科の教師を目指し、専門科目に加えて教員免許取得に関する科目も履修している。しかし、最近アルバイトなどの経験を通して、他者と交流する活動や人に教えることへの興味が低いことに気が付いたため、大学卒業後の職業選択に迷っている。同じ学科の友人や先輩たちと進路について話し合いをするうちに、人と関わる教育などの活動よりも道具や機械を操作する活動に興味が強いことにも気が付いた。そこで、将来の進路として技術職に就くことを考えるようになった。Aの興味や適性と考え直した進路との関係を説明する理論として、最も**適切なもの**を1つ選べ。

① D.E.Superのライフ・キャリア・レインボー
② E.H.Scheinの3つのサイクル
③ J.D.Krumboltzの計画された偶発性
④ J.L.Hollandの六角形モデル
⑤ N.K.Schlossbergのトランジション

問74 29歳の男性A、会社員。経理関係の部署から営業部に異動後半年経過した頃から、意欲が減退し、出社できない日もあり、上司から社内の心理相談室を紹介され、公認心理師Bが面接した。Aは、初めての営業の仕事であったが、同僚や上司にうまく頼ることができず、仕事になかなか慣れることができないという。Aは、もともとコミュニケーションが苦手なところがあったが、今では人と会うのも怖くなっており、また、取引先との円滑なやりとりができそうにないと、営業の仕事を続けることについての不安を訴えている。Aのアセスメントにおいて、テストバッテリーに含める検査として、**不適切なもの**を1つ選べ。

① AQ-J
② BDI-Ⅱ
③ IES-R
④ LSAS-J
⑤ STAI

問75 22歳の男性A。Aは、同居している父親を台所にあった果物ナイフで切りつけ、全治1か月の怪我を負わせた傷害事件で逮捕された。Aに犯罪歴はない。Aの弁護人によると、Aは一人っ子で、両親との三人暮らしである。中学校入学直後から不登校になり、これまで短期のアルバイト経験はあったものの、本件当時は無職であった。動機についてAは、「近所の人たちが自分の秘密を全て知っているのは、親父が言っているからだ。昔から殴られていたことの恨みもあった。だから刺した」と述べている。Aの情状鑑定で検討する事項として、誤っているものを1つ選べ。

① 性格の特性
② 認知の特性

③ 家族の関係性

④ 心神喪失状態の有無

⑤ 犯行当時の生活状況

問76 10歳の女児A、小学4年生。小学3年生の3月に限局性学習症／限局性学習障害〈SLD〉と診断された。新学期が始まり、スクールカウンセラーBはAの担任教師Cから、Aに対する支援について相談を受けた。Cの情報によると、Aはおとなしく穏やかな性格であり、他の児童との交流は良好である。一方で、語彙が乏しいため、自分の気持ちを適切に表現できない様子がみられる。授業中は、板書をノートに書き写すことに時間がかかっている。結果として、学習に遅れが生じている。Bの最初の対応として、最も**適切なもの**を1つ選べ。

① 個別の指導の時間をとるようCに助言する。

② Aの感情の言語化を促すようにCに助言する。

③ Aに知能検査を実施して、認知機能の偏りを把握する。

④ 授業中の学習活動を観察して、Aの学習方略とつまずきを把握する。

問77 20歳の男性A。現在、精神科病院に入院中である。Aの母親はすでに他界している。Aは19歳のときに統合失調症を発症し、2回目の入院である。近々退院予定であり、退院後は、父親Bとの二人暮らしとなる。BはAに対して、「また入院したのは、自分で治そうという気がないからだ」、「いつも薬に頼っているからだめなんだ。もっとしっかりしろ」とたびたび言っている。Aの主治医は、公認心理師Cに退院後の再発予防に有用な支援を検討してほしいと依頼した。このときCが実施を検討すべきものとして、**適切なもの**を2つ選べ。

① Aに対するSST

② Bに対する回想法

③ Bに対する心理教育

④ Aに対するTEACCH

⑤ AとBに対するリアリティ・オリエンテーション

2022年7月試験 (午後の部)

2022年7月17日13時30分～15時30分

問78 小児科外来で、医師が2日前に階段から転落した乳幼児の診察中に、虐待が疑われる外傷を認めた。医師が更に診察を行う間、乳幼児を連れてきた親の面接を依頼された公認心理師の対応として、最も**適切なもの**を1つ選べ。
- ① 親の生育歴を聞く。
- ② 親の悩みや感情を聞く。
- ③ 受傷起点の詳細を聞く。
- ④ 受傷と受診の時間差の理由を聞く。
- ⑤ 他の家族が受傷に関与している可能性を聞く。

問79 高齢者福祉領域で働く公認心理師の業務について、最も**適切なもの**を1つ選べ。
- ① 利用者と家族が安全に面会できるように、感染症予防対策マニュアルを単独で作成した。
- ② 経済的虐待が疑われたが、当事者である利用者から強く口止めされたため、意向を尊重して誰にも報告しなかった。
- ③ カンファレンスで心理的アセスメントの結果を報告する際、分かりやすさを優先して専門用語の使用を控えて説明した。
- ④ 訪問介護員から介護負担が大きい家族の情報を入手し、その家族宅を訪問して、要介護者に対してMMPIを実施した。
- ⑤ 面接中に利用者の片側の口角が急に下がり、言語不明瞭になったが、話す内容がおおむね分かるため予定時間まで面接を継続した。

問80 G.W.AllportやR.B.Cattellらの特性論の考えを引き継ぎ、L.R.Goldbergが指摘した性格特性理論の基盤となっている統計手法として、**適切なもの**を1つ選べ。
- ① 因子分析
- ② 分散分析
- ③ 共分散分析
- ④ 重回帰分析
- ⑤ クラスター分析

問81 感情が有効な手がかりになる際には、判断の基盤として感情を用いるが、その影響に気づいた場合には効果が抑制されると主張している感情に関する考え方として、最も**適切なもの**を1つ選べ。
- ① 感情情報機能説
- ② 認知的評価理論
- ③ コア・アフェクト理論
- ④ 感情ネットワーク・モデル
- ⑤ ソマティック・マーカー

問82 質的研究における、分析結果の解釈の妥当性を高める方法として、最も**適切なもの**を1つ選べ。

① インタビュー
② コーディング
③ メンバー・チェック
④ アクション・リサーチ
⑤ グラウンデッド・セオリー・アプローチ

問83 全対象者に一連の番号を付け、スタート番号を乱数によって決め、その後、必要な標本の大きさから求められた間隔で研究対象者を抽出する方法として、最も**適切なもの**を1つ選べ。

① 系統抽出法
② 集落抽出法
③ 層化抽出法
④ 多段抽出法
⑤ 単純無作為抽出法

問84 注意の抑制機能に関連する現象として、最も**適切なもの**を1つ選べ。

① 盲視
② 相貌失認
③ ファイ現象
④ McGurk効果
⑤ ストループ効果

問85 特定の鍵刺激によって誘発される固定的動作に関連する用語として、**正しいもの**を1つ選べ。

① 般化
② 臨界期
③ 刻印づけ
④ 生得的解発機構
⑤ プライミング効果

問86 行動の学習について、**正しいもの**を1つ選べ。

① 古典的条件づけでは、般化は生じない。
② 味覚嫌悪学習は、脱馴化の典型例である。
③ 部分強化は、連続強化に比べて反応の習得が早い。
④ 危険運転をした者の運転免許を停止することは、正の罰である。
⑤ 未装着警報音を止めるためにシートベルトをすることは、負の強化である。

問87　パーソナリティの5因子モデルのうち、開放性に関連する語群として、最も**適切なもの**を1つ選べ。
① 寛大な、協力的な、素直な
② 怠惰な、無節操な、飽きっぽい
③ 陽気な、社交的な、話し好きな
④ 悩みがち、動揺しやすい、悲観的な
⑤ 臨機応変な、独創的な、美的感覚の鋭い

問88　脈絡叢（みゃくらくそう）で産生され、中枢神経系の保護と代謝に関わるものとして、**適切なもの**を1つ選べ。
① 血液
② 粘液
③ 組織間液
④ 脳脊髄液
⑤ リンパ液

問89　ある実験において、写真に写った本人は左右反転の鏡像をより好み、その友人は同じ人の正像をより好むという結果が得られたとする。この結果を説明する心理学概念として、最も**適切なもの**を1つ選べ。
① 傍観者効果
② 単純接触効果
③ ピグマリオン効果
④ 自己中心性バイアス
⑤ セルフ・ハンディキャッピング

問90　J.J.Arnettが提唱した発達期として、**正しいもの**を1つ選べ。
① 若者期〈youth〉
② 超高齢期〈oldest-old〉
③ ポスト青年期〈post adolescence〉
④ 成人形成期〈emerging adulthood〉
⑤ 成人後期移行期〈late adult transition〉

問91　C.A.Rappが提唱したストレングス・モデルの説明として、最も**適切なもの**を1つ選べ。
① 強化子を積極的に活用する。
② 地域の資源を優先的に活用する。
③ クライエントに支援計画の遵守を指示する。
④ クライエントの症状や障害に焦点を当てる。

⑤ 症状の消失をリカバリーの到達目標にする。

問92 H.S.Sullivanの関与しながらの観察の説明として、最も**適切なもの**を1つ選べ。
① 支援者と要支援者双方の相互作用の中で共有される治療構造のことである。
② 要支援者との関わりにおいて生じる、共感不全に注目した観察を基本とする。
③ 支援者は、要支援者との関係で生じる事態に巻き込まれざるを得ないという認識を前提とする。
④ 支援者が要支援者に対し、問題行動を修正する介入を行い、その効果を観察し分析することである。
⑤ 投影同一化によって要支援者から投げ込まれたものとして、支援者が自己の逆転移を観察することである。

問93 質問紙法による心理検査の説明として、最も**適切なもの**を1つ選べ。
① CAARSは、自閉スペクトラム症／自閉症スペクトラム障害の重症度を測定する。
② GHQは、心理的ウェルビーイングを測定する。
③ IES-Rは、ストレッサーを測定する。
④ MASは、特性不安を測定する。
⑤ POMSは、認知特性を測定する。

問94 心理的アセスメントに関する説明として、最も**適切なもの**を1つ選べ。
① 心理的側面だけでなく、環境を評価することも重要である。
② クライエントが物語を作る心理検査全般をナラティブ・アプローチという。
③ 医師の診断補助として行う際は、客観的な心理検査のデータだけを医師に伝える。
④ 目的は、初期に援助方針を立てることであり、終結の判断材料とすることは含まない。
⑤ テスト・バッテリーでは、検査者が一部のテストに習熟していなくても、他のテストによって補完できる。

問95 動機づけ面接の説明として、最も**適切なもの**を1つ選べ。
① クライエントに自身の抵抗への気づきを促す。
② クライエントのポジティブな面の承認は控える。
③ クライエントの問題についての例外探しをする。
④ ラディカル・アクセプタンスを基本的姿勢とする。

⑤ クライエントの変化に対する両価性に関わる問題を扱う。

問96 ストレス状況で副腎髄質から分泌が促進されるホルモンとして、最も**適切なものを1つ選べ。**
① インスリン
② メラトニン
③ アドレナリン
④ コルチゾール
⑤ サイロキシン

問97 依存症者の家族や友人を主な対象とする自助グループに該当するものを1つ選べ。
① 断酒会
② ダルク〈DARC〉
③ アラノン〈Al-Anon〉
④ ギャンブラーズ・アノニマス〈GA〉
⑤ アルコホーリクス・アノニマス〈AA〉

問98 L.TemoshokとB.H.Foxが提唱し、がん患者に多いとされるタイプCパーソナリティについて、最も**適切なものを1つ選べ。**
① 競争を好む。
② 協力的である。
③ 攻撃的である。
④ 自己主張が強い。
⑤ 不安を感じやすい。

問99 知的障害児の適応行動の評価で使用する心理検査として、最も**適切なものを1つ選べ。**
① CDR
② WISC-Ⅳ
③ Vineland-Ⅱ
④ 田中ビネー知能検査V
⑤ グッドイナフ人物画検査

問100 DSM-5における素行症／素行障害の説明として、**適切なものを1つ選べ。**
① 素行症を持つ人の反抗や攻撃性は、反抗挑発症を持つ人よりも軽度である。
② 素行症における虚偽性には、義務を逃れるためしばしば嘘をつくことが

含まれる。

③ 診断基準にある重大な規則違反には、性行為の強制、ひったくり及び強盗が相当する。

④ 素行症は、発症年齢によって、小児期発症型、青年期発症型又は成人期発症型に特定される。

⑤ 問題行動歴のない者でも、被害者を死亡させる重大事件を起こした場合には、素行症と診断される。

問101 発達障害者が一般就労を行おうとしているときに利用するサービスとして、最も**適切なもの**を1つ選べ。

① 行動援護
② 就労定着支援
③ 就労継続支援B型
④ リワークによる支援
⑤ ジョブコーチによる支援

問102 職場のメンタルヘルス対策に関する内容として、最も**適切なもの**を1つ選べ。

① 人事労務管理とは切り離して推進する。
② ストレスチェック制度とは独立した活動として進める。
③ 家庭や個人生活などの業務に直接関係しない要因は、対策の対象外とする。
④ 管理監督者は、部下である労働者のストレス要因を把握し、その改善を図る。
⑤ 労働者の心の健康に関する情報を理由として、退職勧奨を行うことができる。

問103 DSM-5の身体症状症および関連症群における身体症状症について、最も**適切なもの**を1つ選べ。

① 身体の一部に脱力が起こる。
② 視覚や聴覚の機能が損なわれる。
③ 疾患を示唆する身体症状を意図的に作り出している。
④ 重篤な疾患に罹（り）患することへの強い不安がある。
⑤ 身体症状に関連した過度な思考、感情または行動がある。

問104 Basedow病の症状として、**正しいもの**を1つ選べ。

① 動悸
② 便秘
③ 寒がり

④ 顔のむくみ
⑤ 声のかすれ

問105 難病の患者に対する医療等に関する法律〈難病法〉による「指定難病」について、**正しいもの**を1つ選べ。
① 治療法が確立している。
② 発病の機構が明らかではない。
③ 指定難病とされた疾患数は約30である。
④ 医療費助成における自己負担額は一律である。
⑤ 客観的な診断基準又はそれに準ずるものが定まっていない。

問106 インスリン治療中の糖尿病患者にみられる低血糖の初期症状として、**適切なもの**を1つ選べ。
① 血圧の低下
② 体温の上昇
③ 尿量の増加
④ 発汗の増加
⑤ 脈拍の減少

問107 強迫症の症状として、**適切なもの**を1つ選べ。
① 儀式行為
② 欠神発作
③ 常同行為
④ 連合弛緩
⑤ カタレプシー

問108 向精神薬の抗コリン作用によって生じる副作用として、**適切なもの**を1つ選べ。
① 下痢
② 口渇
③ 高血糖
④ 眼球上転
⑤ 手指振戦

問109 児童虐待の防止等に関する法律〈児童虐待防止法〉の内容として、**正しいもの**を1つ選べ。
① 親権停止の要件
② 社会的養護の種類
③ 人身保護請求の要件

④ 児童虐待を行った保護者への罰則

⑤ 児童虐待に係る通告をした者を特定させるものの漏えい禁止

問110 労働安全衛生規則に定められている産業医の職務として、**正しいもの**を1つ選べ。

① 人事評価

② 健康診断の実施

③ 従業員の採用選考

④ 従業員の傷病に対する診療

⑤ 職場におけるワクチン接種の実務

問111 A.R.Jonsenが提唱する臨床倫理の四分割表の検討項目に該当しないものを1つ選べ。

① QOL

② 医学的適応

③ 患者の意向

④ 周囲の状況

⑤ 個人情報の保護

問112 A.E.IveyとM.Iveyのマイクロカウンセリングにおける「かかわり行動」の重要な4要素に該当しないものを1つ選べ。

① 声の調子

② 自己開示

③ 言語的追従

④ 視線の位置

⑤ 身体的言語

問113 生後1年目までにみられる社会情動的発達に関わる現象として、**不適切なもの**を1つ選べ。

① 恥の表出

② 人見知り

③ 怒りの表出

④ 社会的参照

⑤ 社会的微笑

問114 E.Kubler-Rossが提唱した死に対する心理的反応段階に含まれないものを1つ選べ。

① 怒り〈anger〉

② 否認〈denial〉
③ 受容〈acceptance〉
④ 離脱〈detachment〉
⑤ 取り引き〈bargaining〉

問115 DSM-5の躁病エピソードの症状として、**不適切なもの**を1つ選べ。
① 離人感
② 観念奔逸
③ 睡眠欲求の減少
④ 目標指向性の活動の増加
⑤ 自尊心の肥大、または誇大

問116 心理的な支援を行う際のインフォームド・コンセントの説明として、**不適切なもの**を1つ選べ。
① リスクの説明を含む。
② 支援の経過に応じて常に行われる。
③ 他の可能な支援方法の提示は控える。
④ 文書だけではなく、口頭のみによる説明もある。
⑤ クライエントだけではなく、代諾者に対しても行われる。

問117 スクールカウンセラーが児童生徒理解を進める上で、**不適切なもの**を1つ選べ。
① 児童生徒に具体的な支援を行う前に詳細な心理検査を行う。
② 身体的、心理的及び社会的な側面からの理解を大切にする。
③ 児童生徒の言動を批判したくなる場合でも、まずは共感的な態度で話を聴く。
④ 作文や授業で制作した絵や造形物などの表現を通して児童生徒の理解に繋げる。
⑤ 児童生徒の課題を深く理解するために、関係する教師が参加する事例検討会を開催する。

問118 障害を理由とする差別の解消の推進に関する法律の説明として、**誤っているもの**を1つ選べ。
① 行政機関と事業者における障害を理由とする差別が禁止されている。
② 国と地方公共団体だけでなく、国民の責務についても定められている。
③ 判断能力が不十分な障害者に対する後見開始の審判について定められている。
④ 「障害者の権利に関する条約」の締結に向けた国内法制度の整備の一環として制定されている。

⑤ 障害の有無によって分け隔てられることなく、共生社会の実現に資することを目的としている。

問119 高等学校でスクールカウンセラーがストレスマネジメントに関する心理教育の授業を行う場合の内容や方法として、**不適切なもの**を1つ選べ。
① 筋弛緩法や呼吸法などの体験的な内容の導入は控える。
② 自分自身にあったコーピングを考えられるような内容にする。
③ 自分自身の心身のストレス反応について理解できる内容を含める。
④ 養護教諭や保健体育科の教師などと事前に打ち合わせて共同授業を行う。
⑤ 進学や就職などの好ましい出来事であっても、それに伴う心身の変化に注意するよう助言する。

問120 公認心理師の行為のうち、登録が取り消される場合があるものを1つ選べ。
① 公認心理師としての資質の向上を怠った。
② 公認心理師の信用を傷つける行為をした。
③ 高校生のカウンセリングを行うに当たって、担任教師と連携しなかった。
④ クライエントの自殺を回避するために、面接で得た秘密を関係者に伝えた。

問121 BDI-Ⅱの説明として、最も**適切なもの**を1つ選べ。
① うつ病の診断に単独で用いる。
② 最近1か月の状態を評価する。
③ 体重減少を問う評価項目がある。
④ 睡眠時間の増加を問う評価項目がある。

問122 児童生徒の自殺が発生した学校への緊急支援に関わる公認心理師の活動として、最も**適切なもの**を1つ選べ。
① 全体的対応ではなく、個別的対応に特化した支援に携わる。
② 児童生徒の混乱を防ぐため、事実に基づく正確な情報を早い段階で伝えることは控える。
③ トラウマ反応の予防のため、最初の職員研修において心理的デブリーフィングを実施する。
④ いらいらや食欲不振といった、心身の反応については、特殊な事態における一般的な反応であると児童生徒や関係者に伝える。

問123 高等学校における自殺予防教育について、最も**適切なもの**を1つ選べ。

① 生徒はゲートキーパー養成の対象ではない。

② 自殺の危機が迫っている場合の介入として行う。

③ 自殺について教師と生徒が率直に話し合う機会を設ける。

④ 自殺予防教育では、「死にたい」という生徒は自殺の心配がないことを説明する。

問124 いじめ防止対策推進法及びいじめの防止等のための基本的な方針（平成29年改定、文部科学省）の内容として、誤っているものを1つ選べ。

① 学校いじめ対策組織に、スクールカウンセラーが参画する。

② 学校は、学校いじめ防止プログラムやいじめの早期発見・事案対処のマニュアルを策定する。

③ いじめの判断には、他の児童生徒からの行為で生じた被害者の心身の苦痛が客観的に認められる必要がある。

④ 教職員がいじめ問題に対して適切な対処ができるよう、スクールカウンセラー等の専門家を活用した校内研修を推進する。

問125 E.Rodolfaらの提唱する心理職の基盤的コンピテンシーに該当するものを2つ選べ。

① 介入

② 関係形成

③ 反省的実践

④ コンサルテーション

⑤ 心理的アセスメント

問126 地域包括ケアシステムについて、**正しいもの**を2つ選べ。

① 医療と介護の連携強化を図っている。

② 地域包括支援センターには、医師が常駐している。

③ 利用者のケアが中心であり、権利擁護については取り扱わない。

④ 地域ケア会議では、多職種が協働して個別事例の課題解決を図っている。

⑤ 要介護者が介護施設に入所して、集団的ケアを受けることを目的としている。

問127 リラクセーションを主な目的とする技法として、**適切なもの**を2つ選べ。

① 自律訓練法

② 漸進的筋弛緩法

③ 睡眠スケジュール法

④ トークン・エコノミー法
⑤ アサーション・トレーニング

問128 C.R.Rogersのクライエント中心療法における共感的理解の説明として、**適切なもの**を2つ選べ。
① クライエントを知的に理解することではない。
② 進行中のプロセスとして保持すべき姿勢である。
③ セラピストによって、言語的、非言語的に伝えられる。
④ クライエントの建設的な人格変化の必要十分条件ではない。
⑤ クライエントの私的世界と一体化することを最優先とする。

問129 睡眠時無呼吸症候群を疑わせる症状として、**適切なもの**を2つ選べ。
① 血圧の低下
② 体重の減少
③ 日中の眠気
④ 寝付きの悪さ
⑤ 激しいいびき

問130 我が国の里親制度に関する説明として、**正しいもの**を2つ選べ。
① 養子縁組里親は、家庭裁判所の審判により決定される。
② 親族里親は、祖父母等の親族が養育を行う里親制度である。
③ 全ての里親は、子どもの日常生活にかかる費用の支給を受ける。
④ 養育里親は、法律上の親子関係を成立させることを目的とする。
⑤ 専門里親は、児童相談所に付設する施設において、子どもの保護を行う。

問131 認知症の人の日常生活・社会生活における意思決定支援について、**適切なもの**を2つ選べ。
① 本人の意思決定をプロセスとして支援するものである。
② 本人の意思を支援者の視点で評価し、支援すべきと判断した場合に行う。
③ 本人が最初に示した意思を尊重し、その実現を支援することが求められる。
④ 意思決定支援を行う上で、本人をよく知る家族も意思決定支援者の立場で参加する。
⑤ 社会資源の利用で本人と家族の意思が対立した場合には、家族の意思決定を優先する。

問132 軽度認知障害 [mild cognitive impairment〈MCI〉] に関する説明として、**適切なもの**を2つ選べ。
　① 不可逆的な状態である。
　② 日常生活動作は低下している。
　③ 記憶障害は診断の必須要件である。
　④ 認知機能評価には MoCA-J が有用である。
　⑤ DSM-5 では、神経認知障害群に含まれる。

問133 2006年（平成18年）に改正された教育基本法で、新たに規定された事項として、**正しいもの**を2つ選べ。
　① 社会教育
　② 政治教育
　③ 教育の機会均等
　④ 生涯学習の理念
　⑤ 学校、家庭及び地域住民等の相互の連携教育 DKJM-午後-32—29—

問134 刑事施設において、受刑者に対して行われる特別改善指導に該当するものを2つ選べ。
　① 家族関係指導
　② 行動適正化指導
　③ 薬物依存離脱指導
　④ 自己改善目標達成指導
　⑤ 被害者の視点を取り入れた教育

問135 雇用の分野における男女の均等な機会及び待遇の確保等に関する法律〈男女雇用機会均等法〉に基づいて事業主が行うべき雇用環境の整備として、**適切なもの**を2つ選べ。
　① 事業主が、女性労働者の婚姻、妊娠又は出産を退職理由として予め定めておくこと
　② 労働者の採用に当たって、転居を伴う転勤に応じることができることを要件とすること
　③ 男女労働者間に生じている格差解消を目的として、女性労働者のみを対象とした取扱いや特別な措置をすること
　④ 事業主が女性労働者を深夜業に従事させる場合、通勤及び業務の遂行の際に男性労働者と同じ条件で措置を講ずること
　⑤ 事業主が労働者から性別を理由とした差別的な取扱いに関する苦情の申出を受けた際に、苦情処理機関に対し当該苦情の処理を委ねること

問136 15歳の男子A、中学3年生。Aは、不登校状態のため友人と疎遠になり、話し相手は母親Bのみである。長年単身赴任をしている父親Cは、赴任先からたまに帰宅すると、Aの不登校についてAとBを厳しく叱り、母は口をそろえてCの無理解をなじる。高校進学を控えるAに対して、Cは全日制高校への進学を勧めるが、AとBは、Cと言い争った末に、通信制高校への出願を決めた。家族システム論の観点から、Aとその家族関係を説明する心理学概念として、最も**適切なもの**を1つ選べ。

① 連合
② 自己分化
③ 遊離家族
④ 親役割代行
⑤ 情緒的遮断

問137 20歳の女性A、大学2年生。1か月前から男性Bと交際している。AはBが誰か別の人物と一緒に食事をしたり、自分が知らないうちに出かけた話を聞いたりすると不安が高まり、Bの行動に疑念を抱くという。AはBの行動を常に確認しないと安心できず、Bがソーシャル・ネットワーキング・サービス〈SNS〉に投稿する内容を常に確認し、Bの携帯端末の画面に表示される通知を頻繁にのぞき込んでしまう。そのことでAとBは言い争いをし、関係が悪化する状態が繰り返されている。Aの状態として、最も**適切なもの**を1つ選べ。

① 感情の誤帰属
② 恋愛の色彩理論におけるアガペ型
③ 愛の三角理論におけるコミットメント
④ とらわれ型のアタッチメント・スタイル
⑤ 同一性地位〈アイデンティティ・ステータス〉理論における早期完了

問138 7歳の女児A、小学1年生。両親による身体的虐待やネグレクトにより4歳から児童養護施設で生活している。Aは、学業成績に問題はなく、質問への返答も的確である。その一方で、施設入所以来、笑うことがなく、苦痛や不平を一切訴えることがない。また、他人と交流せず孤立しており、Aはそれを苦痛に感じていないようであった。ある日、Aが学校で継続的ないじめを受けていることが発覚した。加害児童は、「Aは話しかけても無視するし、全然笑ってくれない」と話した。施設の担当職員に対しては入所時よりも若干柔らかい表情を示すようになってきている。DSM-5の診断基準から考えられるAの病態として、最も**適切なもの**を1つ選べ。

① 脱抑制型対人交流障害
② 心的外傷後ストレス障害〈PTSD〉
③ 反応性アタッチメント障害／反応性愛着障害

④ 自閉スペクトラム症／自閉症スペクトラム障害〈ASD〉
⑤ 小児期発症流暢症（吃音）／小児期発症流暢障害（吃音）

問139 23歳の女性A、会社員。高校時代にわいせつ行為の被害に遭った。大学卒業後、会社員となったが、今年の社員旅行の際に、仕事の関係者から性行為を強要されそうになり、何とかその場から逃げ出したものの、帰宅後に強い心身の不調を自覚した。その後3か月経っても症状が改善しないため、精神科受診に至った。同じような悪夢を繰り返し見ることが続き、よく眠れない。「このような被害に遭うのは、私が悪い」、「自分は駄目な人間だ」と話す。Aの状態像を把握することを目的に、公認心理師が行う可能性のある心理的アセスメントとして、最も**適切なもの**を1つ選べ。

　　① CAPS
　　② DN-CAS認知評価システム
　　③ JDDST-R
　　④ KABC-Ⅱ
　　⑤ TEG

問140 公認心理師A。台風の被害が出たため、災害派遣チームの一員として避難所を訪れ、心理教育を目的に講習会を開くことになった。Aは、被災によるストレスについて講義をした後、一部の参加者が残って自発的な話し合いをもった。ある人が、「洪水で流された家があるが、自分の家は浸水もしなかった。申し訳ない」と涙ながらに語った。別の人は、「自分の家は浸水したが、家族は無事だった。家族に不明者がいるという話を聞くたびに、自分も罪の意識を感じる」と語った。二人の発言を、皆はうなずきながら聞いていた。ここで生じているコミュニケーションについて、I.D.Yalomの集団療法の概念として、**適切なもの**を1つ選べ。

　　① 普遍性
　　② 愛他主義
　　③ カタルシス
　　④ 情報の伝達
　　⑤ 希望をもたらすこと

問141 17歳の男子A、高校2年生。Aは、監視されているという恐怖のため登校できなくなり、母親Bに連れられて高校のカウンセリングルームの公認心理師Cのもとへ相談に訪れた。Aは、1か月ほど前から、外出すると自分が見張られており、家の中にいても外から監視されていると感じ、怖くてたまらなくなった。「見張られていること、監視されていることは間違いない」、「自分が考えていることが他者に伝わってしまう」とAは言う。Aに身体疾患はなく、薬物の乱用経験も

ない。Bは、「カウンセリングによってAの状態を良くしてほしい」とCに伝えた。この時点でのCによる対応として、最も**適切なもの**を1つ選べ。

① Aに対して支持的心理療法を開始する。
② しばらく様子を見ることをAとBに伝える。
③ Aに対して集団でのSSTへの参加を勧める。
④ 薬物療法が有効である可能性をAとBに説明する。
⑤ Bの意向を踏まえて、Aに対してカウンセリングを開始する。

問142 45歳の男性A、会社員。総合病院の内科外来で2年前から2型糖尿病の薬物療法を受けている。不眠が近頃ひどくなり、内科の主治医に相談した。Aは、1年前から仕事が忙しくなり、深夜に暴飲暴食をすることが増えた。Aの体重が増加していることや、血糖値のコントロールが悪化していることをAの妻は心配しており、口げんかになることも多い。1か月前から、未明に目が覚め、その後眠れないようになった。日中は疲労感が続き、仕事を休みがちである。趣味にも関心がなくなった。心理的支援が必要と考えた主治医から院内の公認心理師Bへ依頼があった。現時点におけるBのAへの対応として、最も優先すべきものを1つ選べ。

① 睡眠衛生指導
② 家族関係の調整
③ 抑うつ状態の評価
④ 身体イメージの評価
⑤ セルフ・モニタリングの導入

問143 60歳の男性A、俳人。物忘れが最近増えてきたことを心配した同居の息子Bに連れられ、精神科クリニックを受診した。黙っているAに代わって話をしたBによると、Aは、半年前から膝が上がらなくなり、徐々に歩幅が小さくなった。今では、脚が左右に開き気味で、歩行が不安定である。また、3か月ほど前からトイレに行く頻度が増え、近頃は、間に合わずに尿を漏らすこともある。日中は、ぼんやりしていることが多く、楽しみにしていた地域の句会にもしばらく参加していない。一方で、夜間はよく眠れており、食欲も以前と変わらず、奇異な訴えもない。Aに考えられる病態として、最も**適切なもの**を1つ選べ。

① 正常圧水頭症
② 老年期うつ病
③ 前頭側頭型認知症
④ Lewy小体型認知症
⑤ Alzheimer型認知症

問144 32歳の女性A、会社員。Aは、持病の視神経炎が悪化し、ステロイドパルス療法を受けるため、総合病院に入院した。治療開始後5日目から、食欲低下と不眠が続いている。10日目の夜、病棟内を落ち着きなく歩き回り、看護師に不安やいらだちを繰り返し訴えた。意識障害はなく、原疾患以外の明らかな身体所見も認められていない。眼科の主治医から依頼を受けた精神科リエゾンチームがAの病室を訪問したところ、いらいらした様子で、「どうせ分かってもらえません」と言ったり、「私が悪かったんです」とつぶやいたりして、涙ぐんだ。Aの症状として、最も**適切なもの**を1つ選べ。

① 強迫行為
② 誇大妄想
③ 前向性健忘
④ 抑うつ気分
⑤ パニック発作

問145 24歳の女性A。同居している男性Bから繰り返し暴力を受けている。ある日、怪我をしているAを心配して友人が問い詰めたところ、Bから日常的に暴力を受けていると語ったため、Bとの関係を解消し、家を出るように勧めた。一時は、「関係を解消しようかな」と言っていたAであったが、結局Bとの関係を解消することはなく、再び暴力を受けることになった。その後も周囲が関係の解消や相談機関への相談を勧めたことで、一時家を離れることもあったが結局はBの元に戻り、暴力を受けることを繰り返している。このように暴力の被害者が、被害を受ける関係の中に留まり続ける現象を説明するものとして、最も**適切なもの**を1つ選べ。

① バウンダリー
② ハネムーン期
③ 複雑性PTSD
④ サバイバーズ・ギルト
⑤ トラウマティック・ボンディング

問146 2歳の女児A。Aは、生後間もない頃から乳児院で暮らしている。定期的に行われてきた発達検査では年齢相応の発達がみられ、入所直後から担当養育者となったBとの間にも安定した関係がみられている。その後、Aが2歳となり、Aは同じ県内にある児童養護施設に措置変更されることになった。児童養護施設では保育士CがAの担当になることが決まり、受け入れに向けた準備が進められている。この後、Aが乳児院から児童養護施設へと措置変更となるプロセスにおける配慮として、最も**適切なもの**を1つ選べ。

① 児童養護施設の受け入れ準備が整い次第、できるだけ早く措置変更をする。

②Cが先入観を持たないようにするために、乳児院でのAの様子について
BからCに直接伝える機会は設けない。

③乳児院で暮らす他の子どもへの影響を考慮し、他の子どもとの間ではAの措置変更に関することを話題にしない。

④BがAと児童養護施設を訪問したり、Cが乳児院を訪れてAと交流するなど、ならし養育（訪問交流）の機会を設ける。

⑤Bとの別れや乳児院を離れることはAにとってつらい経験となることを考慮して、措置変更に関することは直前までAに伝えない。

問147 14歳の女子A、中学2年生。元気がないAの様子を心配した担任教師BからスクールカウンセラーCに相談があった。Aは、おとなしく目立たない性格であり、成績は中程度である。学校生活では自信のない様子が目立つ。CがAと面接を行ったところ、次のことが分かった。中学2年生でクラス替えがあり、女子生徒の間ではすでにソーシャル・ネットワーキング・サービス〈SNS〉のグループが複数できていた。Aは孤立を感じ次第に登校が苦痛になってきた。厳格な親からSNSを禁止されており、いらいら感が高じ、自室にこもって、カッターで手首を傷つけるようになったという。Cの初期の対応として、最も**適切なもの**を1つ選べ。

① 希死念慮の有無についてAに問うことは控える。
② Aが手首を傷つけないようBに指導を依頼する。
③ 直ちにAを精神科に紹介し、主治医の指示を待つ。
④ Aの自傷行為の習慣性についてのアセスメントを行う。
⑤ Bと連携してAがSNSのグループに入れるよう、親に働きかける。

問148 20歳の男性A、大学工学部の2年生。Aからの申出はないが、Aの家族Bより、実験のあった日のAの疲労が激しいため、サポーターをつけてほしいと、学生相談室のカウンセラーCに相談があり、CはA及びBと3者面談を行った。Aは、小学校高学年時に児童精神科を受診し、発達障害の診断を受けた。以後、高校までは、授業中の課題や宿題について代替措置を講じてもらうなどの配慮を受けてきた。大学では、実験の際、指示の理解に時間がかかり、また手先が不器用で器具の扱いがスムーズにできないことで、教員にしばしば注意されている。授業時間が終わっても、居残りで実験をすることが多い。合理的配慮について、CのBへの対応として、最も**適切なもの**を1つ選べ。

① 支援方法はAとCの合意によって決められると説明する。
② Aの精神障害者保健福祉手帳の取得が必須であると説明する。
③ 合理的配慮を受けるには心理検査の結果が必要であることを説明する。
④ Aが、授業を担当する教員に配慮内容について直接交渉する必要があると説明する。

⑤ Cは、Aの意思を尊重しながら大学の学生支援の担当者に伝え、支援を依頼できると説明する。

問149 16歳の女子A、高校1年生。Aは万引きをし、心配した両親に連れられて、市の教育相談室に来室し、公認心理師Bが面接した。Aは、2週間前に店でペンを1本盗んだことが発覚した。AはBに、「クラスメイトのCが私のペンを欲しがり、誕生日祝いにちょうだいとしつこくせがんできた。Cと気まずくなりたくないし、自分の物をあげるのは嫌だし、買うお金もないので、盗んで渡すしかないと思った。Cのせいで仕方なくやった」と述べた。Aの主張について、G.M.SykesとD.Matzaが提唱した中和の技術によって説明する場合、用いられている技術として、最も**適切なもの**を1つ選べ。

①　加害の否定
②　責任の否定
③　被害者の否定
④　非難者に対する非難
⑤　より高次な忠誠心への訴え

問150 A社は、創業50年になる機械製造業の老舗である。ここ数年、心の健康問題を抱える従業員の割合が高止まりの傾向にあり、新しい経営陣が職場環境改善に取り組むことになった。企業内の公認心理師Bが、メンタルヘルス推進担当者の会議に向けて、何人かの従業員にヒアリングを実施したところ、過去の高業績に貢献した古参の従業員の発言力が強く、若手の従業員は意見が軽視されて、勤労意欲の低下がみられるということであった。その背景にあるA社の組織の特徴として、最も**適切なもの**を1つ選べ。

①　安全文化
②　権限委譲
③　属人思考
④　法令遵守
⑤　役割葛藤

問151 22歳の男性A、無職。奇異な言動を心配した家族に連れられて精神科クリニックを受診した。同伴した家族によると、半年以上前からAは、「やっと分かりました」、「もう後戻りはできないんですね」などと独り言をつぶやきながら、にやにやと奇妙な笑顔を浮かべるようになった。Aに理由を聞いたが、まとまりのない内容で、何の話か分からなかったという。受診時、Aは主治医に対して、「このクリニックの駐車場には、赤いスポーツカーが停まっていました。あれは、お前も赤く燃えるように使命を果たせ、という私に向けられた啓示なのです」と訴えた。DSM-5の診断基準に該当するAの病態として、最も**適切なもの**を1つ選べ。

① 双極性障害
② 統合失調症
③ 短期精神病性障害
④ 全般不安症／全般性不安障害
⑤ 統合失調型パーソナリティ障害

問152 14歳の女子A、中学2年生。Aは、同級生からのいじめについて、同じ中学校に勤務しているスクールカウンセラーBに相談をしている。Aについて、教育相談コーディネーターの教師が中心となって支援チームの会議が開かれた。支援チームの会議には、Bのほかに、Aの担任教師と学年主任、養護教諭、生徒指導主事及び管理職が参加した。会議ではAの支援や学校としての対応をどのように行うかが検討された。Bの会議での対応として、**不適切なもの**を1つ選べ。

① いじめに関する専門的な知見などを提供する。
② いじめの重大事態かどうかの判断を主導する。
③ クラスや学年などで行う心理教育の実施について検討する。
④ Aの具体的な支援策に関わる教職員研修の実施について検討する。
⑤ 守秘義務に配慮しながら、Aとの面接についての情報や見立てを提供する。

問153 30歳の男性A、中学2年生の担任教師。Aは、担任をしている男子生徒Bから、中学1年生の初めての定期テストで、テストの成績が悪かったことについて相談を受けた。その際、「準備不足だったかな」と伝え、Bを励ました。その後も、AはBを同様に励まし続け、Bも努力を続けていたが、成績が下がってきている。原因帰属の観点から、AのBへの言葉掛けとして、最も**適切なもの**を1つ選べ。

① 上手くいかなかったのは、問題が難しかったからかもしれないね。
② 上手くいかなかったのは、努力がまだまだ足りなかったからかもしれないね。
③ 上手くいかなかったのは、勉強方法が合っていなかったからかもしれな

いね。

④ 上手くいかなかったのは、予想していなかった問題が出題されたからかもしれないね。

問154 9歳の男児A、小学3年生。Aの両親はけんかが絶えず、父親からの母子に対する暴力のため警察が出動することもあり、要保護児童対策協議会で支援が検討されていた。ある日、Aが提出したテストの余白に、「しばらく前にママがいなくなりました。たすけてください」との記述を担任教師が発見した。これを受けて学校は直ちに、管理職、学年主任、担任教師、スクールカウンセラーなどを交えて対応を検討し、担任教師がAに声掛けをするとともに、市の虐待対応担当課に通告することになった。この状況における学校の対応として、**適切なもの**を2つ選べ。

① 記述の内容について、Aの父親に確認する。

② 通告に至る事実関係を、時系列に沿って具体的に記録する。

③ 声掛けの際には、AがSOSを出すことができた力を支持する。

④ 担任教師がAに声掛けした後、管理職が現状をAに詳細に確認する。

⑤ 声掛けの際には、Aの発言内容は誰にも言わないことをAに保証する。

実力養成用科目別練習問題
解答・解説

問1　　　　　　　　⑤

この問題は、警察における公認心理師の対応に関する事例問題です。

① ❌ **もう男性は捕まっているので、安心してください。**
すでに男性の身柄が確保されているからといって、即安心や安全感を感じられるものではない。受容や共感が見られず、適切ではない。

② ❌ **そんなに脅えた様子を見せていると、また悪い男につけ入られますよ。**
「また悪い男につけ入られますよ」という言葉は、Aのことを尊重している発言とはいえない。よって、適切ではない。

③ ❌ **震えが止まらないようなので、まずはリラクゼーション法をしてみましょう。**
安易に、震えが止まらないことへの対症療法にフォーカスするのではなく、まずは落ち着くまで待ってから話を聴くことが重要である。よって、適切ではない。

④ ❌ **私も似たような経験がありますから、あなたのことはよくわかります。**
公認心理師である相談員Bに同じような経験があるからといって、その経験とAの体験が全く同じであるとは限らず、かえってAに異和感や疎外感を覚えさせる危険もある。よって、適切ではない。

⑤ ⭕ **恐かったですね。少なくともここは安全ですから、落ち着いてからでいいですよ。**
Aが恐かったということを受け止め、まず相談室内は安全であることを伝えたり、落ち着くまで待ったりすることが重要である。よって、最も適切といえる。

問2　　　　　　　　④

① ❌ Aから「死にたいと思うことがある」との発言が出ていることから、秘密保持の例外となり得る。秘密保持義務の例外状況について事前に本人に説明し、同意を得ることが望ましい。またスクールカウンセラーの役割としてもチーム学校の構成員として他職員と連携しながら児童を支援することが求められる。

② ❌ 担任教師の交代を提案することは、公認心理師の業務ではなく、対応としては不適切である。

③ ❌ いじめの疑いがある場合、スクールカウンセラーの上司にあたる管理職に報告する必要がある。対応を担任に一任することをスクールカウンセラーのみで判断することは妥当ではない。

④ ⭕ 「いじめ防止対策推進法」では、学校に、教員だけでなくいじめを防止する組織を置くことや、いじめの重大事態が疑われる際にはすみやかに事実関係を調査することを学校設置者に対し義務付けている。今回のAの発言では、Aが同級生の言動に苦痛を感じていることが推測されるが、「母や先生に知られたくない」というAの心情にも配慮した上で報告するべきである。

⑤ ❌ 2015年、文部科学省中央教育審議会「チームとしての学校の在り方と今後の改善方策について（答申）」の中

で、専門性に基づくチーム体制の構築、学校マネジメント機能の強化、教職員一人一人が力を発揮できる環境の整備を、具体的な改善策としてあげている。関係者がＡをチームで支援していくことは重要であるが、「全職員」にＡの相談内容を詳細に報告することは、秘密保持の観点からも検討が必要である。管理職とチーム支援の構成員を十分に検討した上、情報共有をする必要がある。

問3　　　　　③・④

この問題は、認知症が疑われる事例に関する問題です。事例の内容からは、物の置いた場所などが分からなくなる「記憶障害」や料理、片づけ掃除などが困難となる「実行機能障害」、徘徊といった「見当識障害」の可能性が考えられます。

① ✖ 妻を亡くした正常な悲嘆反応と思われるため、訪問して様子を見守るよう娘に勧める。
　正常な悲嘆反応は、一時的な感情や行動上の問題があったとしても、徐々に回復する。この事例の場合、記憶力の低下が悪化しており、様子を見守るといった対応は不適切である。

② ✖ 引っ越しによる環境の変化からうつ病を発症している可能性が高いため、すぐに前の家に戻るように勧める。
　うつ病を含む他の精神医学的疾患の存在は否定できないが、前の家に戻ることが問題解決になるとはいえない。よって、不適切。

③ ⭕ 神経認知障害が疑われるため、精神科への受診を促す。

認知症が疑われる症状がみられるため、専門医による早期診断・早期治療につなげることが適切である。よって、適切である。

④ ⭕ 近隣の地域包括支援センターで、介護サービスの利用を相談する。
　地域包括支援センターは、高齢者およびその家族等の相談に応じる機関であり、必要な介護サービスについて相談することができる。よって、適切である。

⑤ ✖ 徘徊による事故が心配なため、特別養護老人ホームへの施設入所の手続きを行う。
　特別養護老人ホームは要介護3以上の人を対象としており、この事例の場合、まずは要介護認定の申請が必要である。要介護認定の有無と関係なく、60歳以上の高齢者であれば入居できる施設としてサービス付き高齢者住宅などがある。よって、不適切。

問4　　　　　③

① ✖ 虐待の事実の確認には有益な場合が多いが、本事例の場合、通報が優先される。

② ✖ 家族の負担が減ること、関わる人が増えることによる包括的な支援の促進などは利点ではあるが、本事例の場合、虐待が疑われるため優先度は低いと考えられる。

③ ⭕ 高齢者虐待の場合、医療・保健・福祉関係者は身体的、生命的な緊急度が高くなくとも通報する義務を負っている。

④ ✖ 虐待の事実の確認には必要なことではあるが、本事例の場合、通報が

261

優先される。

⑤ ❌ 例えば息子の妻に対して生活面や食生活などの教育を行うことは有効であると考えられるが、本事例の場合、虐待が疑われるため優先度は低いと考えられる。

記憶障害や見当識障害から認知症が疑われる事例です。

① ❌ もともと外向的なAの性格を配慮し、外来でのAとの心理面談を提案する。
Aの内面にアプローチする心理面談より前に、Aの認知機能や要介護状態に関する正確な評価が必要である。

② ⭕ HDS-R検査で、Aの認知機能を評価する。
HDS-R（長谷川式認知症スケール）は、認知症のスクリーニングテストとして有効である。

③ ❌ 日付や時間を間違える理由として睡眠障害の可能性が高いため、主治医より睡眠薬の処方を検討してもらう。
睡眠障害を疑うべき記載はみられない。日付や時間を間違える要因としては、認知症の症状である見当識障害の可能性が高いため、その評価が必要である。

④ ❌ ひきこもり支援の範疇としてとらえ、訪問支援（アウトリーチ）でAとの心理面談を行う。
Aのひきこもっている状態は、Aの身体・認知機能の低下や介護サービスを受けられていないことによる。よって、Aの内面にアプローチする心理面談の

前に、正確な評価と必要な介護サービスの利用につなげることが有効と考えられる。

⑤ ❌ 娘の介護疲れが心配なので、娘に精神科への受診を勧める。
娘の介護疲れを軽減するため、必要な介護サービスの利用について地域包括支援センターへの相談を勧めることが望ましい。

この問題は、教育臨床における援助サービスの知識を問う問題です。

① ❌ 一次的援助サービス
一次的援助サービスは、すべての児童生徒を対象とするもの。予防的援助とスキルの開発的援助が含まれる。ここでは、Aは登校渋りや学習意欲の低下を見せているため、適切とはいえない。

② ⭕ 二次的援助サービス
二次的援助サービスは、登校渋りや学習意欲の低下など、配慮を要する児童生徒を対象とする。ここでは、Aは登校渋りや学習意欲の低下を見せているため、適切といえる。

③ ❌ 三次的援助サービス
三次的援助サービスは、特別で重大な援助ニーズを持つ特定の児童生徒を対象とする。Aは登校渋りの段階であり、不登校の基準となる年間30日以上の欠席にも満たないため、適切とはいえない。

④ ❌ 開発的援助サービス
開発的援助サービスという言葉があるわけではなく、ここでは一次的援助サービスの開発的援助のことを指す。

よって、適切とはいえない。

⑤ ❌　予防的援助サービス

予防的援助サービスという言葉がある
わけではなく、ここでは一次的援助
サービスの予防的援助のことを指す。
よって、適切とはいえない。

問7　　②・③

この事例問題では、ひきこもりの評価・
支援に関するガイドライン（厚生労働省、
平成19年）を中心に、ひきこもりへの基
本的な対応について問われています。

① ❌　両親の養育に関する課題を探索
し、適切な対応を積極的に指示する。

ひきこもりの評価・支援に関するガイ
ドラインでは、ひきこもりの開始段階
での特徴として、本人の不安定さが目
立つ時期には、その家族に余裕が必要
と言われており、家族に対して支援者
が過度に指示しすぎないことが肝要と
されている。よって、不適切。

② ⭕　両親の苦悩を聴き、不安を支え
るような対応を心がける。

家族への来所当初の受け止め方とし
て、ひきこもりの子どもを持つ親の苦
悩が受容された体験が必要である。単
なる情報収集の場にとどまらず、話を
聴いてもらえたという実感が持てるこ
とが大切と言われている。よって、適
切。

③ ⭕　医療・保健機関との連携を視野
に入れて対応する。

ひきこもりには多彩な精神障害が関与
しているという報告があり、心理社会
的要因のみならず、生物学的要因から
のアセスメントも必要となる。連携先
としては病院や診療所といった医療機

関のみならず、保健所や精神保健福祉
センターなどの保健機関も考慮する必
要がある。よって、適切。

④ ❌　両親にＡの来所を促すよう勧め、
迅速に就労支援を開始する。

ひきこもり支援の諸段階として、まず
は家族支援や個人療法であり、就労支
援は最終段階にある。ガイドラインで
も、途中段階をショートカットするこ
とは推奨できないとされている。よっ
て、不適切。

⑤ ❌　地域での対応が必要であり、地
域包括支援センターへリファーする。

地域包括支援センターは高齢者の介
護やケアについて相談できる窓口であ
る。業務としては介護予防ケアマネジ
メント、総合相談・支援、権利擁護、
包括的・継続的ケアマネジメント支援
などである。よって、不適切。

問8　　③

① ❌　人前で顔が赤くなってしまうの
ではないかとの恐怖である。

② ❌　人と接することへの恐怖である。

③ ⭕　パニック症には、広場恐怖を伴
うパニック症と、広場恐怖を伴わない
パニック症とがある。

④ ❌　閉ざされた狭い場所への恐怖で
ある。

⑤ ❌　高い場所への恐怖である。

問9　　③

① ❌　休憩時間を公用に使うことは避
けるべきである。

② ❌　学校外でいじめが起こることも
あり得る。

③ **〇** まずは、Uの身が安全で、かつ安心していられるように配慮すべきである。

④ **✕** 加害者側の出席停止を命じられることはあるが、被害者の教育を受ける権利を奪うことになるので欠席を提案はしない。

⑤ **✕** 被害者側が弱いから悪いとの因果論になってはいけない。

問10　　　　　　　　　　④

スクールカウンセラーとして、発達障害をもつ児童生徒の保護者や学校にどのように働きかければよいのかを問う問題です。保護者の不安や障害への理解の程度によって、異なる対応が想定されますが、この問いではスクールカウンセラーという立場であきらかに不適切と思われるものを選び出せばよいでしょう。

① **✕** スクールカウンセラーとして、保護者がAのためにこれまで努力してきたことを受け止め、気持ちに寄り添うことは大切である。また、これまでの家庭での対応を振り返り、保護者と整理することは、Aの障害特性を理解することにつながる。

② **✕** このケースの場合、子どもの行動を自分の子育てによる問題と混同している可能性があり、一般的な発達障害の特性を伝えることは、保護者の自責感を軽減することやAの行動を理解することにつながる。

③ **✕** Aの不注意と思われる行動は、薬物療法の対象となる可能性がある。必要な場合に、医療機関への受診を促したり、他機関との連携を行うことは、公認心理師であるスクールカウンセ

ラーに求められる役割の一つである。

④ **〇** スクールカウンセラーは、学校に指導案を指示する立場ではない。必要に応じて、Aの障害特性について説明し、担任教師や学校へのコンサルテーションを行うことが求められる。

⑤ **✕** 通級指導を視野に入れることは、Aに対する支援として不適切とはいえない。また、Aの保護者との継続面談を行うことも不適切とはいえず、Aの保護者が希望すれば行うのがよい。

問11　　　　　　　　　　④

この事例問題では、虐待が疑われる状況において公認心理師がどのように対応すべきかに関する理解を問われています。

① **✕** **Aが性的虐待に遭っている可能性があるのでスクールカウンセラーを含む学校と父親で面談をし、虐待の有無を確認する。**

もし学校と父親の間に信頼関係があるのなら、スクールカウンセラーや学校と父親で面談をすることが完全に不適切なわけではないが、虐待の有無を確認する前に通告すべきである。学校から虐待について疑われたことに父親が逆上したり、そのことでAをさらに傷つけたりする危険性も考えられることから、虐待の有無を調査するのは学校以外の機関に委ねることがより安全だと考えられる。よって、不適切。

② **✕** **Aとのカウンセリングを通して信頼関係を形成した後、性的な被害経験について尋ね、事実が確認できAの同意が得られた場合は虐待通告する。**

Aとのカウンセリングをすることや信頼関係を形成しようとすることは必要

かもしれないが、虐待通告は虐待の事実が確認できなくても、疑いがある時点ですべきである。特に性的な被害については語りたがらないケースも多く、事実が確認できなくても虐待が存在している可能性は高い。よって、不適切。

③ ❌　性的虐待の可能性もあるがAの虚言である可能性の方が高いので、守秘義務を優先し、虐待の可能性についてはスクールカウンセラーの心のうちにとどめておく。

教師には虐待を発見した際、あるいは虐待が疑われる場合に児童相談所などに通告する法的義務があるため、虐待の事実や証拠が確認できなくても通告すべきである。また、守秘義務を遵守することは重要だが、相談者から知り得た情報の中で教員などと共有すべき情報については教員にも守秘義務があるので、集団主秘義務という観点から伝えるべき場合もある。特に虐待通告した際は、要保護児童対策地域協議会（要対協）において、児童相談所、学校などの関係機関が情報を共有するケースも多くあり、その際はそれぞれが守秘義務を有しているので、要保護児童を守るという観点から必要な情報は積極的に開示すべきである。よって、不適切。

④ ⭕　Cが秘密にしてほしいと望んでいることも含めて教員と情報共有し、虐待通告することを学校に要望する。

③でも記したように、Cの秘密にしてほしいという訴えも尊重しつつ、虐待の可能性が十分あると見立て、法的には通告すべき事案である。よって、適切。

⑤ ❌　Aの母親と面談をし、Aが父親との性的関係を友人に語ったことを伝え、気をつけてAを見守ることを要望する。

性的虐待事案の中には、母親も夫の性的虐待について知っていながら放置している事案もある。そのため、母親に協力を求めることは選択肢の1つではあるものの、事例によっては危険性を増してしまう可能性もある。よって、不適切。

問12　　　　④

① ❌　自分の力の限界だと考えているのであれば、無理やりにクライエントを継続担当するのは避ける方が望ましい。

② ❌　自分がどれだけがんばってきたかについて述べる必要はない。

③ ❌　臨床心理学的な知識としては合っているかもしれないが、クライエントにとっては本気でその不安を感じているため、「気にしなくていい」などと軽いことは言うべきでない。

④ ⭕　このままサポートを続けられなくなり他機関に紹介を受けることは、Dにとって負担を強いることになると考えられ、その点に関して謝罪をすることは適切である。セラピストの限界を感じる場合には、無理に継続するよりも誠意をもって紹介する方が適切であり、正しい。

⑤ ❌　カウンセリングにかかったお金や時間はクライエントにとって大切なものだということを認識し、「割り切ってほしい」ということは言うべきでない。そのお金や時間で得られたものに

ついて考えていくといいかもしれない。

① ✕　アセスメント結果は、適切な指導・支援に結び付けられるように、適切な人に伝えることが望ましい。

② ✕　平均に近づけることは適切な目的とはならない。個別に目標を設定する。

③ ✕　劣っている結果だけを伝えると、保護者の不安を煽りかねない。

④ ✕　学校通信では限られている情報であるため、生徒は誤って理解する恐れがある。研修は、教職員や保護者に向けて行うことが望ましい。

⑤ ◯　Gの問題行動の背景にある気持ちを汲み取り、アセスメント結果を支援に役立てることは適切であり、正しい。

教育分野における施設・関係機関の機能と役割についての知識を問う問題です。この問いでは、不登校の児童生徒を支援する機関がどれなのかを選び出します。

① ✕　学校教育法にもとづき、障害のある児童生徒に対し、個々の障害の程度に応じた教育上の指導を行う場所である。

② ◯　教育委員会によって設置・運営され、「不登校児童生徒の集団生活への適応、情緒の安定、基礎学力の補充、基本的生活習慣の改善等のための相談・適応指導（学習指導を含む）を行う」ための場所である。2016年に

「教育機会確保法」が成立したことで、「不登校児童生徒等に対する教育機会を確保した修学の機会を提供する」場所としての役割が今まで以上に期待されている。

③ ✕　児童福祉法に基づき、不良行為を行った、あるいは行うおそれのある児童や生活指導の必要な児童に対し、必要な指導や支援を行う施設である。

④ ✕　児童福祉法に基づき設置されている、児童福祉の専門的な行政機関である。養護相談、障害相談、非行相談、保健相談、育成相談と幅広い相談を受け付けている。育成相談の中には不登校に関する相談も含まれるが、今回のケースの場合、学習を含む継続的な支援が望まれるため、教育支援センターがより適当と考えられる。

⑤ ✕　発達障害者支援法に基づき、各都道府県・指定都市に設置されている。発達障害者やその家族等に対して、相談支援、発達支援、就労支援及び情報提供等を行う施設である。

この問題は、心理相談における公認心理師の対応を問う事例問題です。

① ✕　もっと困っている人がいるので、あなたとのカウンセリングは1回だけにしましょう。

悩みの大きさは他者と比較できるものではない。Aの悩みを取るに足らないものとして扱う対応は不適切である。

② ◯　よく相談室に来られましたね。勇気がいったことでしょう。

Aは自分のような悩みでも相談室に来ていいのか、かなり勇気がいることで

あったことが想像できる。まずは悩みながらも勇気を出して来談されたことをねぎらうことは重要である。よって、適切である。

③ ❌ **あなたは友人関係について悩んでいると思っているかもしれませんが、その根底にはご両親との関係に関する問題があるように思われます。**

精神分析的に考えた場合、ひょっとすると両親をはじめとした重要な他者との関係がその根底に存在する可能性はあるだろう。もしそうであっても、目の前のAに対して最初からそのような決めつけをして話すことは適切ではない。

④ ❌ **話す友達がいたとしても、あなたがそれだけ悩んでいるのだから、それはいじめとも言えるのではないでしょうか。**

Aが相談に来られるように寄り添った末の言葉かもしれないが、「いじめ」というネガティブなラベリングを行うことは、適切とはいえない。

⑤ ❌ **正直になってもらって大丈夫ですよ。非常に言いにくいかもしれませんが、本当はあなたはいじめられているのではないでしょうか?**

選択肢にあるように、いじめが実は存在する可能性もあるが、決して決めつけてはいけない。よって、適切ではない。

問16　　②

この問題では、WAIS-Ⅲの結果の解釈について問われている問題です。

① ❌ **Aは同時処理が苦手であるため、いくつかの仕事を処理する場合、ミス**をしやすい。

WM(作業記憶)は、107と「平均」水準にあるため、同時処理が苦手とはいえない。

② ⭕ **視覚的な情報処理が苦手であるため、商品の配置なのでミスをしやすい。**

PO(知覚統合)は、86と「平均の下」水準にあるため、相対的に苦手である。

③ ❌ **言語の理解が平均よりも低いことから、指示が多くなると混乱してしまう。**

VC(言語理解)は、112と「平均の上」水準にある。

④ ❌ **検査結果から特に目立った特徴はないことから、仕事内容に慣れておらず緊張している。**

VIQ(言語性知能)が109、PIQ(動作性知能)が89と差があることからも、聴覚一音声の方が得意といった特徴がある。

問17　　⑤

① ❌ 物忘れなどに対して医学的な診断を行うことは、要介護認定等を受ける際も主治医の意見書が必要となるため重要である。また、今後の支援の方針を考えるためにも必要であると考えられる。

② ❌ 判定を受けることで介護保険を利用できるようになるため、Aの負担を減ずる手立てとなり、また母の日中の居場所を確保しやすくなると考えられる。

③ ❌ 問題の一つとして「昼間に安心してパートへ出かけられない」という

ものがあり、それは日中の母の安全が確保されれば解決できる可能性がある。

④ ❌ 民生委員は民生委員法に規定される非常勤の地方公務員で、その市町村の区域内でソーシャルワークに従事する。民生委員と連携をとることにより、より細かな支援が可能になると考えられる。

⑤ ⭕ 母が部屋から出られることは無くなると考えられるが、外部との接触を意図的、継続的に遮断することは身体的虐待にあたる。ほかにも意図的に薬を過剰に服用させて動きを抑制することなども身体的虐待にあたる。

問18 ④

① ❌ 無理やり連れてくることはしない。

② ❌ 完全に誤りとは言えないが、待っているだけでは前に進まない。不登校経験者が30代以降にもひきこもり化しているケースが多くあるため、要検討である。

③ ❌ 母親にアドバイスすること自体は悪くないが、母親は悩みに悩んだあげくやっとの思いでカウンセリングに来られたのではないかと予想される。「母親の務め」として母親を追い詰めるようなことはするべきでない。

④ ⭕ 本人が来談しなくても、母子間のコミュニケーションの悪循環を改善させることによって、本人の変化を起こすこともできるため、正しい。

⑤ ❌ 上記③と同様、母親を追い詰めるようなことはするべきではなく、母親の問題ばかりに固執することが打開

策になるとは考えにくい。

問19 ②

子どもの心理的アセスメントをどのように進めていくかと問う問題です。この場合、まずは発達の状態を探っていくことが必要と考えられます。そのため、発達検査・知能検査が優先されます。

① ❌ 5歳から16歳11ヶ月までを対象とする知能検査。Aは4歳であるため、本検査の対象とならない。

② ⭕ すべての年齢を対象としている。選択肢の中では一番適当と考えられる。

③ ❌ TAT（主題統覚検査）の児童版とされ、対象は10歳以下である。図版を見せ、物語を作ってもらい、被検者のパーソナリティを探る検査。CATでは図版に動物を登場させ、子どもに特徴的な問題に接近できる場面設定がなされている。

④ ❌ 「1本の実のなる木を描いてください」という教示で行う描画検査。子どもの発達状況を把握することも可能と考えられている。しかし、発達検査・知能検査が実施できるのなら、優先順位は下がると考えられる。

⑤ ❌ 被検者を含む家族を描いてもらうことで、被検者のパーソナリティや家族力動を理解していく検査とされる。この場合も、発達のアセスメントが優先されるため、1つしか検査を行わない場合、施行しないと考えられる。

問20　②

① ✖　一時的にAの気が楽になることは考えられるが、サポートを得られていないという問題は維持されたままとなる。

② ⭕　Aの状態を伝えることで、周囲のサポートを得やすくなる。その場合、Aの家事や育児への負担が低減する可能性が高い。

③ ✖　「育児と家事で一日が終わる」と話すことからも、受診にいたるまでの障壁は多いと考えられる。また、十分にラポールがあり、かつ医療につながることの重要性を伝えた上で行わないと、Aの信頼感を損なうことも考えられる。

④ ✖　Aは日常生活内でのサポートを必要としている。そのため、周囲のサポートを得ることが優先される。

問21　⑤

① ✖　再非行のおそれが強く、社会内での更生が難しい場合、少年院に収容して矯正教育を受けさせる。少年院は家庭裁判所から保護処分として送致された少年に対し、その健全な育成を図ることを目的としている。

② ✖　触法少年は14歳未満の刑罰に触れる行為をした少年である。本事例におけるAは16歳であるため犯罪少年にあたる。

③ ✖　医療観察制度は、心神喪失や心神耗弱の状態（通常の刑事責任を問えない状態）で、重大な他害行為を行った人の社会復帰を促進することを目的とした処遇制度である。

④ ✖　試験観察とは、処分を直ちに決めることが困難な場合に、少年を相当の期間、家庭裁判所調査官の観察に付すことをいう。この観察の結果などを踏まえて裁判官が最終的な処分を決める。

⑤ ⭕　少年事件では、原則としてすべての事件を家庭裁判所に送致しなければならない（全件送致主義）。家庭裁判所調査官の調査の結果、犯罪少年は審判を受け、処分が決まる。なお、教育的な働きかけにより、不処分や審判不開始となることもある。

問22　④

① ✖　**加害者が配偶者でないため、DV防止法の対象とはならないことを伝える。**
2014年に施行された改正DV防止法によって、加害者が配偶者でなくても同居していた場合は対象となった。よって、適切ではない。

② ✖　**Bのしていることは脅迫罪にあたるため、多職種連携を考えて、刑事課に捜査を要求する。**
刑事課につなぐ必要がある場合もあるが、Aが相談に訪れた直後に事件化することは、Bが逆上する可能性などCの不利益につながりかねないため、適切とはいえない。

③ ✖　**「たいへんだとは思いますが、実際に暴行を加えられたわけではないので、警察としては動きようがないですね」と伝える。**
DV防止法に基づいて、保護命令（接近禁止命令や親族等への接近禁止命令）などにつなぐことはできるものの

警察として動きづらいことはある。ただ、公認心理師Cの立場として、Aを見放すような発言は適切とはいえない。

④ **◯ 少しでも安心、安全を感じられるように、あたたかな雰囲気の中Aとともに考え話し合う。**

不安で危険を感じているであろうAに対し、少しでも安心、安全を感じられるようなあたたかな雰囲気の中、Aとともに考えて話し合うことは重要である。よって、最も適切といえる。

⑤ **✕ Aは外出が困難であるため、系統的脱感作によるエクスポージャーを行い、少しずつ元の生活へと戻せるよう寄り添う。**

Aの外出が困難であることは、Bがストーカーのようになっていることによるものであるため、エクスポージャーを行うことは適切ではない。

問23　　　　①

① **◯** 高齢者虐待が疑われる場合、緊急時以外でも、医療・福祉関係者には通告義務がある。

② **✕** 高齢者虐待は、身体的虐待、ネグレクト、心理的虐待、性的虐待、経済的虐待に分類される。本事例においては、身体的虐待や経済的虐待が疑われるため、対応としては不適切である。

③ **✕** 高齢者虐待の早期発見、早期対応が求められており、高齢者の安全確保を優先するうえでも、通告することが望ましい。

④ **✕** 経済的虐待が疑われる為、今後の通院が困難であることが考えられ

る。

⑤ **✕** 動機づけ面接法はMiller, W. R.らによって開発された面接技法である。本事例においては、モチベーションの低下が治療中断の主要因とはいえない。

問24　　　　③

① **✕** 周囲がなんとなく意味ありげで不気味と感じること。形容ができないが、そこから具体的な判断がおこり妄想となる。

② **✕** 正常な知覚に、特別な意味づけがなされる。それが強固な確信となり、訂正が不可能であるもの。

③ **◯** ものを盗られたなどとの妄想を抱いているため、正しい。

④ **✕** 周囲に起こっている現実を自らに結びつけて考える妄想。周囲の行動・言葉に過敏で自己に関係して捉えるが、それに動じることも多く、妄想まで発展し、現実離れしていく。

⑤ **✕** 「常に盗聴されている」とか「隠しカメラで監視されている」と思い込む妄想。

問25　　　　①

① **◯** ミニメンタルステート検査。認知症のスクリーニングに使われる。認知症の可能性があるので、この検査を用いる。

② **✕** ミネソタ多面的人格目録。Hathaway, S.R.とMckinley, J.C.によって作られた550問からなる人格検査。

③ **✕** モーズレイ人格検査。Eysenck,

H.J.によって作られた人格検査。

④ ❌　自己評価式抑うつ尺度。Zung, W.W. K.によって作られた抑うつ検査。

⑤ ❌　ベック抑うつ検査。Beck, A.T.によって作られた抑うつ検査の第2版。

問26　④

① ❌　クライエントのことを思いやっていない言葉。

② ❌　実際に盗られたわけではなく、引き出しに財布が入っているので警察に相談する必要はない。

③ ❌　Oの人権を無視しているともとられかねない言葉。

④ ⭕　認知症が疑われるので、医療機関への受診を促すことは正しい。

⑤ ❌　財布は引き出しの中にしまわれていたということなので、事実確認よりも、NやOと話をすることが必要。

問27　①・③

この問題は、施設における家族支援に関する事例です。

① ⭕　**Aの実母への思いや実母の現状について、児童相談所と情報共有し、家庭復帰に向けた課題を話し合う。**
児童養護施設における家族支援は、児童相談所との情報共有、役割分担を行いながら進める必要がある。よって、適切といえる。

② ❌　**Aがいかに実母に会いたがっているのかが伝わるように、まずはAと実母が電話や手紙でやりとりできる機会を持つようにする。**

子どもと保護者との手紙や電話による通信については、職員が無断で見たり聞いたりすることはできないため、配慮が必要である。お互いが精神的に安定しているかどうかを確認したうえで行う方がリスクは少ない。よって、不適切。

③ ⭕　**面会や外出、一時帰省の際には、その目的、約束事についてパンフレットやしおりなどを用いて説明し、あらかじめ合意をとることが必要である。**
説明と合意をしっかり行っていることが重要である。よって、適切といえる。

④ ❌　**実母のいるAの場合、週末里親の利用は今後も検討されない。**
実母がいる場合においても、面会や一時帰宅の機会が少なく、家庭体験が必要な子どもの場合、週末里親の利用が検討される。よって、不適切。

⑤ ❌　**家庭復帰後は、市町村の要保護児童対策地域協議会に引き継がれるため、施設の家族支援は終了する。**
児童福祉法第48条の第3項には、措置解除後も、児童相談所と市町村、児童養護施設等の関係機関が連携して親子関係再構築支援を継続して行うことと明記されている。よって、不適切。

問28　⑤

この問題は、不登校（傾向）の生徒に対するスクールカウンセラーの対応を問う問題です。担任教師は、Aが登校するチャンスであるため、スクールカウンセラーに相談したものと考えられます。

① ❌　**何らかの精神疾患を発症している可能性が高いので、母親と面接を行い、精神科受診を促す。**

精神疾患を発症して不登校になっている可能性は排除できないが、これまでの情報でその可能性が高いとはいえない。よって、不適切。

② ✕ **本人と面接しないことには問題は解決しないので、中間試験の後、そのまま面接することを担任・母親を介して本人に伝える。**

確かに、中間試験のために登校するのであれば、Aと面接できるチャンスであるが、「本人と面接しないことには問題は解決しない」とまではいえないし、事前に伝えたために、登校しない可能性もあるので、最も適切とはいえない。よって、不適切。

③ ✕ **本人を刺激しないように、当面は経過を観察するよう担任教師に伝える。**

これでは何もしないことになり、チャンスを逃すことになる。よって、不適切。

④ ✕ **苦手な女子生徒に対して慣れていくために、中間試験後、担任教師がAを教室につれていくように促す。**

苦手な女子生徒に対するエクスポージャーが奏効する可能性はあるが、アセスメント自体がまだまだ不十分であるし、心理教育がない状態でエクスポージャーすることになる。よって、不適切。

⑤ ◯ **母親に、中間試験までに一度、来校してもらい、スクールカウンセラーも交えて話ができないか、提案する。**

スクールカウンセラーが直接母親から情報を聞いてアセスメントし、Aの登校時にスクールカウンセラーの面接が可能かどうかなどの作戦を立てること

ができる。よって最も適切といえる。

問29　　　　⑤

① ✕ 疼痛緩和目的であっても、心理的サポートは必要となる。

② ✕ 患者は心理的問題を抱えていても、自ら訴えようする人ばかりではないため、チームとともに基本的な関わりは欠かせない。

③ ✕ 精神的評価は、信頼関係が構築され、関わり合いの中で行うことが望ましい。

④ ✕ 否認は、受け入れることができない強い心理的苦痛から、自分を守ろうとする心理的なメカニズムであり、必ず生じるとは限らない。

⑤ ◯ 緩和ケアの目的は症状による苦痛や不快感を軽減し、精神的な平穏や残された生活の充実をはかることであり、正しい。

問30　　　　①

この問題は、Aに対する見立てについて問う問題です。

① ◯ **Aの落ち着きのなさは、家庭環境の不安定さや、虐待によるものである可能性がある。**

Aの落ち着きのなさは、発達障害の症状かもしれないが、虐待など心理的ストレスへの反応である可能性もあるので、そのことを考慮して支援にあたる必要がある。よって、適切。

② ✕ **Aは発達障害の可能性が高いので医療的支援が必要であるから、Aにすぐ小児科医の診察を受けさせるよう母親に指示する。**

この問題文の記述だけで、発達障害の
可能性が高い、と見なすことはできな
い。また、母親に指示する前に、母親
とのある程度のラポールを作るよう努
めることが大切である。よって、不適
切。

③ ❌ Aの落ち着きのなさは、複雑な家
庭環境からくるうつ症状だと考えられ
るので、まずは医師の診断のもと抗
つ薬の服用を始めるようアドバイスす
る。

うつ症状の一部として、落ち着きのな
さやイライラが現れることはある。し
かしこの問題文の記述だけで、Aがう
つ症状を呈していると考えることはで
きない。よって、不適切。

④ ❌ Aの年齢で落ち着きのなさが発
現するのは統合失調症の可能性があ
るから、まず医師の診断を受けさせる
よう母親に勧める。

統合失調症の症状が、とくにAの年齢
で出現するということはないし、Aに
落ち着きがない、という母親の報告だ
けで、医師の診断を勧めるのは不適切
である。

⑤ ❌ 幼稚園児に落ち着きがないのは
普通のことだから、Aに関して異常や
心の苦しみを疑うべきではない。

幼稚園児に落ち着きがないのは普通の
ことではあるので、公認心理師を含む
支援者が過剰に保護者の不安をあお
るべきではないが、母親によると、A
は幼稚園の先生から落ち着きのなさを
指摘されたということなので、そのこ
とを無視するのは不適切である。

この問題は、事例における母親への見立
てや介入に関して問う問題です。

① ❌ 大切なことを説明する母親の能
力の弱さから、知的障害の疑いがある
ので、Aの支援にあたってはまず母親
の知能検査を行う。

母親の説明が分かりづらい原因は、知
的水準の低さによるものではなく、公
認心理師に対して正直に心が開けてい
ないから、もしくは防衛機制によるも
のである可能性もある。よって、この
状況で「まず」知能検査をおこなうの
は不適切である。

② ⭕ 母親自身が、内縁の夫による暴
力など高いストレス下にある可能性を
考慮して支援に当たる必要がある。

Aの家庭に、暴力を含めて非常に高い
ストレスが存在しており、その中で母
親が力を失っている可能性が十分に考
えられるので、それを考慮しつつ支援
に当たることが重要である。よって、
適切。

③ ❌ 母親はAの支援を求めて来所し
たのだから、公認心理師が行う支援は
母親に対するものではなく、あくまで
Aに対するものだけに限定すること
が、来談者尊重の視点から大切であ
る。

母親はAの支援を求めて来たのでは
あるが、子どもの支援には、養育者を
はじめ周囲の人々への支援が必要にな
ることも多い。よって、不適切。

④ ❌ Aに対して内縁の夫による虐待
がおこなわれているから、ただちに家
庭訪問をして内縁の夫に注意をする。

Aに対して虐待がおこなわれている可

能性は十分に考えられるが、だからといって、虐待加害者だと思われる親に対してすぐ注意をしに行くと、かえって状況を悪化させかねない。よって、不適切。

⑤ ✕ **母親の感情の乏しさおよび話の内容の分かりづらさは、うつ症状か若年性認知症の症状であることが考えられるため、まず医療機関の受診を勧める。**

母親の感情の乏しさと話の分かりづらさが、うつ症状である可能性は否定できないが、問題文にある情報のみから、いきなり医師の受診と投薬を勧めるのは行き過ぎである。よって、不適切。

問32　　　　　　　　　⑤

典型的な心的外傷後ストレス障害（PTSD）と思われる患者に対する支援・治療を問う問題です。PTSDへのエビデンスの確立された心理療法としては、持続エクスポージャーを代表とするトラウマに焦点を合わせた認知行動療法と、眼球運動による脱感作と再処理法（EMDR）があります。

① ✕ **三環系抗うつ薬**
PTSDに対する薬物療法としては、SSRIと三環系抗うつ薬が条件つきで推奨されている。よって適切。

② ✕ **SSRI**
上述のとおり。よって適切。

③ ✕ **持続エクスポージャー**
複数のガイドラインで、PTSDの治療の第一選択として推奨されている。よって適切。

④ ✕ **EMDR**

トラウマに焦点を合わせた認知行動療法とほぼ同等のエビデンスがあるとされている。よって適切。

⑤ ◯ **クライエント中心療法**
PTSDに対するエビデンスのある治療法とはされておらず、受容・共感により、患者の情動が中途半端に上がってしまうというリスクが高い。よって不適切。

問33　　　　　　　　　②

この事例問題では、公認心理師が教育現場で勤務し、支援対象者のために学校や他機関（医療）と連携する際、必要な支援について問われています。

① ✕ **Aが教員に訴えた症状などをカウンセラーが直接聴き、より丁寧な情報収集や見立てを行う。**
教員からの情報だけを鵜呑みにしてアセスメントするよりも、公認心理師自身が成育歴なども含めた情報収集を行い、見立てをすることが望ましい。よって、適切。

② ◯ **教員や保護者に統合失調症であると伝え、医療受診を勧める。**
Aが教員に訴えた情報をまとめると、入眠困難、希死念慮、幻聴、妄想などがあると思われ、統合失調症を発症している可能性が高い。そのため、Aを医療機関につなぐことは必要である。しかし、医師でない公認心理師が診断名を伝えることは倫理的に問題である。よって、不適切なものとして選択できる。

③ ✕ **自殺の危険性を除外できないのでAとのカウンセリングを開始し、その中でAに医療受診を提案する。**

統合失調症の可能性があり服薬など医療機関からの支援が重要だと思われる。そのため、A自身が医療受診することの必要性を理解できるよう、丁寧に説明する必要がある。その際、自殺の危険性などA自身への見立てを行ったりA自身のしんどさを軽減したりするためにカウンセリングをすることは選択肢の1つである。よって、適切。

④ ❌ **教員が抱えている不安に共感し、チームとして一緒に対応していくことを提案する。**
教育現場で働く公認心理師（カウンセラー）にとっての支援対象者には教員や保護者も含まれる。教員は、生徒からの希死念慮や奇異な訴え（幻聴など）を聞いており、強い不安に襲われている可能性がある。そのため、教員への労いや励ましも重要だと判断できる。よって、適切。

⑤ ❌ **Aや保護者に医療受診を提案し、カウンセラーが紹介状を作成する。**
未成年のAが医療受診をするためには家族の理解と協力が必要不可欠で、精神科などを受診することに対して本人や家族が抵抗を示すことはめずらしくないため、どのようにつなぐのかを慎重に検討しなければいけない。医療受診について保護者や本人に同意してもらうためには、統合失調症を発症している可能性が考えられることや、その場合、服薬が必要になることが多いことなどを丁寧に説明するなどして、医療受診がなぜ必要なのかを伝える必要がある。また、医療機関にて本人や保護者が症状をうまく説明できない場合もあるので、生育歴や症状、公認心理師の見立てなどを含めた紹介状を作

成し、それを持参して受診してもらうことは、本人や保護者が安心できるだけでなく、医師がより適切な見立てをする助けになるため、有用である。よって、適切。

問34　②

① ❌　Aの母親に連絡を取り面接内容を伝えることは、Aに不信感を抱かせる可能性がある。また秘密保持の観点からもAの面接での内容を伝えることについては、中学生であっても同意を取らなければならない。

② ⭕　来室に対する不安や拒否的な気持ちがあることも推測される。Aの言葉を肯定し、労うことはラポールを築くためには適切な対応である。

③ ❌　現時点では「帰宅が深夜になることもある」ということのみで、情報が不足している。家庭環境について祖母や学校関係者から情報収集していくことが今後考えられるが、Aとのラポール形成を図っている段階での対応としては早急すぎる。

④ ❌　Aの発言を否定する返答になっている。まずはAに対して共感的な態度を示すことが求められる。

⑤ ❌　Aの非行内容について詳細に尋ねていくことは、面接に拒否的な感情を抱いているであろうAに、責められているような印象を与えるおそれがある。

問35　①

① ⭕　児童自立支援施設は、非行や家庭環境に照らして指導が必要な子ども

275

を対象としており、正しい。

② **✕** 14歳未満の触法少年であるため、検察官に逆送されることはなく、刑事裁判の対象とならない。

③ **✕** 児童相談所からは直接少年院ではなく、家庭裁判所に送致される。

④ **✕** 14歳未満の触法少年であるため、児童相談所や家庭裁判所に通告・送致され、少年院に送致される可能性はあるが、少年刑務所には入所しない。

⑤ **✕** 通常、児童相談所や家庭裁判所に通告・送致される。

問36　　　　　　　②

Aの話の内容から、ネグレクトや身体的虐待といった児童虐待が疑われるケースです。このため、「児童虐待の防止等に関する法律」（児童虐待防止法）に則った対応が公認心理師に求められます。

① **✕** 「児童虐待の防止等に関する法律」では、児童虐待の可能性が疑われる場合、発見者は「速やかに」通告する義務がある。じっくり話を聞くというのは適さない。また、児童虐待の通告義務は、守秘義務より優先すると定められていることも押さえておくこと。

② **◯** 適切である。児童虐待を含む虐待には通告義務がある。

③ **✕** 児童虐待が疑われる場合、まずは市町村もしくは児童相談所へ通告することが優先される。このケースの場合、父親がAに口止めしており、場合によっては、さらなる身体的虐待のおそれがあることからも、安易な事実確認は適さない。

④ **✕** 今後、場合によっては心理的な支援も考えられるが、まずはAやCの安全確保が優先される。

⑤ **✕** 家庭環境による影響が大きいと考えられるケースである。Cが発達障害であるかよりも、家庭の状況がB、Cに多大なストレスとなっていると考えられる。

問37　　　　　　　②

この問題では、障害がある者への合理的配慮、就労支援に関する知識が問われています。

障害者職業センターでは、職業評価、職業準備支援、職業適応援助者支援事業、精神障害者総合雇用支援、事業主に対する相談・援助、地域における職業リハビリテーションのネットワークの醸成、地域の関係機関に対する職業リハビリテーションに関する助言・援助といった支援を受けることができます。

① **✕** **本人の得意・不得意を把握する為、発達検査を必ず受けるように伝える。**
本人の今後の対応や職業適性を判断する資料として発達検査の結果を利用することは有用であるが、「必ず受けるように」と発達検査を強要してはならない。よって、不適切。

② **◯** **障害者職業センターで職業評価を受けることを提案する。**
職業評価は、生活歴や職業経験の聞き取り、職業適性検査、心理検査の実施など個別に設定した内容で実施される。「自分の特性にあった仕事を知りたい」という主訴と合致している。よって、最も適切といえる。

③ ✕　Aには知らせず、Aの会社の上司に診断名や障害特性を伝え、業務内容の変更・調整などの合理的配慮を依頼する。

障害者差別解消法において合理的配慮の提供義務が課されており、国・地方行政機関は法的義務、民間事業所は努力義務となっている。Aは民間企業で勤務していることから、事業者の負担が重すぎない範囲で職場は配慮していくことが予想される。しかし合理的配慮については「本人による意思表明」が重要であること、秘密保持の観点からも「Aには秘密にして合理的配慮を依頼する」という記載は誤りである。よって、不適切。

④ ✕　「障害者雇用枠で勤務することが望ましい」とAに伝える。

現時点では本人が勤務する上でどの程度合理的配慮が必要であるのかについては明確になっていないことから断言はできない。まずは十分なアセスメントを行い、産業医や主治医に相談し判断を仰ぐことが望ましい。よって、不適切。

⑤ ✕　Aと相談し、特別障害者手当を申請する。

特別障害者手当は、精神又は身体に著しく重度の障害を有し、日常生活（食事、用便の始末、衣服の着脱、簡単な買い物、家族との会話等）において常時特別の介護を必要とする状態にある在宅の20歳以上の者が対象となる。Aは現在該当する状態ではない。よって、不適切。

問38　①

この問題は、産業領域におけるストレスチェックの理解に関する問題です。

① ◯　Aに職場の集団分析結果を提供し、必要な対応を協議する。

10名未満の事業所では、個人が特定される恐れがあるため、集団分析は実施してはいけない。よって、対応としては不適切。これが正解である。

② ✕　Aに未受検者のリストを提供し、未受検者に受検の勧奨を行うよう助言する。

事業者は未受検者に受検を促す義務があるため、適切と言える。よって、正解としては選択できない。

③ ✕　面接指導の実施日時について、Aと従業員とが情報を共有できるよう助言する。

面接指導の日時に関しては、労働者が事業者を通して申し出ることとなっている。よって、正解としては選択できない。

④ ✕　面接指導を実施した医師から、Aが就業上の措置の必要性及び措置の内容について意見聴取するよう助言する。

面接結果を踏まえて、医師は就業上の措置について、事業者に意見することになっている。よって、正解としては選択できない。

問39　③

① ✕　子どもがある程度の年齢に達しているなど、自分の意見を述べることができ、明確に面会交流を拒否している場合には、面会交流が認められない

場合もある。

② ❌ 親権者が面会交流に立ち合うことは可能である。

③ ⭕ 親権を持たない親に問題行為・違法行為がある場合には、面会交流によって子どもに重大な危害が加えられる可能性があるため、面会交流が認められない場合がある。

④ ❌ 面会交流は、両親（または代理人）の話し合いによって、日時や場所、回数などが決められる。両親の話し合いによって解決しなかった場合には、親権の無い親が面会交流の調停を申し立て、調停員を交えて話し合いを行う。調停でもまとまらなければ、審判に移行し、調査官調査や試行的面会交流が実施される。

⑤ ❌ 離婚に至った経緯が暴力であった場合、父親に対して強い恐怖心を抱いているなど子どもの精神的負担を考慮して、面会交流が認められない場合がある。

問40　　　　　　　　　⑤

この事例問題は、全般性不安障害と予想されるクライエントに適切な心理的アプローチを選択する問題です。

① ❌ **不安の対処法の一つとしてリラクゼーション法を教示する。**
不安、緊張の対処法としてリラクゼーション法を用いることはあるため、適切である。

② ❌ **不安に感じる際の考えを把握し、適切な考え方に修正する。**
漠然とした不安に対して、認知療法を用いることは適切である。

③ ❌ **最近控えていた趣味や活動を無**

理のない範囲で再開してもらう。
活動の低下を防ぐために、行動の活性化を試みることは適切である。

④ ❌ **不安の日内変動をモニタリングしてもらう。**
不安の特定のために、活動記録表を用いてモニタリングすることは適切である。

⑤ ⭕ **漠然とした不安は抑圧されたものが原因であるとし、内省を促す。**
不安が抑圧されたものとしても、内省によって解決できるものではない。

問41　　　　　　　　　④

① ❌ Bの気持ちに寄り添うことが大切。

② ❌ 課長の発言が実際、そのようであったのかについては、課長や周囲の人に直接聞くなどしないとわからず、勝手な判断で動きすぎない。

③ ❌ 急いで事実確認を目的とした会議を行わず、まずは産業医との相談など連携が必要。

④ ⭕ 産業医との連携が重要。

⑤ ❌ 実際のところもわからず、勝手な判断で動きすぎない。

問42　　　　　　　　　②

① ❌ 日常的に支障をきたすほど重度または持続的な悲しみ、興味、喜びの減退を特徴とする。

② ⭕ 幼いころからパーソナリティとして、不安になりやすく完璧主義なところから。自閉スペクトラム症等、発達障害の可能性も考えられるが、ここでは選択肢に存在しないため、②が最

も適当。

③ ❌ 上記②と同様、後に発症したものではなく、幼いころからであるので選べない。

④ ❌ 突然の動悸や呼吸困難などの身体症状と共に強い不安や恐怖を感じるもの。「パニックになった」との記述もあるが、間違うことや間に合わないことへの強い不安や予期不安は見られない。

⑤ ❌ 漠然とした理由のはっきりしない不安であり、Bの場合は理由のはっきりとした不安や恐怖があるのみ。

① ❌ 従業員が自分自身のストレスに対して行うケアのこと。

② ❌ 部長や課長などが直属の部下に対して指導・相談を行うこと。

③ ⭕ 公認心理師であるカウンセラーが行うケアはこれに当てはまる。

④ ❌ 外部機関によるケアのこと。

⑤ ❌ 死別など大きな悲しみを持つ人への心理的ケアのこと。

この事例問題では、実行機能障害を疑われるクライエントに対する、適切な神経心理検査についての理解が問われています。

① ❌ WAIS-IV
段取りの悪さに対して、知能検査は適切ではない。

② ❌ ADAS
ADASは、アルツハイマー型認知症の評価尺度であり、記憶障害についての

問題が多い。よって、適切ではない。

③ ❌ MMPI
MMPIは、4つの妥当性尺度と人格の傾向を表す10の臨床尺度からなる質問紙法人格検査であるため、適切ではない。

④ ⭕ BADS
BADSは、日常生活上の遂行機能（目標を設定し、計画を立て、実際の行動を効果的に行う能力）を総合的に評価する検査である。よって、適切。

⑤ ❌ RBMT
RBMTは、実際の生活場面に近い状況を検査室内でシミュレーションして、日常記憶を総合的に評価する検査である。よって、適切ではない。

① ❌ 精神疾患の有無を見定めることも必要ではあるが、就労支援をしているので、心理治療を行うより就労につながる相談をしていく。

② ⭕ Rの動機づけを高めるためにアセスメントし、適切な就労支援へとつなげることは担当ケースワーカーから求められる役割とも合致しており、正しい。

③ ❌ 就労支援が役割である。

④ ❌ 叱咤激励は公認心理師の仕事ではない。

⑤ ❌ 精神的原因を根本治療することが必要であったとしても、それは医療機関等外部で行うべきことであり、就労支援に焦点を当てる必要がある。

問46　　　②・⑤

発達相談での公認心理師の対応を問う問題です。

① ❌ **母親にジョイニングするため、一緒になって保健師の悪口を言う。**

保健師は連携すべき相手であり、Bが調子を合わせて悪口を言うことは不適切である。

② ⭕ **母親の労苦をねぎらいながら、「保健師の対応に不満があるんですね」と共感的理解を示す。**

まずは母親とのラポールが形成されていないと、どんな助言も受け入れてもらえないので、共感的理解を示すことは重要である。

③ ❌ **就学を控えていることもあり、できるだけ早めに発達検査を受けるよう勧める。**

発達検査を受けてＡの発達特性への理解を促すことは適切であるが、就学が迫っているからと焦らせるのは、支援者側の勝手な都合であり、不適切である。

④ ❌ **面接場面でのＡの様子からも、自閉スペクトラム症の可能性があると伝え、症状について心理教育を行う。**

診断名を公認心理師の立場から告げることは不適切である。心理教育についても、障害受容ができていない現時点では効果的ではないと考えられる。

⑤ ⭕ **幼稚園と連携することは、園でもＡの発達を促す個別的な関わりを考えていけるという利点があると説明する。**

幼稚園とは今後も連携の必要性が考えられ、インフォームド・コンセントの観点からも、しっかりと説明して母親の理解を得ることは適切である。

問47　　　①・②

虐待事例において、どのような機関に措置されるのかという知識を問う問題です。

① ⭕ 児童福祉施設の一つで、犯罪などの不良行為をした児童、もしくはそのおそれのある児童、家庭環境等の事情により生活指導等を要する児童が入所する施設。児童相談所からの措置を経て入所する場合と、家庭裁判所での審判を経て送致される場合がある。

② ⭕ 児童福祉施設の一つで、心理的問題を抱え日常生活の多岐にわたり支障をきたしている児童に医療的な観点から、生活支援を基盤とした心理治療を中心に、学校教育との密な連携による総合的な治療・支援を行う施設。入所だけでなく通所による支援も行っている。

③ ❌ 旧医療少年院。少年審判によって「心身に著しい故障がある」とされたおおむね12歳以上26歳未満の者を収容し、治療と矯正教育を行っていく施設。Ａの状態として、収容される可能性は非常に低いと考えられる。また児童相談所から措置される機関ではない。

④ ❌ 都道府県警察に設置されており、街頭補導活動や継続補導などの活動を通して、非行防止対策を推進している。児童相談所と連携を図ることはあるが、当該児童が措置される機関ではない。

問48　⑤

ていることを表す概念である。

① ❌　家族療法は、父親を原因と見る直接的因果律ではなく、相互作用の問題と見る円環的因果律で問題を捉える。
② ❌　①同様、直接的因果律で母親を原因とすることはしない。
③ ❌　①同様、T自身を原因と見るのは誤りである。
④ ❌　家族療法では、必ずしも家族全員の来室を必要としていない。
⑤ ⭕　家族療法では、誰かを悪者や原因に仕立て上げるのではなく、家族システムと呼ばれる家族成員間のコミュニケーションが良循環になるように、まずは各家族成員との間の関係性づくりを行う。

問49　③

① ❌　家族の話に傾聴し労いなども行っており、ラポールの形成に努めているともいえるが、家族療法の視点からは③の方がより適切。
② ❌　これまでと違った意味付けを行うものであり、本文中にはない。
③ ⭕　家族療法では、その後の介入をスムーズにするために、ジョイニングという家族との波長合わせを行い関係づくりを行う。ジョイニングは面接の最初のみ行われるのではなく、継続面接の中では常に行われていく。
④ ❌　実際の家庭生活での様子を面接場面で演じることにより相互作用（コミュニケーション）を再現させるもの。
⑤ ❌　多世代派家族療法のBowen,M.による理論で、三者関係の問題が生じ

問50　①

① ⭕　学校以外の教育機関であり、正しい。
② ❌　教育委員会のこと。
③ ❌　児童家庭福祉に関する地域の相談機関である。
④ ❌　虐待や養護、障害などの相談機関である。
⑤ ❌　児童相談所の別称。

問51　③・④

この問題は、社交不安症に対する認知行動療法の内容を問う問題です。

① ❌　不安を和らげるために行っている「マスクをつける」「下を向く」などの行動をコーピングとして称賛し、別のコーピングを一緒に考えていく。
　マスクをつけるなどの不安を和らげる行動は、「安全確保行動」と呼ばれ、これらをしないようになることが治療的だと考えられる。よって、適切ではない。
② ❌　幼少期の体験が症状に影響を与えているので、幼少期の体験を詳しく聴き取っていく。
　認知行動療法では、症状の維持因子に働きかけることが中心である。また、幼少期の体験をそれほど重視せず、詳しく聴きとることはあまりしない。よって、適切ではない。
③ ⭕　ゼミ発表の練習を行い、その場面をビデオに撮って、自己イメージの妥当性を検証する。
　これはビデオ・フィードバックと呼ば

281

れる技法であり、社交不安症に対する認知行動療法ではよく使われる。よって、適切。

④ **〇** 近くのコンビニに行く「実験」を行い、予想と結果、そして両者を比較して学んだことをシートに記入していく。

これは行動実験と呼ばれる技法であり、社交不安症に対する認知行動療法ではよく使われる。よって、適切。

⑤ **✕** より悪化する可能性があるので、原則としてホームワークは実施しない。

認知行動療法では、原則としてホームワークを実施する。よって、適切ではない。

問52　③

① **✕** 公認心理師は自分の利益のためにクライエントを利用してはならず、クライエントへの精油等の販売も慎むべきである。

② **✕** 公認心理師はこころの専門家であり、そういったこころの悩みを相談している関係性において、マッサージなどの身体接触を伴う施術は慎むべきである。

③ **〇** クライエントの主体的な判断に任せられるよう、複数の機関を提示する必要があり、正しい。

④ **✕** 心療内科など外部機関を紹介する場合は、一箇所ではなく複数箇所を提示し、クライエントが自ら主体的に選べる状況を作るべきである。

⑤ **✕** 上記①と同様、公認心理師は自分の利益のためにクライエントを利用してはならず、外部機関の紹介の際も

上記④と同様、一箇所ではなく複数箇所を提示するべきである。

問53　②

この問題は、死ぬことを考えている要支援者に対する対応を尋ねる問題です。しかしながら、問にもあるように「まず」何を行う必要があるか、ケース概要から読み取る必要があります。

① **✕** すぐに面接を中断して、母親に入室してもらい、Aに希死念慮があることを伝える。

守秘義務の例外として、生命の危険がある場合は、家族などの関係者に状況を話すことはあり得るが、このケースは、初回面接であり、母親との関係性も把握できていない。この段階でいきなり母親に伝えることは適切ではないと思われる。また、「死ぬことばかり考えている」とあるが、それをAがどれほど深刻なものとして考えているのかも査定できていない。そのため、①は、まず行うことではない。よって、不適切。

② **〇** 死ぬことを考えるくらいつらい状況であることに共感しつつ、どうして母親に言わないでほしいのか尋ねる。

①、③、④ともに必要な対応ではある。しかし、これらは、まずAの気持ちに対して共感をしたうえで、検討されるべきことであろう。そのため、公認心理師が、まず対応すべきこととしては、これが最も適切である。

③ **✕** 「死ぬことばかり考えている」ということから、命を守るために守秘義務の例外について話す。

初回面接時には、このような守秘義務の例外についても話しておく必要がある。しかしながら、まずは、現在のAの気持ちに共感することが必要であると思われる。よって、不適切。

④ ❌ **希死念慮があることから、医療機関にリファーする。**
医療機関へのリファーも選択肢として必要であるが、①同様に査定が必要であり、まず行うことではない。よって不適切。

⑤ ❌ **要支援者との関係性が重要であるので、母親に言わないことを約束する。**
要支援者との関係性は非常に重要であるが、「死ぬことばかり考えている」ということの実現度が査定できないうちに、このような約束をしてしまうことは危険である。よって、不適切。

問54 ①

① ⭕ コンサルテーションとは、スクールカウンセラーが心理の専門家として、教育の専門家である教員に助言・相談を行うこと。

② ❌ スーパーヴィジョンは、教育指導のことを指すので、スクールカウンセラー-教員間では使わず、公認心理師間などで行われる。

③ ❌ 教員の心理的アセスメントを行ってはいけないわけではないが、スクールカウンセラーの業務としては保護者や児童生徒の心理的アセスメントや相談のほか、教員へのコンサルテーション、教員研修などが挙げられる。

④ ❌ 教育分析は、精神分析家が自分より経験のあるほかの精神分析家に精

神分析を受けることであり、通常、教員に行うものではない。

⑤ ❌ 夢分析は、通常、教員に行うものではない。

問55 ④

① ❌ 興味があれば集中して取り組み、学習に特定の困難が見られない。

② ❌ 行為障害では重大な規則違反や他人への攻撃、窃盗や物の破壊などが見られる。

③ ❌ パーソナリティ障害は認知や衝動コントロール、対人関係といった広範囲のパーソナリティの偏りである。

④ ⭕ 「じっとしていられず、教室内を歩き回ったり〜（中略）〜落ち着きがない。」という箇所から、注意欠如・多動症（ADHD）の可能性が考えられる。その他、自閉スペクトラム症なども考えられるが、選択肢に存在しないため選べない。

⑤ ❌ 特定の場面のみ緘黙してしまうものである。

問56 ④

① ❌ 子どもを非難するような言葉なので不可。

② ❌ 「誰もわかってくれない」という決めつけ、「私だけは」という限定により、他の生徒との関われる可能性を妨げる危険性がある。

③ ❌ 子どもを非難するような言葉なので不可。

④ ⭕ Sの問題行動の背景にあるものを考え、Sと一緒に探す共同作業の提案をしており適切であり、正しい。

⑤ ❌　子どもの気持ちを傾聴し、受容・共感することが大切。

問57　④

① ❌　現時点で児童精神科を薦めることは、保護者のショックや拒否につながる恐れがあるため、児童精神科や心療内科等の受診の薦めに関しては慎重にする必要がある。
② ❌　Sを発達障害と決めつけるべきではないし、S以外の生徒に偏見を与えないように気をつける必要がある。
③ ❌　一概に教師の教室運営能力の問題とはいえない。
④ ⭕　心理職はクライエントの短所ばかりでなく長所も含めてアセスメントをすることが必要であり、教師の見落としがちな視点に焦点を当てることは正しい。
⑤ ❌　できるところや得意なところについても話すとよい。

問58　③

この問題は、被害にあった人に対する理解と必要な声掛けについて問う問題です。

① ❌　**とりあえず、今、相談に来ることができているくらいの状態ではあるので、良かったですね。**
Aの体験を軽視しているような発言である。よって、不適切。
② ❌　**確かに帰宅が遅くなったことがいけなかったですね。**
Aを責めている発言で、余計に自責感を高めてしまう。よって、不適切。
③ ⭕　**そんな辛いことを話すには勇気がいったよね。**

Aの現在の心理状態に寄り添った言葉かけである。このような体験をした際には、まず、気持ちを落ち着けることが大切である。この言葉は、Aの気持ちに最も共感できていると思われる。よって、適切。
④ ❌　**どんな風に被害にあったか、詳しく教えてください。**
今回の件は、Aにとって辛い出来事であったと思われる。そのような体験について、いきなり詳細に語らせるのは、想起による再体験を促してしまい危険である。よって、不適切。

問59　③

児童福祉法に関連して、障害がある児童が利用可能な支援機関・施設についての知識が問われています。

① ❌　**地域包括支援センター**
介護保険法に基づく施設である。介護予防ケアマネジメント（介護予防ケアプランの作成等）、総合相談支援業務、権利擁護業務（高齢者虐待への対応、成年後見制度の活用促進等）、包括的・継続的ケアマネジメント支援業務（支援困難ケースへの指導・助言、ケアマネジャーへの日常的個別指導等）を中心に行っている。主に高齢者が利用対象となる。よって、不適切。
② ❌　**児童家庭支援センター**
児童福祉法に基づく児童福祉施設である。児童に関する家庭、その他からの相談のうち、専門的な技術を必要とするものへの助言、児童相談所からの委託を受け要保護性があり継続的な指導が必要な児童・家庭への指導、児童相談所・児童福祉施設・学校等関係

機関との連絡調整を行っている。「地域の中で同年代の子どもと交流する機会を確保する」という点においては事業内容と一致しない。よって、不適切。

③ ◯ **放課後等デイサービス**

受給者証を取得した障害のある就学児童（原則6〜18歳）が学校の授業終了後又は休業日において利用できる施設である。利用条件に療育手帳の所持は必要がない。子どもの最善の利益の保障、共生社会の実現に向けた後方支援、保護者支援を基本的役割としている。個々の子どもの状況に応じた発達支援、保護者支援を行うことができ、同年代の子どもとの交流の機会も確保することが可能である。よって、適切。

④ ✕ **児童自立支援施設**

児童福祉法に基づく施設である。不良行為を行った、又はそのおそれがある児童、家庭環境等の環境上の理由により生活指導等を必要とする児童を入所、もしくは通所させ、必要な指導を行い、児童の自立を支援することを目的とした施設である。よって、不適切。

⑤ ✕ **児童心理治療施設**

児童福祉法に基づく施設である。心理的問題を抱え社会生活の多岐に渡り適応が困難な児童を入所又は保護者の元から通所させ、医療的観点から生活支援を基盤とした心理治療を行う施設である。よって、不適切。

問60　　　②

この問題は、医療機関におけるDVの発見とその対応についての問題です。DV防止法に基づく通告に関して、児童虐待防止法の通告とどのような違いがあるのかに注意しましょう。また、発見者がどのような支援を求められるのかを把握することが必要となります。

① ✕　DV防止法（配偶者からの暴力の防止及び被害者の保護に関する法律）第6条では、被害者を発見した場合は警察、もしくは配偶者暴力相談支援センターに通報するように努めなければならないと定められているが、一方で被害者の意志の尊重と配慮が求められるとされている。そのため、通告は義務ではなく努力義務であるため不適切である。

② ◯　上記の通り、被害者の意思を尊重したうえで、配偶者暴力相談支援センター等の利用について情報を提供するよう努めることが定められている。

③ ✕　DV防止法第6条において、被害者の意志の尊重は定められているが、通報の努力義務が守秘義務によって制限されることはないとされている。

④ ✕　②の通り、DV防止法第6条には通告の努力義務と情報提供の必要性が記されている。そのため、情報提供をせずに治療を行うことは不十分である。

⑤ ✕　Aは夫について話すことに消極的である。被害者を発見しても通報や情報提供に触れず、傾聴に努めることは適切であるとはいえない。

問61　　　①・⑤

① ◯　認知行動療法によって、トラブルに対する捉え方を変容させることで気持ちを切り替えるお手伝いをするとよいと思われる。

② ✕　会社での取引先のトラブルに対

285

して、気持ちを切り替えるために、補助としてSSRIなどの抗うつ薬は役に立つかもしれないが、抑うつから気持ちを持ち上げても認知が変容していなければ自信を取り戻すことは難しい。

③ ❌ 電気けいれん療法は、重度のうつなどに用いられるので不適切。

④ ❌ 状態としてリラクゼーションを起こすことはできても、今後のトラブルへの対処は困難である。

⑤ ⭕ マインドフルネス認知療法などのマインドフルネスに根ざしたアプローチによって、トラブルに対する捉え方を変容させることで気持ちを切り替えるお手伝いをするとよいと思われる。

問62　　　　　　　　　④

① ❌ Aの心理的な状態を把握し、産業保健スタッフと連携する。

Aの動揺を考えると、産業保健スタッフと連携して支える必要があると思われる。よって、不適切なものとして選択できない。

② ❌ 社内の産業保健スタッフと医療機関とが連携し、仕事を継続しながら治療を受ける方法があることを説明する。

現実的な方法を提案することは、動揺しているAにとって役立つと思われる。よって、不適切なものとして選択できない。

③ ❌ Aの要望に応じて、産業医から上司にAの病状や必要な配慮について説明できることを伝える。

Aからの要望があれば、上司に対して産業医から現状を説明してもらうこと

は有用だと思われる。よって、不適切なものとして選択できない。

④ ⭕ 上司からの理解のない発言がみられたことから、すぐに人事課に行って職場を変更してもらうように助言する。

確かに上司は理解がないが、すぐに職場変更をすることは、Aに負担を強いることになることもある。まずは、③のように産業医から説明をしてもらうことを優先すべきであろう。よって、不適切なものとして選択できる。

問63　　　　　　　　　③

この問題は、カウンセリングの中断したクライエントの心理的過程を読み取る問題です。

① ❌ 3回目のカウンセリングで、抵抗が生まれ、Bに話すことが怖くなった。

抵抗によって、カウンセリングが怖くなることがあるため、Aの心理的過程としては妥当である。よって、適切。

② ❌ Bのカウンセリングに疑問を感じ、続ける意欲が無くなった。

Bの進め方に、疑問を感じ、カウンセリングに対する意欲がなくなることは、心理的過程としては妥当である。よって、適切。

③ ⭕ 自己開示していくなかで、様々な感情が表出せられたBに敵意をみせた。

カウンセリングでは様々な感情が生じることもあるが、この事例では敵意まで抱くことは考えにくい。よって、不適切なものとして選択できる。

④ ❌ カウンセリングを続ける意欲がなくなったが、もう一度向き合おうと

決心した。

再度カウンセリングを開始する行動には、何かしら決意に満ちた心理的過程が読み取れる。よって、適切。

問64　①

この問題は学校現場における虐待への対応を問う問題です。児童福祉法と児童虐待防止法に基づいて、虐待を受けていると思われる児童からの相談に対して、何をもって虐待と判断し、どのように対応することが必要かについて、児童との守秘義務という点も踏まえたうえで、何が優先されるのかに注意しましょう。

① ⭕ 児童虐待の防止等に関する法律第6条、「虐待を受けたと思われる児童を発見したものは速やかにこれを市町村、都道府県の設置する福祉事務所もしくは児童相談所または児童委員を介して市町村、都道府県の設置する福祉事務所もしくは児童相談所に通告しなければならない」とあるため、通告すべきであるといえる。

② ❌ 刑法の秘密漏洩の規定その他の守秘義務に関する法律の規定は通告をする義務の遵守を妨げるものと解釈してはならない（児童虐待防止法第6条3項）とあり、守秘義務よりも通告義務が優先される。

③ ❌ 平成16年児童虐待防止法の改定により、通告対象が「虐待を受けた児童」から「虐待を受けたと思われる児童」に拡大された。これにより、事実が必ずしも明らかでなく、主観的にでも虐待と思われる場合には通告義務が発生するものとなっている。

④ ❌ 確かに学校現場において、虐待の通告は学校の総意であることが望ましいとされている（文部科学省）。しかし、会議を行う目的は虐待を「確証」するためではなく情報の収集・共有や、その後の方針の決定、であるとされている。また、学校での会議を優先して、目の前の児童を虐待の可能性がある家庭に帰宅させることは望ましくないと言える。

⑤ ❌ 虐待の有無を判断するために心理検査を実施することは効果が薄いため不適切。今回の場合、本人からの訴えと外傷痕や熱傷の跡など観察からもみてとれ、虐待の可能性があるため、通告義務が生じると考えられる。

問65　③

① ❌ 事例からは元々のパーソナリティと断言できない。

② ❌ 事例からは間欠性爆発性障害を疑えない。

③ ⭕ 父子家庭であり、一人で父親と母親の役割を果たさねばならないことや、Pの障害特性による育てにくさによりストレスがたまりやすくなることから、怒りっぽくなるのは自然のことであり、正しい。

④ ❌ 事例の情報だけでは、父親の知的障害や発達障害までは疑えない。

⑤ ❌ 事例からは反社会性パーソナリティ障害や境界性パーソナリティ障害を疑えない。

① 〇 言語的交流が難しい子どもに対して有効であり、正しい。
② ✕ 言語能力に乏しいため、用いるのは困難。
③ 〇 言語を介さずに表現することができるため、正しい。
④ ✕ 言語能力に乏しいため、用いるのは困難。
⑤ ✕ 認知症に対して用いる心理療法。

問67 ④

この問題は、愛着形成に問題がみられる事例に関する問題です。愛着に関する問題には、養育者に対して進んで愛着（アタッチメント）を求めることがないことを特徴とした反応性愛着障害のタイプと、初対面の大人などに対して文化的に不適切に過度に接近し交流を持とうとする脱抑制型タイプがあります。この事例は、後者のタイプと考えられます。

① ✕ **注意欠如多動症／注意欠如多動性障害＜AD／HD＞**
この障害は、不注意と多動性／衝動性を特徴とする障害で、12歳までに症状が認められる。虐待を受けた児童にみられる多動性とADHDが混同されることが多い。この事例においても、「待つことが難しい」といった落ち着きのなさはみられるが、主だった症状は大人との交流場面における問題であり、愛着障害の特徴と考えられる。よって、不適切。

② ✕ **分離不安症／分離不安障害**
この障害は、愛着対象（養育者など）からの分離に対する、発達的に不適切で、過剰な恐怖または不安がみられることが特徴である。この事例では、分離場面における恐怖や不安といった症状はみられていない。よって、不適切。

③ ✕ **自閉スペクトラム症**
コミュニケーションの障害や想像力の問題、感覚過敏や感覚鈍麻等を特徴とする障害である。幼少期より、共同注意や指さしがない、ことばの遅れ、感覚過敏といった問題がみられることが多々ある。この事例の場合、「一方的に話しかける」という特徴はみられるが、自閉スペクトラム症を裏付けるような想像力の問題や感覚過敏や感覚鈍麻等の問題、コミュニケーションの質的な問題はみられない。よって、不適切。

④ 〇 **養育者との愛着形成の阻害**
愛着形成の阻害による愛着障害の特徴がみられる。よって、適切。

⑤ ✕ **PTSD＜心的外傷後ストレス障害＞**
この障害は、心的外傷（トラウマ）体験後におこる反応で、侵入的想起（フラッシュバックや悪夢、ポストトラウマティックプレイ）、持続的回避や麻痺症状、過覚醒症状（睡眠障害、易怒性、集中困難、過剰な驚愕反応）といった症状が続くことが特徴である。虐待を受けた子どもにしばしばみられる障害だが、この事例には、これらの症状はみられない。よって不適切。

問68 ②

この問題は、精神保健福祉法により定められた入院措置について問う問題です。4つの入院措置とその条件を把握しておくことが必要でしょう。

① ❌　精神保健福祉法により、本人の
同意がなくても厳格な要件に基づき、
入院措置を取ることができる。「措置
入院」、「医療保護入院」、「応急入院」
によって入院措置を取ることが可能で
ある。
② ⭕　同法29条により、自傷他害の恐
れがあり、指定医2名以上の診察の一
致によって、本人の同意も家族の同意
もなく、入院措置を取ることができる
のが「措置入院」である。
③ ❌　同法33条の7により、急速を要
する場合に且つ家族の同意が得られな
い72時間を限度とする入院が「応急
入院」である。
④ ❌　同法20条により、任意入院とは
本人の同意に基づく入院であり、これ
が原則型とされている。
⑤ ❌　同法33条により、本人の同意が
なくても家族等の同意があれば入院さ
せることができ、これを医療保護入院
と呼ぶ。本事例においては家族の同意
があるため医療保護入院が可能である
が、入院期間は「4週間まで」に限定さ
れない。

問69　　　　　　　　①

この問題は、産業領域で休職に対する罪
悪感や服薬への抵抗を示す要支援者への
対応を問う問題です。

① ⭕　**回復のために仕事を休むことの
必要性と重要性について、説明する。**
本ケースは医師からも仕事を休むこと
を勧められていることから、要支援者
が安心して休めるよう、休むことの必
要性と重要性を説明し、罪悪感の軽減
を目指すべきである。よって、適切。

② ❌　**仕事のミスをどのようにして減
らすかについて話し合う。**
仕事のミスを減らすことについて話し
合っても構わないが、現時点で話すべ
き内容ではない。よって、不適切。
③ ❌　**服薬がストレスになっているた
め、徐々に減薬することを進める。**
公認心理師に薬の調整をする権限はな
い。これは、医師と話し合うべき内容
であり、公認心理師は、服薬の重要性
を伝えたり、服薬への抵抗について医
師と話し合ったりすることをAに勧め
るべきである。よって、不適切。
④ ❌　**服薬への抵抗を示す気持ちを汲
み、薬に頼らなくてもいいように面接
回数を増やす。**
面接回数を増やすこと自体は構わない
が、③の解説に示したように、まずは
服薬への抵抗に対して対応すべきであ
る。

問70　　　　　　　　④

① ❌　Hの様子から病院が安心できる
場にはなっていないことがわかる。二
人きりになるのは信頼関係が構築され
たあとから。
② ❌　心理検査の説明を妻にすること
もあるが、同意は本人から得る。
③ ❌　医療現場における患者の多様な
ニーズに応えるには、その場での判断
が必要。
④ ⭕　公認心理師は心理的な面だけで
なく、社会面や生物学的側面など、さ
まざまな視点から検討することが必要
であり、正しい。
⑤ ❌　主治医以外の職種とも連携が大
切。

問71　⑤

① ❌　Hだけでなく妻も病院に対して不信感をみせている。まずはHに関わっている人やカルテなどから情報を得る。
② ❌　検査を行う場合は、本人同意を必ず得ることが必要。
③ ❌　まじめに応答してくれるからといって、良好な関係性が構築されているとはいえない。
④ ❌　ロールシャッハテストとTATは、両方とも無意識の深い部分をみる投映法検査であり、この2つを実施するのは、テストバッテリーとしては不適切。
⑤ ⭕　公認心理師には多職種の連携が望まれており、Hに関わるスタッフとの情報や目標の共有をすることは望ましく、正しい。

問72　②

① ❌　解離を促進させる危険性があるので不適切。
② ⭕　現時点でトラウマについてたくさん聞くのは避け、関係づくりを行うとよい。
③ ❌　解離によって健忘や他の人格が出てきている可能性が考えられ、EMDRを導入することは、解離を促進させる危険性があるので不適切。
④ ❌　現時点で関係者に集まってもらうことは、Wにとってストレス過多になる可能性が高く、解離を促進させたりドロップアウトする可能性が高くなるため不適切。
⑤ ❌　クライエントの発言を、気のせ

いと切り捨ててはいけない。

問73　③

① ❌　解離している可能性がある場合には不適切。
② ❌　不適切。夢分析はユング派。夢のワークはゲシュタルト療法で用いられる。
③ ⭕　リソースや安全感を感じられるようにすることが重要。
④ ❌　解離が疑われるため、いきなりのトラウマの脱感作は危険。
⑤ ❌　共感する面接は必要だが、現実的な問題に対し先に対処することが必要。

問74　②

この問題は、事例をアセスメントして、適切な心理検査を選択できるかどうかが問われています。Aは、過剰に確認をくり返しているところから、確認強迫の症状がみられ、強迫症が疑われます。

① ❌　BDI-II
うつの重症度を測る質問紙なので、最も適切とはいえない。

② ⭕　Y-BOCS
強迫症の重症度を評価するための半構造化面接による心理検査である。よって適切。

③ ❌　LSAS-J
社交不安症の臨床症状や治療反応性を評価する尺度である。よって適切ではない。

④ ❌　MMSE
認知症のスクリーニング検査である。よって適切ではない。

⑤ ❌ SDS
うつ性を評価する質問紙なので、最も適切とはいえない。よって適切ではない。

問75　　　　　③

児童福祉施設における公認心理師の動きを問う問題です。ケアワーカーから相談が持ち込まれた場合、当該児童へのアプローチだけでなく、他職員・他機関との連携を進めていくことも重要です。

① ❌ どういう機序でその現象が起こっているのか、詳細をアセスメントするために必要。

② ❌ 担当ケアワーカーの疲弊感については、その部署の上司に把握しておいてもらう必要があるため、適切な動きである。

③ ⭕ プレイセラピーの導入自体は誤りではないが、どういう機序でその現象が起こっているのか、詳細をアセスメントする必要があるため、「すぐに」は不適切。

④ ❌ 措置決定者である児童相談所との連携は不可欠と考えられる。

⑤ ❌ ADHDやASDの可能性も視野に入れ、医療機関につないでいくことが望ましいと考えられる。

統計・実験
問1　　　　　④

① ❌ これはF検定ではなくt検定の説明。F検定は分散分析（ANOVA）の中で用いられる。

② ❌ 予測の精度を示す指標は、標準偏回帰係数（β）ではなく、決定係数（R^2）。

③ ❌ 相関係数における最小は-10.00であり、最大は$+10.00$。

④ ⭕ 正しい。CMIN（χ^2）も適合度指標に含まれる。

⑤ ❌ カテゴリカル回帰分析ではなく、ロジスティック回帰分析。

問2　　　　　③

① ❌ 質問紙調査法では、自分自身で回答を選ぶことができるため、被験者のバイアスが入り込みやすい。この記述は正しいため、誤りとして選択できない。

② ❌ この記述は正しいため、誤りとして選択できない。

③ ⭕ コーエンの一致係数（κ）ではなく、クロンバックのα係数。この記述は誤りであるため、誤っているものとして選択できる。

④ ❌ 予備調査では、本調査と比べ少数のサンプルでいいので、本調査の準備として行うとよい。この記述は正しいため、誤りとして選択できない。

⑤ ❌ フェイス項目のある表紙部分のことをフェイスシートと呼ぶ。この記述は正しいため、誤りとして選択できない。

問3　　　　　③

① ❌ 間隔尺度ではなく、比率尺度。間隔尺度では絶対ゼロ点がない。

② ❌ 名義尺度や順序尺度でも、ノンパラメトリック検定などの推測統計学的な分析は可能。

③ **◯** 正しい。

④ **✕** 誤り。代表値の種類として、中央値や最頻値、平均値が用いられる。

⑤ **✕** 「変数」という言葉は、数値以外に対しても用いられるため誤り。

問4 ④

この問題は、統計的仮説検定に関する問題です。第二種の過誤とは、対立仮説が正しい（または帰無仮説が間違っている）ときに、帰無仮説を誤って採択してしまう確率のことをいいます。

① **✕** **帰無仮説が真であるとき、対立仮説を棄却する確率である。**

これは第一種の過誤（有意水準）に関する説明である。よって誤り。

② **✕** **帰無仮説が真であるとき、対立仮説を採択する確率である。**

上記の説明［第二種の過誤とは、対立仮説が正しい（または帰無仮説が間違っている）ときに、帰無仮説を誤って採択してしまう確率］とは異なる。よって、誤り。

③ **✕** **対立仮説が真であるとき、帰無仮説を棄却する確率である。**

上記の説明（同上）とは異なる。よって誤り。

④ **◯** **対立仮説が真であるとき、帰無仮説を採択する確率である。**

上記の説明（同上）と合致している。よって、正しい。

問5 ④

この問題は、バイアスに関する知識を問う問題です。

① **✕** **医師が何の効果もない粉を薬と**

して患者に渡すと、本来存在しないはずの効果が患者に現れることをプラセボ効果という。

正しい。Placebo（偽薬）から名前がきており、プラシーボ効果とも呼ばれる。実際の向精神薬は薬理作用とプラセボ効果の両方が治療に役立っていると考えられる。

② **✕** **実験者が意図的に結果を捻じ曲げようとしなくても、実験者自身が実験の一部としてかかわると、実験者が本来望んだ結果になりやすいことを、実験者効果という。**

正しい。実験者は、実験者効果によって結果が捻じ曲がってしまうことを避けるため、実際に実験を行う実験者となる者も実験目的を知らされないようにするなどがある。

③ **✕** **教師が生徒に対して期待を持つことによって、その期待が生徒の成績を向上させることをピグマリオン効果という。**

正しい。別名で教師期待効果とも呼ばれる。逆に教師が期待しないことで学習者の成績が低くなることをゴーレム効果と呼ぶ。

④ **◯** **先に与えられた情報によって、後の事柄に影響を与えることをサブリミナル効果という。**

誤り。プライミング効果の説明である。サブリミナル効果は潜在意識に働きかける効果。

⑤ **✕** **肩書や学歴など一部の情報から、社会的に望ましい方向に捉えてしまうことを光背効果という。**

正しい。光背効果は、後光効果やハロー効果とも呼ばれる。

問6　①

① ⭕ カイ二乗検定は、クロス集計表を用いて、母平均間における比率に有意な差があるかを求める検定のことで、ノンパラメトリック検定の一つであり、正しい。
② ❌ 分散分析でもt検定と同じく二要因間の検定は可能。
③ ❌ 主成分分析についての説明。因子分析では、観測変数に影響を与える共通因子をみつけ、多数の質問項目を少数の因子で説明できるようにする。
④ ❌ 判別分析についての説明。クラスター分析は、調査対象を似ているもの同士でまとめていき、デンドログラムで表示し、分類する分析。
⑤ ❌ Spearmanの順位相関係数ではなく、Pearsonの積率相関係数のこと。

問7　② ・ ③

① ❌ 妥当性ではなく、信頼性を確かめる方法についての記述。
② ⭕ 妥当性のある必要条件として、何度測定しても結果が変動せず、一貫したものであることが挙げられ、信頼性の高さも含まれているため、正しい。
③ ⭕ 妥当性は大きく分けると内容的妥当性、基準関連妥当性、構成概念妥当性の3つになり、正しい。
④ ❌ 併存的妥当性と予測的妥当性とに分類される。
⑤ ❌ Cohen,J.の一致係数（κ）が用いられる。

問8　①

① ⭕ 刺激に対して抱かれる形容詞で表された情緒的意味を数値化し、反応の予測をたてようとするものであり、正しい。
② ❌ 日誌法は自然観察法に含まれる。
③ ❌ 誘導とならないように気をつける必要はあるが、語尾を統一する必要はない。
④ ❌ 禁じられておらず、同じ方向に答えないように逆転項目は逐次入れるほうがよい。
⑤ ❌ 比率尺度ではなく、本来は順序尺度だが、間隔尺度として捉えてパラメトリック検定を行うことがよくある。

問9　②

① ❌ 後ほど本来の目的や実験手続きを説明することで、疑念やストレス等を取り除くことをデブリーフィングと呼ぶ。
② ⭕ 研究・実験のために得た個人情報を、その他の目的に使用することは倫理違反となるため、正しい。
③ ❌ 最頻値ではなく、中央値。
④ ❌ 標準誤差ではなく、標準偏差。
⑤ ❌ モードではなく、メディアン。

問10　④

① ❌ 標準偏差が分散の平方根。
② ❌ 平均値が0、標準偏差が1。
③ ❌ 絶対ゼロ点がない尺度水準。
④ ⭕ 自由度とは、互いに独立に動けるデータの個数のことで、データの個

数から1引いた値であり、正しい。

⑤ ✕ ヒストグラムは度数分布表をグラフ化したもので、棒グラフが連続性のないデータ間の差をみるのに対して、ヒストグラムは連続性のあるデータの移り変わりや変化について表すもの。

問11 ②・④

① ✕ 間隔尺度や比率尺度を扱うことができない。

② ◯ 因子分析において、直交回転とは因子間の相関が全くないと仮定しており、正しい。

③ ✕ 有意確率は関係ない。算出される有意確率は無相関検定の有意確率で、「相関がない」ということを否定する意味でしかない。

④ ◯ カイ二乗検定には、適合度の検定と独立性の検定とがあり、正しい。

⑤ ✕ t検定ではなく、クラスカル・ウォリス検定。t検定は母集団の分布が均一の場合に用いる。

問12 ④

① ✕ 対立仮説ではなく、帰無仮説。

② ✕ 有意水準ではなく、有意確率。有意水準とは、あらかじめ決められたα＝0.05（5%）などの水準（レベル）のこと。

③ ✕ 有意水準は通常、p<0.05（5%）を用いる。有意水準p<0.10（10%）では、有意傾向と呼ばれる。

④ ◯ 第二種の過誤の説明のため、正しい。第一種の過誤とは、帰無仮説が正しいにもかかわらず、棄却してしまうこと。

⑤ ✕ 棒グラフとヒストグラムは別物であり、名義尺度によるそれぞれの個数をグラフ化するために棒グラフを用いることができるが、ヒストグラムは間隔尺度や比率尺度といった連続数に対し用いることができる。

問13 ①

この問題は、多変量解析（重回帰分析）に関する知識を問う問題です。

① ◯ **多重共線性**
2つ以上の説明変数が重複して、同じことを説明している（強い相関を示す）場合、多重共線性の問題とされる。よって、正しい。

② ✕ **標準偏回帰係数**
標準偏回帰係数の合計が高くなりすぎると、多重共線性の問題が起きていると考えられる。ここでは、多重共線性そのものについて問われているため、誤り。

③ ✕ **重相関係数**
重相関係数とは、決定係数の平方根であり、観測データの値と理論値との相関係数のことで、Rで表される。

④ ✕ **決定係数**
決定係数とは、重相関係数を二乗したものであり、モデルのあてはまりのよさを示す数値であり、R^2で表される。よって、誤り。

⑤ ✕ **偏回帰係数**
偏回帰係数とは、回帰分析において説明変数が目的変数をどの程度予測・説明できているかを示す値のことで、βで表される。よって、誤り。

問14　　④

この問題は、重回帰分析に関する知識を問う問題です。

① ✗ **分散拡大要因（VIF）が非常に高い場合、検定結果が正しく計算されないことがある。**

これは、説明として正しい。一般にVIFが10を超えると検定結果が正しく計算されない多重共線性の問題が生じるとされている。以上から、この回答は、正解として適切ではない。（VIFの値については、もっと低い値で多重共線性を疑う研究者もいるので、10は絶対的な値ではない。）

② ✗ **独立変数間の相関が高くなると、分散拡大要因（VIF）が高くなる。**

これは、説明として正しい。独立変数間の相関が高い場合は、VIFが高くなり、多重共線性の問題が生じやすくなる。以上から、この回答は、正解として適切ではない。

③ ✗ **重相関係数とは基準変数と予測値との相関の強さを表している。**

これは、説明として正しい。重相関係数は、基準変数（実測値）と予測値の相関の強さを表しており、モデルの当てはまりの良さを表しているともいえる。よって、この回答は、正解として適切ではない。

④ ◯ **決定係数は寄与率とも呼ばれ、重相関係数を2倍した値である。**

これは、間違った説明である。決定係数は寄与率とは呼ばれるが、これは重相関係数を2乗した値である。よって、誤っているものとして選択できる。

問15　　②

この問題は、心理学的研究を質問紙法によって行う際の理解について問う問題です。

① ✗ **社会的望ましさの影響は受けにくい。**

「社会的望ましさの影響を受ける」とは、質問紙の回答が社会的に容認されやすい方向に歪められることである。質問紙法は、この影響を受けやすい。よって、適切ではない。

② ◯ **一般に回答者の主観的側面を捉えている。**

質問紙は、回答者が質問文を読み、自身に問い合わせて回答を行うものであるため、回答者の主観を反映していると思われる。よって、適切である。

③ ✗ **結果の解釈に調査者のバイアスが入り込みやすい。**

質問紙法は、回答を数値に置き換えているために調査者のバイアスは入り込みにくくなっている。よって、適切ではない。

④ ✗ **集団に対して実施するのは、困難である。**

質問紙は、集団に対して実施可能である。よって、適切ではない。

⑤ ✗ **実施に時間がかかるのがほとんどである。**

MMPIなど例外はあるものの、多くの質問紙は、短時間で回答を終えることができる。よって適切ではない。

問1　　　　　　　　　　①

ピアジェによる認知的発達理論に関する問題です。

① ◯　**感覚運動期 ― 循環反応**

反応した結果が刺激となって、何度も同じ反応を繰り返すことである（例、指しゃぶり）。第一次から第三次循環反応までに分けられる。

② ✕　**前操作期 ― 脱中心化**

前操作期では、自分以外の視点から物事を見ることができず、自己中心性をもつ。自己中心的な思考から脱する脱中心化は、具体的操作期以降である。

③ ✕　**具体的操作期 ― 誤信念課題**

誤信念課題は、自分だけが知っていることを他人は知らないということ（心の理論）を理解しているかの課題であり、サリーとアン課題が有名である。ピアジェが用いた実験には、異なる高さの３つの山を複数の角度から見る、三ツ山課題がある。

④ ✕　**形式的操作期 ― 象徴的思考**

象徴的思考は、ことばを使ってイメージやシンボルを表現することであり、前操作期に獲得される。形式的操作期では、具体的な現実世界だけでない抽象的な次元での論理的思考が可能となる。

問2　　　　　　　　　　③

この問題は、運動の知覚についての知識を問う問題です。

① ✕　**仮現運動**

光が出現したり消えたりすることが連続して起こることで、あたかも光が移動しているように知覚される現象のこと。踏切の警報機の光や電光掲示板などが例として挙げられる。よって、誤り。

② ✕　**自動運動**

暗い場所で光点を凝視していると、光点が自動的に動き出すように知覚される現象のこと。よって、誤り。

③ ◯　**誘導運動**

他の物の動きを捉えることによって、実際には動いていない対象があたかも動いているように知覚される現象のこと。設問の内容を表す言葉であり、正しい。

④ ✕　**運動残効**

一定の方向に運動している対象を見続けたあとに、静止している対象に目を移すと、その静止している対象が動いているように知覚される現象のこと。上から下に流れ落ちる滝を見続けていると、周りの木々がその逆の下から上に上がっていくように知覚されることなどが例として挙げられる。よって、誤り。

⑤ ✕　**逆行運動**

運動の知覚に関する用語として、逆行運動という言葉はないため、誤り。

問3　　　　　　　　　　⑤

この問題は、発達に関する知識を問う問題です。

① ✕　**世代が進むにつれて、身体的発達が促進されていることを生理的早産という。**

発達加速現象のことである。生理的早産とは、他の離巣性の動物と比べて、ヒトは未熟な状態で生まれてくること

をいう。よって、誤り。

② ✖ **W.Sternは、遺伝と環境の相互作用説を提唱した。**

遺伝も環境も共に重要であるという輻輳説を提唱した。相互作用説はA.R.Jesnsenが有名である。よって、誤り。

③ ✖ **成熟説を唱えたA.Gesellの理論に基づき、ウズギリス・ハント乳幼児発達評価尺度が作成された。**

A.Gesellの理論に基づいて作られた検査は、新版K式発達検査である。ウズギリス・ハント乳幼児発達評価尺度は、ピアジェの発達理論によるものである。よって、誤り。

④ ✖ **共鳴動作とは、乳児が大人の動作を意図的に模倣することをいう。**

大人の動作に同調的、共鳴的に反復行動をするもので、意図的な模倣とは区別されている。よって、誤り。

⑤ ◯ **外界の刺激に対して反射的に体を動かす行動を、モロー反射という。**

近くで大きな音がすると手足を広げたり、何かにしがみつくような動作をする反射行動であり、正しい。

問4 ⑤

この問題は、ゲシュタルト心理学に関する問題です。

① ✖ **他のものよりも明瞭な形で意識される心的要素を、部分ではなく全体として捉える。**

W.Wundtによる構成主義的心理学の考え方で、統覚という。よって、適切ではない。

② ✖ **プレグナンツの法則とは、人の行動が、人と環境の相互作用の働きに**よって規定されるというものである。

記述は場の理論のことである。プレグナンツの法則とは、知覚が全体としてよりよい体制化に向かうこと。よって、適切ではない。

③ ✖ **習慣、注意、記憶といった心的機能や心的過程を研究対象とした。**

記述は機能主義的心理学のことである。よって、適切ではない。

④ ✖ **ネズミの迷路学習から、認知地図という潜在学習を発見した。**

新行動主義のE.C.Tolmanの考え方である。よって、適切ではない。

⑤ ◯ **W.Kohlerは、知覚の体制化を理論化した。**

知覚の体制化とは、複数の図や記号が一定のまとまりを持って提示されると、一つのまとまりとして見えることであり、適切といえる。

問5 ③

潜在連合テストは、語句の分類課題を通して、回答者の非自覚（非意識）的側面を捉えようとする手法で人格・社会心理学領域でよく用いられています。このテストについて、詳しく知りたい場合はhttps://implicit.harvard.edu/implicit/japan/にアクセスするとよいでしょう。

① ✖ **通常はPCを用いて実施するが、紙に印刷された語句を分類する紙筆版も存在する。**

潜在連合テストには紙筆版も存在する。よって、この記述は正しい。

② ✖ **回答は社会的望ましさの影響を受けにくい。**

潜在連合テストの回答者の非自覚的な側面を捉えることができるとされてい

るため、社会的望ましさの影響を受けにくい。よって、この記述は正しい。

③ 〇 **PC版では、全課題における語句分類の正答数を指標とする。**
PC版の潜在連合テストは語句分類に要する反応時間を指標とする。よって、潜在連合テストに関する正しい説明とはいえないため、誤っているものとして選択できる。

④ ✕ **呈示される単語をできるだけ速く正確に分類することが求められる。**
潜在連合テストは、提示される刺激（主には単語）を早く正確に分類するように求められる。よって、この記述は正しい。

⑤ ✕ **刺激として画像も使用できる。**
潜在連合テストでは、刺激として画像を用いることもできる。よって、この記述は正しい。

この問題は、社会に関する心理学の知識について問う問題です。

① 〇 **自己モニタリング**
正しい。よって、これが正解である。

② ✕ **社会的学習理論**
バンデューラによって提唱された理論で、観察学習（モデリング）に関する理論。行動に対しての直接的な強化を行わなくても、対象（モデル）を観察するだけでも強化が起こるということが見出された。

③ ✕ **社会的比較理論**
人が自己について考える場合に、他者との比較に基づいて相対的に自己を捉える。そのように自己について、他者との間で信念や能力、性格の比較を行

うことで考えるという理論のこと。よって、誤り。

④ ✕ **同調行動**
集団の成員間において同調することへの圧力が生じることで、個人の行動や信念が集団全体の一致した方向に変化する場合の行動のことをいう。

⑤ ✕ **黒い羊効果**
集団が一定の方向性や目標指向性を持っている中で、その集団に属する成員が劣っているということが顕著であった場合や、集団規範から逸脱した行動を取った場合、他の集団に属する人よりも非難される程度が強くなること。よって、誤り。

この問題は、道徳性の発達に関する問題です。

① ✕ **Kohlberg, L.は、普遍的価値が葛藤する「囚人のジレンマ」課題を用いて、道徳性の発達を理論化した。**
「ハインツのジレンマ」課題である。「囚人のジレンマ」課題は社会心理学のもの。よって、誤り。

② 〇 **判断そのものよりも、判断するに至った行為の理由付けによって、発達段階を3水準6段階に分けた。**
判断する過程から、3水準6段階に分けているため、正しい。

③ ✕ **慣習に従う前の段階から、最終的には道徳的な価値基準が内在化され、社会的な契約を重視する状態へと発達する。**
最終段階は個人の尊厳の尊重に価値を置くとされている。よって、誤り。

④ ✕ **道徳性は知能と役割取得能力の**

発達と連動しているとの仮説を基にしている。

知能ではなく、自分と世界との間の適応を図る認知能力である。よって、誤り。

⑤ ✖ Erickson,E.H.の生涯発達理論に影響を受けて、青年期や成人期にわたる道徳性の発達を唱えた。

Piaget,J.による道徳性の発達が幼児期で完成されるのに対し、Kohlberg,L.はこれを発展させて独自の理論を立てた。よって、誤り。

問8　　③

この問題は、内発的動機づけ・外発的動機づけの違いを理解し、内的動機づけによる行動を選択する問題です。本人の興味、関心、好奇心等に基づき行動が生起する内発的動機づけに対し、賞罰といった外的刺激によって行動が起こされるのが外発的動機づけです。

① ✖ 昨日宿題をしなかったことを母親から叱られ悲しかったので、今日は全部終わらせた。

叱られる、という外的刺激により宿題を行っているため、誤り。

② ✖ 一回ごとにおこづかいをもらえる約束となり、お風呂掃除を毎日行った。

おこづかいという外的刺激が行動の動機となっているため、誤り。

③ ⭕ テレビで見たカブトムシの話が気になり、図書館でカブトムシのことを調べた。

外的な強制や報酬のない状態で、自らの知的好奇心からカブトムシのことを調べているため、正解。

④ ✖ クラスの友達に喜ばれたので、

翌日もカブトムシの絵を描いて学校に持っていった。

友達が喜んだ、という外的報酬が動機となっているため、誤り。

⑤ ✖ 部活の先生に、次の練習試合で得点をあげられたらレギュラーにできると言われ、家での練習をさらに増やした。

レギュラーになれる、という報酬のために練習を増やしているため、誤り。

問9　　②

この問題は、プログラム学習に関する知識を問う問題です。

① ✖ 行動主義の立場から、Thorndike,E.L.によって提唱された。
Thorndike,E.L.ではなく、Skinner,B.F.である。

② ⭕ 学習者の積極的な反応を重視する。
オペラント条件付けの原理を用いており、学習者の自発的な反応を強化していく学習法である。

③ ✖ スモールステップの原理を用いて、系統化された集団学習法である。
スモールステップの原理を用いるが、集団学習法ではなく、個々の習得度に合わせた個別の学習法である。

④ ✖ 仮説を立てて実験して検証するプログラムである。
直感的思考により仮説検証を重視するのは、Bruner,J.S.の提唱した発見学習である。

⑤ ✖ ティーチングマシンは、コンピュータによる学習支援システムCMIの原型となった。
学習支援システムはCAIである。

299

CMIは教師向けの学習管理システム
である。

この問題は、言語の発達に関する問題で
す。

① ✖ Bruner,J.は、言語獲得装置
（LAD）により言語の法則性を獲得し
ていくと考えた。
Chomsky,N.の考え方である。

② ✖ Piaget,J.は、集団的独話を幼児
の自己中心性と捉え、外言から内言へ
と移行していくと考えた。
内言（頭の中の思考）から外言（他者
への発話）へ移行していくと考えた。

③ ✖ Chomsky,N.は、大人同士での会
話とは異なる働きかけをする、言語獲
得支援システム（LASS）により、子ど
もは言語を獲得していくと考えた。
このように考えたのは、Bruner,J.であ
る。

④ ⭕ Whorf,B.らは、言語が思考を規
定すると考え、言語相対性仮説を提唱
した。
人の思考様式は、母語に影響されると
考えたため、正しい。

⑤ ⭕ 語用論は、ことばの意味と話し
手の意図などを分けて考える。
語用論は、単語の意味だけでなく、文
脈や話し手の非言語的行動からコミュ
ニケーションを捉える。

この問題は、パーソナリティ理論に関す
る知識問題です。

① ✖ Kretschmer,E. － 発生的類型論

Kretschmer,E. は気質類型論を唱え、
身体的特徴によってパーソナリティを
類型した。よって、誤りである。

② ✖ Scheldon,W.H. － 価値類型論
Scheldon,W.H.は、発生的類型論を
唱え、身体的発達からパーソナリティ
を類型した。よって、誤りである。

③ ✖ Spranger,E. － 性格類型論
Spranger,E.は、価値類型論を唱え、
文化的生活領域における価値志向性
によって、パーソナリティを類型した。
よって、誤りである。

④ ✖ Jung,C.G. － 気質類型論
Jung,C.G.は、性格類型論を唱え、内
向-外向の軸と、感覚・直感、思考・
感情の軸によって、パーソナリティを
類型した。よって、誤りである。

⑤ ⭕ Allport,G.W. － 特性論
Allport,G.W.は、類型論に対して、人
間のパーソナリティは、個別特性と共
通特性に分かれるとする特性論を唱え
た。よって、正しい。

① ⭕ 刺激の強度が変化を感じるため
に必要な刺激強度は、感覚領域によっ
て異なる。その刺激強度の最小単位の
ことを丁度可知差異と呼ぶので、正し
い。

② ✖ これらの記述は「知覚の恒常性」
の説明である。幾何学的錯視はミュ
ラー・リヤーの矢羽図形に代表される
ような大きさや長さ、方向、角度など
が、実際とは異なって知覚される現象
である。

③ ✖ これらの記述は「視交叉」の説明
である。感覚モダリティとは感覚様相

とも呼び、眼や耳、皮膚などそれぞれの感覚器官で受け取った刺激は、その感覚器官によって質的に異なった感覚情報として知覚されるというもの。

④ ✖ これらの記述は「仮現運動」の説明である。仮現運動はパラパラ漫画やアニメーション映画の根本原理である。また自動運動とは暗室にて光点を目の前に置き、それをみつめていると、その光点は動いていないのに、動いて見える錯覚の一種である。

⑤ ✖ 視覚や聴覚は「特殊感覚」であり、体性感覚と呼ばれるものは、皮膚感覚・深部感覚・内臓感覚である。

問13　　②・④

① ✖ フィルターモデルの提唱者はBroad bent,D.E.である。

② ⭕ 注意の減衰モデルでは、注意を向けなかった情報（刺激）は完全に失われるのではなく、意識しないまま意味処理がなされることが実証されているため、正しい。

③ ✖ 最終選択モデルの提唱者はDeutsch & Deutschである。

④ ⭕ 両耳分離聴の実験により、左右別々の情報を同時に認知できないことが分かったため、正しい。

⑤ ✖ カクテルパーティー効果とは、選択的注意の代表的なもので、騒がしい場所（絶対的情報量）環境でも、自らに重要な情報をフィルタリングして注意を向けることができることをいう。

問14　　②・③

① ✖ 記憶保持時間の長さで短い方から並べると、1,感覚記憶、2,短期記憶、3,長期記憶となる。

② ⭕ 長期記憶は、言葉やイメージによって記述できる宣言的記憶（意味記憶やエピソード記憶）と、言葉で表すことが不可能な非宣言的記憶（手続き記憶、条件付け、プライミングなど）に分類でき、正しい。

③ ⭕ 短期記憶から長期記憶への移行には、何度も繰り返し目にしたり、唱えたりするリハーサルが行われていると考えられているため、正しい。

④ ✖ 感覚記憶とは、短期記憶には含まれない、意識にのぼることのほとんどない一瞬の記憶のことである。

⑤ ✖ マジカルナンバー7（7±2）が正解。近年ではマジカルナンバー4（4±1）という説もある。

問15　　②

① ✖ このPavlov, I.P.による実験の場合、「肉片」が無条件刺激で、「ベルの音」が条件刺激である。

② ⭕ スキナー箱と呼ばれ、レバーを押すことがオペラント反応、エサが出ることが反応結果、レバーを押す頻度が増えることが刺激の弁別化といえ、三項随伴性で説明することができ、正しい。

③ ✖ Bandura, A.が体系化した観察学習は、モデリングである。モデリングは、注意→保持→運動再生→動機づけの4つのフェーズから成り立っている。モデルに集中し、よく見て「注意」

し、そのモデルの表す事象をイメージ化、言語化し記憶する「保持」を行う。次に、実際に行動化し、そのフィードバックを得て修正を行い、よりモデリングを洗練させる「運動再生」を行う。その後、その行動を続けるための「動機づけ」を行う。

④ ❌ 回避学習はレスポンデント（古典的）条件づけではない。また回避学習のほとんどの場合がオペラント条件づけに含まれるが「非弁別型回避学習（シドマン型回避学習）」という条件刺激が無い場合でも回避学習が起こる場合があるので、オペラント条件づけの一つということもできない。

⑤ ❌ 人間では、脳機能の可逆性をふまえて、特定の時期を過ぎても学習自体は可能であることから、特定の時期のことを「臨界期」の代わりに「敏感期」と呼ぶ。

問16　　　　　　　　②・③

① ❌ Fantz, R.L.による乳児の刺激への注視時間から刺激弁別を行なっているか否かを確認する方法は「視覚的選好法」である。社会的参照法という実験方法はないが、社会的参照とは、乳児は養育者の表情や声などの情緒的情報を参考にし、養育者が笑っている場合は「安全」、養育者が怒っている場合は「危険および注意」などと状況を解釈すること。

② ⭕ 刺激への慣れによる注視量の減少を馴化、新奇刺激への注視量の増加を脱馴化と呼ぶため、正しい。

③ ⭕ 類似した刺激にも反応することを般化といい、類似した刺激には強化

を与えずに刺激のみ強化することを反復することで、区別できるよう学習することを弁別というので、正しい。

④ ❌ この記述はKohler, W.による実験についてである。「チンパンジーの手が届かない所（踏み台が数台必要）にバナナを吊るし、そこに踏み台を置く。その際、チンパンジーは踏み台を一つずつ置きながら、バナナに近づくのではなく、実験が始まると踏み台を数台一挙に積み上げてバナナを手にした」という観察実験などで明らかになった「洞察学習」の説明である。

⑤ ❌ これらの記述は学習理論での転移ではなく、精神分析の文脈での転移の説明である。学習理論での「転移」は、以前の学習がその後の学習に影響を及ぼすことである。

問17　　　　　　　　　②

① ❌ 平成24年より30,000人を切り、平成29年の自殺者は21,321人となった。

② ⭕ 男性の自殺者数は女性のそれよりも2倍以上であり、統計を取り始めて以来男性が女性の自殺者数を下回ったことはない。よって、正しい。

③ ❌ 健康問題が動機として最も多い。

④ ❌ 問題文（選択肢）とは異なり（数字は正しい）、生活保護受給「世帯」は増加しているが、生活保護受給者数そのものは減少している。これはひとり高齢者世帯が増えたということかもしれない。問題文では両方を並べて「続けて増加傾向にある」とされているが、実際には「生活保護受給者数」は減少しているので誤り。

⑤ ✖ 高齢者世帯は一貫してプラス。それ以外の世帯はマイナス。

問18　　　　①・⑤

① 〇 平成17年の1.26は過去最低であり、それ以降も低迷が続いており、正しい。
② ✖ ほとんど正しいが、2065年には人口は半数ではなく、8,808万人程度になる見込み。
③ ✖ 内閣府に発足。内閣府特命担当大臣を本部長とする。
④ ✖ 認証保育園→認定こども園が正解。認証保育園とは、東京都独自の基準によって設置された保育所で、認可保育所より緩やかな基準で都市型保育ニーズに対応させたもの。
⑤ 〇 「待機児童解消加速化プラン」と「子育て安心プラン」により、待機児童解消のための保育受け皿の増加に取り組んでおり、正しい。

問19　　　　④

① ✖ Titchener,E.B.ではなくWundt,W.M.。TitchenerはWundtの弟子で構成心理学を継承し、意識の精細な分析を行い厳密な実験心理学を発展させた。
② ✖ Fechner,G.T.ではなくWeber,E.H.。
③ ✖ 丁度可知差異ではなく閾値。
④ 〇 刺激間の強度の変化を感知するために必要な最小刺激強度のことを弁別閾と呼ぶため、正しい。
⑤ ✖ Weber,E.H.ではなくFechner,G.T.。

問20　　　　③

① ✖ 構成主義心理学ではなく、ゲシュタルト心理学。
② ✖ 試行錯誤の結果ではなく、諸情報を統合し、認知構造が変化した結果。
③ 〇 社会構成主義とは、人間同士の会話で合意がなされることによって現実が構成されるという考え方であり、正しい。
④ ✖ Watson,J.B.ではなくSkinner,B.F.。Watson,J.B.は古典的条件づけ。
⑤ ✖ 行動主義ではなく、新行動主義。

問21　　　　④

① ✖ 催眠はあてはまらない。また、「精神的な力をつけて」の箇所が不適切。
② ✖ 催眠やイメージ療法は用いない。
③ ✖ 森田療法やマインドフルネスは当てはまらない。人間性アプローチの代表的なものとして、パーソンセンタード・アプローチやゲシュタルト療法などがある。
④ 〇 ナラティヴ・アプローチとは、社会構成主義の観点から、クライエントを支配する物語をそれまで認識されていなかった代替可能な物語へと書き換えていくことを援助するアプローチであり、正しい。
⑤ ✖ システム論的アプローチは、精神内界を見ずに、人間間のコミュニケーションを見る。

① ❌　仮現運動ではなく、誘導運動。
② ❌　符号化ではなく想起。記銘・保持・想起のことを、符号化・貯蔵・検索ともいう。
③ ❌　PERMAのEは、EnjoymentではなくEngagement（エンゲージメント）の頭文字である。
④ ⭕　動機づけとは、物事をやろうという気持ちのことで、その要因によって外的動機づけと内的動機づけとに分かれるため、正しい。
⑤ ❌　膝蓋腱反射は含まれない。

① ❌　発達の最近接領域とは、子どもが自力で問題解決できる現時点での発達水準と、他者からの援助や協同により解決可能となる、より高度な潜在的発達水準のずれの範囲のこと。
② ❌　説明は自己効力感について正しいものだが、自己効力感は英語ではSelf-efficacy（セルフ・エフィカシー）である。Self-esteem（セルフ・エスティーム）とは、自尊心のこと。
③ ❌　集団の凝集性ではなく、集団の極性化。
④ ❌　同一性地位を唱えたのは、Marcia,J.E.。
⑤ ⭕　ピアジェは人間の発達段階を認知面で分け、人間と環境の相互作用によって認知機能が発達すると考えた。よって、正しい。

① ❌　Chomsky, A.N.の提唱した言語理論は「普遍文法（Universal Grammar）」である。その中で、中核を成す概念を「生成文法（generative grammar）」とし、全ての自然言語には共通する性質や規則性や知識があり、それらを生得的に理解する言語機能の基盤があるとした。
② ⭕　ディスレクシアの認知レベルでの要因は、音韻処理に困難があり、文字と音の対応が自動化しにくく、文字を単語としてまとまって認識することが難しい。よって、正しい。
③ ❌　クーイングは、2〜3ヶ月の乳児期に始まる発声のことである。その後、生後約6ヶ月に子音を伴う母語発声の準備ともいわれる発声を喃語と呼ぶ。
④ ❌　これらの記述は「ディスグラフィア（書字障害）」に関するものであり、読字障害のことを「ディスレクシア」と呼ぶ。読字障害は、文字を正確に読むことや理解することに困難を感じるものである。
⑤ ❌　これらの記述では、Wernicke（ウェルニッケ）とBroca（ブローカ）とが逆である。

① ❌　線条体は大脳基底核で運動や意思決定に関わる。なお線条体以外の上記脳部位に「視床下部」を足したものが正解である。
② ⭕　LeDoux,J.は、視床から扁桃体への直接経路を低次回路、視床から感覚皮質を経て扁桃体へとたどる経路を

高次回路とした。よって、正しい。

③ ❌ Bridges, M.B.は誕生時には興奮のみであった感情が3ヶ月までには「快」「不快」が加わり、6ヶ月までにはその不快が、「怒り」「嫌悪」「恐れ」へと分化し、そして12ヶ月には「快」が「得意」「愛情」へと分化する。18ヶ月前後で「不快」の分化として「嫉妬」を感じるようになり、24ヶ月までには「快」の感情が「喜び」へと分化し「愛情」はそれぞれ「子どもへの愛情」と「大人への愛情」へと分化すると述べた。

④ ❌ 分類は合っているが、A群とB群の記載が逆である。

⑤ ❌ Wing, L.の三つ組とは、自閉症スペクトラムの特徴であり、これらのパーソナリティ特性は「ダークトライアド（Dark Triad）」の記述である。

問26 ③

① ❌ 感情の末梢説（末梢起源説）はJames, W.とLange.Cが提唱した。

② ❌ 感情の中枢説（中枢起源説）はCannon, W.とBard, P.が提唱した。

③ ⭕ Schachter,S.とSinger.Jによって感情の2要因説が提唱されたため、正しい。

④ ❌ これらの記述は、社会構成主義説である。

⑤ ❌ これらの記述は、表情フィードバック仮説である。

問27 ③

① ❌ 気質類型論の提唱者はKretschmer, E.である

② ❌ 人格特性を表す単語を、辞書から選択・分類し、個々人が持っている個別特性と、多くの人が共通して持つ共通特性に区別したのは、Allport,G.W.である。

③ ⭕ Jung,C.G.が提唱した理論を性格類型論といい、正しい。

④ ❌ 特性論の中でもビッグファイブ（特性5因子論）を提唱したのはGoldberg, L.R.である。

⑤ ❌ 身体部位の発達度合いによって人格を類型化したのはSheldon,W.H.である。

問28 ③

① ❌ 膝蓋腱反射は、膝を叩くと足が跳ね上がる反射のことで、原始反射ではない。

② ❌ 古典的条件づけとレスポンデント条件づけは同義語である。

③ ⭕ 正しい。シェイピングは行動療法や認知行動療法の中で用いられる。

④ ❌ 模倣学習ではなく、観察学習のことで、モデリングとも呼ばれる。

⑤ ❌ 洞察学習ではなく、試行錯誤学習。洞察学習とは、ケーラーが行ったチンパンジーの実験に代表される、強化によらない学習のこと。

問29 ⑤

① ❌ 赤ちゃんは4ヶ月頃に養育者との視線共有ができるようになってい

き、それが自分・他者・モノの三項関係へとなっていく、そのことを9ヶ月革命と呼ぶ。この記述は正しいため、誤りとして選択できない。

② ✖ Morris,C.W.は、すべての事象は異なる別の表現に表すことができると考え、その表現を「記号」とした。その記号に関する学問分野として記号論の中に、統語論、意味論、語用論を打ち立てた。この記述は正しいため、誤りとして選択できない。

③ ✖ Vygotskyの理論。それに対してPiaget, J.は、頭の中で概念操作するために、内言が先に発達し、そのあとに外言が発達すると考えた。この記述は正しいため、誤りとして選択できない。

④ ✖ Sapir,E.とWhorf,B.L.は、獲得する言語（母国語）によって、外的事象に対する認知的処理が規定されるとした。この記述は正しいため、誤りとして選択できない。

⑤ ⭕ 共鳴動作の説明。エントレインメントとは、言語刺激に対して、身振りや表情などの動きのリズムが引き込まれるように同調することを指す。よって、この記述は誤っているため、正解として選択できる。

問30　　　　①

① ⭕ 扁桃体は感情の処理（好悪、快不快を起こす）機能を司っているため、正しい。

② ✖ 脳の特定部位に電気刺激を与え、どの部位が脳機能と関連するかを調べてできたものは、Penfieldの脳地図。Brodmannの脳地図も同じく、脳

機能局在論に貢献している。

③ ✖ 自律神経系とは、交感神経と副交感神経のみである。

④ ✖ この記述におけるレム睡眠とノンレム睡眠では、記載が逆である。

⑤ ✖ 神経伝達物質が作られるのはシナプス小胞であり、ニューロン小胞という部位は存在しない。また、ニューロン間隙ではなく、シナプス間隙が正しい。

問31　　　　②

① ✖ 延髄や橋、中脳を合わせて脳幹と呼ぶ。

② ⭕ 記述は正しい。脳梁は、右脳と左脳の間をつないでおり、情報が行き来する部分である。

③ ✖ 海馬とは、記憶に関係する器官とされており、情動記憶や情動反応の処理については、扁桃体がその役割を担っている。海馬や帯状回を含む記憶に関わる回路はPapez回路と呼ばれている。Yakovlev回路は側頭葉皮質前部から扁桃体を通り、視床背内側核、眼窩皮質、鉤状束、側頭葉皮質前部とつながっている回路である。

④ ✖ 大脳は大きく分けて、大脳皮質と白質、大脳基底核に分かれる。

⑤ ✖ 高次脳機能障害の原因は約80%が脳卒中であり、約10%が脳外傷であり、約10%がてんかん・脳腫瘍・低酸素脳症・正常圧水頭症によるものである。

問32　①

① ⭕　光トポグラフィ検査では、うつ病、双極性障害、統合失調症にそれぞれ特徴的な前頭葉の血流量の変化パターンがあり、分類できるため、正しい。
② ❌　これらの記述は脳波 (EEG) の説明である。
③ ❌　温熱性発汗はエクリン腺から汗が分泌される。
④ ❌　ポリグラフは皮膚電位図のみではなく、脈拍、脳波、血圧など、その他の生理現象のモニタリングと組み合わせて、被験者の質問項目に対する反応を鑑別するものである。
⑤ ❌　感覚モダリティは感覚様相とも呼ばれ、一般に感覚受容器によって経験が質的に異なることを表す。

問33　②

① ❌　パペッツの回路は、元々情動が生まれることに関連する神経回路とされていたが、後に記憶に関連する回路であることが明らかにされている。
② ⭕　視床下部は、摂食や性行動などの本能的行動や情動に関連しているので正しい。
③ ❌　この選択肢は、ウェルニッケ野に関する説明。ブローカ野は運動性言語中枢と呼ばれる。
④ ❌　この選択肢は、小脳に関する説明。
⑤ ❌　海馬は短期記憶を司るが、感情を伴う記憶 (情動記憶) は扁桃体と関連している。

問34　④

① ❌　浅い眠りの段階のことをレム睡眠と呼び、深い眠りの段階のことをノンレム睡眠と呼ぶ。
② ❌　せん妄は、α波に徐波 (シータ波等) が混入している状態である。
③ ❌　アルファ波は、閉眼時や安静時に後頭部を中心として現れる。
④ ⭕　脳幹網様体は、睡眠や意識水準を保つ働きをすると考えられている。
⑤ ❌　突発性脳波異常を示す棘波がみられるのは、てんかんである。

問35　④

① ❌　視覚的情報の維持を行う部分を視空間スケッチパッド、聴覚的情報の維持を行う部分を音韻ループ、それらの注意の制御や処理資源の配分を行う認知活動を司る部分を中央実行系と考える。この記述は正しいため、誤りとして選択できない。
② ❌　記憶のメカニズムを表す、記銘-保持-再生/想起の3つの段階は、符号化-貯蔵-検索と言い換えることもできる。この記述は正しいため、誤りとして選択できない。
③ ❌　それに対し、潜在記憶以外の記憶で、意識して想起する記憶を顕在記憶と呼ぶ。この記述は正しいため、誤りとして選択できない。
④ ⭕　二次記憶ではなく、一次記憶と呼ばれる。この記述は誤りであるため、誤っているものとして選択できる。
⑤ ❌　ワーキングメモリから注意が逸れやすかったり、そのことによって一時的に記憶を保持することが難しい状

態を、不注意と呼ぶ。この記述は正しいため、誤りとして選択できない。

問36　③

① ❌　延髄は、嘔吐や嚥下、唾液、呼吸、消化、循環の中枢を含む生命維持に不可欠な機能を担う。この記述は正しいため、誤りとして選択できない。
② ❌　視床では、視覚や聴覚、体性感覚等、感覚入力を大脳新皮質へ中継する。この記述は正しいため、誤りとして選択できない。
③ ⭕　松果体ではない。帯状回が、感情の形成や処理、学習や記憶に関係する。この記述は誤りであるため、誤っているものとして選択できる。
④ ❌　大脳の左右半球間で情報のやり取りをする交連繊維の束のことを、脳梁と呼ぶ。この記述は正しいため、誤りとして選択できない。
⑤ ❌　内分泌器官のひとつで、ACTH（副腎皮質刺激ホルモン）やプロラクチン、甲状腺刺激ホルモンなどを分泌する部位を、脳下垂体と呼ぶ。この記述は正しいため、誤りとして選択できない。

問37　③

① ❌　自己呈示についての記述。自己開示は、ありのままの自分のことを、意図しないで伝える行為。
② ❌　課題内容が、得意なことであれば遂行は促進され、苦手な場合は抑制されやすい。
③ ⭕　社会的アイデンティティの説明として、正しい。

④ ❌　社会的葛藤についての記述。社会的ジレンマとは、個人にとっては合理的な選択を行った場合に、社会にとっては非合理的な悪い結果になってしまうといった状況のこと。
⑤ ❌　単純接触効果は、初めて接する対象に繰り返し接触することにより、その対象に対する好意が上がることをいう。対人魅力の親密性に含まれる。

問38　⑤

① ❌　同じ状況にある他人と行動が一致しているかどうかは、合意性という。
② ❌　特定対象にある行動が生じ、別の対象にも生じるかどうかは、弁別性という。
③ ❌　状況にかかわらず、同じ対象に同じ行動が繰り返されるかどうかを一貫性という。
④ ❌　合意性、弁別性、一貫性の全てが高い場合、感動する原因は、内的原因（F）ではなく、外的原因（本の内容）に帰属される。
⑤ ⭕　合意性があり、一貫性もあるのに対し、Fが感動しないのはFの内的要因に帰属すると考えられ、正しい。

問39　⑤

① ❌　個人の存在も含まれる。
② ❌　システム論では、問題に対して環境を含めた全体像からの把握も重視される。
③ ❌　マイクロシステムのこと。エクソシステムは、人が直接関わらないが、影響を与える環境のことをいう。

④ ❌ ダブルバインドについての記述。
⑤ ⭕ 家族システムは問題が起きる前の状態に戻ろうと変化しようとし、これを恒常性に基づく変化（第一次変化）というため、正しい。

問40 ④

① ❌ 0～2歳は、感覚運動期にあたり、生後8ヶ月～12ヶ月程度で対象の永続性が成立し、目の前にないものでも、そこに存在しているということがわかるようになる。
② ❌ シェマの発達ではなく、操作の水準ごとに4段階に分けた。
③ ❌ ごっこ遊びができるのは、前操作期においてであり、この時期には自分の考えや視点と他者の考えや視点が区別できない傾向（自己中心性）があるため、他者の気持ちが理解できない。また、前操作期ではアニミズムからは脱していない。
④ ⭕ 具体的操作期の特徴は、思考の可逆性と保存の概念、具体的な出来事に依拠した論理的な思考の獲得であり、正しい。
⑤ ❌ Vygotsky,L.S.の言語発達理論。Piaget. J.は、無意味な自己中心的言語が先に身につき、それからコミュニケーションのための言語が身につくと考えた。

問41 ③・④

① ❌ 洞察についての記述なので誤り。
② ❌ 観察についての記述なので誤り。
③ ⭕ 他者は自分とは異なる思考を持っていると考えているため、正しい。

④ ⭕ 赤ん坊が泣き出す（行動）には理由があると考え、推測しているため、正しい。
⑤ ❌ 内省についての記述なので誤り。

問42 ④

① ❌ 葛藤型（アンビバレント型）の愛着タイプの説明。
② ❌ 母性的養育環境についての記述。マターナルデプリベーションは、この環境が極端に疎外された状況のこと。
③ ❌ 明確な愛着行動は、生後3ヶ月頃からといわれている。
④ ⭕ Bowlby,J.は、内的作業モデルを提唱し、対人関係に影響を及ぼすと考えたため、正しい。
⑤ ❌ ごっこ遊びは愛着行動ではなく、獲得された象徴機能によって行える役割行動である。

問43 ②

① ❌ フロイトの理論についての記述。
② ⭕ 中年期の発達課題は生殖性であり、正しい。
③ ❌ 自然に終わるわけではなく、社会的役割の獲得、取り巻く環境の改善などによって終えることができるといわれている。
④ ❌ 中年期に最大の危機を迎えるとしている。
⑤ ❌ 停滞期ではなく、過渡期。

問44　④

① ❌　器官ごとに劣化速度は異なり、個人差もある。

② ❌　暗記、計算などの流動性知能は、高齢になると衰えるといわれている。

③ ❌　老年期になっても知能の低下は激しいわけではないが、低下が目立つのは80歳以上といわれている。

④ ⭕　例えば聴力の低下により人との会話が億劫になり、話すこと自体少なくなり、抑うつ状態になるなど、心理的にも影響を及ぼすため、正しい。

⑤ ❌　老年期のうつ病は、認知症の周辺症状である可能性もある。

問45　①

① ⭕　高齢者は、配偶者や親しい人の喪失を体験し、既存の社会的支援ネットワークを維持することが難しくなるため、正しい。

② ❌　ビリーブメントは、死によって大切な人を亡くす経験をした個人の状況であり、死別を意味する。

③ ❌　加齢に伴った資源の喪失に対する対処方略がうまく機能することで、生じると考えられている。

④ ❌　主観的評価ではなく、ADLや認知機能が保たれていることにも関わっている。

⑤ ❌　BPSDとは、認知症の周辺症状のことを指し、暴言や暴力、幻覚、妄想、睡眠障害などを含める。

問46　④・⑤

① ❌　「TEACCH」プログラムでは、養育者も専門家と同等以上に関与することが、期待される。

② ❌　認知療法ではなく認知行動療法の一つ。

③ ❌　「通級」による指導は、普段は通常学級の中で指導を受けている児童生徒に対し、通常学級に在籍し、週に数時間、必要な時は別の教室に移動して、特別に配慮された支援・教育を行うこと。

④ ⭕　障害者総合支援法の障害者就労継続支援事業におけるサービスであり、正しい。

⑤ ⭕　ABAは行動療法の一種であり、生活上望ましい行動の増加と問題行動の減少を目指す一連のプログラム。よって、正しい。

問47　⑤

① ❌　生物学的援助ではなく、教育的援助をいう。

② ❌　発達障害者（児）の区分はない。

③ ❌　18歳以上を障害者、18歳未満を障害児と定めている。

④ ❌　インクルーシブ教育は、同じ場でともに学ぶことを追求する。

⑤ ⭕　例えば、書字表出障害の子どもが板書する代わりに写真を撮るなど、発達障害の支援にICTが活用されているため、正しい。

問48　　②・④

① ✕　言葉の障害、読み書きの可否があるため、面接が適さない場合もある。

② ⭕　自閉スペクトラム症の子どもは、視覚優位の傾向があり、環境の構造化が有効であるため、正しい。

③ ✕　螺旋形モデルは、障害の否定と肯定の二つの感情が保護者の心情にあり、障害の受容は個人の主体性に委ねるべきであるとする説。

④ ⭕　ソーシャルストーリーは、社会のルールなどをストーリー仕立てにして視覚的にも理解しやすく提示する方法であり、正しい。

⑤ ✕　感覚の鈍感さも自閉スペクトラム症の特徴である。

問49　　④

① ✕　ゲシュタルト心理学者の一人で、「場の理論」を唱えた。

② ✕　ゲシュタルト心理学者として有名。

③ ✕　ゲシュタルト心理学者の一人で、チンパンジーの実験によって「洞察」を発見したことで有名。

④ ⭕　Thorndike,E.L. は、ゲシュタルト心理学ではなく、機能心理学の心理学者。

⑤ ✕　ゲシュタルト心理学者の一人で、錯視の図形（カニッツァの三角形）で有名。

問50　　③

① ✕　James,W. や Dewey,J.、Thorndike,E.L. による機能心理学の説明である。

② ✕　James,W. や Dewey,J.、Thorndike,E.L. による機能心理学の説明である。

③ ⭕　構成心理学の説明として正しい。

④ ✕　James,W. や Dewey,J.、Thorndike,E.L. による機能心理学の説明である。

⑤ ✕　「内観療法」ではなく、「内観法」。

問1　　④

この問題は、発達障害に関する知識を問う問題です。

① ✕　**発症の原因として、発達過程における生育環境によるところが大きい。**

発達障害の発症原因は、生育環境などの環境要因ではなく、遺伝的要因が大きいといわれている。よって、誤り。

② ✕　**薬物療法は適用外である。**

発達障害、特に注意欠如多動症においては、メチルフェニデート塩酸塩（商品名：コンサータ）やアトモキセチン（商品名：ストラテラ）などがよく用いられる。よって、誤り。

③ ✕　**2つ以上の発達障害の併存は認められない。**

複数の発達障害の併存は通常よくみられる。よって、誤り。

④ ⭕　**注意欠如多動症は、衝動性や多**

311

動性がみられなくても診断が可能である。

正しい。注意欠如多動症では、不注意優位型と多動・衝動性優位型とがみられる。

⑤ ✕ 自閉スペクトラム症の診断には、知的能力障害がみられることが必要である。

従来、DSM-Ⅳでは、広汎性発達障害として、知的障害（DSM-5では知的能力障害）を伴う自閉性障害や、知的障害を伴わないアスペルガー障害とに分けられていたが、DSM-5における自閉スペクトラム症の診断に関しては、知的能力障害を伴うかどうかは問われなくなった。よって、誤り。

DSM-5の神経発達症群／神経発達障害群に関する知識を問う問題です。

① ⭕ 知的能力障害

知的能力障害は、DSM-5の神経発達症群／神経発達障害群に含まれる。よって、正しい。

② ✕ 神経性過食症

神経性過食症は、DSM-5の食行動障害および摂食障害群に含まれる。よって、誤りである。

③ ✕ せん妄

せん妄は、DSM-5の神経認知障害群に含まれる。よって、誤りである。

④ ⭕ コミュニケーション症

コミュニケーション症は、DSM-5の神経発達症群／神経発達障害群に含まれる。よって、正しい。

⑤ ✕ 適応障害

適応障害は、DSM-5の心的外傷およびストレス因関連障害群に含まれる。よって、誤りである。

この問題は、高次脳機能障害に関する知識を問う問題です。

① ✕ 事故における脳の損傷によって起きた障害のことであり、脳血管障害や脳症、脳炎によるものは含まれない。

高次脳機能障害には、脳血管障害や脳症、脳炎によるものも含まれるため、誤り。

② ✕ 右半球や頭頂葉が損傷した場合、会話が困難な状態（失語）がみられる。

右半球や頭頂葉ではなく、左半球や側頭葉、前頭葉下部、角回が損傷した場合に会話が困難な状態（失語）がみられる。よって、誤り。

③ ✕ リバーミード行動記憶検査は、検査を何度も施行することで、練習効果が結果に影響してしまうことが問題とされている。

リバーミード行動記憶検査は、並行検査が4種類あるため、練習効果を排除して記憶障害を評価可能。よって、誤り。

④ ⭕ 道具の使い方や物事の順番がわからなくなることを観念失行と呼ぶ。

正しい。また似たものとして、意図的に何かをしようとしたり、真似しようとするとできなくなることを観念運動失行と呼ぶ。

⑤ ✕ 発症する前に経験した事柄が思い出せなくなることを前向性健忘と呼ぶ。

前向性健忘ではなく、逆行性健忘の説明。前向性健忘は「発症後」に経験した事柄を憶えられなくなる健忘のこと。よって、誤り。

① ❌　建設業
誤りである。
② ❌　製造業
誤りである。
③ ⭕　運輸業、郵便業
正しい。前年度に引き続き、運輸業や郵便業の件数が多くなっている。
④ ❌　卸売業、小売業
誤りである。
⑤ ❌　宿泊業、飲食サービス業
誤りである。

この問題は、DSM-5の性別違和に関する知識を問う問題です。

① ⭕　指定されたジェンダーとは異なる別のジェンダーとして扱われたいという強い欲求がある。
出生時に指定されたジェンダーが女性であれば、男性として社会的に扱われたいという強い欲求がある。
② ❌　体験または表出するジェンダーと、指定されたジェンダーとの間の著しい不一致が、少なくとも3カ月続く。
少なくとも3カ月ではなく、少なくとも6カ月以上続くとされている。よって、誤り。
③ ❌　20歳以上で、結婚をしておらず、未成年の子どもがいない。
上記に加えて、性別適合手術を受けて

いることが、性同一性障害の戸籍変更の条件である。よって、誤り。
④ ❌　日本における成人の有病率は、2.2：1で出生時が男性の割合が高い。
数字は適切だが、出生時女性の割合が高い。よって、誤り。
⑤ ❌　出生時の性別と同じ性別の人に性的魅力を感じる。
性的指向は性別違和の定義にはない。よって、誤り。

この問題は、DSM-5のレビー小体型認知症に関する知識を問う問題です。

① ⭕　レム睡眠行動障害を併発する。
レビー小体型認知症の示唆的特徴として、正しい。
② ❌　幻覚の中でも、幻視よりも幻聴がよくみられる。
幻聴が見られる例もあるが、詳細で繰り返し出現する幻視が中核症状として挙げられている。よって、誤り。
③ ❌　無気力状態や常同的、強迫的な儀式行動がみられる。
上記は前頭側頭型認知症によくみられる症状である。よって、誤り。
④ ❌　パーキンソニズムがみられた後、認知機能の低下が起こる。
パーキンソン病による認知症とは、発生順序により区別される。レビー小体型認知症では、認知機能低下の進展に続いて起こる自然発生的なパーキンソニズムを特徴とする。よって、誤り。
⑤ ❌　レビー小体型認知症は、家族歴または遺伝子検査から、原因となる遺伝子変異の証拠がある。
家族歴または遺伝子検査から、原因と

なる遺伝子変異の証拠があるのは、アルツハイマー型認知症である。よって、誤り。

問7　　　　　　　　　①

この問題は、ストレスについての知識を問う問題です。

① ⭕ **コーピングコストとは、ストレスに対する対処行動によって生み出される健康や行動に対する有害な影響のことをいう。**
正しい。よって、正解。

② ❌ **ストレスとは、外部刺激によって引き起こされる生体が示す特異的な反応状態のことをいう。**
ストレスとは、「外部刺激によって引き起こされる生体が示す非特異的な反応状態」のことをいう。特異的と非特異的が異なるため、誤り。

③ ❌ **ストレスとストレッサーは、同じ意味である。**
ストレスとは、心や身体に負担のかかった状態のことをいう一方、ストレッサーとはそのストレス状態を引き起こす要因そのもののことを指す。よって、誤り。

④ ❌ **セリエによる汎適応症候群では、その期間は警告反応期、困惑期、疲憊期の3段階に分けられる。**
セリエによる汎適応症候群での3段階目の期間は、「困惑期」ではなく「抵抗期」である。よって、誤り。

⑤ ❌ **ストレスの一次的認知評価とは、ストレスに対処できるかどうかに関する評価のことを指す。**
ストレスの一次的認知評価とは、ストレッサー自体の大きさに対する評価の

ことであり、二次的評価が、ストレスに対処できるかに関する評価のことである。よって、誤り。

問8　　　　　　　　　①

この問題は、精神保健に関する知識を問う問題です。

① ⭕ **精神保健指定医は、五年以上診断又は治療に従事した経験を有することが条件として求められている。**
正しい。精神保健指定医は、医師として五年以上診断や治療に従事した経験がなければなることができない。

② ❌ **精神保健指定医は、五年以上精神障害の診断又は治療に従事した経験を有することが条件として求められている。**
精神保健指定医は、精神障害の診断や治療に従事した経験についての条件として、五年間ではなく三年間が求められる。よって、誤り。

③ ❌ **市町村は、精神保健の向上及び精神障害者の福祉の増進を図るため、精神保健福祉センターを設置する。**
精神保健福祉センターを設置するのは、市町村ではなく都道府県。よって、誤り。

④ ❌ **市町村は、精神保健及び精神障害者の福祉に関する事項を調査審議するため、地方精神保健福祉審議会を設置できる。**
地方精神保健福祉審議会を設置できるのは、市町村ではなく都道府県であり、条例によるものである。よって、誤り。

⑤ ❌ **患者に入院が必要であり、家族等に連絡が取れず同意が得られない**

場合、自傷他害のおそれのない場合には措置入院の手続きが行われる。

自傷他害のおそれのある場合に措置入院の手続きをとる。自傷他害のおそれがない場合は、応急入院の手続きを取れば72時間に限り入院させることができる。72時間を超える場合には医療保護入院に切り替えるなどしなければならない。よって、誤り。

問9 ④

この問題は、チーム医療に関する知識を問う問題です。

① ✕ **チーム医療では、医師がリーダーシップを発揮することが原則である。**

チーム医療において、リーダーシップは医療従事者の間で移譲され、その場で最も適切な人がリーダーシップを取ることが望まれる。よって、最も適切とはいえない。

② ✕ **チーム医療は病院で行われ、診療所では呼び方が異なる。**

チーム医療は病院だけではなく、診療所（クリニック）においても同様に行われる。よって、適切ではない。

③ ✕ **チームの構成員として、管理栄養士や言語聴覚士などは含まれない。**

チームの構成員には、管理栄養士や言語聴覚士も含まれ、その他、医師や看護師、診療放射線技師、臨床検査技師、理学療法士、作業療法士、そして公認心理師なども含まれる。よって、適切ではない。

④ ◯ **患者自身もチームの構成員として考えられる。**

チーム医療においては、患者自身や患者の家族もチームの構成員として考えられている。よって、最も適切。

問10 ②・④

この問題は、ギャンブル障害に関する知識問題です。

① ✕ **秩序破壊的・衝動制御・素行症群の中に位置づけられている。**

物質関連障害および嗜癖性障害群の非物質関連障害群として位置づけられている。よって、誤り。

② ◯ **賭博のために、重要な人間関係や仕事、教育の機会を失ったことがある。**

「その機会を減らし、または失ったことがある」との記述があり、正しい。

③ ✕ **賭博の資金を得るために、窃盗などの非合法的行為に手を染めたことがある。**

DSM-Ⅳ-TRには記載されていたが、DSM-5には削除されている。よって、誤り。

④ ◯ **当てはまる項目数によって、軽度から重度の重症度が特定される。**

9つの項目が示されており、それに当てはまる項目数によって3つの重症度に分けられている。よって、正しい。

⑤ ✕ **気分が高揚した躁状態のときに賭博をすることが多い。**

無気力や抑うつ気分など、苦痛の気分のときに賭博をすることが多いとされている。よって、誤り。

問11　　　②・④

この問題は、機能性身体症候群に関する知識問題です。

① ❌ **神経症やうつ病等の精神障害に伴う身体症状である。**

機能性身体症候群では、他の精神障害に伴う身体症状は除外される。よって、誤り。

② ⭕ **機能性身体症候群に含まれる各疾患は、同じような愁訴や症状が多い。**

似たような愁訴や症状が多く、診断基準も共通点が多い。よって、正しい。

③ ❌ **薬物療法はあまり効果がみられず、カウンセリングや認知行動療法が有効である。**

抗不安薬や抗うつ薬などの、薬物療法も効果的である。よって、誤り。

④ ⭕ **原因不明の疲労感や頭痛、めまい等、医学的に説明できない症状を呈する。**

原因不明で、医学的にも説明することができないものであり、正しい。

⑤ ❌ **代表的なものとして、機能性ディスペプシア、過敏性腸症候群、逆流性食道炎等がある。**

逆流性食道炎は含まれない。他に、月経前症候群、過換気症候群、慢性疲労症候群等がある。

問12　　　②・④

この問題は、「心の健康問題により休業した労働者の職場復帰支援の手引き」に関する理解を問うものです。

① ❌ **主治医と連携する際は、事前に当該労働者から同意を得る必要はない。**

事前に当該労働者から同意を得る必要がある。よって、誤り。

② ⭕ **主治医の復職診断書は労働者の業務遂行能力の回復を保証するものではない。**

復職診断書は、労働者が復職可能か否かを意見しているのであって、業務遂行能力の回復を保証しているわけではない。よって、正しい。

③ ❌ **主治医に情報提供を依頼する場合の費用負担については、事前に当該労働者と取り決めておく。**

費用負担については、事前に主治医と取り決めておく。よって、誤り。

④ ⭕ **主治医からの意見を求める際には、疾病性よりも事例性に基づく情報の提供を求めるようにする。**

公認心理師は、疾病性よりも事例性を重視すべきである。よって、正しい。

⑤ ❌ **当該労働者の業務内容については、プライバシー保護の観点から主治医に提供すべきではない。**

業務内容については主治医と共有する必要がある。よって、誤り。

問13　　　③・④

この問題は、ニューロンや神経伝達物質に関する知識を問う問題です。

① ❌ **ニューロンのシナプスの間隙において情報伝達に関わる物質のことである。**

選択肢の記述は正しい。ニューロンのシナプスの間隙において情報伝達に関わる物質のことである。よって、適切である。

② ❌ **神経伝達物質は、アミノ酸とペ**

プチド類、モノアミン類とに分けられる。

選択肢の記述は正しい。神経伝達物質は、アミノ酸とペプチド類、モノアミン類とに分けられる。よって、適切である。

③ ⭕ **生体における受容体分子に対して働く神経伝達物質等と似通った機能を持つ薬のことをアンタゴニストと呼ぶ。**

生体内の受容体分子に対して働く神経伝達物質等の働きを阻害する薬。選択肢の記述はアゴニストについてである。よって、不適切なものとして選ぶことができる。

④ ⭕ **神経伝達物質とは、ドーパミンやセロトニン、ノルアドレナリン、アセチルコリンのことを指し、グルタミン酸やアスパラギン酸は含まれない。**

神経伝達物質には、グルタミン酸やアスパラギン酸も含まれる。これらは神経伝達物質の中でもアミノ酸類に分類される。よって、不適切なものとして選ぶことができる。

⑤ ❌ **神経伝達物質は脳だけでなく腸においても分泌される。**

神経伝達物質は腸でも生成される。よって、適切である。

問14　　　　　①

この問題は、脊髄損傷患者にみられる症状について問うものです。

① ⭕ **幻肢痛**

四肢切断患者にみられる症状である。よって、誤っているものとして選択できる。

② ❌ **低血圧**

脊髄損傷患者では、起立性低血圧がみられることがある。よって、脊髄損傷患者にみられる症状として正しい。

③ ❌ **排泄機能障害**

脊髄損傷患者では、尿意や便意を感じづらくなり、失禁や便秘になりやすい。よって、脊髄損傷患者にみられる症状として正しい。

④ ❌ **せん妄**

脊髄損傷患者の急性期にみられることがある。よって、脊髄損傷患者にみられる症状として正しい。

⑤ ❌ **性機能障害**

脊髄損傷患者では、男性では勃起機能障害がみられる。よって、脊髄損傷患者にみられる症状として正しい。

問15　　　　②・④

この問題は、自閉症スペクトラム症に関する知識を問う問題です。

① ❌ **レット症候群**

DSM-Ⅳ-TRまではレット障害として、広汎性発達障害の中にカテゴライズされていたが、X染色体の異常が原因と判明したことでDSM-5では削除された。自閉症スペクトラム症と同様の症状を呈する場合もあるが、レット症候群では症状は一過性のものである。

② ⭕ **発達性協調運動症**

どちらの基準も、ともに満たしている場合、両方の診断を下すことができる。

③ ❌ **社会的（語用論的）コミュニケーション症**

社会的コミュニケーションの欠陥だけでなく、興味や行動、活動の限定され

た反復的な様式がみられる場合は、自閉症スペクトラム症の診断が優先される。

④ ◯ 抑うつ障害群

自閉スペクトラム症の二次障害により、抑うつ障害群を併発することがある。

⑤ ✕ 選択性緘黙

選択性緘黙では、特定の状況においては適切な社会的コミュニケーション技能を示し、緘黙している場面でさえ対人的相互性は障害されない。

問16　②・③

この問題は、心神喪失者等医療観察法に関わる内容を問う問題です。

① ✕ **心神喪失とは、精神の障害により事物の理非善悪を弁識する能力又はその弁識に従って行動する能力が著しく減退した状態のことである。**

精神の障害により事物の理非善悪を弁識する能力又はその弁識に従って行動する能力が著しく減退した状態は「心神耗弱」であるから、誤り。

② ◯ **この法律の目的は、他害行為の再発防止を図ることだけではなく、対象となる人の社会復帰を促進することまで含む。**

最終的には対象となる人の社会復帰を促進することを目的としているので、正解。

③ ◯ **処遇要否決定は地方裁判所裁判官1名と精神保健審判員（精神科医）1名の合議によって行なわれる。**

選択肢の説明の通りである。よって、正解。

④ ✕ **処遇要否決定は、入院決定か、**

本法による医療を行わないかのいずれかである。

処遇要否決定は、入院決定、通院決定、本法による医療を行わない、の3つのうちのいずれかであるから、誤り。

⑤ ✕ **退院の決定は、対象者、対象者の保護者、指定入院医療機関からの申し立てがあれば可能である。**

退院の決定は、対象者、対象者の保護者、指定入院医療機関からの申立てに基づき裁判所が行うので、誤り。

問17　③

この問題は、レム睡眠行動障害に関する問題です。

① ✕ ナルコレプシー

抑えがたい睡眠欲求、睡眠に陥る時間の反復が同じ日に何度も起こる。よって、適切ではない。

② ✕ 複雑部分発作

意識障害を伴うてんかん発作である。よって、適切ではない。

③ ◯ レム睡眠行動障害

DSM-5に記載されるレム睡眠行動障害の症状として、正しい。よって、適切である。

④ ✕ ノンレム睡眠からの覚醒障害

睡眠から不完全に覚醒するエピソードの反復であり、睡眠時遊行症型（睡眠中に起き上がり歩き回る）と睡眠時驚愕症型（睡眠から突然驚愕覚醒する）がある。よって、適切ではない。

⑤ ✕ 悪夢障害

長引いた非常に不快な詳細に想起できる夢が反復して生じるものである。よって、適切ではない。

問18 ②

この問題は、パーソナリティ障害の中のA群、統合失調型パーソナリティ障害に関する問題です。

① ❌ **他人の動機を悪意あるものと解釈する。**
猜疑性（妄想性）パーソナリティ障害の特徴である。よって、誤り。

② ⭕ **下位文化的規範に合わない奇異な信念を持つ。**
風変わりな行動や外見、魔術的思考など、統合失調型パーソナリティ障害の特徴として、正しい。

③ ❌ **自分は社会的に不適切である、との考えを持つ。**
C群回避性パーソナリティ障害の特徴である。よって、誤り。

④ ❌ **孤立した行動を選択し、社会的関係から離脱している。**
シゾイドパーソナリティ障害の特徴である。よって、誤り。

⑤ ❌ **自己卑下的な判断による過剰な社交不安がある。**
自己卑下的な判断よりも妄想恐怖を伴う傾向がある。よって、誤り。

問19 ⑤

この問題は、向精神薬に関する知識を問う問題です。

① ❌ **向精神薬とは、統合失調症や躁状態に使われる薬物の総称で、メジャートランキライザーとも呼ばれる。**
この選択肢の記述は、向精神薬ではなく抗精神病薬の説明である。向精神薬は抗精神病薬や抗不安薬、抗うつ薬、

気分安定薬など精神に対して働く薬剤の総称をいう。よって、誤り。

② ❌ **ベンゾジアゼピン系の抗不安薬は、強迫性症やパニック症の第一選択薬として用いられる。**
強迫症やパニック症の第一選択薬であるのは、SSRI（選択的セロトニン再取り込み阻害薬）である。ベンゾジアゼピン系抗不安薬は、依存が強いことが確認されているため、処方される際には注意が必要とされている。よって、誤り。

③ ❌ **大うつ病には、重篤な副作用がないことから、SSRI（選択的セロトニン再取り込み阻害薬）が第一選択薬として用いられる。**
大うつ病性障害には、まれに起こる重篤な副作用としてセロトニン症候群や悪性症候群が挙げられる。よって、誤り。

④ ❌ **錐体外路症状には、遅発性ジスキネジアや急性ジストニア、アカシジアなどがあり、これらは休薬、断薬しても症状として残りやすい。**
錐体外路症状は、休薬や断薬することによって症状は消失する。よって、誤り。

⑤ ⭕ **血中半減期とは、服薬後に薬物が血液内に浸潤し、最高血中濃度に達した時間から濃度が半減するまでの時間をいう。**
正しい。血中半減期を基準として、薬剤の効力の持続時間を把握することができる。

問20　③・④

精神保健福祉法の内容を問う問題です。

① **✗**　**精神保健指定医は国家資格であり、優れた精神科治療を行えることを認める資格である。**

精神保健指定医は国家資格であるが、優れた精神科治療を行えることを認めるものではなく、患者の人権に十分配慮したうえで、本人の意思によらない入院や、一定の行動制限を行うことができると認める資格であるので、誤り。

② **✗**　**医療保護入院は、精神科医の診察と家族等の同意に基づいて本人の意思によらず精神科病院へ強制的に入院させる制度である。**

医療保護入院には、精神科医の診察ではなく、精神保健指定医の診察が必要なので、誤り。

③ **◯**　**自傷・他害のおそれがある精神障害者を都道府県知事の権限で精神科病院に強制的に入院させることを、措置入院と呼ぶ。**

選択肢の文章のとおりなので、正解。

④ **◯**　**2013年の改正で、従来の保護者制度が廃止された。**

2013年の改正によって、従来の法で定められた保護者の義務が過重となっていることを踏まえ、保護者制度が廃止された。すなわち、医療保護入院においては、保護者の同意が要件ではなく、家族等のうちいずれかの者の同意が要件となった。そのため、この選択肢は正解。

⑤ **✗**　**入院患者を身体拘束する場合は、事態が著しく切迫しているから、必ずしも身体拘束を開始することを文書で患者本人に告知する必要はない。**

身体拘束も、隔離同様、開始に際しては文書で告知する必要があるので、誤り。

問21　④

この問題は、解離性障害に関する知識を問う問題です。

① **✗**　**複数の人格**

解離性障害の中でも、解離性同一性障害と呼ばれるものにあたり、複数の交代人格がみられることがある。よって、適切である。

② **✗**　**一部の記憶欠如**

解離性障害の中でも、解離性健忘と呼ばれるものにあたり、一部の記憶が抜け落ちることが特徴として挙げられる。よって、適切である。

③ **✗**　**現実感の消失**

解離性障害の中でも、離人感・現実感消失症と呼ばれるものにあたり、現実世界ではなく幻想の世界にいるような感覚が現れることが特徴とされている。よって、適切である。

④ **◯**　**連合弛緩**

連合弛緩は、統合失調症の症状のひとつであり、まとまりのない考えやまとまりのない会話によって特徴づけられる。滅裂思考とも。よって、不適切なものとして選択することができる。

⑤ **✗**　**感覚の麻痺**

感覚の麻痺は、解離性障害においてよく現れる症状であり、適切である。

問22　①

① ⭕ 摂食をしなくなる摂食制限型と、過食と自己誘発性嘔吐や下剤等による排出行動を伴う過食・排出型とがあり、正しい。
② ❌ 神経性やせ症と神経性過食症の間に関連はある。
③ ❌ 神経性やせ症では、栄養失調により死の危険性がある。
④ ❌ 神経性やせ症の10分の1程度は男性である。
⑤ ❌ DSM-5では、BMIは17以下が基準である。

問23　④

① ❌ 血圧は低くなる。
② ❌ 心拍数は下がる。
③ ❌ 下痢ではなく便秘が多くなる。
④ ⭕ 産毛が濃くなることがあり、正しい。
⑤ ❌ 体温は低くなる。

問24　⑤

① ❌ およそ10分以内にピークがくるといわれている。
② ❌ パニック症では通常、死には至らない。
③ ❌ そのようには呼ばれない。全般性不安症とは様々な出来事に対して不安を抱く障害。
④ ❌ SSRIなどの抗うつ薬がパニック症での第一選択薬。
⑤ ⭕ カフェインやアルコールの摂取により、パニック発作が誘発されることがあり、正しい。

問25　①・⑤

① ⭕ 正しい。流動性知能は、推論、暗記、計算など、新しい場面への適応に関する知能を、結晶性知能は、過去の長年にわたる経験や学習などから獲得された知が形成する知能をさす。
② ❌ 意味記憶はエピソード記憶に比べ保たれやすい。
③ ❌ 後半はレビー小体型認知症ではなく、脳血管性認知症の説明。
④ ❌ パーソナリティ変化も起こる。
⑤ ⭕ 加齢によるプロセスを阻止できない場合、健常な状態から筋量・筋力が低下する「サルコペニア」の状態を経て「フレイル」となり、要介護状態に至るとされる。

問26　③

① ❌ カタレプシーは主症状ではなく、副症状のひとつ。
② ❌ Jaspers, K.でなくKraepelin, E.クレペリン。
③ ⭕ 正しい。再発も多く、服薬の中断はそのリスクを高める。
④ ❌ 陰性症状ではなく、陽性症状。
⑤ ❌ 慢性の統合失調症の治療ではなく、急性期の統合失調症の治療。

問27　②

① ❌ 観念奔逸ではなく、連合弛緩(滅裂思考)。
② ⭕ 正しい。周囲の人々の言動や見聞きした出来事を、自分に関係があると確信する妄想のことである。
③ ❌ 思考操作ではなく、思考伝播。

④ ✕　妄想気分ではなく、迫害妄想。
⑤ ✕　心気妄想ではなく、誇大妄想。

① ✕　うつ病や双極性障害にみられる症状である。
② ✕　精神運動性の焦燥とは、じっとしていられず動き回ったり、手足を動かしたりなどすることをさし、双極性障害やうつ病にみられる症状である。
③ ✕　広場恐怖症の別名である。DSM-5において不安症群に分類される。
④ ✕　統合失調症で特徴的にみられる思考障害。
⑤ ◯　PTSDの主な症状は、過覚醒、回避行動、フラッシュバック、否定的な信念である。

① ✕　認知症の中核症状としては、記憶障害、失語・失行・失認の3つ、遂行機能障害がある。この記述は正しいため、誤りとして選択できない。
② ◯　本来するべき行動・言動ではなく、無意識下にある欲求によって引き起こされた行動・言動の誤りのことを、フロイトは失錯行為と呼んだ。この記述は誤りであるため、誤っているものとして選択できる。
③ ✕　①解説参照。この記述は正しいため、誤りとして選択できない。
④ ◯　認知症で失禁が生じる場合はあるが、中核症状ではなく、膀胱や排便の制御ができなくなった場合に生じるものである。この記述は誤りであるた

め、誤っているものとして選択できる。
⑤ ✕　①解説参照。この記述は正しいため、誤りとして選択できない。

① ✕　静座不能症とも呼ばれ、抗精神病薬のほか、抗うつ薬や胃腸薬でも現れることがある副作用である。下肢がむずむずして、じっとしていられない感覚が特徴。この記述は正しいため、誤りとして選択できない。
② ✕　抗精神病薬による副作用の1つで、パーキンソン病のような症状が起きる。症状として、安静時の振戦や無動、筋固縮、姿勢反射障害などがみられる。この記述は正しいため、誤りとして選択できない。
③ ✕　抗精神病薬による副作用の1つで、症状が遅れて出てくるため「遅発性」と呼ばれる。顔を歪めたり舌を突き出したり、唇をすぼませるなどの反復的で不随意的な動作が特徴。この記述は正しいため、誤りとして選択できない。
④ ◯　悪性症候群やセロトニン症候群は、抗うつ薬を服用した際にまれに起こる重篤な副作用。この記述は誤りであるため、誤っているものとして選択できる。
⑤ ✕　抗精神病薬による副作用の1つで、不随意的で持続的な筋固縮が起こり、身体がねじれたり首が反り返ったり、身体が傾いたり痙攣したりする症状がみられる。この記述は正しいため、誤りとして選択できない。

問31　③

① ✖　Jaspers,K.T. は、統合失調症の状態のことを了解不可能と呼んだ。この記述は正しいため、誤りとして選択できない。

② ✖　この記述は正しいため、誤りとして選択できない。

③ ⭕　談話療法を行ったのは、フロイトやユングの師である Breuer,J. である。この記述は誤りであるため、誤っているものとして選択できる。

④ ✖　統合失調症の陽性症状は、シュナイダーの一級症状とも呼ばれる。この記述は正しいため、誤りとして選択できない。

⑤ ✖　Kahlbaum,K.L. の緊張病は、早発性痴呆と Hecker,E. の破瓜病、クレペリンの妄想病とともに、早発性痴呆（後の精神分裂病・統合失調症）の元となった。

問32　②

① ✖　マイナー・トランキライザーではなく、メジャー・トランキライザー。

② ⭕　近年、SSRI や SNRI のいずれかが第一選択薬として使われることが多くなっている。退薬症状はセロトニン濃度が急激に下がることにより引き起こされ、4週間以上服薬した場合には特に注意されるべきである。

③ ✖　主に ADHD に投薬される。

④ ✖　認知症は不可逆的であり、症状の改善は見込めない。

⑤ ✖　ベンゾジアゼピン系抗不安薬の依存性は高い。

問33　⑤

① ✖　精神遅滞と知的障害は同じ意味として使われる。

② ✖　すべてではなく、医師の問診など総合的に診て診断される。

③ ✖　遺伝的要因が考えられる。

④ ✖　関連が見受けられる。

⑤ ⭕　DSM-5 では神経発達症群に分類され、小児期発症流暢症/小児期発症流暢障害（吃音）と表記されている。

問34　①

① ⭕　従来の知能指数による定義をとりやめ、概念（知能）、社会性、実用性の3領域を軽度～最重度の4段階で評定するようになった。

② ✖　不安症群/不安障害群に含まれる。

③ ✖　DSM-Ⅳ では、広汎性発達障害に入っていたが、DSM-5 ではアスペルガー障害という診断名はなくなった。

④ ✖　DSM-Ⅳ では、広汎性発達障害に入っていたが、DSM-5 ではレット障害という診断名はなくなった。

⑤ ✖　DSM-Ⅳ では、広汎性発達障害に入っていたが、DSM-5 では小児期崩壊性障害という診断名はなくなった。

問35　②

① ✖　APA は、アメリカ心理学会ではなく、アメリカ精神医学会。

② ⭕　正しい。約30年ぶりの改定となる第11版は2018年6月に公表された。

323

③ ❌　DSM-Ⅳ-TRで使用されていた多軸評定は、DSM-5では廃止された。
④ ❌　診断は医師しか行うことはできず、公認心理師が行った場合は医師法違反となる。
⑤ ❌　精神疾患の診断については、症状による操作的診断基準を用いる。

問36　　　　　　　　　　⑤

① ❌　DSM-5ではIQだけでなく、適応機能の両面から評価している。
② ❌　発達性協調運動症は、神経発達症群／神経発達障害群の中でも、運動症群／運動障害群に含まれる。
③ ❌　限定的な行動・興味・反復行動を伴っていなければ、社会的コミュニケーション症と評価される。
④ ❌　DSM-5では、初めて大人のAD/HDについて具体的な定義がされ、17歳以上のAD/HD診断について、具体的な項目が追加されている。
⑤ ⭕　発達性協調運動症は、器質的な異常がないにもかかわらず、極端に不器用であるものであり、正しい。

問37　　　　　　　　　　③

① ❌　運動神経と感覚神経に分かれる。
② ❌　副交感神経ではなく、交感神経。
③ ⭕　正しい。なお、アセチルコリンが交感神経の神経伝達物質として機能している箇所もある。
④ ❌　中枢神経には、脳だけではなく脊髄も含まれる。
⑤ ❌　神経細胞はシナプスではなく、ニューロンである。

問38　　　　　　　　　　③

① ❌　これは橋本病ではなく、バセドウ病の説明。
② ❌　これは1型糖尿病ではなく、2型糖尿病の説明。
③ ⭕　正しい。なお冠動脈は心臓をとりまき、心筋に酸素や栄養素を供給する血管である。
④ ❌　皮膚の接触では感染しない。
⑤ ❌　性染色体ではなく、常染色体である。

問39　　　　　　　　　　④

① ❌　平滑筋と骨格筋が逆。
② ❌　血液は体重の12分の1。
③ ❌　横隔膜と肺胸膜が逆。
④ ⭕　正しい。消化吸収にかかわる臓器が連なっている。
⑤ ❌　小循環とは肺循環のこと。

問40　　　　　　　　　　⑤

① ❌　真菌や細菌を含む。
② ❌　接触感染のこと。
③ ❌　飛沫感染のこと。
④ ❌　空気感染のこと。
⑤ ⭕　正しい。母子感染ともいう。

心理的アセスメント・心理支援
問1　　　　　　　　　　④

この問題では、心理アセスメントの実施における理解について問われています。

① ❌　**初回面接はアセスメント面接に徹することを心掛ける。**

初回面接ではアセスメントだけではなく、ラポール形成も必要である。よって、不適切である。

② ❌ **生育歴よりも病歴をまずは把握する。**

生育歴、病歴ともに重要であり、クライエントによっては病歴の聞き取りは初回以降になる場合もある。よって、不適切である。

③ ❌ **心理検査は必要と判断すれば、すすんで行う。**

心理検査が必要な場合でも、クライエントの状態次第であり、また許可をとってからでないと行ってはならない。よって、不適切である。

④ ⭕ **アセスメントによる結果は修正しても良い。**

アセスメントは初回以降の面接でも行い、修正していくものである。よって、適切である。

⑤ ❌ **情報をすばやく収集するため問診票は必ず書いてもらう。**

クライエントの中には問診票を書けない人もいるため、聞き取りによって情報収集を行う場合もある。よって、不適切である。

問2　　②

この問題では、心理検査の実施についての理解が問われています。

① ❌ **クライエントの負担を考え、投映法よりも質問紙法から行う。**

質問紙の中には、クライエントにかなり負担になるものもある（MMPIなど）。投映法の中には、比較的負担になりにくいものもある（バウムテストなど）。よって、不適切。

② ⭕ **検査時間が多く取れない場合、検査によっては自宅に持って帰ってやってきてもらう場合がある。**

MMPIなどの質問紙は、次の面接までに自宅で実施してもらい、持ってきてもらうこともある。よって、最も適切である。

③ ❌ **心理検査の結果は、クライエントに必ず詳細に報告しなければならない。**

不適切。結果の理解には専門的な知識が必要な場合もあるため、クライエントにわかるように簡略化し、伝えるほうが適切である。

④ ❌ **クライエントが緊張している場合、緊張がとけるまで検査を中断する。**

不適切。緊張して実施が不可能の場合は中断することもあるが、緊張も心理検査の内容として記録し、解釈の参考資料とする。

問3　　③

この問題では、コミュニケーションには問題はなく、作業速度が遅いといった発達障害が疑われる成人に対する、適切な心理検査について問われています。

① ❌ **AASP**

AASPは、感覚刺激への反応傾向を4つの象限（Dunnの感覚処理モデル）から評価する、Adolescent/Adult Sensory Profileの日本版である。感覚過敏でないため、不適切である。

② ❌ **SDS**

SDSは、日本語では自己評価式抑うつ性尺度と呼ばれている。発達障害の検査ではないので、不適切である。

③ **○** WAIS-III

WAIS-IIIは、個別式知能検査であり、言語性IQ（VIQ）、動作性IQ（PIQ）、全検査IQ（FIQ）の3つのIQに加え、「言語理解（VC）」、「知覚統合（PO）」、「作動記憶（WM）」、「処理速度（PS）」の4つの群指数も測定できる。事務作業速度についても精査できるため、適切といえる。

④ **✕** ADHD-RS

ADHDの的確な診断・スクリーニング・重症度評価に用いられる。ADHD傾向ではないことから、不適切である。

⑤ **✕** WISC-IV

WISC-IVは、児童用知能検査であり、5歳0カ月～16歳11カ月の子どもを対象にしている。よって、不適切である。

問4　　　　　　　　⑤

この問題では、観察法についての理解が問われています。

① **✕** **観察法を大きく分けると、自然観察法と場面観察法がある。**

観察法は、自然観察法と実験観察法に分けられる。よって、不適切である。

② **✕** **ある行動が生起しそうな場面などを選択し、その場面での行動を観察する方法として日誌法がある。**

日誌法とは、ある特定の個人を日常的な行動の流れの中で観察記録する方法である。本文の説明は、場面見本法のことである。よって、不適切といえる。

③ **✕** **どのような方法であれ、観察者は中立的な立場で対象には一切関わってはならない。**

観察法の中には、観察者が加わる参与観察法がある。よって、不適切である。

④ **✕** **一定時間内に対象行動が生起するかどうかを観察する方法を行動目録法という。**

行動目録法とは、事前に起こりそうまたは観察したい行動のカテゴリーを作成し、その行動が生起した度にカウントする方法。本文の説明は、時間見本法のことである。よって、不適切といえる。

⑤ **○** **実験的観察法では、生態学的妥当性についての問題を含んでいる。**

適切である。実験的観察法では、実験室における人為的な条件統制による現象の発生が、日常の中で起こる心理現象を再現していないのではないかとされている。

問5　　　　　　　　⑤

この問題では、NEO-PI-Rの理解について問われています。

① **✕** **利他性、応諾、慎み深さ、優しさなどを表す因子は、誠実性である。**

誤り。選択肢の説明は、調和性を指す。誠実性とは、コンピテンス、秩序、良心性、達成追求、自己鍛錬、慎重さを表す。

② **✕** **5つの次元は、さらに5つの下位次元で構成されている。**

5次元の下に、6つの下位次元によって構成される。よって、誤り。

③ **✕** **神経症傾向は、この人格検査によって初めて採用された。**

神経症傾向について初めて心理生物学的に理論化したのは、アイゼンクと

いわれている。アイゼンクが考案した心理検査は、モーズレイ人格目録（MPI）である。よって、誤り。

④ ✖ **活動性は開放性の下位次元に含まれる。**

活動性は、外向性の下位次元に含まれる。よって、誤り。

⑤ ◯ **青年期から老年期までの幅広い年齢層をもとに標準化されている。**

正しい。NEO-PI-Rは人格の5因子モデルに基づく人格テストで、青年から老人までを含む幅広い年齢層に適用するように作られ、元はCosta & McCrae（1985, 1992b）により公刊されたものである。

問6　　　　　　　　　⑤

この問題では、インテーク面接時における公認心理師としての適切な対応についての理解が問われています。

① ✖ **クライエントの主訴を理解するために、まず心理検査を行う。**

心理検査は、主訴の聞き取り以上に情報を集めたい時に、クライエントの了解の上で行うことがある。インテーク面接時において、まず最初に行うこととはいえない。よって、不適切である。

② ✖ **クライエントの緊張をとくために、リラクゼーション法を勧める。**

クライエントの緊張も、面接における情報の一つである。必要であればリラクゼーションすることもあるが、すぐに勧めるものではない。よって、不適切である。

③ ✖ **主訴の内容によっては対応できないことがあることから、まず公認心理師に何ができるかを伝えておく。**

不適切。まずは主訴を聞くことが重要である。その上で、公認心理師の立場から対応できない場合は、リファーすることがある。

④ ✖ **クライエントの趣味など主訴と直接関係のないことのみを聴き、ラポール形成を行う。**

インテーク面接では、主訴の把握とラポール形成が重要である。ラポール形成に偏ってしまうと情報収集ができない。よって、不適切である。

⑤ ◯ **半構造化面接によって、クライエントの主訴を把握する。**

半構造化面接とは、あらかじめ決めておいた質問を行い、そのあと個別のケースに応じて質問を投げかける方法である。ラポール形成を図りつつ、必要な情報を集めることができる。よって、適切である。

問7　　　　　　　　　③

この問題は、福祉事務所が行う業務内容に関する知識を問う問題です。

① ✖ **ストーカーに対して、家庭裁判所の許可を得て接近禁止命令を出す。**

接近禁止命令を出すのは地方裁判所である。よって、不適切。

② ✖ **別居中の夫婦に対して、子どもの生活費の支払いや養育における役割分担などについて調停をする。**

このような調停は家庭裁判所が行う。よって、不適切。

③ ◯ **生活保護や児童手当の受給を決定する。**

これが福祉事務所の行う職務である。よって、適切。

④ ✖ **新オレンジプラン実行の中核と**

327

して、国民の健康と福祉の向上に寄与する。

新オレンジプランとは、厚生労働省が「認知症の人の意思が尊重され、できる限り住み慣れた地域のよい環境で自分らしく暮らし続けることができる社会を実現する」ために、2015年1月に策定したもので、「認知症施策推進総合戦略」とも呼ばれるものである。福祉事務所はそれを実行する機関の1つではあるが、とくにその中核としての機能を担うわけではない。よって、不適切。

問8	②

この問題は、虐待に関する知識を問う問題です。

① ❌ **小学生以上の子どもにお小遣いをあげないことは、経済的虐待にあたる。**
経済的虐待は、高齢者虐待にのみ用いられる虐待の種類である。児童虐待では、身体的虐待、心理的虐待、性的虐待、ネグレクト（育児放棄）の4つがある。よって、適切ではない。

② ⭕ **食事や寝床を用意していても、養育者が子どもだけをおいて頻繁に留守にすることはネグレクトにあたる。**
子どもだけをおいて頻繁に留守にすることは、子どもが健全な発達を遂げるための養育環境の剥奪にあたるため、ネグレクトにあたる。よって、適切である。

③ ❌ **子どもが傷つくことを直接的でなく間接的に言うことは心理的虐待にはあたらない。**
子どもが傷つくことを言うことは、直接的でなくても間接的であっても、それは子どもにとって心に傷を残すこととなり、心理的虐待にあたる。よって、適切ではない。

④ ❌ **養育者が子どものいる前でアダルトビデオを鑑賞することは、性的虐待にはあたらない。**
子どもに直接、性的な行動をしかけたり言葉を発したりすることだけではなく、子どもの面前での性交渉やアダルトビデオを見せることなども性的虐待にあたる。よって、適切ではない。

⑤ ❌ **道路に飛び出しそうになった子どもの腕をつかんで引き戻すことは、身体的虐待にあたる。**
道路に飛び出しそうになった場合、交通事故などを避けるための必要な行動であるため、これは身体的虐待とはいえない。よって、適切ではない。

問9	④

この問題は、心理教育的援助サービスに関する知識を問う問題です。

① ❌ **三次的援助サービスは、すべての児童生徒を対象とする。**
すべての児童生徒を対象にしているのは、予防的な援助である一次的援助サービスである。

② ❌ **二次的援助サービスでは、問題を生み出さないために配慮の必要な児童生徒へ援助を行う。**
問題を大きくしないために援助を行うのであって、生み出さないためではない。

③ ❌ **心理教育的援助サービスには、学習面、心理・社会面、進路面の3領域がある。**

上記に健康面を加えた4領域がある。

④ ⭕ **学級内でソーシャルスキルトレーニング（SST）を行うことは、一次的援助サービスにあたる。**

児童生徒のソーシャルスキルを高める等、スキルの開発により予防的援助を行うことは、一次的援助サービスにあたり、正しい。

⑤ ❌ **特別な援助を必要とする児童生徒に対して適切なアセスメントを行うことは、二次的援助サービスにあたる。**

二次的援助サービスではなく、三次的援助サービスにあたる。

問10　　　　　　　　④

この問題は、教育支援センターに関する知識を問う問題です。

① ❌ **学校教育法に設置が規定されている。**

学校教育法には、教育支援センターについて規定されていない。よって、適切ではない。

② ❌ **いじめや不登校等に関する教育相談を行う。**

教育支援センターではなく、教育相談センターの役割である。よって、適切ではない。

③ ❌ **学校に在籍しながら障害に応じた特別の指導を行う。**

学校に在籍しながら通所することは正しいが、障害に応じた特別の指導は通級指導教室で行われる。よって、適切ではない。

④ ⭕ **中学校を卒業した者についても、必要に応じて進路等に関した支援を行う。**

教育支援センター整備指針に、進路等に関して教育相談による支援を行うことが望ましいと記載されている。よって、適切である。

⑤ ❌ **社会的適応の促進が目的であるが、前提として学校復帰を目標とする。**

以前は学校復帰を前提としていたが、教育機会確保法（平成28年制定）で見直され、学校外での多様な学習の場の提供が挙げられている。よって、適切ではない。

問11　　　　　　　　②

この問題は、児童虐待に関する知識を問う問題です。

① ❌ **虐待を受けている児童の情報を、地域の民生委員にも開示する。**

民生委員は要保護児童対策地域協議会の構成員の一つであり、情報共有することは適切である。

② ⭕ **通告を受けた市町村は、必ず児童相談所に報告しなければならない。**

通告先は児童相談所だけでなく、市町村と福祉事務所もある。児童相談所に「必ず」報告する義務はない。よって、不適切なものとして選択できる。

③ ❌ **児童相談所の一時保護中は、行動自由の制限を行う場合がある。**

厚生労働省の児童相談所運営指針によると、無断外出が頻繁などの理由により、行動自由の制限を行う場合があるとされている。よって、適切である。

④ ❌ **一時保護の期間が2か月を超える場合は、家庭裁判所の承認が必要である。**

家庭裁判所が認めた場合には、2か月

を超えても一時保護を継続することができる。よって、適切である。

⑤ ❌ **都道府県知事は、児童虐待のおそれがあると認めるときは、保護者に対し出頭することを求めことができる。**

保護者に対し出頭を求め、必要な質問や調査を行うことができる。よって、適切である。

問12 　　　　　　　　　　　　①

この問題は、ケースフォーミュレーション（事例の定式化）の理解について問う問題です。

① ⭕ **ケースフォーミュレーションは構造化されていない面接で行う。**

ケースフォーミュレーションは、面接構造によって実施できるかどうか決まるわけではない。構造化面接においても行うことができる。よって、不適切なものとして選択できる。

② ❌ **ケースフォーミュレーションは治療技法を用いている最中でも行う。**

治療中も、その変化によって、ケースフォーミュレーションを再度行うこともある。よって、適切である。

③ ❌ **ケースフォーミュレーションでは、ポジティブな心理的特徴も含める。**

クライエントのネガティブな要素だけではなく、ポジティブな要素を含めて定式化を行う。よって、適切である。

④ ❌ **ケースフォーミュレーションでは、心理検査の結果も参考にする。**

心理検査の内容も、定式化を行うための参考となる。よって、適切である。

⑤ ❌ **ケースフォーミュレーションは、**

面接外の情報も参考にする。

面接以外の日常生活の過ごし方や、周囲との関わりなどの情報も参考となる。よって、適切である。

問13 　　　　　　　　　　③・⑤

① ❌ **行政による子育て支援は、母親当事者の自覚が必要なため、実際に子育てが始まる出産後以降に行われるのが効果的である。**

望まない妊娠、産前産後の心身の不調、家庭環境の問題など、支援を要する妊婦への出産前からのアプローチが必要である。よって、誤り。

② ❌ **親による体罰は、しつけを目的とした場合を除き、児童虐待とみなされる。**

児童虐待防止法第14条には、「しつけを名目とした児童虐待」を抑止する観点から、「児童のしつけに際して、監護及び教育に必要な範囲を超えて当該児童を懲戒してはならない」と明記されている。よって、誤り。

③ ⭕ **児童相談所での児童虐待相談対応件数は、年々増加傾向にあり、平成27年度には初めて10万件を超えた。**

選択肢の記述のとおりである。正しい。

④ ❌ **心理的虐待が増加傾向にある要因には、経済的困窮が考えられる。**

心理的虐待が増加傾向にある背景としては、児童が同居する家庭におけるDVについて、警察からの通告が増加したことが考えられている。よって、誤り。

⑤ ⭕ **児童相談所は、里親制度に関する情報提供や里親に対する助言・研**

修を実施している。

選択肢の記述の通りである。正しい。

問14　②

この問題は、身体拘束に関する知識について問う問題です。

① ✗　高齢者施設において、他の入居者の身体に危険がさらされる可能性があるため、夜間は基本的に身体拘束を行う。

身体拘束については、高齢者施設のみならず医療機関においても、切迫性が高い時以外は行うべきでない。ここでは「夜間は基本的に」と常態化していることが見て取れるため、適切とはいえない。

② ◯　精神科病院において、患者が今にも飛び降りてしまいそうであり、身体拘束以外の代替手段が思いつかないため、一時的に身体拘束を行う。

最も適切。①の記述と同様、切迫性が高い時以外には身体拘束を行うべきでないが、自傷他害の恐れなど切迫性が高い場合で、他に代替手段がない場合は行うことが適切といえる。

③ ✗　児童自立支援施設において、児童が勝手に部屋を飛び出してしまうと危険であるため、児童自立支援専門員が不在の際には、一時的に身体拘束を行う。

児童自立支援施設において、「児童が勝手に部屋を飛び出してしまうと危険」という理由で身体拘束を行うのは児童虐待にあたる。よって、適切とはいえない。

④ ✗　高齢者施設において、入居者が点滴を勝手に外してしまい、血だらけ

になっていることが複数回見られたため、手にミトン型の手袋を装着する。

ミトン型の手袋を装着することや向精神薬を過剰投与して落ち着かせるなどは、厚生労働省は身体拘束・抑制にあたるとし、原則的にこのような身体拘束をすることを禁止している。よって、適切とはいえない。

⑤ ✗　高齢者施設において、入居者の徘徊が多く見られるため、ベッドに身体の一部をひも等で縛りつける。

入居者の徘徊を防ぐためとはいえ、ひも等で縛ることは高齢者虐待にあたる。切迫性が高い状況とは言い難いため適切でない。

問15　②・④

この問題は、被災地における支援者のケアに関する知識を問う問題です。

① ✗　支援者同士の役割分担をし、業務の固定化をする。

被災地支援においては、支援者は入れ替わる可能性があるため、業務のローテーションを組む方がよい。よって、適切ではない。

② ◯　モチベーション維持のため、業務に対しての価値付けを行う。

然るべき立場の人から、業務の価値付けをしてもらうことによって、支援者自身の動機づけや心のケアにもつながる。よって、適切である。

③ ✗　支援者は被災地域の負担とならないよう、健康管理は自ら行い、心のケアも自分一人で解決する。

自ら健康管理を行うことは適切であるが、仲間同士で助け合う等、一人だけで解決しようとしない方が適切であ

る。よって、適切ではない。

④ ⭕ **住民の心理的な反応について啓発活動を行う。**

住民からの不安や怒り等が支援者に向けられることもあり、心理的な反応について理解しておくことは重要である。よって、適切である。

⑤ ❌ **支援者自身も被災している場合は、支援に回らず被支援者の立場をとる。**

支援者と被支援者の双方の立場をとることもあり得る。よって、適切ではない。

問16 ③・④

この問題では、家族療法の基本的な知識が問われている問題です。

① ❌ **現実の自己と理想の自己を一致させることを目的としている。**

C.R.Rogersの自己に関する理論、自己一致についての説明である。よって、適切ではない。

② ❌ **問題に対するクライエントの考え方について話し合い、修正を試みる。**

認知療法の考え方である。よって、適切ではない。

③ ⭕ **クライエントと一対一のカウンセリングであっても、セラピストとの関係をシステムと捉える。**

セラピスト-クライエント関係を最小の一つのシステムとみなす。よって、適切である。

④ ⭕ **問題そのものよりも問題がどのように語られているかに注目する。**

コミュニケーションの相互作用をみるため、内容（コンテンツ）よりも文脈

（コンテクスト）を重要視する。よって、適切である。

⑤ ❌ **クライエントの信頼関係を築くため、傾聴や伝え返しを重視する。**

カウンセリングの基本技法の説明である。家族療法でも傾聴は行うが、伝え返しを重視してはいない。よって、適切とはいえない。

問17 ①

この問題は、配偶者からの虐待被害を受けた人を保護する機関に関する知識を問う問題です。

① ⭕ **配偶者暴力相談支援センター**

配偶者からの暴力被害を受けた場合、一時的に保護したり自立を支援したりする施設。よって、正しい。

② ❌ **家庭裁判所**

家庭裁判所は、離婚調停などを行うところである。よって、誤り。

③ ❌ **児童相談所**

児童の一時保護などの機能を担う施設であり、配偶者からの暴力被害を受けた成人の保護をする施設ではない。よって、誤り。

④ ❌ **警察**

警察は、ストーカーに対して警告を与えることができるが、被害者の一時保護と自立支援まで行う機関ではない。よって、誤り。

問18 ③

この問題では、ゲシュタルト療法の概要について問われています。

① ❌ **フェルトセンスに焦点を当て、それを自己概念と照合する。**

これはフォーカシングについての説明である。よって、適切ではない。

② ❌ **クライエントの非合理な信念に対して論駁を試みる。**

これは論理療法についての説明である。よって、適切ではない。

③ ⭕ **「今ここ」での気づきの流れを体験することを重視する。**

ゲシュタルト療法では、「今ここ」での体験を重視する。よって、適切である。

④ ❌ **夢やイメージを技法には用いず、現在の現象に注目する。**

夢のワークやファンタジートリップ、エンプティチェアなど、ゲシュタルト療法の中では夢やイメージを用いることがある。よって、適切ではない。

⑤ ❌ **クライエントの持つ資源に注目し、解決を構築していく。**

これは解決志向アプローチについての説明である。よって、適切ではない。

問19　⑤

この問題は、行動療法のシェイピング法について問うものです。シェイピング法とは、ある目標行動を達成するために、細かい達成目標を設定し、達成するたびに強化し、目標行動を獲得させる方法です。

① ❌ **不安階層表を作成する。**

不安階層表は、暴露療法や系統的脱感作などで用いられる。

② ❌ **行動を強化するために、強化子（好子）を除去する。**

シェイピング法は、正の強化であり、強化子を与える。

③ ❌ **望ましい行動をした時に、代理貨幣を与える。**

強化子に代理貨幣を与える方法は、

トークンエコノミー法と呼ばれる。

④ ❌ **反応の頻度の高まりと共に手がかりを撤去する、プロンプティングを用いることもある。**

プロンプティングではなく、フェイディングの説明。プロンプティングとは、反応を生起させる手がかりを与えることをいう。

⑤ ⭕ **目標行動の生起率が非常に低い場合に用いられる技法である。**

シェイピング法は、自然発生しない行動を学習させるために役立つ。児童などに社会的に必要な行動を習得する目的で用いられる。

問20　①

この問題では、心理検査の概要についての理解が問われています。

① ⭕ **ロールシャッハテストは知的水準の評価もすることができる。**

ロールシャッハテストでは、知的水準や知的発達水準なども評価することができる。よって、適切である。

② ❌ **ビネー式知能検査の知能指数を基にしてウェクスラー式知能検査の偏差知能指数が作成された。**

ビネー式の知能指数は、実年齢に対する精神年齢の程度（発達の割合）を示すのに対し、ウェクスラー式の偏差知能指数とは、一般的な知能指数（平均）からどの程度異なるかを示した値である（なお、田中ビネー知能検査Vでは偏差知能指数が採用されている）。両者は全く別ものである。よって、適切ではない。

③ ❌ **SCTは、文章を完成させることから質問紙法に分類される。**

333

質問紙法ではなく、投映法に分類される。よって、適切ではない。

④ ❌ **SLTA 標準失語症検査は、「聴く」「話す」「読む」「書く」「描く」の下位項目から構成されている。**

SLTAは、26項目の下位検査での構成で、「聴く」「話す」「読む」「書く」「計算」について評価する。よって、適切ではない。

⑤ ❌ **Trail Making Test（TMT）は神経症傾向を把握するために有効である。**

TMTは、神経心理検査に分類され、精神運動速度を評価する検査である。よって、適切ではない。

問21 　　　　　　　　　　⑤

この問題では、エゴグラムの概要についての理解が問われています。

① ❌ **6つの自我状態のバランスからパーソナリティを把握する。**

エゴグラムでは、6つではなく5つの自我状態（CP、NP、A、FC、AC）から成っている。よって、誤り。

② ❌ **平坦型が理想的な自我状態である。**

エゴグラムでは、理想の形を定めていない。状況などによって各自我状態のメリット・デメリットがあるためである。よって、誤り。

③ ❌ **W型は、規則遵守の意識が乏しく、衝動的になりやすい特徴がある。**

これはM型の説明である。W型は、自責の念にかられやすい一方で、自分の置かれた立場、自分の力量などを的確に見抜ける目をもつ。よって、誤り。

④ ❌ **M型は、葛藤状態に陥りやすく、怒りを内に向けてしまう特徴がある。**

これはW型の説明である。M型は、衝動的で規則にルーズな反面、優しく思いやりがあり、ユーモアのセンスがある。よって、誤り。

⑤ ⭕ **エゴグラムは構造分析の中で役立てられる。**

交流分析の構造分析でエゴグラムは用いられる。よって、正しい。

問22 　　　　　　　　　　④

この問題は、認知療法の基本原則を問う問題です。

① ❌ **社会構成主義**

人間関係において交わされる言葉が現実/社会を作るという考え方のことである。ナラティブセラピーなどの理論的な土台であるが、認知療法で重視されるものではないので、適切ではない。

② ❌ **行動実験**

認知の妥当性を検証するために、何らかの行動を試みるという認知療法の技法。治療関係のことではないので、適切ではない。

③ ❌ **ソクラテス式問答**

クライエントの認知を変えるために、説得や教育を行うのではなく、クライエント自身が別の考え方ができるように質問していくという方法のことで、認知療法の基本原則といわれているが、「科学者」のように検証するという内容ではないため、適切ではない。

④ ⭕ **協同的経験主義**

セラピストとクライエントが協働して、クライエントが経験した事実をもとに問題解決を図っていこうという認知療法の基本原則。よって、適切であ

る。

⑤ ✕ **認知再構成法**

ある場面で不快感情をもたらした認知の妥当性を検証し、新しい、適応的な認知を生み出すことによって、不快感情の緩和を図ろうとする認知療法の技法。治療関係のことではないので、適切ではない。

問23　⑤

この問題は、ひきこもり当事者への訪問支援の方法の理解について問う問題です。

① ✕ **ひきこもり中の子どもと親の関係が不健全であっても、当事者のみを対象とする。**

ひきこもりは、家族関係も大きく影響していることから、家族関係にも支援として関わることがある。よって、適切ではない。

② ✕ **家族から訪問する人の人数や性別について要求があった場合、その通りにすべきである。**

訪問する際、当事者の反応も予測しながら、訪問スタッフの構成を行う。訪問先からの要求があった場合、考慮すべきであるが、その通りに行う必要はなく、最も有効と考えられる構成で行う。よって、適切ではない。

③ ✕ **当事者が面会を拒否している場合は、訪問することができない。**

面会を拒否している場合は、当事者の部屋の外からドア越しに声かけをすることを繰り返し家族と雑談して帰る、というタイプの訪問活動も有効である。よって、適切ではない。

④ ✕ **当事者の心身の状態が悪化し、自他の傷害の危険性がある場合は、警**

察に任せる。

「ひきこもりの評価・支援に関するガイドライン（厚生労働省）」には、訪問支援を考慮するタイミングとして、「当事者の心身の状態が悪化し、あるいは不安定となり、生じている事態の正確な評価、自他の生命の危険性（自傷他害を含む）、安全性の検討が必要とされるとき」とある。よって、適切ではない。

⑤ ◯ **家族の伝言や手紙などを介して、訪問に対する当事者の反応を確認することがある。**

訪問実施前の準備段階では、家族の伝言や手紙などを介した間接的な接触の試みを通じて、支援者や訪問そのものに対する当事者の反応を確認することがある。よって、適切である。

問24　②

この問題は、チーム学校に関する知識を問う問題です。

① ✕ **スクールカウンセラーは、心理的なアセスメントのみを行う。**

心理的な観点だけでなく、教育的な観点からもアセスメントを行う必要がある。よって、適切ではない。

② ◯ **スクールカウンセラーが面接で知り得た秘密を、学校内で必要に応じて共有する。**

いじめや虐待など、スクールカウンセラー単独で対応するよりも、集団守秘義務としてチームで対応した方がよいケースがあるため、適切といえる。

③ ✕ **スクールカウンセラーは外部性を持つ専門家であり、学校管理職の指示下にはない。**

スクールカウンセラーは外部性を持つとされているが、あくまで学校の一職員であり、学校長等の管理下にある。よって、適切ではない。

④ ❌ **スクールカウンセラーとスクールソーシャルワーカーとは、相談内容に応じて分担することが重要である。**
分担することではなく、連携して協働することが重要である。よって、適切ではない。

この問題は、配偶者暴力相談支援センターに関する問題です。

① ❌ **被害者の自立支援のための情報提供や助言**
自立した生活を促進するため、就業促進や住宅の確保等について情報提供や助言を行うことが業務として定められている。

② ⭕ **加害者に対する接近禁止命令の申し立て**
申し立ては被害者自身が、地方裁判所に対して行うものである。そのための情報提供等を担う。

③ ❌ **被害者の心身の健康回復のための医学的または心理学的な援助**
医学または心理学的な援助を受けるために、適切な関係機関を紹介することが業務として定められている。

④ ❌ **関係機関との連絡調整**
施設の利用や自立促進のための業務等において、関係機関との連絡調整役も担う。

⑤ ❌ **被害者と同伴家族の安全確保のための一時保護**
被害者が同伴した家族も、緊急的に一時保護の対象となる。

この問題は、これまで強化されていた行動が、強化されなくなるという「消去」に関する知識を問う問題です。

① ❌ **確立操作**
一定の期間、餌を与えない「遮断化」などのように、強化子の機能を強めるための先行事象の操作のことである。よって、誤り。

② ❌ **シェイピング**
起点となる行動からスタートし、完成形の行動に向かってより近づいている行動を分化強化していくことである。よって、誤り。

③ ❌ **プレマックの原理**
高い頻度で出現する行動が、低い頻度で出現する行動の強化子になる傾向のことである。よって、誤り。

④ ❌ **非両立行動分化強化**
不適応行動とは同時に両立しえないような行動を強化する技法である。よって、誤り。

⑤ ⭕ **バースト**
正しい。消去のプロセスで、ある時期に行動の強度が異様に高まる現象のこと。バーストというプロセスを経ても強化子が得られない場合に、行動は消去されていく。バーストが起こった時点で強化子を与えてしまうと、その行動の消去が難しくなる。

この問題は、仕事と生活の調和（ワーク・ライフ・バランス）憲章に関する知識を問う問題です。

① ❌ **多様な働き方や生き方が認められる。**

仕事と生活の調和(ワーク・ライフ・バランス)憲章によると、具体的には「就労による経済的自立が可能な社会」「健康で豊かな生活のための時間が確保できる社会」「多様な働き方・生き方が選択できる社会」を目指すべきであるとされている。よって、適切である。

② ❌ **働きがいのある人間らしい仕事の実現が求められる。**

仕事と生活の調和(ワーク・ライフ・バランス)憲章によると、多様な働き方の模索として、「ディーセント・ワーク(働きがいのある人間らしい仕事)」の実現に取り組むことが求められている。よって、適切である。

③ ⭕ **働く人々に対し自己啓発の時間よりも、その家族・友人などとの充実した時間を持つことが推奨され、仕事と家庭の両立が重要視される。**

仕事と生活の調和(ワーク・ライフ・バランス)憲章によると、「仕事と生活の調和が実現した社会の姿」の「2. 健康で豊かな生活のための時間が確保できる社会」として、「働く人々の健康が保持され、家族・友人などとの充実した時間、自己啓発や地域活動への参加のための時間などを持てる豊かな生活ができる。」とされており、自己啓発も推奨されている。なお、仕事と家庭の両立に対する葛藤のことをワーク・ファミリー・コンフリクトという。よって、不適切なものとして選択できる。

④ ❌ **国は、国民運動を通じた気運の醸成、制度的枠組みの構築や環境整備などに取り組む。**

仕事と生活の調和(ワーク・ライフ・バランス)憲章によると、「国は、国民運動を通じた気運の醸成、制度的枠組みの構築や環境整備などの促進・支援策に積極的に取り組む。」とあるため、適切である。

⑤ ❌ **男性の子育てや介護への関わりの促進・女性の能力発揮の促進を併せて進めることが必要である。**

仕事と生活の調和(ワーク・ライフ・バランス)憲章によると、「関係者が果たすべき役割」として、「取り組みを進めるに当たっては、女性の職域の固定化につながることのないように、仕事と生活の両立支援と男性の子育てや介護への関わりの促進・女性の能力発揮の促進とを併せて進めることが必要である。」とされている。よって、適切である。

問28　　　②

この問題は、発達検査に関する知識を問う問題です。

① ❌ **新版K式発達検査2001は、0歳から16歳11か月までが対象とされている。**

誤り。新版K式発達検査2001の対象は、0歳から成人までである。

② ⭕ **津守・稲毛式乳幼児精神発達診断では、養育者が乳幼児の発達に関する質問紙に答える。**

正しい。津守・稲毛式乳幼児精神発達診断では、乳幼児が自ら質問紙に答えることはできないため、養育者が乳幼児の発達に関する質問紙に答え、それを検査者が分析する。

③ ❌ **田中ビネー知能検査Ⅴでは15の**

下位検査で構成され、「言語性領域」「動作性領域」「作動記憶領域」「知覚推理領域」の4つの領域で分類されている。

田中ビネー知能検査Vでは13の下位検査で構成され、「結晶性領域」「流動性領域」「記憶領域」「論理推理領域」の4つの領域で分類されている。よって、誤り。

④ ❌ WAIS-Ⅳでは、全検査IQ（FIQ）のほか、動作性IQ（PIQ）や言語性IQ（VIQ）に分けられ、さらに群指数である言語理解、知覚統合、作動記憶、処理速度の4つの下位尺度が設けられている。

WAIS-Ⅲまでは、全検査IQ（FIQ）の下位尺度として動作性IQ（PIQ）や言語性IQ（VIQ）に分けられ、さらに群指数である言語理解、知覚統合、作動記憶、処理速度の4つの下位尺度が設けられていたが、WAIS-Ⅳでは、動作性IQと言語性IQは廃止され、全検査IQ（FSIQ）の下位尺度として指標得点である言語理解、知覚推理、ワーキングメモリ、処理速度の4つの下位尺度へと変更された。

⑤ ❌ CAARSは、成人を対象とした自閉スペクトラム症の重症度の評価尺度であり、自己記入式のものと観察者評価式のもの、各66問の質問項目から成る。

自己記入式と観察者評価式のものがあり、各66問から成ることは正しいが、「成人を対象とした自閉スペクトラム症の重症度の評価尺度」ではなく、「成人を対象とした注意欠如・多動症（ADHD）の重症度の評価尺度」である。よって、誤り。

338

この問題は、ロールシャッハ・テストの内容について問う問題です。

① ⭕ 実施手順として、自由反応段階、質問段階に続き、限界吟味段階がある。

手順は、自由反応段階→質問段階→限界吟味段階となっている。よって、正しい。

② ❌ 図版は、黒5枚、赤黒3枚、多色2枚からなる左右対称のものである。

図版は、黒5枚、赤黒2枚、多色3枚の合計10枚の組み合わせである。よって、誤り。

③ ❌ 自由反応段階では、図版が何に見えたかだけを記録する。

自由反応段階では、初発反応時間や発語、振る舞いなども記録する。よって、誤り。

④ ❌ たとえ図版に対する反応数が少なくても、反応を促してはならない。

反応数が少ない場合、「もし他にありましたら、どうぞ」などと言って、反応を誘発することもある。よって、誤り。

⑤ ❌ 実施法の一つである片口法は、検査者による判定の差異が小さく、信頼性が高い検査とされている。

J.E.Exnerが考案した方法で、統計処理した実証主義的な研究に基づいているのは包括システム。片口法ではない。よって、誤り。

① ❌ カウンセリングの中で聴取した内容は心理アセスメントに含まれる。

② ✕　心理アセスメントにおいてはエビデンスベースもナラティヴベースドもともに欠かせない要素である。

③ ✕　継続面接で、情報収集やセラピストとクライエントの間の関係性を深めていくにあたって、アセスメントは常に変わり得る。

④ ◯　主訴とは可変的なもので、主訴が変わればセラピストの見立てもその都度修正して、主訴に沿ったカウンセリングを行う必要があり、正しい。

⑤ ✕　インテーク面接では、ラポール形成を行うほか、クライエントの既往歴や身体の特徴などの生物学的要因や、パーソナリティやトラウマなどの心理的要因、三つ目に家族関係などの対人関係や、クライエント自身にどのようなリソースがあるかなど聞くべき質問項目が、ある程度決まっている。そのため、インテーク面接は半構造化面接であるといえる。

問31　　　　　　　　　　　①

① ◯　投映法よりも質問紙法の方が検査者の主観が入りにくく、数量化もしやすく、信頼性と妥当性が高いといえるため、正しい。

② ✕　心理検査のテストバッテリーは3つ以内と必ず決まっているわけではなく、クライエントを多角的に捉えるために投映法検査（無意識下を記述する）、質問紙法検査（意識下を記述する）、知能検査（認知能力を測定する）を、適宜組み合わせて検査する。

③ ✕　実際の臨床場面では、生育歴などの事前情報と心理検査の結果を総合的に見て、解釈を行うことが望ましい。心理検査のトレーニングでは、ブラインドアナリシスが行われることがあるが、臨床場面では行うべきではない。

④ ✕　心理療法担当（セラピスト）とは別の公認心理師が、心理検査を行うこと（テスター）もあり、場合によってはセラピストとテスターを分ける方がいい場合もある。

⑤ ✕　成人でも子どもでも、心理検査実施時にもラポールを形成することは大切であるため、淡々としすぎることで、恐怖や不安を抱かせることは避けるべきである。

問32　　　　　　　　　　　①

① ◯　MPI：モーズレイ人格目録のこと。Eysenck, H.J.により1950年代に開発された人格検査で虚偽性尺度を持ち、信頼性が高い。

② ✕　SCT：文章完成法のこと。投映法の性格検査で、未完成の文章を読んだクライエントが句や単語を使用し、自由に文章を完成させ、それを筆跡、行間なども含めて総合的に解釈することで、クライエントの全体的なパーソナリティを推し量るもの。

③ ✕　HDS-R：改訂長谷川式簡易知能評価スケールのこと。精神科医である長谷川和夫によって開発された認知機能テストで、簡便な認知症のスクリーニングに使用される。

④ ✕　HTP：House-Tree-Personテストのこと。頭文字をとりHTPテストと呼ばれる。Buck, J.K.により開発された。その名の通り、家・木・人の絵を描くことで、人格や心的状態を把握

するためのテストである。

⑤ ❌ TAT：主題統覚検査のこと。Murray, H.A.によって作られた。クライエントに人物が登場する白黒の単調な絵を見せて、その絵に意味づけをさせるもの。その意味づけを分析することで、クライエントの無意識の欲求や、クライエントのパーソナリティを把握するためのテストである。

問33 ⑤

① ❌ WPPSI-Ⅲは、2歳6ヶ月～3歳11ヶ月を対象とした幼児用のウェクスラー知能・発達検査。2歳3ヶ月は対象外のため誤り。

② ❌ WISC-Ⅳは、5歳～16歳11ヶ月を対象としたウェクスラー知能・発達検査。

③ ❌ WAIS-Ⅳは、16歳～90歳11ヶ月を対象としたウェクスラー成人知能検査。

④ ❌ WMS-Rは、16歳～74歳を対象としたウェクスラー式の記憶検査。発達検査や知能検査ですらないので誤り。

⑤ ⭕ 新版K式発達検査は、0歳～成人まで利用可能な発達検査。2歳3ヶ月に対して検査が可能である。

問34 ③

① ❌ 全検査IQは、WAIS-Ⅲまでは言語性IQ（VIQ）と動作性IQ（PIQ）とに分けられていたが、WAIS-Ⅳでは分けられなくなった。

② ❌ WAIS-Ⅲでは、言語理解、知覚統合、作動記憶、処理速度の4つの群

指数に分けられていたが、WAIS-Ⅳでは、言語理解、知覚推理、ワーキングメモリ、処理速度の4つの指標得点として変更が行われた。

③ ⭕ 正しい。WAIS-Ⅲでは対象年齢が16歳～89歳であったが、第四版であるWAIS-Ⅳでは90歳11ヶ月まで延びた。

④ ❌ 誤り。WAIS-Ⅲでは下位検査の数が14であったが、第四版であるWAIS-Ⅳでは下位検査の数が15（基本検査が10、補助検査が5）に増加した。

⑤ ❌ WAIS-Ⅳは、発達障害が疑われる際に用いられることも少なくないが、ウェクスラーによって作られた成人向けの知能検査である。

問35 ①・④

① ⭕ 治療者も観察対象であるクライエントに影響を及ぼすものであるという「関与しながらの観察」をSullivan,H.S.が提唱したため、正しい。

② ❌ これらの記述は場面見本法の説明である。時間見本法とはあらかじめ決めた時間の中で対象とする行動の頻度を観察する方法である。

③ ❌ 2名の評定者の一致度合いを測るためには、Cohen,J.の一致係数（κ係数）を使用する。Cronbachのα係数は質問紙法において、尺度に含まれる複数の質問項目の内的整合性を測る係数である。

④ ⭕ 観察法には、自然観察法と実験的観察法があり、正しい。

⑤ ❌ ストレンジシチュエーション法

とは、子どもを見知らぬ大人といっ
しょにして、親が一定時間離れたあ
と、親との再会場面でどのような反応
をするかを見ることから、愛着反応を
測定する方法である。

問36　③

① ✕ 精神分析的アプローチでもケー
スフォーミュレーションは行う。
② ✕ クライエントが理解できるよう
に専門用語を用いず説明し、治療の見
立てや方針を共有する。
③ ◯ クライエントの個別性を捉え、
状況・環境にあった適切な介入計画を
目指すものであり、医学的な診断に必
ずしも囚われないため、正しい。
④ ✕ 検証をすることで、場合によっ
ては仮説を立て直すことがある。この
プロセスは治療を行っている限り、続
けられる。
⑤ ✕ クライエントを理論に当てはめ
るのではなく、クライエントの個別性
を重視し、個別状況における問題や障
害に適する学習メカニズムに注目し、
状態像を具体化していく。

問37　①

① ◯ 知能とは構成概念であり、知能
検査で測定できる「知能」も、それぞ
れの検査の持つ「知能」の定義に沿っ
た能力のものであり、正しい。
② ✕ これらの記述はWAIS-Ⅲの説
明である。WISC-Ⅳでは言語性と動
作性に分けずに、言語理解指標
(VCI)、知覚推理指標 (PRI)、ワーキ
ングメモリー指標、(WMI)、処理速度

指標 (PSI) から指標得点を算出し、こ
れらの合計得点から子どもの知的発達
を多面的に把握する。
③ ✕ WAIS-Ⅲの標準偏差 (SD) は
15である。
④ ✕ ビネー検査における知能指数の
算出方法は（精神年齢/生活年齢）×
100で、小数点第一位で四捨五入した
ものがビネー式における知能指数であ
る。
⑤ ✕ これらの記述においては、α式
の説明とβ式の説明が入れ替わってい
る。

問38　②

① ✕ TEG（東大式エゴグラム）には、
L尺度という虚偽尺度が採用されてい
る。
② ◯ MMPIは10の臨床尺度と4つ
の妥当性尺度から構成されており、正
しい。
③ ✕ 矢田部・ギルフォード性格検査
では、120の質問項目の回答から12
の特性と5つの性格類型に分類するこ
とができる。
④ ✕ BDI-Ⅱ（ベック抑うつ評価尺
度）は21の質問項目から成る。20の
質問項目から成る抑うつの評価尺度は
SDS（自己評価式抑うつ性尺度）。
⑤ ✕ 現在感じている「状態不安」と性
格特性としての「特性不安」を測定す
るという記述は、STAI（状態－特性不
安尺度）の説明である。

問39　⑤

① ❌　ロールシャッハ・テストの包括システムでは、最低14個の反応がない場合は、他の心理検査を行うか、もう一度実施しなおす。
② ❌　作業検査のように、一定の負荷をかけて個人の行動や能力を測定する検査もあることから、リラックスは必ずしも必要とは言えない。
③ ❌　専門用語だけでは通じにくいので、第三者でもわかるような形でできる限り分かりやすい表現にすべき。
④ ❌　デブリーフィングではなく、インフォームド・コンセント。
⑤ ⭕　結果の報告の際には、専門用語を多用せず、分かりやすさを心がける必要があり、正しい。

問40　④・⑤

① ❌　内田クレペリン精神作業検査では、正答数の多さが問題なのではなく、各行から見られる正答数の増減から描き出される作業曲線によって性格を査定するものである。
② ❌　「はい」、「いいえ」、「どちらでもない」の3件法で回答する。
③ ❌　Buck, J.K.が創始したのはHTPテスト。
④ ⭕　TATには児童用のCATと高齢者用のSATがあり、正しい。
⑤ ⭕　風景構成法は中井久夫による芸術療法でもあり、投映法でもあり、正しい。

問41　③・④

① ❌　これは妥当性に関する説明。
② ❌　妥当性ではなく、信頼性。
③ ⭕　心理検査で得られる結果は、クライエントの一側面であり、行動観察や生育歴など、アセスメントにはさまざまな情報を活用することが必要であり、正しい。
④ ⭕　描画法は心理査定だけでなく、クライエントとのラポール形成のためにも役立つ場合があり、正しい。
⑤ ❌　必要に応じて、他の職種に伝えることがある。

問42　①・③

① ⭕　インフォームドコンセントの観点から、心理検査の受検に際してクライエントに同意を得る必要があり、正しい。
② ❌　解釈を行う上でも、ある程度の理解は必要である。
③ ⭕　心理検査の中には、クライエントに心理的に負担のかかるものもあり、実施後に心身の状態を確認する必要があるため、正しい。
④ ❌　原則的に、実施手順に従って行う必要がある。
⑤ ❌　観察する必要がある。

問43　⑤

① ❌　あまり積極的で強制的な感じにならないように、気をつける必要がある。
② ❌　転移ではなく、逆転移と呼ぶ。
③ ❌　ナラティヴベースドアプローチ

も同様に重要である。

④ ❌　3つとも同様に重視して、ケアを行っていくべきである。

⑤ ⭕　アセスメントの際には、クライエントの個別性を重視したナラティヴベイストアプローチの視点も重要であり、正しい。

問44　②

① ❌　認知療法の技法のひとつ。

② ⭕　リフレーミングは、症状などを別の見方で言い換えることで家族内の相互作用に変化を促す方法であり、戦略派の家族療法で用いられるため、正しい。

③ ❌　交流分析の手法のひとつ。

④ ❌　行動療法や認知行動療法の考えを元にして行われる社会技能訓練。

⑤ ❌　ゲシュタルト療法の技法のひとつ。

問45　⑤

① ❌　伝え返しは、オウム返しではない。オウム返しをするのではなく、クライエントの使う言葉の一部を用いて傾聴する。

② ❌　治療構造を逸脱しないように、カウンセリング時間はあらかじめしっかり決めておく必要がある。

③ ❌　クライエントを圧倒してはいけないが、積極的に傾聴を行うことが重要である。

④ ❌　セラピストは受容・共感をして傾聴する中で、自己一致していることが大切である。

⑤ ⭕　作業同盟は、治療同盟とも呼ばれる。

問46　④

① ❌　動機づけ面接では、変わりたい発言を引き出すことを重視する。

② ❌　負の相補性とは、セラピスト-クライエント間で互いにネガティヴな感情を増幅させてしまうような負の相互作用のことをいう。

③ ❌　メタ分析とは、同じテーマについて行われた複数の研究結果を統計的に統合して分析すること。

④ ⭕　メタ分析とは、心理療法の有効性を検討するために、複数の事例研究を通して効果量を算出するもので、心理療法の効果研究の一つであり、正しい。

⑤ ❌　転移は通常生じるため、それによってカウンセリングを続けていくのが難しくなるとはいえない。

問47　④・⑤

① ❌　交流分析理論はBerne,E.によって確立したため正しい。

② ❌　ファンタジー・トリップは、Perls,F.によって創始されたゲシュタルト療法の技法の一つ。

③ ❌　体験過程療法（フォーカシング）は、Rogers,C.R.の元共同研究者であるGendlin, E.T.によって創始された。

④ ⭕　誤り。Rogersのカウンセリングは、非指示的心理療法とされている。

⑤ ⭕　誤り。Maslow,A.H.は実存的心理療法ではなく、欲求階層理論で有名。

問48　　　　　　③・⑤

① ❌　認知行動療法は、慢性疼痛など身体症状にもエビデンスがある。
② ❌　クライエントの安全感を基にするのではなく、必ず実行できるように工夫して課題を与える。
③ ⭕　面接の中で見立てを継続的に変化させながら、ケースフォーミュレーションをよりよい形に作り変えていく。
④ ❌　リラクゼーションを必ず行うわけではない。また、曝露しながらリラクゼーション法を行う。
⑤ ⭕　薬物療法のみ、認知行動療法のみよりも、併用した方が再発率が低くなるとされている。

問49　　　　　　⑤

① ❌　子どももPTSDになるため、子どものケアは必要。
② ❌　カウンセリングよりも先に、身体面の安全確保やライフラインをつないでいくことが大事。
③ ❌　DPAT（Disaster psychiatric assistance team）である。災害派遣医療チーム（DMAT）は阪神淡路大震災の経験で組織されるようになった急性期の身体的な問題に対する活動チーム。
④ ❌　被災後すぐに見られる症状は、ASD（急性ストレス障害）の可能性がある。PTSDは1ヶ月以上経たなければ、診断はなされない。
⑤ ⭕　発達障害の子どもは見通しが立ちにくいなど、被災時における環境変化に敏感な特徴を持つため、特に配慮

問50　　　　　　②

① ❌　「知らされた上での同意」のことで、医療やカウンセリング等を提供する前に患者・クライエントとの間でコンセンサスを得るものである。
② ⭕　アドボカシーとは、本来擁護や支持の意味であったが、福祉分野で権利擁護の意味で用いられるようになり、正しい。
③ ❌　世論を喚起し、行政機関に働きかけることによって、政策や制度を改善させることを目指す組織行動のこと。
④ ❌　障害があるひとも、そうでないひとも、当たり前のことが当たり前にできるように、世の中にある障壁を減らし、社会環境の整備をしていくこと。
⑤ ❌　障害がある子どももそうでない子どもも、違いを個性として認め、個々の教育ニーズに対応していくこと。

問51　　　　　　④

① ❌　ヒストグラムとは、棒グラフのようなグラフであるが、連続数に対して使うもの。
② ❌　Dusay,J.による人格検査で、東京大学によって日本版に標準化された「東大式エゴグラムⅡ」が有名。
③ ❌　9つの性格類型の関係を表す図のこと。
④ ⭕　クライエントを中心とした家族の樹形図であり、正しい。

⑤ **✗** 支援を要するひとと、そのひとの周りにある資源との関係を、線や図で表すもの。

問52　　　　　　　④

① **✗** 50名以上の事業場のみ、ストレスチェックが義務づけられている。

② **✗** ストレスチェックを行わないことに対する罰則は、現在のところ定められていない。

③ **✗** 2014年改正され、2015年12月に開始した。

④ **◯** 正しい。なお、2018年に必要な研修を修了した歯科医師と公認心理師も追加された。

⑤ **✗** 事業場の部署間における集団分析も行うことができる。

問53　　　　　　①・②

① **◯** 正しい。心を研究する心理学（Psychology）とがんを研究する腫瘍学（Oncology）を組み合わせた造語である。

② **◯** WHOの定義する緩和ケアの定義に基づく文章であり、正しい。疾患の早期よりこのようなことに取り組むことで、QOLの改善を目指すものである。

③ **✗** Alfons Deekenではなく、Elisabeth Kubler-Ross。

④ **✗** QOLとは、Quality of Lifeのこと。

⑤ **✗** 家族など本人をよく知るものによる「本人の推定的意思」があればよい。

問54　　　　　　　⑤

① **✗** 第一次予防ではなく、第二次予防。第一次予防は新しいケースが発生しないように、健康な人々を対象とするもの。

② **✗** 第二次予防ではなく、第三次予防。第二次予防については上記①を参照。

③ **✗** 予防のための教育・啓発活動も重要な公認心理師の活動。

④ **✗** 教育は含まれず、3つのレベルを設定している。

⑤ **◯** IOM（Institute Of Medicine）の予防の3つのカテゴリーとして正しい。

関係行政論

問1　　　　　　　②

この問題は、少年法や少年審判に関する知識を問う問題です。

① **✗** **審判は厳格なものとするため、和やかな雰囲気というよりも反省を促すような厳しい雰囲気を重視しなければならない。**
少年法22条第1項「審判は，懇切を旨として，和やかに行うとともに，非行のある少年に内省を促すものとしなければならないものとする」により、本記述は誤りである。

② **◯** **原則として全ての事件を家庭裁判所に送致しなければいけないが、14歳未満の少年については児童相談所に通告、送致を行う。**
正しい。すべての事件を家庭裁判所に送致することを全件送致主義と呼ぶ。

14歳未満の少年については、児童相談所に通告、送致を行うこととされている。よって、正しい。

③ ❌ 複数人を故意に殺害したり、死刑や懲役、禁錮にあたるような重大事件の場合は、16歳以上では死刑になることもある。

原則的に検察官送致とされている。2000年（平成12年）の少年法改正により、18歳以上では死刑の可能性もある。よって、誤り。

④ ❌ 少年への処分が直ちに決められない場合、少年事件の専門家である保護司に委託し、補導委託という形がとられることがある。

民間の人や施設に指導を委ねることを補導委託と呼ぶ。保護司は保護観察を行う際の地域・民間のボランティアであり専門家ではない。

⑤ ❌ 保護観察中における少年が守るべき特別遵守事項が変更されることはない。

保護観察中における少年が守るべき特別遵守事項は変更され得る。よって、誤り。

問2　　　　　　③・④

この問題は、児童虐待防止法に関する知識を問う問題です。

① ❌ 2000（平成12年）に施行された後、何度も改正されている。

平成12年に施行されてから、平成16年、平成20年、最近では平成29年に改正されている。よって、正しい。

② ❌ 児童虐待防止法で定められている通告義務は、その他の守秘義務に関する法律の規定によって妨げられるものではない。

児童虐待防止法6条の第3項には、「刑法の秘密漏示罪の規定その他の守秘義務に関する法律の規定は、第一項の規定による通告をする義務の遵守を妨げるものと解釈してはならない」とある。よって、正しい。

③ ⭕ 児童虐待を受けたと思われる児童を発見した者は、虐待の事実を確めた後、市町村若しくは児童相談所に通告しなければならない。

「虐待の事実を確かめた後」が不適切である。児童虐待防止法6条の第1項には、「児童虐待を受けたと思われる児童を発見した者は、速やかに～（中略）～通告しなければならない」とあるため、誤り。

④ ⭕ 児童虐待の通告を受けた児童相談所の職員は、子どもの安全を確保するために、誰が通告者なのかを親に伝えることが法で認められている。

第7条に、「当該通告をした者を特定させるものを漏らしてはならない」とあるため、誤り。

⑤ ❌ 児童虐待の通告を受けた児童相談所は、その児童の安全確認を行わなければならない。

第8条第2項に、「児童相談所が～（中略）～通告又は～（中略）～送致を受けたときは、児童相談所長は～当該児童との面会その他の当該児童の安全の確認を行うための措置を講ずる」とある。よって、正しい。

問3　④

この問題は、保護処分に関する知識を問う問題です。

① ✕　**保護処分に付す必要がないと判断された場合には、不処分決定が下されることがある。**

正しい。不処分決定や審判不開始となることがある。

② ✕　**審判が行われた結果、保護司や保護観察官の指導のもと社会での立ち直りを図ることを保護観察という。**

正しい。保護司や保護観察官のもとで保護観察が行われる。保護司は民間のボランティアである。

③ ✕　**矯正教育が必要と判断された場合には、少年院への送致となることがある。**

正しい。保護観察中であっても、矯正教育が必要と判断されれば少年院への送致となる場合がある。

④ ◯　**刑事処分が相当と思われるような事件の場合、犯行時に14歳以上の少年で、故意に人を殺害した場合は、原則的に検察官送致となる。**

故意に人を殺害した場合は、14歳以上の少年ではなく、16歳以上の少年において原則的に検察官送致となる。よって、誤っているものとして選択できる。

⑤ ✕　**少年が比較的に低年齢の場合、家庭環境での保護が欠けていることなど、家庭的な雰囲気の中での指導が必要と判断された場合、児童自立支援施設への送致がなされることがある。**

正しい。家庭環境での保護が欠けている場合、それを補うために児童自立支援施設への送致をすることが検討される。

問4　①・④

高齢者虐待の防止、高齢者の養護者に対する支援等に関する法律（高齢者虐待防止法）についての知識を問う問題です。

① ◯　**高齢者虐待を受けたと思われる高齢者を発見した場合には、すみやかに市町村へ通報する。**

正しい。市町村に通報する。

② ✕　**養護者による高齢者虐待を発見した場合、一般市民であっても通報義務が課せられる。**

養護者又は養介護施設従事者等による高齢者虐待を発見した場合、一般市民に対しては、当該高齢者の生命又は身体に重大な危険が生じている場合は通報義務、その他の場合は努力義務が課せられている。なお、施設従事者等の医療・福祉関係者が、当該施設内で虐待を発見した場合については、緊急時でなくても通報義務がある。

③ ✕　**高齢者虐待防止法での「高齢者」は、75歳以上を指す。**

高齢者虐待防止法による「高齢者」は、75歳ではなく65歳以上であるため誤り。

④ ◯　**この法律の「養護者」には、養介護施設従事者は含まれない。**

養護者とは、高齢者を現に養護する者であって、要介護施設従事者等以外のものであるため、正しい。

⑤ ✕　**高齢者虐待の種別は、身体的虐待、心理的虐待、介護・世話の放棄・放任（ネグレクト）、性的虐待、及び社会的虐待の5つである。**

社会的虐待ではなく、経済的虐待であ

るため、誤り。

この問題は、いじめ防止対策推進法の内容を問う問題です。

① ✕ いじめには、インターネットを通じて行われる行為も含まれている。

第2条に、「いじめとは、当該児童等と一定の人的関係にある他の児童等が行う心理学的または物理的な影響を与える行為（インターネットを通じて行われるものを含む）であり、当該行為の対象となった児童が心身の苦痛を感じているものである」とあるので、正しい。

② ✕ 学校は、いじめの防止等に関する措置を実効的に行うため、心理、福祉等の専門家などにより構成される組織を置くこととされた。

学校は、いじめの防止等に関する措置を実効的に行うため、複数の教職員、心理、福祉等の専門家その他の関係者により構成される組織を置くこととされているので、正しい。

③ ◎ 「いじめの防止等のための対策に関する基本的な方針」について、地方公共団体には策定の義務があり、国及び学校には策定の努力義務がある。

「いじめの防止等のための対策に関する基本的な方針」については、国及び学校は策定の義務、地方公共団体は策定の努力義務がある。よって、誤りとして選択することができる。

④ ✕ 個別のいじめに対して学校が講ずべき措置として、1.いじめの事実確認、2.いじめを受けた児童生徒又はその保護者に対する支援、3.いじめを

行った児童生徒に対する指導又はその保護者に対する助言について定められている。

選択肢の記述のとおりである。よって、正しい。

⑤ ✕ いじめが犯罪行為として取り扱われるべきものであると認めるときには、所轄警察署と連携するように定められている。

選択肢の記述のとおりである。所轄警察署との連携も定められており、正しい。

この問題は、労働者派遣法に関する知識を問う問題です。

① ✕ 派遣労働者の派遣期間は原則3年である。

派遣労働者の派遣期間は、原則3年と決まっている。よって、選択肢の記述は正しい。

② ✕ すべての業務において、派遣できるのは原則3年である。

2015年（平成27年）の改正によって、すべての業務の派遣期間は原則3年までと決まった。よって、選択肢の記述は正しい。

③ ✕ 60歳以上の派遣労働者を派遣する場合は、派遣先の事業所における同一の組織単位に対し、3年を超えて派遣できる。

60歳以上の派遣労働者に関しては、派遣の機会が少ないと見込まれるため、派遣期間の制限は定められていない。よって、選択肢の記述は正しい。

④ ◎ 事業所単位での派遣可能期間の延長があれば、派遣先の事業所におけ

る同一の組織単位に対し、3年を超え
て派遣できる。

事業所単位での派遣可能期間の延長
があっても、派遣先の事業所における
同一の組織単位に対し、派遣できるの
は原則3年である。よって、誤ってい
るものとして選択することができる。

問7　　　　　　　　　③

① ❌　労働基準法は、労働条件の平均
的な基準を定めた法律である。

労働基準法は、労働条件の最低基準を
定めた法律である。よって誤り。

② ❌　労働契約法は、労働者の地位を
向上させることを目的としている。

労働者の地位を向上させることを目的
としているのは労働組合法である。
よって、誤り。

③ ⭕　労働組合法は、労働争議を行う
権利を定めている法律である。

正解。労働組合法では、労働争議を行
う権利（団体交渉権）が定められてい
る。

④ ❌　労働安全衛生法は、労働委員会
による争議の調整方法を定めている。

労働委員会による争議の調整方法を
定めているのは、労働関係調整法であ
る。よって、誤り。

⑤ ❌　職業安定法は、使用者が果たす
べき安全配慮義務について規定してい
る。

使用者が果たすべき安全配慮義務に
ついて規定しているのは、労働契約法
である。

問8　　　　　　　①・②

この問題は、配偶者からの暴力の防止及
び被害者の保護等に関する法律（DV防止
法）についての正しい知識を問う問題で
す。

① ⭕　配偶者からの暴力の定義は、身
体的暴力のみならず、精神的暴力、性
的暴力も含まれる。

正しい。「配偶者からの暴力」とは、配
偶者からの身体に対する暴力又はこれ
に準ずる心身に有害な影響を及ぼす言
動をいうものとされている。

② ⭕　保護命令の申し立ては、身体に
対する暴力または生命等に対する脅迫
のみが対象とされる。

正しい。保護命令の対象は、「身体に対
する暴力」と「生命等に対する脅迫」
である。身体的暴力をふるわれない
「脅迫」も対象に含まれているが、①に
ある、法の規定する「暴力」よりは狭
い範囲が対象となっている。

③ ❌　元配偶者が離婚後に引き続き暴
力をふるっている場合は、DV防止法
ではなくその他の法律での対応とな
る。

元配偶者の暴力についてもDV防止法
の対象であるため、誤り。

④ ❌　家庭裁判所が出す保護命令に
は、6ヶ月の接近禁止命令や、2か月の
退去命令が含まれる。

家庭裁判所ではなく、地方裁判所の管
轄となるため、誤り。

⑤ ❌　配偶者暴力相談支援センターは、
都道府県により設置される。

市町村が設置する支援センターもある
ため、誤り。

この問題は、観護措置に関する知識を問う問題です。

① ❌　**観護措置は最長で8週間まで延長が可能。**

観護措置は4週間とされているが、最長で8週間まで延長が可能である。よって、正しい。

② ⭕　**観護措置決定について不服がある時、法定代理人である親権者や後見人によってのみ、家庭裁判所に対して異議申立てができる。**

少年自身や付添人でも異議申立ては可能である。よって、誤り。

③ ❌　**観護措置は、家庭裁判所の決定によって行われる。**

正しい。観護措置は、家庭裁判所の決定によって行われ、少年の身柄を保全するために行われる。

④ ❌　**警察によって逮捕され勾留となった場合、事件が家庭裁判所に送致されると、そのまま少年鑑別所に送致されることがある。**

正しい。警察によって逮捕され勾留となった場合、事件が家庭裁判所に送致されると、多くの場合そのまま少年鑑別所に送致される。

⑤ ❌　**観護措置では、少年の処分を適切に決めるために検査が行われることがある。**

正しい。観護措置では、家庭裁判所に送致された少年の審判を円滑に進めたり、少年の処分を適切に決めるための検査を行うことが必要な場合、少年を少年鑑別所に送致し、一定期間収容することがある。

この問題は、少年法に関する知識を問う問題です。

① ❌　**少年院に収容できる年齢は、おおむね12歳以上である。**

正しい。少年院に収容できる年齢は、2007年（平成19年）の改正少年法により、14歳からおおむね12歳に引き下げられた。

② ⭕　**少年院は、少年法に定められている事項に関して第一種～第四種までの少年院に分かれている。**

第一種～第四種までの少年院に分かれていることは正しいが、問題文にある「少年法に定められている事項に関して」ではないため、誤り。

③ ❌　**この法律で「少年」とは、二十歳に満たないものをいう。**

正しい。少年法における「少年」とは、二十歳に満たないものをいう。

④ ❌　**罪を犯した少年は、家庭裁判所の審判に付する。**

正しい。罪を犯した少年は、家庭裁判所に送致され審判に付することとなる。

⑤ ❌　**この法律では、非行のある少年に対して性格の矯正や環境の調整に関する保護処分、また少年の刑事事件に関して特別の措置を講ずることが目的とされている。**

正しい。少年法は、非行のある少年に対して性格の矯正や環境の調整に関する保護処分、また少年の刑事事件に関して特別の措置を講ずることが目的とされている。

問11 ③

① ✕ 公認心理師でなくなった後も期限なく秘密保持が義務づけられている。

② ✕ 指導ではなく、指示。

③ 〇 災害や事件・事故等、緊急時にも公認心理師としての役割を果たすことができることが求められているため、正しい。

④ ✕ 医学的知識も求められている。

⑤ ✕ 公認心理師は、地域社会に根ざし、専門性を発揮しながら他職種との連携が求められている。

問12 ①・③

① 〇 国際障害分類（ICIDH）の障害像の説明として、正しい。

② ✕ 症状の程度が、良くなったり悪くなったりすることを進行性というが、発達障害は「非進行性」である。

③ 〇 障害者差別解消法は、自治体や事業者に対し、障害者への不当な差別的取扱いの禁止と合理的配慮の提供を求めたものであり、正しい。

④ ✕ 「人格障害」は、「発達障害者支援法」において発達障害には含まれない。

⑤ ✕ 「合理的配慮」とは、一人ひとりの障害の程度や様態に合わせた配慮のこと。

問13 ⑤

① ✕ 行政機関ではなく、事業者。

② ✕ 2017年の改正で、5,000人分以下の個人情報を扱う小規模事業者に

も適用されるようになった。

③ ✕ あらかじめ利用目的を明示する必要がある。

④ ✕ 「人種」「信条」「病歴」はすべて要配慮個人情報にあたるため、オプトアウト（本人の同意を得ないで提供できる特例）でも提供は不可。

⑤ 〇 インフォームドコンセントとは、治療や検査の際、治療者から十分な説明をしてクライエントの自己決定権を保証することであり、正しい。

問14 ④・⑤

① ✕ 診療が始まった日ではなく、診療が完結した日より5年以上。

② ✕ 病院のみ義務づけられていて、診療所（クリニック）については義務づけられていない。また、過去5年分ではなく2年分。

③ ✕ ベッドが20床以上ある医療機関を病院と呼び、20床未満の医療機関を診療所（クリニック）と呼ぶ。

④ 〇 医療計画については、5年ごとに計画が立て直されていたが、第7次医療計画からは6年ごとの計画となり、中間の3年で見直すことが定められた。

⑤ 〇 正しい。「フリーアクセス」と呼ばれている。

問15 ③

① ✕ 大学教員や精神科医もスクールカウンセラーになることができ、心理学を専門とする大学院を修了した者（無資格者）や、教員のOB・OGはスクールカウンセラーに準ずるものとい

351

う扱いになる。

② ✕　スクールカウンセラーとスクールソーシャルワーカーは別の専門職。

③ 〇　1995年はスクールカウンセラー元年とも呼ばれており、正しい。

④ ✕　学校内で行えるカウンセリング・心理療法の時間・頻度などは限られているため、あまり学校内のみで抱え込むことは避けるべきであり、必要があれば外部の相談機関や医療機関につなぐべきである。

⑤ ✕　スクールカウンセラーも校長や教頭のもと、働くことが重要である。

問16　②・⑤

① ✕　養護教諭に相談する件数の方が高い。

② 〇　学級担任に相談した割合が66~79%と最も高く、正しい。

③ ✕　適応指導教室が1番目であり、2番目は病院や診療所。

④ ✕　挙げられている3つの機関では、ほぼ同数（3440件，3239件，3563件）である。

⑤ 〇　報告されている以外にも、学校で認知できていないいじめが存在していることから「認知件数」という言葉を用いるようになったため、正しい。

問17　③

① ✕　家庭裁判所か児童相談所のいずれかを選択する。

② ✕　20歳。成人年齢を18歳にすることから、引き下げについて検討されている。

③ 〇　2000年の改正で刑事処分可能

な年齢が16歳以上から14歳以上に引き下げられ、2007年の改正では少年院送致の下限年齢が14歳以上からおおむね12歳以上に引き下げられた。

④ ✕　刑事処分ではなく保護処分を行う。

⑤ ✕　触法少年ではなく、虞犯少年の説明である。

問18　⑤

① ✕　子どもの負担を最小限にし、誘導せずに正確な情報を引き出すための面接。

② ✕　遊戯療法ではなく、言語面接の形で行う。

③ ✕　クローズドクエスチョンではなく、オープンクエスチョンを用いる。

④ ✕　ビデオ録画を行い、何度も面接を受けなくてよいように配慮する。

⑤ 〇　時間の経過や誘導、暗示的な聴き取りによる記憶の変容をできるだけ少なくするため、必要に応じて早期に実施すべきであり、正しい。

問19　④・⑤

① ✕　地方裁判所ではなく、家庭裁判所。

② ✕　全て行われる。

③ ✕　少年院ではなく、少年鑑別所の説明。

④ 〇　従来は少年院法の中に少年鑑別所についての規定があったが、平成26年（施行は翌年）少年鑑別所法が独立して公布されたため、正しい。

⑤ 〇　昭和24年の施行以来抜本的な見直しがなされていなかったため、全

面的に改正された。よって、正しい。

問20　　④

① ✕　1999年の「心理的負荷による精神障害等に係る業務上外の判断指針」が、2011年に「心理的負荷による精神障害の認定基準」として改められ、精神障害が労災として認められやすくなった。
② ✕　遺族補償及び葬祭料も給付される。
③ ✕　従来ではなく2018年の第13次労働災害防止計画より。
④ 〇　現行の労働災害防止計画でも、メンタルヘルス対策に取り組んでいる事業場の割合を80%以上とする目標が掲げられている。
⑤ ✕　労働契約法第5条に明文化されている。労働安全衛生法の第3条には「安全と健康を確保するようにしなければならない」ことについて記載されている。

問21　　④

① ✕　5年ではなく3年。
② ✕　人権を制限する非自発的入院や処遇にかかわる。
③ ✕　市町村長の権限ではなく、都道府県知事の権限。
④ 〇　医療保護入院の説明として正しい。家族等とは、配偶者、親権者、扶養義務者、後見人または保佐人をさす。
⑤ ✕　24時間ではなく、72時間。

問22　　③

① ✕　通報するのは警察でも構わない。
② ✕　脅迫のみでも保護命令を申し立て可能。
③ 〇　正しい。退去命令の期間は2か月、その他の保護命令は6か月間。
④ ✕　被害者の子どもやその他家族への接近についても禁止できる。
⑤ ✕　DV防止法では、デートDVは入らない。

問23　　②

① ✕　インターネット上での誹謗中傷も含まれる。
② 〇　法第22条では、学校は、当該学校におけるいじめの防止等に関する措置を実効的に行うため、当該学校の複数の教職員、心理、福祉等に関する専門的な知識を有する者その他の関係者により構成されるいじめの防止等の対策のための組織を置くものとしている。
③ ✕　警察に通報してもよい。
④ ✕　対象となる生徒が心身の苦痛を感じていない場合は、「いじめ」として扱うことは「いじめ防止対策推進法」上できない。
⑤ ✕　学校の設置者や学校が講ずべき基本的施策について記されている。

問24　　③・⑤

① ✕　これは、障害者虐待防止法の説明である。
② ✕　障害者総合支援法では、すべての障害者が対象である。

③ **O** 障害の程度を測る障害程度区分を変更し、その人のサービスの必要性に応じて区分を判断する障害支援区分が導入された。

④ **X** 元々は、肢体不自由のみが対象とされていた。

⑤ **O** 障害者総合支援法の地域移行支援では、地域における生活に移行するために重点的な支援を必要とする者も対象に追加された。

① **X** 育児放棄も入る。育児放棄のことを、ネグレクトと呼ぶ。

② **X** 経済的虐待は、児童虐待には入らない。高齢者虐待や障害者虐待の中には、経済的虐待が含まれる。

③ **X** 市町村長→都道府県知事、都道府県知事→警察署長。

④ **X** 虐待の可能性がある場合は、速やかに通告する必要がある。

⑤ **O** 平成16年改正によって市町村にも児童相談の義務が課されるようになった。

① **X** 養護者だけではなく、養介護施設従事者も含まれる。

② **X** 65歳以上の者を高齢者としている。

③ **X** 養護者の負担の軽減、支援も目的としている。

④ **X** 当事者の自覚にかかわらず、高齢者の権利利益が脅かされている状況において、虐待とされる。

⑤ **O** 身体的拘束の「緊急やむを得な

い場合」とは、「切迫性（生命または身体が危険にさらされる可能性が著しく高い）・非代替性（制限を行う以外に代替する介護方法がない）・一時性（制限が一時的なものである）」を満たし、これらの要件の確認等の手続きが極めて慎重に実施されているケースに限られる。

① **X** 労働三法の中には、労働安全衛生法ではなく労働関係調整法が含まれる。

② **O** 法第一条の「目的」では、労働災害防止のための取組みの推進による、職場における労働者の安全・健康確保と、快適な職場環境の形成の促進があげられている。

③ **X** すべての企業ではなく、従業員常時10名以上の場合に義務づけられている。

④ **X** 労働契約法5条にも安全配慮義務の定めあり。

⑤ **X** 企業ではなく、事業場基準で50名以上いる場合に義務づけられている。パートタイマー労働者や派遣労働者を含む。

① **X** 医師との信頼関係についても、一章の第一条の二に記されている。

② **X** 各都道府県で地域の実情に応じて、地域全体で切れ目なく必要な医療が提供される。地域完結型医療を促進している。

③ **X** 対象は75歳以上の高齢者。65

~75歳未満で一定の障害状態にあると後期高齢者医療広域連合が認めた場合は、75歳未満でも対象となる。

④ **○** 法第一条に記されている。自殺による死亡者数が3万人超という高水準で推移していたことに鑑み、2006年に公布・施行された。

⑤ **✕** 心神耗弱ではなく心神喪失。心神耗弱は欠如する程度には達しないが、著しく減退した状態。

問29 　　　　①・④

① **○** 問題文に書かれている特別支援学校までは一条校と呼ばれ、専修学校や各種学校は、第1回公認心理師試験では「学校教育法上の学校に含まれない」とされた。

② **✕** 生徒指導主任ではなく指導教諭。

③ **✕** 親が子どもに教育を受けさせる義務が義務教育であり、子どもが教育を受ける義務ではない。

④ **○** それぞれ、学校における政治活動の禁止（法第8条）、国公立で設置される宗派教育の禁止（第9条）、男女共学（第5条）。

⑤ **✕** 30日以上という日数は法律上ではなく、調査目的の日数である。

問30 　　　　③

① **✕** 薬物依存症ではなく、薬物への依存耐性の説明である。

② **✕** 精神障害の予防ではなく、生活習慣病の予防を目的としている。

③ **○** 健康日本21では、大きな問題となっている9つの生活習慣、生活習慣病（「栄養・食生活」「身体活動・運動」

「休養・こころの健康づくり」「たばこ」「アルコール」「歯の健康」「糖尿病」「循環器病」「がん」）について到達目標値を掲げている。

④ **✕** 心理教育は、災害、事件、事故が起きる前から行うことによって、予防が見込まれる。

⑤ **✕** 覚せい剤やコカイン、アヘン類（ヘロイン）は特に精神依存が強いが、そのうち身体依存が特に強いのはアヘン類（ヘロイン）のみであり、精神依存と身体依存の強度は必ずしも相関しない。

問31 　　　　④・⑤

① **✕** 提供されたソーシャルサポートではなく、知覚されたソーシャルサポート。

② **✕** 記載の3つに、認知的要因と家族の要因も含めた5つの要因。

③ **✕** 「対象となる問題に対して複数の介入方法を用いること」は、「多様な教育方法」ではなく、「包括性（Nationら,2003）」である。多様な教育方法とは、アクティブでスキル中心型のプログラムであること。体験的で相互交流的な方法を用いて、当該の問題に関する参加者の気付きと理解を高め、スキルを向上させることに焦点を当てることを指す。

④ **○** 正しい。予防プログラムは早い段階で行うことと、参加者の発達的なニーズを考慮する必要がある。

⑤ **○** 正しい。予防プログラムには、計画・実施・フォローアップ・効果の検証といったPDCAサイクルに沿ったプログラム評価のプロセスが必要である。

問1　④

この問題は、公認心理師の法的責任に関する問題です。

① ❌ **秘密保持義務違反に対して、被害者の告訴がなくても検察官は起訴できる。**

親告罪であり、被害者の告訴がなくては起訴できない。よって、誤り。

② ❌ **公認心理師の名称使用の停止処分を受けた者が、その停止期間中に心理師という文字を用いた場合、10万円以下の罰金が科せられる。**

10万円以下ではなく、30万円以下の罰金が科せられる。よって、誤り。

③ ❌ **秘密保持義務違反は、民事責任と職業上の倫理責任のみに問われる。**

上記に加えて、法的責任も問われる。よって、誤り。

④ ⭕ **クライエントの秘密だけでなく、クライエントからもたらされた第三者の秘密に関しても、秘密保持義務は生じる。**

業務上知り得た秘密となり、正しい。

⑤ ❌ **正当な理由なく秘密を漏示した場合、必ず公認心理師の登録の取り消しが命じられる。**

必ずとは限らず、名称の使用停止が命じられる場合もある。よって、誤り。

問2　①

① ⭕ 心理に関する支援を要する者の心理状態の観察、その結果の分析が、公認心理師の役割の一つとされている。

② ❌ 心理に関する支援を要する者に対する、その心理に関する相談及び助言、指導その他の援助が、公認心理師の役割の一つとされている。

③ ❌ 心理に関する支援を要する者の関係者に対する相談及び助言、指導その他の援助が、公認心理師の役割の一つとされている。

④ ❌ 心の健康に関する知識の普及を図るための教育及び情報の提供が、公認心理師の役割の一つとされている。

⑤ ❌ 公認心理師の役割として、調査や分析は公認心理師法に記載がない。

問3　①

この問題は、公認心理師法第42条2項に関連する問題です。厚生労働省と文部科学省により、法第42条2項に関連する運用基準が示されています。

① ⭕ **クライエントが主治医の関与を望まない場合でも、公認心理師は主治医からの指示の必要性をクライエントに説明をする。**

クライエントの心情に配慮しながら、丁寧に説明を行うこととされているため、正しい。

② ❌ **主治医からの指示は、公認心理師はどんな場合も従わなければならない。**

合理的な理由がある場合を除く、との例外が示されている。よって、誤り。

③ ❌ **主治医がいるかどうかは、初回面接の時点で必ず確認しなければならない。**

合理的に推測される場合には、主治医の有無を確認する必要があるが、初回で必ずという規定はない。よって、誤り。

④ ❌ **心理的支援に直接関連のない疾病にかかる主治医がいる場合、その医師が「主治の医師」に当たる。**

関連のない疾病であれば、主治医に当たらないと判断してもよいとされている。よって、誤り。

⑤ ❌ **主治医の指示があれば、公認心理師は服薬指導ができる。**

主治医からの指示の有無にかかわらず、公認心理師は服薬指導をすることはできない。よって、誤り。

問4　　　　　　　　③

この問題は、公認心理師の業務に関する問題です。

① ❌ **身体に関する相談に応じ、助言、指導その他援助を行う。**

身体面を考慮することは臨床上重要であるが、公認心理師法には「心理に関する相談」との記述がある。よって、最も適切とはいえない。

② ❌ **心理に関する研究や調査を行う。**

情報の提供等の定めはあるが、研究や調査に関して公認心理師法には言及がなされていない。よって、最も適切とはいえない。

③ ⭕ **知識及び技能の向上に努める。**

求められる業務内容の変化に適応するため、資質向上の責務が公認心理師法第四十三条に定められている。よって、最も適切。

④ ❌ **要支援者に主治医がいるか確認する。**

主治医がいるときは指示に従わねばならないが、主治医がいるかどうか必ず確認することは業務ではない。よって、最も適切とはいえない。

⑤ ❌ **業務上知り得た秘密は必ず守る。**

自傷他害のおそれがある場合など、守秘義務には例外があり、また業務そのものではない。よって、最も適切とはいえない。

問5　　　　　　　　③

この問題は、実験に関する知識を問う問題です。

① ❌ **臨床に関わる研究や実験を行う際、「研究」や「実験」という言葉を使うことは、不必要な混乱を招く可能性があるため、あたかも研究とは関係なく心理支援が行われているように装う。**

臨床に関わる研究や実験を行う際、研究や実験を行うことに関してのインフォームド・コンセントをとっておくことが重要である。よって、適切ではない。

② ❌ **実験におけるバイアスを考え、実験において想定される実験協力者の不利益を秘匿し実験後に本当の不利益事項を伝える。**

実験に置いて想定される不利益事項に関しては、実験協力者の健康や人生に関わる可能性のある重大事項であるため、秘匿するべきではない。よって、適切ではない。

③ ⭕ **実験におけるバイアスを考え、研究目的を偽って実験を行い実験後に本当の目的を伝える。**

実験目的をあらかじめ知っていることによって、それがバイアスとなり実験結果が変わってしまう可能性がある。そのため、このような研究目的を偽って実験を行い、実験後に本当の目的を

伝える手続きのことをデブリーフィングと呼ぶ。よって、最も適切。

④ ❌ **心理検査の用紙を質問紙法の一部として用いる際、実際の検査用紙をコピー機で印刷して用いることは認められていないため、実験者が自らパソコンで実際の検査用紙と同じ項目を入力する。**

心理検査の用紙を質問紙法の一部として用いる場合、実権者が自らパソコンで同じ項目を入力しても、許可を得ずに使用した場合には著作権違反となる。よって、適切ではない。

⑤ ❌ **臨床に関わる対照実験を行う際、統制群と実験群の間の差を厳密に調べるために、実験後においても統制群には一切治療的な関わりを導入してはいけない。**

臨床に関わる対照実験を行う際には、実験後に統制群にも実験群と同じような治療的関わりを行うことによってケアすることが必要である。実験のせいで不利益を与えることはあってはならない。よって、適切ではない。

問6 ①

この問題は、リファーの際の倫理に関する問題です。

① ⭕ **クライエントの同意を得られなかった場合、紹介先へ情報提供は行わない。**

クライエントの同意が必要であるため、適切である。

② ❌ **紹介する際に多くの情報を渡すため、情報収集のための面接を再度行う。**

リファーは可能な限り早い段階で行うべきであり、情報が不十分な場合でも紹介元で情報収集のために何度も面接することは、適切ではない。

③ ❌ **信頼のおける公認心理師のいる相談機関を一つ紹介する。**

クライエントが自分自身で選択できるよう、複数の相談機関を提示した方がよい。よって、適切ではない。

④ ❌ **薬物療法が必要と判断したため、医師に依頼する。**

投薬の判断は医師が行うことであり、公認心理師が依頼すべきではない。よって、適切ではない。

⑤ ❌ **紹介した後の経過に関しては紹介先での守秘義務があるため、公認心理師は知り得ない。**

医療や福祉など、役割の異なる機関へのリファーの場合等、その後も公認心理師が連携していく必要のある事例もあり、必ずしも知り得ないことはない。よって、適切ではない。

問7 ②

この問題は、公認心理師の職責に関する理解を問う問題です。

① ❌ **クライエントの家族から、最近のクライエントの様子や話している内容について聞かれたため伝える。**

たとえクライエントの家族であっても、クライエントとの話の内容等については公認心理師に守秘義務が課せられるため、クライエント本人の許可がない限り伝えるべきでない。よって、適切ではない。

② ⭕ **クライエントの主治医から、クライエントの命に関わることで問い合わせを受けたため伝える。**

たとえクライエントの主治医であって

も、公認心理師には守秘義務が課せられるため、クライエントとの話の内容等については安易に話すことはしてはならないが、クライエントの命に関わることである場合、緊急性が優先される。よって、適切と考えられる。

③ ❌ 連携先のスクールカウンセラーや学校長に、定期的にカウンセリング内容について細かく伝える。

連携先のスクールカウンセラーや学校長であっても、公認心理師には守秘義務が課せられているため、問い合わせがあったからといって細かく伝えるべきではない。また「定期的に」とあるため、緊急性が感じられない。よって、適切ではない。

④ ❌ 学会発表を行う際、クライエントの名前をイニシャルにし、都道府県や学校、企業、病院の名称もアルファベットの頭文字に置き換える。

クライエントの名前をイニシャルにしたり、アルファベットの頭文字を用いて都道府県名や施設の名前を表した場合、発表者の所属などによって類推が可能になってしまうため、プライバシーの保護につながらない。よって、適切ではない。

⑤ ❌ 利便性を考え、クライエントの個人情報の入ったファイルをパスワードなどはつけずにインターネットのクラウド上に置く。

個人情報の保護について考えると、クライエントの個人情報の入ったファイルは、鍵のかかる場所に保管したり、データファイルの場合はパスワードをつけたりすることが重要。またクラウド上のような流出の危険性がある場所をできる限り控えるべきである。よっ

て、適切ではない。

問8 ③

この問題は、公認心理師の職責についての知識を問う問題です。

① ❌ クライエントが現在関わっている他の専門家との連携を試みる。

適切である。公認心理師は他の専門家との多職種連携を重視する必要がある。

② ❌ セラピスト-クライエント関係では治療構造を重視する。

セラピスト-クライエント関係にある者は、教師-生徒や家族関係、恋人関係などの別の関係を持ってはいけない（多重関係の禁止）。よって、適切である。

③ ⭕ 即効性のある技法を優先的に取り組む。

心理臨床では、まずじっくりと傾聴しケースフォーミュレーションを行うことが重要であるため、即効性のある技法に飛びついてはいけない。よって、不適切なものとして選ぶことができる。

④ ❌ 心理支援を行う上でエビデンスに重きをおいて関わる。

適切である。心理支援において、エビデンスが確認できる方法を重視することは非常に重要である。とはいえ、クライエントのナラティヴに寄り添うことも同時に重要といえる。

⑤ ❌ 秘密保持義務が守れない可能性があったとしても、虐待のおそれのあることについては通告を行う。

虐待については国民に通告義務が課せられており、通告義務は秘密保持義務

（守秘義務）に優先される。よって、適切である。

① ❌　タラソフ判決以降のアメリカにおける判決において、犠牲者になる可能性のある人を守ることを専門家に課していることから、保護義務と呼ばれるようになった。

② ❌　守秘義務を守る必要はあるが、通告義務の方が優先されるため、必要最低限の情報開示にとどめるべきである。

③ ❌　職業倫理的な秘密保持の方が、法的な秘密保持よりも厳しい。

④ ❌　別の相談機関であっても、利己的利用となるため、複数の相談機関を選択肢として挙げるのが望ましい。

⑤ ⭕　公認心理師法第43条に知識と技能の向上義務が定められているため、正しい。

① ❌　スーパーヴァイジーが複数いる場合もスーパーヴィジョンという。コンサルテーションは、異なる専門性をもつ者に対して助言を行うこと。

② ⭕　コンピテンシーとは、専門家として、適切で効果的な方法で支援を行い、倫理的判断による方法で適切に行動したり、批判的思考を行ったり、意思決定を行ったりできることを指すため、正しい。

③ ❌　発展コンピテンシーではなく、職業的発達。

④ ❌　反省的実践とは、知識・技能を十分修得しながらも、さまざまな文脈で、これを改変したり組み合わせたりしながら、その時々の状況に応じて最善の打開策を見出していく実践のこと。

⑤ ❌　教育分析は必ずしも必要ではない。

① ❌　すぐに精神科病院を紹介するとは限らない。

② ❌　複数の医療機関を紹介すべき。

③ ⭕　公認心理師法第42条第2項では、心理に関する支援を要する者に当該支援に係る主治の医師があるときは、その指示を受けなければならない、とされている。

④ ❌　自分の利益を目的とするような紹介はしてはいけない。

⑤ ❌　紹介状は参考にするための貴重な情報源であるため、簡潔にまとめることも必要であるが、しっかり考えて書くことが大切。

① ❌　適切。公認心理の業務の適性を図ることが、公認心理師法の目的のひとつである。

② ⭕　不適切。公認心理師は、精神障害の治療ではなく、心の健康の保持増進を行うことを目的としている。

③ ❌　適切。公認心理師の働く分野として、保健医療、福祉、教育その他の分野が挙げられる。その他の分野には、司法・犯罪分野や産業・労働分野、また私設相談分野などが想定され

る。
④ ❌　適切。心理に関する支援を要する者の関係者に対する指導は、公認心理師の4業務のひとつである。
⑤ ❌　適切。心の健康に関する知識の普及を図るための教育及び情報の提供は、公認心理師の4業務のひとつである。

問13　⑤

① ❌　正しい。警告義務は、自身の生命の切迫した危険にも、他者の生命の切迫した危険にも適用される。
② ❌　適切。犠牲者となり得る人を積極的に保護することを求めているため、「警告義務」は「保護義務」とも呼ばれる。
③ ❌　適切。警告義務は、自殺にも適用される。
④ ❌　適切。保護義務（警告義務）の要件として、「当事者間に特別の信頼に裏付けられた関係が存在すること」というものが含まれている。
⑤ ⭕　誤り。「特定できない場合」ではなく、「特定できる場合」。また、「明確で切迫した危険」があることがその要件である。

問14　①

① ⭕　リファーはできるだけ早い段階、可能であれば初回のうちに行っておくことが大切である。
② ❌　的確な心理的アセスメントによって、リファーが必要かどうかについて判断を行う。
③ ❌　公認心理師が退職する場合、早

めにその旨を伝え、クライエントの心の準備ができるように取り計らうことが重要である。
④ ❌　公認心理師の退職に伴ってカウンセリングを終結させるかどうかについては、クライエントとよく話し合って検討の上決める。公認心理師が「強く提案」することは押し付けになりかねない。
⑤ ❌　公認心理師が突然不在になることは、可能性としてあることなので、所属機関の対応としてのマニュアルの作成は望まれる。そのマニュアルをもとにして、その場に応じた臨機応変な対応を検討するとよい。

問15　④

① ❌　いざという時のために、あらかじめ連携先やリファー先を探しておくことが望まれる。
② ❌　リファーする際には、クライエントが主体的に選べるように複数のリファー先を提示するべきである。
③ ❌　リファー先の機関に情報提供を行う際にも、クライエントの承諾を得る必要がある。
④ ⭕　虐待が疑われる場合は秘密保持義務（守秘義務）の例外にあたり、通告義務が優先される。
⑤ ❌　チーム内で行われる秘密保持義務（守秘義務）については、法律上問題になりやすい。

361

① ✖　コンピテンシーの中核となるの
は「反省的実践」である。

② ✖　コンピテンシーは、基盤コンピ
テンシーと機能コンピテンシー、職業
的発達の3つに分けられる。

③ ✖　公認心理師すべてに奨励されて
いるわけではなく、精神分析を行う上
でのみ奨励されている。

④ 〇　様々なスーパーヴィジョンの形
があるので正解。

⑤ ✖　マスターセラピストによる臨床
的判断のプロセスは、自動化されたり
するわけではなく、それを拒み、状況
にしっかりとかかわる中で深い理解を
求めるものである。

① ✖　最低限ではなく、最大限。守秘義
務は最大限に配慮することが望まし
い。

② ✖　心理療法は特定ではなく、クラ
イエントや状況に合わせて選択するた
め、幅広い知識が求められる。

③ 〇　公認心理師法第43条に、「国民
の心の健康を取り巻く環境の変化によ
る業務内容の変化に適応するため（中
略）知識及び技能の向上に努めなけれ
ばならない」とあるため、正しい。

④ ✖　専門用語はなるべく避け、一般
的な言葉を用いて所見を作成する。

⑤ ✖　精神疾患が疑われる者に対して
も医師へリファーする必要がある。

2020年12月試験全問題解説

問1 ②

この問題は、心理支援を行う際に適切な働きかけを問う問題です。

① ❌ **心理療法の面接時間は、要支援者のニーズに合わせてその都度変えるのが良い。**

心理療法の面接時間は、通常その施設であらかじめ決められた時間で行うことが原則です。よって、その都度変えるということは不適切。

② ⭕ **投薬が必要となり、精神科に紹介したケースも、必要であれば心理的支援を継続する。**

投薬が必要で精神科に紹介した場合、精神科と連携の上（そして主治医の指示のもと）必要に応じて心理的支援の継続が考えられる。よって適切。

③ ❌ **知らない人に対して気後れして話ができないという友人の母親のカウンセリングを引き受ける。**

心理的支援関係以外での関係性を元々持っている対象の場合（ここでは「友人の母親」）、多重関係になってしまうため、引き受けることは望ましくない。よって、不適切。

④ ❌ **大学附属の心理相談室で新規ケースのインテーク面接を行う場合、受理するかどうかは自分一人で決める。**

大学附属の心理相談室に限らず、複数人で業務を行っている場合には、独断は禁物。チームとして動くことが重要。よって、不適切。

⑤ ❌ **学校内で自殺者が出た場合の緊急介入時には、事実を伝えるのは亡くなった生徒と親しかった少数のみに限定するのが原則である。**

自殺者が出た際、事実の隠蔽を行うことは様々な憶測を呼び、また不信感のもととなることが考えられるため、「事実を伝えるのは…中略…少数のみに限定」は望ましくない。よって、不適切。

問2 ③

この問題は、統合失調症への適切な介入を問う問題です。

① ❌ **症状増悪時は、心理的支援を行わない。**

統合失調症での治療の基本は薬物療法が主となることが多いが、「心理的支援」は特定の心理療法のことを指しているわけではなく、治療関係の構築や支持的な態度を含めた心理的支援は症状増悪時にも行われるべきである。よって、不適切。

② ❌ **幻聴に関して、幻覚であることを自覚させる。**

統合失調症の急性期において、幻聴を含む「幻覚」は、幻覚であるという自覚をすることが難しく、病識に乏しいとされる。自覚させようとすると、余計に増悪することもあるため、不適切。

③ ⭕ **緊張病性昏迷では、身体管理が必要となる可能性があることを家族に伝える。**

緊張病性昏迷は身体管理が必要となる可能性がある。経口摂取が困難な場合など、輸液を用いた身体管理を行うことがある。よって、適切。

④ ❌ **作為体験によるリストカットは、ためらい傷程度であれば特に緊急性**

はない。

リストカットを含む自傷他害は、ためらい傷であったとしても「特に緊急性はない」と言い切ることはできない。よって不適切。

⑤ ✕ **服薬を拒否するクライエントに対して、薬は無理に服薬しなくてよいと伝える。**

服薬を拒否するクライエントへは、慌てず落ち着いた状態で、服薬したくない気持ちやその理由を傾聴する。「無理に服用しなくてよい」と伝えてしまうことは、クライエント自身の利益を損なうことにもつながりかねないため、不適切。

問3　　　②

この問題は、自殺予防・評価について問う問題です。

① ✕ **文化的・宗教的な信条は、自殺のリスクに関連しない。**

文化的・宗教的な信条は、その人の持つ考え方に大きく影響し、自殺リスクを高める可能性がある。よって、誤り。

② 〇 **自殺念慮に具体的な計画があると、自殺のリスクが高い。**

自殺の具体的な計画は、自殺リスクを高める。よって、正しい。

③ ✕ **家族や身近な人に自殺者がいても、自殺のリスクが高いとは言えない。**

自殺が起きることは、周囲の最低6人の人にも影響を及ぼし自殺リスクを高める。よって、誤り。

④ ✕ **自殺予防のための情報提供などの普及啓発は、自殺の二次予防として重要である。**

自殺予防のための情報提供など普及啓発は、自殺の一次予防として重要であるといえる。よって、誤り。

⑤ ✕ **自殺手段や自殺が生じた場所について繰り返し詳しく報道することは、自殺予防になる。**

自殺が起きることは、社会面、感情面、経済面に広く影響を及ぼす。それが報道されることによって自殺リスクの高い人が模倣するなどし、自殺者数が増加してしまうことをウェルテル効果と呼ぶ。よって、誤り。

問4　　　④

この問題は、適切な自殺のポストベンション（事後対応）について問う問題です。

① ✕ **第一発見者のケアを優先する。**

自殺が起きたときには、ショックが大きいと思われる第一発見者や遺体を搬送した人、遺体確認した人、自殺した人と親しい人間関係にあった人、精神疾患にかかっている人、これまでに自殺を図ったことがある人は、他者の自殺に強い影響を受ける可能性がある人達である。第一発見者は、あくまで「強い影響を受ける可能性がある」というだけであるため、必ずしも第一発見者のケアを優先するわけではない。この選択肢が完全に不適切とはいえないが、④と比較して最も適切とはいえない。よって、最も適切なものとしては選択できない。

② ✕ **患者の担当以外の病棟スタッフは対象にならない。**

患者の担当以外の病棟スタッフであっても、自殺が起きたという事実は多くの人に影響を与え、不安を増大させ

③ ❌ 自殺の原因を特定し、病棟の問題を解決することが目的である。

自殺の原因を特定することよりも、まずは自殺という状況に直面した人への危機介入が重要である。よって、不適切。

④ ⭕ 入院患者と医療スタッフが当該自殺に関する率直な感情を表現する機会を設ける。

ポストベンション（事後対応）における目的は、関係者の持つ複雑な感情を率直に表現する機会を与えることである。自殺が起きてもその影響がないかのように振る舞うなどによって、後々に問題を残すことがある。そのため、全員が話さなければならないような強制的な雰囲気を作らないように注意しつつ、このような機会を設けることは重要である。よって、最も適切といえる。

⑤ ❌ 守秘義務のため、亡くなった患者と親しかった他の患者には自殺について伝えない。

守秘義務があっても、自殺に関する情報については、伝えられる者の気持ちに配慮しながら伝える場合がある。よって、不適切。

問5 ②

この問題は、遊戯療法と関係する人物について問う問題です。

① ❌ A.Ellis

Albert Ellis（アルバート・エリス）は論理情動行動療法（REBT）の創始者として有名。遊戯療法と関係が深い人物とはいえない。よって、誤り。

② ⭕ A.Freud

Anna Freud（アンナ・フロイト）はフロイトの末娘で、自我心理学派の立場から、精神力動的遊戯療法を創始し、対象関係論の立場から遊戯療法を創始したMelanie Klein（メラニー・クライン）と議論を行った。よって、正しい。

③ ❌ A.T.Beck

Aaron T. Beck（アーロン・ベック）は認知療法の創始者。遊戯療法と関係が深い人物とはいえない。よって、誤り。

④ ❌ H.A.Murray

Henry A. Murray（ヘンリー・マレー）は、投影法検査で有名なTAT（主題統覚検査）を開発した人物。遊戯療法と関係が深い人物とはいえない。よって、誤り。

⑤ ❌ J.B.Watson

John B. Watson（ジョン・ワトソン）は行動主義の立場から、環境優位説を唱えた。遊戯療法と関係が深い人物とはいえない。よって、誤り。

問6 ②

この問題は、両眼性の知覚について問う問題です。

① ❌ 陰影

奥行き知覚における両眼性の手がかりについては②の説明のとおり。よって、誤り。

② ⭕ 輻輳

三次元の空間において、対象を捉える手がかりとしては、両眼が交わる角度（輻輳角）の大小が、対象物の遠近によって変わる。両眼の位置のずれに

よって、対象の奥行きを知覚できることを両眼視差と呼ぶ。よって、正しい。

③ ❌ 　重なり

奥行き知覚における両眼性の手がかりについては②の説明のとおり。よって、誤り。

④ ❌ 　線遠近法

奥行き知覚における両眼性の手がかりについては②の説明のとおり。よって、誤り。

⑤ ❌ 　きめの勾配

奥行き知覚における両眼性の手がかりについては②の説明のとおり。なお、きめの勾配とは、細かいきめの部分（面の模様の密度が詰まった部分）ほど遠くに知覚されることを指す。よって、誤り。

問7　　　　　①

この問題は、統計的仮説検定に関する知識を問う問題です。

① ⭕ 　t検定では、自由度が大きいほど、帰無仮説の上側確率に基づく棄却の限界値は小さい。

t分布表を参照すると、自由度が大きいほど臨界値が小さくなることがわかる。よって、正しい。

② ❌ 　2つの条件の平均に有意な差が認められない場合、それらの平均には差がないといえる。

有意な差が認められない場合でも、第2種の過誤という本当は差があるのに差がないと結論づけている可能性についても検討する必要がある。よって、誤り。

③ ❌ 　K.Pearsonの相関係数が0.1％水準で有意であった場合、2つの変数間

に強い相関があるといえる。

相関係数で算出される有意確率の値は、無相関検定の値であり、相関の強さを意味しているのではなく、無相関である確率を示すものである。よって、誤り。

④ ❌ 　対応のない2群のt検定では、各群の標準偏差が大きいほど、有意な差があるという結果が生じやすい。

各群の標準偏差が大きいほど、t検定の計算式は分母が大きくなる。このことから標準偏差が大きいほど、臨界値よりも計算値の絶対値が小さくなるため有意な差が生じにくい。よって、誤り。

⑤ ❌ 　K.Pearsonの相関係数の有意性検定では、サンプルサイズが小さいほど、帰無仮説の上側確率に基づく棄却の限界値は小さい。

K.Pearson（ピアソン）の相関係数の検定はt分布表を用いて行う。①の解説と同様であり、サンプルサイズが小さいほど自由度は小さくなるため、棄却の臨界値は大きくなる。よって、誤り。

問8　　　　　④

この問題は、因果関係の意味について、統計学的な知識を問う問題です。

① ❌ 　Xを剰余変数という。

「XがYに及ぼす影響」という場合、Xは原因である。原因だと見なしている変数のことを独立変数という。よって、誤り。

② ❌ 　Yを独立変数という。

Yは結果である。結果だと見なしている変数のことを従属変数という。よっ

2020年12月試験全問題解説

て、誤り。

③ ✖ **研究者があらかじめ操作するのはYである。**

研究者があらかじめ操作するのは、原因と見なされるXである。よって、誤り。

④ ⭕ **Xは、値又はカテゴリーが2つ以上設定される。**

Xは研究者が操作を加える側面であるから、必ず複数（＝2つ以上）設定される。よって、正しい。

⑤ ✖ **結果の分析には、XとYの相関を求めるのが一般的である。**

XとYの相関を求めても、それが直ちに因果関係を表すわけではない。したがって、因果的検討を行うときに相関を求めることは一般的ではない。よって、誤り。

問9　　　　　⑤

この問題は、ウェーバーの法則についての知識を問う問題です。

① ✖ **2.5g**

⑤で説明したように、ウェーバーの法則に従う。よって、誤り。

② ✖ **10g**

⑤で説明したように、ウェーバーの法則に従う。よって、誤り。

③ ✖ **13.01g**

⑤で説明したように、ウェーバーの法則に従う。よって、誤り。

④ ✖ **20g**

⑤で説明したように、ウェーバーの法則に従う。よって、誤り。

⑤ ⭕ **40g**

たとえば10gの物体に対しては11g以上の物体、100gの物体に対しては110g以上の物体を持った際に重さの違いを知覚できるというように、弁別できる刺激量は刺激間の比によって決まるという法則を、ウェーバーの法則という。本問においては、100：10＝400：xとして、xを求めると、40になる。よって、正しい。

問10　　　　　④

この問題は、学習理論について問う問題です。

① ✖ **回避学習**

条件付けにおける考え方で、回避することによって報酬が得られることから、回避すること自体を学習してしまうことを回避学習と呼ぶ。よって、不適切。

② ✖ **観察学習**

観察学習とは、A.Bandura（バンデューラ）によって提唱された学習で、直接的な行動の強化が行われなくても対象（モデル）の観察によって学習が成立するということを見出したもの。モデリングとも呼ばれる。よって、不適切。

③ ✖ **初期学習**

初期学習とは、K.Z.Lorenz（ローレンツ）による刻印づけとも呼ばれる学習のことを指す。生まれた直後にガンの雛が動いている対象を見ることによって、その対象を親だと認識するようになる（刷り込み）といった限られた早期の段階（臨界期。人間の場合は厳格な臨界期は存在しないとされ、敏感期と呼ばれる）にのみ学習が生じることを初期学習と呼ぶ。よって、不適切。

④ ⭕ **潜在学習**

E.C.Tolman（トールマン）のラットを用いた実験では、報酬が与えられなくても達成が期待されることによって潜在学習が起きると考えられるようになり、その際に脳内に生成される地図のことを認知地図と呼んだ。よって、最も適切といえる。

⑤ ✕ 逃避学習

与えられた不快状況（嫌悪刺激）から逃れようとすることを学習することを逃避学習と呼ぶ。その不快状況（嫌悪刺激）が現れることを予測して、あらかじめ回避しようとする回避学習とは異なる。よって、不適切。

問11　　　　　①

この問題は、N.Chomskyの言語理論についての知識を問う問題です。

① ◯ 言語発達のメカニズムは、遺伝的に決定されている。

N.Chomsky（チョムスキー）は、言語発達のメカニズムは遺伝的に決定されていると考え、普遍文法と呼ばれる言語の初期状態が生得的に備わっていると考えた。よって、正しい。

② ✕ どのような言語にも共通する普遍文法は存在しない。

①の説明のとおり、全ての言語に共通する普遍文法が生得的に備わっていると考えられる。よって、誤り。

③ ✕ 言語の文法は、ヒト以外の動物種にも認めることができる。

言語の文法は、人間にのみ認めることができるとされる。よって、誤り。

④ ✕ 句構造規則によって作られた文の表層構造は、変形規則によって深層構造となる。

句構造規則によって作られた文の深層構造が、変形規則によって表層構造となる。よって、誤り。

⑤ ✕ 脳の中にある言語獲得装置は、報酬と罰の経験によって文法を獲得する働きを持つ。

①の説明のとおり、すべての言語に共通する普遍文法が生得的に備わっており、そのことによって文法が生成・獲得される。よって、誤り。

問12　　　　　③

この問題は、質問紙検査の統計的内容を問う問題です。

① ✕ 検査得点の一貫性のことを妥当性という。

検査得点の一貫性のことは信頼性という。妥当性とは、検査が測定したいものを正しく測定できているかどうかを示すもの。よって、誤り。

② ✕ α係数は、検査項目の数が多いほど、低い値をとる。

α係数は信頼性係数の一つで心理測定や検査における信頼性の高さを示すもの。検査項目の数が多いほど、α係数は高い値となる。よって、誤り。

③ ◯ 再検査法では、2時点の検査得点間の相関係数を用い、検査の安定性をみる。

再検査法とは、最初に検査で得られた値と、もう一度同じ検査を行った時の値とで比較し、大きな変化がない（検査が安定している）かを調べる信頼性を求める方法の一つ。よって、正しい。

④ ✕ 検査が測定しようとしているものを正しく測定できている程度のことを信頼性という。

2020年12月試験全問題解説

検査が測定したいものを正しく測定できているかどうかを示すものは、妥当性と呼ばれる。信頼性の説明は①の解説のとおり。よって、誤り。

⑤ ❌ **検査得点の分散に占める真の得点の分散の割合が高いほど、検査結果の解釈が妥当になる。**

検査得点の分散に占める真の得点の分散の割合は、信頼性係数と呼ばれる。分散の割合が高い場合、検査結果の解釈はより難しくなる。よって、誤り。

問13　　　　　　　　　　　　⑤

この問題は、基礎医学おける摂食について問う問題です。

① ❌ **グレリンは、食欲を抑制する。**
グレリンは視床下部に作用し、食欲を促進させる。よって、誤り。

② ❌ **レプチンは、食欲を促進する。**
レプチンは視床下部に作用し、食欲を抑制する。よって、誤り。

③ ❌ **オレキシンは、食欲を抑制する。**
オレキシンは視床下部に作用し、食欲を促進させる。よって、誤り。

④ ❌ **肥満症では、血液中のグレリン濃度が上昇する。**
肥満症では、血中グレリン濃度が低下し、やせ型では上昇する。よって、誤り。

⑤ ⭕ **肥満症では、血液中のレプチン濃度が上昇する。**
肥満症では、血中レプチン濃度は上昇する。よって、正しい。

問14　　　　　　　　　　　　⑤

この問題は、自己中心性バイアスの内容について問う問題です。

① ❌ **ハロー効果**
ハロー効果とは光背効果や後光効果とも呼ばれる認知バイアスの一つで、人物やモノに対して評価する際、他の特徴的な側面に影響を受けて捉えられること。よって、不適切。

② ❌ **スリーパー効果**
信頼性に欠けるソースから得た信じにくいような情報であっても、時間が経つにつれてその不信感が忘れられてしまい、その情報自体の信頼性が高まることをスリーパー効果という。自己中心性バイアスとは関係がないため、不適切。

③ ❌ **自己関連づけ効果**
記銘を行う際に、自己に関連付けた形で記銘を行うと、その他の場合と比較して忘れにくい（保持されやすい）現象のこと。自己中心性バイアスとは関係がないため、不適切。

④ ❌ **フレーミング効果**
情報の提示のされ方によって、その情報によって受ける印象が変わることをフレーミング効果という。自己中心性バイアスとは関係がないため、不適切。

⑤ ⭕ **スポットライト効果**
実際よりも自分が目立ってしまっていると過剰に意識してしまうことをスポットライト効果といい、自己中心性バイアスの一つ。よって、最も適切。

問15　　　　　　　　　　　　④

この問題は、ケース・アドボカシーの知識について問う問題です。

① ❌ 患者が、医療側の説明を理解し、同意し、選択すること

患者側から見たインフォームド・コンセントの説明である。よって、誤り。

② ❌ 医療側が、患者に対して行おうとしている治療について十分な説明を行うこと

これも①と同様、医療側から見たインフォームド・コンセントの説明である。よって、誤り。

③ ❌ 障害のある子どもと障害のない子どもを分けずに、特別な教育的ニーズをもつ子どもを支援すること

インクルーシブ教育の説明である。よって、誤り。

④ ⭕ ある個人や家族がサービスの利用に際して不利益を被らないように、法的に保障された権利を代弁・擁護すること

ケース・アドボカシーの説明として正しい。アドボカシー（advocacy）とは権利を代弁・擁護すること。よって、正しいものとして選択できる。

⑤ ❌ 障害者が社会の中で差別を受けることなく、権利の平等性を基盤にして、一般社会の中に正当に受け入れられていくこと

ノーマライゼーションの説明である。よって、誤り。

問16　④

この問題は、精神分析の防衛機制と投影法の歴史的背景についての知識が問われている問題です。

① ❌ SCT

文章完成法テスト。投影法の性格検査で、言語連想検査から作られたと考え

られている。刺激語が提示されており、その刺激語につながるように不完全な文を完成させることから、性格を解釈する。防衛機制に関する実験的研究の結果を基盤としていない。よって、不適切。

② ❌ TAT

主題統覚検査。H.A.Murray（マレー）によって考案された投影法の性格検査。31枚の図版（そのうち1枚は白紙）から複数枚を選択し、そこから物語を語ってもらい、その内容を解釈していく。防衛機制に関する実験的研究の結果を基盤としていない。よって、不適切。

③ ❌ MMPI

ミネソタ多面的人格目録。S.R.Hathaway（ハザウェイ）とJ.C.Mckinley（マッキンレー）によって考案された550問からなる質問紙法の性格検査。防衛機制に関する実験的研究の結果を基盤としていない。よって、不適切。

④ ⭕ P-Fスタディ

絵画欲求不満テスト。S.Rosenzweig（ローゼンツァイク）によって考案された投影法の心理検査。欲求不満場面（自我阻害場面・超自我阻害場面）を描いたマンガ風の絵の吹き出しのところに記入される内容からタイプを把握する。防衛機制の投影に関する実証研究の結果を基盤に発展した。よって適切といえる。

⑤ ❌ ロールシャッハ・テスト

H.Rorschach（ロールシャッハ）によって作られ、B.Klopfer（クロッパー）らによって解釈法が作られたインクのシミの図版による投影法の性格

検査。10枚の刺激図版への反応を用いて解釈を行う。精神分析はロールシャッハ・テストの解釈に影響を与えているが、防衛機制に関する実験的研究の結果を基盤としていない。よって、不適切。

問17 ⑤

この問題は、業務の中で公認心理師が行う適切な記録や報告についての知識を問う問題です。

① ❌ **病院からの紹介状への返事は、クライエントには見せない。**

病院からの紹介状への返事は、クライエントが自身のことを知るための当然の権利として、公認心理師はクライエントに見せることがある。よって不適切。

② ❌ **守秘義務があるため、面接内容は自身の上司には報告しない。**

守秘義務があるとはいえ、内容によっては、あるいは必要に応じて上司に報告する必要がある。その場合は、集団守秘義務という考え方に基づいて、その内容を知る人は必要な人にのみ限定することが肝要である。よって、不適切。

③ ❌ **録音は、クライエントを刺激しないために気づかれないように行う。**

カウンセリングを録音する場合には、クライエントに録音する理由やこの記録がカウンセリングやスーパービジョンなど限られたことにしか使われないこと、また個人情報は厳重に保護されることについて説明した上で、許可を得て行うべきである。よって、不適切。

④ ❌ **心理検査の報告は、検査を依頼**した職種にかかわらず専門用語を使って書く。

検査を報告する際に、心理学の専門用語を用いて記録したものを用いると、他の職種に伝わりづらいため、できる限り平易な言葉で共有できるように気をつけるべきである。よって、不適切。

⑤ ⭕ **インテーク面接の記録には、観察事項に基づいた面接時の印象も併せて記録する。**

インテーク面接に限る必要はないが、特にインテーク面接においては、言語的な情報のみではなく、観察によって得られた面接時の印象を記録するとよい。よって、最も適切といえる。

問18 ④

この問題は、心身症に関連する知識を問う問題です。

① ❌ **慢性疼痛患者には、抗うつ剤は無効である。**

慢性疼痛にも抗うつ剤が有効である。よって、誤り。

② ❌ **進学や結婚は、気管支喘息の増悪に関与しない。**

進学や結婚はライフイベントとしてストレスが大きいものと考えられる。そのため、気管支喘息を持っているものにとっては増悪しうるリスク要因である。よって、誤り。

③ ❌ **タイプＡ型行動パターンは、消化性潰瘍のリスク要因である。**

タイプＡ型行動パターンは、脳卒中や心疾患のリスク要因である。また、タイプＢ型行動パターンは消化性潰瘍や過敏性腸症候群のリスク要因であり、タイプＣ型行動パターンでは、がんに

なりやすいとされている。よって、誤り。

④ **○** **本態性高血圧症が心理的ストレスで悪化している場合は、心身症と考える。**

本態性高血圧症は、生活習慣や運動不足、塩分過多、喫煙、過度の飲酒、心理的ストレス、加齢などによって引き起こされる。心理的ストレスによって悪化している場合は、心身症と考えられる。よって、正しい。

⑤ **✕** **アレキシサイミア〈失感情症〉とは、以前楽しめていた活動に対して楽しめない状態を意味する。**

アレキシサイミアはP.E.Sifneos（シフネオス）が提唱した概念で、感情への気付きの乏しさ、内省の乏しさ、言葉に感情が伴わないなどの特徴がある。よって、誤り。

問19　②

この問題は、過敏性腸症候群についての知識を問う問題です。

① **✕** **感染性腸炎は、発症と関連しない。**

感染性腸炎に罹患した場合、回復した後に過敏性腸症候群を発症することがあり、関連するといえる。よって、誤り。

② **○** **内臓痛覚閾値の低下が認められる。**

過敏性腸症候群では、内臓痛覚閾値の低下が認められる。よって、正しい。

③ **✕** **我が国の有病率は、約2％である。**

過敏性腸症候群の有病率は、人口の約14％であり、2％ではない。よって、誤り。

④ **✕** **プロバイオティクスは、有効ではない。**

過敏性腸症候群は、ストレスを減らすことや食事指導、薬剤、乳酸菌などのプロバイオティクスの摂取が有効とされている。よって、誤り。

⑤ **✕** **下痢型IBSは女性に多く、便秘型IBSは男性に多い。**

下痢型IBSは男性に多く、便秘型IBSは女性に多い。選択肢では反対になっているため、誤り。

問20　⑤

この問題は、介護保険サービスに関する知識を問う問題です。

① **✕** **配食サービス**

これは、介護保険が適用されるサービスではない。よって、誤り。

② **✕** **精神科訪問看護**

これは、介護保険が適用されるサービスではない。よって、誤り。

③ **✕** **介護ベッドの購入**

これは、介護保険が適用されるサービスではない。よって、誤り。

④ **✕** **住宅型有料老人ホーム**

これは、介護保険が適用されるサービスではない。よって、誤り。

⑤ **○** **通所リハビリテーション**

介護保険が適用されるサービスには大きく分けて、居宅サービス、施設サービス、地域密着型サービスがある。居宅サービスには、訪問サービス、通所サービス、短期入所サービスがあるが、通所リハビリテーションは通所サービスに含まれる。よって、正しい。

問21　④

この問題は、認知症のパーソンセンタード・ケアについての正しい知識を問う問題です。

① ❌ **問題行動を示したときは、効率的に管理しなければならない。**
パーソンセンタード・ケアの考え方の説明とはいえず無関係。効率性よりも安全性や、患者の尊厳を重視するべきである。よって、不適切。

② ❌ **ケアで重要なことは、介護者自身の不安や弱さなどは考慮せず、理性的に行うことである。**
パーソンセンタード・ケアの考え方の説明とはいえない。介護者自身の不安や弱さなども考慮し、介護する側・される側の双方がケアされることが望まれる。よって、不適切。

③ ❌ **認知症の治療薬が開発されるまで、専門家として認知症の人にできることはほとんどない。**
認知症は不可逆的で治療できる薬物は存在せず、現在認知症に用いられている抗認知症薬は、認知症の進行を遅らせる働きをねらっているとされる。それ以外にも、選択肢⑤にあるようなパーソンセンタード・ケアを専門家は行うことができる。よって、不適切。

④ ⭕ **認知症は、第一の視点として、中枢神経系の病気としてよりも障害としてみるべきである。**
障害とは、「正常な進行や活動の妨げとなるもの」という意味である。認知症を病気ではなく、障害としてみることで、妨げになっているものを理解し、対処すれば正常な活動に近づくという視点にたてる。よって、パーソンセン

タード・ケアの考え方として、最も適切なものとして選択できる。

⑤ ❌ **ケアは、安全な環境を提供し、基本的ニーズを満たし、身体的ケアを与えることが中心となる。**
認知症に関するパーソンセンタード・ケアの考え方では、5つの要素（脳の障害、身体状態、生活歴、性格や行動パターン、社会的な関わり）を理解し、心理的ニーズを満たす支援を行うことが中心である。よって、不適切。

問22　①

この問題は、Alzheimer型認知症の症状についての知識を問う問題です。

① ⭕ **うつ症状が起こる。**
Alzheimer型認知症の症状としては、記憶障害、見当識障害、理解・判断力の低下、実行機能の低下といった中核症状のほか、環境や人間関係などによって生じることがあるうつ状態、徘徊、妄想などの心理・行動的症状であるBPSD（周辺症状）がある。①はBPSDのことを示しており、最も適切。

② ❌ **見当識は保持される。**
①の説明のとおり、中核症状の一つとして見当識障害がみられるため、不適切。

③ ❌ **近時記憶障害は目立たない。**
①の説明のとおり、中核症状の一つとして記憶障害がみられる。近時記憶障害とは、数時間〜数日といった近い時間に関する記憶障害のことを指す。よって、不適切。

④ ❌ **具体的な幻視が繰り返し出現する。**
幻視がみられる認知症としては、レ

ビー小体型認知症が挙げられる。レ
ビー小体型認知症でも、中核症状とし
ては記憶障害や見当識障害、理解・判
断力の低下、実行機能の低下がある。
この設問はAlzheimer型認知症につ
いてであるため、不適切。

⑤ **✕** **注意や明晰さの著明な変化を伴う認知の変動がみられる。**

注意や明晰さの著明な変化を伴う認知
の変動とは、レビー小体型認知症にみ
られる中核的特徴の一つであり、
Alzheimer型認知症のそれではない。
よって、不適切。

問23 ④

この問題は、家族再統合についての理解
を問う問題です。

① **✕** **家庭復帰が困難な子どもは対象ではない。**

児童の社会的養護における家族再統
合では、家庭復帰を意味すると同時
に、親子の物理的あるいは心理的に最
適な距離を作る・保つためのプロセス
が重要とされている。よって、不適切。

② **✕** **児童福祉施設は、家族再統合には積極的に関与しない。**

児童福祉施設は、保護者に指導を行う
立場から家族再統合に積極的に関与し
うる立場であり、不適切。

③ **✕** **家庭裁判所は、申立てがあった場合、直接保護者に適切な治療や支援を受けることを命令できる。**

家庭裁判所は、たとえ申立てがあって
も、直接保護者に治療や支援について
の命令はできない。よって、不適切。

④ **◯** **子どもが、家族の歴史や事情を知った上で、肯定的な自己イメージを**

持つことができるよう支援する。

児童の社会的養護における家族再統
合に関する説明として正しい。よっ
て、適切なものとして選択できる。

⑤ **✕** **施設や里親などにおける子どもの生活が不安定になるため、分離中の実親との交流は、原則として控える。**

分離中の親子間の接触を維持すること
は、家庭的暖かさを維持するために重
要であるという考え方が社会的養護側
にもあり、分離中の実親との交流も行
われる。よって、不適切。

問24 ②

この問題は、学習のプロセスについての
理解を問う問題です。

① **✕** **観察学習**

観察学習とは、A.Bandura（バンデュ
ーラ）によって提唱された学習で、直
接的な行動の強化が行われなくても対
象（モデル）の観察によって学習が成
立するということを見出したもの。モ
デリングとも呼ばれる。よって、誤り。

② **◯** **自己調整学習**

設問の説明は、自己調整学習の説明で
ある。よって、正しい。

③ **✕** **認知的徒弟制**

認知的徒弟制とは、師匠と弟子といっ
た徒弟制を基にした学習方法のこと。
初学者の熟達者から学ぶ学習過程に
は、モデリング、コーチング、スキャ
フォールディング、フェーディングの
4段階があるとされる。よって、誤り。

④ **✕** **古典的条件づけ**

古典的条件づけとは、学習理論（ある
いは新学習理論）に基づいた、刺激と
反応の関係によって行われる無条件刺

激を条件刺激へと条件づけする手続きのことを指す。よって、誤り。

⑤ ❌ **有意味受容学習**

有意味受容学習とは、D.P.Ausubel（オーズベル）によって提唱されたもので、学習者が知らない知識を教授される形の受容学習と、潜在的に有意味性を持った対象に対して、学習者側が主体的に行う学習をあわせたものである。設問の説明とは異なるため、誤り。

問25　　　　　　　　　　⑤

この問題は、スクールカウンセラーの心理教育的援助サービスについて問う問題です。

① ❌ **心理面の援助を中心に行う。**

心理教育的援助サービスの中では、スクールカウンセラーは心理面に限らず、学習面や社会面、進路面、健康面という児童生徒が成長・発達の中で出会う様々な側面を対象として援助を行う。よって。不適切。

② ❌ **スクールカウンセラーが単独で援助する。**

心理教育的援助サービスの中では、スクールカウンセラーは教職員や保護者、児童生徒との協働・連携を行い、チーム学校として援助を行っていくことが望まれる。よって、不適切。

③ ❌ **スクールカウンセラーに援助を求める子どもを対象とする。**

心理教育的援助サービスは、一次的～三次的援助サービスに分けられる。その中でも一次的援助サービスではすべての児童生徒を対象としており、二次的援助サービスでは登校しぶりや学習意欲が減退した児童生徒が対象、三次

的援助サービスでは重大な援助ニーズを持つ特定の児童生徒が対象となっている。設問では一次的援助サービスも含まれるため、不適切。

④ ❌ **非行をする子どもなど、援助ニーズの高い子どもを対象とする。**

心理教育的援助サービスの中でも、二次的援助サービスでは登校しぶりや学習意欲が減退した児童生徒が対象、三次的援助サービスでは重大な援助ニーズを持つ特定の児童生徒が対象となっている。設問では三次的援助サービスのことだけを尋ねられているわけではないため、不適切。

⑤ ⭕ **スクールカウンセリング活動は、学校教育の一環として位置づけられる。**

スクールカウンセリング活動は、心理教育的援助サービスの中に含まれ、学校教育の一環として位置づけられる。よって、最も適切。

問26　　　　　　　　　　④

この問題は、構成的グループエンカウンターの知識について問う問題です。

① ❌ **グループを運営するリーダーを決めずに実施する。**

構成的グループエンカウンターでは、リーダーを決めリーダーの出した課題（エクササイズ）を協働しながら進めていく。よって、不適切。

② ❌ **参加者の内面的・情動的な気づきを目標としていない。**

参加者の内面的・情動的気づきや、参加者同士の情緒的交流の促進を目標としている。よって、不適切。

③ ❌ **特定の課題設定などはなく、参**

加者は自由に振る舞える。

これは非構成的グループエンカウンター（ベーシックグループエンカウンター）の説明である。構成的グループエンカウンターでは、あらかじめ決めた課題（エクササイズ）があり、そのエクササイズを実施していく。よって、誤り。

④ 〇 **レディネスに応じて、学級や子どもの状態を考慮した体験を用意できる。**

構成的グループエンカウンターでは、参加者のレディネスに応じて行うエクササイズを変えるなどして、その参加者の状態を考慮した形で体験を提供することができる。よって、適切。

⑤ ✕ **1回の実施時間を長くとらなくてはいけないため、時間的な制約のある状況には向かない。**

構成的グループエンカウンターで行うエクササイズの種類は多種多様であるため、時間的な制約がある状況では、短時間で可能なエクササイズを用いることが可能である。よって、適切とはいえない。

問27　　　　　　　　①

この問題は、労働者のメンタルヘルスケアについての管理や理解について問う問題です。

① 〇 **労働者は、自己保健義務を負っている。**

自らの健康状態を注意し、管理していく義務が従業員にもあり、労働安全衛生法によって定められている。よって、正しい。

② ✕ **労働者の主治医が中心となって**

推進する。

事業場における労働者のメンタルヘルスケアについては、産業医が中心となって推進する。よって、誤り。

③ ✕ **人事労務管理スタッフは、関与してはならない。**

人事労務管理スタッフは、労働時間等の労働条件の改善、労働者の適正な配置に配慮することから、労働者のメンタルヘルスケアに関わる。よって、誤り。

④ ✕ **産業医の中心的な役割は、事業場内で診療を行うことである。**

産業医の中心的な役割は、労働者の健康管理を担う専門的立場から、対策の実施状況の把握、助言・指導などを行うことである。よって、誤り。

⑤ ✕ **対象範囲を、業務に起因するストレスに限定することが大切である。**

メンタルヘルスケアにおいて、ストレス要因は、業務以外にも職業生活、家庭、地域などにも存在しているため、業務に直接起因するストレスには限定しない。よって、誤り。

問28　　　　　　　　④

この問題は、F.Herzbergの2要因理論について正しい知識を問う問題です。

① ✕ **達成動機は、接近傾向と回避傾向から構成される。**

J.W.Atkinson（アトキンソン）によると、達成動機は成功しようとする動機づけである接近モチベーションと、失敗を回避しようとする動機づけである回避モチベーションから構成されると考えられる。これはF.Herzberg（ハー

ズバーグ）の2要因理論に関する説明ではない。よって、誤り。

② ❌ **職場の出来事で満足を与える要因を達成欲求という。**
F.Herzberg（ハーズバーグ）の2要因理論において、職場での満足を与える要因のことは、動機づけ要因と呼ばれる。よって、誤り。

③ ❌ **分配の公正と手続の公正は、仕事への動機づけを高める。**
分配の公正は仕事での満足感を向上させ、手続の公正は所属組織に対する愛着やコミットメントを向上させ、葛藤を和らげる。これはF.Herzberg（ハーズバーグ）の2要因理論に関する説明ではない。よって、誤り。

④ ⭕ **職場での満足を感じる要因は、仕事への動機づけを高める。**
F.Herzberg（ハーズバーグ）の2要因理論では、仕事の満足に関する要因と不満に関する要因が異なり、仕事の満足を感じる要因は動機づけにつながり、給与、福利厚生、上司・同僚との人間関係などからなる衛生要因は不満に関わると考えたものである。よって、正しい。

⑤ ❌ **職場の出来事で不満足につながる要因をバーンアウトという。**
バーンアウトとは、燃え尽き症候群とも呼ばれ、仕事に没頭してきた人が心身の極度の疲労により、燃え尽きたようになって意欲を失うこと。これはF.Herzberg（ハーズバーグ）の2要因理論に関する説明ではない。よって、誤り。

問29 ④

この問題は、糖尿病についての正しい知識を問う問題です。

① ❌ **糖尿病は、1型から2型に移行することが多い。**
1型の糖尿病と2型の糖尿病は異なり、1型糖尿病は自己免疫によって起きる病気。それとは別に、2型糖尿病は食べ過ぎや飲みすぎ、運動不足、ストレスなど生活習慣の乱れが関連して起きる病気である。よって、移行するものではないため、誤り。

② ❌ **糖尿病の運動療法には、無酸素運動が有効である。**
糖尿病に有効な運動療法は、無酸素運動ではなく有酸素運動である。よって、誤り。

③ ❌ **2型糖尿病患者に、血糖自己測定〈SMBG〉は不必要である。**
血糖自己測定は、血糖が不安定な人すべてに有効であり、インスリン療法が必要な1型・2型糖尿病患者には必要。よって、誤り。

④ ⭕ **非定型抗精神病薬の中には、糖尿病患者に使用禁忌の薬がある。**
非定型抗精神病薬であるオランザピンやクエチアピンでは、ケトアシドーシスや昏睡といった重大な副作用が報告されており、使用が禁忌とされている。よって、正しい。

⑤ ❌ **健診でHbA1c値が6.8％であった場合は、糖尿病の可能性は低い。**
HbA1c値の正常範囲は、日本糖尿病学会の糖尿病治療ガイドラインによると、4.6～6.2%とされており、6.8%は正常範囲を超えていると考えられるため、糖尿病の可能性が低いとはいえない。よって、誤り。

問30　　④

この問題は、甲状腺機能低下症の症状について正しい知識を問う問題です。

① ✖ 下痢
下痢は、甲状腺機能低下症にみられる症状には含まれず、便秘が含まれる。逆に甲状腺機能が亢進することで下痢になることがある。よって、誤り。

② ✖ 頻脈
頻脈は、甲状腺機能低下症にみられる症状には含まれない。逆に甲状腺機能が亢進することで頻脈が生じる。よって、誤り。

③ ✖ 眼球突出
眼球突出は、甲状腺機能低下症にみられる症状には含まれない。逆に甲状腺機能が亢進することで眼球突出が生じることがある。よって、誤り。

④ ⭕ 傾眠傾向
甲状腺機能低下症の症状は、一般的に無気力、疲労感、体重の増加、記憶力の低下、動作緩慢、むくみ、冷え、便秘などがあり、症状が強くなると傾眠や意識障害をきたすことがあり、粘液水腫性昏睡と呼ばれる。よって、正しい。

⑤ ✖ 発汗過多
発汗過多は甲状腺機能が亢進することでみられる症状。よって、誤り。

問31　　④

この問題は、抗精神病薬の副作用についての理解を問う問題です。

① ✖ バリズム
四肢の付け根の部分に起こる急速で激しい不随意運動のこと。脳梗塞や脳出血によって出現することがある。抗精

神病薬の副作用ではないため、誤り。

② ✖ アカシジア
静座不能症とも呼ばれ、むずむずするような異常知覚を四肢や体幹に感じ、じっとしていられないようになるもの。問題文の説明が合っていないため誤り。

③ ✖ ジストニア
抗精神病薬の副作用である錐体外路症状の一つとして、急性ジストニアがある。眼球上転や、首の反り返り、ろれつが回らなくなるなどの症状がみられる。問題文の説明が合っていないため誤り。

④ ⭕ ジスキネジア
抗精神病薬の副作用である錐体外路症状の一つとして、遅発性ジスキネジアがある。無意識的な反復動作（舌の突出や口の運動）を行うジスキネジアに、不随意運動が遅れて出てくるという意味で「遅発性」という言葉が用いられる。よって、正しい。

⑤ ✖ ミオクローヌス
不随意運動の一つで、筋肉や筋肉群に起きる収縮のこと。抗精神病薬の副作用ではないため、誤り。

問32　　③

この問題は、医療機関群の具体的要件についての知識を問う問題です。

① ✖ 救急病院
医療法に、救急病院の要件としてそのように定められてはいない。よって、誤り。

② ✖ 精神科病院
医療法に、精神科病院の要件としてそのように定められてはいない。よって、

誤り。

③ 〇 **特定機能病院**

医療法では、第四条の二に「病院であつて、次に掲げる要件に該当するものは、厚生労働大臣の承認を得て特定機能病院と称することができる。 一 高度の医療を提供する能力を有すること。 二 高度の医療技術の開発及び評価を行う能力を有すること。 三 高度の医療に関する研修を行わせる能力を有すること。」と定められている。よって、正しい。

④ ✕ **地域医療支援病院**

医療法に、地域医療支援病院の要件としてそのように定められてはいない。よって、誤り。

⑤ ✕ **臨床研究中核病院**

医療法に、臨床研究中核病院の要件としてそのように定められてはいない。よって、誤り。

問33　　　　　　　　　③

この問題は、公認心理師の業務について適切な理解を問う問題です。

① ✕ **必要に応じて、他の保健医療の専門家と協力する。**

公認心理師は業務を行うにあたって、様々な領域の専門家と連携していくことが求められる。特に保健医療に関しては、医師を含み連携する機会は多いと思われる。よって、不適切なものとしては選べない。

② ✕ **心理療法の料金については、心理療法を始める段階で合意しておく必要がある。**

心理療法の料金、時間、場所、秘密保持義務やその例外などについては、あ

らかじめクライエントとの間で合意を得ておく必要がある。よって、不適切なものとして選べない。

③ 〇 **心理療法の効果に焦点を当て、限界については説明を行わず、心理療法を開始する。**

心理療法について説明をする際には、効果のみならず限界についても説明をすることが重要である。よって、不適切なものとして選べる。

④ ✕ **心理的アセスメントには、心理検査の結果だけではなく、関与しながらの観察で得た情報も加味する。**

心理的アセスメントは、心理検査で得られる情報以外にも言語的・非言語的な様々な情報を用いて行われる。よって、不適切なものとして選べない。

⑤ ✕ **クライエントが、被虐待の可能性が高い高齢者の場合は、被害者保護のために関係者との情報共有を行う。**

高齢者に限らず虐待を受けている可能性が考えられる場合、その者に不利益が生じないように十分に配慮しつつ関係者との情報共有を行うことが必要である。その場合、秘密保持義務の例外にあたる。よって、不適切なものとして選べない。

問34　　　　　　　　　④

この問題では、感情労働について適切な理解を問う問題です。

① ✕ **感情労働は、第三の労働形態である。**

感情労働は、肉体労働、頭脳労働に続く第三の労働形態とされている。よって、不適切なものとして選べない。

② ✕ **感情労働は、A.R.Hochschild に**

よって定義された概念である。

選択肢の説明のとおり、感情労働は、A.R.Hochschild（ホックシールド）によって提唱された第三の労働形態である。よって、内容は適切であるため、不適切なものとして選べない。

③ ✖ **感情労働とは、職業上、自己の感情をコントロールすることが要求される労働のことである。**

選択肢の説明のとおり、職業上自己の感情のコントロールが要求される労働のことが感情労働と呼ばれている。よって、内容は適切であるため、不適切なものとして選べない。

④ 〇 **感情労働における深層演技とは、クライエントの感情を意識的に自分の感情として感じることである。**

感情労働には、表層演技と深層演技という下位概念があり、深層演技とは意識的に適切な感情を自己誘発し、うわべだけでない演技を表出することである。よって、不適切なものとして選べる。

⑤ ✖ **感情労働における表層演技は、自らの感情とは不一致でも他者に表出する感情を望ましいものにしようとすることである。**

感情労働の下位概念である表層演技とは、他者に表出する感情を演技として自覚し、うわべのふるまいによって見た目を変える演技のことを指しており、選択肢の説明は適切であるため、不適切なものとして選べない。

問35　　　⑤

この問題では、専門職連携について適切な理解を問う問題です。

① ✖ **自分の職種の思考、行為、感情及び価値観について省みることができる。**

専門職連携を行う上で、自分自身の思考や感情、価値観について反省的実践を行うことが重要である。よって、不適切なものとして選べない。

② ✖ **他の職種の思考、行為、感情及び価値観について理解することができる。**

専門職連携を行う上で、他職種の人たちの思考や感情、価値観について理解をしようとすることが重要である。よって、不適切なものとして選べない。

③ ✖ **他の職種との関係の構築、維持及び成長を支援及び調整することができる。**

専門職連携を行う上で、他職種の人たちとの関係の構築や維持、成長の支援や調整を図ることは重要である。よって、不適切なものとして選べない。

④ ✖ **他の職種の役割を理解し、自分の職種としての役割を全うすることができる。**

専門職連携を行う上で、他職種の役割と自らの職種の役割を理解し、自らの役割を全うすることは重要である。よって、不適切なものとして選べない。

⑤ 〇 **患者の意向よりも、他の職種との間での共通の目標を最優先にして設定することができる。**

他職種との連携は重要であるが、患者の意向を無視するべきではない。よって、不適切なものとして選択できる。

問36　⑤

この問題では、馴化・脱馴化について適切な理解を問う問題です。

① ❌　乳児の弁別能力の発達を調べることができる。

馴化とは、ある刺激が繰り返し長期間に渡って与えられることによって、その刺激に対する反応が鈍感になることである。また、脱馴化とは、新しい刺激によって反応が回復していくことをいう。よって、乳児の弁別能力を見ることに適切であるため、不適切なものとして選べない。

② ❌　吸てつ〈sucking〉反応の変化を指標とすることができる。

吸てつ反応の変化も、①の説明のような馴化をみる指標として用いることができる。よって、適切であるため、不適切なものとして選べない。

③ ❌　刺激に対する注視時間の回復を指標とすることができる。

①の説明のように、脱馴化は刺激に対する注視時間の回復を指標とすることができる。よって、適切であるため、不適切なものとして選べない。

④ ❌　乳児の再認記憶の有無を確かめるために使うことができる。

①の説明のように、再認記憶の有無を確かめるためにも、この馴化・脱馴化の手法を用いることができる。よって、適切であるため、不適切なものとして選べない。

⑤ ⭕　実験手法の1つとして、乳児に対して2つの刺激を同時に対呈示することができる。

馴化・脱馴化の手法は、2つの刺激を対呈示するものではない。よって、不適切なものとして選べる。

問37　②

この問題は、L.S.Vygotskyの発達理論について正しい知識を問う問題です。

① ❌　内言

内言とは、自分の頭の中で話す言語のことを指し、L.S.Vygotsky（ヴィゴツキー）は外言と呼ばれる外に向かって話す言語から内言へと発達すると考えた。よって適切であるため、不適切なものとして選べない。

② ⭕　自己中心性

自己中心性は、J.Piaget（ピアジェ）の言葉であり、L.S.Vygotsky（ヴィゴツキー）はこれを批判した。よって、不適切なものとして選べる。

③ ❌　精神内機能

L.S.Vygotsky（ヴィゴツキー）は、高次精神機能は精神間機能から精神内機能へと転化していくと考えた。よって適切であるため、不適切なものとして選べない。

④ ❌　高次精神機能

③のとおり、L.S.Vygotsky（ヴィゴツキー）の言葉である。高次精神機能とは、随意的注意、随意的記憶、思考という認知プロセスの発達に関して述べたものである。よって適切であるため、不適切なものとして選べない。

⑤ ❌　発達の最近接領域

発達の最近接領域とは、L.S.Vygotsky（ヴィゴツキー）の概念であり、現在発達の過程にあり、大人の手助けによってなんとか遂行できるギリギリの水準のことである。よって適切であるため、不適切なものとして選べない。

問38　　　　　③

この問題は、インテーク面接のアセスメントについて正しい知識を問う問題です。

① ✕ **クライエントの生活における適応状態を確認する。**

インテーク面接は、セラピストにとってクライエントとの初めての出会いである。そのため、クライエントが生活の中でどの程度適応しているかを確認しておくことは、今後カウンセリングを続けられるか、また医療機関等との連携が必要かを考えるために重要である。よって、適切であるため不適切なものとしては選べない。

② ✕ **支援を受けることについての動機づけを確認する。**

クライエント本人がどのような経緯でカウンセリングに来ることになったか、カウンセリングという支援を受けることについてどのような気持ちでいるか（動機づけがどの程度あるか）についてあらかじめ確認することは重要である。よって、適切であるため不適切なものとしては選べない。

③ ◯ **クライエントの問題に関連する情報を初回で漏れなく収集する。**

クライエントの問題に関連する情報は非常に多いことが考えられ、初回のみでもれなく収集することはそもそも不可能であり、情報収集だけでなくラポール（信頼関係）形成も重視すべきである。よって、不適切なものとして選ぶことができる。

④ ✕ **客観的な情報収集に努めながら、クライエントの語りを共感的に聴く。**

インテーク面接では、今後の継続面接に用いるための客観的な情報収集を行うことは重要であるが、それと同時にクライエントとラポールを形成することを念頭に、クライエントの語りを共感的に傾聴し、受容することも大切である。よって、適切であるため不適切なものとしては選べない。

⑤ ✕ **クライエントの問題の心理的要因だけではなく、生物的要因や社会的要因についても評価する。**

生物心理社会モデルに基づき、生物的要因、心理的要因、社会的要因といった多方面からの評価を行うことが公認心理師には求められる。よって、適切であるため不適切なものとしては選べない。

問39　　　　　③

この問題は、H.Gardnerの多重知能理論について正しい知識を問う問題です。

① ✕ **空間的知能**

H.Gardner（ガードナー）の多重知能理論では、言語的知能、論理数学的知能、音楽的知能、身体運動的知能、空間的知能、対人的知能、内省的知能の7つが挙げられている。よって、適切であるため、不適切なものとして選べない。

② ✕ **言語的知能**

①の説明にあるように、言語的知能は7つの知能に含まれている。よって、適切であるため、不適切なものとして選べない。

③ ◯ **実用的知能**

①の説明にある7つの知能に、実用的知能というものは含まれていない。よって、不適切。

④ ✕　対人的知能

①の説明にあるように、対人的知能は7つの知能に含まれている。よって、適切であるため、不適切なものとして選べない。

⑤ ✕　論理数学的知能

①の説明にあるように、論理数学的知能は7つの知能に含まれている。よって、適切であるため、不適切なものとして選べない。

問40　　　　　　　　　　　③

この問題は、職場の管理監督者研修について、適切な知識を問う問題です。

① ✕　セルフケアの方法

職場の管理監督者研修の研修内容に盛り込むものとして、セルフケアの方法やラインによるケア、ストレス対策などが挙げられる。よって、適切であるため不適切なものとして選べない。

② ✕　労働者からの相談対応

職場の管理監督者研修の研修内容に盛り込むものとして、労働者からの相談対応、職場不適応者への対応などが挙げられる。よって、適切であるため不適切なものとして選べない。

③ ◯　代表的な精神疾患の診断法

診断は医師のみが行うものである。よって、不適切なものとして選べる。

④ ✕　職場環境などの評価及び改善の方法

職場の管理監督者研修の研修内容に盛り込むものとして、職場環境のチェックなどによる快適な職場づくりが挙げられる。よって、適切であるため不適切なものとして選べない。

⑤ ✕　健康情報を含む労働者の個人情報の保護

職場の管理監督者研修の研修内容に盛り込むものとして、職場復帰支援やそれぞれのスタッフの役割、個人情報の保護などが挙げられる。よって、適切であるため不適切なものとして選べない。

問41　　　　　　　　　　　⑤

この問題は、睡眠薬の副作用について、正しい知識を問う問題です。

① ✕　奇異反応

奇異反応とは、本来薬物療法に期待した効果の逆の効果が出現することであり、具体的には不安や攻撃性の増加、精神錯乱などがある。睡眠薬に認められる副作用の一つである。よって、選択できない。

② ✕　前向性健忘

前向性健忘とは、障害時点から記憶（記銘）することの阻害が生じること。睡眠薬に認められる副作用の一つである。よって、選択できない。

③ ✕　反跳性不眠

反跳性不眠とは、ベンゾジアゼピン系睡眠薬を服用することで眠れていた人が、服用を突然中止することによって、服用開始以前よりも眠れなくなってしまうことをいう。睡眠薬に認められる副作用の一つである。よって、選択できない。

④ ✕　持ち越し効果

持ち越し効果とは、ベンゾジアゼピン系睡眠薬の効果が翌朝まで残り、眠気やふらつき、頭痛、倦怠感などがみられるものである。睡眠薬に認められる副作用の一つである。よって、選択で

きない。

⑤ ◯ 賦活症候群〈アクティベーション症候群〉

賦活症候群とは、SSRIなどの抗うつ薬の副作用の一種であり、睡眠薬には通常認められない。よって、⑤が正解。

問42 ④

この問題は、高齢者虐待防止法について、正しい知識を問う問題です。

① ✕ 市町村は、高齢者を虐待した養護者に対する相談、指導及び助言を行う。

高齢者虐待防止法の第十四条では、「第十四条　市町村は、第六条に規定するもののほか、養護者の負担の軽減のため、養護者に対する相談、指導及び助言その他必要な措置を講ずるものとする。」とあり、正しいため、誤っているものとして選べない。

② ✕ 養護者又は親族が高齢者の財産を不当に処分することは虐待に該当する。

高齢者虐待防止法の第二条四項二号では、「二　養護者又は高齢者の親族が当該高齢者の財産を不当に処分することその他当該高齢者から不当に財産上の利益を得ること。」とあり、正しいため、誤っているものとして選べない。

③ ✕ 国民には、高齢者虐待の防止や養護者に対する支援のための施策に協力する責務がある。

高齢者虐待防止法の第四条では、「国民は、高齢者虐待の防止、養護者に対する支援等の重要性に関する理解を深めるとともに、国又は地方公共団体が講ずる高齢者虐待の防止、養護者に対する支援等のための施策に協力するよう努めなければならない。」とあり、正しいため、誤っているものとして選べない。

④ ◯ 警察署長は、高齢者の身体の安全の確保に万全を期するために、市町村長に援助を求めなければならない。

高齢者虐待防止法の第十二条二項では、「2　市町村長は、高齢者の生命又は身体の安全の確保に万全を期する観点から、必要に応じ適切に、前項の規定により警察署長に対し援助を求めなければならない。」とあり、警察署長と市町村長が逆である。よって、誤っているものとして選べる。

⑤ ✕ 身体に重大な危険が生じている高齢者虐待を発見した者は、速やかに、そのことを市町村に通報しなければならない。

高齢者虐待防止法の第七条では、「養護者による高齢者虐待を受けたと思われる高齢者を発見した者は、当該高齢者の生命又は身体に重大な危険が生じている場合は、速やかに、これを市町村に通報しなければならない。」とあり、正しいため、誤っているものとして選べない。

問43 ④

この問題は、可視的差異における心理社会的な知識を問う問題です。

① ✕ 家族への依存性が強くなるため、社会的ひきこもりとなることが多い。

可視的差異を有する人々は家族への依存性が強くなるなど、その結果、社会的ひきこもりになりやすいとかの報

告はない。よって、不適切。

② ✕ 可視的差違は、子どもの自尊感情の低下を招くリスク要因にはならない。

可視的差異は、自尊感情の低下や社会不安、抑うつなどの心理的苦痛に関する問題が生じる要因であることが報告されている。よって、不適切。

③ ✕ 可視的差違を有する子どもの多くは、年齢に応じた心理社会的発達を遂げることが難しい。

確かに、母親がネガティブな感情を抱き、乳幼児期に養育行動が減少したり、児童期にいじめが発生して肯定的な自己概念が容易には形成できない状態になったりする可能性はある。しかし、適切な支援があれば年齢に応じた心理社会的発達を遂げることは可能である。よって、不適切。

④ ◎ 家族や友人だけではなく、広く社会一般の反応や受容の在り方は、子どもが可視的差違に適応していくに当たり重要な要因となる。

家族の凝集性が適応の条件であるとする研究がある。また、周囲の人々の反応や親戚からのサポートが養育行動に影響を与えたり、他者の反応が社会的状況における不安を喚起して、本人の回避的なコーピングス戦略を強化したりすることがあると報告されている。社会受容の低さが本人の視線回避と有意に関係しているという報告もある。よって、適切。

問44　　　　　　　③

この問題では、ナラティブ・アプローチについて適切な理解を問う問題です。

① ✕ その出来事が起こったとき、どのような考えが頭をよぎりましたか。

出来事に対する考え（認知）を捉えており、認知療法、認知行動療法に基づく質問である。よって、不適切。

② ✕ 今話されていたことですが、それを今ここで感じることはできますか。

フォーカシング指向心理療法や、ソマティックな心理療法における質問である。よって、不適切。

③ ◎ その罪悪感は、どのようにお母さんとの関係を邪魔しているのですか。

ナラティブ・アプローチの中でも狭義のナラティブ・セラピーで用いる「外在化」を用いた質問である。よって、最も適切なものとして選ぶことができる。

④ ✕ 寝ている間に問題が全て解決したとしたら、どのように目覚めると思いますか。

「寝ている間に奇跡が起きて、問題が全て解決しましたが、あなたは寝ているところだったので気づきません。あなたは起きた時、どのようなことによって奇跡が起きたことに気づくでしょうか」という質問は、解決志向アプローチにおけるミラクル・クエスチョン。よって、不適切。

問45　　　　　　　④

この問題は、効果研究の内容や手順について問う問題です。

① ✕ 要因統制に基づく実験的な研究であることが必須である。

事例研究なども、エビデンスのレベル

は低いとはいえ、効果研究に含むことができる。したがって、要因統制に基づく実験的な研究であることが必須であるとはいえない。よって、不適切。

② ✖ **一事例実験にみられる介入効果を評価する場合には、因子分析が用いられることが多い。**

一事例実験とは、対象者に対して独立変数（介入）を系統的に操作し、従属変数（症状）の変化を検討する方法である。介入を行わずに観察だけを行うベースラインに続いて介入を行い、症状が変化するかどうかを見るABデザインや、介入後にもう一度観察期間を設けるABAデザインなどがある。Bの期間に自然な変動とは考えられない症状の低下が見られたら、介入の効果である可能性が高いと判断される。このような一事例実験においては、因子分析は用いられない。よって、不適切。

③ ✖ **特定の心理療法を行う実験群と未治療の統制群を設定して、効果の比較を行う必要がある。**

先の事例研究や一事例実験なども効果研究に含まれる。また、特定の心理療法を行う実験群と別の心理療法を行う統制群を設定する場合もある。よって、不適切。

④ ⭕ **メタ分析では、ある介入法に基づく複数の効果研究について、効果サイズを算出することができる。**

メタ分析とは、ある介入法に関する複数の効果研究について、介入群と統制群との症状等の平均値の差異を標準化して効果サイズ（effect size）を算出し、それを集約する方法である。よって、適切。

問46　③

この問題は、合理的配慮についての知識を問う問題です。

① ✖ **公平性の観点から、入学試験は合理的配慮の適用外である。**

合理的配慮とは、障害のある方などから何らかの配慮を求める意思の表明があった場合に、負担になり過ぎない範囲で、社会的障壁を取り除くために行うことが求められる必要で合理的な配慮のことである。障害者差別解消法において規定された。障害のある受験生への時間延長や点字による受験、別室受験などは典型的な合理的配慮であるといえる。よって、不適切。

② ✖ **合理的配慮の対象は、障害者手帳を持っている人に限られる。**

障害者差別解消法において、合理的配慮の対象とする障害者は、障害者手帳の所持者に限られていない。よって、不適切。

③ ⭕ **合理的配慮によって取り除かれるべき社会的障壁には、障害者に対する偏見も含まれる。**

合理的配慮によって取り除かれるべき社会的障壁とは、障害のある方にとって、日常生活や社会生活を送る上で障壁となるような、社会における事物（通行、利用しにくい施設、設備など）、制度（利用しにくい制度など）、慣行（障害のある方の存在を意識していない慣習、文化など）、観念（障害のある方への偏見など）その他一切のものとされている。よって、適切。

④ ✖ **発達障害児がクールダウンするために部屋を確保することは、合理的配慮には含まれない。**

繰り返しになるが、合理的配慮とは、障害のある方が日常生活や社会生活で受けるさまざまな制限をもたらす原因となる社会的障壁を取り除くために、障害のある方に対し、個別の状況に応じて行われる配慮をいう。発達障害児がクールダウンするために部屋を確保することは、典型的な合理的配慮であるといえる。よって、不適切。

問47　　　　　　　　　③

この問題は、精神医学における知覚や意識についての知識を問う問題です。

① ❌　**共感覚は、成人より児童に生じやすい。**
共感覚は、ある感覚刺激を本来の感覚以外に別の感覚としても知覚できる能力のことである。成人より児童に生じやすい。一つの仮説として、子どもの感覚システムはあまり分化していないため、一つの刺激が複数の感覚過程を刺激し、混合した感覚が生じると考える考え方がある。よって、正しい。

② ❌　**幻覚は、意識清明時にも意識障害時にも生じる。**
幻覚とは、対象なき知覚のことである。意識清明時の幻覚の例としては統合失調症の幻聴があり、意識障害時の幻覚の例としてはせん妄がある。よって、正しい。

③ ⭕　**入眠時幻覚がみられる場合は、統合失調症が疑われる。**
入眠時幻覚とは、人がそばにいると感じたり、体が宙に浮いたりといったような鮮明で現実感のある夢を寝入りばなに見ることをいい、ナルコレプシーの主たる症状の一つである。統合失調

症とは関係がない。よって、誤り。

④ ❌　**事故などで、四肢を急に切断した場合、ないはずの四肢の存在を感じることがある。**
四肢切断後の患者が、失った四肢が存在するような錯覚や失った四肢が存在していた空間に温冷感や痺れ感などの感覚を知覚する現象が確認されている。これを幻肢という。よって、正しい。

問48　　　　　　　　　③

この問題は、心の理論についての正しい知識を問う問題です。

① ❌　**自他の心の在りようを理解し把握する能力である。**
心の理論は、単なる「もの」とは異なる「心」を持った存在に対して、その存在の心の状態にもとづいて、行動を理解したり、予測したり、説明したりする能力一般として説明される。よって、適切であるため、不適切なものとして選択できない。

② ❌　**標準誤信念課題によって獲得を確認することができる。**
誤信念課題とは、サリー・アン課題のように、自分の信念と相手の信念が異なっていることが理解できなければ正答できない課題のことである。心の理論の展開のなかで、他者の心の状態を理解している（心の理論を獲得している）というためには、他者が誤った（自分とは異なる）信念を持つことを理解できることが必要であるとの指摘がなされ、それを検証する実験（課題）が提案された。よって、適切であるため、不適切なものとして選択できない。

388

③ **◯** D.Premackがヒトの幼児の発達研究を通して初めて提案した。

心の理論は、D.Premack（プレマック）がチンパンジーの発達研究を通して提案した。よって、不適切なものとして選択できる。

④ **✕** 「信念─欲求心理学」の枠組みに基づき、人々の行動を予測すると考えられている。

「信念─欲求心理学」はH.M.Wellman（ウェルマン）が提唱した。ある人の行動を説明・予測するのに、信念（行為者自身の知識、想像などの認識内容）と願望（行為者の欲求、目標）からなる推論の枠組みを用いているとするものである。心の理論に関わる研究であり、よって、適切であるため、不適切なものとして選択できない。

問49 ②

この問題は、高齢者の犯罪の統計的理解を問う問題です。

① **✕** 刑務所入所時点で65歳以上である女性の罪名の80％以上が窃盗である。

65歳以上である女性の罪名の約9割が窃盗であり、大部分は万引である。よって、正しいため、誤っているものとして選択できない。

② **◯** 刑法犯による検挙人員中に占める65歳以上の者の比率は、約10％である。

65歳以上の高齢者の比率は、平成30年で21.7％と約20％であり、平成元年の2.1％から高齢者率の上昇が進んでいる。よって、誤り。

③ **✕** 刑法犯による検挙人員中に占め

る65歳以上の者の比率を男女別で比較した場合、男性よりも女性の方が大きい。

65歳以上の比率を男女別で比較した場合では、女性の方が比率は大きい。よって、正しいため、誤っているものとして選択できない。

④ **✕** 窃盗による検挙人員の人口に占める比率を、20歳以上65歳未満と65歳以上とで比較した場合、後者の方が大きい。

窃盗による検挙人員の人口に占める比率は、65歳以上の方が高い。よって、正しいため、誤っているものとして選択できない。

問50 ①

この問題は、精神保健福祉法についての全般的な知識を問う問題です。

① **◯** 裁判官は、精神障害者又はその疑いのある被告人に無罪又は執行猶予刑を言い渡したときは、その旨を都道府県知事に通報しなければならない。

精神保健福祉法にそのような記載はない。なお、裁判官ではなく検察官の行う通報としては、第24条に「検察官は、精神障害者又はその疑いのある被疑者又は被告人について、不起訴処分をしたとき、又は裁判（懲役若しくは禁錮の刑を言い渡し、その刑の全部の執行猶予の言渡しをせず、又は拘留の刑を言い渡す裁判を除く。）が確定したときは、速やかに、その旨を都道府県知事に通報しなければならない。ただし、当該不起訴処分をされ、又は裁判を受けた者について、心神喪失等の

状態で重大な他害行為を行った者の医療及び観察等に関する法律（平成十五年法律第百十号）第三十三条第一項の申立てをしたときは、この限りでない」との条文がある。よって、誤っているものとして選択できる。

② ❌ 警察官は、精神障害のために自傷他害のおそれがあると認められる者を発見したときは、最寄りの保健所長を経て都道府県知事に通報しなければならない。

精神保健福祉法第23条に「警察官は、職務を執行するに当たり、異常な挙動その他周囲の事情から判断して、精神障害のために自身を傷つけ又は他人に害を及ぼすおそれがあると認められる者を発見したときは、直ちに、その旨を、最寄りの保健所長を経て都道府県知事に通報しなければならない」とある。よって正しいため、誤っているものとして選択できない。

③ ❌ 保護観察所の長は、保護観察に付されている者が精神障害者又はその疑いのある者であることを知ったときは、その旨を都道府県知事に通報しなければならない。

精神保健福祉法第25条に「保護観察所の長は、保護観察に付されている者が精神障害者又はその疑いのある者であることを知ったときは、速やかに、その旨を都道府県知事に通報しなければならない」とある。よって正しいため、誤っているものとして選択できない。

④ ❌ 矯正施設の長は、精神障害者又はその疑いのある者を釈放、退院又は退所させようとするときは、あらかじめその収容者の帰住地の都道府県知事に通報しなければならない。

精神保健福祉法第26条に「矯正施設（拘置所、刑務所、少年刑務所、少年院、少年鑑別所及び婦人補導院をいう。以下同じ。）の長は、精神障害者又はその疑のある収容者を釈放、退院又は退所させようとするときは、あらかじめ、左の事項（* 本人の帰住地、氏名、症状の概要など）を本人の帰住地（帰住地がない場合は当該矯正施設の所在地）の都道府県知事に通報しなければならない」とある。よって正しいため、誤っているものとして選択できない。

問51　　　①・③

この問題は、インシデントレポートの作成についての内容・手順について問う問題です。

① ⭕ 看護師

独立行政法人地域医療機能推進機構・医療安全管理指針（平成29年7月改訂版）によると、「インシデント」（ヒヤリハット）とは、日常診療の現場で、"ヒヤリ"としたり"ハッ"としたりした経験を有する事例を指し、実際には患者へ傷害を及ぼすことはほとんどなかったが、医療有害事象へ発展する可能性を有していた潜在的事例であると定義されている。また、関連する概念として「アクシデント」があり、防止可能なものか、過失によるものかにかかわらず、医療に関わる場所で、医療の過程において、不適切な医療行為（必要な医療行為がなされなかった場合を含む。）が、結果として患者へ意図しない傷害を生じ、その経過が一定以上の

影響を与えた事象、と定義されている。まとめると、結果としては患者さんに悪影響を及ぼさなかったがそうなる可能性のあった事例を「インシデント」、実害を与えてしまった事故のことを「アクシデント」と呼んでいるが、どちらの場合も、インシデントレポートやアクシデントレポートを作成し、原因究明や再発防止に努めることとなる。

レポートは「いつ」「どこで」などの客観的事実に基づいて記載される必要があるため、本問においては、車椅子からの転落時に居合わせた看護師、公認心理師が作成者として適切と言える。よって、適切である。

② ❌ **病院長**
現場に居合わせた、より適切な報告者が他（看護師、公認心理師）にいる。よって、不適切。

③ ⭕ **公認心理師**
①の説明にあるように、公認心理師は現場に居合わせたため、適切な報告者といえる。よって、適切である。

④ ❌ **病棟看護師長**
現場に居合わせた、より適切な報告者が他（看護師、公認心理師）にいる。よって、不適切。

⑤ ❌ **医療安全管理責任者**
現場に居合わせた、より適切な報告者が他（看護師、公認心理師）にいる。よって、不適切。

問52　①・⑤

この問題は、全般不安症／全般性不安障害の症状についての正しい知識を問う問題です。

① ⭕ **易怒性**
DSM-5には、全般性不安症の症状として、(1) 落ち着きのなさ、緊張感、または神経の高ぶり、(2) 疲労しやすいこと、(3) 集中困難、または心が空白になること、(4) 易怒性、(5) 筋肉の緊張、(6) 睡眠障害が挙げられている。よって、正しいものとして選択できる。

② ❌ **抑うつ**
①の説明にある全般性不安症の症状に含まれていない。よって、誤り。

③ ❌ **強迫念慮**
①の説明にある全般性不安症の症状に含まれていない。よって、誤り。

④ ❌ **社交不安**
①の説明にある全般性不安症の症状に含まれていない。よって、誤り。

⑤ ⭕ **睡眠障害**
①の説明にある全般性不安症の症状に含まれている。よって、正しいものとして選択できる。

問53　②・④

この問題は、被害者支援の制度概要についての正しい知識を問う問題です。

① ❌ **被害者支援センターは、法務省が各都道府県に設置している。**
被害者支援センターは公益社団法人であり、公益を目的とする事業を行う法人の一つである。国が設置しているわけではない。よって、誤り。

② ⭕ **受刑者の仮釈放審理に当たって、被害者は意見を述べることができる。**
加害者の仮釈放や少年院からの仮退院を許すか否かを判断するために地方更生保護委員会が行う審理において、

391

被害者や遺族等が、仮釈放・仮退院に関する意見や被害に関する心情を述べることができる制度がある。これを仮釈放・仮退院審理における意見等聴取制度という。よって、正しい。

③ **✗ 財産犯の被害に対して、一定の基準で犯罪被害者等給付金が支給される。**

組織犯罪処罰法の改正により、平成18年から詐欺罪や高金利受領罪（出資法違反）といった財産犯等の犯罪行為により犯人が得た財産（犯罪被害財産）は、その犯罪が組織的に行われた場合やいわゆるマネー・ロンダリングが行われた場合には，刑事裁判により犯人からはく奪（没収・追徴）することができるようになった。このようにして犯人からはく奪した「犯罪被害財産」を金銭化して「給付資金」として保管し、そこからその事件により被害を受けた方に給付金を支給する制度を「被害回復給付金支給制度」という。他方、「犯罪被害給付制度」は、殺人などの故意の犯罪行為により不慮の死を遂げた犯罪被害者の遺族又は重傷病若しくは障害という重大な被害を受けた犯罪被害者の方に対して、社会の連帯共助の精神に基づき、国が犯罪被害者等給付金を支給し、犯罪被害等を早期に軽減するとともに再び平穏な生活を営むことができるよう支援するものである。よって、誤り。

④ **⭕ 刑事事件の犯罪被害者は、裁判所に公判記録の閲覧及び謄写を求めることができる。**

被害者およびその遺族は、裁判所に対し、刑事記録の謄写申請が可能である。裁判所は、刑事裁判に関わる検察官、被告人（加害者）、弁護人の意見を聞いて、閲覧謄写をさせることが相当でないと判断する場合を除き、刑事記録について被害者およびその遺族に閲覧謄写を認める。よって、正しい。

⑤ **✗ 日本司法支援センター〈法テラス〉は、被疑者・被告人がしょく罪の気持ちを表すための寄附を受けない。**

道路交通法違反、覚せい剤取締法違反など「被害者のいない刑事事件」や「被害者に対する弁償ができない刑事事件」などの場合に、被疑者・被告人が事件への反省の気持ちを表すために、公的な団体等に対して行う寄附のことをしょく罪寄附という。法テラスはしょく罪寄付を受け付けている。よって、誤り。

問54　　④・⑤

この問題は、トラウマやPTSDの有病率や影響、症状等についての知識を問う問題です。

① **✗ PTSDの生涯有病率は、男性の方が高い。**

PTSDは生涯を通じて男性よりも女性の方が多い。よって、不適切。

② **✗ PTSD関連症状に、薬物療法は無効である。**

PTSDの症状に対しては、SSRIや抗精神病薬の効果を示す報告がみられているため、無効とはいえない。よって、不適切。

③ **✗ 心的外傷的出来事による身体的影響は少ない。**

トラウマは身体に記録され、自律神経症状、不定愁訴、慢性疼痛など様々な身体症状がみられる。よって、不適切。

④ **◯** 治療開始の基本は、クライエントの生活の安全が保障されていることである。

トラウマケアにあたっては、まず治療的介入よりも安全性の確保が重要である。よって、適切。

⑤ **◯** 複雑性PTSDは、複数の、又は長期間にわたる心的外傷的出来事への暴露に関連する、より広範囲の症状を示す。

複雑性PTSDに関する説明は正しい。児童虐待や戦争、拷問、長期間にわたるいじめなどへの暴露により、様々な症状が現れる。ICD-11で初めて診断名として導入された（日本語訳版は2021年時点未刊）。よって、適切。

問55　　②・④

この問題は、法務少年支援センターで行われる援助の概要についての知識を問う問題です。

① **✕** 公認心理師が、相談を担当する。
公認心理師に限らず、心理学等の専門知識を有する相談員が担当する。よって、誤り。

② **◯** 必要に応じて心理検査や知能検査を実施する。
少年鑑別所で、対象者を鑑別する際に、必要に応じて心理検査や知能検査を実施する。よって、正しい。

③ **✕** 相談対象は、未成年、その保護者及び関係者に限られる。
相談対象は、未成年やその保護者、関係者に限らず、関係機関や団体、地域社会も対象である。よって、誤り。

④ **◯** 学校や関係機関の主催する研修会や講演会に職員を講師として派遣

する。
少年鑑別所の業務として、地域社会における非行及び犯罪の防止に関する援助を行うことが含まれており、この文章はそれに該当する。よって、正しい。

⑤ **✕** 個別の相談は、保護観察所内に設置されている相談室で行うことを原則とする。

法務少年支援センターは少年鑑別所が地域援助活動を行うときの名称であり、地域援助活動の内容は幅広く、講師派遣や電話による相談なども受け付けている。よって、誤り。

問56　　③・④

この問題は、学校保健安全法及び施行規則の概要についての知識を問う問題です。

① **✕** 通学路の安全点検について、学校は一義的な責務を有する。
学校保健安全法の第二十七条では、「学校においては、児童生徒等の安全の確保を図るため、当該学校の施設及び設備の安全点検、児童生徒等に対する通学を含めた学校生活その他の日常生活における安全に関する指導、職員の研修その他学校における安全に関する事項について計画を策定し、これを実施しなければならない。」とされているが、学校が一義的な責務を有するとはされていない。よって、誤り。

② **✕** 児童生徒等の健康診断を毎年行うかどうかは、学校長が定める。
学校保健安全法の第十三条では、「学校においては、毎学年定期に、児童生徒等（通信による教育を受ける学生を除く。）の健康診断を行わなければならない。」とされており、誤り。

③ ◯ **学校においては、児童生徒等の心身の健康に関し、健康相談を行う。**

学校保健安全法の第八条では、「学校においては、児童生徒等の心身の健康に関し、健康相談を行うものとする。」とされている。よって、正しい。

④ ◯ **市町村の教育委員会は、翌学年度の入学予定者に就学時の健康診断を行う。**

学校保健安全法の第十一条では、「市（特別区を含む。以下同じ。）町村の教育委員会は、学校教育法第十七条第一項の規定により翌学年の初めから同項に規定する学校に就学させるべき者で、当該市町村の区域内に住所を有するものの就学に当たつて、その健康診断を行わなければならない。」とされている。よって、正しい。

⑤ ✗ **児童生徒等の健康診断の結果が児童生徒と保護者に通知されるのは、30日以内と定められている。**

学校保健安全法及び同法施行規則では、健康診断の結果の通知の期限に関しては定められていない。よって、誤り。

問57　　　　　　　　③・⑤

この問題は、男女雇用機会均等法におけるセクシュアル・ハラスメントの規定についての知識を問う問題です。

① ✗ **業務上明らかに不要なことや遂行不可能なことを強制すること**

セクシュアル・ハラスメントではなく、「過大な要求」型のパワー・ハラスメントの一例である。よって、誤り。

② ✗ **異性に対して行われるものであって、同性に対するものは含まない**

こと

異性のみならず、同性に対する性的な言動に関してもセクシュアル・ハラスメントに含まれる。よって、誤り。

③ ◯ **職場において行われる性的な言動により、労働者の就業環境が害されること**

セクシュアル・ハラスメントに含まれる。よって、正しい。

④ ✗ **業務上の合理性がなく、能力や経験とかけ離れた程度の低い仕事を命じることや仕事を与えないこと**

セクシュアル・ハラスメントではなく、「過小な要求」型のパワー・ハラスメントの一例である。よって、誤り。

⑤ ◯ **職場での性的な言動に対して、労働者が拒否的な態度をとったことにより、当該労働者がその労働条件につき不利益を受けること**

セクシュアル・ハラスメントに含まれる。よって、正しい。

問58　　　　　　　　②・③

この問題は、公認心理師を養成する実習で重視すべき点についての理解を問う問題です。

① ✗ **自らの訓練や経験の範囲を超えたクライエントも積極的に引き受けるようにする。**

ここでの問いは、「公認心理師を養成するための実習で学ぶ際に重視すべき事項」である。実習ではまずクライエントや実習機関に迷惑をかけないようにすることが肝要である。よって、不適切。

② ◯ **実習で実際のクライエントに援助を提供する場合には、スーパービ**

ジョンを受ける。

①の説明のとおり、クライエントや実習機関に迷惑をかけないようにするためには、その指導監督を行うスーパーバイザーによるスーパービジョンが必要である。よって、適切。

③ **◯** **実習で担当したクライエントに魅力を感じた場合には、それを認識して対処するように努める。**

実習でも職務においても、クライエントに魅力を感じること自体は自然であり、悪いことではない。ただし、そのことによって治療関係に悪影響を及ぼす可能性があると、あらかじめ認識しておくことが重要である。よって、適切。

④ **✕** **業務に関する理解や書類作成の方法を学ぶことよりも、クライエントへの援助技法の習得に集中する。**

クライエントへの援助技法の習得だけでなく、業務に関する理解や書類作成の方法も学ぶことは重要である。よって、不適切。

⑤ **✕** **クライエントとのラポール形成が重要であるため、多職種との連携や地域の援助資源の活用に注目することは控える。**

クライエントとのラポール形成のほか、多職種連携や地域の援助資源の活用も含めた生物心理社会モデルに基づく支援が必要である。よって、不適切。

問59　　　　⑤

この問題は、主効果及び交互作用についての知識を問う問題です。

① **✕** **交互作用はみられなかった。**

「きれい好き」得点の高低と掃除をす

る傾向で差がみられているため、交互作用があったといえる。よって、誤り。

② **✕** **実験要因の主効果は有意であった。**

全体的には「香りあり条件」と「香りなし条件」の差が見られなかったことから、主効果は有意とはいえない。よって、誤り。

③ **✕** **「きれい好き」要因の主効果は有意ではなかった。**

「きれい好き」得点の高低が掃除をする傾向と関連しているため、主効果が有意であったといえる。よって、誤り。

④ **✕** **実験要因の主効果と交互作用が有意であった可能性が高い。**

全体的には「香りあり・なし」で差が見られなかったため、主効果が有意であったとはいえない。よって、誤り。

⑤ **◯** **「きれい好き」要因の主効果と交互作用が有意であった可能性が高い。**

「きれい好き」得点の高低及び、掃除をする傾向とも有意な差が見られたため、主効果と交互作用が有意であった可能性が高い。よって、正しい。

問60　　　　④

この問題は、インテーク面接における公認心理師の対応についての理解を問う問題です。

① **✕** **AとCとの関係性が面接に影響するため、母子同室面接は行わない。**

インテーク面接及び初期対応として母子同室面接はケースバイケースであり、母子同席面接を行う場合も考えられる。よって、最も適切とはいえない。

② **✕** **Aが未成年であるため、Aの在籍校にはAが来所したことを報告する。**

在籍校との連携は必要と考えられるものの、インテーク面接及び初期対応としては、必ずしも在籍校に報告するわけではない。よって最も適切とはいえない。

③ ❌ **人の目が怖い理由や原因についてAに尋ね、まずはそれを意識化させる。**

インテーク面接及び初期対応では、まずは面接への不安を取り除き、ラポールを形成することを目指す。よって、最も適切とはいえない。

④ ⭕ **面接に期待していることをAに尋ね、Bが最善の努力をすることを伝える。**

インテーク面接では、ラポールを形成し面接継続を促すためにも、最善の努力をすることを伝えることは有効であるといえる。よって最も適切といえる。

⑤ ❌ **言語面接が可能である場合、身体に作用するリラクセーション技法は用いない。**

言語面接が可能であっても身体に作用するリラクセーション技能を用いることもある。よって、最も適切とはいえない。

問61　　　　　　　　④

この問題は、多理論統合モデルについての理解を問う問題です。

① ❌ **維持期**

維持期は、行動を起こして半年以上継続している時期のことを指す。よって、最も適切とはいえない。

② ❌ **実行期**

実行期は、行動を起こしてから半年以内のことを指す。よって、最も適切と

はいえない。

③ ❌ **準備期**

準備期は、1カ月以内に行動を起こす準備をしている時期のことを指す。よって、最も適切とはいえない。

④ ⭕ **関心期（熟考期）**

関心期は、半年以内には行動を起こすつもりだが、1か月以内には行動を起こすつもりはない時期のことを指す。よって、最も適切といえる。

⑤ ❌ **前関心期（前熟考期）**

前関心期（前熟考期）は、関心がなく半年以内に行動を起こすつもりがない時期のことを指す。よって、最も適切とはいえない。

問62　　　　　　　　④

この問題は、精神科病院における入院患者への支援についての理解を問う問題です。

① ❌ **障害年金制度について情報を提供する。**

障害年金は、原則として初診日から1年6カ月を経過した時点で障害を認定する。また、気分障害の場合は、適切な治療を行っても症状が改善せずに、重篤な躁やうつの症状が長期間持続したり、頻繁に繰り返したりしている場合に検討する。この時点での情報提供は早すぎる。よって、不適切。

② ❌ **幼少期の体験に焦点を当てた心理面接を行う。**

抑うつエピソードの繰り返しの後、多弁になり、活動が亢進していることから、双極Ⅱ型障害が疑われる事例である。双極性障害に対しては、薬物療法と併用して、対人関係・社会リズム療

法が推奨される。対人関係・社会リズム療法の構成要素の一つである対人関係療法は、現在の対人関係と抑うつ症状の関係に焦点を当てた「今ここで」の治療であり、幼児期の体験にさかのぼることはない。よって、不適切。

③ ❌ **会社の同僚に対する謝罪の文章をAと一緒に考える。**

会社を休んでいるのは、精神疾患が発症したためである。精神疾患が発症したことについて、本人の責任はなく、それについて謝罪する必要はない。よって、不適切。

④ ⭕ **毎日の行動記録を表に付けさせるなどして、生活リズムの安定を図る。**

②の解説で触れたように、双極性障害が疑われる事例であり、推奨される対人関係・社会リズム療法の構成要素の一つである社会リズム療法は、睡眠・覚醒リズムや生活リズムの乱れを自覚させてそれを矯正しようとする方法である。その際、毎日の活動記録表をつけてもらうのはオーソドックスな方法である。よって、適切。

⑤ ❌ **Aの同意を得て、復職の時期について職場の健康管理スタッフと協議する。**

まだ入院中であり、睡眠が不安定なので、復職の時期について検討するには早すぎる。また、時期が来れば、A本人が復帰時期について職場と話せばよいのであって、わざわざ病院の公認心理師が代理で協議する必要はない。よって、不適切。

問63　　　　　　　　　　⑤

この問題は、被災地域で公務を行う者に対する支援についての理解を問う問題です。

① ❌ **Aの上司にAの担当業務を変更するように助言する。**

公認心理師から、上司へ直接担当業務の変更を助言することは、少なくともこの事例の時点では尚早と思われる。まずは、医師との連携が必要と思われる。よって、不適切。

② ❌ **Aの所属部署職員を対象として、ロールプレイを用いた研修を企画する。**

Aに対する支援が必要であるのに、Aの所属部署職員に研修をするのでは、この事例の時点でのAに対する直接の支援にならない。よって、不適切。

③ ❌ **災害時健康危機管理支援チーム〈DHEAT〉に情報を提供し、対応を依頼する。**

災害時健康危機管理支援チーム〈DHEAT〉とは、災害発生時に被災都道府県の保健医療調整本部と、保健所が行う保健医療行政における指揮調整機能等を応援する専門チーム。ここでは事例と関連がない。よって、不適切。

④ ❌ **Aに1週間程度の年次有給休暇を取得することを勧め、Aの同意を得て上司に情報を提供する。**

上司に情報を提供すること自体は、Aの同意を得ていることから問題ないが、公認心理師であるBから、いきなり年次有給休暇の取得を勧めることはしない。よって、不適切。

⑤ ⭕ **Aに健康管理医〈産業医〉との面接を勧め、Aの同意を得て健康管理医**

〈産業医〉に情報を提供する。

「Aは笑わなくなり、ぼんやりしていることが多いなど以前と様子が違う」という記述から、産業医との連携が重要と思われる。選択肢中には「Aの同意を得て」とあるため、この選択肢を選ぶ理由によりつながる。よって、最も適切である。

問64	⑤

この問題は、入院中の乳幼児の状態から推測される病態等についての理解を問う問題です。

① ❌ 医療ネグレクト

医療ネグレクトは、子どもが医療行為を受けることを保護者が同意しないことをいう。そのような状態はこの事例では記述されていない。よって、不適切。

② ❌ 乳児突然死症候群

乳児突然死症候群は、1歳以下の乳児が突然死亡することをいう。そのような状態はこの事例では記述されていない。よって、不適切。

③ ❌ 乳幼児揺さぶられ症候群

乳幼児揺さぶられ症候群は、乳幼児が激しく揺さぶられことで脳に損傷が起きることをいう。そのような状態はこの事例では記述されていない。よって、不適切。

④ ❌ 反応性アタッチメント障害

反応性アタッチメント障害は、人と目を合わせずに抱きついたり、養育者に近づいたり逃げたりするなど、通常見られないような不安定で複雑な行動を示す状態をいう。本事例はこれでは説明できない。よって、不適切。

⑤ ⭕ 代理によるミュンヒハウゼン症候群

代理によるミュンヒハウゼン症候群は、子どもに病気を作って看護することで保護者自身を安定させる状態をいう。Bの付き添いを制限するとAが回復したことから、代理によるミュンヒハウゼン症候群によるものと推測が可能である。よって、最も適切といえる。

問65	②

この問題は、児童が入所する可能性のある施設についての理解を問う問題です。

① ❌ 自立援助ホーム

自立援助ホームは、なんらかの理由で家庭にいられなくなり、働かざるを得なくなった原則として15歳から20歳までの子どもが入所し、自立を目指す施設である。よって、最も適切とはいえない。

② ⭕ 児童自立支援施設

児童自立支援施設は、不良行為をするおそれのある児童や家庭環境上生活の指導が必要な児童が入所する施設のことを指し、家庭裁判所の決定によってAが入所する可能性がある。よって、最も適切といえる。

③ ❌ 児童心理治療施設

児童心理治療施設は、心理的に問題を抱えており、不登校やひきこもり等日常生活に支障をきたしている児童が入所する施設のことを指す。よって、最も適切とはいえない。

④ ❌ 児童発達支援センター

児童発達支援センターは、通所しながら、集団への適応訓練など生活能力向上のための訓練を受ける施設のことを

指す。よって、最も適切とはいえない。

⑤ ❌ **第三種少年院（医療少年院）**

第三種少年院（医療少年院）は、心身に著しい障害がある少年が入所する施設のことを指す。よって、最も適切とはいえない。

問66　　　　　　　　　③

この問題は、学習面での苦痛を訴える生徒の状態についての理解を問う問題です。

① ❌ **リテラシーが不足している。**

「Aの学校でのテストの成績は中程度よりもやや上に位置している」ということから、文字や文章などを読み書きする能力、つまりリテラシーが不足しているわけではない。よって、不適切。

② ❌ **メタ記憶が十分に発達していない。**

「試験に対しては出題される範囲をあらかじめ学習し、試験に臨む姿もよくみられる」という点から、メタ記憶と関連するような問題が起こっているとはいえない。よって、不適切。

③ ⭕ **深化学習や発展学習が不足している。**

「試験が終わると全てを忘れてしまう質の低い学習をしている」ということから、深化学習（知識体系の把握・既有知識と関連づけた理解）や発展学習（概念の形成や法則化）が不足している。よって、最も適切なものとして選択できる。

④ ❌ **機械的暗記や反復練習が不足している。**

「試験が終わると全てを忘れてしまう質の低い学習」とは、機械的暗記や反復練習のことであり、不足しているわ

けではない。よって、不適切。

⑤ ❌ **具体的操作期から形式的操作期へ移行できていない。**

Aは13歳であり、その学年のテストでは「中程度よりもやや上に位置している」ということから、形式的操作期の段階に入っているといえる。またこの事例での状況の説明として合致しない。よって、不適切。

問67　　　　　　　　　①

この問題は、保護観察官が行う処遇についての理解を問う問題です。

① ⭕ **自助の責任を踏まえつつ、Aへの補導援護を行う。**

補導援護とは保護観察対象者に対し「自助の責任を踏まえつつ」、自立した生活を送れるよう援助または助言を行う支援である。よって、適切。

② ❌ **Bに面接を行うことにより、Aの行状の把握に努める。**

Aの行状把握に努めるのは保護司の役割である。よって、不適切。

③ ❌ **Aが一般遵守事項や特別遵守事項を遵守するよう、Bに指導監督を依頼する。**

指導監督を行うのはBでなく保護司または保護観察官の役割である。よって、不適切。

④ ❌ **改善更生の在り方に問題があっても、Aに対する特別遵守事項を変更することはできない。**

各対象者の問題に合わせて付けられる特別遵守事項は必要に応じて変更することが可能である。よって、不適切。

⑤ ❌ **就労・覚醒剤に関する特別遵守事項が遵守されない場合、Aへの補導**

援護を行うことはできない。

特別遵守事項に違反があった場合、保護観察官の面接調査などから不良措置が検討されるが、補導援護は中止されるわけではない。よって、不適切。

この問題は、職務上の心理的ストレスや身体症状に対して優先的に行う支援についての理解を問う問題です。

① ❌　休職を勧める。

このタイミングで社内の心理相談室の公認心理師が休職を勧めるのは尚早である。まずは、医師につなげることが重要である。よって、不適切。

② ❌　瞑想を教える。

瞑想を導入すること自体は悪くないが、瞑想も含め、心理療法や技法を優先的に行うということはなく、まず入念なアセスメントが必要である。また身体症状（動悸）もみられることから、優先的に行うべき対応とはいえない。よって、不適切。

③ ❌　認知行動療法を勧める。

認知行動療法を導入すること自体は悪くないが、心理療法や技法を優先的に行うということはなく、まず入念なアセスメントが必要である。また身体症状（動悸）もみられることから、優先的に行うべき対応とはいえない。よって、不適切。

④ ⭕　医療機関の受診を勧める。

事例の文章から、適応障害や自律神経失調症、うつ病などと診断される可能性がうかがえるが、身体症状（動悸）も見られることから、ひとまず医療機関の医師との連携や服薬の可能性を

考えるとよい。場合によっては休職などにつながる可能性もあることから、医師の診断書が必要な可能性がある。よって、最も適切。

⑤ ❌　カウンセリングを導入する。

カウンセリングを導入すること自体は悪くないが、身体症状（動悸）もみられることから、優先的に行うべき対応とはいえない。よって、不適切。

この問題は、食事摂取量が減少し身体症状を呈している者に対して行う支援についての理解を問う問題です。

① ❌　食事へのこだわりを外在化する。

BMIが11.9と非常に低く、まずは医療が優先である。公認心理師のできる支援としては、Aが「食事へのこだわり」を、少し距離を置いて扱えるようにすべく、外在化した会話を行っていくことができる。よって、不適切なものとして選ぶことはできない。

② ❌　Aの家族に治療への参加を促す。

摂食障害（特に神経性やせ症）では、本人を説得する・助言するなどではうまく進まないことが多く、家族に参加してもらうことが重要である。よって、不適切なものとして選ぶことはできない。

③ ❌　部活動への葛藤について傾聴する。

公認心理師としては、傾聴することを通してAと信頼形成を行い、治療をスムーズに行えるようにつなげるとよい。よって、不適切なものとして選ぶことはできない。

④ ❌　栄養士の助力を得て食事日記を

午前の部

付けることを勧める。

BMIが非常に低いことから、栄養士も協働して治療にあたることが考えられる。よって、不適切なものとして選ぶことはできない。

⑤ 〇 **点滴を受けて、栄養状態を速やかに改善するように勧める。**

慢性的な栄養不良状態が続き、高度の低栄養状態にある患者にいきなり十分量の栄養補給を行うと、リフィーディング症候群が生じる可能性がある。点滴は行わず、経口摂取を促すことが望ましい。よって、不適切なものとして選ぶことができる。

問70 ⑤

この問題は、身体症状や物忘れ等の症状が見られる高齢者への助言についての理解を問う問題です。

① ✕ **高血圧症の治療を続けてください。**

現在継続して通院している高血圧症の治療は続けるように助言するのは良い。よって、適切であるため、不適切なものとして選べない。

② ✕ **栄養バランスのとれた食事を心がけてください。**

高血圧症で通院しているということであるため、食事の栄養バランスを考えることは重要である。よって、適切であるため、不適切なものとして選べない。

③ ✕ **運動習慣をつけて毎日体を動かすようにしてください。**

高血圧症で通院しているということであるため、運動習慣をつけることによって脳血管疾患を含めた予防につな

がる。よって、適切であるため、不適切なものとして選べない。

④ ✕ **生活習慣病の早期発見のために定期的に健診を受けてください。**

軽度の脳萎縮が指摘されたという記述から、定期的な健診を受けることを勧めることは良いと思われる。よって、適切であるため、不適切なものとして選べない。

⑤ 〇 **認知症の予防に有効なお薬の処方について、医師に相談してください。**

MMSEは27点と、カットオフ値である19/20よりも高く、認知症と診断されるレベルではない。よって、認知症の予防のための薬物処方を勧めるのは不適切。

問71 ②

この問題は、自殺リスクを評価する上で確認すべき点についての理解を問う問題です。

① ✕ **絶望感や喪失感などがあるかどうかを確認する。**

自殺リスクを評価するために、どの程度絶望感や喪失感、自殺念慮や企図があるか、あるいは以前あったかについて確認することは重要である。よって適切であるため、不適切なものとして選択できない。

② 〇 **就職活動の方向性が適切であったかどうかを確認する。**

就職活動の方向性が適切かどうかについて話すことは、Aを否定することにもつながりかねないため、自殺リスクを評価する目的としては不適切である。

③ ☒ 　現在と過去の自殺の念慮や企図があるかどうかを確認する。

①の説明のとおり、どの程度絶望感や喪失感、自殺念慮や企図があるか、あるいは以前あったかについて確認することは重要である。よって適切であるため、不適切なものとして選択できない。

④ ☒ 　抑うつ状態や睡眠の様子など、精神的・身体的状況を確認する。

自殺リスクを評価するために、抑うつ状態や睡眠の様子、精神状態や身体的な症状の有無についても確認しておくことが望ましい。よって適切であるため、不適切なものとして選択できない。

⑤ ☒ 　就職活動や卒業研究の現状を、家族や友人、指導教員に相談できているかどうかを確認する。

自殺リスクを評価するために、現在のAの悩みや状態について、周りの人が知っているか相談相手になっているかなど、Aのリソースの有無について確認しておくことが望ましい。よって適切であるため、不適切なものとして選択できない。

問72　　　　　　　①

この問題は、田中ビネー知能検査とVineland-Ⅱでの評価から見出される状態についての理解を問う問題です。

① ◯ 　知的機能が低く、適応行動の評価点も低いため、知的能力障害の可能性が高い。

田中ビネー知能検査のIQは、精神年齢÷生活年齢×100で求める。IQが69で生活年齢が8なので、精神年齢

は、69×8÷100で、約5歳6ヶ月になる。また、Vineland-Ⅱの下位検査の評価点は、平均15、標準偏差3なので、−1～2標準偏差の間の点数である。したがって、この記述は特に問題となる部分が見当たらない。よって、適切だといえる。

② ☒ 　知的機能は低いが、適応行動の評価点は平均点であるため、知的能力障害の可能性は低い。

①の説明で触れたように、Vineland-Ⅱは、平均15、標準偏差3なので、9～11が平均点ということはない。よって、不適切。

③ ☒ 　保護者によると、家庭生活では問題ないとのことであるが、授業についていけないため、学習障害の可能性が高い。

学習障害（限局性学習症）とは、知能には問題がないものの、ある一部の項目（読字、書字表出、算数など）において著しく能力が低い場合をいう。この事例ではそのような様子は見受けられず、勉強も家で教えればできるとのことであるため、不適切。

④ ☒ 　保護者によると、勉強も家で教えればできるとのことであるが、授業についていけないため、学校の教授法に問題がある可能性が高い。

学校の教授法に問題がある可能性がないとはいえないが、これだけの情報量では可能性が高いとまではいえない。よって、不適切。

問73　　　　　　　④

この問題は、BDI-Ⅱ、AQ-J、Y-BOCSによる見立てについての理解を問う問題です。

① **✕** 軽度抑うつ状態

早朝覚醒に悩まされるなど睡眠障害はみられ、BDI-Ⅱの得点は42点とカットオフ値からは「重症」と考えられる。よって、「軽度」抑うつ状態とはいえないため、不適切。

② **✕** 強迫症／強迫性障害

強迫症をうかがわせるような記述は見当たらず、Y-BOCSの該当項目も1項目であるため、不適切。

③ **✕** 社交不安症／社交不安障害

社交不安症をうかがわせるような記述は見当たらないため、不適切。

④ **◯** 自閉スペクトラム症／自閉症スペクトラム障害〈ASD〉

他の選択肢①~③が否定されることに加え、AQ-Jの得点が35点あること、「入社2年目であるが、仕事をなかなか覚えられず、計画的に進めることも苦手で、Bから繰り返し助言されている」（想像力およびそれに基づく行動の障害）や「同僚にタイミング悪く話しかけたり、他の人にとって当たり前の事に気がつかなかったりすることもあり、職場の中でも煙たがられている」（社会性の障害、コミュニケーションの障害）というところから、自閉スペクトラム症の特性がうかがわれるため、最も適切なものとして選択できる。

問74　　③

この問題は、脳震とう後に様々な問題が発生した者への初期対応についての理解を問う問題です。

① **✕** 高次脳機能障害の有無と特徴を評価する。

脳震とうを起こした後に、様々な症状を訴えるようになっており、約束の時間を忘れるなど記憶に関する障害の可能性も考えられるため、まずは高次脳機能障害の可能性を疑い、医師につなげることが重要である。よって、不適切なものとして選択できない。

② **✕** 医師による診察や神経学的な検査を勧める。

①と同じく、高次脳機能障害の可能性を疑い、神経心理学的な検査や脳画像診断などによって評価することが重要である。よって、不適切なものとして選択できない。

③ **◯** 不安症状に対して、系統的脱感作の手法を試みる。

脳震とうを起こした後に、不安をはじめとした症状が出現しているため、初期の対応としてはまずは脳震とうと不安その他の症状との関連性を疑うべきである。よって、不適切なものとして選択できる。

④ **✕** 現在悩んでいることを共感的に傾聴し、問題の経過を理解する。

まずは初期の対応として、悩みを共感的に傾聴し、問題の経過を公認心理師が把握することは大切である。よって、不適切なものとして選択できない。

問75　　①・⑤

この問題は、高齢者への睡眠衛生に関する助言についての理解を問う問題です。

① **◯** 散歩は、睡眠に良い効果があるので続けてください。

適度に疲れることは、睡眠には良い効果があり、散歩は推奨される。よって、

2020年12月試験全問題解説

適切。

② ❌ **睡眠時間が足りないので早く床に就くようにしてください。**
睡眠時間は変化なく6時間とっており、単純に睡眠時間の問題とは考えがたい。よって、不適切。

③ ❌ **昼間に何かをして眠気が紛れるのであれば心配はいりません。**
眠気を紛らせるだけでは、この事例での悩みの解決や安心にはつながりにくいため、不適切。

④ ❌ **深く眠るために熱いお風呂に入ってすぐ寝るようにしてください。**
深く眠るための助言としては、少しぬるめの（熱すぎない）お湯にゆっくりめにつかって、しっかり身体をあたためてから、上がった体温が徐々に下がっていくにつれて眠る方がよいため、不適切。

⑤ ⭕ **足の不快感のために眠れないことについては、医師に相談してください。**
「就床すると、足に虫が這うように感じられて眠れない」という記述があり、レストレスレッグス症候群が疑われる。よって、医師につなげることは適切。

問76　　　④・⑤

この問題は、児童養護施設に入所している児童への初期の支援についての理解を問う問題です。

① ❌ **遊戯療法を速やかに導入し、Aに心的外傷体験への直面化を促す。**
遊戯療法は速やかに導入するような初期の支援とはいえず、また心的外傷体験に最初から直面化させることは、信

頼関係の形成や症状、問題行動に悪影響を及ぼすことが考えられる。よって、不適切。

② ❌ **受容的態度でAの暴力を受け入れるよう、担当スタッフに助言する。**
Aの暴力を受容的な態度で受け入れるだけでは、担当スタッフはじめ他の人たちにケガや重大な事故などを引き起こす可能性があり、危険である。また、そのことはAにとっての良い支援にもならない。よって、不適切。

③ ❌ **コップ等の食器は共用であるというルールを指導するよう、担当スタッフに助言する。**
Aの暴力の理由は一貫しておらず、「いつも僕が使っているコップをCが勝手に使ったから」ということ自体は、全体的な視点で見た場合には最も着目するべき点とはいえない。よって、不適切。

④ ⭕ **Aの様子を観察し、Aが安心して眠れる方法を工夫するよう、担当スタッフに助言する。**
Aは実父からの身体的虐待を受けており、複雑性PTSDや反応性アタッチメント障害を持っている可能性がある。その場合、安心感や安全感をできるだけ「いま、ここで」感じられるようにすることがAへの適切な支援となる。よって、適切なものとして選択できる。

⑤ ⭕ **衝動性や攻撃性が高まる契機となる刺激ができるだけ生じないように、担当スタッフと生活環境の調整を検討する。**
衝動性や攻撃性が高まる契機となる刺激（＝トリガー（引き金））を避け、生活環境の調整をしていくことがBへの

初期の支援として適切である。

して選択できる。

問77　④・⑤

この問題は、学級の立て直しを図る担任
教師に対するコンサルテーションについ
ての理解を問う問題です。

① ✕　保護者の意見

　事例では特に保護者の意見については
述べられておらず、まずここではAが
「学級を立て直したい」という気持ち
を優先することが重要である。よっ
て、不適切。

② ✕　児童の家庭環境

　事例では、児童の家庭環境はわから
ず、一人ひとりの家庭環境の問題に
よって学級が混乱しているというより
も、学級経営自体がうまくいっていな
いことが重視するべき点である。よっ
て、不適切。

③ ✕　個々の児童の学力

　②と同じく、事例では、個々の児童の
学力はわからず、個々の児童の学力の
問題によって学級が混乱しているとい
うよりも、学級経営自体がうまくいっ
ていないことが重視するべき点であ
る。よって、不適切。

④ ◯　学級のルールの定着

　学級は混乱した状態であり、まずは学
級内にルールを定着させることが重要
である。よって、適切なものとして選
択できる。

⑤ ◯　教師と児童の人間関係

　「前任からの担任教師の交代をきっか
けに混乱した状態に陥った」とのこと
で、教師と児童の人間関係を重視する
ことは、今後の学級を立て直すために
は必要である。よって、適切なものと

問78 ②

この問題は、医療チームへの情報提供についての理解を問う問題です。

① ❌ **成年後見人の同意**

「成人のクライエントの心理に関する情報」ということであり、成年後見人の同意が必要な「被後見人」に関する記述は問題文に見当たらないため、誤り。

② ⭕ **クライエント本人の同意**

クライエント本人の同意は、医療チームに情報を提供する場合、事前に必要である。よって、正しい。

③ ❌ **医療チームが作成した手順書**

特に「医療チームが作成した手順書」というものを作るようにあらかじめ定められているわけではない。よって、誤り。

④ ❌ **ストレングス・アセスメント**

対象者の強みに目を向けて、査定し支援していくことをいうが、「情報を医療チームに提供する場合に事前に必要なもの」という記述にそぐわない。よって、誤り。

⑤ ❌ **シェアード・ディシジョン・メイキング**

医療者と患者の関係の中で、共同での治療の意思決定を行うこと。「情報を医療チームに提供する場合に事前に必要なもの」という記述にそぐわない。よって、誤り。

問79 ④

この問題は、公認心理師の精神科領域での活動についての理解を問う問題です。

① ❌ **統合失調症患者に対するソーシャルスキルトレーニング〈SST〉は、個別指導が最も効果的とされる。**

統合失調症患者に対するソーシャルスキルトレーニング〈SST〉は、集団形式で行われることが多い。個別指導が最も効果的とされているわけではない。よって、不適切。

② ❌ **神経性やせ症／神経性無食欲症の患者が身体の話題を嫌う場合、身体症状に触れずに心理療法を行う。**

神経性やせ症／神経性無食欲症の患者に対しては、身体症状も精神症状も包括的に扱うことが重要である。よって、不適切。

③ ❌ **精神疾患への心理教育は、家族を治療支援者とするためのものであり、当事者には実施しない場合が多い。**

精神疾患への心理教育は、当事者である患者と家族の双方を対象とするものであり、精神疾患に関して正しく理解してもらう目的がある。よって、不適切。

④ ⭕ **境界性パーソナリティ障害の治療では、患者への支援だけではなく、必要に応じてスタッフへの支援も行う。**

境界性パーソナリティ患者の治療は困難であることも少なくなく、必要に応じてスタッフの支援も必要となってくる。たとえば、弁証法的行動療法では治療者自身の治療を目的としたスーパーヴィジョン（コンサルテーション）も含まれる。よって、適切である。

⑤ ❌ **妊産婦に精神医学的問題がある場合、産科医が病状を把握していれ**

ば、助産師と情報を共有する必要はない。

妊産婦と関わる際には、助産師もチーム医療として考えられるため、情報の共有は必要であると思われる。よって、不適切。

問80　　　　　　　　　　④

この問題は、研究法の一つである面接法の特徴についての理解を問う問題です。

① ❌ **臨機応変な対応が困難である。**
面接法は、実験者と回答者が直接面接をして、その中でデータを収集する方法である。質問紙よりも直接的に関わることができるため、臨機応変な対応がしやすい。よって、不適切。

② ❌ **回答者に与える心理的圧力が弱い。**
面接法では、実際に実験者が目の前にいて面接を行うため、心理的圧力は強いと思われる。よって、不適切。

③ ❌ **回答者の個別の反応を収集しにくい。**
面接法では、質問紙法と比較して個別に面接を行うため、回答者（実験協力者）の個別反応をむしろ収集しやすい。よって、不適切。

④ ⭕ **データの収集に手間と時間がかかる。**
面接法では、質問紙法と比較して個別に面接を行うため、一人ひとりに対して連絡をし、時間をかけて面接を行っていくことから、データ収集には手間と時間がかかる。よって、適切なものとして選択できる。

⑤ ❌ **高齢者や幼い子どもには負担が大きい。**

面接法は、実験者（面接者）と回答者（ここでは高齢者や幼い子ども）が直接面接をして、その中でデータを収集する方法である。高齢者や幼い子どもにとって、質問紙法で求められる文字を読む、回答を書き入れる等の作業は、面接法よりも負担となる可能性もある。よって、不適切。

問81　　　　　　　　　　③

この問題は、観測変数の重みつき合計得点を求める方法についての理解を問う問題です。

① ❌ **因子分析**
因子分析とは、それぞれの項目にある共通因子を見出し、その共通因子が同様の項目同士でまとめ、少数の因子を得る手法である。よって、不適切。

② ❌ **重回帰分析**
重回帰分析とは、いくつかの変数を独立変数と見なし、それらがまとまって、1つの従属変数をどの程度予測できるか（説明できるか）を計算する手法である。よって、不適切。

③ ⭕ **主成分分析**
主成分分析とは、与えられたデータにおける個体を最もよく識別できるように、観測変数の重み付き合計得点（主成分）を求める方法である。よって、最も適切なものとして選べる。

④ ❌ **正準相関分析**
正準相関分析とは、同じ個体群についての2組の多変量データ間の関係を調べる方法である。よって、不適切。

⑤ ❌ **クラスター分析**
クラスター分析とは、多変量データに基づく類似度や距離の指標を用いて、

407

各個体をグループ（クラスター）に分類する方法のことである。よって、不適切。

問82　　　　　　　　　　⑤

この問題は、クロス集計表での変数間の関連性を示す指標についての理解を問う問題です。

① ❌　**偏相関係数**
偏相関係数とは、2つの量的変数X、Yの相関係数が、第三の変量Zによって高められたり低められたりしていると考えられる場合に、XとYのそれぞれからZの影響を取り除いた時の相関係数のことをいう。よって、不適切。

② ❌　**順位相関係数**
この対象が2つの属性U、Vによって順位づけられている場合、ある対象の2つの属性についての順位間の関連性を示す指標が、順位相関係数である。よって、不適切。

③ ❌　**積率相関係数**
積率相関係数とは、2つの量的変量の直線的な関係の強さを示すものであり、ピアソンの積率相関係数ともいう。単に相関係数とよぶことも多い。よって、不適切。

④ ❌　**部分相関係数**
部分相関係数とは、3つ以上の変数がある場合、ある変数から別の変数の影響を除外した成分と、第三の変数との相関係数のことである。よって、不適切。

⑤ ⭕　**四分点相関係数**
四分点相関係数とは、二つの質的変量のカテゴリ数がともに二つしかない2×2クロス集計表における、2変量の関連性を示す指標であり、ファイ係数とも呼ばれる。よって、これがもっとも適切である。

問83　　　　　　　　　　②

この問題は、ヒトの聴覚の特徴についての知識を問う問題です。

① ❌　**蝸牛にある聴覚受容器は、双極細胞と呼ばれる。**
蝸牛にある聴覚受容器は、有毛細胞と呼ばれる。双極細胞は、網膜の細胞の一つである。よって、誤り。

② ⭕　**音源定位には、両耳間時間差と両耳間強度差が用いられる。**
音源定位とは、空間内のどの位置に音源があるかを推定することである。音源が正中面上からずれるにつれて、音源から左右の耳に到達する音信号には差が生じる。音源から左右両耳に到達するまでの経路差があることによって生じるのが両耳間時間差である。頭部が音の伝播に対する障害物となって、「影」となったほうの耳に弱い強度となって到達することによって生じるのが両耳間強度差である。よって、正しい。

③ ❌　**ピッチ知覚の場所説は、高周波音の知覚の説明が困難である。**
ピッチとは音の高さのことであり、音の高さはその音が共鳴する内耳の基底膜上の場所によって決まるというのがヘルムホルツの場所説である。周波数は音の高さを表し、低周波音や高周波音の知覚は場所説により説明することができる。よって、誤り。

④ ❌　**聴覚感度は、可聴域内で周波数が高くなるほど単調に減少する。**

人間の耳は、低い周波数や高い周波数
では感度が低くなり、3000〜4000Hz
付近の音の感度が良い。よって、誤り。

⑤ **✕** **主観的な音の大きさであるラウ
ドネスの単位は、デシベルである。**

主観的な音の大きさであるラウドネス
の単位はデシベルではなくホンであ
る。よって、誤り。

問84　　　　　　　　　　③

この問題は、学習について行われた実験
のうち、生物的制約を示した実験につい
ての理解を問う問題です。

① **✕** **E.L.Thorndike が行ったネコの試
行錯誤学習の実験**

試行錯誤学習の実験によって、問題解
決にむけてあらゆる解決方法を試みる
うちに満足できる結果に至った行動を
学習する効果の法則を示したものであ
る。よって、不適切。

② **✕** **H.F.Harlow が行ったアカゲザル
の学習セットの実験**

学習セットの実験によって、アカゲザ
ルが課題に共通の解決方法があること
を学習したことを示したものである。
よって、不適切。

③ **◯** **J.Garcia らが行ったラットの味
覚嫌悪学習の実験**

条件付けが容易な刺激や反応は動物の
種によってある程度制約があること
を生物的制約という。J.Garcia（ガル
シア）の研究ではラットにサッカリン
水溶液を与えた後、X線を照射した群
では嫌悪条件づけは成立したが、電撃
を与えた群では成立しなかった。よっ
て、適切。

④ **✕** **M.E.P.Seligman らが行ったイヌ**

の学習性無力感の実験

学習性無力感の実験は、制御不可能な
電気ショックを繰り返しイヌに与える
ことで、その後電気ショックから逃げ
られる状況においても逃げることを学
習しなくなることを示したものであ
る。よって、不適切。

⑤ **✕** **W.Köhler が行ったチンパンジー
の洞察学習の実験**

洞察学習の実験では、チンパンジーが
試行錯誤的に問題解決を行わず、諸情
報を統合して突然課題を解決したこと
から、見通しの重要性を示したもので
ある。よって、不適切。

問85　　　　　　　　　　④

この問題は、パーソナリティに関する種々
の理論についての知識を問う問題です。

① **✕** **場理論では、環境とパーソナリ
ティの二者関係をモデル化する。**

K.Lewin（レヴィン）は集団力学の観
点から、個人を取り巻く環境との相互
作用によって人間の行動が決定すると
唱えた。「場」は二者関係ではなく個
人を取り巻く全体を指す。よって、誤
り。

② **✕** **期待−価値理論では、個人が生
得的に有する期待、価値の観点から
パーソナリティの個人差を考える。**

期待−価値理論とは期待と目標の価値
の関数によって、行動が生起するとい
う考えである。よって、誤り。

③ **✕** **5因子理論では、5つの特性の上
位に、行動抑制系、行動賦活系という
2つの動機づけシステムを仮定する。**

5因子理論ではなく強化感受性理論の
説明。J.A.Gray（グレイ）は人間の行

動の制御を行動抑制系と行動賦活系の2つの動機づけによる競合によると唱えた。よって、誤り。

④ **◯** 認知ー感情システム理論では、個人の中に認知的・感情的ユニットを仮定し、パーソナリティの構造を捉える。

認知ー感情システム理論では、ある状況における人間の行動は認知的・感情的ユニットが相互に働くことで決定すると考えた。よって、正しい。

⑤ **✕** パーソナル・コンストラクト理論では、個人の中にコンストラクトと呼ばれる単一の認知的枠組みを仮定する。

パーソナル・コンストラクト理論では単一の認知的枠組みではなく、現実の解釈は個人によって異なることを強調している。よって、誤り。

問86 ②

この問題は、ヒトのサーカディアンリズムと睡眠についての知識を問う問題です。

① **✕** 加齢による影響を受けない。

ヒトのサーカディアンリズムは、加齢によって影響を受け、朝早くに目が覚め、夕方など比較的早い時間に眠くなっていくといわれている。よって、誤り。

② **◯** メラトニンは、光刺激で分泌が低下する。

メラトニンは、光刺激で分泌が低下し、夜間に光刺激が少ない時に分泌が増加する。よって、正しい。

③ **✕** 時計中枢は、視床下部の室傍核に存在する。

時計中枢は、脳内の視床下部の視交叉

上核に存在し、室傍核ではない。よって、誤り。

④ **✕** 睡眠相遅延（後退）症候群は、夕方から強い眠気が出る。

睡眠相遅延（後退）症候群では、非常に遅い時間に眠りにつく傾向がある。よって、誤り。

⑤ **✕** ノンレム睡眠とレム睡眠は、約45分の周期で出現する。

ノンレム睡眠とレム睡眠は、約90分の周期で出現する。よって、誤り。

問87 ⑤

この問題は、社会的排斥の原因を説明する理論についての理解を問う問題です。

① **✕** 衡平理論

衡平理論とは、人は自分の関与度に対してそれに見合った結果を求めており、満足のいく結果が見られない場合を不公平ととらえ、その状態の解消へと動機づけられる、という考え方である。よって、不適切。

② **✕** バランス理論

バランス理論とは、人は認知においてバランスの取れた状態を好み、不均衡があればその認知を変容させるといったものである。よって、不適切。

③ **✕** 社会的交換理論

社会的交換理論とは、取引や対人関係におけるさまざまな行動のやりとりを理論化したものである。よって、不適切。

④ **✕** 社会的インパクト理論

社会的インパクト理論とは、大勢の人の前だと緊張するなど、他者の存在の強さが個人の認知や行動に影響を及ぼすとするものである。よって、不適

切。

⑤ **○** 社会的アイデンティティ理論

社会的アイデンティティ理論は、H.Tajfel（タジフェル）とJ.C.Turner（ターナー）によって提唱された。この理論では、社会的排斥や差別は、自分の属する内集団の特性をより高く評価することで起こる、と説明されている。よって、最も適切である。

問88　②

この問題は、DSM-5の特徴等についての知識を問う問題です。

① **✕** 機能の全体的評価を含む多軸診断を採用している。

機能の全体的評価を含む多軸診断を採用していたのはDSM-Ⅳであり、DSM-5では採用されていない。よって、誤り。

② **○** 次元モデルに基づく横断的症状尺度が導入されている。

DSM-5では、次元モデルに基づく横断的症状尺度が導入されている。よって、正しい。

③ **✕** 強迫症／強迫性障害は、不安症群／不安障害群に分類される。

強迫症／強迫性障害は、「強迫症および関連症群／強迫性障害および関連障害群」に分類される。よって、誤り。

④ **✕** 生活機能を心身機能・身体構造、活動及び参加の3要素で捉えている。

生活機能を心身機能・身体構造、活動及び参加の3要素で捉えているのは、DSM-5ではなくICF（国際生活機能分類）である。よって、誤り。

⑤ **✕** 分離不安症／分離不安障害は、

「通常、幼児期、小児期または青年期に初めて診断される障害」に分類される。

DSM-Ⅳでは、「通常、幼児期、小児期または青年期に初めて診断される障害」とされていたがDSM-5では「不安症群／不安障害群」として再分類された。よって、誤り。

問89　①

この問題は、知能検査を実施するにあたって留意すべき点等についての理解を問う問題です。

① **○** 検査者が十分に習熟していない検査を用いることを控えた。

知能検査は、十分な知識と練習を事前にするなど経験が必要であり、十分に習熟しない検査を用いることは控えるべきである。よって、最も適切なものとして選択できる。

② **✕** 被検査者に求められたため、検査用紙をコピーして渡した。

臨床心理士倫理綱領第4条に「（心理査定の）用具や説明書等をみだりに頒布することを慎まなければならない」とあるように、専門家以外にみだりに検査用紙を渡すことは不適切である。公認心理師であっても同様の倫理を守るべきである。よって、不適切。

③ **✕** 客観的情報を収集するために、被検査者とのラポール形成を避けた。

知能検査や心理検査を行う際に、できる限り被検査者とのラポールが形成されることは重要である。よって、不適切。

④ **✕** 被検査者が検査に対する先入観や恐怖心を抱かないように、事前に検

査について説明することを控えた。

事前に検査について説明し被検者に同意を得ることは、倫理上、また、被検者との信頼関係の形成にとっても必要である。十分な説明を受けることは、被検者の先入観や恐怖心の軽減につながることもある。よって、不適切。

⑤ ❌ **実施時間が2時間を超え、被検査者が疲れている様子であったが、そのまま続けて全ての検査項目を実施した。**

被検査者が疲れている様子であったり、実施時間が長引くようであれば近い日程で続きの検査をできるように、再度設定をするべきである。よって、不適切。

問90 ④

この問題は、MMPIの特徴等についての知識を問う問題です。

① ❌ **各質問項目には、5件法で回答する。**

MMPIでは、「当てはまる」か「当てはまらない」かを選択させる。また、どうしても選べない場合には「どちらともいえない」という選択も許容されている。よって、5件法ではないため、誤り。

② ❌ **追加尺度は、20尺度開発されている。**

4つの妥当性尺度と10の臨床尺度が基本尺度として設けられており、追加尺度は数百にも及ぶ。20尺度ではない。よって、誤り。

③ ❌ **F尺度は、心理的防衛の高さを示している。**

F尺度とは、4つの妥当性尺度（？、L、

F、K）の一つであり、頻度尺度である。受検態度の歪みや精神病理の程度を示している。心理的防衛の高さを示すのはK尺度である。よって、誤り。

④ ⭕ **第5尺度（Mf）は、性別により解釈基準が異なる。**

第5尺度（Mf）は、男性性・女性性の尺度であり、性別によりその解釈基準は異なる。この尺度が高得点の場合、男性では従属的で生活能力がない傾向を示し、女性では活発で自己主張的な傾向を示す。よって、正しい。

⑤ ❌ **第0尺度（Si）と第7尺度（Pt）が90の場合は、精神的混乱状態と解釈できる。**

第0尺度（Si）は社会的内向性、すなわち社会的な接触を好まない傾向を指し、第7尺度（Pt）は、精神衰弱、強迫神経症傾向を指す。精神的混乱状態と解釈できるのは、L（虚言）とK（頻度）が50点以下、F（修正）が70点以上である場合である。よって、誤り。

問91 ⑤

この問題は、集団や個人が持つ力等を表す用語についての理解を問う問題です。

① ❌ **自己実現**

自己実現とは、その人が潜在的に持っている可能性を、最大限に開発し、それを実現して生きることを指す。よって、不適切。

② ❌ **コーピング**

コーピングとは対処法のことを指す。ストレス対処のことはストレスコーピングと呼ばれる。よって、不適切。

③ ❌ **自己効力感**

自己効力感とは、自分自身がある状況

において、すべき行動をうまく遂行できると認知していることを指す。よって、不適切。

④ ✕ コンピテンス

コンピテンスとは有能感と訳され、元来備わっている潜在能力、環境に能動的に働きかけて自らの能力を発揮しようとする動機づけの側面の2つの側面を統合した概念を指す。よって、不適切。

⑤ 〇 エンパワメント

設問の説明はエンパワメントの説明である。よって、最も適切。

問92　　　　　③

この問題は、うつ病で見られる症状や状態についての理解を問う問題です。

① ✕ 眠る必要はないと思います。

双極性障害の躁病相においては、眠らなくても大丈夫という考えや気分が生じるため、双極性障害を疑わせる発言と考えられる。よって、不適切。

② ✕ いつも誰かに見られている気がします。

視線恐怖が疑われる発言である。うつ病を疑わせる発言ではない。よって、不適切。

③ 〇 何をするのもおっくうで面倒くさいです。

うつ病にみられる意欲減退を示していると疑われる発言である。よって、最も適切。

④ ✕ 人前で何かするときにとても不安になります。

社交不安症が疑われる発言である。よって、不適切。

⑤ ✕ 鍵がかかっているかを何度も確

認したくなります。

強迫症が疑われる発言である。よって、不適切。

問93　　　　　④

この問題は、物質関連障害で見られる症状や状態を表す用語についての知識を問う問題です。

① ✕ 物質への渇望や強い欲求を身体依存という。

物質への渇望や強い欲求のことは、身体依存ではなく精神依存と呼ぶ。よって、誤り。

② ✕ 物質の使用を完全に中止した状態を離脱という。

離脱とは、物質の使用を完全に中止した状態ではなく、やめたり量を減らしたりした際に一連の症状が現れることを指す。よって、誤り。

③ ✕ 身体的に危険な状況にあっても物質の使用を反復することを中毒という。

身体的に危険な状況でも物質使用を反復することは、依存という。よって、誤り。

④ 〇 同じ効果を得るために、より多くの物質の摂取が必要になることを耐性という。

薬物を定期的に摂取していることによって、耐性がつくとされている。よって、正しい。

⑤ ✕ 物質の反復使用により出現した精神症状が、再使用によって初回よりも少量で出現するようになることを乱用という。

物質の反復使用により出現した精神症状が、再使用の際に少量でも出現する

ようになることは、感作（逆耐性）という。よって、誤り。

問94　　　　　　　　　　　　①

この問題は、遺伝カウンセリングにおいて経験的再発危険率が重要となる疾患についての知識を問う問題です。

① ⭕ **統合失調症**

統合失調症の一般集団の障害罹患率は、0.7〜0.8％であるのに対し、家族歴に基づく経験的再発危険率は、2％〜50％である。これまでに発症に大きく寄与する遺伝子は同定されておらず、経験的再発危険率が重要な指標となる。よって、正しい。

② ❌ **ダウン症候群**

ダウン症の経験的再発危険率は、35歳以下の女性で約0.5％、35歳以上では年齢に応じた一般頻度とほぼ同じとされる。また、出生前スクリーニング検査も行われるため、経験的再発危険率が最も重要とはいえない。よって、誤り。

③ ❌ **Huntington病**

単因子遺伝子病（メンデル遺伝によるもの）に分類され、理論的再発危険率が用いられる。よって、誤り。

④ ❌ **家族性Alzheimer病**

単因子遺伝子病（メンデル遺伝によるもの）に分類され、理論的再発危険率が用いられる。よって、誤り。

⑤ ❌ **筋緊張性ジストロフィー症**

単因子遺伝子病（メンデル遺伝によるもの）に分類され、理論的再発危険率が用いられる。よって、誤り。

問95　　　　　　　　　　　　⑤

この問題は、災害時の保健医療支援体制における組織についての理解を問う問題です。

① ❌ **災害派遣精神医療チーム〈DPAT〉は、都道府県医師会によって組織される。**

災害派遣精神医療チーム〈DPAT〉は、都道府県及び政令指定都市によって組織されるため、不適切。

② ❌ **災害拠点病院は、高度の医療を提供できる400床以上の病院の中から厚生労働省が指定する。**

災害拠点病院は、各都道府県が指定することになっているため、不適切。

③ ❌ **災害派遣医療チーム〈DMAT〉は、各都道府県で実施する養成研修の修了者によって構成される。**

災害派遣医療チーム〈DMAT〉は、災害医療の研修を受けた医師、コメディカルスタッフから構成される。よって、不適切。

④ ❌ **災害医療コーディネーターは、所定の研修を修了した者に対して厚生労働省が付与する資格である。**

災害医療コーディネーターは、都道府県知事により委嘱・任命されるため、不適切。

⑤ ⭕ **広域災害救急医療情報システム〈EMIS〉は、インターネット上で災害時の医療情報の共有を図るシステムである。**

上記の説明通り。広域災害救急医療情報システム〈EMIS〉は、災害時における「適切な情報の収集・提供」を目的としたシステムである。よって、最も適切である。

問96　　　　　　　　③

この問題は、CDRの判定や評価についての知識を問う問題です。

① ✗　介護必要度に関する評価はしない。

CDRは、認知症の重症度を評定するための検査であり、介護必要度の評価にもなる。よって、誤り。

② ✗　質問調査による他者評価尺度である。

CDRでは、家族からの聞き取りと本人への問診によって判定する。よって、誤り。

③ ⭕　健常と認知症の境界は、0.5点である。

CDRでは、評価点0.5点が、認知症疑いとなる。よって、正しい。

④ ✗　判定には、家族からの情報は考慮されない。

CDRの判定に、家族からの聞き取りも含まれる。よって、誤り。

⑤ ✗　人の見当識障害は、中等度障害と判定される。

CDRにおいて、人の見当識障害は重度障害と判定される。よって、誤り。

問97　　　　　　　　②

この問題は、MMSEの特徴等についての知識を問う問題です。

① ✗　非言語性課題が3問ある。

MMSEにおける非言語性課題は、「3段階の口頭命令」、「読解」、「書字」、「図形模写」の4つである。よって、誤り。

② ⭕　人の見当識課題は含まれない。

MMSEにおいて、時間や場所の見当識課題はあるが、人の見当識課題はな

い。よって、正しい。

③ ✗　シリアル7課題（100から7を順に引く）は4回まで行う。

MMSEでは、シリアル7課題は5回まで繰り返す。よって、誤り。

④ ✗　直後再生課題に続く4課題の後に、遅延再生課題が実施される。

MMSEでは、直後再生課題、注意・計算能力課題のあとに、遅延再生課題が実施される。よって、誤り。

⑤ ✗　直後再生課題では、全ての名称を言えるまで4回繰り返して尋ねる。

MMSEの直後再生課題では、全ての名称が言えるまで6回繰り返す。よって、誤り。

問98　　　　　　　　④

この問題は、種々の学習法についての理解を問う問題です。

① ✗　問題練習法

「工房に弟子入りし」との文言は、社会的な学習も含めていると考えられる。よって、④の方が適切である。

② ✗　ジグソー学習

ジグソー学習法とは、E.Aronson（アロンソン）によって提唱された学習法で、エキスパートグループで学んだことをそれぞれ原グループで教え合うという協同学習のことである。よって、不適切。

③ ✗　問題解決学習

問題解決学習は、問題を能動的に発見して解決アプローチを探っていく方法である。よって、不適切。

④ ⭕　正統的周辺参加

J.Leve（レイヴ）とE.Wenger（ウェンガー）が提唱した正統的周辺参加は、

伝統的な徒弟制度を基に、人が共同体に入って経験を積んでいくことが学習であると捉えた。問題文の説明に合致するといえ、最も適切。

⑤ ❌ **プログラム学習**

プログラム学習は、B.F.Skinner (スキナー) が提唱した学習法で、オペラント条件付けの原理を応用した系統的な学習のことである。よって、不適切。

問99　　　　　　　　　　⑤

この問題は、文部科学省が示している小学校段階でのキャリア発達の特徴についての理解を問う問題です。

① ❌ **低学年では、計画づくりの必要性に気づき、作業の手順が分かる。**

文部科学省による「小学校キャリア教育の手引〈改訂版〉」によると、低学年では「小学校生活に適応する」「身の回りの事象への関心を高める」「自分の好きなことを見つけて、のびのびと活動する」ことが挙げられている。よって、不適切。

② ❌ **低学年では、仕事における役割の関連性や変化に気づくようになる。**

上述の通り、不適切である。

③ ❌ **中学年では、将来の夢や希望を持ち、実現を目指して努力しようとする。**

中学年では、「友だちと協力して活動する中でかかわりを深める」と「自分の持ち味を発揮し、役割を自覚する」が挙げられている。よって、不適切である。

④ ❌ **高学年では、自分のことは自分で行うようになる。**

高学年では、「自分の役割や責任を果

たし、役立つ喜びを体得する」「集団の中で自己を生かす」「社会と自己のかかわりから、自らの夢や希望をふくらませる」が挙げられている。よって、不適切である。

⑤ ⭕ **高学年では、自分の長所や短所に気づき、自分らしさを発揮するようになる。**

上述の通り、集団の中で自己を活かしていくことが高学年のキャリア発達課題とされている。よって、適切である。

問100　　　　　　　　　　①

この問題は、パフォーマンス評価に関連する用語についての知識を問う問題です。

① ⭕ **ルーブリック**

例えばパフォーマンスの達成度合いを1〜5の数値で表した尺度と、それぞれの段階に対応するパフォーマンスの特徴の記述からなる評価基準表のことをルーブリック評価という。よって、正しい。

② ❌ **ポートフォリオ**

ポートフォリオとは、教育活動の作品などや子ども自身の評価、教師の指導の記録などを蓄積していき、子どもと教師が共同して評価する方法である。よって、誤り。

③ ❌ **テスト・リテラシー**

リテラシーは、読み書き能力などのように、そのテストに対しての理解能力があることを指している。よって、誤り。

④ ❌ **ドキュメンテーション**

ドキュメンテーションとは、データやシステムなどを相手に伝わるように文書化することである。よって、誤り。

⑤ ✕ カリキュラム・マネジメント

カリキュラム・マネジメントの定義として、小学校学習指導要領 第1章に「教育課程に基づき組織的かつ計画的に各学校の教育活動の質の向上を図っていくこと」と記述されている。よって、誤り。

問101　　　　　　　　　①

この問題は、2016年（平成28年）から2018年（平成30年）までの少年の刑法犯犯罪における統計等についての知識を問う問題です。

① ◯ 検挙人員は減少している。

警察庁の『令和元年の刑法犯に関する統計資料』によると、少年の検挙人員は、平成28年が31,995人、平成29年が27,301人、平成30年が23,970人である。よって、正しい。

② ✕ 共犯者がいるものは60%以上である。

法務省の『犯罪白書』平成29年版から令和元年版によると、少年による刑法犯犯罪のうち、共犯者がいるものは、平成28年が23.0%、平成29年が22.5%、平成30年が27.1%である。よって、誤り。

③ ✕ 検挙されたもののうち、学生・生徒は30%以下である。

法務省の『犯罪白書』平成29年版から令和元年版によると、少年による刑法犯犯罪のうち、学生・生徒の割合はそれぞれ、平成28年が71.3%、平成29年が66.9%、平成30年が67.8%である。よって、誤り。

④ ✕ 14歳から15歳の検挙人数は、16歳から17歳の検挙人員よりも多い。

法務省の『犯罪白書』令和元年版によると、平成28年以降は中間少年（16歳、17歳）が最も多く、続いて年少少年（14歳、15歳）、年長少年（18歳、19歳）の順である。よって、誤り。

⑤ ✕ 殺人・強盗・放火・強制性交等（強姦）の凶悪事件は10%程度である。

警察庁の『令和元年の刑法犯に関する統計資料』によると、殺人・強盗・放火・強制性交等（強姦）の凶悪事件は2%程度である。よって、誤り。

問102　　　　　　　　　②

この問題は、社会的勢力を説明する各用語についての知識を問う問題です。

① ✕ 強制勢力

J.R.P.French, Jr.（フレンチ）とB.H.Raven（レイヴン）は、他者の行動や感情に影響を及ぼすことのできるものとして、社会的勢力を5つに分類した。このうち、強制勢力とは、罰を与えてくるのでは、と影響の受け手（メンバー）が予想することから生じる勢力である。よって、誤り。

② ◯ 準拠勢力

準拠勢力は、メンバーがリーダーに同一視しており、つねにリーダーの行動や態度を参照して自分の行動を決定する基盤となっていることである。よって、正しい。

③ ✕ 正当勢力

正当勢力とは、社会的な規範（例えば、年上を敬う）をメンバーが内在化していることに基づく影響力（リーダーが年上である場合）のことである。よって、誤り。

④ ❌ **専門勢力**

専門勢力とは、専門的な知識や技能があることに基づく影響力のことである。よって、誤り。

⑤ ❌ **報酬勢力**

報酬勢力とは、メンバーが欲している報酬をリーダーがコントロールできることに基づくものである。よって、誤り。

この問題は、大脳皮質運動関連領域についての正しい知識を問う問題です。

① ❌ **運動前野は、運動に対する欲求に関わる。**

運動前野は、外界からの情報をもとにして行動を起こす機能を司る。欲求というよりも、運動の熟練につながり、ここが障害されると慣れた行動も緩慢になり、努力が必要となる。よって、誤り。

② ⭕ **補足運動野は、運動の準備や計画に関わる。**

補足運動野は、自発的な行動を起こす機能を司る。よって正しい。

③ ❌ **一次運動野は、体幹や四肢の平衡の維持に関わる。**

体幹や四肢の平衡の維持にかかわるのは小脳や脳幹である。一次運動野ではない。よって、誤り。

④ ❌ **一次運動野は、Brodmannの6野に位置している。**

一次運動野は、Brodmann（ブロードマン）の4野に位置している。よって、誤り。

⑤ ❌ **一次運動野が障害されると、同側の対応する筋に麻痺が生じる。**

一次運動野が障害されると、反対側の対応する筋に麻痺が生じる。よって、誤り。

この問題は、DSM-5の神経性やせ症／神経性無食欲症に関する知識を問う問題です。

① ❌ **うつ病が合併することは少ない。**

神経性やせ症には、しばしばうつ病の合併が報告される。よって、誤り。

② ❌ **未治療時は、しばしば頻脈を呈する。**

未治療時に呈するのは頻脈ではなく徐脈である。よって、誤り。

③ ❌ **無月経にならないことが特徴である。**

神経性やせ症では、栄養状態が悪化することから無月経になることが多い。よって、誤り。

④ ⭕ **心理社会的要因に加え、遺伝的要因も発症に関与する。**

近年では、心理社会的要因に加え、遺伝的要因の可能性も指摘されており、罹患感受性に遺伝的要因が重要な役割を果たしていることが、家族内集積研究や双生児研究によって示されている。よって、正しい。

⑤ ❌ **未治療時に、しばしばリフィーディング症候群を発症する。**

リフィーディング症候群（refeeding syndrome）とは、慢性的な栄養不良状態が続いている患者に対し、積極的に栄養補給を行うことで発症する一連の代謝合併症のことをいう。未治療時に起きるわけではないため誤り。

午後の部

問105　　　②

この問題は、双極性障害についての知識を問う問題です。

① ✕　**遺伝的要因は、発症に関与しない。**

遺伝的要因に関しては、発症に関与するかどうかについて、現時点でははっきりわかってはいない。そのため、適切なものとはいえない。

② ⭕　**うつ病相は、躁病相よりも長く続く。**

うつ病相は、通常躁病相よりも長く続くといわれている。よって、適切である。

③ ✕　**自殺のリスクは、単極性うつ病よりも低い。**

治療中であれば、単極性うつ病でも双極性障害でも自殺のリスクは大きく変わらない。よって、不適切。

④ ✕　**うつ病相に移行したら、気分安定薬を中止する。**

うつ病相に対しても気分安定薬は有効であるため、中止はしない。よって、不適切。

⑤ ✕　**気分の変動に伴ってみられる妄想は、嫉妬妄想が多い。**

うつ病相では被害妄想が多く、躁病相では誇大妄想が多い。よって、不適切。

問106　　　①・③

この問題は、向精神薬についての知識を問う問題です。①または③のどちらを選んでも正解となります。

① ⭕　**胆汁中に排泄される。**

向精神薬（特にベンゾジアゼピン系抗不安薬等）の多くは胆汁中に排泄され

る（ただし、排便、尿中、汗、唾液、母乳中に排泄されるものもある）。よって、適切なものとして選択できる。

② ✕　**主に腎臓で代謝される。**

主に代謝されるのは腎臓ではなく肝臓である。よって、不適切。

③ ⭕　**代謝により活性を失う。**

向精神薬は代謝により活性を失うものがほとんどである。よって、適切なものとして選択できる。

④ ✕　**薬物の最高血中濃度は、効果発現の指標になる。**

抗うつ薬のように、最高血中濃度と効果の発現とは合致しない薬剤もある。よって、不適切。

⑤ ✕　**初回通過効果は、経静脈的投与の際に影響が大きい。**

初回通過効果は、経口摂取の際に影響が大きく、静脈内投与は初回通過効果を受けない。よって、不適切。

問107　　　③

この問題は、精神保健福祉法についての知識を問う問題です。

① ✕　**応急入院は、市町村長の同意に基づいて行われる。**

応急入院は、本人や家族等の同意が得られなくても、精神障害者を72時間に限り精神保健指定医の診察により入院させることのできる制度である。市町村長の同意ではない。よって、誤り。

② ✕　**措置入院は、72時間を超えて入院することはできない。**

措置入院は、自傷他害のおそれがある精神障害者を都道府県知事の権限で精神科病院に入院させることのできる制度である。72時間という時間の縛

りは設定されていない。よって、誤り。

③ **〇** **措置入院は、2名以上の精神保健指定医による診察を要する。**

措置入院では、2名以上の精神保健指定医により、措置入院が必要と判断が一致した場合に精神障害者を入院させることができる。よって、正しい。

④ **✕** **緊急措置入院は、家族等の同意に基づいて緊急になされる入院をいう。**

緊急措置入院では、急を要して措置入院の手順通りの手続きを踏めない場合、精神保健指定医1名のみの診断により、72時間に限り、精神障害者を入院させることのできる制度である。家族等の同意に基づいたものではない。よって、誤り。

⑤ **✕** **医療保護入院は、本人と家族等の双方から書面による意思確認に基づいて行われる。**

医療保護入院では、本人からの同意がなくても家族等のうちいずれかの者の同意があるときに、精神障害者を入院させることができる。よって、誤り。

問108　　　　　　　　　　③

この問題は、労働基準法についての知識を問う問題です。

① **✕** **雇入れの日から3か月間継続勤務した労働者に対して付与される。**

雇入れの日から6か月間の継続勤務をした労働者に対して、年次有給休暇が付与されると労働基準法で定められている。よって、誤り。

② **✕** **原則として、法定休日を除き連続して4日間以上の年次有給休暇の取得は認められていない。**

労働基準法では、連続して何日以上の年次有給休暇を取得してはいけないといった原則は定められていない。よって、誤り。

③ **〇** **週所定労働日数及び週所定労働時間によって、付与される年次有給休暇の日数が異なる場合がある。**

法定年次有給休暇という最低の単位は労働日数によって定められているが、それを超える場合においては各事業者によって定められる。よって、正しい。

④ **✕** **パートタイム労働者への年次有給休暇の付与は、法による定めはなく、各事業者の方針によって決定される。**

パートタイム労働者であっても、6か月以上の雇用がなされた時点で、最低でも法定の年次有給休暇を付与しなければならない。よって、誤り。

⑤ **✕** **事業の正常な運営が妨げられる場合においても、労働者は希望した日に年次有給休暇を取得することができる。**

年次有給休暇の取得の希望については、事業の正常な運営が妨げられない範囲とされている。よって、誤り。

問109　　　　　　　　　　①

この問題は、公認心理師の倫理を問う問題です。

① **〇** **親友に頼まれて、その妹の心理療法を開始した。**

親友やその妹への心理療法は、多重関係になってしまうため不適切。よって、不適切なものとして選ぶことができる。

② ❌ **カウンセリング中のクライエントに自傷他害のおそれが出現したため、家族に伝えた。**

自傷他害のおそれがある場合には、クライエントを守るために、秘密保持義務よりも通報が優先される。よって、適切であるため、不適切なものとして選べない。

③ ❌ **治療審査委員会が承認した第Ⅲ相試験で心理検査を担当し、製薬会社から報酬を得た。**

定められた形で治験において業務として心理検査を行い、正当な報酬を受けることは何ら問題はない。よって、適切であるため、不適切なものとして選べない。

④ ❌ **カウンセリング終結前に転勤が決まり、クライエントへの配慮をしながら、別の担当者を紹介した。**

公認心理師が何らかの理由で不在を余儀なくされる場合には、クライエントに早めにそのことを伝え、終結にするか担当を変更するかなどについて話し合うことが重要である。よって、適切であるため、不適切なものとして選べない。

⑤ ❌ **1年前から家庭内暴力〈DV〉を受けているクライエントの裁判に出廷し、クライエントの同意を得た相談内容を開示した。**

裁判で法的に定められた場合には、秘密保持義務の例外となる。クライエントから同意も得ているとのことであるため、問題ない。よって、適切であるため、不適切なものとして選べない。

この問題は、公認心理師の成長モデルとスーパービジョンについての問題です。

① ❌ **自己研さんの1つとして、教育分析がある。**

自己研さんには、スーパービジョンのほか、教育分析やコンサルテーションなどが挙げられる。よって、適切であるため、不適切なものとして選べない。

② ❌ **公認心理師の発達段階に合わせたスーパービジョンが必要である。**

スーパービジョンは、公認心理師の、セラピストとしての発達段階に合わせて必要であるといえる。よって、適切であるため、不適切なものとして選べない。

③ ❌ **自己課題の発見や自己点検といった内省の促進は、スーパービジョンの目的である。**

スーパービジョンの目的として、自己課題の発見や自己点検といったことは重要である。よって、適切であるため、不適切なものとして選べない。

④ ❌ **M.H.RønnenstadとT.M.Skovholtは、カウンセラーの段階的な発達モデルを示した。**

M.H.Rønnenstad（ロンスタッド）とT.M.Skovholt（スコウホルト）は、カウンセラーの段階的な発達モデルとして8段階モデルを示し、後に簡潔な6期モデルへと改変した。よって、適切であるため、不適切なものとして選べない。

⑤ ⭕ **経験の浅い公認心理師のスーパービジョンにおいては、情緒的な支えよりも技術指導が重要である。**

経験の浅い公認心理師のスーパービジョンにおいては、技術的なことよりも、まずは情緒的支えが重要である。よって不適切なものとして選択できる。

問111　③

この問題は、児童虐待防止対策についての知識を問う問題です。

① ❌　**児童心理司を政令で定める基準を標準として配置する。**
児童福祉法には児童相談所への児童心理司の配置基準が記載されている。よって、適切。

② ❌　**第三者評価など、児童相談所の業務の質の評価を実施する。**
厚生労働省による「児童虐待防止対策の抜本的強化について」では、第三者評価など児童相談所の業務に対する評価を実施するよう努めるものと記載されている。よって、適切。

③ ⭕　**都道府県は、一時保護などの介入対応を行う職員と、保護者支援を行う職員を同一の者とする。**
「児童虐待防止対策の抜本的強化について」では、一時保護等の介入的対応を行う職員と支援を行う職員を分けるなどの児童相談所の機能分化を行うとされている。よって、不適切なもとして選択できる。

④ ❌　**学校、教育委員会、児童福祉施設等の職員は、職務上知り得た児童に関する秘密について守秘義務を負う。**
「児童虐待防止対策の抜本的強化について」では、学校・福祉施設等の職員に関する守秘義務の法定化が記載されている。よって、適切。

⑤ ❌　**家庭内暴力〈DV〉対策と児童虐待対応の連携を強化し、婦人相談所や配偶者暴力相談支援センターなどとの連携・協力を行う。**
「児童虐待防止対策の抜本的強化について」では、被害の早期発見・早期介入に向けて関係機関等の連携・協力や啓発活動等について記載されている。よって、適切。

問112　③

この問題は、流動性知能と結晶性知能についての知識を問う問題です。

① ❌　**図形を把握する問題で測られる。**
流動性知能は、図形の認識や構成を通して測定される能力である。適切であるため、不適切なものとして選べない。

② ❌　**いわゆる「頭の回転の速さ」と関連する。**
流動性知能は、頭の回転の速さと関連すると思われる。適切であるため、不適切なものとして選べない。

③ ⭕　**学校教育や文化的環境の影響を受けやすい。**
学校教育や文化的環境の影響を受けやすいのは、流動性知能ではなく結晶性知能である。よって、不適切なものとして選べる。

④ ❌　**新しい課題に対する探索的問題解決能力である。**
流動性知能とは、新しい学習や新しい環境への適応のための探索的問題解決能力のことを指す。よって、適切であるため、不適切なものとして選べない。

⑤ ❌　**結晶性知能と比べて能力のピー**

クが早期に訪れる。

流動性知能のピーク（30代頃）は、結晶性知能（60歳頃まで徐々に上昇）と比べ早期に能力のピークが訪れる。よって、適切であるため、不適切なものとして選べない。

問113　　　　　　　①

この問題は、A.D.Baddeley のワーキングメモリ・モデルのサブシステムについての知識を問う問題です。

① 〇 **感覚貯蔵**

A.D.Baddeley（バデリー）とG.Hitch（ヒッチ）のワーキングメモリ・モデルでは、中央実行系とその下位システムである記憶貯蔵庫（視空間スケッチパッドと音韻ループ）、2000年にはエピソード・バッファと呼ばれる構成要素を導入し、ワーキングメモリ（作業記憶）のことを説明している。よって、感覚貯蔵ではなく記憶貯蔵であるため、誤り。

② ✕ **音韻ループ**

①の説明にあるように音韻ループはサブシステムに含まれる。よって、正しいため誤っているものとして選ぶことはできない。

③ ✕ **中央実行系**

①の説明にあるように中央実行系は（上位の）サブシステムに含まれる。よって、正しいため誤っているものとして選ぶことはできない。

④ ✕ **エピソード・バッファ**

①の説明にあるようにエピソード・バッファはサブシステムに含まれる。よって、正しいため誤っているものとして選ぶことはできない。

⑤ ✕ **視空間スケッチパッド**

①の説明にあるように視空間スケッチパッドはサブシステムに含まれる。よって、正しいため誤っているものとして選ぶことはできない。

問114　　　　　　　①

この問題は、U.Neisser が仮定する5つの自己知識についての問題です。

① 〇 **公的自己**

U.Neisser（ナイサー）は、自己知識について5つの視点から捉えられると考えた。その5つとは、生態学的自己、対人的自己、想起的自己、私的自己、概念的自己である。公的自己というものは含まれないため、不適切なものとして選ぶことができる。

② ✕ **概念的自己**

①の説明のとおり、概念的自己は5つの自己知識に含まれるため、適切である。よって、不適切なものとして選ぶことはできない。

③ ✕ **対人的自己**

①の説明のとおり、対人的自己は5つの自己知識に含まれるため、適切である。よって、不適切なものとして選ぶことはできない。

④ ✕ **生態学的自己**

①の説明のとおり、生態学的自己は5つの自己知識に含まれるため、適切である。よって、不適切なものとして選ぶことはできない。

⑤ ✕ **拡張的／想起的自己**

①の説明のとおり、拡張的／想起的自己は5つの自己知識に含まれるため、適切である。よって、不適切なものとして選ぶことはできない。

問115　　　　　③

この問題は、ペアレント・トレーニングに関する知識を問う問題です。

① ❌ **育児から生じるストレスによる悪循環を改善する。**

ペアレント・トレーニングでは、子どもの困難・特性を理解することや対処法を学ぶことによって、育児ストレスを改善することが目的とされている。よって、適切であるため、不適切なものとして選択できない。

② ❌ **対象は母親に限定していないが、参加者の多くは母親である。**

ペアレント・トレーニングは親を対象としたトレーニングであり、対象は母親のみではないが、実際の参加者の多くは母親である。よって、適切であるため、不適切なものとして選択できない。

③ ⭕ **親と子どもが一緒に行うプレイセラピーを基本として発展してきた。**

ペアレント・トレーニングは、プレイセラピーではなく行動療法や行動分析を基礎として確立された。よって、不適切なものとして選択できる。

④ ❌ **子どもへの関わり方を学ぶことで、より良い親子関係を築こうとするものである。**

ペアレント・トレーニングは、子どもの持つ困難を理解して、対処方法を学んでいくことでより良い親子関係、日常生活を実現するためのものである。よって、適切であるため、不適切なものとして選択できない。

⑤ ❌ **注意欠如多動症／注意欠如多動性障害〈AD/HD〉のある子どもの親に有効である。**

ペアレント・トレーニングは、ADHDの特性がある子どもを育てる親に有効なプログラムである。よって、適切であるため、不適切なものとして選択できない。

問116　　　　　③

この問題は、動機づけ面接に関する知識を問う問題です。

① ❌ **クライエントが今までに話したことを整理し、まとめて聞き返す。**

動機づけ面接の基本的スキルとしてOARS（開かれた質問、是認、聞き返し、要約する）の4つがある。①はこのうち要約する（Summarize）のことを示しているため、適切である。そのため、不適切なものとして選ぶことはできない。

② ❌ **クライエントの答え方に幅広い自由度を持たせるような質問をする。**

①の説明の4つの基本的スキルのうち、②は開かれた質問（Open ended question）のことを示しているため、適切である。そのため、不適切なものとして選ぶことはできない。

③ ⭕ **クライエントの思いを理解しつつ、公認心理師自身の心の動きにも敏感になる。**

①の説明の4つの基本的スキルには含まれていない。よって、不適切なもとして選択できる。

④ ❌ **クライエントの気づきをより促すことができるように、言葉を選んで聞き返す。**

①の説明の4つの基本的スキルのうち、④は聞き返し（reflective listening）のことを示しているため、適切

である。そのため、不適切なものとして選ぶことはできない。

⑤ **✕** クライエントの話の中からポジティブな部分を強調し、クライエントの価値を認める。

①の説明の4つの基本的スキルのうち、⑤は是認（Affirm）のことを示しているため、適切である。そのため、不適切なものとして選ぶことはできない。

問117　⑤

この問題は、公認心理師の倫理や職責に関する問題です。

① **✕** 心理的支援に関する知識及び技術の習得など資質向上に努めなければならない。

公認心理師法第四十三条には「公認心理師は、国民の心の健康を取り巻く環境の変化による業務の内容の変化に適応するため、第二条各号に掲げる行為に関する知識及び技能の向上に努めなければならない。」と書かれており、適切であるため、不適切なものとして選べない。

② **✕** 法律上の「秘密保持」と比べて、職業倫理上の「秘密保持」の方が広い概念である。

法律上の秘密保持よりも、職業倫理条の秘密保持の方が広い概念であり、法に定められていないことであってもその専門職として行うべき秘密保持義務が存在する。よって、適切であるため、不適切なものとして選べない。

③ **✕** 心理的支援の内容・方法について、クライエントに十分に説明を行い、同意を得る。

心理的支援に関しても、インフォームドコンセント（十分な説明を行った上で同意を得ること）は重要である。よって、適切であるため、不適切なものとして選べない。

④ **✕** 心理状態の観察・分析などの内容について、適切に記録し、必要に応じて関係者に説明ができる。

心理状態の観察・分析などの内容については、適切に記録することで説明が必要な時に参照することができる。よって、適切であるため、不適切なものとして選べない。

⑤ **◯** クライエントの見捨てられ不安を防ぐため、一度受理したケースは別の相談機関に紹介（リファー）しない。

初回面接などのできるだけ早い段階で、適切な機関にリファーすることは重要である。よって、不適切なものとして選択できる。

問118　③

この問題は、児童虐待に関する問題です。

① **✕** 警察との連携強化により、警察からの通告が急増した。

子どもに対する直接的な暴力や暴言でなくても、両親が目の前で大げんかをするなども面前DV・心理的虐待と捉えられ、警察からの通告が増加した。よって、適切であるため、不適切なものとして選べない。

② **✕** 児童相談所全国共通ダイヤルの運用などにより、社会的意識が高まった。

平成21年に児童相談所全国共通ダイヤルの運用が開始されたことにより、窓口の一本化が図られた。よって、適

切であるため、不適切なものとして選べない。

③ **〇** **相談対応件数全体におけるネグレクトによる通告件数の割合が急増した。**

通告件数が急増したのは、他の選択肢の説明にもあるように、面前DVによる心理的虐待の通告件数が増加したからである。よって、不適切なものとして選べる。

④ **✕** **子どもの面前の家庭内暴力〈DV〉が心理的虐待に含まれるようになった。**

①の説明にあるように、面前DVは心理的虐待に含まれるようになった。よって、適切であるため不適切なものとして選べない。

⑤ **✕** **きょうだい児への虐待は、他のきょうだい児への心理的虐待であるとみなされるようになった。**

①の説明と同様、きょうだい児への身体的・心理的・性的虐待であっても、それは目撃した他のきょうだい児にとっては心理的虐待となる。よって、適切であるため不適切なものとして選べない。

問119　　　　　　　　　　⑤

この問題は、学級経営に関する知識を問う問題です。

① **✕** **学級集団のアセスメントツールには、Q‐Uなどがある。**

Q‐Uとは、学校生活意欲と学級満足度の2つの尺度からなる学校経営に用いることのできるアセスメントツールである。よって、適切であるため不適切なものとして選べない。

② **✕** **学級経営には、教師のリーダーシップスタイルの影響が大きい。**

学級経営では、教師のとるリーダーシップスタイルが大きく影響する。よって、適切であるため不適切なものとして選べない。

③ **✕** **学級づくりの1つの方法として、構成的グループエンカウンターがある。**

構成的グループエンカウンターは、はじめて会った人同士の関係構築に用いることができるが、学級づくりの一環でも用いることができる。よって、適切であるため不適切なものとして選べない。

④ **✕** **学校の管理下における暴力行為の発生率は、小学校より中学校の方が高い。**

学校の管理下における暴力行為の発生率は、小学校よりも中学校の方が高い状態が続いている。よって、適切であるため不適切なものとして選べない。

⑤ **〇** **問題行動を示す特定の児童生徒が教室内にいる場合、その児童生徒の対応に集中的に取り組む**

問題行動を示す特定の児童生徒だけでなく、その周りの児童生徒にも動揺が広がるなどの可能性があるため、対応に取り組むべきである。よって、不適切なものとして選択できる。

問120　　　　　　　　　　⑤

この問題は、慢性疲労症候群に関する知識を問う問題です。

① **✕** **男性より女性に多い。**

慢性疲労症候群は、主に20〜50歳の

人にみられ、男性よりも若年～中年の女性でよくみられる。よって、適切。

② ❌ **筋肉痛がよくみられる。**

慢性疲労症候群では、主な症状である疲労の他に、集中力の低下や不眠、筋肉痛を含む様々な箇所の痛みが現れることもよくある。よって、適切。

③ ❌ **睡眠障害がよく見られる。**

②の説明のとおり、睡眠障害（不眠）がよく見られる。よって、適切。

④ ❌ **6か月以上持続する著しい倦怠感が特徴である。**

慢性疲労症候群では、著しい疲労・倦怠感が6か月以上持続することが特徴的である。よって、適切。

⑤ ⭕ **体を動かすことによって軽減する倦怠感が特徴である。**

慢性疲労症候群では、軽い運動の後に倦怠感を生じることが多い。

問121　　　　　　　　⑤

この問題は、発達障害者支援法に関する知識を問う問題です。

① ❌ **発達支援には、医療的援助も含まれる。**

発達障害者支援法の第二条四項に『「発達支援」とは、発達障害者に対し、その心理機能の適正な発達を支援し、及び円滑な社会生活を促進するため行う個々の発達障害者の特性に対応した医療的、福祉的及び教育的援助をいう』と定められている。よって、適切。

② ❌ **支援対象には、18歳未満の者も含まれる。**

発達障害者支援法の第二条二項に『「発達障害者」とは、発達障害がある者であって発達障害及び社会的障壁により日常生活又は社会生活に制限を受けるものをいい、「発達障害児」とは、発達障害者のうち十八歳未満のものをいう』とあり、18歳未満の者も含まれる。よって、適切。

③ ❌ **支援対象には、発達障害者の家族も含まれる。**

発達障害者支援法の第十三条には、「道府県及び市町村は、発達障害者の家族その他の関係者が適切な対応をすることができるようにすること等のため、児童相談所等関係機関と連携を図りつつ、発達障害者の家族その他の関係者に対し、相談、情報の提供及び助言、発達障害者の家族が互いに支え合うための活動の支援その他の支援を適切に行うよう努めなければならない」と、家族も支援対象に含まれている。よって、適切。

④ ❌ **国の責務のほかに、地方公共団体の責務も定められている。**

発達障害者支援法の第三条には、国及び地方公共団体の責務が定められている。よって、適切。

⑤ ⭕ **支援は、個々の発達障害者の性別、年齢及び障害の状態に関係なく、一律に行う。**

発達障害者支援法の第二条の二第三項に「発達障害者の支援は、個々の発達障害者の性別、年齢、障害の状態及び生活の実態に応じて、かつ、医療、保健、福祉、教育、労働等に関する業務を行う関係機関及び民間団体相互の緊密な連携の下に、その意思決定の支援に配慮しつつ、切れ目なく行われなければならない。」とある。よって、不適切なものとして選べる。

問122　④

この問題は、学校教育法に関する知識を問う問題です。

① ❌　学年主任
学校教育法施行規則の第四十四条には、「小学校には、教務主任及び学年主任を置くものとする」と設置が規定されている。よって、不適切なものとして選択できない。

② ❌　教務主任
①の説明のとおり、教務主任については設置が規定されている。よって、不適切なものとして選択できない。

③ ❌　保健主事
学校教育法施行規則の第四十五条には、「小学校においては、保健主事を置くものとする」と設置が規定されている。よって、不適切なものとして選択できない。

④ ⭕　教育相談主任
教育相談主任は、学校教育法施行規則で小学校及び中学校のいずれにも設置が規定されていない。よって、不適切なものとして選ぶことができる。

⑤ ❌　進路指導主事
学校教育法施行規則の第七十一条には、「中学校には、進路指導主事を置くものとする」と設置が規定されている。よって、不適切なものとして選択できない

問123　③

この問題は、保護観察に関する知識を問う問題です。

① ❌　精神保健観察を実施する。
保護観察所では、更生保護の実施機関として、保護観察、生活環境の調整、更生緊急保護、恩赦の上申、犯罪予防活動などの事務を行っており、また医療観察制度の処遇の実施機関として、生活環境の調査・調整、精神保健観察などの事務を行っている。よって、適切であるため、不適切なものとして選べない。

② ❌　仮釈放者に対する保護観察を実施する。
①の説明のように、仮釈放者への保護観察は保護観察所の業務に含まれている。よって、適切であるため、不適切なものとして選べない。

③ ⭕　遵守事項違反による仮釈放の取消しを行う。
遵守事項違反による仮釈放の取り消しは、地方更生保護委員会の役割であり、保護観察所の業務には含まれない。よって、不適切なものとして選べる。

④ ❌　保護観察に付された者に対する恩赦の上申を行う。
①の説明のように、保護観察に付された者に対する恩赦の上申は保護観察所の業務に含まれている。よって、適切であるため、不適切なものとして選べない。

⑤ ❌　少年院に入院中の少年に対する生活環境の調整を実施する。
①の説明のように、少年院に入院中の少年に対する生活環境の調整は保護観察所の業務に含まれている。よって、適切であるため、不適切なものとして選べない。

問124　④

この問題は、チーム医療に関する問題です。

① ✕　**多職種でのカンファレンスは、議論や検討の場ではない。**

多職種でのカンファレンスは、議論や検討を行いつつ、患者やその家族に対してよりよい医療を提供できるように会議を行う。よって、不適切。

② ✕　**医療に従事する多種多様な医療スタッフが、場所を共有する。**

チーム医療では、医療に従事する多種多様な医療スタッフ（他職種）が互いの考えを共有しながら、互いに尊重しあい医療を行っていく。必ずしも場所を共有するとは限らない。よって、最も適切とはいえない。

③ ✕　**患者自身がチームの意思決定や治療選択に関わることはない。**

患者自身やその家族もチーム医療の一員と考えられる。よって、不適切。

④ ⭕　**各職種の機能と役割について、互いに知っておくことが必要である。**

チーム医療を行う上では、多職種での連携が重要とされているため、互いの職種やその機能、役割についてよく知った上で有機的な連携ができることが望まれる。よって、最も適切。

問125　①

この問題は、J.E.Marcia（マーシア）が提起した自我同一性地位に関する知識を問う問題です。

① ⭕　**同一性達成型とは、人生上の危機を経験し、職業などの人生の重要な領域に積極的に傾倒している地位であ**

る。

同一性達成型の説明として正しい。

② ✕　**早期完了型とは、人生上の危機を発達早期に経験し、職業などの人生の重要な領域に積極的に傾倒している地位である。**

早期完了型では、人生上の危機を経験していない。よって、誤り。

③ ✕　**モラトリアム型とは、人生上の危機を経験しておらず、職業などの人生の重要な領域に積極的に傾倒していない地位である。**

モラトリアム型とは、人生上の危機を現在経験中であり、職業などの人生の重要な領域に積極的に傾倒しようとしている地位である。よって、誤り。

④ ✕　**同一性拡散型とは、人生上の危機を経験していないが、職業などの人生の重要な領域に積極的に傾倒しようと努力している地位である。**

同一性拡散型とは、人生上の危機を経験しており、職業などの人生の重要な領域に傾倒していない地位である。よって、誤り。

問126　①

この問題は、DSM-5の急性ストレス障害に関する知識を問う問題です。

① ⭕　**主な症状の1つに、周囲または自分自身の現実が変容した感覚がある。**

周囲または自分自身の現実が変容した感覚とは、ある一種の解離状態ということができるが、急性ストレス障害にもそのような症状がみられうる。よって、正しい。

② ✕　**心的外傷的出来事は、直接体験**

に限られ、他者に生じた出来事の目撃
は除外される。

心的外傷体験は、直接体験に限らず、
他者から見聞きした出来事や、他者の
体験を目撃したことも含まれる。よっ
て、誤り。

③ ❌ **6歳以下の場合、死や暴力、性被
害などの心的外傷体験がなくても発症
することがある。**

6歳以下の場合であっても、直接体験、
他者に起こった出来事の目撃、他者か
ら聞いた話、繰り返し心的外傷的出来
事に暴露されるなどによって発症す
る。「心的外傷体験がなくても」とい
う記述は誤り。

④ ❌ **心的外傷的出来事の体験後、2
週間以上症状が持続した場合は心的
外傷後ストレス障害〈PTSD〉に診断
を切り替える。**

心的外傷後ストレス障害の診断は、4
週間以上症状が持続した場合に行わ
れる。よって、誤り。

問127　　　　　　　　　①

この問題は、作業同盟（治療同盟）につい
ての問題です。

① ⭕ **作業同盟が強固であるほど、介
入効果は良好である。**

作業同盟が強固であればあるほど、介
入効果は増大する相関関係がみられ
る。よって、正しい。

② ❌ **作業同盟の概念には、課題に関
する合意は含まれない。**

作業同盟は、セラピストとクライエン
トがともにその作業（治療）を進めて
いくための同盟のことを指す。その概
念に、課題に関する合意も含まれる。

よって、誤り。

③ ❌ **作業同盟の効果は、対人プロセ
ス想起法によって測定される。**

作業同盟の効果は、対人プロセス想起
法によって測定されるものではない。
対人プロセス想起法とはカウンセラー
の訓練法であり、カウンセリングを録
音・録画することによって、それらの
データから対人プロセスへの気づきを
高めるものである。よって、誤り。

④ ❌ **作業同盟が確立していることは、
心理療法の介入効果の必要十分条件
である。**

作業同盟が確立していることは、心理
療法の介入効果を見る上で必要条件
とも考えられるが、十分条件ではな
い。よって、誤り。

問128　　　　　　　　　④

この問題は、感情と文化の関連性につい
ての問題です。

① ❌ **各文化にはそれぞれ特異な社会
的表示規則があり、それによって感情
表出が大きく異なり得る。**

各文化圏において感情表出ルール（社
会的表示規則）が異なり、例えば欧米
文化圏では感情を表出することが美徳
とされているが、日本文化では抑制す
ることが美徳とされる。よって、適切。

② ❌ **社会的構成主義によれば、それ
ぞれの文化に固有の感情概念や感情
語によって、感情経験が大きく異なり
得る。**

社会構成主義では、感情は文化によっ
て社会的に作られるものであると考え
る。それぞれの文化の持つ感情概念や
感情語によって、感情経験は異なり得

る。よって、適切。

③ ❌ 日米比較研究によれば、見知らぬ他者と同席するような状況では、概して日本人は表情が乏しくなる傾向がある。

アメリカ人と比較すると日本人は自分の行動が他者に受け入れられているかどうかという点に注意を払いやすく、感情を抑制する傾向が強いため表情が乏しくなる。よって、適切。

④ ⭕ 日本で優勢とされる相互協調的自己の文化では、米国で優勢とされる相互独立的自己の文化に比して、怒りや誇りが経験されやすい。

アジア圏に優勢な相互協調的自己観は欧米人に多い相互独立的自己観と比べ、周囲や社会の期待に対して自分には足りないことがあると考えるような自己批判的傾向が高いため、誇りが経験されやすいとはいえない。よって、不適切。

問129　　　　　　①・⑤

この問題は、副交感神経系に関する知識を問う問題です。

① ⭕ 血管拡張

副交感神経が優位になると、血管は拡張し、涙が増える。よって、正しい。

② ❌ 血糖上昇

副交感神経が優位になると、インスリンの分泌が促され、インスリンは上昇した血糖値を低下させる。よって、誤り。

③ ❌ 瞳孔散大

副交感神経が優位になると、瞳孔は縮小する。よって、誤り。

④ ❌ 胃酸分泌の減少

副交感神経が優位になると胃酸分泌が増加する。よって、誤り。

⑤ ⭕ 消化管運動の亢進

副交感神経が優位になると、消化管における蠕動運動が促進される。よって、正しい。

問130　　　　　　①・⑤

この問題は、生物心理社会モデルについての問題です。

① ⭕ DSM-5

DSM-5は、生物学的な要因と心理学的な要因、社会的な要因をそれぞれ見た上での診断を行う「精神障害の診断・統計マニュアルの第5版」である。よって。適切である。

② ❌ HTPテスト

HTPテストとは、House-Tree-Personテストの略であり、投影法の性格検査。空間象徴理論などが解釈に用いられるが、生物心理社会モデルに基づいてはいない。よって、不適切。

③ ❌ 洞察の三角形

洞察の三角形とは、過去・現在・治療内での対人関係での感情・不安・防衛の反復されるパターンを見ることから、人を理解しようとするものである。これは、生物心理社会モデルに基づいてはいない。よって、不適切。

④ ❌ Cannon-Bard説

Cannon-Bard（キャノン・バード）説とは、末梢起源説（James-Lange説：ジェームズ・ランゲ説）への反論として主張された中枢起源説。James-Lange説では、「泣くから悲しい」としたが、Cannon-Bard説では「悲しいから泣く」と考えた。これは、生物心

理社会モデルに基づいてはいない。
よって、不適切。

⑤ **◯** **国際生活機能分類（ICF）**
ICF の中心概念である生活機能とは、①心身機能・身体構造、②活動、③参加の3つを包括した概念である。これは、医学モデルや社会モデルの統合に基づいている。生物・心理・社会モデルに対応するといえる部分も多い。よって、適切。

この問題は、むずむず脚症候群に関する知識を問う問題です。

① **◯** **妊婦に多い。**
むずむず脚症候群とは、下肢静止不能症候群とも呼ばれ、下肢にむずむず、ほてり、ぴりぴり、かゆみなど不快感を感じるもので、妊婦や鉄欠乏性貧血患者に多い。よって、正しい。

② **◯** **鉄欠乏性貧血患者に多い。**
むずむず脚症候群とは、①の通り、妊婦や鉄欠乏性貧血患者に多い。よって、正しい。

③ **✕** **運動によって症状は憎悪する。**
むずむず脚症候群では、適度な運動がよいとされる。よって、誤り。

④ **✕** **早朝覚醒時に出現する異常感覚が特徴である。**
むずむず脚症候群で異常感覚が生じるのは、入眠時が多い。よって、誤り。

⑤ **✕** **選択的セロトニン再取り込み阻害薬〈SSRI〉によって症状が改善する。**
SSRIや抗精神病薬の副作用であるアカシジアとして、同様の症状が出てくる可能性がある。よって、誤り。

この問題は、アルコール依存症の離脱症状に関する知識を問う問題です。

① **✕** **過眠**
アルコール依存症の離脱症状は過眠ではなく不眠がある。よって、誤り。

② **◯** **幻視**
アルコール依存症の離脱症状として、正しい。

③ **✕** **徐脈**
アルコール依存症の離脱症状は徐脈ではなく不整脈がある。よって、誤り。

④ **✕** **多幸**
アルコール依存症の離脱症状は多幸ではなくイライラ感や集中力の低下、幻覚、幻聴がある。よって、誤り。

⑤ **◯** **けいれん**
アルコール依存症の離脱症状として、正しい。

この問題は、向精神薬に関する知識を問う問題です。

① **✕** **バルビツール酸系薬剤**
バルビツール酸系薬剤には、バルビタールやフェノバルビタール、アモバンビタールなどがあり、鎮静薬や抗てんかん薬などに使用される。副作用が懸念されており、その危険性を改良したものとしてベンゾジアゼピン系の抗不安薬が用いられるようになった。よって、不適切。

② **✕** **フェノチアジン系薬剤**
フェノチアジン系薬剤には、ペルフェナジンやプロメタジン配合、クロルプロマジンなどがあり、抗精神病薬の一

午後の部

種とされ、副作用としては錐体外路症
状がある。高齢者に副作用が少ないと
はいえないため、不適切。

③ **〇** **オレキシン受容体拮抗薬**

オレキシン受容体拮抗薬は、比較的新
しく安全性の高い睡眠導入剤として用
いられており、その他の睡眠導入剤と
比べて副作用が少ないとされる。一般
名としてはスボレキサントが用いられ
る。よって、適切。

④ **〇** **メラトニン受容体作動薬**

メラトニン受容体作動薬は、比較的新
しく安全性の高い睡眠導入剤として用
いられており、その他の睡眠導入剤と
比べて副作用が少ないとされる。一般
名としてはラメルテオンが用いられ
る。よって、適切。

⑤ **✕** **ベンゾジアゼピン受容体作動薬**

ベンゾジアゼピン系抗不安薬とも呼ば
れる。クロナゼパム、ロラゼパム、ジ
アゼパムなどがあり、バルビツール酸
系よりは副作用が少ないといわれる
が、依存症になりやすいため、投薬制
限が設けられている。よって、不適切。

問134　　　　④・⑤

この問題は、不登校に関する知識を問う
問題です。

① **✕** **1960年代に、ニューカマー家庭
の不就学が問題となった。**

ニューカマーとは、1980年代以降に
日本へ渡り長期滞在する外国人を指
し、その家庭の不就学が問題となった
のは1960年代より後の年代である。
よって、不適切。

② **✕** **1980年代の詰め込み教育の時
代に、学校恐怖症が発見された。**

アメリカのA.M.Johnson（ジョンソ
ン）らによって初めて「学校恐怖症」
の用語が提唱されたのは、1941年で
ある。そこから1960年代までは、主と
して精神医学の領域で治療対象として
の不登校研究が進み、「学校恐怖症」
研究の時代とよばれることもある。
よって、不適切。

③ **✕** **1990年前後のバブル経済の時
代に、登校拒否という言葉が生まれ
た。**

それまで「学校恐怖症」とよばれてい
た不登校は、1970年代以降、「登校拒
否」とよばれるようになった。1980
年代になると、状態像、行動像だけを
包括的に記述する「不登校」という用
語が使われはじめ、1990年代には一
般的になった。よって、不適切。

④ **〇** **2000年代の児童虐待防止法改
正以降、居所不明児が注目された。**

住民基本台帳に記録があるが、乳幼児
健康診査や予防接種等の受診、福祉
サービス、義務教育などの記録がな
く、連絡や接触が図れないため自治体
が安否を把握できない子どものことを
居所不明児という。2010年ごろから
所在不明とされていた児童の死亡事件
などが全国で相次いだ。よって、適切。

⑤ **〇** **現在、不登校の子どもを対象と
する特別の教育課程を編成することが
できる。**

不登校児童生徒等の実態に配慮した
特別の教育課程を編成する必要があ
ると認められる場合、特定の学校にお
いて教育課程の基準によらずに特別の
教育課程を編成することができるとい
う特例が認められている。平成17年7
月から文部科学大臣の指定により行う

ことが可能となった。したがって、適切。

問135　　　　　　　②・⑤

この問題は、平成25年に開始された健康増進運動である健康日本21（第二次）に関する知識を問う問題です。

① ✕　依存症
依存症は、こころの健康として、数値目標は設定されていない。よって、不適切。

② 〇　気分障害
気分障害・不安障害に相当する心理的苦痛を感じている者の割合の減少については、平成22年に10.4%の割合であった数値を、平成34年度（令和4年度）に9.4%に減少させることを目標とされている。よって、適切。

③ ✕　適応障害
適応障害は、こころの健康として、数値目標は設定されていない。よって、不適切。

④ ✕　発達障害
発達障害は、こころの健康として、数値目標は設定されていない。よって、不適切。

⑤ 〇　不安障害
②の説明のとおり、不安障害は数値目標が設定されている。よって、適切。

問136　　　　　　　⑤

この問題は、養育・教育に関連のある用語の知識を問う問題です。

① ✕　クーイング
クーイングとは、「あーあー」「うー」といった舌を使わず母音による発声で主

に機嫌のよい時に発せられる。なお、同じく赤ちゃんの発声である喃語は、「ばぶばぶ」といった母音以外も含んだ発声で、特に意味は持たない。事例の内容とは異なるため、不適切。

② ✕　コーチング
教えたり、指導したりすることをコーチングといい、コーチングをする者をコーチと呼ぶ。事例の内容とは異なるため、不適切。

③ ✕　マザリーズ
マザリーズとは、母親が小さい子どもに話しかける際に、声が高くなったりゆっくり話したりする言葉の使用のことをいう。事例の内容とは異なるため、不適切。

④ ✕　ミラーリング
相手が話す動作や口癖、相づちなどを繰り返す（模倣する）ことをミラーリングという。事例の内容とは異なるため、不適切。

⑤ 〇　アロマザリング
母親以外による子育てのことをアロマザリングという。この事例では祖父母や叔母がときどき農作業の手を休めて、Aの世話をしているなど、アロマザリングといえる内容が含まれている。よって、適切。

問137　　　　　　　③

この問題は、事例から適切な心理検査を読み取る問題です。

① ✕　AQ-J
AQ-J（自閉症スペクトラム指数）は、自閉スペクトラム症の自記式評価尺度。自閉スペクトラム症が疑われるような幼少期からのコミュニケーショ

ン、社会性の障害などについての記述はなく、AQ-Jを用いる理由が認められない。よって、不適切。

② ✗ CAPS

CAPS（PTSD臨床診断面接尺度）は、PTSDの診断を行うための構造化面接の尺度。PTSDをうかがわせるような記述はなく、CAPSを用いる理由がない。よって、不適切。

③ ◯ GAD-7

GAD-7（全般性不安障害-7）は、全般性不安障害（全般性不安症）の評価尺度。「幼少期から心配性」「気になって仕方がない」という記述があることから、全般性不安症の可能性が考えられる。よって、最も適切なものとして選ぶことができる。

④ ✗ LSAS-J

LSAS-J（リーボヴィッツ社交不安尺度）は、社交不安症の重症度や治療効果を評価する尺度。社交不安症をうかがわせるような記述はなく、LSAS-Jを用いる理由が認められない。よって、不適切。

⑤ ✗ Y-BOCS

Y-BOCS（自己記述式Yale-Brown強迫観念・強迫行為尺度）は、強迫症の強迫観念や強迫行為についてアセスメントする尺度。「幼少期から心配性」「気になって仕方がない」という事柄は書いてあるが、洗浄強迫や確認強迫などの強迫症に認められる観念や行為の記述はないため、Y-BOCSを用いる理由が認められない。よって、不適切。

問138　　　　　　　　　⑤

この問題は、事例から適切な初期対応を読み取る問題です。

① ✗　散歩を勧める。

散歩をすることは、抑うつ症状を軽減させることにつながる可能性はあるものの、抑うつ状態が遷延している状態で「最も優先されるべきもの」とはいえない。よって、選択できない。

② ✗　HAM-Dを行う。

HAM-D（ハミルトンうつ病評価尺度）は、うつ病の評価を行うための尺度。うつ病とすでに診断されており、抑うつ症状が遷延しているという記述からすでに抑うつの度合いは高いことは推定されており、抑うつの度合いを測定することは「最も優先されるべきもの」とはいえない。よって、選択できない。

③ ✗　うつ病の心理教育を行う。

うつ病の心理教育を行うことも考えられるが、まずはAに関するアセスメントを再度行うことで、適切な治療へとつなげることの方が重要である。よって、選択できない。

④ ✗　認知行動療法の導入を提案する。

認知行動療法の導入も考えられるが、まずはAに関するアセスメントを再度行うことで、適切な治療へとつなげることの方が重要である。よって、選択できない。

⑤ ◯　発症要因と症状持続要因の評価を行う。

抑うつ症状が遷延していることから、これまでの外来治療が功を奏していない様子がうかがえる。発症要因と症状持続要因の評価（アセスメント）を見直すべきであり、最も優先されるべきものと考えられる。

問139　④

この問題は、高齢者虐待に関する知識を問う問題です。

① ✕　性的虐待
対象者にわいせつな行為をすること又は対象者にわいせつな行為をさせることをいう。性的虐待については特に記述が見受けられない。よって、不適切。

② ✕　経済的虐待
養護者又は対象者の親族が、当該対象者の財産を不当に処分することや、その他当該対象者から不当に財産上の利益を得ることをいう。経済的虐待については特に記述が見受けられない。よって、不適切。

③ ✕　身体的虐待
対象者の身体に外傷が生じ、又は生じるおそれのある暴力を加えることをいう。介護士Bに「太ももを平手で叩かれ」ているとの記述はあるが、家族からの身体的虐待が疑われる記述は本文中にはない。よって、不適切。

④ ◯　心理的虐待
対象者に対する著しい暴言又は著しく拒絶的な対応など、対象者に著しい心理的外傷を与える言動を行うことをいう。心理的虐待は、介護士Bから「荒々しい言葉をかけられた」ことや、家族からも満足な食事を与えられず、「食べ残すと強く叱られた」との記述があり、双方から受けた共通する虐待といえる。よって、適切である。

⑤ ✕　ネグレクト
対象者を衰弱させるような著しい減食、長時間の放置、養護を著しく怠ることをいう。ネグレクトは家族からの「気が向いたときに残り物を食べさせられ」ということしか見受けられず、共通する虐待ではない。よって、不適切。

問140　②

この問題は、認知症に関する知識を問う問題です。

① ✕　抑うつ状態
抑うつ状態に関しては、認知症で併発することは少なくないが、ここでは抑うつをうかがわせるような内容には触れられていない。よって、不適切。

② ◯　取り繕い反応
取り繕い反応とは、記憶があいまいであったり忘れた内容について、取り繕うことをいい、認知症の症状の1つ。日付や物忘れについてBから尋ねた際、Aが取り繕っている様子がみられることから、最も適切なものとして選べる。

③ ✕　半側空間無視
半側空間無視とは、高次脳機能障害の症状の1つであり、視覚に問題はみられないにもかかわらず、片側の視覚空間を認識できなくなることをいう。この事例では半側空間無視について触れられていない。よって、不適切。

④ ✕　振り返り徴候
振り返り徴候とは、記憶があいまいであったり忘れた内容について、自分では答えずに家族など医療機関に一緒に来ている人の方に振り返って、助けを求める徴候のこと。この事例ではそのようなエピソードは書かれていない。よって、不適切。

⑤ ✕　ものとられ妄想
ものとられ妄想とは、認知症の症状の

1つで、物忘れによって場所がわからなくなった財布などを盗まれたとして妄想すること。この事例ではものとられ妄想について触れられていない。よって、不適切。

問141　　②

この問題は、非行理論に関する知識を問う問題です。

① ✕　**A.K.Cohenの非行下位文化理論**
一般的な社会における規範・文化は、中流層に有利なものとして作られており、下層に位置する人達は、これらの規範・文化に従っていると社会的成功を得にくいと考え、一般的な社会における規範・文化に対する反発心を抱き、これが非行を発生させるとする理論。事例の内容とは異なるため、不適切。

② ⭕　**D.Matzaの漂流理論**
非行少年は、非合法な文化の中にずっと浸っているのではなく、合法的な文化との間を漂流しているような状態であると考える理論。事例ではAに非行前歴はなく、合法的な文化と非合法的な文化を漂流していると捉えられる。よって、最も適切なものとして選択できる。

③ ✕　**E.H.Sutherlandの分化的接触理論**
分化的接触理論とは、「ひとは他者の影響を受けて犯罪に走る」と考える理論である。「友達に誘われたからやった」という他者の影響を受けているような言動があるが、「みんなやっている」「誰にも迷惑をかけていない」などの言い訳から、これらの言動はただの

口実であると考えられる。よって、不適切。

④ ✕　**T.Hirschiの社会的絆理論**
社会的絆理論とは、「なぜ多くの人たちは犯罪をしないのか」に焦点を当てた理論で、社会に対する個人の絆があることによって、逸脱行動としての犯罪を行わないと考えたもの。この事例では、友達との絆が不足していることではなく、友達からの影響により非行へとつながっていることが読み取れるため、不適切。

⑤ ✕　**T.Sellinの文化葛藤理論**
ある人が行為をする根拠としている規範・文化が、その同じ行為のことを犯罪として規制している規範・文化と葛藤関係にあることによって犯罪が起きるとする理論のこと。事例の内容とは異なるため、不適切。

問142　　②

この問題は、家族へのコンサルテーションについての事例問題です。

① ✕　**Aの抑圧されていた衝動に対する理解を求める。**
Aに突如として起きた大きな変化は、抑圧されていた衝動によるものなのか、器質的疾患によるものなのかがわからない。この状態で抑圧によるものと決めるのは早計である。よって、優先度が高いものとして選択できない。

② ⭕　**Aの器質的疾患を疑い、医療機関の受診を勧める。**
Aの元来は真面目な性格、常識的な行動が、2、3か月前から突如として変化していることが事例の文章から見られ、この変化が何から来ているかを判

437

断する際に、まずは器質的疾患を疑うことが重要である。よって、最も優先度が高いものとして選べる。

③ ❌ **Aに内省的構えを持たせるため、カウンセリングを受けるよう勧める。**
②と同様、突如として大きな変化が起きていることから、まずは器質的疾患を疑うところから始めるべきである。よって、優先度が高いものとして選択できない。

④ ❌ **Aに再犯リスクアセスメントを実施した後、対応策を考えたいと提案する。**
②と同様、突如として大きな変化が起きていることから、まずは器質的疾患を疑うところから始めるべきである。再犯リスクアセスメントはその後でよい。よって、優先度が高いものとして選択できない。

⑤ ❌ **Aの会社や家庭におけるストレスを明らかにし、それを低減させるよう助言する。**
②と同様、突如として大きな変化が起きていることから、まずは器質的疾患を疑うところから始めるべきである。器質的疾患が否定されて初めて心理支援や家族支援につながる。よって、優先度が高いものとして選択できない。

問143　　　　③

この問題は、復職支援についての事例問題です。

① ❌ **傷病手当金の制度や手続について、Aに説明する。**
『心の健康問題により休業した労働者の職場復帰支援の手引き』によると、傷病手当金の制度や手続について説明するのは第1ステップにおいてであり、休業開始前後の時点である。よって、不適切。

② ❌ **Aの診断名と病状について、管理監督者に報告する。**
診断名と病状については、もっと初期の段階で報告しているはずである。またこれは主治医の仕事であると考えられる。よって、不適切。

③ ⭕ **職場復帰の意向について管理監督者に伝えるよう、Aに提案する。**
職場復帰の可否の判断には、労働者の職場復帰に対する意思の確認が求められる。生活のリズムも整い、主治医の賛同も得ている時点であるから、カウンセリングを継続している公認心理師が、職場復帰の意向について管理監督者に伝えるように提案することは妥当である。よって、適切。

④ ❌ **職場復帰に関する意見書を作成し、Aを通して管理監督者に提出する。**
職場復帰に関する意見書を作成するのは産業医の仕事である。外部のメンタルヘルス機関でカウンセリングを行っている公認心理師が作成すべきものではない。よって、不適切。

⑤ ❌ **Aの主治医と相談しながら職場復帰支援プランを作成し、産業医に提出する。**
職場復帰支援プランは、事業場内産業保健スタッフを中心に、管理監督者や休業中の労働者と連携して作成するべきものである。よって、不適切。

問144　　　　③

この問題は、労働者のメンタルヘルスケアに関する問題です。

① ❌ 面談内容に基づき、Aに休職を勧告する。

公認心理師がAに休職を勧告することは越権行為と考えられ、まずは産業医につなぐことが先決である。よって、不適切。

② ❌ Aの上司に連絡して、業務分掌の変更を要請する。

公認心理師がAの上司にいきなり業務分掌の変更を要請するのは越権行為と考えられ、まずは産業医につなぐことが先決である。よって、不適切。

③ ⭕ 医師による面接指導の申出を行うよう、Aに勧める。

Aの前月の時間外労働時間が約90時間とあり、「事業者は労働者の週40時間を超える労働が1ヶ月あたり80時間を超え、かつ疲労の蓄積が認められる場合には、労働者の申し出を受けて医師による面接指導を行わなければならない」と労働安全衛生法により定められていることから、最も適切。

④ ❌ 積極的に傾聴し、あまり仕事のことを気にしないよう、Aに助言する。

積極的に傾聴することは重要だが、仕事のことを気にしないように助言することは役に立たない。実際に前月の時間外労働が多いことから、仕事量が多すぎることが考えられる。よって、不適切。

⑤ ❌ 急性のストレス反応であるため、秘密保持義務を遵守してAの定期的な観察を続ける。

時間外労働が、法律でも記載されている80時間を超えていることから、まずは産業医の面接につなげることが肝要である。よって、不適切。

問145 ①

この問題は、インテーク面接における公認心理師の態度を問う事例問題です。

① ⭕ Aに知能検査を行い知的水準を把握する。

インテーク面接では、まだラポール形成もできていない段階であり、知能検査を行うことは侵襲的と考えられる。よって、不適切なものとして選べる。

② ❌ Aが何を問題だと考えているのかを把握する。

インテーク面接では、クライエントがどのようなことを問題と考えているかについて把握し、今後の進める方向について検討する必要がある。よって適切であるため、不適切なものとして選べない。

③ ❌ Aがどのような解決を望んでいるのかを把握する。

インテーク面接では、クライエントがどのような解決を望んでいるかについて把握し、今後の進める方向について検討する必要がある。よって適切であるため、不適切なものとして選べない。

④ ❌ 恐怖が引き起こされる刺激について具体的に尋ねる。

インテーク面接では、クライエントのアセスメントを行うことが求められ、この事例の場合は恐怖が引き起こされる刺激についても把握するとよい。よって適切であるため、不適切なものとして選べない。

⑤ ❌ 恐怖のために生じている困り事について具体的に尋ねる。

④にあるような刺激のほか、その恐怖によってどのような困りごとが生じて

いるかを把握することが重要である。よって適切であるため、不適切なものとして選べない。

問146　④

この問題は、家族への心理教育に関する事例問題です。

① ❌ **薬物療法が治療の1つになります。**

不眠や食欲低下などの症状が見られるため、薬物療法を治療の選択肢として挙げることは適切である。よって適切であるため、不適切なものとして選択できない。

② ❌ **入院治療が必要になる可能性があります。**

①と同様、治療の選択肢として入院治療も適切である。よって適切であるため、不適切なものとして選択できない。

③ ❌ **できる限り休息をとらせるようにしてください。**

心身ともにエネルギーの低下が見られるので、可能な限り休息をとることが望ましい。よって適切であるため、不適切なものとして選択できない。

④ ⭕ **今は落ち着いているので自殺の危険性は低いと思います。**

「先のことが見通せません」など、将来に対して悲観的な発言も見られており、自殺の危険性が低いとはいえない。よって、不適切なものとして選択できる。

⑤ ❌ **気晴らしに何かをさせることは負担になることもあります。**

気晴らしとして活動することは、回復期には有効であるが、現段階ではAに

とって負荷がかかり、更に悪化することも考えられる。よって適切であるため、不適切なものとして選択できない。

問147　⑤

この問題は、不登校児童への対応を問う事例問題です。

① ❌ **可能であれば保護者にAの様子を尋ねる。**

保護者との連携は、12歳という年齢を考慮しても大切な要素である。よって適切であるため、不適切なものとして選択できない。

② ❌ **Aがいじめ被害に遭っていないかを確認する。**

不登校のきっかけとしていじめ被害も考えられるため、確認することは重要である。よって適切であるため、不適切なものとして選択できない。

③ ❌ **家庭の状況について情報を収集し、虐待のリスクを検討する。**

不登校の背景として家庭での虐待が絡んでいることもあるため、リスクを検討することは重要である。よって適切であるため、不適切なものとして選択できない。

④ ❌ **養護教諭と連携し、Aに身体症状がないかどうかを確認する。**

不登校の背景に身体症状も考えられるため、確認することは望ましい。また、Aが保健室で過ごしていることや身体的な面での支援を考える上でも、養護教諭との連携は重要である。よって適切であるため、不適切なものとして選択できない。

⑤ ⭕ **Aが毎日登校することを第一目**

標と考え、そのための支援方法を考える。

「教室には絶対に行きたくない」という発言から、この段階で毎日登校することを目標とするのは、Aとの関係性を損ねるリスクが大きいと考える。よって、不適切なものとして選択できる。

問148　　　　　　　　　　③

この問題は、J.T.Reason（リーズン）の提唱した安全文化に関する事例問題です。

① ✗　マニュアルの見直し

J.T.Reasonの提唱した安全文化の4要素のうち、学習する文化は過去の事例に対応して組織を変化させていくものであり、マニュアルもまた事例を基に見直していく必要がある。よって適切であるため、不適切なものとして選択できない。

② ✗　規則違反や不安全行動を放置しない風土づくり

安全文化の背景には、不安全行動を放置せず厳しく罰する正義の文化も挙げられている。意図的で悪意の感じられる不安全行動に関しては厳しく罰することとされている。よって適切であるため、不適切なものとして選択できない。

③ ◯　過失を起こした者の責任を明らかにする仕組みづくり

誰かを責めるような仕組みを提案するのは、安全文化の一つである「報告できる文化」と逆向する。ミスの報告がされなくなってしまうと考えるため、不適切なものとして選択できる。

④ ✗　過去のエラーやニアミスを集積

し、分析する部門の設置

過去の事故を集積して分析することによって、学習する文化を作ることができる。よって適切であるため、不適切なものとして選択できない。

⑤ ✗　従業員にエラーやニアミスを率直に報告させるための研修

③と同様に、自分に不利なミスも率直に報告できる文化の方が、学習して更なる事故を生まずにすむため、報告することの重要性を認識させる研修は必要である。よって適切であるため、不適切なものとして選択できない。

問149　　　　　　　　　　③

この問題は、カウンセリングにおける公認心理師とクライエントとの関係性に関する事例問題です。

① ✗　再発した原因はB自身の力量のなさであることを認め、Aに丁重に謝る。

再発した時期が受験期であることから、Bとの関係性だけでなく受験ストレスなども再発要因として考えられる。よって、Bの力量だけの問題と捉えて対応することは不適切である。

② ✗　自傷の悪化を防ぐために、Aの望みどおり、カウンセリングを中断する。

カウンセリングを辞めることがAの望みではなく、Bの気持ちを試しての発言である可能性が考えられる。中断することがAにとって必ずしも良い選択とは限らない。よって、不適切である。

③ ◯　再発に対するBの動揺を隠ぺいしたことがAを不穏にさせた可能性について考え、それをAに伝える。

Bの動揺がAに言外に伝わって、Aの

不安を高めた可能性が考えられる。セラピスト自身が自己一致した状態であること（真実性）は、C.R.Rogers（ロジャーズ）の説いた治療者の中核3条件にも挙げられている。よって、適切である。

④ ❌ 自傷の悪化を防ぐために、Bに責任転嫁をするのは誤りであるとAに伝え、A自身の問題に対する直面化を行う。

A自身が問題に直面化することよりも先に、AがBとの関係性を話題にしているため、まずはセラピストとの関係性をBが扱うことが望ましい。

問150　　　　　　　　　　　①

この問題は、発達障害児への対応に関するコンサルテーションについての事例問題です。

① ⭕ 学級での環境調整の具体案を伝える。

Aの障害特性を理解し、何もせず待つ状況を作らない（あるいは待つときのルールを視覚的に提示する）などの工夫が学級の中でもできる。まずは学級での環境調整をすることは適切である。

② ❌ Aに自分の行動を反省させる必要があると伝える。

問題となっているAの行動は障害特性からのものが多く、反省を促して改善するよりも、環境調整などの方が有効と考えられる。よって、不適切。

③ ❌ Aがルールを守ることができるようになるまで繰り返し指導する必要があると伝える。

Bは何度も指導した結果改善せずに

困っているため、既にやっていることを繰り返しやれというだけでは、Bが気持ちを分かってもらえなかったと感じる可能性がある。よって、不適切。

④ ❌ Aの年齢を考えると、この種の行動は自然に収まるので、特別な対応はせず、見守るのがよいと伝える。

Aはかんしゃくを起こしたり自虐的な発言をしたりと、発達障害の特性だけでなく既に二次的障害が生じ始めている。よって、特別な対応をせず、見守ることは不適切。

問151　　　　　　　　　　　②

この問題は、ワークライフバランスに関する知識を問う事例問題です。

① ❌ スピルオーバー

スピルオーバー効果とは、仕事が忙しいせいで家庭役割がおろそかになるなど、ある社会的役割が他の役割に影響を及ぼすことをいう。Aの状態は仕事と家庭の双方が影響し合っているといえる。よって、適切であるため、不適切なものとして選択できない。

② ⭕ エキスパート・システム

エキスパート・システムとは、専門家（エキスパート）の知識を人工知能に集約して問題解決を図るシステムのことをいう。本事例とは関連がないため、不適切なものとして選択できる。

③ ❌ ジェンダー・ステレオタイプ

社会的な性役割（ジェンダー）のステレオタイプとして、介護が嫁である女性の役割との認識を義母や夫から押し付けられているといえる。よって、適切であるため、不適切なものとして選択できない。

④ ✖ ワーク・ファミリー・コンフリクト

仕事での役割と家庭での役割が干渉し合う役割間葛藤のことであり、Aは看護師としての仕事役割と嫁としての家庭役割との両立に際して、葛藤が生じている状態といえる。よって、適切であるため、不適切なものとして選択できない。

問152　　　　　③・⑤

この問題は、学校臨床における初期対応についての事例問題です。

① ✖ Aの気持ちを推察し、保護者面接を行いAの苦しみを伝える。

Aは他人に伝わることを強く懸念している様子であり、保護者に対してであっても、Aの許可を得ずに伝えることはアウティング（本人の了解なく、本人が公にしていない性的指向や性自認等を暴露すること）なる。よって、不適切。

② ✖ 性転換手術やホルモン治療を専門的に行っている病院を紹介する。

専門機関を紹介する必要が生じる可能性はあるが、Aからは性転換などを考えていることは語られていない。また、年齢としても16歳では手術やホルモン治療はできない。よって、不適切。

③ 〇 誰かに相談することはカミングアウトにもなるため、相談への抵抗が強いことに配慮する。

①同様、Aから言及されている通り、自分の性について話すことに強く抵抗があると考えられる。秘密保持義務を大切にしなければならない。よって、適切。

④ ✖ クラスメイトの理解が必要であると考え、Bから担任教師へクラス全体に説明するように依頼する。

Aは、教員に知られることにも抵抗を示している。クラスメイトへの啓蒙活動としても不適切であり、アウティングとなる。よって不適切。

⑤ 〇 自殺のおそれがあるため、教師又は保護者と情報を共有するに当たりAの了解を得るよう努める。

自殺の可能性があるのでAの生命を守るため、守秘義務の例外として捉えられるケースであり、教員や保護者と情報共有することは重要である。また、その際にもなるべく本人の理解を得ることが望ましい。よって、適切。

問153　　　　　①・④

この問題は、学校臨床におけるコンサルテーションに関する事例問題です。

① 〇 保護者の了解を得て主治医と連携する。

クライエントに主治医がいる場合、主治医の指示に従うことが公認心理師法第42条第2項に定められており、また他職種との連携は重要である。その際にも、本人や保護者の同意を得ることは必要である。よって、適切である。

② ✖ 周囲とのトラブルや孤立経験を通して、Aに正しい行動を考えさせる。

実際に失敗体験をしてから学ぶのでは、Aの心に傷つきが残り、更なる二次的障害を生みかねないため、不適切である。

③ ✖ Aから不快な言動を受けた子どもに、発達障害の特徴を伝え、我慢するように指導する。

周囲の子どもたちに、発達障害の特徴を伝えて理解を促すことは望ましい。だが、他の子どもたちに我慢するよう指導することは、子どもの人権に配慮できていないため、不適切である。

④ **◯** **Aの指導に関わる教師たちに、Aの行動は障害特性によるものであることを説明し、理解を促す。**

教師たちが障害特性を理解することによって、Aへの接し方や理解が変化することが期待できる。よって、適切である。

⑤ **✕** **衝動的で乱暴な行動は過去のいじめのフラッシュバックと考え、過去のことは忘れるようにAに助言する。**

過去のいじめのフラッシュバックと考える根拠が本文中にない。また、たとえフラッシュバックが原因であっても、過去のことを忘れるよう助言してもフラッシュバックは消えない。よって、不適切。

問154　　　　　　　　②・③

この問題は、学校運営に関するコンサルテーションについての事例問題です。

① **✕** **部活の顧問と話し合う。**

ここでは担任教師Aと、ある「他の教師」との意見の不一致を示している。スクールカウンセラー（SC）が部活の顧問と直接話し合っても、このAと「他の教師」の意見の不一致は変わらない。よって、不適切。

② **◉** **Aに援助チームの構築を提案する。**

これは、チーム学校という観点からしても、このチームの構築の提案は差し支えない。SCがでしゃばってAのみに肩入れするのではなく、援助チームという形で当該生徒たちにかかわっていく。よって適切なものとして選択できる。

③ **◉** **Bが学年教師の会議に参加して話し合う。**

この事例の状況のままでは、教師間での意見の違いによる衝突によって、女子中学生3名の支援ができなくなる可能性がある。そのため、Bが学年教師の会議に参加して話し合い、彼女らを支援するための「援助チーム」を構築していく方向に舵をとっていくことが考えられる。よって、適切なものとして選択できる。

④ **✕** **学年教師の会議の意見に従うようAに助言する。**

学年教師の会議の意見を重要視し、担任教師Aの考えを軽視する形は望ましくない。また、④では「学年教師の会議の意見」とあるが、会議全体としての意見がどうまとまったかについては、問題文中に記されていない。学校組織の中での教師間の意見の調整を行っていくことが望まれる。よって、不適切。

⑤ **✕** **Aがコーディネーターとして機能するように助言する。**

コーディネーターとは「調整役」の意味。学校組織などで意見が異なる場合、いずれかの教師の意見に肩入れするのではなく、学校における様々な意見を調整するために、コーディネーターが必要となる。本事例では、その他教師と意見の不一致があるAではなく、スクールカウンセラーがコーディネーターとなることで、チーム学校としての動き方を検討する方がよい。よって、不適切。

午後の部

2021年9月試験全問題解説

問1　②

この問題は、公認心理師法についての知識を確認する問題です。

① **✕　公認心理師登録証は、厚生労働大臣及び総務大臣が交付する。**

公認心理師登録証は、厚生労働大臣及び文部科学大臣が交付する。よって、誤り。

② **◯　公認心理師が信用失墜行為を行った場合は、登録の取消しの対象となる。**

公認心理師法第32条に「文部科学大臣及び厚生労働大臣は、公認心理師が第四十条、第四十一条又は第四十二条第二項の規定に違反したときは、その登録を取り消し、又は期間を定めて公認心理師の名称及びその名称中における心理師という文字の使用の停止を命ずることができる」とある。第四十条が信用失墜行為の禁止に関する条文である。よって、正しい。

③ **✕　公認心理師登録証は、公認心理師試験に合格することで自動的に交付される。**

公認心理師法第28条に「公認心理師となる資格を有する者が公認心理師となるには、公認心理師登録簿に、氏名、生年月日その他文部科学省令・厚生労働省令で定める事項の登録を受けなければならない」とあり、自動的に交付がされるわけではない。よって、誤り。

④ **✕　公認心理師の名称使用の停止を命じられた者は、30万円以下の罰金に処される。**

公認心理師法の第49条では、「次の各

号のいずれかに該当する者は、三十万円以下の罰金に処する。」とあり、その一号に第32条第2項の規定により公認心理師の名称及びその名称中における心理師という文字の使用の停止を命ぜられた者で、当該停止を命ぜられた期間中に、公認心理師の名称を使用し、又はその名称中に心理師という文字を用いたもの」が挙げられている。そのため、名称使用の停止のみでは罰金とならない。よって、誤り。

⑤ **✕　禁錮刑に処せられた場合、執行終了後1年を経過すれば公認心理師の登録は可能となる。**

公認心理師法第3条「次の各号のいずれかに該当する者は、公認心理師となることができない。

一（省略）

二　禁錮以上の刑に処せられ、その執行を終わり、又は執行を受けることがなくなった日から起算して二年を経過しない者」とあり、1年ではなく2年である。よって、誤り。

問2　④

この問題は、自殺・自傷（自損行為）における対応に関する問題です。

① **✕　自らの意思で行ったかどうかを確認する。**

自らの意思で自損行為を行っている場合、再度行われる危険性があることから緊急度が高く、優先度は低いとは言えない。

② **✕　致死的な手段を用いたかどうかを確認する。**

致死的な手段を用いている場合、再度

自損行為で致死的な状況に陥る危険性が高いことから緊急度が高く、優先度は低いとは言えない。

③ ❌ 明確な自殺の意図があったかどうかを確認する。

明確な自殺の意図があった場合、再度自損行為が行われた場合に致死的な状況に陥る危険性があることから緊急度が高く、優先度は低いとは言えない。

④ ◉ 背景にストレス要因があったかどうかを確認する。

背景にストレス要因があったかどうかについては、今後聴取することになると思われるが、優先度が高いとは言えない。よって、優先度が低いものとして選択できる。

⑤ ❌ 明確な致死性の予測があったかどうかを確認する。

明確な致死性の予測がある場合、再度の自損行為で致死的な状況に陥る危険性が高いことから緊急度が高く、優先度は低いとは言えない。

問3 ③

この問題は、大学の学生相談室における多職種連携に関する問題です。

① ❌ 相談の秘密を守るため、できるだけ連携せずにすむ支援方法を工夫する。

学生相談室において、学生を守るために連携は重要である。よって、連携せずにすむ支援方法を工夫するというのは、不適切。

② ❌ 情報の取扱方法について、情報共有する関係者の間で合意形成の必要はない。

連携する関係者の間において、情報の取り扱いを注意深く行う必要があり、合意形成を行う必要はある。よって、不適切。

③ ◉ 支援に関わる関係者と情報共有することをクライエントに説明し、同意を得る。

クライエントである学生に、連携するために必要な情報共有について、事前に同意を得ておくべきである。よって、最も適切といえる。

④ ❌ 個人情報保護の観点から、情報共有する関係者は学校に雇用された教職員である必要がある。

情報共有のための関係者は、学校に雇用されている教職員かどうかという点ではなく、学生を守るために必要な関係者あるいは専門家で、情報の取り扱いに気をつけて共有すべきである。よって、不適切。

⑤ ❌ 説明し同意が得られた後は、情報共有の在り方に関するクライエントの要望は受け付けない。

説明し、同意が得られた後であっても、情報共有の在り方についてクライエントから要望がある場合にはよく話し合うべきである。よって、不適切。

問4 ⑤

この問題は、心理学の歴史に関する問題です。

① ❌ 構成心理学

構成心理学とは、要素心理学と呼ばれ、それぞれの要素同士を構成していくことから、心的現象を説明しようとするもの。よって、不適切。

② ❌ 比較心理学

比較心理学とは人と動物を比較することから、人間の心を明らかにしようとするものであり、不適切。

③ ✕ **行動主義心理学**

行動主義心理学とは、目に見える行動のみをターゲットにし、心的現象を明らかにしようとする心理学であり、不適切。

④ ✕ **新行動主義心理学**

行動主義心理学を引き継ぎ、刺激と反応の間にO（有機体）を仮定した心理学。よって、不適切。

⑤ ⭕ **ゲシュタルト心理学**

ゲシュタルトとは、「形態」や「全体」を表すドイツ語であり、「場」理論や集団力学とも関係が深い「ゲシュタルト心理学」が最も適切。

問5	③

この問題は、統計学上の代表値に関する知識を問う問題です。

① ✕ **中央値**

中央値とは、数字を小さいものから大きいものまで順番に並べた場合、ちょうど中央にくる値のことを指す。ここでは7が中央値となるため、値が6.6となる代表値ではない。よって、誤り。

② ✕ **幾何平均**

幾何平均とは、算術平均のように総和を個数（n個）で割るのではなく、その代わりに値の総乗のn乗根をとる値。よって、誤り。

③ ⭕ **算術平均**

算術平均とは、いくつかの数値の和をその個数で割った値のことであり、正しい。

④ ✕ **相乗平均**

相乗平均とは、n個の正数の相乗積のn乗根のこと。よって、誤り。

⑤ ✕ **調和平均**

調和平均とは、逆数の算術平均の逆数のこと。よって、誤り。

問6	④

この問題は、因子分析と調査法に関する知識や理解を問う問題です。

① ✕ **順位法**

順位法とは、複数人で嗜好や感覚の強さなどを順位付けする検査方法のことをいう。順序尺度であるため、因子分析には使えない。よって、不適切。

② ✕ **一対比較法**

一対比較法とは、複数に対する選好度の順次づけを行う方法。順序尺度を用いるため、因子分析には使えない。よって、不適切。

③ ✕ **自由回答法**

自由回答法とは、文章などの自由記述によって回答させる方法であり、数値でないため因子分析には使用できない。よって、不適切。

④ ⭕ **評定尺度法**

評定尺度法とは、SD法とも呼ばれ、意味が真逆の形容詞対を左右に置き、段階評価をさせるもの。因子分析に用いることができる。よって、適切。

⑤ ✕ **文章完成法**

文章完成法は、投影法の1つとして用いられ、刺激文となる文章の前半部分から後半部分を想像して書いてもらう方法。因子分析とは関連がないため、不適切。

問7　③

この問題は、ゲートコントロール理論に関する知識を問う問題です。

① ☒ 温覚

ゲートコントロール理論は、痛みの制御に関する理論であり、元来対象としていた感覚は痛覚である。よって、不適切。

② ☒ 嗅覚

上記、選択肢1の説明のとおり、不適切。

③ ⭕ 痛覚

上記、選択肢1の説明のとおり、痛覚が元来対象としていた感覚である。よって、適切。

④ ☒ 触圧覚

上記、選択肢1の説明のとおり、不適切。

⑤ ☒ 自己受容感覚

上記、選択肢1の説明のとおり、不適切。

問8　②

この問題は、発達心理学・学習心理学・行動主義・新行動主義に関する知識を尋ねる問題です。

① ☒ 洞察学習

洞察学習とは、様々に考えた結果、一種のひらめき（洞察）が起こり、解決行動を学習するもの。W.Kohlerが提唱した。よって、不適切。

② ⭕ モデリング

モデリングとは、幼児などが他者を観察することで同じ行動を示すことを表した語であり、バンデューラが提唱した。観察学習とも呼ばれる。よって、

最も適切。

③ ☒ 嫌悪条件づけ

好ましくない行動・思考を減少させるために、不快刺激を条件づけする方法。攻撃行動のことを説明するものではなく、不適切。

④ ☒ シェイピング

シェイピングとは、目標とする行動を増加、あるいは減少させるために、その目標にたどり着くためにスモールステップで学習させていく技法。よって、ここの説明としては不適切。

⑤ ☒ オペラント条件づけ

オペラント条件づけとは、報酬や罰を与えることにより、ある学習させたい行動を自発的に増やしていくように条件づけしていくこと。よって、ここの説明としては不適切。

問9　①

この問題は、C.R.Rogersのパーソナリティに関する理論と、他の心理学者の理論との区別を問う問題です。

① ⭕ 自己概念を扱う。

C.R.Rogersは自己概念を扱い、理想自己と現実自己のズレについて論じた。よって、最も適切。

② ☒ 精神－性発達を扱う。

心理-性的(精神－性)発達理論を唱えたのはS.Freud.であり、不適切。

③ ☒ パーソナリティ特性を5因子で捉えている。

パーソナリティ特性を5因子で捉えた理論のことをビッグファイブ理論と呼び、C.R.Rogersの理論ではない。よって、不適切。

④ ☒ リビドーの向かう方向で内向型

2021年9月試験全問題解説

と外向型に分類している。

パーソナリティを、リビドーの向かう方向で外向－内向と分類したのはC.G.Jungであり、C.R.Rogersではない。よって、不適切。

⑤ ❌ **パーソナリティ特性を外向－内向と神経症傾向という2軸で捉えている。**

パーソナリティを外向-内向と、神経症傾向の2軸で捉えたのはC.G.Jungであり、C.R.Rogersではない。よって、不適切。

問10　　　　　　　　　　　　　①

この問題は、失読・失書に関する知識を問う問題です。

① ⭕ **純粋失書では、写字が保たれる。**

純粋失書とは、音声言語の障害を伴わない文字言語の障害であり、書字の選択的な障害を主とする。基本的に、自発書字と書き取りは障害され、写字は保たれる。よって、適切。

② ❌ **失読失書の主な責任病巣は、海馬である。**

失読失書の基本症候は読み書き障害で、音読や読解が障害される。責任病巣については、左角回と言われていたが、近年では、「下部頭頂葉、側頭葉後縁および後頭葉の中間部に位置する白質病変」とされている。海馬とは関連はなく、よって、不適切。

③ ❌ **純粋失読の主な責任病巣は、帯状回である。**

純粋失読は、書字は良好であるが、読みが障害され、自分が書いたものでも読めなくなる。責任病巣は左の後頭葉と脳梁膨大部とされている。左後頭葉

と脳梁膨大部の損傷により出現する古典的な純粋失読とは異なる、非古典型純粋失読の報告もあるが、帯状回との関連はないことから、不適切。

④ ❌ **失読失書では、なぞり読みが意味の理解に有効である。**

失読失書の基本症候は読み書き障害であり、音読や読解が障害されている。なぞり読みによる、読めない字の字画を指先で辿ると読みに成功するという現象（運動覚促通）は認められていない。なぞり読みの運動覚促通は、純粋失読の場合に認められている。よって、不適切。

⑤ ❌ **純粋失読では、自分が書いた文字を読むことができる。**

純粋失読では、書字は良好であるが、読みが障害され、自分が書いたものも読めなくなる。よって、不適切。

問11　　　　　　　　　　　　　②

この問題は、集団規範に関する概念の理解を問う問題です。

① ❌ **集団錯誤**

集団が個々のグループ成員の持つ心理とは別に固有の心性を持つことはなく、集団も個人個人の影響を受けているという考え方。よって、不適切。

② ⭕ **集合的無知**

多数の他者があることを受け入れていることで、それに影響されて自分の行動を変えてしまっていることを指す。よって、最も適切といえる。

③ ❌ **集団凝集性**

集団がその構成メンバーに対してその集団の一員としてあり続けようとする性質のこと。よって、この説明として

は不適切。

④ **✕　少数者の影響**

ある集団における少数意見が多数意見に影響を与えること。ここでの説明としては不適切。

⑤ **✕　内集団バイアス**

自らの属する集団のメンバーが、他の集団のメンバーと比較して能力や人格などが優れていると認知したり優遇するバイアスのことをいう。ここでの説明としては不適切。

問12　　　　　　　　　②

この問題は、知覚の老化に関する知識を問う問題です。

① **✕　温度感覚の閾値が下がる。**

温度感覚の閾値は加齢によって上がるため、誤り。

② **◯　嗅覚の識別機能が低下する。**

嗅覚低下のリスク因子として、加齢、男性、喫煙があり、知覚の老化の説明として正しい。

③ **✕　高音域に先行して低音域の聴取が困難になる。**

加齢により、低音域に先行して高音域の聴取が困難になるため、記述は逆である。よって、誤り。

④ **✕　近方視力が低下する一方、遠方視力は保たれる。**

加齢により近方視力が低下するのは正しいが、遠方視力が保たれるわけではなく、ピントを合わせる力が衰える。よって、誤り。

⑤ **✕　明所から暗所への移動後における視覚の順応時間が短くなる。**

暗いところから明るいところへ行って目が慣れることを「明順応」、逆に明る

いところから暗いところへ行って目が慣れることを「暗順応」という。加齢により、明暗順応の機能低下が起こるとされている。よって、誤り。

問13　　　　　　　　　⑤

この問題は、DSM-5における診断基準（神経発達症群／神経発達障害群）に関する知識を問う問題です。

① **✕　素行症／素行障害**

素行症／素行障害は、秩序破壊的・衝動制御・素行症群に含まれる。よって、誤り。

② **✕　脱抑制型対人交流障害**

脱抑制型対人交流障害は、心的外傷およびストレス因関連障害群に含まれる。よって、誤り。

③ **✕　神経性やせ症／神経性無食欲症**

神経性やせ症／神経性無食欲症は、食行動障害および摂食障害群に含まれる。よって、誤り。

④ **✕　解離性同一症／解離性同一性障害**

解離性同一症／解離性同一性障害は、解離症／解離性障害群に含まれる。よって、誤り。

⑤ **◯　発達性協調運動症／発達性協調運動障害**

発達性協調運動症／発達性強調運動障害は、神経発達症群／神経発達障害群に分類される協調運動の獲得の遅れに関する障害である。よって、正しい。

問14　　　　　　　　　①

この問題は、DSM-5における心的外傷およびストレス因関連障害群に関する知

識を問う問題です。

① 〇 **適応障害**

適応障害は、心的外傷およびストレス因関連障害群に分類される、はっきりとしたストレス因に反応し、そのことによって情動・行動面に症状が出現するもの。よって、正しい。

② ✕ **ためこみ症**

ため込み症は、強迫症および関連症群／強迫性障害および関連障害群に分類される。よって、誤り。

③ ✕ **病気不安症**

病気不安症は、身体症状症および関連症群に分類される。よって、誤り。

④ ✕ **強迫症／強迫性障害**

強迫症／強迫性障害は、強迫症および関連症群／強迫性障害および関連障害群に分類される。よって、誤り。

⑤ ✕ **分離不安症／分離不安障害**

分離不安症／分離不安障害は、不安症群／不安障害群に分類される。よって、誤り。

問15　　　　　　　　　　②

この問題は、TEACCHに関する理解を問う問題です。

① ✕ **青年期までを支援対象とする。**

TEACCHは、青年期までではなく学生、社会人、保護者も対象となる。よって、不適切。

② 〇 **生活や学習の環境を構造化する。**

TEACCHでは、生活や学習環境を構造化することによって、自立支援を促す。よって、最も適切。

③ ✕ **被虐待児を主な支援対象とする。**

対象は被虐待児ではなく、自閉症児とその家族である。よって、不適切。

④ ✕ **標準化された統一的な手順を適用する。**

TEACCHでは、統一的ではなくその子どもや家族に合わせた形で手順を作成し、適用する。よって、不適切。

⑤ ✕ **視覚的手がかりを使わずにコミュニケーションを支援する。**

TEACCHでは、視覚化することも含めてコミュニケーションの支援を行う。よって、不適切。

問16　　　　　　　　　　④

この問題は、神経心理学的アセスメントに関する知識・理解を問う問題です。

① ✕ **HDS-Rの成績が低下している場合、遂行機能障害が疑われる。**

HDS-R（改訂長谷川式簡易知能評価スケール）の成績が低下している場合、認知機能の障害が疑われる。よって、不適切。

② ✕ **RBMT は、手続記憶の障害を検討するために用いられる。**

RBMT（リバーミード行動記憶検査）は、手続き記憶ではなく日常記憶を評価する際の検査である。よって、不適切。

③ ✕ **SLTAには、非言語性の認知検査も含まれる。**

SLTA（標準失語症検査）は、言語性の認知検査からなるため、不適切。

④ 〇 **WAIS-Ⅳの数唱の成績は、注意障害の程度を知る助けになる。**

数唱は、ワーキングメモリにおける保持時間を検討する補助となり、注意障害の程度を知る助けになる。よって、

最も適切。

⑤ ❌ WCSTは、失認症を評価する検査である。

WSCT（ウィスコンシンカードソーティングテスト）は、脳損傷や前頭葉の損傷など広範囲にわたる能力測定に利用できる検査であり、失認症の評価をするテストではない。よって、不適切。

問17　②

この問題は、H.S.Sullivanの「関与しながらの観察」に関する理解を問う問題です。

① ❌ 自分の中立的な立ち位置が揺れ動かないよう努めること

「関与しながらの観察」では、「セラピストは完全に客観的な立場からクライエントを見ることは不可能である」ということを示しており、中立的な立ち位置には立てないということを前提としている。よって、不適切。

② ⭕ 自分のその場での言動と関係付けてクライエントの反応を捉えること

「関与しながらの観察」では、「セラピストは完全に客観的な立場からクライエントを見ることは不可能である」ということを示しているため、セラピストのその場の言動と関連付けてクライエントの反応を捉えることは、ここでは最も適切といえる。

③ ❌ 自分の主観に現れてくるイメージをもとにしてクライエント理解を進めること

「関与しながらの観察」では、主観に現れてくるイメージではなく、セラピスト自らの関わりをもとにし、クライエ

ントの理解を進めていく。よって、不適切。

④ ❌ 観察の精度を高める道具として、標準化された検査の導入を積極的に進めること

「関与しながらの観察」では、セラピストは自らを道具として扱い、関わりながら観察も同時に行うということであるため、標準化された検査などは用いない。よって、不適切。

⑤ ❌ これまでのやりとりの流れから切り離して、今ここのクライエントの感情を理解すること

これまでのやりとりの流れから切り離すことは、「関与しながらの観察」という観点からはできない。よって、不適切。

問18　⑤

この問題は、負の相補性のほか、セラピスト–クライエント関係を表す言葉に関する知識を問う問題です。

① ❌ セラピストとクライエントが、お互いに過去の誰かに関する感情を相手に向けること

これは、転移-逆転移の説明である。クライエントがセラピストに過去の重要な他者への感情を向けることを転移と呼び、その逆にセラピストがクライエントに向けることを逆転移と呼ぶ。よって、不適切。

② ❌ セラピストの働きかけに対して、クライエントがその方針に無意識的に逆らおうとすること

これは、抵抗の説明である。よって、不適切。

③ ❌ セラピストが言葉で肯定的なこ

とを言いながら態度が否定的なとき、クライエントが混乱を示すこと

これは、ダブルバインド（二重拘束）の説明である。よって、不適切。

④ ❌ セラピストが問題の言語化を試み続ける中で、クライエントが行動によって問題を表現しようとすること

これは、行動化の説明である。よって、不適切。

⑤ ⭕ クライエントが敵意を含んだ攻撃的な発言をしてくるのに対して、セラピストが同じ敵意を含んだ発言で応じること

選択肢の説明の通りである。よって、最も適切なものとして選択できる。

問19　　②

この問題は、産後うつ病に関する知識を問う問題です。

① ❌ 双極性障害との関連は少ない。

産後うつ病は、約2割に双極性障害との関連がみられる。よって不適切。

② ⭕ 有病率は約10%から15%である。

産後うつ病の有病率に関する説明として適切である。

③ ❌ マタニティー・ブルーズと同義である。

マタニティー・ブルーズは、産後の1～2週間における気分の落ち込みを指し、これが続いた場合に産後うつ病になることがある。よって、同義ではない。

④ ❌ M-CHATがスクリーニングに用いられる。

M-CHATとは、自閉スペクトラム症のスクリーニングに用いられる検査で

あり、不適切。

⑤ ❌ 比較的軽症がほとんどで、重篤化することはない。

産後うつ病を経験する割合は高く、その中でも重篤化することも少なくない。よって、不適切。

問20　　②

この問題は、職場復帰支援に関する理解を問う問題です。

① ❌ 産業医と主治医は、同一人物が望ましい。

企業側が契約するのが産業医であり、従業員側の担当が主治医である。よって、不適切。

② ⭕ 模擬出勤や通勤訓練は、正式な職場復帰決定前に開始する。

模擬出勤や通勤訓練は、正式な職場復帰決定前に開始する必要がある。よって、最も適切。

③ ❌ 傷病手当金については、職場復帰の見通しが立つまで説明しない。

傷病手当金については、職場復帰の見通しよりも前に、医師や会社側が仕事の欠勤について確認したあと申請が可能。よって、不適切。

④ ❌ 職場復帰は、以前とは異なる部署に配置転換させることが原則である。

職場復帰に関して、「原則」は同じ部署に戻ることとなっている。よって、不適切。

⑤ ❌ 産業保健スタッフと主治医の連携においては、当該労働者の同意は不要である。

産業保健スタッフと主治医の連携においても、当該労働者の同意は必要であ

る。よって、不適切。

る。よって、誤り。

問21　　②

この問題は、児童養護施設の入所児童の特徴や傾向に関する問題です。

① ✕　入所児童は、年々増加している。
児童養護施設の入所児童数は、平成17年度ごろをピークにやや減少の傾向にある。よって、誤り。

② ⭕　家族との交流がある入所児童は、半数を超える。
2018年（平成30年）の厚生労働省の調査によると、家族との交流がある入所児童について、交流なしが19.9%なのに対して、何らかの交流があるものの合計は71.6%である。よって、正しい。

③ ✕　被虐待体験を有する入所児童は、半数に満たない。
2018年（平成30年）の厚生労働省の調査によると、被虐待体験を有する入所児童は、有さない入所児童と比べ2倍以上である。よって、誤り。

④ ✕　幼児期に入所し、18歳まで在所する児童が年々増加している。
2018年（平成30年）の厚生労働省の調査によると、児童の委託期間または在所期間は、1年未満が多く、期間が長くなるにしたがって児童数は漸減している。在所期間が年々増加していることはない。よって、誤り。

⑤ ✕　入所児童の大学・短期大学などへの進学率は、おおむね60%以上である。
2018年（平成30年）の厚生労働省の調査によると、入所児童の大学・短期大学などへの進学率は概ね30%であ

問22　　③

この問題は、感覚運動学習に関する理解を問う問題です。

① ✕　運動技能学習の効果は、短期的である。
運動技能学習とは、各種の運動に関する技能を学習することである。短期的ではなく、比較的長期にわたって効果が継続する。よって、不適切。

② ✕　感覚運動段階は、児童期の特徴である。
Piaget,J. によると、感覚運動期は0～2歳であり、児童期ではない。よって、不適切。

③ ⭕　感覚運動学習は、感覚系と運動系による連合学習である。
選択肢の記述は正しい。感覚運動学習は、感覚系と運動系の連合学習である。よって、最も適切なものとして選択できる。

④ ✕　一定の休憩を入れて運動技能を学習する方法は、分習法である。
分習法とは、課題を学習する際に、いくつかの部分に分けて学習する方法であり、一定の休憩を入れて学習する方法ではない。よって、不適切。

⑤ ✕　感覚運動学習においては、課題にかかわらず全習法が効果的である。
全習法とは、課題をまとめて学習し反復を繰り返すものであり、課題にかかわらず効果的とはいえない。よって、不適切。

問23　③

この問題は、ユニバーサルデザインの考え方に関する理解を問う問題です。

① ✕　同化

ユニバーサルデザインでは、焦点化、視覚化、共有化の3つが重要とされる。この中に同化というものは存在しないため、不適切。

② ✕　熟達化

ユニバーサルデザインでは、焦点化、視覚化、共有化の3つが重要とされる。この中に熟達化というものは存在しないため、不適切。

③ 〇　焦点化

焦点化とは、ユニバーサルデザインにおいて授業のねらいや活動を限って力をつけさせる視点である。よって、最も適切と言える。

④ ✕　体制化

ユニバーサルデザインでは、焦点化、視覚化、共有化の3つが重要とされる。この中に体制化というものは存在しないため、不適切。

⑤ ✕　符号化

ユニバーサルデザインでは、焦点化、視覚化、共有化の3つが重要とされる。この中に符号化というものは存在しないため、不適切。

問24　③

この問題は、保護観察所における生活環境の調整に関する理解を問う問題です。

① ✕　家庭裁判所の審判が開始される時点

選択肢3のとおりであるため、保護観察所において生活環境の調整が開始さ

れる時期として、誤り。

② ✕　医療及び観察等の審判が開始される時点

選択肢3のとおりであるため、保護観察所において生活環境の調整が開始される時期として、誤り。

③ 〇　矯正施設から身上調査書を受理した時点

令和2年版 犯罪白書より、保護観察所は「矯正施設から受刑者等の身上調査書を受けたときや、地方更生保護委員会から新たな帰住予定地について生活環境の調整を開始すべき旨の指導及び助言を受けたときなど」に生活環境の調整を開始するとされている。よって、正しい。

④ ✕　矯正施設において、仮釈放（仮退院）の審査を始めた時点

選択肢3のとおりであるため、保護観察所において生活環境の調整が開始される時期として、誤り。

⑤ ✕　矯正施設から仮釈放（仮退院）を許すべき旨の申出が行われた時点

選択肢3のとおりであるため、保護観察所において生活環境の調整が開始される時期として、誤り。

問25　①

この問題は、ホルモンや神経伝達物質に関する知識を問う問題です。

① 〇　メラトニンは睡眠を促す。

メラトニンが分泌されると睡眠が促される。よって、正しい。

② ✕　インスリンは血糖値を上げる。

インスリンは血糖値を下げる作用があるため、誤り。

③ ✕　副腎皮質ホルモンは血圧を下げ

る。

副腎皮質ホルモンは血圧を上げる。よって、誤り。

④ ❌ **プロラクチンは乳汁分泌を抑制する。**

プロラクチンは、乳汁分泌を促進させる。よって、誤り。

⑤ ❌ **抗利尿ホルモンは血中のナトリウム濃度を上げる。**

抗利尿ホルモンは、血中のナトリウム濃度を下げる。よって、誤り。

問26　　　　　　　　⑤

この問題は、くも膜下出血に関する知識を問う問題です。

① ❌ **脳梗塞に比べて頻度が高い。**

くも膜下出血は頻度が5%であり、脳梗塞の75%と比べると頻度は低い。よって不適切。

② ❌ **症状は24時間以内に消失する。**

くも膜下出血は動脈瘤が破裂することによるため、放置して消失することはない。よって、不適切。

③ ❌ **緩徐に進行する頭痛で発症する。**

くも膜下出血は動脈瘤が破裂することによって、急激な頭痛を伴う。よって、不適切。

④ ❌ **高次脳機能障害の原因ではない。**

くも膜下出血は高次脳機能障害の原因になりうる。よって、不適切。

⑤ ⭕ **脳動脈瘤の破裂によって起こる。**

くも膜下出血は、脳の表面のくも膜の下にある動脈の動脈瘤が破裂することによって起きる。よって最も適切である

る。

問27　　　　　　　　④

この問題は、アルコール健康障害に関する知識を問う問題です。

① ❌ **コルサコフ症候群は、飲酒後に急性発症する。**

コルサコフ症候群の発症原因に、慢性的なアルコール中毒が挙げられている。よって、誤り。

② ❌ **アルコール幻覚症は、意識混濁を主症状とする。**

ICD-10によると、アルコール幻覚症では意識が清明であるにもかかわらず、幻覚が起きる。よって、誤り。

③ ❌ **アルコール性認知症は、脳に器質的変化はない。**

アルコール性認知症は、脳に萎縮など器質的な変化を起こすコルサコフ症候群などのことを指す。よって、誤り。

④ ⭕ **離脱せん妄は、飲酒の中断後数日以内に起こる。**

DSM-5のアルコール離脱症候群の診断基準によると、飲酒の中断後、数時間～数日以内にせん妄が起きた場合に離脱せん妄として分類している。よって、正しい。

⑤ ❌ **アルコール中毒において、フラッシュバックがみられる。**

DSM-5によると、アルコール中毒に見られるのは、不適切な性的または攻撃的行動、気分の不安定、判断力の低下である。よって、誤り。

問28　　　　　　　　⑤

この問題は、1型糖尿病に関する理解と知識を問う問題です。

① ❌ 運動は禁止である。

インスリン治療を継続していれば、運動を厳しく制限する必要はない。よって、不適切。

② ❌ 食事療法により治癒できる。

1型糖尿病には遺伝的素因が関わっており、食事療法で治癒するものではない。インスリン治療が欠かせないものであり、不適切。

③ ❌ 2型糖尿病に将来移行するリスクが高い。

2型糖尿病は生活習慣病の一種で、1型糖尿病から将来移行するリスクが高いとはいえない。よって、不適切。

④ ❌ 治療を受けていることを担任教師に伝える必要はない。

治療を受けていることを担任教師など、学校に伝えておくことで、何かあったときの対処につながる。よって不適切。

⑤ ⭕ やせる目的でインスリン量を減らすことは、危険である。

やせる目的でインスリン量を減らすことは、免疫力や骨密度を低下させることにつながるため、危険である。よって、留意点としては、最も適切。

問29　②

この問題は、せん妄に関する理解を問う問題です。

① ❌ 小児では発症しない。

せん妄は、高齢になるほど有病率は上がるが、小児期でも発症することがある。よって、不適切である。

② ⭕ 注意の障害を呈する。

DSM-5では、せん妄の診断基準として注意の障害及び意識の障害を挙げ

ている。よって、適切であるといえる。

③ ❌ 早朝に症状が悪化することが多い。

DSM-5では、せん妄は短期間のうちに出現し、さらに1日の経過中で重症度が変動する傾向がある、とされている。よって、不適切である。

④ ❌ 予防には、補聴器の使用を控えた方がよい。

せん妄や認知症の予防として、眼鏡や補聴器の使用といった環境調整が推奨されている。よって、不適切である。

⑤ ❌ 予防には、室内の照度を一定にし、昼夜の差をできるだけ小さくすることが有効である。

④と同様の環境調整として、室内を昼間は明るく、夜間は暗くすることが予防につながる。よって、不適切である。

問30　③

この問題は、特定健康診査と特定保健指導に関する知識を問う問題です。

① ❌ 公認心理師は、特定保健指導を行うことができる。

特定保健指導を実施できる者は、医師、保健師、管理栄養士と一部の看護師である。よって、誤り。

② ❌ 特定健康診査は、介護保険法に基づく制度である。

特定健康診査は、高齢者の医療の確保に関する法律に基づく制度である。よって、誤り。

③ ⭕ 76歳以上の者は、特定保健指導の対象とならない。

特定健康診査の対象者は、40～75歳以下の者である。よって、正しい。

④ ❌ 一定の有害な業務に従事する者

は、特定保健指導を受けなければならない。

労働安全衛生法第66条で、有害な業務に従事する者に義務付けられているのは、特定保健指導ではなく特定健康診査である。よって、誤り。

⑤ ❌ **特定健康診査は、要支援状態にある40歳以上の者を対象として実施される。**

②にある通り、40〜75歳以下の者であり、要支援状態か否かは問わない。よって、誤り。

問31　　　　　　②

この問題は、医療法に関する知識を問う問題です。

① ❌ **保健所**

保健所は、保健所法に基づく施設である。よって、誤り。

② ⭕ **介護老人保健施設**

介護老人保健施設は、医療法第1条2項の2に医療提供施設として規定されている。よって、正しい。

③ ❌ **市町村保健センター**

市町村保健センターは、地域保健法で規定されている。よって、誤り。

④ ❌ **地域包括支援センター**

地域包括支援センターは、介護保険法で規定されている。よって、誤り。

⑤ ❌ **産業保健総合支援センター**

産業保健総合支援センターは、医療法で規定されている医療提供施設ではなく、厚生労働省の管轄する独立行政法人労働者健康安全機構が運営する公的機関。よって、誤り。

問32　　　　　　③

この問題は、精神障害等にかかわる制度に関する知識を問う問題です。

① ❌ **医療観察制度**

医療観察制度とは、心神喪失または心神耗弱の状態で、殺人や放火などの重大な他害行為を行った人に対して、社会復帰を促進する目的の処遇制度である。よって、誤り。

② ❌ **介護保険制度**

介護保険制度とは、介護を社会全体で支えるための保険制度である。よって、誤り。

③ ⭕ **成年後見制度**

成年後見制度とは、認知症などの精神障害により、財産管理などの重要な判断を行う能力が十分でない人の権利を守り、支援するための制度である。よって、正しい。

④ ❌ **障害者扶養共済制度**

障害者扶養共済制度とは、障害のある子を育てる保護者が毎月掛金を納めることで、保護者の死亡後などに障害のある子に対し、一定の年金を一生涯支給する制度である。よって、誤り。

⑤ ❌ **生活福祉資金貸付制度**

生活福祉資金貸付制度とは、低所得者や高齢者、障がい者などに対する経済的支援として、貸付を行う制度である。よって、誤り。

問33　　　　　　②

この問題は、労働基準法に関する知識を問う問題です。

① ❌ **原則として、月60時間とする。**

原則として、月45時間である。よっ

て、誤り。

② **◯** 原則として、年360時間とする。
原則として、年360時間である。よって、正しい。

③ **✕** 臨時的な特別な事情がある場合には、年960時間とする。
臨時的な特別な事情がある場合には、年720時間である。よって、誤り。

④ **✕** 臨時的な特別な事情がある場合には、月150時間（休日労働含む）とする。
臨時的な特別な事情がある場合には、月100時間（休日労働含む）である。よって、誤り。

⑤ **✕** 臨時的な特別な事情がある場合には、複数月平均120時間（休日労働含む）とする。
臨時的な特別な事情がある場合には、複数月平均80時間（休日労働含む）である。よって、誤り。

問34　　　　　　　　　　　⑤

この問題は、スーパービジョンに関する理解を問う問題です。

① **✕** スーパーバイジーの職業的発達に適合させることが望ましい。
スーパーバイジーのセラピストとしての職業的発達に適合した形でのスーパービジョンを行うことが望ましい。よって、正しい。

② **✕** スーパービジョンの目的の1つに、特定のスキルの熟達がある。
正しい。特定のスキルの熟達を目指すものに、コンサルテーションという言葉があるが、スーパービジョンにも特定のスキルの熟達の目的は含まれるといえる。よって、正しい。

③ **✕** 後進の指導に当たる立場では、スーパービジョンの技能を学ぶことが望ましい。
正しい。後進を育てるためには、スーパービジョンの技能を身につけることは重要といえる。よって、正しい。

④ **✕** スーパービジョンの目的の1つに、心理療法理論の臨床場面への応用と概念化がある。
正しい。スーパービジョンを通して、臨床場面での応用や概念化へと向かうことを試みる。よって、正しい。

⑤ **◯** スーパービジョンとは、スーパーバイジー自身の心理的問題を扱うカウンセリングのことである。
自身の心理的問題を扱うカウンセリングは、通常のカウンセリングという言葉で表される。また、精神分析家が自身の精神分析を別の分析家から受けることを教育分析と呼ぶ。よって、誤り。

問35　　　　　　　　　　　④

この問題は、アドバンス・ケア・プランニング（ACP)に関する知識を問う問題です。

① **✕** 話し合いの内容を文章にまとめ、診療録に記載しておく。
医療において診療録に記載しておくことは、正しい。

② **✕** 話し合いの構成員の中に、親しい友人が含まれることがある。
患者が望めば親しい友人もそこに含まれることがある。よって、正しい。

③ **✕** 患者の意思は変化する可能性があるため、話し合いは繰り返し行われる。
患者の意思は変化する可能性が十分

午前の部

にある。よって、正しい。

④ **〇** **患者の意思が確認できない場合は、担当医療従事者が本人にとって最善の方針を決定する。**

患者の意思が確認できない場合は、事前に決めておいた代理決定者が決定する。よって、誤っているものとして選択できる。

⑤ **✕** **患者と多職種の医療・介護従事者、家族等の信頼できる者と今後の医療・ケアについて十分な話し合いを行うプロセスである。**

患者の意思表示をもしものために備えて行う話し合いのプロセスである。よって、正しい。

問36　　　　②

この問題は、会話の公理に関する知識を問う問題です。

① **✕** **根拠があることを話す。**
正しい。質の公理と呼ばれる。

② **〇** **場の雰囲気に配慮する。**
会話の公理には該当しない。よって、該当しないものとして選択できる。

③ **✕** **過不足なく情報を伝える。**
該当する。量の公理と呼ばれる。

④ **✕** **その時の話題に関連したことを言う。**
正しい。関連性の公理と呼ばれる。

⑤ **✕** **曖昧な表現を避け、分かりやすく情報を伝える。**
正しい。様式の公理と呼ばれる。

問37　　　　②

この問題は、成人に対して行う心理検査の目的について問う問題です。

① **✕** **クライエントによる自己理解や洞察を深める。**

クライエント自身が、自己理解や洞察を深めるためにも心理検査は有効である。よって、不適切なものとしては選択できない。

② **〇** **セラピストのセラピー継続への動機づけを高める。**

クライエントのセラピー継続への動機づけを高めるために、心理検査を行うこともあるだろうと考えられるが、セラピストの動機づけではない。よって、不適切。

③ **✕** **クライエントに関わるスタッフの支援の手がかりとする。**

クライエントのよりよい理解を目指して心理検査は行われる。よって適切であるため、不適切なものとしては選択できない。

④ **✕** **セラピストがクライエントの理解を深め、支援の方針を決定する指標にする。**

その通りである。心理検査を用いることで、セラピストがクライエントの理解を深め、支援方針が固まりやすくなる。よって、不適切なものとしては選択できない。

⑤ **✕** **セラピストとクライエントの間で、コミュニケーションやセラピーを深める道具とする。**

心理検査は、セラピストとクライエントの間をつなぐ道具としても考えられるため、適切と言える。よって、不適切なものとしては選択できない。

問38　　　　②

この問題は、ポジティブ心理学の概念PERMAに関する知識を当問題です。

① ✖ Pはポジティブな感情を表す。

正しい。PはPositive emotion（ポジ
ティブ感情）の頭文字である。

② ⭕ Eは力を獲得することを表す。

誤り。EはEmpowermentではなく、
Engagement（没頭・没入）の頭文字
である。よって、誤りの選択肢として
選択できる。

③ ✖ Rは他者との良い関係を表す。

正しい。RはRelationship（（良好な）
関係性）の頭文字である。

④ ✖ Mは生きる意味を表す。

正しい。MはMeaning（（人生の）意
味／意義）の頭文字である。

⑤ ✖ Aは達成を表す。

正しい。AはAccomplishment（達成
感）の頭文字である。

問39 ②

この問題は、医療倫理の4原則に関する
知識を問う問題です。

① ✖ 正義

該当するため選択できない。医療倫理
の4原則とは、自律尊重、無危害、善
行、正義が含まれる。

② ⭕ 説明

医療倫理の4原則には、自律尊重、無
危害、善行、正義が含まれる。説明は
含まれない。よって、該当しないもの
として選択できる。

③ ✖ 善行

該当するため選択できない。選択肢①
と同様の理由である。

④ ✖ 無危害

該当するため選択できない。選択肢①
と同様の理由である。

⑤ ✖ 自律尊重

該当するため選択できない。選択肢①
と同様の理由である。

問40 ②

この問題は、児童の権利に関する条約（子
どもの権利条約）に関する理解を問う問
題です。

① ✖ 生命に対する固有の権利

児童の権利に関する条約〈子どもの権
利条約〉には、第6条1「締約国は、す
べての児童が生命に対する固有の権
利を有することを認める」と書かれて
おり、含まれる。

② ⭕ 残余財産の分配を受ける権利

残余財産の分配を受ける権利につい
ては含まれていない。よって、選択でき
る。

③ ✖ 出生の時から氏名を有する権利

児童の権利に関する条約〈子どもの権
利条約〉には、第7条1「児童は、出生
の後直ちに登録される。児童は、出生
の時から氏名を有する権利及び国籍を
取得する権利を有するものとし、ま
た、できる限りその父母を知りかつそ
の父母によって養育される権利を有す
る」と書かれており、含まれる。

④ ✖ 自由に自己の意見を表明する権
利

児童の権利に関する条約〈子どもの権
利条約〉には、第9条2「すべての関係
当事者は、1の規定に基づくいかなる
手続においても、その手続に参加しか
つ自己の意見を述べる機会を有する」
と書かれており、含まれる。

⑤ ✖ できる限りその父母を知りかつ
その父母によって養育される権利

児童の権利に関する条約〈子どもの権

利条約〉には、第7条1「児童は、出生の後直ちに登録される。児童は、出生の時から氏名を有する権利及び国籍を取得する権利を有するものとし、また、できる限りその父母を知りかつその父母によって養育される権利を有する」と書かれており、含まれる。

問41　③

この問題は、MMSEの実施と解釈に関する知識や理解を問う問題です。

① ❌ **被検査者の実際の回答内容を解釈に含める。**
被検査者の実際の回答内容は、当然解釈に含める必要がある。よって、不適切なものとしては選択できない。

② ❌ **検査時の被検査者の緊張や意欲についても解釈に含める。**
被検査者が緊張していることや、意欲がないことによって、うまく答えられない・答えたくないという場合も想定できる。よって、解釈に含めるのは適切であるため、不適切なものとしては選択できない。

③ ⭕ **カットオフ値を上回った場合は、認知症ではないと所見を書く。**
MMSEはあくまでスクリーニング検査であり、「認知症ではない」と言い切ることはできない。よって、不適切なものとして選択できる。

④ ❌ **総得点だけでなく、被検査者が失点した項目についても報告する。**
被検査者が失点した項目がどれなのか、ということも重要な情報と考えられる。よって、適切であるため、不適切なものとしては選択できない。

⑤ ❌ **被検査者が難聴で口頭による実**

施ができない場合は、筆談による実施を試みる。
口頭での実施ができない場合は、筆談など別の手段を使うことで補うべきである。よって、適切であるため、不適切なものとしては選択できない。

問42　⑤

この問題は、適正処遇交互作用に関する理解を問う問題です。

① ❌ **指導方法や学習環境のことを処遇という。**
適正処遇交互作用とは、個人の適性の違いによって処遇（教授法、学習形態、教材など）の効果が異なる現象を指している。よって、誤りと選択できない。

② ❌ **統計学的には交互作用効果によって検証される。**
適性によって与えられた処遇に対する反応が異なる現象は、統計学的な手法を用いることで交互作用効果を検証することができる。よって、誤りと選択できない。

③ ❌ **学びの成立に影響を与える個人差要因を適性という。**
適正とは、個人差要因であり、知能、性格、認知スタイル、興味関心、意欲、価値感、年齢といった学習成果に関連するものを全て含む。よって、誤りと選択できない。

④ ❌ **学習者の特徴によって教授法の効果が異なることを指す。**
適正処遇交互作用とは、個人の適性の違いによって処遇（教授法、学習形態、教材など）の効果が異なることを指す。よって、誤りと選択できない。

⑤ ⭕ **他者の援助と学習者の問題解決**

との中間領域にみられる。

この説明は、L.S.Vygotskyの「発達の最近接領域」に関するものである。よって、誤りと選択できる。

問43　　　　　　②

この問題は、学校におけるピアサポート・プログラムの目的への理解を問う問題です。

① ☒　思いやりのある関係を確立する機会を提供する。

ピアサポートプログラムの目的の一つに、「他の生徒との間に意義のある思いやりに満ちた関係を築く機会を生徒に提供する」とある。よって、不適切なものと選択できない。

② ◯　公共性と無償性という基本を学ぶ機会を提供する。

公共性と無償性は、ボランティアの性質を述べたものである。また、ピアサポートプログラムは、私的な契約であり、無償性も強調されていない。よって、不適切。

③ ☒　学校のカウンセリング・サービスの幅を広げる機会を提供する。

ピアサポートプログラムの目的の一つに、「校内のガイダンス・カウンセリングの幅を広げる」とある。よって、不適切なものと選択できない。

④ ☒　リーダーシップ、自尊感情及び対人スキルを向上させる機会を提供する。

ピアサポートプログラムの目的の一つに、「生徒にリーダーシップ、自尊感情、人間関係スキルなどの向上を促す」とある。よって、不適切なものと選択できない。

⑤ ☒　傾聴や問題解決スキルなど他者を援助するスキルを習得する機会を提供する。

ピアサポートプログラムの目的の一つに、「傾聴、コミュニケーション、問題解決、対立解消法などの支援スキルのトレーニングをする」とある。よって、不適切なものと選択できない。

問44　　　　　　③

この問題は、免疫担当細胞に関する知識を問う問題です。

① ☒　単球

単球は、免疫担当細胞の一つの「マクロファージ」の前身であり、単球が血流を離れて組織に移動するとマクロファージになる。免疫担当細胞の一つである。

② ☒　好中球

好中球は生体内に侵入した病原体や異物を貪食し、マクロファージとともに病原体感染時に防御的に機能する。免疫担当細胞の一つである。

③ ◯　赤血球

赤血球は血液細胞の一つで、色は赤く血液循環によって体中を回り、肺から得た酸素を取り込み、体の隅々の細胞に運び供給する役割を担い、また同様に二酸化炭素の排出も行う。免疫には関与していないことから、免疫担当細胞に含まれない。

④ ☒　B細胞

B細胞は、骨髄のリンパ球系前駆細胞から分化する獲得免疫系の細胞である。その役割は、体内に侵入した病原体を排除するために必要な「抗体」を作り出し、体液性免疫に関わることに

ある。免疫担当細胞の一つである。

⑤ ❌ T細胞

T細胞は、B細胞と同じく、骨髄のリンパ球系前駆細胞から分化する獲得免疫系の細胞である。その役割は、細胞表面に発現するT細胞抗原受容体を介して、マクロファージや樹状細胞などの抗原提示細胞から抗原情報を受け取り、さまざまな機能を果たす。免疫担当細胞の一つである。

問45　　　　　　　　　　①

この問題は、犯罪被害者等基本法に関する知識を問う問題です。

① 〇 犯罪被害者等のための施策は、犯罪被害者等が被害を受けたときから3年間までの間に講ぜられる。

犯罪被害者基本法第三条3には「犯罪被害者等のための施策は、犯罪被害者等が、被害を受けたときから再び平穏な生活を営むことができるようになるまでの間、必要な支援等を途切れることなく受けることができるよう、講ぜられるものとする」とあり、3年間までの間というのは誤りである。よって、誤っているものとして選択できる。

② ❌ 犯罪被害者等が心理的外傷から回復できるよう、適切な保健医療サービスや福祉サービスを提供する。

犯罪被害者基本法第十四条「国及び地方公共団体は、犯罪被害者等が心理的外傷その他犯罪等により心身に受けた影響から回復できるようにするため、その心身の状況等に応じた適切な保健医療サービス及び福祉サービスが提供されるよう必要な施策を講ずるものとする」とあり正しい。

③ ❌ 犯罪被害者等のための施策は、国、地方公共団体、その他の関係機関、民間の団体等との連携の下、実施する。

犯罪被害者基本法第七条では「国、地方公共団体、日本司法支援センター（総合法律支援法（平成十六年法律第七十四号）第十三条に規定する日本司法支援センターをいう。）その他の関係機関、犯罪被害者等の援助を行う民間の団体その他の関係する者は、犯罪被害者等のための施策が円滑に実施されるよう、相互に連携を図りながら協力しなければならない」とあり正しい。

④ ❌ 刑事事件の捜査や公判等の過程における犯罪被害者等の負担が軽減されるよう、専門的知識や技能を有する職員を配置する。

犯罪被害者基本法第十九条「国及び地方公共団体は、犯罪被害者等の保護、その被害に係る刑事事件の捜査又は公判等の過程において、名誉又は生活の平穏その他犯罪被害者等の人権に十分な配慮がなされ、犯罪被害者等の負担が軽減されるよう、犯罪被害者等の心身の状況、その置かれている環境等に関する理解を深めるための訓練及び啓発、専門的知識又は技能を有する職員の配置、必要な施設の整備等必要な施策を講ずるものとする」とあり正しい。

⑤ ❌ 教育・広報活動を通じて、犯罪被害者等が置かれている状況や、犯罪被害者等の名誉や生活の平穏への配慮について国民の理解を深める。

犯罪被害者基本法第二十条に「国及び地方公共団体は、教育活動、広報活動等を通じて、犯罪被害者等が置かれて

いる状況、犯罪被害者等の名誉又は生活の平穏への配慮の重要性等について国民の理解を深めるよう必要な施策を講ずるものとする」とあり正しい。

問46　②

この問題は、公認心理師の職責（心理支援に際するインフォームド・コンセント）に関する理解を問う問題です。

① ✗ **公認心理師が考える最善の方針に同意するように導く。**

インフォームド・コンセントでは、公認心理師が考える最善の方針に誘導するのではなく、クライエント自身の意思と選択を尊重する。よって、不適切。

② ◯ **深刻なリスクについては頻度が低くても情報を開示する。**

深刻なリスクについては、生じたときに取り返しがつかない状態になるため、頻度が低くても開示しなければいけない。よって、最も適切といえる。

③ ✗ **心理療法についての説明はクライエントにとって難解なため、最小限に留める。**

心理療法についても、できる限りクライエントにとってわかりやすい形で説明する責任があり、不適切。

④ ✗ **クライエントに対して不利益にならないように、心理療法を拒否したときの負の結果については強調して伝える。**

心理療法を拒否したときの負の結果を強調して伝えることは、心理療法を拒否する選択の自由を奪いかねないため、不適切。

問47　②

この問題は、公認心理師のコンピテンシーに関する理解を問う問題です。

① ✗ **科学的な知見を参考にしつつも、直観を優先して判断する。**

直観ではなく、科学的知見を重視する態度が重要である。よって、不適切。

② ◯ **要支援者への関わり方や対応の在り方を自ら振り返って検討する。**

関わり方や対応の在り方を自ら振り返って検討することを反省的実践といい、基本的なコンピテンシーして適切といえる。

③ ✗ **普遍的な視点に立ち、文化的背景を考慮せず、要支援者を同様に扱う。**

人は完全に普遍的な視点に立つことはできず、文化的背景や個人的背景などを考慮することは重要である。よって、不適切。

④ ✗ **専門職としての知識と技術をもとに、最低限の実践ができるようになってから職業倫理を学ぶ。**

職業倫理は、専門家の知識や技術以前に必要である。よって、不適切。

問48　④

この問題は、ストレンジ・シチュエーション法のアタッチメント（愛着）類型に関する問題です。

① ✗ **回避型は、養育者との分離場面で激しく泣きやすい。**

回避型は、養育者との分離場面で養育者を回避したり無視しようとする。そのため不適切。

② ✗ **安定型は、養育者との分離場面**

で泣きの表出が少ない。

安定型は、養育者との分離場面で泣くことが少なくない。よって、不適切。

③ ❌ 無秩序・無方向型は、養育者との再会場面で激しく泣きやすい。

無秩序・無方向型では、養育者の再会場面での反応が一貫しない。よって、不適切。

④ ⭕ アンビバレント型は、養育者との再会場面でしばしば激しい怒りを表出することがある。

アンビバレント型では、養育者との再会場面において、再会できて嬉しい気持ちと、自分に寂しい思いをさせたことに対する怒りを同時に持つ両価的なタイプである。よって、最も適切といえる。

問49 ②

この問題は、いじめ防止対策推進法に関する知識を問う問題です。

① ❌ 学校は、いじめ問題対策連絡協議会を置くことができる。

いじめ防止対策推進法第十四条では「地方公共団体は、いじめの防止等に関係する機関及び団体の連携を図るため、条例の定めるところにより、学校、教育委員会、児童相談所、法務局又は地方法務局、都道府県警察その他の関係者により構成されるいじめ問題対策連絡協議会を置くことができる」とあり、学校ではなく地方公共団体である。よって誤り。

② ⭕ 学校は、いじめの防止に資するものとして、体験活動等の充実を図る。

いじめ防止対策推進法の第十五条に

は「学校の設置者及びその設置する学校は、児童等の豊かな情操と道徳心を培い、心の通う対人交流の能力の素地を養うことがいじめの防止に資することを踏まえ、全ての教育活動を通じた道徳教育及び体験活動等の充実を図らなければならない」とあり、正しい。

③ ❌ 学校は、地方公共団体が作成した、いじめ防止基本方針を自校の基本方針とする。

いじめ防止対策推進法第十三条では「学校は、いじめ防止基本方針又は地方いじめ防止基本方針を参酌し、その学校の実情に応じ、当該学校におけるいじめの防止等のための対策に関する基本的な方針を定めるものとする」とあり、誤り。

④ ❌ 学校は、いじめ防止等の対策を推進するために、財政的な措置を講ずるよう努める。

いじめ防止対策推進法第十条では「国及び地方公共団体は、いじめの防止等のための対策を推進するために必要な財政上の措置その他の必要な措置を講ずるよう努めるものとする」とあり、学校ではなく国及び地方公共団体である。よって、誤り。

問50 ②

この問題は、心理的支援活動を理論化する際に重要なことへの理解を問う問題です。

① ❌ 参加的理論構成者は、理論化を専門に行う。

参加的理論構成者は理論化にとどまらず、現場に関与しながらその理論構成を行う。よって、不適切。

467

② ◯ 地域援助においては、参加的理論構成者としての役割が必要になる。
地域援助を行う際には、その地域援助に参加しつつ理論的にも検討していく両方の立場としての参加的理論構成者の役割が必要である。よって、最も適切といえる。

③ ✕ 臨床心理面接の事例論文においては、一般化に統計的手法が必須である。
事例論文では、一般的に統計的手法は用いられず、個別の事例として記述される。よって、不適切。

④ ✕ 量的データを扱う際には、研究者のリフレクシヴィティ〈reflexivity〉が重要である。
リフレクシヴィティ〈reflexivity〉とは再帰性と訳される。研究者と研究対象とを分けて考えることはできないということを指す。量的データでは、研究対象はあくまで対象としてみなすため、不適切。

問51　　　　　②

この問題は、個人情報保護に関する知識を問う問題です。

① ✕ 本人の同意があれば、当該本人に関する個人データを第三者に提供できる。
本人の同意があれば第三者提供は可能である。よって、正しい。

② ◯ クライエントが公認心理師に対する信頼に基づいて打ち明けた事柄は、個人情報に該当しない。
秘密保持義務を持った公認心理師に対する信頼に基づいて打ち明けた事柄は、個人情報に該当する。よって、

誤っているものとして選択できる。

③ ✕ 個人情報には、指紋やDNAの塩基配列など身体に固有の特徴を符号化したデータも含まれる。
指紋やDNAの塩基配列などの符号化データも個人情報として含まれる。よって、正しい。

④ ✕ 個人情報取扱事業者は、その取扱う個人データについて、安全管理のために必要な措置を講じなければならない。
個人情報取扱事業者は個人データの安全管理上の必要な措置を講じなければいけない。よって、正しい。

問52　　　　　②

この問題は、職場におけるセクシュアルハラスメントの防止対策についての知識を問う問題です。

① ✕ 労働者がセクシュアルハラスメントに関して事業主に相談したこと等を理由とした不利益な取扱いを禁止する。
不利益な取扱いがなされないことが保証されていなければ声を上げにくくなるため、正しいといえる。

② ◯ 紛争調整委員会は、セクシュアルハラスメントの調停において、関係当事者の同意を得れば、職場の同僚の意見を聴取できる。
関係当事者の同意の有無に関わらず、職場の同僚等も参考人として出頭の求めや意見聴取が行える。よって、誤り。

③ ✕ 労働者の責務の1つとして、セクシュアルハラスメント問題に対する関心と理解を深め、他の労働者に対する言動に必要な注意を払うことを定めて

468

いる。

労働者の責務として、セクシュアルハラスメント問題に対する関心と理解を深め、他の労働者に対する言動に十分な注意を払うことが挙げられる。よって、正しい。

④ ❌　事業主は、他社から職場におけるセクシュアルハラスメントを防止するための雇用管理上の措置の実施に関して必要な協力を求められた場合に、応じるよう努めなければならない。

事業主は雇用管理上の措置の実施に関する必要な協力に応じるよう求められた場合、応じるよう努めなければならない。よって、正しい。

問53　　　　　　　　　③,⑤

この問題は、要保護児童対策地域協議会に関する知識を問う問題です。

① ❌　対象は、被虐待児童に限られる。

対象児童は虐待を受けた子どもに限られず、非行児童なども含まれる。よって、誤り。

② ❌　構成する関係機関は、市町村と児童相談所に限られる。

関係機関のはざまで適切な支援が行われないといった事態を防止することが期待されており、市町村と児童相談所には限られない。よって、誤り。

③ ⭕　関係機関相互の連携や、責任体制の明確化が図られている。

要保護児童対策地域協議会では、関係機関の相互連携や責任体制の明確化が図られており、正しい。

④ ❌　要保護児童対策地域協議会における情報の共有には、保護者本人の承諾が必要である。

児童虐待など、保護者本人に伝えることによって隠蔽が図られる場合もあるため、保護者本人の承諾は必要としない。よって、誤り。

⑤ ⭕　被虐待児童に対する情報を共有することにより、児童相談所によって迅速に支援を開始できる。

要保護児童対策地域協議会では、児童相談所との情報共有により、迅速な支援を開始できるようにする。よって、正しい。

問54　　　　　　　　　③,⑤

この問題は、マインドフルネスに基づく認知行動療法に関する知識を問う問題です。

① ❌　内観療法

内観療法は、日本の心理療法として浄土真宗の異端派の修行法である身調べから作られた吉本伊信による方法である。よって、不適切。

② ❌　応用行動分析

応用行動分析は、認知行動療法から生まれた方法ではあるが、マインドフルネスに基づくものではない。よって、不適切。

③ ⭕　弁証法的行動療法

弁証法的行動療法は、M.Linehanによって開発されたマインドフルネスに基づく感情調節困難（従来の境界性パーソナリティ障害）にエビデンスがあるとされる認知行動療法である。よって、適切なものとして選択できる。

④ ❌　アサーション・トレーニング

アサーション・トレーニングは、認知

行動療法から生まれた方法ではある
が、マインドフルネスに基づく認知行
動療法ではない。よって、不適切。

⑤ **◯** **アクセプタンス＆コミットメン**
ト・セラピー〈ACT〉

アクセプタンス＆コミットメント・セ
ラピー（ACT）は、S.Hayesによって
開発されたマインドフルネスに基づく
認知行動療法である。よって、適切な
ものとして選択できる。

この問題は、昨今の子どもの貧困問題に
ついての知識を問う問題です。

① **✕** **学力達成や教育機会に対する影**
響は小さい。

子どもの貧困は、塾代や学費が捻出で
きずに進学を諦めることにつながりや
すく、学力達成や教育機会に対する影
響は小さくないと考えられる。よって、
不適切。

② **◯** **貧困と児童虐待の発生には、関**
連がみられる。

貧困が必ずしも虐待の原因とはいえな
いが、貧困のある家庭に多く虐待が見
られているため、関連性が示唆され
る。よって、適切なものとして選択で
きる。

③ **✕** **子どもの貧困と関連する問題は、**
顕在化しやすい。

最低限の生活の内容も多様化してお
り、子どもの貧困問題は顕在しにくく
見つかりにくい。よって、不適切。

④ **✕** **貧困状態にある母子世帯の8割**
以上が、生活保護を受給している。

母子世帯の生活保護の受給率は低く、
母子家庭の貧困世帯のごく一部しか生

活保護を受給していない。よって、不
適切。

⑤ **◯** **生活保護を受給する家庭で育っ**
た子どもは、出身世帯から独立した後
も生活保護を受給する割合が高い。

生活保護を受給する家庭で育った子ど
もは生活保護を将来受給する割合が
高い。よって、適切なものとして選択
できる。

この問題は、特別支援教育コーディネー
ターの役割についての理解を問う問題で
す。

① **◯** **保護者に対する学校の窓口とな**
る。

特別支援教育コーディネーターは、保
護者に対する学校の窓口としても期待
されている。よって、適切なものとし
て選択できる。

② **✕** **特別支援教育の対象となる児童**
生徒を決定する。

特別支援教育の対象となる児童生徒
を決定する権限は、特別支援教育コー
ディネーターにはない。よって、不適
切。

③ **✕** **特別支援教育の対象となる児童**
生徒に対して、直接指導を行う。

特別支援教育コーディネーターは、あ
くまで連絡・調整などのコーディネー
トを行うのが役割であって、直接の指
導を行うことが役割ではない。よっ
て、不適切。

④ **◯** **特別支援教育の対象となる児童**
生徒について、学校と関係機関との連
絡や調整を担う。

特別支援教育コーディネーターは、学

校と関連機関との連絡・調整役を担う。よって、適切なものとして選択できる。

⑤ ❌ **外部の専門機関が作成した「個別の教育支援計画」に従い、校内の支援体制を整備する。**

個別の教育支援計画は、外部の専門機関ではなく、担任が特別支援教育コーディネーターの助言のもと作成する。よって、不適切。

問57　①,②

この問題は、司法場面の認知面接への理解を問う問題です。

① ⭕ **文脈の心的再現**

認知面接とは、R.E.GeiselmanやR.Fisher,により考案された面接法。E.Tulvingによる符号化特定性原理とG.Bowerによる記憶の多重符号化に基づく4つの技法が提唱されている。そのうち文脈の心的再現とは生じた出来事の環境・文脈を心理的に再現することを指す。よって、適切なものとして選択できる。

② ⭕ **視点を変えての想起**

認知面接の技法の一つとして、視点変更という容疑者からの視点で出来事を思い出すことがある。よって、適切なものとして選択できる。

③ ❌ **毎回同じ順序での想起**

認知面接の技法では、順序変更という出来事の生じた順番だけでなく、出来事を遡っていく形での想起を行うものがある。よって、逆であるため不適切。

④ ❌ **確信が持てる内容を選んで話すこと**

認知面接の技法では、悉皆報告といっ

て不完全なものや重要でないと思われるような内容であっても全てを報告する、ということが含まれている。よって、逆であるため不適切。

⑤ ❌ **話す内容に矛盾があればその都度説明すること**

認知面接では、「話す内容に矛盾があればその都度説明すること」というのは含まれていない。よって不適切。

問58　③,④

この問題は、産業場面における治療と仕事の両立に関する支援について問う問題です。

① ❌ **仕事の繁忙などが理由となる場合には、就業上の措置や配慮は不要である。**

治療と仕事の両立支援とは、がんなどの疾病にかかった人が、治療を行いながら仕事も両立できるように支援することである。仕事の繁忙などが理由で、就業上の措置や配慮を行わないことがあってはならない。よって、不適切。

② ❌ **労働者の個別の特性よりも、疾病の特性に応じた配慮を行う体制を整える。**

労働者の個別の特性も、疾病の特性も両方ともが配慮されるべきである。よって、不適切。

③ ⭕ **事業場における基本方針や具体的な対応方法などは、全ての労働者に周知する。**

事業者として、事業場における基本方針や具体的な対応方法は、衛生委員会等で調査審議を行った上で、全ての労働者に周知しておくことで混乱を避け

471

ることが重要である。よって、適切な
ものとして選択できる。

④ **◯** **労働者本人からの支援を求める
申出がなされたことを端緒に取り組む
ことを基本とする。**

　治療と仕事の両立支援が必要かどう
かは、まず労働者本人からの支援を求
める申出が行われることによって開始
される。よって、適切なものとして選
択できる。

⑤ **✕** **労働者が通常勤務に復帰した後
に同じ疾病が再発した場合には、両立
支援の対象から除外する。**

　労働者が通常勤務に復帰した後に同じ
疾病が再発した場合にも、両立支援の
対象となる。あらかじめ再発すること
も念頭に置き、状況に合わせて支援方
法などの再検討が必要である。よっ
て、不適切。

問59　　　　　　　　　　③

この問題は、パス解析を行った分析結果
と考察への理解に関する問題です。

① **✕** **自動思考は、抑うつ反応に対し
て影響を与える説明変数ではない。**

　自動思考から抑うつ反応への標準化パ
ス係数は0.64と有意であり、自動思
考は、抑うつ反応に対して影響を与え
る説明変数であるといえる。よって、
不適切。

② **✕** **抑うつ反応は、ストレッサーに
対して影響を与える説明変数である。**

　抑うつ反応は、ストレッサーに対する
説明変数ではなく目的変数として考え
られている。ただ、目的変数として考
えた場合にも標準化パス係数は0.07
と有意ではない。よって、不適切。

③ **◯** **ストレッサーは、抑うつ反応に
対して自動思考を介して影響を与えて
いる。**

　ストレッサーと抑うつ反応の相関係数
は0.30であり、ストレッサーから抑
うつ反応への標準化パス係数が
0.07（$n.s.$）であるにもかかわらず、
自動思考を介した場合の相関係数は
「ストレッサーと自動思考（$r=0.33$）
＆自動思考と抑うつ反応（$r=0.70$）」、
標準化パス係数は「ストレッサーから
自動思考で0.33、自動思考から抑う
つ反応で0.64」となっている。このこ
とから、最も適切といえる。

④ **✕** **自動思考が根本的な原因として、
ストレッサーと抑うつ反応の両方を説
明している。**

　自動思考は根本的な原因ではなく、ス
トレッサーに対して自動思考は目的変
数であり、抑うつ反応に対して自動思
考は目的変数である。よって、不適切。

⑤ **✕** **抑うつ反応に対して、ストレッ
サーと自動思考は対等に説明する変数
となっている。**

　抑うつ反応に対して、ストレッサーと
自動思考は対等ではなく、ストレッ
サーが自動思考を介する形で、抑うつ
反応に対する説明変数となっている。
よって、不適切。

問60　　　　　　　　　　③

この問題は、育児不安の事例に対する心
理支援のあり方について問う問題です。

① **✕** **感情制御**

　感情制御とはその名の通り、自分の持
つ感情コントロールのことを指す。こ
こでは育児不安という感情のコント

ロールに焦点を当てて提案しているのではなく、同じような境遇の子育て中の母親同士での相互サポートをねらいとしている。よって、不適切。

② ❌ グリーフケア

グリーフケアとは、死別した遺族に対する心のケアのことであり、ここではシチュエーションが合致しない。よって、不適切。

③ ⭕ 情緒的サポート

情緒的サポートとは、問題や課題に対しての体験や行動、考え、感情などを語り合い、支え合うことを指す。BがAに対する提案は、情緒的サポートに当たる。よって、適切。

④ ❌ セルフ・モニタリング

セルフ・モニタリングとは、自分の感情、行動などを客観的に観察することで自己管理を目指す方法。ここでは提案のねらいと合わない。よって、不適切。

⑤ ❌ ソーシャル・スキルズ・トレーニング〈SST〉

ソーシャル・スキルズ・トレーニング（SST）とは、社会技能訓練あるいは生活技能訓練と訳され、認知行動療法に基づいた社会で生活していくための技能を身につけるトレーニングを指す。ここでは、そのような目的で提案したのではない。よって、不適切。

問61　　　　②

この問題は、心理的発達に関する理解を問う問題です。

① ❌ 共同注意

共同注意とは、母親などの他者が何らかに対して注意を払っていることを認

識し、その態度を共有すること。事例ではそのような内容が触れられていないため、不適切。

② ⭕ 自己抑制

自己抑制とは、自分の欲求を制御することであり、この事例では心理的発達により自己抑制ができるようになってきたことが考えられる。よって、最も適切である。

③ ❌ 脱中心化

脱中心化とは、前操作期においてみられる自己中心性の高まりから脱していき、自己中心的な視点のみからの認識を離れ、他者の視点を想像することができるようになっていくプロセスを指す。この事例ではそのようなことは書かれていない。よって、不適切。

④ ❌ メタ認知

メタ認知とは、自分が認知しているということを認知することであり、自分の思考や行動を俯瞰的に眺めること。本事例ではそのような内容が触れられていないため、不適切。

⑤ ❌ アタッチメント

アタッチメントとは愛着のことであり、子どもが特定の他者に対して感じる情緒的絆のこと。本事例では、アタッチメント（愛着）について記述はされていないため、不適切。

問62　　　　②

この問題は、大学の学生相談室でのひきこもりの初期対応について問う問題です。

① ❌ 就職活動を再開するよう励ます。

本事例では、ひきこもり気味で睡眠不足、抑うつなどからくる絶望を感じているため、初期対応として就職活動を

2021年9月試験全問題解説

473

再開するように励ますべきではない。よって、不適切。

② ◯ **抑うつ状態のアセスメントを行う。**

不眠、無気力と絶望感がみられ、うつ病に罹患している可能性が考えられる。そのため、初期対応として抑うつ状態のアセスメントを行うことは最も適切といえる。

③ ✕ **保護者に連絡して、Aへの支援を求める。**

一人暮らしのアパートにひきこもり気味の生活になっており、家族の支援を今後必要とする可能性もある。ただ、まだ初期のアセスメントが終わっていない段階で、またAとの信頼関係形成もできていないことが予想されるため、Aへの初期対応として、最も適切なものとはいえない。

④ ✕ **発達障害者のための就労支援施設を紹介する。**

あくまでここでは初期対応についてであることや、また発達障害かどうかもわからない状態で、発達障害者のための就労支援施設を紹介するということはおかしい。よって、不適切。

⑤ ✕ **単位を取得するために、授業に出席することを勧める。**

ひきこもり気味で睡眠不足、抑うつなどからくる絶望を感じており、初期対応から授業の出席を勧めるべきではない。よって、不適切。

問63 ①

この問題は、公認心理師の職責（研究における倫理）に関する用語の意味を問う問題です。

① ◯ **盗用**

盗用とは、他者の文章やデータを無断で使用することをいう。よって、問題文の内容に該当する。

② ✕ **改ざん**

改ざん（改竄）とは、権限のない人が無断で文章などを書き換えることをいう。元の文章を書き換えるのではなく、他者のデータを拝借していることが問題であるため、改ざんとは異なる。よって、誤り。

③ ✕ **ねつ造**

ねつ造（捏造）とは、実在しないデータ等を実在するかのように偽り作り上げることをいう。実在しないデータを作り上げるのではなく、他者のデータを拝借していることが問題であるため、ねつ造とは異なる。よって、誤り。

④ ✕ **多重投稿**

多重投稿とは、本来1つの論文しか投稿するべきでないのに、2つ以上の論文を投稿することをいう。よって、誤り。

⑤ ✕ **利益相反**

利益相反とは、ある行為を行うことにより、もう一方にとっての不利益になることをいう。よって、誤り。

問64 ⑤

この問題は、被災により急性ストレス障害、あるいは外傷後ストレス障害になっている可能性のある女性への対応について問う問題です。

① ✕ **ジョギングなどの運動を勧める。**

ジョギングなどの運動は、事例にあるような状況に対する対処として最も優先されるものとはいえない。

② ✕ 生き残った者の使命について話し合う。

生き残った者の使命について話し合うということは、余計にトラウマティックな出来事を思い出させることや、プレッシャー、ストレスにつながると考えられるため、不適切。

③ ✕ リラックスするために腹式呼吸法を指導する。

腹式呼吸法などのリラクゼーション法自体は悪くはないが、対症療法的であり、最も優先されるものとはいえない。

④ ✕ 行方不明になった住人が必ず発見されると保証する。

行方不明になった住人が必ず発見されるという保証がない。よって、不適切。

⑤ ◯ 現地の保健医療スタッフに情報を伝えることへの同意を得る。

地震発生から約3週間後においてみられる症状から、急性ストレス障害が疑われるが、今後PTSD（外傷後ストレス障害）になる可能性も考えられるため、現地のスタッフと連携が望ましい。よって、最も優先されるものとして選択できる。

問65 ②

この問題は、軽度のAlzheimer型認知症の女性への特定の困り事に対する介入について問う問題です。

① ✕ ライフヒストリーの回想に焦点を当てた介入

ライフヒストリーの回想は、認知症患者に対して行われる介入ではあるが、本事例の困りごととは直接関係がみられない。よって、不適切。

② ◯ 日常生活機能を補う方法の確立

に焦点を当てた介入

困っているのは、収納場所が変わったことによって、探しものが見つからないということであるため、外部装置や外部環境によって補うことを考えるのが適切である。

③ ✕ 有酸素運動や筋力強化など、複数の運動を組み合わせた介入

スポーツジムに行けなくなったことによって落ちた筋肉や体力をつけるための介入ではなく、ここで求められているのは日常生活の中で探しものが見つけられなくなったことを改善することである。よって不適切。

④ ✕ 物事の受け取り方や考えの歪みを修正し、ストレス軽減を図る介入

考え方の歪みによって、現在の困りごとが生じているわけではなく的外れ。よって、不適切。

⑤ ✕ 音楽を聴く、歌うなどの方法によって構成されたプログラムによる介入

音楽を聴く、歌うなどの方法によるプログラムは、認知症患者へのプログラムとしてよく用いられるが、今回の困りごととは直接関係がみられない。よって、不適切。

問66 ①

この問題は、事例における心理検査等による心理的アセスメントに関する問題です。

① ◯ うつ病

物忘れ、不眠、食欲低下、集中力や思考力の低下については、うつ病でもみられる症状である。老年期うつ検査-15-日本版〈GDS-15-J〉のカットオ

475

フ値は6点であり、6点以上でうつを疑う。Aの得点は13点であり、うつを疑えるため、最も適切なものとして選択できる。

② ❌ **パニック症**

本事例では、特にパニック症を疑うような記述が見当たらない。よって、不適切。

③ ❌ **前頭側頭型認知症**

HDS-Rの得点が29点と、カットオフ値20/21よりも高く、認知症を疑うことは現時点では難しい。よって、不適切。

④ ❌ **Lewy小体型認知症**

選択肢3と同様の理由で、認知症を疑うことは現時点では難しい。またLewy小体型認知症特有の幻視なども記述されているわけではない。よって、不適切。

⑤ ❌ **心的外傷後ストレス障害〈PTSD〉**

心的外傷後ストレス障害〈PTSD〉のきっかけとなる出来事の記載も、その症状（過覚醒、侵入症状、回避行動、否定的認知）も見られない。よって、不適切。

問67　　　　　　　　　　⑤

この問題は、ある学級で起きている現象についての心理学的理解を求めるものです。

① ❌ **学級風土**

学級風土とは、学級を構成する物理的・組織的・人的側面から規定される学級の性格のようなもの。よって、不適切。

② ❌ **遂行目標**

遂行目標とは、自分の能力を肯定的に評価されたいとする「遂行接近目標」と、自分の能力を否定的に評価されることを避けたいとする「遂行回避目標」をあわせたものである。よって、不適切。

③ ❌ **期待価値理論**

期待価値理論とは、動機づけの強さは「課題が達成できそうかの期待」と「達成できたときの報酬に価値があるとみなされる度合い」をかけ合わせたものによって決まると考える理論。よって、不適切。

④ ❌ **ピグマリオン効果**

ピグマリオン効果とは、教師が児童生徒に期待することによって、児童生徒の成績が向上することをいう。よって、不適切。

⑤ ⭕ **アンダーマイニング効果**

問いのように、元々内発的動機があったものが、外発的動機づけによって、動機を逆に失ってしまうことをアンダーマイニング効果と呼ぶ。よって、最も適切。

問68　　　　　　　　　　⑤

この問題は、アクティブラーニングに関する理解を問う問題です。

① ❌ **児童の個性に合うように、複数の方法で教える。**

アクティブラーニングとは、「個性に応じた指導」ではない。よって、不適切。

② ❌ **学習内容が定着するように、内容を数回に分けて行う。**

アクティブラーニングとは、内容を分割して行うことではない。分割して学習をさせる方法は分習法と呼ばれる。

よって、不適切。

③ ✖ **全員が同じ内容を理解できるように、一斉に授業を行う。**

アクティブラーニングとは、一斉授業を行うことではない。よって、不適切。

④ ✖ **全員が正しく理解できるように、原理を積極的に解説する。**

アクティブラーニングとは、原理の説明を積極的に行うことではない。よって、不適切。

⑤ ⭕ **具体的に理解できるように、例話の登場人物のセリフを考えさせる。**

アクティブラーニングとは、児童生徒が主体的に授業に参加するように促すもの。よって、登場人物のセリフを自分で考えさせることは、それに相当すると考えられる。よって、最も適切なものとして選択できる。

問69　　　　　　　　　　①

この問題は、保護観察に関する初回の対応方針についての理解を問う問題です。

① ⭕ **特別遵守事項を設定する。**

Cの初回面接における対応方針としては、特別遵守事項を設定する必要がある。よって、最も適切といえる。

② ✖ **担当する保護司が同席できるよう手配する。**

担当する保護司の同席への手配は初回面接における対応方針として適切とはいえない。

③ ✖ **保護処分の決定に対する抗告について説明する。**

実務においては、保護処分の決定に対する抗告について説明をすることもあるが、初回面接における対応方針として最も適切とはいえない。よって、選

択できない。

④ ✖ **関係構築を優先し、家族関係や成育歴についての質問は控える。**

関係構築を優先することは重要であるが、家族関係や成育歴についての質問も初回面接では行う。よって、最も適切とはいえない。

⑤ ✖ **家庭裁判所において既に確認されているため、事件内容についての質問は控える。**

初回面接においては、家庭裁判所ですでに確認されていても、事件内容についての質問はせざるを得ない。よって、最も適切とはいえない。

問70　　　　　　　　　　⑤

この問題は、産業分野における組織の取り組みを表すカタカナ語に関して問う問題です。

① ✖ **コンプライアンス**

コンプライアンスとは法令遵守のことを指し、法令・倫理・公序良俗など社会的規範に従うこと。そのような内容が本文に書かれていないため、不適切。

② ✖ **キャリアマネジメント**

キャリアマネジメントとは、将来のキャリアをどう構築していくかの計画・実行していくことを指す。本文にそのような内容は見られないため、不適切。

③ ✖ **ポジティブアクション**

社会的、構造的差別による不利益を受けている人に対し、特別な機会を一定範囲で提供することで、実質的な機会均等の実現を目指すもの。本文では多様性については書いてあるものの、こ

のA社の取り組みを全体的に表すものとはいえない。よって、最も適切とはいえない。

④ ✖ **アファーマティブアクション**

アファーマティブアクションとは、ポジティブアクションの別名である。よって、ポジティブアクションの説明と同じく、最も適切とはいえない。

⑤ ⭕ **ダイバーシティマネジメント**

ダイバーシティマネジメントとは、企業が従業員の多様性を認め、活かして事業を成長させていくこと。「個々の違いを認め、尊重し」や「属性の異なった人と協働する機会が増えている」ということから、この取組を表すものとして最も適切といえる。

問71　　　　　　④

この問題は、組織コミットメント（規範的・情緒的・存続的の3つから成るコミットメント）の知識に関して問う問題です。

① ✖ **規範的コミットメント**

組織コミットメントの一つで、「組織には尽くすもの」という考え方からコミットするもの。ここではそのような考え方は表されていない。よって、不適切。

② ✖ **行動的コミットメント**

組織コミットメントの3つの要素に行動的コミットメントは含まれない。よって、不適切。

③ ✖ **情緒的コミットメント**

組織コミットメントの一つで、組織への好意・愛着から辞めないで続けようとするもの。そういった内容は書かれていないため、不適切。

④ ⭕ **存続的コミットメント**

組織コミットメントの一つで、組織を離れることのデメリットを考え、現状を存続させようとするコミットメント。「今この会社を辞めたら損失が大きいので（後略）」とあるため、最も適切である。

⑤ ✖ **態度的コミットメント**

組織コミットメントの3つの要素に態度的コミットメントは含まれない。よって、不適切。

問72　　　　　　⑤

この問題は、事例を通して心身の状態を検討する力を問う問題です。

① ✖ **更年期障害**

更年期障害とは40代以降のホルモン分泌量低下による症候群のことを指す。代表的な症状に血管の拡張・放熱によるほてり、のぼせ、ホットフラッシュというものがあり、「体のほてりを感じることがしばしばあり」という記述と53歳というAの年齢から該当する。

② ✖ **空の巣症候群**

空の巣症候群とは、子どもが家を出たり結婚したりすることで、親が憂鬱になったり空虚感を感じるようになることを指す。「2年前に一人娘が就職し一人暮らしを始めた頃から、抑うつ的になることが増え」とあることが該当する。

③ ✖ **アイデンティティ危機**

アイデンティティ危機とは、E.H.Eriksonによる用語で「自分は何者なのか」という心理的に危機状態にあることを指す。よって、「これから何

をしてよいのか展望をもてなくなっている」Aの状態に該当する。

④ ✖ **生成継承性〈generativity〉**

生成継承性とは、E.H.Eriksonによる心理社会的発達段階の用語のひとつで、成人期後期の発達課題。次世代のために積極的に関わり継承を試みていくことであり、仕事や趣味であった料理をボランティアで教えていることから、Aの心身の状態として該当する。

⑤ ◉ **セルフ・ハンディキャッピング**

セルフ・ハンディキャッピングとは、自分が失敗してしまっても自尊心を保つため、あらかじめ自分にハンディキャップがあるように言ったり思ったりしておくこと。ここではあてはまらないため、該当しないものとして選択できる。

問73　　　　　　　　②

この問題は、死別反応に対しての公認心理師の対応を問う問題です。

① ✖ **悲しみには個人差があるということを説明する。**

死別反応の生じ方は人によって大きく異なるため、悲しみには個人差があることを説明すること自体は不適切とはいえない。

② ◉ **娘の死を思い出さないようにする活動がないか、一緒に探索する。**

娘の死を思い出さないようにする活動を探し、思い出さないように抑え込むことはたまっている感情を表出できなくしてしまう可能性がある。よって、これは死別反応に対する対応としては良いとはいえないため、不適切。

③ ✖ **Aが体験している様々な感情を**

確認し、表現することを援助する。

Aが体験している様々な感情を確認したり表現したりすることによって、死別時から離れられない気持ちの変化が起きる可能性がある。よって、不適切とはいえない。

④ ✖ **子どもを亡くした親が体験する一般的な反応について、情報を提供する。**

死別反応が一般的な反応である可能性として、情報提供することは不適切とはいえない。

⑤ ✖ **娘が死に至った背景について、多様な観点から見直してみることを促す。**

死別反応として、同じ考えをぐるぐる考えてしまっている可能性があり、多様な観点から見直してみる、ということが1つの可能性として考えられる。よって、不適切とはいえない。

問74　　　　　　　　④

この問題は、いじめが原因の自殺を経験した学校における、スクールカウンセラーによる緊急支援についての理解を問う問題です。

① ✖ **動揺している生徒に対して、個別に面接を行う。**

動揺している生徒に対して、個別に面接を行うことは、各生徒の状態を把握したり、各生徒の動揺を少しでも和らげるために有効であるといえる。よって、適切である。

② ✖ **動揺している保護者に対して、個別に面接を行う。**

動揺するのは生徒のみではなく、保護者もである。そのため、動揺する保護

2021年9月試験全問題解説

者に対する面接は有効であるといえる。よって、適切である。

③ ✕ **教師に対して、自身の心身のケアについての心理教育を行う。**

教師も動揺して当然の状況であり、普段とは違うような感情や考えなどが出てきても、動揺しすぎないように心理教育をしておくことは有効であるといえる。よって、適切である。

④ ⭕ **自殺をした生徒に対するいじめの有無について、周囲の生徒から聞き取りを行う。**

自殺した生徒に関する情報収集を、周囲の生徒から聞き取りを行うことは余計に動揺を誘う行為であり、可能な限り控えるべきである。よって不適切なものとして選択できる。

⑤ ✕ **教師に対して、予想される生徒のストレス反応とその対処についての心理教育を行う。**

教師がこれから動揺する生徒や、ストレス反応が出る生徒に対応することとなる。そのため、事前に心理教育をしておくことは有効であるといえる。よって、適切である。

問75 ①

この問題は、窃盗、窃盗症に関する理解を問う問題です。

① ⭕ **Aは、窃盗症の疑いが強い。**

「万引きはそのときが最初で最後」ということであり、反復する窃盗行為を示しておらず、この事例では「窃盗症の疑いが強い」とはいえない。よって不適切なものとして選択できる。

② ✕ **Aは、ストレスへの対処力が弱まっている。**

半身不随の義母の介護を一人で行うなど、ストレスフルな状況が続いていることが考えられ、ストレスの対処力が弱まっている可能性が考えられる。よって、適切である。

③ ✕ **AとBの夫婦間コミュニケーションが不十分である。**

Aが義母の介護を一人で行っていることや、そのことをBがAの仕事であると言っており、そのことについてもAは不満を話すなど、夫婦間コミュニケーションが不十分である可能性は否めない。よって、適切である。

④ ✕ **Aにとっては、Bの母親の介護が負担になっている。**

Aは介護のため自分の時間を持てないことや、Bに対して介護に関する不満を述べているなど、AにとってBの母親の介護が負担になっていると考えられる。よって、適切である。

⑤ ✕ **Aに器質的疾患があるかどうかを確認する必要がある。**

この事例の文章のみでは、Aに器質的疾患があるかどうかまではわからないが、今回の万引きが器質的疾患によるものである可能性を考えておくことは必要である。よって、適切である。

問76 ④

この問題は、PTSDの疑いがある事例へのアセスメントに関する問題です。

① ✕ **心理検査の得点やBの観察、Aの様子からは、PTSDが推測される。**

IES-R（改訂版出来事インパクト尺度）のカットオフポイントは24/25であり、またAの様子も含め、ここからはPTSDを推測できない。よって不適

切。

② ❌ 心理検査の得点からはAの PTSDの可能性は低いため、支援や治療が必要なのは過度に心配するBである。

IES-Rの得点からみるとPTSDの可能性は低いとされるが、Bの発言によるとトラウマティックな出来事の後の状態変化が語られているため、精査が必要である。よって、不適切。

③ ❌ 心理検査の得点からはPTSDの可能性が高いが、Aが否定しているため、結果の信ぴょう性に問題がある。

IES-Rの得点からはPTSDの可能性が高いとはいえない。よって、不適切。

④ ⭕ 心理検査の得点からはPTSDの可能性は低いが、その他の情報と齟齬があるため、再アセスメントが必要である。（注：「PTSD」とは、「心的外傷後ストレス障害」である。）

Bの情報と、IES-Rの得点が低さが合致しないため、再アセスメントを行い精査するべきである。よって、適切。

問77　④,⑤

この問題は、虐待の疑いがある小学生の家庭への初期対応について問う問題です。

① ❌ Aの両親と面談をして、信頼関係の構築を図る。

父親が母親やAを叩いていることがAから話されており、ここでAの両親と面談をしようとした場合、虐待が隠蔽される可能性がある。よって、不適切。

② ❌ Aに両親のけんかの原因や頻度などを詳しく質問する。

原因や頻度について詳しく質問するよりも、まずは初期対応としては虐待防

止のための動きをするべきである。よって、不適切。

③ ❌ 児童虐待の確証を得られるよう、近隣住民から情報収集をする。

児童虐待は確証が得られなくても、疑いがある段階で通報することが国民に義務付けられている。よって不適切。

④ ⭕ Aから聞いた発言やその際の表情・態度をそのまま記録しておく。

今後、虐待が存在するかどうか、どのような状況にあるかを調べる際の資料となるため、そのまま記録しておくことは望ましい。よって、適切なものとして選択できる。

⑤ ⭕ 校内で協議の上、市町村の虐待対応担当課又は児童相談所に通告する。

児童虐待は、児童福祉法や児童虐待防止法によって市町村、児童相談所、あるいは福祉事務所へ通告することが国民に義務付けられている。学校の管理者に伝え、校内で協議を行った上で速やかに通告することは適切である。

問78　⑤

この問題は、公認心理師法についての知識に関する問題です。

① ✗　**クライエントが、友人に危害を加える可能性が高い場合、当事者に知らせる。**

自傷他害の恐れがある場合は、秘密保持義務の例外に当たる。よって、秘密保持義務違反には当たらない。

② ✗　**クライエントが、1歳の娘の育児を放棄している場合、児童相談所に通報する。**

育児放棄（虐待）の場合も、秘密保持義務の例外にあたる。よって、秘密保持義務違反には当たらない。

③ ✗　**所属する医療チーム内で、クライエントの主治医及び担当看護師と情報を共有する。**

直接的にクライエントに関わっている専門家同士の情報共有は、集団守秘義務となる。よって、秘密保持義務違反には当たらない。

④ ✗　**クライエントが、自殺を企図する可能性が高い場合、同居している保護者に連絡する。**

自傷他害の恐れがある場合は、秘密保持義務の例外に当たる。よって、秘密保持義務違反には当たらない。

⑤ ◯　**別居中の母親から音信不通で心配していると相談された場合、クライエントの居場所を教える。**

本人の了承なく、個人情報を他者に伝えることは、秘密保持義務違反に当たる。

問79　③

この問題は、児童の心理支援において、対応の優先度に関する問題です。

① ✗　**Ａの学力**

学力についてはアセスメント等を通して支援する項目であるが、最も優先されるものではない。よって、誤り。

② ✗　**Ａの祖母の病状**

祖母の体調についての不安に対して支援する項目ではあるが、最も優先されるものではない。よって、誤り。

③ ◯　**Ａの父親の行動**

父親の行動は性的虐待として疑われる行動である。その場合、児童虐待防止法第6条（通告の義務）に則り、速やかに対応する。よって、正解。

④ ✗　**Ａの学校での居場所**

学校での適応は、支援するべき項目であるが、最も優先されるものではない。よって、誤り。

⑤ ✗　**Ａのソーシャル・スキル**

女子Ａのソーシャル・スキルについての記述がない。よって、誤り。

問80　①

この問題は、専門職の定義について問う問題です。

① ◯　**看護師**

問題の記述は、看護師の定義に当たるものである（保健師助産師看護師法）。よって、正しい。

② ✗　**介護福祉士**

問題の記述は、看護師の定義に当たるものである（保健師助産師看護師法）。介護福祉士ではない。よって、誤り。

③ ✕ 社会福祉士

問題の記述は、看護師の定義に当たる
ものである（保健師助産師看護師法）。
社会福祉士ではない。よって、誤り。

④ ✕ 理学療法士

問題の記述は、看護師の定義に当たる
ものである（保健師助産師看護師法）。
理学療法士ではない。よって、誤り。

⑤ ✕ 精神保健福祉士

問題の記述は、看護師の定義に当たる
ものである（保健師助産師看護師法）。
精神保健福祉士ではない。よって、誤
り。

問81　　　　　　　　　　④

この問題は、心理療法の創始者を問う問
題です。

① ✕ 行動療法

行動療法の創始者は一人とされておら
ず、体系化した主な人物にはB.F.
Skinner、J.Wolpe、H.J.Eysenckな
どがいる。よって、不適切。

② ✕ 精神分析療法

精神分析の創始者は、S.Freudであ
る。よって、不適切。

③ ✕ ゲシュタルト療法

ゲシュタルト療法の創始者は、
F.S.Perlsである。よって、不適切。

④ ⬤ 論理情動行動療法

論理情動行動療法の創始者は、
A.Ellisである。よって、適切。

⑤ ✕ クライエント中心療法

クライエント中心療法の創始者は、
C.R.Rogersである。よって、不適切。

問82　　　　　　　　　　①

この問題は、実験計画の分析法の知識を
問う問題です。

① ⬤ 2要因混合分散分析

観察者がいる群といない群に分けるこ
とは「対応なし要因」となり、各群の
参加者に2つの条件の課題を与えるこ
とは「対応あり要因」となる。よって、
混合計画となり、適切。

② ✕ 2要因被験者間分散分析

各条件の参加者に2つの条件の課題を
与えることは、被験者内要因である。
よって、不適切。

③ ✕ 2要因被験者内分散分析

観察者がいる群といない群に分けるこ
とは、被験者間要因となる。よって、
不適切。

④ ✕ 複数個の1要因被験者間分散分
析

検定を複数回繰り返す場合、第1種の
過誤のリスクが増える。よって、不適
切。

⑤ ✕ 複数個の対応のある平均値のt
検定

検定を複数回繰り返す場合、第1種の
過誤のリスクが増える。よって、不適
切。

問83　　　　　　　　　　⑤

この問題は、実験計画の評定順序に関す
る問題です。

① ✕ 一定化

一定化とは、どれも一様に揃えること
を指す。よって、不適切。

② ✕ バランス化

バランス化とは、釣り合いをとること

である。よって、不適切。

③ ❌ **マッチング**

マッチングとは、対象を選択する時点での背景要因について、介入群と対照群ともに同等の割合となるように割り振ることである。よって、不適切。

④ ❌ **ランダム化**

ランダム化とは、対象（者）を2つ以上のグループにランダムに分けることで、検証したいもの以外の効果をなくすための無作為化のことである。よって、不適切。

⑤ ⭕ **カウンターバランス**

カウンターバランスとは、実験に無関係な変数の効果を除去するために、独立変数の呈示順序等のバランスをとることである。順序についての適用する方法であるため、適切。

問84　　　　　　　　　②

この問題は、色覚の反対色過程の知識を問う問題です。

① ❌ **中心窩の存在**

中心窩は、網膜の中心にあり、高精細な中心視野での視覚に寄与している。色覚の反対色過程は関連していない。よって、不適切。

② ⭕ **色の残効の生起**

色覚の反対色過程とは3対の反対色に反応する物質が網膜にあり、それが反応することによって色を知覚するという過程である。色の残効の生起は反対色説によって説明することができる。よって、適切。

③ ❌ **桿体細胞の存在**

桿体細胞は、明るさ・暗さを感知し、視野の広さにも関係がある細胞である

る。　色覚の反対色過程は関連していない。よって、不適切。

④ ❌ **色の恒常性の成立**

色の恒常性とは、光の条件が変わってもその光の色に影響を受けずに、同じ物体は安定して同じ色として知覚される現象のことである。色覚の反対色過程は関連していない。よって、不適切。

⑤ ❌ **二色型色覚者の存在**

二色型色覚とは、三種類の視細胞のうち、一つが欠けていることによって1色の区別がほとんどできないもので、いわゆる色盲といわれるものである。色覚の反対色過程は関連していない。よって、不適切。

問85　　　　　　　　　④

この問題は、ある事象の説明の仕方が及ぼす影響について問う問題です。

① ❌ **連言錯誤**

連言錯誤とは、一般的な状況よりも、より限定された状況の方が、事実と思い込まれやすいことをいう。よって、不適切。

② ❌ **確証バイアス**

確証バイアスとは、自らの先入観や仮説を肯定するため、都合のよい情報ばかりを集めること。よって、不適切。

③ ❌ **アンカリング効果**

アンカリング効果とは、先に与えられた数字や情報によって、その後の判断や行動に影響が及ぼされるという現象のことをいう。よって、不適切。

④ ⭕ **フレーミング効果**

フレーミング効果とは、問題や質問の提示のされ方によって、意思決定が異なることをいう。よって、適切。

⑤ **✕** 利用可能性ヒューリスティック

利用可能性ヒューリスティックとは、意思決定を行うときに、馴染みのものや印象に残りやすいものを基準に選択を行うことである。よって、不適切。

問86 ②

この問題は、認知言語学の知識を問う問題です。

① **✕** 生成文法理論をもとに構築されている。

生成文法理論とは、1950年代にA.N.Chomskyによって最初に開発された文法の理論であり、すべての人間が生来の言語能力を持っているとするものである。認知についての理論ではない。よって、不適切。

② **◯** 言語習得における経験の役割を重視する。

認知言語学で問題とする認知は、外的刺激の解釈や環境との相互作用を介して、身体的ないしは対人関係的な経験・感性・想像力などを反映する経験的基盤を基にしている。よって、適切。

③ **✕** 言語に特化した認知能力を強調する立場をとる。

言語への認知だけでなく、環境への認知、知覚のプロセスも重視される。よって、不適切。

④ **✕** 言語的カテゴリーには、明確な境界線があるとみなす。

認知言語学がカテゴリー理論に採用しているものは、プロトタイプ理論である。プロトタイプ理論では、カテゴリーは極めて曖昧である。よって、不適切。

⑤ **✕** ゲシュタルト心理学でいう「図と地」の概念には、否定的である。

認知言語学では、図と地と呼ばれているものは、それぞれトランジェクター（軌道体）とランドマーク（基準点）という呼ばれる。そのため否定的とはいえない。よって、不適切。

問87 ③

この問題は、A.H.Maslowの欲求階層説の知識を問う問題です。

① **✕** 安全の欲求

安全欲求は、5層あるうちの下から2番目の層である。よって、不適切。

② **✕** 自尊の欲求

自尊欲求は、5層あるうちの上から2番目の層である。よって、不適切。

③ **◯** 生理的欲求

生理的欲求は、5層あるうちの最も下位にある。よって、適切。

④ **✕** 自己実現の欲求

自己実現欲求は、5層あるうちの最も上位にある。よって、不適切。

⑤ **✕** 所属と愛の欲求

所属と愛の欲求は、5層あるうちの上から3番目の層である。よって、不適切。

問88 ③

この問題は、感情理論に関する理解を問う問題です。

① **✕** A. R. Damasioのソマティックマーカー説

ソマティックマーカー説とは、命の危険にかかわる刺激による身体的反応が、刺激に対して評価を印づける（＝マークする）もの、すなわち「ソマ

2021年9月試験全問題解説

ティックマーカー」として生じる。情動とは、このソマティックマーカーの情報を含んでおり、それゆえ情動は意思決定に大いに寄与しているとするもの。

② ✗ **P. Ekman、C. E. Izard の顔面フィードバック説**

顔面フィードバック仮説とは、顔の表情筋が刺激されると、それが脳にフィードバックされ、その感情が生まれるという説である。よって、不適切。

③ ⭕ **S. Schacter、J. Singer の2要因説**

2要因説とは、情動は身体反応による生理的喚起（覚醒）とその認知的評価（ラベリング）の相互作用で生じるとするものである。よって、適切。

④ ✗ **W. B. Cannon、P. Bard の中枢起源説**

中枢起源説とは、外部情報により脳の視床が活性化し、そこから身体反応と情動体験が同時に生じるという説である。よって、不適切。

⑤ ✗ **W. James、C. Lange の末梢起源説**

末梢起源説とは、刺激に対して、まず生理的変化が先に生じ、その変化を脳に伝えられることで情動が発生するとする説である。よって、不適切。

問89 　　　　　　⑤

この問題は、情動に関する知識を問う問題です。

① ✗ **情動処理の脳内部位は、主に下垂体後葉である。**

下垂体後葉は、ホルモンの分泌と関連している。情動は、扁桃体や視床下部、島、腹内側前頭前野などと関与してい

る。よって、不適切。

② ✗ **情動麻痺は、不可逆的な情動の麻痺状態である。**

情動麻痺は、突発的な激しい体験によって、一時的に情動が麻痺してしまう状態であり、不可逆的とはいえない。よって、不適切。

③ ✗ **特別な対象を持たない不快な感情と定義されている。**

情動は、感覚刺激への評価に基づく生理反応、行動反応、主観的情動体験からなる短期的反応と定義されている。よって、不適切。

④ ✗ **情動失禁とは、喜びの感情や興味が失われた状態である。**

情動失禁とは、わずかな刺激で過剰に泣いたり、笑ったり、怒ったりして、感情の抑制がきかない状態である。よって、不適切。

⑤ ⭕ **脳内で他者の行動を模倣するミラーニューロンが関与する。**

ミラーニューロンとは、自分がある行動をする時と同様に、他者が同じ行動をするのを見る時にも活動する細胞である。よって、適切。

問90 　　　　　　③

この問題は、対人関係の理論に関する知識を問う問題です。

① ✗ **社会的絆理論**

社会的絆理論とは、人がなぜ逸脱行動をしないのかを対象にし、構築した理論である。よって、不適切。

② ✗ **社会的学習理論**

社会的学習理論とは、人は他者を観察し模倣することによっても新しい行動を獲得できるとする理論である。よっ

て、不適切。

③ ⭕ 社会的交換理論

社会的交換理論とは、実体のないお互いに交わす感情などの社会的交換を通して、対人関係の満足度などの社会の構造を理解しようとする理論的立場のことである。よって、適切。

④ ❌ 社会的比較理論

社会的比較理論とは、環境適応するため、自分の意見や能力を正しく評価したいという動機があり、自分と意見や能力が類似した他者との比較を行うとする説である。よって、不適切。

⑤ ❌ 社会的アイデンティティ理論

社会的アイデンティティ理論とは、自分がどのような社会集団に所属しているのかという自己認識についての理論である。よって、不適切。

問91　　　　　　⑤

この問題は、L.Kohlbergの道徳性の発達理論について問う問題です。

① ❌ 法と秩序の志向性

法と秩序の志向性は、6段階のうちの4段階目であり、権威を尊重し、規則や秩序の維持から善悪を判断し、自己の義務を果たそうとするものである。よって、不適切。

② ❌ 社会的契約の志向性

社会的契約の志向性は、6段階あるうちの5段階目であり、法律や秩序そのものを重んじるのではなく、個人の権利や社会的公平さに重きを置こうとするものである。よって、不適切。

③ ❌ 罰と服従への志向性

罰と服従の志向性は、6段階あるうちの1段階目であり、行為の善悪は、そ

れが懲罰をもたらすかどうかという判断基準で決まるとするものである。よって、不適切。

④ ❌ 対人的同調への志向性

対人的同調への志向性は、6段階あるうちの3段階目であり、他者を喜ばせ、「良い子」にすることで承認を得ようとするものである。よって、不適切。

⑤ ⭕ 報酬と取引への志向性

報酬と取引の志向性は、6段階あるうちの2段階目であり、行為の善悪は、それによってどのような報酬がもたらされるかによって決められるとするものである。問題文と内容が一致している。よって、適切。

問92　　　　　　③

この問題は、サクセスフルエイジングについての知識を問う問題です。

① ❌ 防衛機制の使用

サクセスフルエイジングとは、良い人生を送ることや幸福な老いということを指す。そのため、防衛機制の使用との関連はほとんどない。よって、不適切。

② ❌ ライフイベントの多さ

ライフイベントの多さよりも内容が重要である。よって、不適切。

③ ⭕ ソーシャル・コンボイの維持

ソーシャル・コンボイとは、個人は一生を通じて、一群の人々と社会的支援を交換しながら人生航路を進んでいくことである。サクセスフルエイジングの構成要素にあたる。よって適切。

④ ❌ タイプA行動パターンの獲得

タイプA行動パターンとは、時間切迫感、熱中性、徹底性、几帳面さ、怒りや

すさ、攻撃性などに特徴づけられており、虚血性心疾患の関連があるとされている。よって、不適切。

⑤ ❌ **ワーク・エンゲイジメントの増加**

ワーク・エンゲイジメントとは、仕事に対してのポジティブで充実した心理状態のことを指し、サクセスフルエイジングと意味合いが異なる。よって、不適切。

問93　　　　　　　　④

この問題は、国際生活機能分類（ICF）の知識を問う問題です。

① ❌ **分類対象から妊娠や加齢は除かれる。**

分類対象に妊娠や加齢も含まれている。よって、誤り。

② ❌ **医学モデルと心理学モデルに依拠する。**

ICFは、医学モデルや社会モデルの「統合モデル」である。よって、誤り。

③ ❌ **社会的不利が能力障害によって生じるとみなす。**

社会的不利は、前身のICIDH（国際障害分類）の分類である。よって、誤り。

④ ⭕ **生活上のプラス面を加味して生活機能を分類する。**

ICFでは、生活機能を分類し、「心身機能・身体構造」、「活動」、「参加」としている。よって、正しい。

⑤ ❌ **心身機能・構造と活動が、それぞれ独立しているとみなす。**

心身機能・構造は、生活機能の一つの分類とされている。よって、誤り。

問94　　　　　　　　⑤

この問題は、G.Batesonの「二重拘束理論」に関する理解を問う問題です。

① ❌ **三角関係**

ダブル・バインドは、一次的メッセージ（言語的・非言語的メッセージ）と一次的メッセージの後に発せられる二次的メッセージ（メタ・メッセージ）とが食い違っていて対立している場合に生じる。三角関係ではない。よって、不適切。

② ❌ **両親連合**

連合とは、家族メンバーの結びつきや対抗の様態についての概念である。二重拘束理論にはあてはまらない。よって、不適切。

③ ❌ **世代間境界**

世代間境界とは、夫婦システムと子どもシステムの間に想定される境界のことである。二重拘束理論にはあてはまらない。よって、不適切。

④ ❌ **ホメオスタシス**

ホメオスタシスとは、身体の外から受ける環境や内部の変化にかかわらず、身体の状態を一定に保とうとする機能のことである。二重拘束理論とは関連がない。よって、不適切。

⑤ ⭕ **メタ・コミュニケーション**

二重拘束（ダブル・バインド）の成立には、メタ・コミュニケーションが関連している。よって、適切。

問95　　　　　　　　②

この問題は、WAIS-Ⅳの実施に関する知識を問う問題です。

① ❌ **符号**

符号は、処理速度の項目であり、言語的な教示が少ない。よって、不適切。

② ⭕ 類似

類似は、言語理解の項目であり、単語の概念に関する問題が出題される。よって、適切。

③ ❌ パズル

パズルは、知覚推理の項目であり、言語的な教示が少ない。よって、不適切。

④ ❌ 行列推理

行列推理は、知覚推理の項目であり、言語的な教示が少ない。よって、不適切。

⑤ ❌ バランス

バランスは、知覚推理の項目であり、言語的な教示が少ない。よって、不適切。

問96　　①

この問題は、心理療法の特徴についての知識を問う問題です。

① ⭕ スキーマ療法

スキーマ療法は、J.E.Youngによって提唱され、認知行動療法、精神分析対象関係論、愛着理論、ゲシュタルト療法といった療法から理論や技法を取り入れた、統合的心理療法である。よって、適切。

② ❌ 対人関係療法

対人関係療法は、H.S.Sullivanらの対人関係学派や、J.Bowlbyの愛着理論などを理論的基盤とし、対人関係に介入することを目的するG.L.Klermanによって提唱された心理療法である。よって、不適切。

③ ❌ 動機づけ面接

動機づけ面接は、アルコール問題を持つ来談者への面接が効果的だった治療者のスタイルの分析が基盤となっている。よって、不適切。

④ ❌ 問題解決療法

問題解決療法とは、認知行動療法の一つに分類され、日常生活における問題を解決することを通して、不安、抑うつをはじめとした精神症状緩和をはかることを意図した治療法である。よって、不適切。

⑤ ❌ アクセプタンス＆コミットメント・セラピー（ACT）

アクセプタンス＆コミットメント・セラピー（ACT）は、S.Hayesによって開発されたマインドフルネスに基づく認知行動療法である。よって、不適切。

問97　　③

この問題は、心理療法の効果検証の方法について問う問題です。

① ❌ 主成分分析

主成分分析は、次元の縮約が目的であり、多くの変数があるときに、それをごく少数の項目に置き換えることで、データを解釈しやすくする分析である。よって、不適切。

② ❌ クラスター分析

クラスター分析は、異なる要素や傾向を持つ集団のなかから類似性を持つものを集めて分類する方法である。よって、不適切。

③ ⭕ ランダム化比較試験

ランダム化比較試験とは、操作・介入を行うこと以外は統制し、対象を無作為に複数の群に分け、その操作・介入の影響・効果を測定し、明らかにするための比較研究である。よって、適切。

④ ❌ **コレスポンデンス分析**

コレスポンデンス分析とは、クロス集計表を可視化して、結果の解釈を容易にする分析手法である。調査データの分析の際によく用いられる。よって、不適切。

⑤ ❌ **修正版グラウンデッド・セオリー・アプローチ**

修正版グランデッド・セオリー・アプローチ（M-GTA）とは、質的研究法の一つで、質的データから仮説の生成や理論の構築を行うことを目的とした手法である。オリジナルのGTAを抜本的に再編成し、研究法として独自のものと位置づけられている。よって、不適切。

問98　　　　　⑤

この問題は、Alzheimer型認知症の特徴に関する問題です。

① ❌ **徘徊**

徘徊は、認知症の周辺症状（BPSD）の一つである。よって、不適切。

② ❌ **錐体外路症状**

錐体外路症状とは、脳内の神経伝達物質の異常によって「運動減少（筋緊張亢進）」「運動過多（筋緊張低下）」が引き起こされた状態のことである。主に、抗うつ薬や抗精神病薬の副作用によって生じる。よって、不適切。

③ ❌ **着脱衣の困難**

着脱衣の困難は、Alzheimer型認知症にもみられるが、病初期ではない。よって、不適切。

④ ❌ **遠隔記憶の障害**

遠隔記憶とは、記銘してから想起までの間隔が数日から年単位の記憶であ

り、病初期のAlzheimer型認知症では、比較的保たれている。よって、不適切。

⑤ ⭕ **同じ話の繰り返し**

同じ話の繰り返しは、病初期のAlzheimer型認知症の特徴の一つである。よって、適切。

問99　　　　　④

この問題は、教育評価に関する知識を問う問題です。

① ❌ **教育評価は、全国統一の基準に基づく。**

教育評価は、教育に関する諸活動を改善するために行われるものであり、さまざまな立場から、さまざまな局面において行われるため、統一基準は設けられていない。よって、不適切。

② ❌ **カリキュラム評価は、ルーブリックに基づく。**

ルーブリックは学習目標の達成度を判断するための評価ツールである。よって、不適切。

③ ❌ **カリキュラム評価の対象には、部活動が含まれる。**

部活動は、カリキュラム評価の対象となっていない。よって、不適切。

④ ⭕ **教育評価の対象には、潜在的カリキュラムが含まれる。**

潜在的カリキュラムは、隠れたカリキュラムとも呼ばれ、教育評価の対象となっている。よって、適切。

⑤ ❌ **カリキュラム評価の対象には、学習者の学習・成長のプロセスが含まれる。**

学習者の学習・成長のプロセスは、教育評価の対象である。よって、不適切。

問100　　　　　④

この問題は、情状鑑定に関する理解を問う問題です。

① ❌　**簡易鑑定として実施される。**
　簡易鑑定とは、起訴前に、医師が刑事事件の被疑者を診察し精神状態について意見を述べる手続のことである。よって、不適切。

② ❌　**行動制御能力の有無や程度を評価する。**
　情状鑑定とは、犯罪の動機や原因をパーソナリティや知能、生育歴などから分析する手続きである。行動制御能力の有無は、精神鑑定によって判断される。よって、不適切。

③ ❌　**理非善悪の弁識能力の有無や程度を評価する。**
　理非善悪の弁識能力の有無は、精神鑑定によって判断される。

④ ⭕　**量刑判断を行う上で考慮すべき事項について評価する。**
　情状鑑定は、量刑に酌むべき被告人の心理的背景を主張するために用いられる。よって、適切。

⑤ ❌　**裁判所から依頼されることはなく、被告人の弁護人からの依頼による私的鑑定として実施される。**
　情状鑑定は、裁判所からの命令による鑑定と弁護人からの依頼による鑑定に大きく分けられ、実務上前者を「本鑑定（正式鑑定）」、後者を「私的鑑定」と呼んでいる。よって、不適切。

問101　　　　　②

この問題は、ストレスチェック制度に関する理解を問う問題です。

① ❌　**産業医は、ストレスチェックの実施責任を負う。**
　ストレスチェック制度の実施責任がある運営者は、事業者である。よって、不適切。

② ⭕　**派遣労働者のストレスチェックの実施義務は、派遣元事業者にある。**
　派遣労働者に対するストレスチェックと面接指導については、労働安全衛生法に基づき、派遣元事業者が実施する。よって、適切。

③ ❌　**ストレスチェックの実施に当たり、事前に労働者全員から同意をとる。**
　事業者は、ストレスチェックの実施前または実施時に労働者の同意を取得してはならないとされている。よって、不適切。

④ ❌　**ストレスチェックは、2年ごとに1回実施することが定められている。**
　ストレスチェックは、1年ごとに1回実施することが定められている。よって、不適切。

⑤ ❌　**ストレスチェックの対象は、ストレスチェックを希望した労働者である。**
　ストレスチェックは、労働者が「常時50名以上」の全事業場（法人・個人）において、実施義務が生じる。常時50名以上とは勤務時間や日数の縛りなく、継続して雇用し、使用している労働者のことをいう。よって、不適切。

問102　　　　　④

この問題は、動機づけ理論に関する知識を問う問題です。

① ❌　D. C. McClellandの目標達成理

論では、課題への不安や恐怖を示す回避動機によって動機づけが低下すると考える。

D.C.McClellandは、目標達成理論ではなく、欲求理論を提唱した。よって、不適切。

② ❌ E. A. Lockeの目標設定理論では、難易度の低い目標を設定した方が動機づけが高まり、業績の向上につながると考える。

目標設定理論では、難易度の高い目標を設定した方が動機づけが高まり、業績向上につながると考える。よって、不適切。

③ ❌ E. L. Deciの認知的評価理論では、金銭などの外的報酬により、内発的動機づけが高まると考える。

認知的評価理論では、金銭などの外的報酬により、内発的動機づけが低くなると考える。よって、不適切。

④ ⭕ F. Herzbergの2要因理論では、会社の衛生要因を改善しても動機づけは高まらないと考える。

2要因理論では、動機づけ要因（満足に関わる要因）と衛生要因（不満足に関わる要因）は別のものであるとし、衛生要因を改善しても不満足は改善されるが、動機づけは高まらないと考える。よって、適切。

⑤ ❌ V. H. Vroomの期待理論では、管理監督者の期待が高いほど、労働者の動機づけが高まると考える。

期待理論では、その行為によって得られる報酬の魅力によって動機づけが決まるとしている。よって、不適切。

問103　　②

この問題は、メニエール病に関する知識

を問う問題です。

① ❌ めまいは一過性で反復しない。

めまいは一過性の場合もあるが、くり返し現れることもある。よって、不適切。

② ⭕ めまいは難聴や耳鳴りを伴う。

めまいの他に、難聴や耳鳴りが伴う場合もある。よって、適切。

③ ❌ めまいの持続時間は数秒である。

めまいの持続時間は、数十分間〜数時間の場合もある。よって、不適切。

④ ❌ めまいを起こす疾患の中で最も頻度が高い。

めまいを起こす疾患として、内耳性めまいや良性発作性めまいも頻度が多い。よって、不適切。

⑤ ❌ 過換気をきっかけにめまいが始まることが多い。

めまいは、内耳にあるリンパ液が増え、むくみを起こした状態で始まるとされている。よって、不適切。

問104　　②

この問題は、統合失調症に関する知識を問う問題です。

① ❌ 抑えがたい睡眠欲求が1日に何度も起こる。

統合失調症の急性期において精神症状とともに著しい入眠困難、睡眠維持の困難を示し、慢性期においても不眠がみられる。この選択肢はナルコレプシーの説明である。よって、不適切。

② ⭕ 自分の考えが周囲に伝わって知られていると感じる。

思考伝播は、統合失調症の特徴的な症状である。よって、適切。

③ ✖ 毎回同じ道順を辿るなど、習慣への頑ななこだわりがある。

頑ななこだわりは、統合失調症の特徴的な症状ではなく、自閉スペクトラム症の特徴の一つである。よって、不適切。

④ ✖ 暴力の被害に遭った場面が自分の意思に反して思い出される。

フラッシュバックは、統合失調症の特徴的な症状ではなく、PTSDの症状の一つである。よって、不適切。

⑤ ✖ 不合理であると理解しているにもかかわらず、打ち消すことができない思考が反復的に浮かぶ。

強迫思考（観念）は、統合失調症の特徴ではなく、強迫症の症状の一つである。よって、不適切。

問105　　　　⑤

この問題は、依存を生じやすい薬剤に関する知識を問う問題です。

① ✖ 抗認知症薬

抗認知症薬は依存を生じやすいとはされていない。よって、不適切。

② ✖ 抗てんかん薬

抗てんかん薬は、依存を生じやすいとはされていない。よって、不適切。

③ ✖ 三環系抗うつ薬

三環系抗うつ薬は、依存を生じやすいとはされていない。よって、不適切。

④ ✖ 非定型抗精神病薬

非定型抗精神病薬は、依存を生じやすいとはされていない。よって、不適切。

⑤ ◯ ベンゾジアゼピン系抗不安薬

ベンゾジアゼピン系抗不安薬は、身体依存が形成されやすく、急に服薬を中止することで退薬症状が生じる。よっ

て、適切。

問106　　　　④

この問題は、抗認知症薬のドネペジルに関する理解を問う問題です。

① ✖ GABA受容体

ドネペジルは、GABA受容体に関与があるとはされていない。よって、不適切。

② ✖ NMDA受容体

NMDA受容体に働きかけるのは、メマンチンなどのNMDA受容体拮抗薬である。よって、不適切。

③ ✖ ドパミントランスポーター

ドネペジルは、ドパミントランスポーターに関与があるとはされていない。よって、不適切。

④ ◯ アセチルコリンエステラーゼ

ドネペジルは、アセチルコリンエステラーゼを可逆的に阻害することにより、主に脳内におけるアセチルコリン量を増加させ、脳内コリン作動性神経系を賦活化し認知機能低下の進行を抑制する。よって、適切。

⑤ ✖ セロトニントランスポーター

ドネペジルは、セロトニントランスポーターに関与があるとはされていない。よって、不適切。

問107　　　　④

この問題は、児童福祉法に関する知識を問う問題です。

① ✖ 保護観察

保護観察は、更生保護法に定められている。よって、誤り。

② ✖ 合理的配慮

合理的配慮は、障害者差別解消法に定められている。よって、誤り。

③ ❌ **子どもの貧困対策**

子どもの貧困対策は、子どもの貧困対策法に定められている。よって、誤り。

④ ⭕ **児童福祉施設における体罰の禁止**

児童福祉施設における体罰の禁止は、児童福祉法に定められている。よって、正しい。

⑤ ❌ **日本にいる子どもとの面会交流を実現するための援助**

日本にいる子どもとの面会交流を実現するための援助は、ハーグ条約に基づいている。よって、誤り。

問108　　　　　　　　⑤

この問題は、少年法に関する知識を問う問題です。

① ❌ **少年とは、18歳に満たない者をいう。**

少年法において、少年とは、20歳に満たない者を意味する。よって、誤り。

② ❌ **少年の刑事処分については、規定されていない。**

少年法第20条第1項には、家庭裁判所（家裁）が検察から送致された少年を調査した結果、刑事処分を相当として検察に送致すること、いわゆる、逆送の規定がある。よって、誤り。

③ ❌ **14歳に満たない者は、審判の対象とはならない。**

14歳未満は、触法少年として、少年法の適用となる。よって、誤り。

④ ❌ **審判に付すべき少年とは、刑罰法令に触れる行為を行った者に限定されている。**

少年法では、一定事由のもと性格・環境に照らして将来罪を犯し、または刑罰法令に触れる虞（おそれ）のある少年を、虞犯少年として審判に付するとしている。

⑤ ⭕ **少年事件は、犯罪の嫌疑があるものと思料されるときは、全て家庭裁判所に送致される。**

少年事件について、検察官は捜査を遂げた結果、犯罪の嫌疑があるものと認められるときや犯罪の嫌疑は認められないが家庭裁判所の審理に付すべき事情があると思料するときは、家庭裁判所に送致する。よって、正しい。

問109　　　　　　　　③

この問題は、個人情報の開示に関する知識を問う問題です。

① ❌ **財産の保護のために必要がある場合**

本人の同意を得る手続は必要である。ただし、本人の同意を得ることが困難である場合に例外となる。よって、この選択肢は選択できない。

② ❌ **公衆衛生の向上のために特に必要がある場合**

本人の同意を得る手続は必要である。ただし、本人の同意を得ることが困難である場合に例外となる。よって、この選択肢は選択できない。

③ ⭕ **医療法に基づく立入検査など、法令に基づく場合**

個人情報取扱事業者が個人情報を不適切に取り扱う事例等があったときには、個人情報保護委員会は個人情報取扱事業者に対して、個人情報の取扱いに関する報告の徴収及び立入検査（個

人情報保護法第40条第1項)、指導及び助言 (同法第41条) を行う場合がある。これは、本人の同意を得る手続が例外なく不要なものということができる。

④ ❌ **本人の生命、身体の保護のために必要がある場合**

本人の同意を得る手続は必要である。ただし、本人の同意を得ることが困難である場合に例外となる。よって、この選択肢は選択できない。

⑤ ❌ **児童の健全な育成の推進のために特に必要がある場合**

本人の同意を得る手続は必要である。ただし、本人の同意を得ることが困難である場合に例外となる。よって、この選択肢は選択できない。

問110　⑤

この問題は、チームアプローチに関する知識を問う問題です。

① ❌ **自分の役割と限界を自覚する。**

専門家としての役割とその限界を自覚しながら協働することは、適切である。

② ❌ **チーム形成の目的や、支援方針を共有する。**

クライエントの利益になるために、チームとして目的・方針を共有することは、適切である。

③ ❌ **チーム内のスタッフ間の葛藤や混乱を整理する。**

チームが連携していくために協調することは、適切である。

④ ❌ **チームアプローチのためには、社会人としての常識を必要とする。**

常識ある行動がチームとして働く際に

必要となることは、適切である。

⑤ ⭕ **チームアプローチであっても、職務に関する問題は、専門家として責任を持って一人で解決を図る。**

専門家として責任感を持つことは必要であるが、一人で解決にあたるのはチームアプローチとして不適切。

問111　①

この問題は、認知的不協和に関する理解を問う問題です。

① ⭕ **顕示的消費**

必要性や実用的な価値だけでなく、それによって得られる周囲からの羨望のまなざしを意識して行う消費行動である。認知的不協和は関係がない。よって、不適切。

② ❌ **禁煙の困難さ**

認知的不協和の代表例。タバコをやめたいが、ニコチンの離脱症状でイライラ、不快などで不協和が発生した場合、なんとかその不協和を低減しようとする。離脱症状を改善する場合、タバコをやめなくてもよいとする情報を集めようとする。

③ ❌ **説得や依頼における段階的要請**

人は一貫性を好み、矛盾を嫌う。したがって、軽い要請であってもいったん受け入れると、さらなる要請が出されたとき、それを断るには努力を要することになる。よって、認知的不協和の一つといえる。

④ ❌ **入会におけるイニシエーション**

負荷が高いイニシエーション (通過儀礼) ほど、負荷を解消しようとその集団に所属していることに魅力を感じようとする。よって、認知的不協和の一

つ。

⑤ ☒ 既に購入した製品のパンフレットや広告の閲読

購入したことを後悔しないように自分自身を説得するため、製品のパンフレットや広告が使用される。よって、認知的不協和の一つといえる。

この問題は、味覚に関する知識を問う問題です。

① ☒ 塩味

味覚は、甘味、苦味、酸味、塩味、旨味を基本味としているため、含まれる。

② ⭕ 辛味

辛味は、痛みなどと同じような刺激として、痛覚や温度覚で感じ取る味であり、基本、味覚とは別のものとされている。

③ ☒ 酸味

含まれる。味覚は、甘味、苦味、酸味、塩味、旨味を基本味としているため、含まれる。

④ ☒ 苦味

含まれる。味覚は、甘味、苦味、酸味、塩味、旨味を基本味としているため、含まれる。

⑤ ☒ うま味

含まれる。味覚は、甘味、苦味、酸味、塩味、旨味を基本味としているため、含まれる。

この問題は、心理的アセスメントにおけるインフォームド・コンセントに関する知識を問う問題です。

① ☒ 被検査者が幼い場合には、保護者に情報提供をする。

未成年であっても、理解力・判断力を十分備えた者については同意能力を認めることができるとする場合もあるが、現実的には親権者の同意があわせて求められることが多い。よって、適切。

② ☒ 検査をいつでも途中でやめることができることを伝える。

検査が心理的負荷をかけることもあるため、被検者の不利益にならないよう中断できることを伝えることは必要である。よって、適切。

③ ☒ 検査がどのように心理的支援に活用されるかについて説明する。

心理的アセスメントは今後の治療計画に役立てられる。よって、適切。

④ ⭕ 心理的支援に否定的な影響が想定される場合、検査の性質の一部を伏せて実施する。

心理的アセスメントの目的や内容を正しく伝えた上で同意を得なければならない。よって、不適切。

⑤ ☒ 被検査者に説明する際には、被検査者が理解できるような言葉にかみ砕いて情報を伝える。

専門用語を使いすぎないように伝え、理解してもらうことが大切である。よって、適切。

この問題は、アウトリーチに関する知識を問う問題です。

① ☒ 多職種・多機関でのチーム対応が求められる。

アウトリーチでは、多職種・他機関で

のチーム対応・連携が求められる。
よって、適切。

② ✕ **虐待事例における危機介入で用いられる手法の1つである。**

アウトリーチでは、行政や民間と子育て家庭の接点を確保し支援につなげることで、児童虐待の発生を未然に防止する。よって、適切。

③ ✕ **支援者が自ら支援対象者のもとに出向く形態の支援である。**

アウトリーチとは、ひきこもり状態等の子ども・若者など、自ら相談機関に出向くことの難しい場合、支援者が直接的に支援する方法をいう。よって、適切。

④ ◯ **対象者のストレングスの強化より病理への介入が重視される。**

アウトリーチでは、ストレングスモデルというものがあり、リカバリーという精神障害者の生活や人生の再建と創造を目的に開発された支援技法を指す。よって、不適切。

⑤ ✕ **対象者の多くは、自ら支援を求めない又は求められない人である。**

アウトリーチの対象となる個人や家族とは、深刻な生活上の問題を抱えているが自ら援助を求めてこない・求められない人達のことを指す。よって、適切。

問115　⑤

この問題は、心身症に関する知識を問う問題です。

① ✕ **緊張型頭痛**

緊張型頭痛は、社会的因子との関連も数多く報告されており、代表的な心身症の一つでもある。

② ✕ **過換気症候群**

過換気症候群は、精神的な不安によって過呼吸となり、その結果として、恐怖感や胸痛、手足や唇のしびれといった感覚異常、失神などの症状が引き起こされる。心身症の一つである。

③ ✕ **過敏性腸症候群**

過敏性腸症候群は、器質的疾患がなく、大腸を中心とした腸管の機能異常により、慢性の腹痛あるいは腹部不快感、便通異常を主体とする症候群である。ストレスと関連して発症することが多く、心身症の一つとされる。

④ ✕ **起立性調節障害**

起立性調節障害は、立ちくらみ、失神、朝起き不良、倦怠感、動悸、頭痛などの症状を伴い、思春期に好発する自律神経機能不全の一つであり、心身症との関連が指摘されている。

⑤ ◯ **心気障害（病気不安症）**

心気症（病気不安症）とは、明らかな器質的身体疾患がないにもかかわらず、ちょっとした身体的不調に重篤な病気を心配し、既にかかってしまっているという強い思い込みにとらわれる精神疾患の一つである。よって、心身症には含まれない。

問116　⑤

この問題は、災害支援に関する知識を問う問題です。

① ✕ **生活ペースを維持する。**

十分な睡眠などの生活ペースの維持はストレス対策となるため、適切。

② ✕ **業務のローテーションを組む。**

業務目的やその内容を見失わないようにすることは重要であるため、適切。

③ ❌ 住民の心理的反応に関する研修を行う。

業務の質の維持にかかわるため、適切。

④ ❌ ストレスのチェックリストによる心身不調の確認を行う。

ストレスチェックにより、無自覚なストレス過多状態を未然に防ぐため、適切。

⑤ ⭕ 話したくない体験や気持ちについても積極的に話すように促す。

話したくない体験や気持ちについて語ることはかえってストレスとなるため、不適切。

問117　　　　　　　　　③

この問題は、悲嘆セラピーに関する理解を問う問題です。

① ❌ 故人の記憶を蘇らせる。

喪失の現実を受け入れるプロセスとして、故人の記憶を思い出してもらう。よって、正しい。

② ❌ 悲しむのをやめたらどうなるかを一緒に考える。

悲嘆の苦痛を考えるため、悲嘆から逃れようとしてしまう、抑えこもうとしてしまうことを話し合う。よって、正しい。

③ ⭕ 喪失を決定的な事実と認識することがないように援助する。

喪失を現実として受け入れるように援助する。よって、誤り。

④ ❌ 故人に対するアンビバレントな感情を探索することを援助する。

喪失の現実を受け入れるプロセスとして、故人へのアンビバレントの感情を扱う。よって、正しい。

⑤ ❌ 大切な人がいない状況での新たな生活を設計することを援助する。

故人の役割を代行できるよう新しい環境に適応するための援助である。よって、正しい。

問118　　　　　　　　　①

この問題は、緊急一時保護に関する児童相談所の判断基準を問う問題です。

① ⭕ 保護者に被虐待歴がある。

一時保護の第一の目的は子どもの生命の安全を確保することである。保護者に被虐待歴があっても、現在虐待の疑いがないのであれば、緊急一時保護には該当しない。

② ❌ 子どもへの性的虐待の疑いが強い。

一時保護の第一の目的は子どもの生命の安全を確保することであり、性的虐待の疑いがある場合には、まず一時保護を行うべきとされる。

③ ❌ 子どもに重度の栄養失調が認められる。

一時保護の第一の目的は子どもの生命の安全を確保することであり、重度の栄養失調が認められる場合には、まず一時保護を行うべきとされる。

④ ❌ 保護者が子どもを殺してしまいそうだと訴えている。

一時保護の第一の目的は子どもの生命の安全を確保することであり、子どもにそのような危険が予想される場合には、まず一時保護を行うべきとされる。

⑤ ❌ 保護者が暴力を振るうため帰りたくないと子どもが訴えている。

一時保護の第一の目的は子どもの生命

の安全を確保することであり、子ども
が暴力を振るわれている場合には、ま
ず一時保護を行うべきとされる。

問119　　　　　　　　③

この問題は、学習障害に関する理解を問
う問題です。

① ✕　特別支援教育の対象とされてい
る。
特別支援教育の通級による指導におい
て対象となっている。よって、正しい。

② ✕　特定の領域の学業成績が低くな
りやすい。
学習障害（限局性学習症、SLD）は、
読み書き能力や計算力などの算数機
能に関する、特異的な発達障害の一つ
である。よって、正しい。

③ ◯　計画の立案が困難であることに
より特徴付けられる。
全般的な知的発達に遅れがないもの
の、「聞く」「話す」「読む」「書く」「計算・
推論する」能力に困難が生じているこ
とに特徴づけられている。よって、誤
り。

④ ✕　必要に応じて、頭部画像検査な
どの中枢神経系の検査が用いられる。
心理検査により視覚認知機能・視空間
認知機能・音韻認識機能をあわせて
測定することもある。よって、正しい。

⑤ ✕　聞く、話す、読む、書く、計算す
る又は推論する能力のうち特定のもの
の習得と使用に著しい困難を示す。
全般的な知的発達に遅れはないとされ
る。よって、正しい。

問120　　　　　　　　④

この問題は、医療観察法の知識を問う問
題です。

① ✕　通院期間は、最長5年以内であ
る。
通院期間は指定通院医療機関におい
て、通常3年間であり、裁判所を通じ
て2年を超えない範囲で、この期間を
延長することができる。よって、正し
い。

② ✕　社会復帰調整官は、保護観察所
に置かれる。
社会復帰調整官は、保護観察所に勤務
している。よって、正しい。

③ ✕　精神保健観察は、社会復帰調整
官が担当する。
社会復帰調整官は、精神障害者の保健
及び福祉等に関する専門的知識に基
づき心神喪失等の状態で重大な他害
行為を行った人の社会復帰を促進する
ため、生活環境の調査、生活環境の調
整、精神保健観察等の業務に従事す
る。よって、正しい。

④ ◯　入院施設からの退院は、入院施
設の管理者が決定する。
入院施設からの退院は、地方裁判所が
決定する。よって、誤り。

⑤ ✕　心神喪失等の状態で放火を行っ
た者は、医療及び観察等の対象とな
る。
心神喪失又は心神耗弱の状態で重大
な他害行為を行い、不起訴処分となる
か無罪等が確定した人に対して、検察
官は、医療観察法による医療及び観察
を受けさせるべきかどうかにつき地方
裁判所に申立てを行う。よって、正し
い。

問121　③

この問題は、うつ病に関する知識を問う問題です。

① ❌ **気力**

気力の減退は、うつ病の症状の一つである。

② ❌ **喜び**

喜びの減少は、うつ病の症状の一つである。

③ ⭕ **罪責感**

うつ病ではむしろ罪責感が増える。そのため、減少することはない。

④ ❌ **思考力**

思考力の減退は、うつ病の症状の一つである。

⑤ ❌ **集中力**

集中力の減少は、うつ病の症状の一つである。

問122　③

この問題は、いじめ予防プログラムの留意点に関する知識を問う問題です。

① ❌ **小学校の教師に対して説明責任を果たす。**

プログラム実施の際、教師や保護者に対しても説明責任がある。よって、適切。

② ❌ **当該小学校におけるいじめ事象を聞き取る。**

具体的な予防プログラムにするために、いじめ事象を聞き取ることは重要である。よって、適切。

③ ⭕ **実践したプログラムの終了後に形成的評価を行う。**

プログラム終了後であれば、総括的評価が望ましい。よって、不適切。

④ ❌ **アクションリサーチの観点からプログラムを実施し、評価する。**

アクションリサーチは、現実問題を解決することを目指した、または目標となる望ましい状態に向けて変革を目指した実践と研究を行っていくものである。具体的・効果的なプログラムの作成・実施に役立つ。よって、適切。

⑤ ❌ **参加児童に対して質問紙調査を実施し、アウトカムを査定する。**

アウトカム（結果）を査定することはプログラムの修正などにつながる。よって、適切。

問123　①

この問題は、倫理的ジレンマに関する理解を問う問題です。

① ⭕ **輸血が必要な患者が、宗教上の理由で輸血を拒否している場合**

患者に必要な医療行為を果たす責任と宗教上の禁止事項という、相反する倫理的根拠があり、どちらも重要といった葛藤状態にある。よって、適切。

② ❌ **疼痛緩和が必要な患者に、医療チームが疼痛コントロールを行う場合**

疼痛緩和が必要な患者に適切な処置を行っており、葛藤状態にはない。よって、不適切。

③ ❌ **医療チームが、新規の治療技術について臨床倫理委員会に申請している場合**

新規の治療技術を臨床倫理委員会に申請することは、適切なプロセスである。よって、不適切。

④ ❌ **多職種でコミュニケーションの必要性を認識し、意思疎通を図ってい**

る場合

チーム医療には、多職種でのコミュニケーションが欠かせない。よって、葛藤状態とはいえず、不適切。

問124　　③

この問題は、ヒトの知覚の特徴に関する知識を問う問題です。

① ✕　**欠損した情報を補わずに知覚する。**

第1次視覚野においては、遮蔽されて見えない部分が補完される。よって、不適切。

② ✕　**感覚刺激が継続して呈示される場合、感度は一定である。**

感覚・知覚領域では通常、同じ刺激を持続的に与えられることによってその刺激に対する感度が低下する。これを感覚的順応という。よって、不適切。

③ ◯　**音を聞いて色を感じ取るなど、1つの物理的刺激によって複数の感覚知覚が生じることがある。**

感覚受容器で通常感じることのない知覚が感じられることを共感覚と呼ぶ。よって、適切。

④ ✕　**対象の特性を保持して知覚できるのは、対象からの感覚器官に与えられる刺激作用が変化しない場合である。**

対象の特性を保持して知覚できるのは、感覚器に到達する刺激の大きさや強度が大きく変化しても、知覚はさほど変化せず同じ対象は同じように知覚されて一貫性を保つ性質、「知覚の恒常性」があるからである。よって、不適切。

問125　　②

この問題は、心理学研究の倫理に関する問題です。

① ✕　**効率的に研究を進めるために、協力が得られやすい知人を研究対象にする。**

知人に研究対象にすることは、サンプルの偏りが生じたり、実験者効果などが影響する可能性があるため、避けるべきである。よって、不適切。

② ◯　**自発性が保証された状況下で、対象者からインフォームド・コンセントを取得することが求められる。**

研究に協力してもらうため、対象者からインフォームド・コンセントを得ることは重要である。よって、適切。

③ ✕　**研究計画の立案や研究費の獲得、研究の実行など、個人で複数の役割を担う多重関係は回避すべきである。**

研究計画を立てることから実施するまで複数の役割をこなすことは多重関係とはいわない。よって、不適切。

④ ✕　**研究過程で収集した対象者の情報は、データのねつ造ではないことの証明として、研究終了後にすべて公表する。**

対象者の情報を本人の同意を得ずにすべて公表することは、個人情報保護の観点から行うべきではない。よって、不適切。

問126　　④

この問題は、アルコール依存症に関する知識を問う問題です。

① ✕　**不安症とアルコール依存症の合**

併は少ない。

アルコール依存症とうつ病や不安障害との間に高い併存率がみられることは、これまでに多くの報告で示されている。よって、不適切。

② ✕ **アルコール依存症の生涯自殺率は、約1%である。**

アルコール依存症の生涯自殺率は、約7%といわれている。よって、不適切。

③ ✕ **アルコール早期離脱症候群では、意識障害は起こらない。**

アルコール早期離脱症候群は飲酒を止めて数時間すると出現し、手や全身の震え、発汗（寝汗）、不眠、吐き気、嘔吐、血圧の上昇、不整脈、イライラ感、集中力の低下、幻覚、幻聴などがみられることをいう。よって、不適切。

④ ◯ **脳機能障害の予防に、ビタミンB1の投与が有効である。**

ビタミンB群は、うつ状態の改善・予防、認知症の予防などに有効といわれている。よって、適切。

問127　　　　　　　　　　②

この問題は、学生生活サイクル上の課題に関して問う問題です。

① ✕ **入学期は、対人関係をめぐる問題が相談として語られ、学生生活の展開が課題となる。**

入学期は、大学生としての生活への移行、それまでの生活からの分離、新しい生活の開始、授業内容や形式の戸惑い、一人暮らしの寂しさ、入学後の目標喪失が課題となる。よって、不適切。

② ◯ **中間期は、無力感やスランプなどが相談として語られ、自分らしさの探求が課題となる。**

中間期は、中だるみや自分らしさの探求、学業とサークルやアルバイトなどの活動と両立することが課題となる。よって、適切。

③ ✕ **卒業期は、研究生活への違和感や能力への疑問が相談として語られ、専門職としての自己形成が課題となる。**

卒業期は、卒業後の生活への準備、卒業研究の完成、卒業後の進路の決断、研究室での対人関係で別れを受け入れていくこと、学生生活を終えることの寂しさや抵抗感、進路選択への迷いや不安、卒業後の生活への自信のなさなどが課題となる。

④ ✕ **大学院学生期は、修了を前に未解決な問題に取り組むことが相談として語られ、青年期後期の節目が課題となる。**

大学院学生期は、研究に取り組み、成果を上げることや、研究を中心とした自律的生活を送ること、修了後の進路を定めること、研究室で良い関係を築くことが課題となる。また、研究の難しさや研究での人間関係、将来の自信のなさが課題となる。

問128　　　　　　　　　　①

この問題は、A.Banduraの理論に関する知識を問う問題です。

① ◯ **モデリング**

モデリングとは、他者の行動を見てまねる学習方法であり、他人の経験を見聞きしたことを代理経験できる方法。これは、自己効力感を高める一つの方法である。よって、適切。

② ✕ **タイムアウト**

タイムアウトとは、問題行動が起きたとき、一時的にその場から引き離すことで、問題行動を強化する刺激から遠ざける方法。望ましくない行動を減らすために用いられる行動療法の技法の一つ。よって、不適切。

③ ❌ ホームワーク

ホームワークは、面接で話し合ったことを実生活で検証しつつ認知や行動の修正を図るための課題のことである。認知行動療法で用いられる。よって、不適切。

④ ❌ トークン・エコノミー

トークン・エコノミーとは、対象者の特定の行動を増やしたり強化するためにトークン（代理貨幣）と呼ばれる報酬を与え、報酬が一定の量になればより具体的な報酬を与える方法のことである。行動療法の一技法である。よって、不適切。

問129　　　　④

この問題は、心理検査結果の報告についての知識を問う問題です。

① ❌ クライエントが得意とする分野も記載する。

クライエントのネガティブな側面だけでなく、ポジティブな側面もあわせて総合的に記載する。よって、適切。

② ❌ 報告する相手によって、伝え方を工夫する。

結果の報告は、専門用語をできるだけ使わず、報告する相手が理解しやすいように、伝え方を工夫する。よって、適切。

③ ❌ クライエントが検査を受ける態度から推察できることを記載する。

検査態度も解釈して結果の報告とする。よって、適切。

④ ⭕ 検査の記録用紙をコピーしたものを、そのままクライエントに渡す。

専門用語や集計方法などが記載されているため、検査の記録用紙をそのまま渡すのは望ましくない。よって、不適切。

問130　　　　①

この問題は、仕事と生活の調和（ワーク・ライフ・バランス）憲章に関する知識を問う問題です。

① ⭕ パートタイム労働者を正規雇用へ移行する制度づくりをすること

仕事と生活の調和が実現した社会に対しての企業、働く者の取り組みのうち、就労による経済的自立に記されている。よって、不適切。

② ❌ 就業形態にかかわらず、公正な処遇や能力開発の機会が確保されること

多様な働き方・生き方が選択できる社会、就労による経済的自立が可能な社会の条件に記されている。よって、適切。

③ ❌ 育児、介護、地域活動、職業能力の形成を支える社会基盤が整備されていること

多様な働き方・生き方が選択できる社会の条件に記されている。よって、適切。

④ ❌ 子育て中の親が人生の各段階に応じて柔軟に働ける制度があり、実際に利用できること

多様な働き方・生き方が選択できる社会の条件に記されている。よって、適

切。

問131 ①

この問題は、学校教育に関する法規等を問う問題です。

① ⭕ **学校教育法は、認定こども園での教育目標や教育課程等について示している。**

学校教育法は、教育基本法に基づいて、学校制度の基本を定めた法律。小学校・中学校・高等学校・中等教育学校・高等専門学校・特別支援学校・大学・幼稚園、および専修学校・各種学校について定めている。幼保連携型認定こども園については、学校であると同時に児童福祉施設としての性質も有するため、学校教育法とは別に認定こども園法を根拠とし、学校教育と保育双方の水準を保障する規定を整備している。よって、誤り。

② ❌ **学習指導要領は、各学校段階における教育内容の詳細についての標準を示している。**

学校指導要領では、全国のどの地域で教育を受けても、一定の水準の教育を受けられるようにするため、学校教育法等に基づき各学校で教育課程（カリキュラム）を編成する際の基準を定めている。よって、正しい。

③ ❌ **教育基本法は、憲法の精神を体現する国民を育てていくための基本理念等について示している。**

教育基本法は、日本国憲法の精神に基づき、日本の教育の基本的なあり方を明示した法律である。よって、正しい。

④ ❌ **学校保健安全法は、学校に在籍する児童生徒・教職員の健康及び学校の保健に関して示している。**

学校保健安全法とは、学校における児童・生徒・および職員の健康の保持増進や安全の確保に必要な事項を定めた法律である。よって、正しい。

問132 ②,④

この問題は、ケース・フォーミュレーションの知識を問う問題です。

① ❌ **クライエントの意見は反映されない。**

クライエントの意見も聴いて、ケース・フォーミュレーションしていく。よって、不適切。

② ⭕ **個々のクライエントによって異なる。**

ケース・フォーミュレーションは個性記述的に行われる。よって、適切。

③ ❌ **精神力動的心理療法では用いられない。**

精神力動的心理療法でもケース・フォーミュレーションは用いられる。よって、不適切。

④ ⭕ **クライエントの問題に関する仮説である。**

ケース・フォーミュレーションは、クライエントの問題のパターンやその原因から仮説を生成することである。よって、適切。

⑤ ❌ **支援のプロセスの中で修正せずに用いられる。**

ケース・フォーミュレーションは、新たな情報があれば、支援の最中でも修正される。よって、不適切。

問133　①, ④

この問題は、感染症の標準予防策の理解を問う問題です。

① **○** 全ての患者との接触において適用される。

全ての患者の血液、汗を除く体液、分泌物、排泄物、健常でない皮膚、粘膜は、感染性があるものとして対応するとされている。よって、適切。

② **✕** 個人防護具を脱ぐときは、手袋を最後に外す。

手袋は最も感染している恐れがあるため、最初に外す。よって、不適切。

③ **✕** 手袋を外した後の手洗いや手指の消毒は、省略してもよい。

手袋を適切に着脱できたとしても、その後に手指衛生を行わなければ病原体伝播のリスクを十分に減少させたとはいえない。よって、不適切。

④ **○** 電子カルテ端末を用いて情報を入力するときは、手袋を外す。

電子カルテなどの共有物に触れるときは、感染予防のため手袋を外さなければならない。よって、適切。

⑤ **✕** 個人防護具は、ナースステーション内の清潔な場所で着脱する。

個人防護具を着脱する場所は、汚染区域、準汚染区域、通過区域、清潔区域を明確に区切った上で決める。よって、不適切。

問134　④, ⑤

この問題は、社会的養護における永続性について問う問題です。

① **✕** 里親委託によって最も有効に保障される。

永続的解決としての特別養子縁組が有力、有効な選択肢として考えられている。よって、誤り。

② **✕** 選択最適化補償理論に含まれる概念である。

選択最適化補償理論は、高齢期の自己コントロールの方法に関する理論のことである。よって、誤り。

③ **✕** 対象がたとえ見えなくなっても、存在し続けるという認識である。

永続性とは、永続的な家庭であり、施設や里親など期間が18歳までに定められた養育ではなく、実親子や養子縁組など一生続く親子関係を意味する。この選択肢は、対象の永続性に関する説明である。よって、誤り。

④ **○** 国際連合の「児童の代替的養護に関する指針」における目標である。

2009年に国連総会で採択された「児童の代替的養育に関するガイドライン」にも定められている。よって、正しい。

⑤ **○** 子どもの出自を知る権利を保障できる記録の永年保存が求められる。

子どもの出自を知る権利を保障できる記録の永年保存を確実に行う制度を構築するよう求められている。よって、正しい。

問135　③, ⑤

この問題は、パニック発作の症状について問う問題です。

① **✕** 幻覚

パニック発作の症状に、幻覚はない。よって、不適切。

② **✕** 半盲

パニック発作の症状に、半盲（視野の

2021年9月試験全問題解説

半分が見えなくなってしまう状態）は
ない。よって、不適切。

③ 〇 現実感消失

パニック発作の症状に、現実感消失
（現実でない感じ）、または離人症状
（自分自身から離れている）がある。
よって、適切。

④ ✕ 前向性健忘

パニック発作の症状に、前向性健忘
（ある時点から以降の記憶が障害され
ること）はない。よって、不適切。

⑤ 〇 心拍数の増加

パニック発作の症状に、動悸・心拍数
の増加がある。よって、適切。

問136　　　　　　　　　　③

この問題は、DSM-5の診断基準の理解に
関する問題です。

① ✕ 双極Ⅰ型障害

携帯を壁にぶつける、不特定多数の異
性との関係を持つなど、逸脱行動はあ
るが、気分の落ち込みなどの抑うつ状
態はない。これは、双極Ⅰ型障害の病
態にあたらない。よって、不適切。

② ✕ 素行症／素行障害

素行障害は反復して持続的な、反社会
的、攻撃的、また反抗的な行動パター
ンを特徴とするが、小児期、青年期前
期までを対象に診断される。これは、
素行症の病態にあたらない。よって、
不適切。

③ 〇 境界性パーソナリティ障害

当初、公認心理師Bを褒めていたが、
最近では罵ることもあるという「理想
化とこき下ろし」や解離エピソードも
ある。これは、境界性パーソナリティ
障害の病態にあてはまる。よって、適

切。

④ ✕ 反抗挑発症／反抗挑戦性障害

反抗挑発症は、否定的、反抗的、不服
従の行動を繰り返し起こし、多くの場
合、権威のある人物が対象となる。症
状は多くは、就学前から中学生までの
時期に現れる。これは、反抗挑発症の
病態にあたらない。よって、不適切。

⑤ ✕ 解離性同一症／解離性同一性障害

解離性同一症は、かつては多重人格障
害と呼ばれていた精神障害で、複数の
人格が同一人物の中にコントロールさ
れた状態で交代して現れる。人格交代
はみられないため、不適切。

問137　　　　　　　　　　③

この問題は、喫煙行動に対する行動観察
について問う問題です。

① ✕ 喫煙所に入る。

「喫煙所に入る」は、喫煙行動の結果事
象とはならない。よって、不適切。

② ✕ タバコを吸う。

「タバコを吸う」は、標的行動であり、
結果事象ではない。よって、不適切。

③ 〇 同僚と話をする。

「同僚と話す」は、先行事象において喫
煙行動により、結果事象となる。よっ
て、適切。

④ ✕ 自動販売機で飲み物を買う。

「自動販売機で飲み物は買う」は、喫煙
行動による結果事象ではない。よっ
て、不適切。

⑤ ✕ コンビニエンス・ストアでタバ
コを買う。

「コンビニエンス・ストア」は、喫煙行
動による結果事象ではない。よって、

不適切。

問138　　　　　　　①

この問題は、各心理検査の解釈を問う問題です。

① ⭕ **顕在性不安が強い。**
MASのA得点が32点あり、23点以上は高度の不安があると考えられる。よって、適切。

② ❌ **抑うつ状態は軽度である。**
BDI-Ⅱが、32点であり、31点以上は重いうつ状態とみなされる。よって、不適切。

③ ❌ **軽度の社交不安が疑われる。**
LSAS-Jが、97点あり、重度の社交不安が疑われる。よって、不適切。

④ ❌ **重度の強迫症状がみられる。**
強迫症状を査定する検査は実施しておらず、そのような記述もみられない。よって、不適切。

⑤ ❌ **好ましく見せようとする傾向が強い。**
L得点は5点と通常範囲内にある。好ましく見せようとする傾向が強いとはいえない。よって、不適切。

問139　　　　　　　②

この問題は、スクールカウンセリングのコンサルテーションについて問う問題です。

① ❌ **具体的な行動は提案しない。**
コンサルテーションにおいて、具体的な行動の提案を行う。よって、不適切。

② ⭕ **具体的かつ詳細な質問を行う。**
コンサルテーションにおいて、Cの行動について具体的かつ詳細な質問を行う。よって、適切。

③ ❌ **心理学用語を用いて説明する。**
コンサルテーションにおいて、心理学用語などの専門用語はできるだけ使わないことが望ましい。よって、不適切。

④ ❌ **なるべく早く解決策を提案する。**
コンサルテーションにおいて、早く解決策を提案することは得策ではない。Cの行動について情報を聞き、ともに整理することが望ましい。

⑤ ❌ **Aの気持ちを長期間繰り返し傾聴する。**
Aの気持ちを聞くことも大切であるが、コンサルテーションはあるケースについて、その見方、取り扱い方、かかわり方、などを検討し、適格なコメント、アドバイスなどを行うことである。よって、不適切。

問140　　　　　　　②

この問題は、レビー小体型認知症の症状を問う問題です。

① ❌ **反響言語**
反響言語とは、他者が話した言語を繰り返して発声することであり、前頭側頭型認知症やピック病でみられる。問題文の症状は、レビー小体型認知症の特徴と一致しているため、不適切。

② ⭕ **歩行障害**
レビー小体型認知症では、パーキンソン病に特有の症状が現れる。動きが遅くなる、筋肉・関節が固くなることによって、歩行障害となる。よって、適切。

③ ❌ **けいれん発作**
けいれん発作は、てんかんにみられる症状である。よって、不適切。

④ ❌ **食行動の異常**

食行動の異常は、どの認知症の症状にも出現する。よって、不適切。

⑤ ❌ 反社会的な行動

反社会的な行動は、前頭側頭型認知症の特徴である。よって、不適切。

問141 ③

この問題は、恐怖症の行動療法の技法について問う問題です。

① ❌ 嫌悪療法

嫌悪療法とは、嫌悪刺激との対呈示を反復することで不適応行動を抑制・除去する技法である。よって、不適切。

② ❌ 自律訓練法

自律訓練法は、自己催眠法であり、リラクゼーション法である。心身症に用いられる。よって、不適切。

③ ⭕ エクスポージャー

エクスポージャー法は、曝露療法ともいわれ、不安や恐怖の対象に晒し、克服する技法である。よって、適切。

④ ❌ バイオフィードバック

バイオフィードバック法とは、生理的反応をオペラント反応として条件づけることにより、より望ましい方向へ変化させる技法である。よって、不適切。

⑤ ❌ アサーション・トレーニング

アサーション・トレーニングは、自己主張訓練ともいい、ストレスのない良好な人間関係を築くために、相手に不快な思いをさせず自分の気持ちを素直に表現することを目指す技法である。よって、不適切。

問142 ②

この問題は、初回面接において優先的に確認すべき項目について問う問題です。

① ❌ 易疲労感

興味の減退や、不眠傾向から易疲労感は予想できる。よって、優先して確認するべき症状とはいえない。

② ⭕ 希死念慮

興味の減退、飲酒行動など抑うつ症状を呈していることから、希死念慮は最も優先して確認する必要がある。

③ ❌ 自信喪失

興味の喪失など、抑うつ症状から、自信喪失も予想されるが、優先して確認するべき症状とはいえない。

④ ❌ 早朝覚醒

不眠傾向から早期覚醒は予想できるが、優先して確認するべき症状とはいえない。

⑤ ❌ 体重減少

体調不良から、体重減少は予想できるが、優先して確認するべき症状とはいえない。

問143 ⑤

この問題は、災害時こころのケア、救援者・支援者に起こりうるストレス反応に関する問題です。

① ❌ もう少し働き続ければ慣れると伝える。

Aは極度のストレス状態にあると考えられるため、そのような励ましは行うべきではない。よって、不適切。

② ❌ 職業の適性に関する評価が必要であることを伝える。

職業の適性の問題ではなく、被災地支援に関するストレス過多によるものと考えられる。よって、不適切。

③ ❌ 家庭では仕事のつらさについて話をしないよう勧める。

仕事のつらさを抑圧させることは、ストレスを余計にためることにつながり負担である。よって、不適切。

④ ❌ 他の消防士も参加できるデブリーフィングの場を設ける。

デブリーフィングは、エビデンスが見出されておらず、かえって増悪させる危険性がある。よって、不適切。

⑤ ⭕ 急なストレス状況でしばしばみられる症状であることを伝える。

急性ストレス状態の症状であることを伝えることは、心理教育の一環として行われる。よって、適切。

問144　　　　④

この問題は、PTSD症状と思われる状態に対しての適切な助言を問う問題です。

① ❌ 発達障害への対応

Aには発達障害の特徴はみられない。よって、不適切。

② ❌ 曖昧な喪失へのケア

曖昧な喪失とは、喪失した確証のない不確実な状態をいう。Aの状況にはあてはまらない。よって、不適切。

③ ❌ 心理的リアクタンスの理解

心理的リアクタンスとは、外部から自由を脅かされた時に生じる、自由を回復しようとする反発作用のことである。Aの状況にはあてはまらない。よって、不適切。

④ ⭕ トラウマ・インフォームド・ケア

トラウマ・インフォームド・ケアとは、トラウマに関する知識や対応を身につけ、支援の際にトラウマという観点をもって対応する枠組みである。AがPTSD症状を呈していると思われ

ることから、適切である。

⑤ ❌ 反応性アタッチメント障害の理解

反応性アタッチメント障害は、素直に大人に甘えたり、頼ったりできないことが基本的特徴とされている。Aの状況や状態にはあてはまらない。よって、不適切。

問145　　　　⑤

この問題は、愛着障害と思われる対象への対応を問う問題です。

① ❌ Aの自立支援計画の策定を始めるよう助言する。

情緒が不安定な状態で自立支援計画を策定する理由がない。よって、不適切。

② ❌ 児童相談所に里親委託の検討を依頼するよう提案する。

情緒が不安定な状態で里親委託の検討を進めるべきではない。よって、不適切。

③ ❌ Aが自分を理解してもらえないと感じるような、Bの対応を改善するよう助言する。

BのAへの対応が誤っているとは思われない。よって、不適切。

④ ❌ Aには注意欠如多動症／注意欠如多動性障害（AD/HD）の疑いがあるため、医療機関の受診を提案する。

Aには注意欠如多動症にあたる症状はみられない。よって、不適切。

⑤ ⭕ 信頼できる大人との日常生活の中で、Aが自分の人生を自然に振り返ることができるような機会が大切になると助言する。

Aの生育歴から、幼少期の愛着形成が

うまくいかなかった可能性が示唆され、基本的信頼感を抱けるような関わりが望まれる。よって、適切。

問146　　②

この問題は、いじめ対応の初動の方針についての理解を問う問題です。

① ❌　学級経営の方針

学級の経営方針によらず、公認心理師が最初に確認すべきことは、いじめそのものと関連しうる事柄である。よって、不適切。

② ⭕　Cの合計欠席日数

Cへの悪口がどの程度、登校に影響しているかについて、出席日数や成績は客観的な情報となる。よって、適切。

③ ❌　小学校周辺の地域の状況

小学校周辺の地域の状況と、学級の状況は関係がないといえる。よって、不適切。

④ ❌　Aの児童全般への関わり方

Aの児童全般への関わり方は考慮することではあるが、いじめ対応として最初に確認することではない。よって、不適切。

⑤ ❌　学級における児童全体の様子

学級における児童全体の様子は考慮することではあるが、いじめ対応として最初に確認することではない。よって、不適切。

問147　　⑤

この問題は、スクールカウンセラーのコンサルテーション業務について問う問題です。

① ❌　WISC-Ⅳ

Aのクラスに対しての助言が求められている。通常、スクールカウンセリングで知能検査を行うことはない。よって、不適切。

② ❌　道徳教育

児童同士の罵り合いなど、感情のコントロールが問題となっている。道徳教育が直接それらの介入とはならない。よって、不適切。

③ ❌　スタートカリキュラム

スタートカリキュラムは、新しい学校生活を創り出していくための1学年入学当初のカリキュラムである。よって、不適切。

④ ❌　メゾシステムレベルの介入

メゾシステムとは集団や地域などの広さのシステムを指す。ここでは、そのような地域としての介入ではなく、学級内において児童が社会技能をつけられるようにするべきである。よって、不適切。

⑤ ⭕　ソーシャル・スキルズ・トレーニング（SST）

児童全員を対象としたソーシャル・スキルズ・トレーニングにより、感情のコントロールの訓練を行うことは提案として望ましい。よって、適切。

問148　　①

この問題は、裁判員裁判の制度に関して問う問題です。

① ⭕　裁判所に連絡するよう伝える。

裁判員を辞退できる理由が、裁判員法16条8号と政令で規定されている。裁判所に辞退できる理由にあたるかについて確認できる。よって、適切。

② ❌　理由や詳細を述べることなく辞

任ができることを伝える。

裁判員を辞退するためには、明確に理由を述べる必要がある。よって、不適切。

③ ❌ **具合の悪い日は、補充裁判員に代理を務めてもらうよう伝える。**

補充裁判員は裁判員に欠員が生じた場合に，その裁判員に代わってそれ以降裁判員を務めてもらう人のことをいう。具合が悪い日に限って代わってもらうことはできない。よって、不適切。

④ ❌ **評議を含め裁判内容については、親しい友人か家族に話を聞いてもらうよう伝える。**

裁判員法により、裁判員が評議での自他の意見や多数決の内容、関係者のプライバシーを漏らすことを罰則で禁じられている。よって、不適切。

⑤ ❌ **評議を含め裁判内容についてのカウンセリングは、裁判終了後に可能になると伝える。**

裁判員法により、裁判員が判決後も結論の当否について口外はできない。よって、不適切。

問149　　　　　　　　　②

この問題は、心身のアセスメントにより状態を把握する問題です。

① ❌ **うつ病**

うつ病をうかがわせる症状の記載はない。よって、不適切。

② ⭕ **せん妄**

せん妄とは異常な精神状態や混乱状態であり、軽度〜中程度の意識混濁を起こし、錯覚や幻覚、認知障害、不安や恐怖感、混乱や精神的興奮が現れる。一時的なものから、数日、数ヶ月

続くものもある。Aの状態にあてはまるため、適切といえる。

③ ❌ **認知症**

一時的な記憶障害は呈しているが、認知症といえるほどの症状がない。よって、不適切。

④ ❌ **脳出血**

脳出血であれば、身体的な症状が出現する。よって、不適切。

⑤ ❌ **統合失調症**

妄想や幻聴、その他カタレプシーなど統合失調症をうかがわせる状態がみられていない。よって、不適切。

問150　　　　　　　　　②

この問題は、ひきこもりの子どもを持つ両親への対応を問う問題です。

① ❌ **自宅訪問を行う場合、緊急時以外は、家族を介して本人の了解を得る。**

Aとラポールが取れるまでは、両親を介してのコミュニケーションが望まれる。よって、適切。

② ⭕ **ひきこもりの原因である子育ての問題を指摘し、親子関係の改善を図る。**

ひきこもりの原因が子育てであるとするのは、両親を責めることになってしまい、支援にはならない。よって、不適切。

③ ❌ **家族自身による解決力を引き出せるよう、家族のエンパワメントを目指す。**

両親を含め、家族のエンパワメントを行うことは望ましい。よって、適切。

④ ❌ **家族の話から、精神障害が背景にないかを評価する視点を忘れないよ**

2021年9月試験全問題解説

うにする。

ひきこもりの背景に精神疾患が隠れている場合がある。よって、適切。

⑤ ❌ **精神保健福祉センターや大学等、多機関間でのケース・マネジメント会議を行う。**

適切。Aが関わる機関同士で協働・連携しながら支援を行っていくことが望ましい。よって、適切。

問151　　　　　　　⑤

この問題は、生活リズムが乱れている状態への助言を問う問題です。

① ❌ **昼休みなどに軽い運動をしてみましょう。**

軽い運動により乱れた睡眠リズムが整う場合がある。よって、適切。

② ❌ **寝酒は睡眠の質を下げるのでやめましょう。**

寝酒は睡眠の質を下げるといわれている。よって、適切。

③ ❌ **毎朝、決まった時間に起きるようにしましょう。**

睡眠リズムを一定にするため、決まった時間に起きることは効果的である。よって、適切。

④ ❌ **寝る前は携帯端末の光などの刺激を避けましょう。**

寝る前に光を浴びると入眠しにくくなる。よって、適切。

⑤ ⭕ **休みの日は十分な昼寝をして睡眠不足を補いましょう。**

長い時間の昼寝は、睡眠リズムが乱れることがある。よって、不適切。

問152　　　　　　　⑤

この問題は、場面緘黙症の児童に対するコンサルテーションの問題です。

① ❌ **Aの発言を促す指導は、焦らなくてよいと伝える。**

直接的に発言を促す指導は控えたほうがよい。よって、適切。

② ❌ **できるだけAを叱責したり非難したりしないように伝える。**

安心して発言できるような環境づくりが重要となる。よって、適切。

③ ❌ **Aが話せるのはどのような状況かを理解するように伝える。**

Aが話せている状況をみつけるのは望ましいことである。よって、適切。

④ ❌ **Aの保護者と連絡を密にし、協力して対応していくように伝える。**

学校だけでなく、家庭内での環境も安心できることが重要であるため、保護者の協力は欠かせない。よって、適切。

⑤ ⭕ **交流機会を増やすため、Aを幼なじみとは別の班にするように伝える。**

幼なじみなど、慣れている人と一緒のほうが安心できる場となる。よって、不適切。

問153　　　　　　　②

この問題は、解離性障害の疑いがある事例への対応に関する問題です。

① ❌ **安全の確保を優先する。**

希死念慮があることや、記憶喪失などの解離が生じている可能性があるため、まずは安全確保が優先される。よって、正しいと考えられる。

② ⭕ **できるだけ早期に健忘の解消を**

図る。

安全確保をすることや、安心感を感じられる状況を用意することが優先される。よって、誤っているものとして選択できる。

③ ❌ 専門医に器質的疾患の鑑別を依頼する。

身体的な疾患による症状との鑑別を行うため、器質的検査を行うことは重要であるといえる。よって、正しいと考えられる。

④ ❌ 内的な葛藤を伴っていることに留意する。

真面目な性格であることや、大きなプロジェクトを任され、ストレス過多の状態であるということに留意しておくべきである。よって、正しいと考えられる。

問154　　　①・②

この問題は、0歳の乳児の措置先について問う問題です。

① ⭕ 乳児院

乳児院は、乳児を養育し、退院した者の相談、その他の援助を行う施設であり、措置先となる。

② ⭕ 里親委託

里親委託は、実親家庭で養育できない乳児・児童に愛情と安全安心な家庭を与えることにより、愛着形成など健全な育成を図るための制度であり、措置先となる。

③ ❌ 一時保護所

一時保護所は、措置される前に、保護された子どもたちが一時的に生活を送る施設であり、措置先とならない。

④ ❌ 児童自立支援施設

児童自立支援施設は、犯罪などの不良行為をした、家庭環境等から生活指導を要する等の児童を対象とした施設であり、措置先とならない。

⑤ ❌ 母子生活支援施設

母子生活支援施設は、措置制度ではなく、行政の申込み決定によるもの。

2022年7月試験全問題解説

問1　　　　　　　　　　　　③

この問題は、個人情報保護法に関する知識について問うものです。

① ✕　氏名

個人情報保護法では、氏名は個人情報には当たるが、「要配慮個人情報」には該当しない。

② ✕　掌紋

個人情報保護法では、掌紋は個人情報には当たるが、「要配慮個人情報」には該当しない。

③ ◯　病歴

病歴は、個人情報の中でも「要配慮個人情報」に挙げられている。よって、正しい。

④ ✕　生年月日

個人情報保護法では、生年月日は個人情報には当たるが、「要配慮個人情報」には該当しない。

⑤ ✕　基礎年金番号

個人情報保護法では、基礎年金番号は個人情報には当たるが、「要配慮個人情報」には該当しない。

問2　　　　　　　　　　　　⑤

この問題は、スーパービジョンについて問うものです。

① ✕　最新の技法を習得することが主な目的である。

スーパービジョンは技法の習得の場ではない。よって、不適切である。

② ✕　スーパービジョンの対象にアセスメントは含まれない。

カウンセリングだけでなく、心理検査やアセスメント面接についても、スー

パービジョンの対象となる。よって、不適切である。

③ ✕　異なる領域の専門家の間でクライエントの支援について話し合われる。

上記は、コンサルテーションの内容である。よって、不適切である。

④ ✕　スーパーバイジーの心理的危機に対して、スーパーバイザーはセラピーを行う。

スーパービジョンでは、スーパーバイジーの心理的な動きについて扱うことはあるが、あくまで心理支援に関するもののみであり、個人的なセラピーを行うことはない。よって、不適切である。

⑤ ◯　スーパーバイジーには、実践のありのままを伝える自己開示の姿勢が求められる。

ありのままの実践を伝えずに、スーパーバイジーの都合の良いことだけを話していては、スーパービジョンとして有益なものにならない。スーパーバイジーは、評価を気にせずに自己開示できる姿勢が必要である。よって、最も適切といえる。

問3　　　　　　　　　　　　④

この問題は、障害者支援施設の機能の差異についての知識について問うものです。

① ✕　就労移行支援事業所

就労移行支援事業所とは、障害者の一般企業への就職を支援する施設である。よって、不適切である。

② ✕　精神保健福祉センター

精神保健福祉センターは、精神保健や

精神障害者の福祉に関する相談や指導、啓発等を行う施設である。よって、不適切である。

③ ✕ **障害者職業総合センター**
障害者職業総合センターは、広域・地域障害者職業センターの運営や職業リハビリテーションに関する研究等を行う施設である。よって、不適切である。

④ ◯ **障害者就業・生活支援センター**
雇用、保健福祉、教育等の関係機関の連携拠点として、就業面及び生活面における一体的な相談支援を行う施設である。よって、適切である。

⑤ ✕ **国立障害者リハビリテーションセンター**
障害者の自立や社会参加を目的として、医療・福祉サービスの提供や研究、開発を行う組織である。よって、不適切である。

問4 ②

この問題は、動機の類型に関しての問となっています。

① ✕ **親和動機**
親和動機とは、他人と仲良くなりたい、またはそれを維持していたいという気持ちからなる動機である。よって、不適切である。

② ◯ **達成動機**
達成動機とは、ある高い目標を立てて、高い水準で達成しようとするものである。よって、適切である。

③ ✕ **外発的動機**
外発的動機は、人からの称賛や賞罰などによって動機づけられるものである。よって、不適切である。

④ ✕ **生理的動機**
生理的動機は、ホメオスタシスの原理に表されるように、個人内で生理的な不均衡が失われるときに平衡を保とうとするものである。よって、不適切である。

⑤ ✕ **内発的動機**
内発的動機は、③と対照的に、感情や知的好奇心などによって動機づけられるものである。よって、不適切である。

問5 ①

この問題は、妥当性の類型についての知識を問うものです。

① ◯ **内的妥当性**
内的妥当性とは、従属変数の変化が独立変数の操作によって変化させられる度合のことである。よって、適切である。

② ✕ **収束的妥当性**
収束的妥当性は、2つ以上の検査が同じ概念を測定している度合のことである。よって、不適切である。

③ ✕ **内容的妥当性**
内容的妥当性は、検査内容がその検査の測定したい概念を測定できている度合のことである。よって、不適切である。

④ ✕ **基準関連妥当性**
基準関連妥当性は、検査得点とその検査の測定したい概念を表している外的基準との相関によって表した妥当性である。よって、不適切である。

⑤ ✕ **生態学的妥当性**
生態学的妥当性は、実験場面での結果が日常場面での現象に類似している度合のことである。よって、不適切である。

問6 ⑤

この問題は、重回帰分析についての知識を問うものです。

① ✖ 一致性

一致性とは、母集団を推定するときの「推定値の望ましさ」を表す指標である。標本数が大きくなれば、推定量が真の母集団に近づく性質のことをいう。よって、誤り。

② ✖ 共通性

共通性とは、因子分析の際に用いられる概念であり、各観測変数の分散のうち、共通因子の変動によって説明される部分の割合のことを指す。よって、誤り。

③ ✖ 独自性

独自性とは、因子分析の際に用いられる概念であり、因子の影響を受けていない部分の割合のことを指す。よって、誤り。

④ ✖ 不偏性

不偏性とは、母集団を推定するときの「推定値の望ましさ」を表す指標である。その推定量が平均的に過大にも過小にも母数を推定しておらず、推定量の期待値が母数に等しいことをいう。よって、誤り。

⑤ ◯ 多重共線性

多重共線性とは、説明変数の中に相関係数が高い組み合わせが存在することをいい、共線性があると説明変数の標準誤差が異常に大きくなり、有意な関係が得られなくなってしまう。よって、選択肢として正しい。

問7 ③

この問題は、観察法について問うものです。

① ✖ α係数

α（アルファ）係数は、検査得点の信頼性係数を表すものである。よって、不適切である。

② ✖ γ係数

γ（ガンマ）係数は、Pearson（ピアソン）の積率相関係数ともいい、2つの変数間の相関関係を表す指標である。よって、不適切である。

③ ◯ κ係数

κ（カッパー）係数は、コーエンの一致係数ともいい、インタビューなどの数値で測れない質的データに対する、評定者間の一致度を表すものである。よって、適切である。

④ ✖ φ係数

クロス集計表に適用できる連関係数のことであり、四分点相関係数といわれる。クロス集計表における行要素と列要素の関連の強さを示す指標であることから、不適切である。

⑤ ✖ ω係数

ω（オメガ）係数は、因子分析を行い、その因子負荷と誤差分散を用いて算出するものである。よって、不適切である。

問8 ⑤

この問題は、ヒューリスティックスについて問うものです。

① ✖ いくつかの具体的事例から一般的、普遍的な法則性を結論として導く手続のことである。

具体論から一般論を導く方法で、帰納的推論と呼ばれるものである。よって、不適切である。

② ✖ **外的な事象をもとに内的なモデルを構成し、その操作により事柄を理解する手続のことである。**

複数の事象から心的にモデルを構成し、そのモデルを推論の基礎とする方法で、メンタル・モデル理論と呼ばれるものである。よって、不適切である。

③ ✖ **一連の手順を正しく適用すれば、必ず正しい結果が得られることが保証されている手続のことである。**

コンピュータプログラムのように、一連の手順を適用するものであり、アルゴリズムと呼ばれる。よって、不適切である。

④ ✖ **現在の状態と目標とする状態を比較し、その差異を最小化するような手段を選択していく手続のことである。**

問題解決において、現状と目標との差異を最小化する手段で、手段−目標分析と呼ばれる。よって、不適切である。

⑤ ⭕ **しばしば経験から導かれ、必ずしも正しい結果に至ることは保証されていないが、適用が簡便な手続のことである。**

ヒューリスティックスとは、簡便法ともいい、「太っているから脂っこいものが好きなはずだ」などの経験則から答えを導くものであり、簡便ではあるが必ずしも正解が得られるとは限らない方法である。よって、適切である。

問9　④

この問題では、ディスレクシアに関する知識が問われています。ディスレクシアとは文字の読み書きに限定した困難のことをいいます。

① ✖ **知的能力障害（精神遅滞）を伴う。**

ディスレクシアは、知的能力障害によっては説明できないものをいう。よって、不適切である。

② ✖ **生育環境が主な原因となって生じる。**

養育環境によって生じる経験不足とは質的に異なる。よって、不適切である。

③ ✖ **文字の音韻情報処理能力に問題はない。**

文字の音韻情報処理能力に障害がみられる。よって、不適切である。

④ ⭕ **読字と同時に、書字にも障害がみられることが多い。**

ディスレクシアは、DSM-5では限局性学習障害の中に位置付けられ、書字障害も併発することが多い。よって、適切である。

⑤ ✖ **この障害のある人の割合は、言語圏によらず一定である。**

ディスレクシアは、書字の記号体系によって異なり、表意文字である日本語圏よりも、同一文字に複数の音韻のある英語圏の方が、発生率が高い。よって、不適切である。

問10　④

この問題は、トランスアクショナルモデルについて問うものです。

① ✖ **パニック発作は、身体感覚への破局的な解釈によって生じる。**

上記の定義は、Clark,D.M.による認知モデルである。よって、不適切である。

② ✖ **抑うつは、自己・世界・未来に対する否定的な認知によって生じる。**

上記の定義は、Beck,A.T.による認知

モデルである。よって、不適切である。

③ ✕ **無気力は、自らの行動と結果に対する非随伴性の認知によって生じる。**

上記の定義は、M.E.P.Seligmanによる学習性無力感モデルである。よって、不適切である。

④ ⭕ **ストレス反応は、ストレッサーに対する認知的評価とコーピングによって決定される。**

ラザルスらは、ストレスを個人と環境の相互作用によるものと定義し、ストレッサーへの個人の主観的な評価を重視した。よって、適切である。

⑤ ✕ **回避反応は、レスポンデント条件づけとオペラント条件づけの原理によって形成される。**

上記の定義は、Mowrer,O.H.による回避学習の2要因説である。よって、不適切である。

問11　　　　　　　　　　①

この問題は、嚥下反射の中枢が存在する部位に関するものです。嚥下とは物を咀嚼して飲み込むまでのことをいいます。

① ⭕ **延髄**

延髄は、嚥下や唾液分泌を担う部位である。よって、適切である。

② ✕ **小脳**

小脳は、平衡感覚などを担う部位である。よって、不適切である。

③ ✕ **中脳**

中脳は、視覚や聴覚を司る部位である。よって、不適切である。

④ ✕ **辺縁系**

大脳辺縁系は、扁桃体や海馬、帯状回といった情動や本能的行動に関連する脳の領域である。よって、不適切で

ある。

⑤ ✕ **視床下部**

視床下部は、自律経系を調整する中枢である。よって、不適切である。

問12　　　　　　　　　　③

この問題は、高次機能障害についての問題です。

① ✕ **話題が定まらない。**

上記は、記憶障害の例である。よって、不適切である。

② ✕ **自発的な行動に乏しい。**

上記は、社会的行動障害の例である。よって、不適切である。

③ ⭕ **行動の計画を立てることができない。**

遂行機能障害とは、物事を順序立てて計画的に行動することができないものをいう。よって、適切である。

④ ✕ **ささいなことに興奮し、怒鳴り声をあげる。**

上記は、社会的行動障害の例である。よって、不適切である。

⑤ ✕ **複数の作業に目配りをすることができない。**

上記は、注意障害の例である。よって、不適切である。

問13　　　　　　　　　　④

この問題は、社会心理学で登場する各用語の知識を問うものです。

① ✕ **バランス理論**

バランス理論とは、三者関係において関係の積が＋にならない場合には、積が＋になるように関係を変容させてバランスをとる、という理論である。

よって、該当しない。

② ❌ **社会的浸透理論**

社会的浸透理論とは、対人関係の初期においては浅い自己開示に留まるが、親密度が増すにつれて深い自己開示になっていくという理論である。よって、該当しない。

③ ❌ **社会的比較理論**

社会的比較理論とは、正確な自己評価を得るために、自分に近い他者と比較するという理論である。よって、該当しない。

④ ⭕ **相互依存性理論**

上記はH.H.KelleyとJ.W.Thibautによる相互依存性理論の説明である。よって、該当する。

⑤ ❌ **認知的不協和理論**

認知的不協和理論とは、認知的に整合性が取れない場合、不協和を解消するために認知を変容させるという理論である。よって、該当しない。

問14　　②

この問題では、H.S.Sullivanの理論についての理解が問われています。Sullivanはアメリカの精神科医・精神分析家です。

① ❌ **ピア・グループ**

ピア・グループとは、同じ悩みを抱えた当事者のグループである。よって、不適切である。

② ⭕ **チャム・グループ**

上記の関係は、Sullivanによってチャム・グループやチャムシップと呼ばれた。よって、適切である。

③ ❌ **ギャング・グループ**

ギャング・グループとは、児童期後期に、自発的に形成された同性の小集団

で、時に反社会的な性質を帯びたものである。よって、不適切である。

④ ❌ **セルフヘルプ・グループ**

セルフヘルプ・グループとは、同じ悩みを抱える当事者が集まり、問題解決のために情報共有や話し合いをするグループである。よって、不適切である。

⑤ ❌ **エンカウンター・グループ**

エンカウンター・グループとは、個人が尊重された自由で守られた中で、グループ体験を行うものである。よって、不適切である。

問15　　⑤

この問題は、注意欠如多動症／注意欠如多動性障害〈AD/HD〉の児童へのアセスメントについて問うものです。

① ❌ **親族についての情報を重視しない。**

DSM-5によると、AD/HDの遺伝率はかなり高いとされている。よって、不適切である。

② ❌ **1歳前の行動特性が障害の根拠となる。**

1歳前の子どもには、注意の持続困難や多動はよくみられ、4歳以前に行動特性から判断することはできない。よって、不適切である。

③ ❌ **運動能力障害の有無が判断の決め手となる。**

運動能力障害については、併存する運動発達の遅れとして別にコードすることが推奨されており、判断の決め手とはならない。よって、不適切である。

④ ❌ **家族内での様子から全般的な行動特性を把握する。**

症状が家庭と学校など、複数の状況に

おいて存在することが診断の必要条件
となる。よって、不適切である。

⑤ 〇 **保育園、幼稚園などに入園して
からの適応状態に注目する。**

前述のように、4歳以降複数の状況で
の行動から診断されるものである。
よって、適切である。

問16　　　　　　　④

この問題では、文章完成法の歴史につい
て問われています。

① ✕ **性格**

エビングハウスは文章完成法（SCT）
の形式をもって知能の測定を行おうと
した。よって、不適切。

② ✕ **病態**

エビングハウスは文章完成法（SCT）
の形式をもって知能の測定を行おうと
した。よって、不適切。

③ ✕ **対人知覚**

エビングハウスは文章完成法（SCT）
の形式をもって知能の測定を行おうと
した。よって、不適切。

④ 〇 **知的統合能力**

文章完成法（SCT）は、現在ではパー
ソナリティ理解のための投影法として
用いられることが多いが、エビングハ
ウスが開発した際は知的統合能力の測
定を目的としていた。よって、適切で
ある。

⑤ ✕ **欲求不満耐性**

エビングハウスは文章完成法（SCT）
の形式をもって知能の測定を行おうと
した。よって、不適切。

問17　　　　　　　④

この問題は、WAIS-Ⅳの下位検査につい
て尋ねるものです。

① ✕ **算数**

算数は、ワーキングメモリーの指標に
用いられ、制限時間内に問題を解くこ
とが重要である。よって、誤り。

② ✕ **パズル**

パズルは、心的回転など視覚刺激を分
析する能力を測定しており、制限時間
を設けて測定している。よって、誤り。

③ ✕ **絵の完成**

絵の完成は、重要な部分に着目する力
を測定しており、時間をかけて絵の
隅々まで見て解くことよりも、制限時
間内に見分けることが要求される。
よって、誤り。

④ 〇 **行列推理**

行列推理は、法則性を見出すために熟
考することも重要であり、制限時間は
設けられていない。よって、正しい。

⑤ ✕ **バランス**

バランスは、量的な推理能力を測定し
ており、制限時間を設けて測定する。
よって、誤り。

問18　　　　　　　②

この問題は、心理支援に関する用語につ
いて問うものです。

① ✕ **森田療法**

森田療法は、入院治療や日記を用いた
外来療法により、あるがままを受け入
れることを目指した方法である。よっ
て、不適切である。

② 〇 **自律訓練法**

自律訓練法は、自己教示により筋肉を

弛緩させていく方法である。よって、適切である。

③ ✗ シェイピング
シェイピングは、望ましい行動を報酬によって形成していくものである。よって、不適切である。

④ ✗ スモールステップ
スモールステップは、望ましい行動を細かい段階に分けて習得していく方法である。よって、不適切である。

⑤ ✗ セルフ・モニタリング
セルフ・モニタリングは、自分の行動や感情を記録に付ける等、自分で自分を観察する方法である。よって、不適切である。

問19　　③

この問題では、社会的再適応評価尺度に関する知識が問われています。

① ✗ 親友の死
親友の死は37点である。よって、③よりも得点は低いため選択できない。

② ✗ 近親者の死
近親者の死は63点である。よって、③よりも得点は低いため選択できない。

③ ◯ 配偶者の死
ホルムズとレイは、配偶者の死を最も高いストレス得点100として、社会的再適応評価尺度を作成した。よって、もっとも高い得点のものとして選択できる。

④ ✗ 本人の怪我や病気
本人の怪我や病気は53点である。よって、③よりも得点は低いため選択できない。

⑤ ✗ 経済状態の大きな変化
経済状態の大きな変化は38点である。

よって、③よりも得点は低いため選択できない。

問20　　②

この問題は、G.Caplanの予防モデルに関するものです。予防には、第一次予防から第三次予防まであり、本問は第二次予防について問われています。

① ✗ 職場復帰支援プランの作成
社会復帰の支援は、本モデルでは第三次予防に当たる。よって、該当しない。

② ◯ 高ストレス者への医師による面接指導
精神疾患の早期発見や早期治療を行うことは、本モデルの第二次予防に当たる。よって、該当する。

③ ✗ メンタルヘルスケアに関する研修の実施
メンタルヘルスケアに関する研修によって、問題の発生を予防することは、本モデルの第一次予防に当たる。よって、該当しない。

④ ✗ 過重労働対策としての労働時間の上限設定
③ 同様、問題の発生予防を目的としているので、第一次予防に当たる。よって、該当しない。

⑤ ✗ 疾病を抱える労働者への治療と仕事の両立支援
治療と仕事の両立支援は、社会とつながることへの支援を目的としているので、第三次予防に当たる。よって、該当しない。

問21 ⑤

この問題では、T.DemboとB.A.Wrightらが提唱した障害受容の理論である「価値転換理論」に関する知識が問われています。

① ❌ **価値範囲を縮小する。**

B.Wrightらが提唱した価値転換理論によると、失われた価値以外のことに目を向け、価値範囲を拡大することが障害受容につながるとされる。よって、誤り。

② ❌ **相対的価値を重視する。**

他者と比較する相対的価値ではなく、自分自身の価値に目を向けることが重視される。よって、誤り。

③ ❌ **失われた能力の回復を重視する。**

①で述べた通り、失われた能力の回復よりも価値範囲の拡大を重視する。よって、誤り。

④ ❌ **精神障害の病識研究を端緒とする。**

B.Wrightらの研究は、第二次世界大戦において負傷した者の障害受容から始まっている。よって、誤り。

⑤ ⭕ **障害に起因する波及効果を抑制する。**

障害によってもたらされた能力の制限や価値の低下は、自身の能力全体や価値全般を低下させるものではない、との認識が重視される。よって、正しい。

問22 ②

この問題は、心理学や福祉に関する専門用語の知識を問うものです。

① ❌ **ジョイニング**

ジョイニングは、家族療法で用いられる技法で、クライエントやその家族の文化・お作法に合わせることを指す概念である。よって、誤り。

② ⭕ **レジリエンス**

レジリエンスは、回復力などと訳される英語で、逆境においてもうまく乗り越えていけることを指す概念である。よって、正しい。

③ ❌ **エントレインメント**

エントレインメントとは、親の声に反応して乳児が足をバタバタさせるなどの、乳児と養育者との相互作用のことである。よって、誤り。

④ ❌ **ソーシャル・キャピタル**

ソーシャル・キャピタルとは、社会的資本と訳される概念で、人間同士のつながりや信頼関係を組織の資本とする考え方である。よって、誤り。

⑤ ❌ **ソーシャル・インクルージョン**

ソーシャル・インクルージョンとは、社会的な弱者を含めて全ての人の権利を守ることを目指す概念である。よって、誤り。

問23 ②

この問題は、認知症のBPSD（行動・心理症状）に関する知識が問われています。

① ❌ **生活環境による影響は受けない。**

BPSDは、認知症の中核症状と、パーソナリティや生活環境との相互作用によって生じるものである。よって、不適切である。

② ⭕ **前頭側頭型認知症では、初期からみられる。**

前頭側頭型認知症では、発症初期から行動の異常や人格変化がみられる。よって、正しい。

③ ❌ 治療では、非薬物療法よりも薬物療法を優先する。

認知症に対する薬物療法は、病気の進行を遅らせるものであり、優先すべきは非薬物療法とされている。よって、不適切である。

④ ❌ Alzheimer型認知症では、幻視が頻繁にみられる。

幻視が頻繁にみられるのは、レビー小体型認知症である。よって、不適切である。

⑤ ❌ 単一の妄想として最も頻度が高いのは、見捨てられ妄想である。

認知症患者にみられる最も頻度の高い妄想は、見捨てられ妄想ではなく、物盗られ妄想である。よって、不適切である。

問24 ④

この問題は、子どもへの就学相談や就学先の決定について問うものです。

① ❌ 就学相談を経て決定した就学先は、就学後も固定される。

就学後であっても、必要に応じて個別の教育支援計画を見直し、就学先を変更できるようにしていけるよう柔軟な対応が求められている。よって、不適切である。

② ❌ 就学相談は、心理検査の結果を踏まえて就学基準に照らして進める。

就学相談は、心理検査の結果だけではなく、障害の状態や必要となる支援の内容、教育学等の専門的見地等の総合的な観点から行われる。よって、不適切である。

③ ❌ 就学相談のために、都道府県教育委員会は就学時健康診断を実施する。

就学時健康診断は、学校保健安全法に基づいて、小学校等の入学前に行われるもので、就学相談のためのものではない。よって、不適切である。

④ ⭕ 保護者、本人等との合意形成を行うことを原則とし、市町村教育委員会が最終的に就学先を決定する。

2013年の文部科学省の教育支援資料によると、保護者や本人の意見を可能な限り尊重した上で、最終的な決定は市町村教育委員会が行うとしている。よって、最も適切である。

⑤ ❌ 就学先が決定した後に、保護者への情報提供として、就学と当該学校や学級に関するガイダンスを行う。

保護者への情報提供は、就学先を決定する前にすべきである。よって、不適切である。

問25 ①

この問題は、少年院に関してのものです。

① ⭕ 公共職業安定所と連携し、出院後の就労先の確保のため就労支援を行う。

2006年より実施されている「刑務所出所者等総合的就労支援対策」の中で、矯正施設と公共職業安定所との連携で就労支援を行うことが挙げられている。よって、適切である。

② ❌ 矯正教育課程のうち医療措置課程の実施が指定されているのは、第2種少年院である。

医療措置課程の実施が指定されているのは、第3種少年院である。よって、不適切である。

③ ❌ 在院中の少年に対して、高等学校卒業程度認定試験を受験する機会

を与えることはできない。

少年院での指導には、教科教育として高校卒業程度認定試験受験の指導も含まれており、施設内で受験することも可能である。よって、不適切である。

④ ❌ **仮退院中の少年の相談に応じることはできるが、退院した少年の相談に応じることはできない。**

少年院法第146条に、退院した少年から相談があった場合には、少年院の職員に相談に応じさせることができる、と規定されている。よって、不適切である。

⑤ ❌ **障害を有する在院者には、適当な帰住先の有無にかかわらず、出院後速やかに福祉サービスを受けられるよう特別調整を行う。**

特別調整の対象となるのは、障害を有する在院者の中でも適切な帰住先のない者等とされている。よって、不適切である。

問26　　　　　　　　④

この問題では、職場におけるパワーハラスメントに関する知識が問われています。

① ❌ **上司による部下への行為**

本指針において、1つ目の要素として「優越的な関係を背景としたもの」と挙げられており、必ずしも上司と部下の関係とは限らない。例えとして、同僚又は部下からの行為も挙げられている。よって、該当しない。

② ❌ **行為者が正規雇用労働者であるもの**

①と同様に、正規雇用労働者であるかどうかとは無関連である。よって、該当しない。

③ ❌ **ひどい暴言や名誉棄損などの精神的な攻撃**

本指針において、2つ目の要素として「業務上必要かつ相当な範囲を超えた」言動が挙げられており、精神的な攻撃以外の人間関係からの切り離しや、過大な要求、過小な要求も含まれている。よって、説明不足として該当しない。

④ ⭕ **その行為により労働者の就業環境が害されるもの**

本指針におけるパワーハラスメントの3つ目の要素として、「労働者の就業環境が害されるもの」が挙げられている。よって、該当する。

⑤ ❌ **当該労働者が通常就業している事業場で行われた行為**

本指針において「職場」とは、業務を遂行する場所を指しており、通常就業している場所と異なっても職場に該当する。よって、該当しない。

問27　　　　　　　　①

この問題は、アナフィラキシー症状について問うています。

① ⭕ **顔の腫れ**

同時に複数の臓器にアレルギー反応が起こるものをアナフィラキシーという。アレルギー反応として、①のように皮膚に腫れやむくみ、発赤など皮膚症状が出ることが想定される。よって、適切。

② ❌ **手の震え**

アレルギー反応として、神経症状に出やすいのは、手の震えではなく痺れである。よって、不適切。

③ ❌ **気道の拡張**

アレルギー反応として、呼吸器症状に出やすいのは、気道の拡張ではなく狭窄である。よって、不適切。

④ ❌ **血圧の上昇**
アレルギー反応として、循環器症状に出やすいのは、血圧の上昇ではなく低下である。よって、不適切。

⑤ ❌ **脈拍の減少**
アレルギー反応として、循環器症状に出やすいのは、脈拍の減少ではなく頻脈である。よって、不適切。

問28	⑤

この問題は、コルチゾールの過剰状態に伴う症状に関するものです。

① ❌ **低血糖**
コルチゾールの過剰状態によって引き起こされるものをクッシング症候群という。クッシング症候群では、血糖値の低下ではなく上昇が見られる。よって、誤り。

② ❌ **るい痩**
クッシング症候群では、るい痩ではなく中心性肥満がみられる。よって、誤り。

③ ❌ **眼球突出**
クッシング症候群では、顔貌変容により、眼球が突出したように見えることがあるが、真に突出することはない。よって、誤り。

④ ❌ **けいれん**
クッシング症候群では、血糖値の低下ではなく上昇がみられる。よって、誤り。

⑤ ⭕ **満月様顔貌**
クッシング症候群では、満月様顔貌といって顔が丸くなることが特徴的であ

る。よって、正しい。

問29	採点除外

この問題では、移植医療について問われています。

① ❌ **移植件数が最も多い臓器は腎臓である。**
令和4年厚生労働省の「臓器移植の実施状況等に関する報告書」によると、移植件数が最も多い臓器は腎臓ではなく眼球（角膜）である。よって、不適切。

② ❌ **臓器を提供する意思表示に年齢の制約はない。**
日本臓器移植ネットワークによると、提供する意思表示は15歳以上が有効であり、提供しない意思は何歳からでも有効である。よって、不適切。

③ ❌ **移植を受けた患者に精神障害が生じるのはまれである。**
心臓移植後にはうつ、不安を主症状とした精神症状が生じることが報告されている。よって、不適切。

④ ❌ **肝移植の大部分は脳死後の臓器提供によるものである。**
日本移植学会の「臓器移植ファクトブック」によると、肝移植は、脳死後よりも生体肝移植の方が多い。よって、誤り。

⑤ ❌ **生体移植における提供者の意思確認は移植医療チームが行う。**
意思確認は、ドナーの権利保護の立場にある者で、かつ倫理委員会が指名する精神科医等の複数の者で行うことになっている。よって、不適切。

問30　②

この問題では、回避・制限性食物摂取症／回避・制限性食物摂取障害についての知識が問われています。神経性拒食症との違いを理解できているかがポイントとなります。

① ❌ **小児に特有である。**
　回避・制限性食物摂取障害には年齢の基準が設けられておらず、小児に限定することはない。よって、不適切。

② ⭕ **食べることへの関心を失う。**
　DSM-5における診断基準において、摂食または栄養摂取の障害、つまり食べることまたは食物への明らかな無関心とある。よって、適切。

③ ❌ **過度の減量を契機に発症する。**
　診断基準に、減量を契機とする「神経性やせ症または神経性過食症の経過中にのみ起こるものではない」とある。よって、不適切。

④ ❌ **体型に対する認知に歪みがある。**
　診断基準に、「自分の体重または体型に対する感じ方に障害を持っている形跡がない」とある。よって、不適切。

⑤ ❌ **文化的慣習によって引き起こされる。**
　診断基準に、「関連する文化的に容認された慣習ということではうまく説明されない」とある。よって、不適切。

問31　①

この問題は、月経前不快気分障害が含まれる障害群に関するものです。

① ⭕ **抑うつ障害群**
　DSM-5の診断基準において、抑うつ障害群に含まれている。よって、該当

する。

② ❌ **不安症群／不安障害群**
　不安障害群の中に、月経前不快気分障害は含まれていない。よって、該当しない。

③ ❌ **身体症状症および関連症群**
　身体症状症および関連症群の中に月経前不快気分障害は含まれていない。よって、該当しない。

④ ❌ **双極性障害および関連障害群**
　双極性障害および関連障害群の中に月経前不快気分障害は含まれていない。よって、該当しない。

⑤ ❌ **心的外傷およびストレス因関連障害群**
　心的外傷およびストレス因関連障害群の中に月経前不快気分障害は含まれていない。よって、該当しない。

問32　②

この問題は、オレキシン受容体拮抗薬の副作用について問うています。

① ❌ **依存**
　依存は、バルビツール酸系薬、あるいはベンゾジアゼピン受容体作用薬の副作用として生じやすい。よって、該当しない。

② ⭕ **傾眠**
　オレキシン受容体拮抗薬の副作用としては、傾眠、めまい、疲労、悪夢を見る、頭痛などが多いとされている。よって、該当する。

③ ❌ **呼吸抑制**
　呼吸抑制は、バルビツール酸系薬、あるいはベンゾジアゼピン受容体作用薬の副作用として生じやすい。よって、

該当しない。

④ ✕　前向性健忘

ベンゾジアゼピン受容体作用薬の副作用として生じやすい。よって、該当しない。

⑤ ✕　反跳性不眠

ベンゾジアゼピン受容体作用薬の副作用として生じやすい。よって、該当しない。

問33　　　③

この問題は、精神保健福祉法に基づく入院形態について問うています。

① ✕　応急入院

「応急入院」は、精神障害者であり、かつ、直ちに入院しなければ本人の保護に支障がある者について、任意入院や医療保護入院、措置入院を行うことができない場合に、精神保健指定医の診察を経て、応急入院指定病院において可能な入院の形態。よって、不適切。

② ✕　措置入院

「措置入院」は、2名以上の精神保健指定医の診察により、自傷他害のおそれがあるとされた場合の都道府県知事の権限による入院形態。よって、不適切。

③ 〇　任意入院

本人が入院を希望していることから、「任意入院」が入院形態として、適切。

④ ✕　医療保護入院

「医療保護入院」は、精神保健指定医によって入院が必要と診断され、本人の同意がなくても、家族等の同意がある場合の入院形態。よって、不適切。

⑤ ✕　緊急措置入院

「緊急措置入院」は、措置入院に必要な2名の精神保健指定医の手続きが揃わず、1名の精神保健指定医が、自傷他害のおそれがあるとして入院の必要を認めた場合、都道府県知事の権限によって措置される入院の形態。よって、不適切。

問34　　　③

この問題は、小児科における公認心理師の活動の留意点に関するものです。

① ✕　家族は心理的支援の対象である。

家族への心理的支援は、その心理的安定などを通して、患者当人にも影響が及ぶことが期待される。よって、活動の留意点に含まれる。

② ✕　治療すべき身体疾患を見逃さないよう連携を図る。

心理的支援の関わりの中から疾患に気づける可能性もあることを念頭において、医師などとの連携が図られていることが望ましい。よって、活動の留意点に含まれる。

③ 〇　虐待に関わる証拠の発見収集はもっぱら医師に任せる。

児童虐待防止法第5条は、病院などに勤務する「児童の福祉に職務上関係のある者」は、「児童虐待の早期発見に努めなければならない」と定めている。また、医師との連携の観点や、公認心理師の支援者としての倫理の観点からも、児童虐待の早期発見への留意が望まれる。以上より、「もっぱら医師に任せる」は適切でなく、活動の留意点に含まれない。

④ ✕　疾患についての治療内容や自然な経過を知るようにする。

病院内での心理的支援では、当該疾患

の治療内容や自然な経過を知ることを通して、当人や家族の心理状態を相応に予見し、それを踏まえた対応をすることが望ましい場合が想定される。よって、活動の留意点に含まれる。

⑤ ❌ **重篤な疾病の診療で疲弊した医療者を支えることは業務の1つとなる。**
疲弊した医療者の心理的サポートも、医療現場に勤務する公認心理師の大切な活動の1つとなり得る。よって、活動の留意点に含まれる。

問35　　　　　　　　　　　①

この問題では、低出生体重児にまつわる知識が問われています。

① ⭕ **低出生体重児は、高体温症になりやすい。**
新生児、特に低出生体重児では、体温調節機能が限られており、体温は低下しやすい。よって、不適切。

② ❌ **低出生体重児は、単胎児よりも多胎児により多い傾向がある。**
多胎は単胎に比べ早産になりやすく、低出生体重児も多胎の方がより多い。よって、適切。

③ ❌ **極低出生体重児は、運動障害や知的障害などの合併症の頻度が高い。**
未熟性による合併症の発生率および重症度は、在胎期間および出生体重が少なくなるほど上昇する。よって、適切。

④ ❌ **日本における低出生体重児の出生比率は、2005年以降9〜10％である。**
1980年に5.2％であった低出生体重児の出生比率は、2005年の9.5％まで

比率が増加し、その後は9％台で推移している。よって、適切。

⑤ ❌ **低出生体重児は、一般的に新生児集中治療室〈NICU〉などにおける医療ケアを要する。**
消化器や呼吸器の未熟、免疫の未熟などの理由により、多くの場合、栄養、感染防止、呼吸管理などが整った保育環境の中でのケアが必要となる。よって、適切。

問36　　　　　　　　　　　③

この問題は、身体障害者障害程度等級表で定められている障害種に関して問うものです。

① ❌ **視覚障害**
身体障害者福祉法施行規則別表第5号（身体障害者障害程度等級表）にて、視覚障害で、永続するものとして定められている。よって、該当する。

② ❌ **肢体不自由**
身体障害者福祉法施行規則別表第5号（身体障害者障害程度等級表）にて、肢体不自由の程度が定められている。よって、該当する。

③ ⭕ **発達性協調運動障害**
発達性協調運動障害は、DSM-5（精神疾患の分類と診断の手引）に診断名として記載されており、身体障害に類するわけではない。よって、該当しないものとして選択できる。

④ ❌ **聴覚又は平衡機能の障害**
身体障害者福祉法施行規則別表第5号（身体障害者障害程度等級表）にて、聴覚又は平衡機能の障害で、永続するものとして定められている。よって、該当する。

⑤ ❌ **音声機能、言語機能又はそしゃく機能の障害**

身体障害者福祉法施行規則別表第5号（身体障害者障害程度等級表）にて、音声機能、言語機能又は咀嚼機能の障害として定められている。よって、該当する。

問37　④

この問題では、うつ病に対する認知行動療法の技法について知識が問われています。

① ❌ **認知再構成**

認知再構成法は、抑うつ思考を適応的な思考に修正する代表的な認知的技法の一つであり、うつ病に適応される。よって、適切。

② ❌ **問題解決技法**

問題解決療法は、日常生活の問題に対して、5つの問題解決に関わるステップを通じて、解決法を作っていく方法である。うつ病に適応される。よって、適切。

③ ❌ **活動スケジュール**

活動スケジュールは、うつ病への介入に用いられる代表的な技法の一つの行動活性化療法に用いられている。よって、適切。

④ ⭕ **持続エクスポージャー法**

持続エクスポージャー法はPTSDに対する代表的な治療技法の一つである。うつ病に用いられる主な技法とならないので、不適切なものとして選択できる。

⑤ ❌ **ソーシャル・スキルズ・トレーニング（SST）**

SSTは、行動理論、社会的学習理論に

基づく技法であり、様々なストレスに対処し、日常生活や社会生活を円滑に送るうえで必要となる技能（社会的スキル）を高めることを目的としている。うつ病などの精神疾患の再発を防止するためのリハビリテーションの一つとして用いられている。よって、適切。

問38　③

この問題は、生物心理社会モデルに関して問うものです。

① ❌ **心理的要因には、感情が含まれる。**

心理的要因には、感情、認知、ストレス、自己効力感、対処行動などが含まれる。よって、正しい。

② ❌ **生物的要因には、遺伝が含まれる。**

生物的要因には、遺伝的要因、生得的疾患、発達特性、身体症状、生来的気質などが含まれる。よって、正しい。

③ ⭕ **社会的要因には、対処行動が含まれる。**

社会的要因には、家族との関係、社会との関係、福祉、ソーシャルサポート、経済的状況、コミュニティの風土や慣習などが含まれる。対処行動は、心理的要因に含まれるため、誤りとして選択できる。

④ ❌ **多職種連携の枠組みとして用いられる。**

生物心理社会モデルでは、疾患を生物・心理・社会的な要因のシステムとして捉えようとする。そのため、様々な種類の治療を組み合わせることもあり得ることになり、多職種連携、チーム医療が必要となる。よって、正しい。

⑤ **✕ 生物医学モデルへの批判から提案されたモデルである。**

生物学的な病因を原因として、疾患が引き起こされるという生物医学モデルでは、病態が十分に理解できないことが指摘されるようになり、生物・心理・社会的な要因のシステムとして包括的に捉えようとする考え方が生まれた。よって、正しい。

問39 ④

この問題は、アクセプタンス&コミットメント・セラピーについて問うものです。

① **✕ 第3世代の行動療法と呼ばれる。**
ACTは第3世代の行動療法の一つであり、マインドフルネスを活用した行動療法である。よって、正しい。

② **✕ 「今、この瞬間」との接触を強調する。**
ACTでは、マインドフルネスが活用されているため、「今、この瞬間」に注意を向けるよう促される。よって、正しい。

③ **✕ 心理的柔軟性を促進させることを目指す。**
ACTでは、アクセプタンスとマインドフルネスのプロセス、そしてコミットメントと行動活性化のプロセスを用いて、心理的柔軟性を生み出すことを目指している。よって、正しい。

④ **〇 理論的背景として対人関係理論に基づいている。**
H.S.Sullivanの対人関係理論に基づいている心理療法は、対人関係療法である。よって、誤り。

⑤ **✕ 価値に基づいた行動を積み重ねていくことを重視する。**

ACTの「コミットメント」では、苦悩・問題を抱えたままでも「高次の価値」「自分が人生で本当に実現したいこと」を発見・行動していく姿勢を持つことを重視している。よって、正しい。

問40 ③

この問題は、緩和ケアの定義について問うものです。

① **✕ 家族も対象とする。**
緩和ケアの対象は患者当人だけでなく家族も含まれ、患者との死別後に起こる家族の様々な反応への対応も含まれている。よって、正しい。

② **✕ QOLの改善を目指す。**
生命を脅かす病に関連する問題に直面している患者とその家族のQOLが含まれている。よって、正しい。

③ **〇 疾患の終末期から開始する。**
緩和ケアは終末期から開始されるものではなく、患者の治療における苦痛や、それに伴う様々な感情体験も含めて対応していくため、適切な時期に開始する。終末期からというように時期が限定されているわけではないため、誤りとして選択できる。

④ **✕ がん以外の疾患も対象とする。**
緩和ケアの対象は、「生命を脅かす病に関連する問題」であるため、がん以外の疾患も含まれる。よって、正しい。

⑤ **✕ スピリチュアルな問題に配慮する。**
緩和ケアの定義には、「痛みやその他の身体的・心理社会的・スピリチュアルな問題を早期に見出し的確に評価を行い対応する」とある。よって、正し

い。

問41　　　　　④

この問題は、強制性交（強姦）等罪の犯罪被害者支援に関するものです。

① ✕ **加害者の刑事手続に参加すること**

犯罪被害者基本法において、「犯罪被害者等が、その受けた被害を回復し、又は軽減し、再び平穏な生活を営むことができるよう支援し、及び犯罪被害者等がその被害に係る刑事に関する手続に適切に関与することができるようにするための施策」として定められている。よって、正しい。

② ✕ **加害者の公判記録の閲覧及び謄写をすること**

「第3次犯罪被害者等基本計画」において、犯罪被害者等から刑事事件の訴訟記録の閲覧・謄写の申出があり、相当と認められるときは、刑事事件の係属中であっても、閲覧・謄写が可能とある。よって、正しい。

③ ✕ **加害者の刑事裁判結果につき通知を受けること**

「被害者等通知制度実施要領」に、加害者の刑事裁判結果の通知内容が定められている。よって、正しい。

④ ◯ **加害者が少年の場合、加害者の少年審判を傍聴すること**

少年法では、加害者が少年の場合に、その審判を傍聴できるのは「故意の犯罪行為により被害者を死傷させた罪」、あるいは「刑法第211条（業務上過失致死傷等）の罪」に限定されている。よって、誤っているものとして選択できる。

⑤ ✕ **加害者の刑事裁判で証言するときに付添人を付き添わせること**

刑事訴訟法において、「裁判所は、証人を尋問する場合において、証人の年齢、心身の状態その他の事情を考慮し、証人が著しく不安又は緊張を覚えるおそれがあると認めるときは、供述の内容に不当な影響を与えるおそれがないと認める者を、その証人の供述中、証人に付き添わせることができるとある。よって、正しい。

問42　　　　　②

この問題では、犯罪者処遇についてのモデルであるグッド・ライブス・モデルに関する知識が問われています。

① ✕ **クライエントにとっての接近目標と自己管理を重視している。**

犯罪者自身が達成したいと考える接近目標を取り入れた処遇によって、より主体的で自己管理が可能になるとしている。よって、正しい。

② ◯ **性犯罪者のリラプス・プリベンション・モデルに基づいたモデルである。**

リラプス・プリベンション・モデルは、再発防止に効果的なリスク回避型治療モデルではあるが、グッド・ライブス・モデルは「回避型」のアプローチへの批判から生まれたという経緯がある。よって、誤りとして選択できる。

③ ✕ **人間の尊厳や権利を重視し、ポジティブ心理学的アプローチをとっている。**

犯罪者処遇に、ポジティブ心理学の考え方を導入したものがグッド・ライブ

ス・モデルである。禁止や回避を中心
とした関わりではなく、人間の尊厳や
権利を重視している。よって、正しい。

④ ✕ **クライエントを社会の中に包摂
し、その立ち直りへの動機づけを高め
るものである。**

グッド・ライブス・モデルは、犯罪に
よって得ようとした「財」を特定し、そ
うした財を性犯罪ではなく社会的に受
け入れられる形で実現するために、長
所を活かし、必要なスキルを獲得させ
るなどして、人生における充足感を高
めることによって、最終的に再犯リス
クを低下させることを目的としてい
る。よって、正しい。

⑤ ✕ **一次的財〈primary goods〉とは
人間が生きる上で必要なもので、行為
主体性、友情など11の項目が挙げら
れている。**

グッド・ライブス・モデルは、あらゆ
る人間は、生活、行為主体性、関係性
と友情などを含む「11の基本財」のど
れかを追い求めているという「一般的
仮説」を定めている。よって、正しい。

問43　　②

この問題では、質的研究法について問わ
れています。

① ✕ **PAC分析**

PAC（個人別態度構造）分析法は、社
会心理学と臨床心理学の両方の知見
を活かして開発された質的研究であ
り、「自由連想」「多変量解析（クラス
ター分析）」「現象学的データ解釈技
法」の3つを組み合わせている。よっ
て、適切。

② 〇 **主成分分析**

主成分分析とは、相関のある多数の変
数から相関のない少数で全体のばらつ
きを最もよく表す主成分と呼ばれる変
数を合成する手法である。量的分析法
となるため、不適切なものとして選択
できる。

③ ✕ **エスノグラフィー**

エスノグラフィーとは、文化人類学や
社会学において使用される調査手法の
ことを指しており、異文化の人たちや
コミュニティを対象に、観察やインタ
ビューといった質的変数を用いて理解
するための方法論である。よって、適
切。

④ ✕ **複線径路・等至性アプローチ**

複線径路等至性アプローチ（TEA）
は、2000年代後半に、文化心理学お
よび質的研究を用いる研究者により考
案され、「人は社会文化的および歴史
的文脈を生きており、異なる人生や発
達の径路を歩みながらも、類似の結果
にたどり着く」ことを示す等至性
（Equifinality）の概念に基づいた質的
研究方法である。よって、適切。

⑤ ✕ **グラウンデッド・セオリー・ア
プローチ**

グラウンデッド・セオリー・アプロー
チ（GTA）は、データに根ざして
（grounded）、概念をつくり、概念同士
の関係性をみつけて、理論を生成する
質的研究手法である。よって、適切。

問44　　④

この問題では、思春期・青年期の自傷と
自殺についての統計について問われてい
ます。

① ✕ **10代の自殺者数は、男性よりも**

女性の方が多い。

厚生労働省自殺対策推進室・警察庁による「令和2年中における自殺の状況」では、10代の自殺者数は、女性よりも男性の方が多い。よって、不適切。

② ✕ **10代の自傷行為は、女性よりも男性の方が多い。**

国内外の調査では、従来言われてきたほどには自傷行為は女性に特異な現象ではなく、男女の性差がないことが示されている。よって、不適切。

③ ✕ **非致死性の自傷行為は、自殺のリスク要因ではない。**

自傷行為はそれ自体が完結した行為であるが、自殺と密接に関係する行為であり、長期的には自殺の危険因子として考えられている。よって、不適切。

④ ◉ **繰り返される自傷行為は、薬物依存・乱用との関連が強い。**

自傷行為の経験がある男女は、同様の経験がない同世代の人達と比べ、自殺企図や薬物の過剰摂取・アルコール依存症との関連が強いとされている。よって、適切。

問45　②

この問題は、大学における合理的配慮について問うものです。

① ✕ **発達障害のある学生が試験時間の延長を申し出た場合には、理由を問わず延長する。**

障害者差別解消法には、「障害者から現に社会的障壁の除去を必要としている旨の意思の表明があった場合において、社会的障壁の除去の実施について必要かつ合理的な配慮をしなければならない」とあるが、「当該障害者の性

別、年齢及び障害の状態に応じて」ともある。問題文の「理由を問わず」ということはないため、不適切。

② ◉ **弱視のある学生による試験時の文字拡大器具の使用を許可することは、合理的配慮に含まれる。**

視覚障害者に対して、教室での拡大読書器や書見台の利用、十分な光源の確保と調整、教科書、教材、図書等の拡大版及び点字版の確保などは認められている。よって、適切。

③ ✕ **大学において何らかの支援を受けている発達障害のある学生は、我が国の大学生総数の約6%である。**

総務省による「大学の支援に関する調査－発達障害を中心として－結果報告書」において、障害のある学生数および支援を受けている学生の割合は、平成27年度：0.2%、平成28年度：0.3%、平成29年度：0.3%、平成30年度：0.4%と報告されている。よって、不適切。

④ ✕ **大学においてピアサポーター学生が、視覚障害のある学生の授業付き添いをする場合、謝金支払いは一般的に禁止されている。**

大学において、ピアサポーター学生に対して謝金の支払いは禁止されてはいない。よって、不適切。

問46　③

この問題では、母子保健法に関する知識が問われています。

① ✕ **産前産後の休業**

産前産後の休業については労働基準法第65条および第66条に規定がある。よって、誤り。

② ✕ **乳幼児の予防接種**

乳幼児の予防接種については予防接種法に規定されている。よって、誤り。

③ 〇 母子健康手帳の交付
母子健康手帳の交付については母子保健法第16条に規定されている。よって、正しい。

④ ✕ 出産育児一時金の支給
出産育児一時金の支給については健康保険法第101条に規定されている。よって、誤り。

問47　　　　　　　　　③

この問題では、職場における自殺のポストベンションについての知識が問われています。ポストベンションとは事後対応のことです。

① ✕ 必要に応じて専門職員による個別相談の機会を与える。
個別相談が必要な人に可能な限り早い段階で、専門家に話をしたり、助言を受けたりできる機会を設けることはポストベンションの一つとされる。よって、適切。

② ✕ 集団で行う場合には、関係者の反応が把握できる人数で実施する。
ケアを行う際のグループの人数は、他者の自殺を経験した人がどれほど精神的に動揺しているのか把握できる数に限ったほうがよい。おおよそ対象者は10人程度とされている。よって、適切。

③ 〇 自殺の原因になったと推測される人間関係を含め詳細まで公にする。
自殺が生じた場合、群発自殺の予防のためにも事実関係の情報は公にすることが必要であるが、推察される情報については慎重に扱わなければならな

い。よって、不適切なものとして選択できる。

④ ✕ 強い心理的ショックを経験した直後の一般的な心身の反応について説明する。
心理的ショックを経験すると、不眠や抑うつなど様々な症状を出現する。心身の反応について説明しておくことは、自分に何が起こっているのかを理解することになり、援助要請や心理支援に繋がる。よって、適切。

問48　　　　　　　　　③

この問題では、幻肢についての知識が問われています。

① ✕ 鏡を用いた治療法がある。
ミラーボックスを用いて健肢を鏡に映し、鏡の中に患肢が存在しているような視覚像を見せる治療法がある。幻肢痛の緩和に効果があるとされている。よって、適切。

② ✕ 痛みやかゆみを伴うことがある。
痛みやかゆみなどを幻肢痛と言う。よって、適切。

③ 〇 上下肢を失った直後に発症する。
幻肢は、切断後14日以内に出現することが多く、約半数は切断後24時間以内に自覚するといわれている。よって、不適切なものとして選択できる。

④ ✕ 切断端より遊離したり縮小したりすることがある。
切断部から遊離するのは幻肢痛、切断部の痛みは残肢痛といわれる。よって、適切。

問49　③

この問題は、学生相談について尋ねるものです。

① ✕　学生相談では、カウンセラー、教職員、学生支援組織及び教育組織の連携と協働が重要である。
学生相談では専門的な支援だけでなく、日常的な支援も行っていくため、組織的な連携・協働が重要とされている。よって、適切。

② ✕　学生相談の対象は、深刻な困難を抱えている一部の学生ではなく、在籍する全ての学生である。
学生相談では、悩みを抱えている学生だけではなく、所属している全学生を対象としている。よって、適切。

③ 〇　入学してくる多様な学生に対応するために、現在は、医学モデルでの対応が重要視されている。
学生相談の対応モデルは医学モデルから成熟・自己実現モデルへと変化しつつある。成熟・自己実現モデルにおいては、相談者の学生を疾病や悩みを抱えた社会の中で生きている「一人の人間」として捉え、問題解決の主体は相談者自身だとする。よって、不適切なものとして選択できる。

④ ✕　学生相談では、個別面接のほか、合宿などを含めたグループカウンセリングやメンタルヘルス関係の講演会などが開催されている。
学生相談では、学生を取り巻く環境の変化に伴い、対象領域は広がってきている。一般学生を対象にグループワークを試みたり、学内全体を視野に入れた活動を取り入れたりする等を行っている。よって、適切。

問50　②

この問題では、安全文化の構成要素についての知識が問われています。

① ✕　自らのエラーを率直に報告する。
この選択肢は、安全文化の4要素のうち、「報告する文化」に該当する。よって、適切。

② 〇　定められた指揮系統に厳密に従う。
この選択肢は、「柔軟な文化」に反する内容となっている。よって、不適切なものとして選択できる。

③ ✕　不可欠な安全関連情報を提供する。
この選択肢は、「正義の文化」に該当する。よって、適切。

④ ✕　安全に関する情報を基に正しい結論を導き出す。
この選択肢は、「学習する文化」に該当する。よって、適切。

問51　④・⑤

この問題では、多重関係についての理解が問われています。終結後の関係性について整理できているかがポイントです。

① ✕　適度に自分の経験を開示する。
過度な自己開示はカウンセリングを妨げるが、適度な自己開示は有効にはたらく場合がある。また、それは多重関係とはいえない。よって、該当しない。

② ✕　クライエントから母親のイメージの投影を受ける。
精神分析における「転移」を表す内容である。よって、該当しない。

③ ✕　心理職の同僚間で相互にコンサルテーションを行う。

同僚間で相互にコンサルテーションは、「セラピスト-クライエント関係」ではないため、該当しない。

④ ⬤ **終結を記念してクライエントとレストランで会食する。**
いったんカウンセリングが終結になったとして、クライエントが再び来談する可能性がある。よって、終結してもセラピスト-クライエント関係は継続しているため、多重関係となる。

⑤ ⬤ **税理士であるクライエントに確定申告を手伝ってもらう。**
「セラピスト-クライエント」という関係に、「税理士-確定申告を依頼する人」という関係を重ねているため、多重関係となる。

問52 ①・⑤

この問題では、多職種連携についての理解が問われています。公認心理師と他職種との役割や期待されていることの違いに敏感であることが求められています。

① ⬤ **心理教育を行う。**
公認心理師は、デイケアの中で生活技能訓練 (SST) のプログラムを担当することがあり、その中で、心理教育も行われる。よって、適切。

② ✖ **作業プログラムを企画する。**
作業プログラムは、作業療法士が中心になって企画する。よって、不適切。

③ ✖ **利用者にピアカウンセリングを行う。**
ピアカウンセリングは、利用者同士がカウンセリングし合うことである。よって、不適切。

④ ✖ **利用者の公的補助導入について助言する。**

公的補助導入についての助言は、主に精神保健福祉士が担う役割である。よって、不適切。

⑤ ⬤ **ストレスに関して個別相談を希望する利用者に面接する。**
ストレスに関して専門的に話ができる役割として、公認心理師が該当する。よって、適切。

問53 ②・③

この問題では、ナラティブ・アプローチに関する知識が問われています。

① ✖ **ABCシェマの形式をとる。**
ABCシェマは、論理情動行動療法の概念である。よって、不適切。

② ⬤ **内容であると同時に行為も意味している。**
ナラティブという用語は、「語り」または「物語」と訳され、「語る」という行為と「語られたもの」という行為の産物の両方を同時に含んでいる。よって、適切。

③ ⬤ **人間の認識形式の1つに位置付けられる。**
ナラティブは物事の具体性や個別性を示す、人間の認識形式の一つである。よって、適切。

④ ✖ **一般的な法則を探求するための手がかりとなる。**
ナラティブは、具体性や個別性を示す言葉であり、法則とは反対の意味である。法則を探究するための手がかりとしては、「理論」が挙げられる。よって、不適切。

⑤ ✖ **語り手や環境とは切り離された客観的な現実を示すものである。**
客観的な現実を示すものとして、エビ

デンス（根拠）が挙げられる。よって、不適切。

問54　　　　③・⑤

この問題では、コミュニティ・アプローチについての理解が問われています。

① ❌ **意思決定プロセスは、専門家が管理する。**

コミュニティ・アプローチでは、専門家が意思決定のプロセスの管理を行わず、責任を持つこともない。あくまでも当人らがその意思決定プロセスに関わっていくとする。よって、誤り。

② ❌ **サービスの方略は、心理療法が強調される。**

コミュニティ・アプローチでは、個別性を持つ心理療法というより、コミュニティの人々との連携の中でのサービスが方略となる。よって、誤り。

③ ⭕ **病因論的仮定は、環境的要因が重視される。**

コミュニティ・アプローチでは、対象の健康状態やパーソナリティに注目するよりも、対象と環境の相互作用や適応を重視する。よって、正しい。

④ ❌ **サービスのタイプは、治療的サービスが強調される。**

コミュニティ・アプローチでは、予防的サービスが強調される。よって、誤り

⑤ ⭕ **マンパワーの資源は、非専門家との協力が重視される。**

コミュニティ・アプローチでは、対象者が住んでいる地域社会の人々の力を重視し、そうした専門家ではない人々との連携の中で当人をサポートしていく。よって、正しい。

問55　　　　③・④

この問題は、障害者権利条約の内容について問うものです。

① ❌ **障害者の使用に特化した設計をユニバーサルデザインという。**

ユニバーサルデザインとは、「調整又は特別な設計を必要とすることなく、最大限可能な範囲で全ての人が使用することのできる製品、環境、計画及びサービスの設計」のことをいう。よって、不適切。

② ❌ **障害者は、障害の程度に応じて居住する場所について制限される。**

障害者の権利に関する条約の第18条、並びに第22条において、移住の自由とプライバシーの保護が記載されている。よって、不適切。

③ ⭕ **障害者権利条約を実施するための法令制定に障害者は積極的に関与する。**

第4条に、締結国には法令及び政策の作成及び実施において障害者当人を積極的に関与させることが明記されている。よって、適切。

④ ⭕ **暴力等を経験した障害者の心理的回復のために適当な措置をとることが国に求められる。**

第16条に、「あらゆる形態の搾取、暴力又は虐待の被害者となる障害者」について「認知的及び心理的な回復、リハビリテーション並びに社会復帰を促進するための全ての適当な措置をとる」ことが定められている。よって、適切。

⑤ ❌ **必要な支援を行うことを目的として、支援者は本人の了解なしに個人情報を取り扱うことができる。**

第22条において、プライバシーの保護が明記されている。本人の了承なしに個人情報を取り扱うことはできない。よって、不適切。

問56 ③・⑤

この問題は、不登校児童生徒への支援のあり方についてのものです。

① ❌ **学校に登校するという結果を最終的な目標として支援する。**
不登校児童生徒への支援は、「学校に登校する」という結果のみを目標にするのではなく、児童生徒が自らの進路を主体的に捉えて、社会的に自立することを目指す必要があることとされている。よって、不適切。

② ❌ **学習内容の確実な定着のために、個別の教育支援計画を必ず作成する。**
個別の教育支援計画は、障害のある児童生徒の一人一人のニーズを正確に把握し、教育の視点から適切に対応していくという考えのもと、長期的な視点で乳幼児期から学校卒業後までを通じて一貫して的確な教育的支援を行うことを目的としているため、不登校児童生徒を対象にしているわけではない。よって、不適切。

③ ⭕ **組織的・計画的な支援に向けて、児童生徒理解・支援シートを活用する。**
不登校児童生徒への効果的な支援については、学級担任、養護教諭、スクールカウンセラー、スクールソーシャルワーカー等の学校関係者が中心となり、児童生徒や保護者と話し合うなどして、「児童生徒理解・支援シート」を作成することが望ましいことと

されている。よって、適切。

④ ❌ **フリースクールなどの民間施設やNPO等との積極的な連携は、原則として控える。**
不登校児童生徒への支援は、本人の希望を尊重した上で、場合によっては、教育支援センターや不登校特例校、ICTを活用した学習支援、フリースクールなどの様々な関係機関等を活用し社会的自立への支援を行うこととされている。よって、不適切。

⑤ ⭕ **校長のリーダーシップの下、スクールカウンセラー等の専門スタッフも含めた組織的な支援体制を整える。**
不登校に対する学校の基本姿勢として、校長のリーダーシップの下、教員だけでなく、様々な専門スタッフと連携協力し、組織的な支援体制を整えることが必要であるとされている。よって、適切。

問57 ①・⑤

この問題では、いじめへの対応に関する知識が問われています。

① ⭕ **加害児童生徒に対して、成長支援の観点を持って対応する。**
いじめ防止対策推進法の第13条「学校いじめ防止基本方針」には、学校いじめ防止基本方針を定める意義として、加害者への成長支援の観点を基本方針に位置付けることにより、いじめの加害者への支援につながるとしている。よって、適切。

② ❌ **被害者、加害者、仲裁者及び傍観者といういじめの四層構造に基づいて事案を理解する。**
いじめの四層構造とは、「被害者」を中

心とし、「加害者」「観衆」「傍観者」の4層で構成されているとしている。「仲裁者」ではなく、「観衆」である。よって、不適切。

③ ✖ **当事者の双方に心身の苦痛が確認された場合には、苦痛の程度がより重い側へのいじめとして対応する。**

「いじめの防止等のための基本的な方針」には、「けんかやふざけ合いであっても、その背景にある事情の調査を行い、児童生徒の感じる被害性に着目し、いじめに該当するか否かを判断する」とある。苦痛の程度により判断されるものではないため、不適切。

④ ✖ **保護者から重大な被害の訴えがあったが、その時点でいじめの結果ではないと考えられる場合は、重大事態とはみなさない。**

保護者から「いじめにより重大な被害が生じた」という申立てがあったときは、その時点で学校が「いじめの結果ではない」あるいは「重大事態とはいえない」と考えたとしても、重大事態が発生したものとして報告・調査等に当たることが求められる。よって、不適切。

⑤ 〇 **いじめの情報が学校にもたらされた場合には、当該校に設置されている学校いじめ対策組織を中心に情報収集や対応に当たる。**

「いじめ防止対策推進法」の第22条に、「学校は、当該学校におけるいじめの防止等に関する措置を実効的に行うため、当該学校の複数の教職員、心理、福祉等に関する専門的な知識を有する者その他の関係者により構成されるいじめの防止等の対策のための組織を置くものとする」とある。よって、適切。

問58　　③・④

この問題は、触法少年について問うものです。

① ✖ **触法少年は、少年院に送致されることはない。**

少年法第24条に規定があり、触法少年対する家庭裁判所の決定には、都道府県知事又は児童相談所長送致（18歳未満に限る）、保護処分（保護観察、児童自立支援施設又は児童養護施設送致、少年院送致）などがあるとされている。よって、不適切。

② ✖ **触法少年に対する審判結果は、被害者には通知されない。**

少年法第31条の2において、「家庭裁判所は、当該事件の被害者等から申出があるときは、その申出をした者に対し、次に掲げる事項を通知するものとする」とある。よって、不適切。

③ 〇 **触法少年とは、14歳未満で刑罰法令に触れる行為をした少年をいう。**

少年法第3条において、「十四歳に満たないで刑罰法令に触れる行為をした少年」を触法少年と定めている。よって、適切。

④ 〇 **触法少年は、警察官による事件の調査に関し、いつでも弁護士である付添人を選任することができる。**

少年法第6条の3において、「少年及び保護者は、前条第一項の調査に関し、いつでも、弁護士である付添人を選任することができる」とある。よって、適切。

⑤ ✖ **児童相談所は、警察から送致を受けた触法少年の事件については、家庭裁判所に送致しなければならない。**

児童相談所は、児童福祉法に基づき、

「家庭裁判所の審判に付することが適当であると認める児童」だけを家庭裁判所に送致することになる。よって、不適切。

問59　②

この事例問題では、適切な統計手法を選択することが問われています。「対応あり」か「対応なし」が適切に判断できるかがポイントとなります。

① ✕　2群の事後テストの平均値を対応のあるt検定で分析する。

参加した80名の生徒を無作為に2群に分割していることから、「被験者間（対応のない）」の検定となるため、不適切。

② ◯　2群の事後テストの平均値を対応のないt検定で分析する。

参加者を無作為に2群に分け、学習方法の違いによる習得度に差があるかを検討する分析法として相応しい。よって、適切。

③ ✕　2群の事前テストと事後テストの相関係数を対応のあるt検定で分析する。

参加した80名の生徒を無作為に2群に分割していることから、「被験者間（対応のない）」の検定となるため、不適切。

④ ✕　2群の事前テストと事後テストの相関係数を対応のないt検定で分析する。

学習方法の違いにより習得度に差があるかを検討することから、「事後テストの平均値」を分析することになる。よって、不適切。

⑤ ✕　2群の事後テストの平均値と相関係数を被験者間2要因分散分析で分析する。

2群の学習方法の違いによる習得度に差があるかを検討する分析法としては、t検定が望ましい。よって、不適切。

問60　⑤

この事例問題は、馴化 - 脱馴化法の理解に関するものです。

① ✕　図形Cよりも図形Bを選好注視する。

本問の研究では、あくまでも図形Aと図形B、図形Aと図形Cという関係の中で行っており、図形Bと図形Cとの関係について直接的に述べていない。よって、不適切。

② ✕　図形Bには馴化し、図形Cには脱馴化する。

図形Aに「馴化」、図形Bに「脱馴化」が生じ、図形Cでは「脱馴化」が生じていない。よって、不適切。

③ ✕　図形Bよりも図形Cに強い親近性選好を示す。

親近性選好とは、親しみのあるものを好む傾向のこと示し、図形Cに注視時間と関連がない。よって、不適切。

④ ✕　図形Aの後に、図形Cよりも図形Bの出現を期待する。

本問の研究に出現期待が生じている現象は説明されていない。よって、不適切。

⑤ ◯　図形Aと図形Bは区別するが、図形Aと図形Cは区別しない。

図形Bでは新奇性選好が認められ、図形Cでは認められなかったことから、図形Aと図形Bを弁別でき、図形Aと図形Cは弁別できていない。よって、

適切。

問61　　　　　　　　　⑤

この事例問題では、目的に合致した心理検査が選択できるかが問われています。

① ✕　AQ-J

AQとは、自閉スペクトラム症（ASD）のスクリーニングテストとして用いられ、成人用と児童用があり、成人用は16歳以上、児童用は6歳～15歳が適用となる。本事例は、ASDと診断されているわけではなく、登校しぶりの支援を目的としている。よって、不適切。

② ✕　CAARS

CAARSは、成人のADHDの症状の重症度を把握するための評価尺度となっている。日本語版は18歳以上の成人を対象としている。よって、不適切。

③ ✕　CAT

CAT・CAS（標準注意検査法・標準意欲評価法）は、脳損傷にみられる注意障害や意欲・自発性の低下を、標準化された方式で臨床的かつ定量的に検出・評価することができる。本事例には適応外である。よって、不適切。

④ ✕　NEO-PI-R

NEO-PI-Rは、Big-Five理論に基づいた人格特性の5つの主要な次元を測る性格検査である。検査内容として相応しくないので、不適切。

⑤ 〇　WISC-IV

母親と本人の供述から発達の偏りを査定すべく、WISC-IVにより、知能指数をはじめとした知能を構成する各機能のバランスを見ていくことが重要となる。よって、適切。

問62　　　　　　　　　①

この事例問題では、クライエントの状態に応じて適切な初期対応ができるかどうかが問われています。

① 〇　情緒的側面に触れながら、問題への気づきを徐々に促す。

本事例の男性Aは、客観的にみれば様々にある問題に対して「何も困っていることはない。なぜ相談しなければいけないのか分からない」と述べている。そのことから、見立てとして「問題の認識ができていない」と考えられる。よって、問題への気づきを促すことは、初期対応として適切。

② ✕　自室のゲーム機を片付けるといった刺激のコントロールを試みるよう促す。

本事例の男性Aは、問題を認識できていないため、具体的な介入法は公認心理師Cと問題を共有した後が適切といえる。

③ ✕　問題状況を改善するための目標設定とその優先順位を検討するよう働きかける。

目標設定や優先順位について、男性Aの問題への認識と公認心理師Cとその共有が優先といえる。よって、初期対応としては適切ではない。

④ ✕　自分の価値観を点検し、自分の言動が周囲にどのような影響を与えるのかについて考えるよう促す。

男性Aの問題への認識と公認心理師Cとその共有が優先である。よって、初期対応として適切ではない。

⑤ ✕　授業に出ることについてポジティブなフィードバックを与えて、望ましい行動が強化されるよう働きかけ

る。

男性Aの問題への認識と公認心理師Cとその共有が優先である。よって、初期対応として適切ではない。

問63　　③

この事例問題は、E.S.Bordinの作業同盟（治療同盟）の概念に基づいて適切な対応を選択できるかどうかを問うています。

① ✕ Cを夫に見立てて、夫に言いたいことを口に出してみるロールプレイを提案する。

面接の主訴は、子どもの不登校であるため、夫との関係について具体的に扱う場合、面接の目的を再設定した後となる。よって、適切とはいえない。

② ✕ C自身が、面接を負担に思う自らの気持ちを逆転移と自覚し、その気持ちを重視する。

逆転移を扱うことは、面接での対応としては適切であるが、Bordinの作業同盟の概念に基づいた対応ではない。よって、適切とは言えない。

③ ◯ ここに相談に来ることでどんなことが違ってきたら良いと思うかを尋ね、目標について話し合う。

Bordinの作業同盟では、①カウンセラーとクライエント両者の間におけるカウンセリングの目標に関する合意、②カウンセリングにおける課題についての合意、③両者の間に形成される情緒的絆の3要素から成るとされている。対応方針として、これら3要素が入っていると考えられるため、適切。

④ ✕ 親子並行面接であることを踏まえ、Bへの関わり方を話題の焦点とし、話が他に逸れても戻すようにする。

親子並行面接であっても、Bへの関わり方だけに焦点を合わせて、話題を固定してしまうと、Aが防衛的な態度となってしまう。よって、適切とはいえない。

⑤ ✕ Aが話している内容と、その様子が不調和であることを取り上げ、感情体験についての防衛への気づきを促す。

感情体験の防衛への気づきは、面接での対応としては適切であるが、Bordinの作業同盟の概念に基づいた対応ではない。よって、適切とはいえない。

問64　　④

この事例問題は、症状の記載と診断名をリンクさせ支援につなげられるかを問うものです。「めまい、腹痛、立ちくらみ」や「排便によって腹痛が改善することはない」との記載が正答を選択するポイントとなるでしょう。

① ✕ 不安症

Aの症状は、身体症状が主であり、不安に基づいた問題とみなすより他の疾患の可能性が考えられる。よって、不適切。

② ✕ 統合失調症

統合失調症は、妄想・幻覚・感情の平板化が症状としてあるが、Aはその診断基準には当てはまらない。よって、不適切。

③ ✕ 過敏性腸症候群

過敏性腸症候群は、大腸などに異常を認めないにもかかわらず便通異常（便秘、下痢、もしくは便秘と下痢を繰り返す）と腹痛といった症状を示す。排便によって症状が軽快するとされるこ

とから、Aの症状には当てはまらない。よって、不適切。

④ ⭕ **起立性調節障害**

起立性調節障害は、たちくらみ、失神、朝起き不良、倦怠感、動悸、頭痛などの症状を伴い、思春期に好発する自律神経機能不全の一つである。Aの症状に当てはまっているため、適切。

⑤ ❌ **自閉スペクトラム症**

Aの症状に、自閉スペクトラム症におけるコミュニケーションの問題や興味等の限定的な様式はみられない。よって、不適切。

問65　⑤

この事例問題は、症状の記載と診断名をリンクさせ支援につなげられるかを問う問題です。パニック発作が繰り返されたことで「最近は電車通勤ができていない」状態はどれかを選択します。

① ❌ **強迫観念**

強迫観念は、その内容が「不合理」だとわかっていても、頭から離れない考えである。Aの考えの特徴に当てはまっておらず、儀式的な繰り返し（強迫行為）にも繋がっていない。よって、不適切。

② ❌ **心気妄想**

心気妄想とは、病気がないのに重病であるのではないかと心配し、あるいは軽い故障を重病ではないかと心配するものである。Aは実際に息苦しさや動悸を感じているため、不適切といえる。

③ ❌ **侵入症状**

侵入症状とは、PTSDの症状の一つであり、再体験症状ともいわれる。

PTSDにつながるトラウマ体験が述べられていないことから、不適切といえる。

④ ❌ **対人恐怖**

対人恐怖とは、他者と会話や、他者の前で何かをするときに生じる強い不安や緊張のことである。Aの状態には当てはまらないことから、不適切といえる。

⑤ ⭕ **予期不安**

「突然の動悸や息苦しさなどの症状が電車内で繰り返し出現した。次第に電車に乗ることが怖くなり、最近は電車通勤ができていない」とある。パニック発作と予期不安があることから、適切といえる。

問66　③

この事例問題は、事例の状態、動機づけの水準、必要な手順を見立てられるかを問うています。

① ❌ **入院治療の勧奨**

Aの言動から、現時点でAが入院を了承する可能性が低いと考えられる。よって、適切とはいえない。

② ❌ **自助グループの紹介**

Aの言動から、現時点でAが自助グループに参加する可能性は低いと考えられる。よって、適切とはいえない。

③ ⭕ **動機づけ面接の実施**

動機づけ面接は、アルコール依存症者への支援法として効果があるとされ、特にAのように治療に対して抵抗があるクライエントに有効とされている。よって、適切。

④ ❌ **リラクセーション法の導入**

A自身が問題を否認している可能性が

高い状況だと、リラクセーション法を導入しても効果的に活用できないと考えられる。よって、適切とはいえない。

⑤ ✕ **認知リハビリテーションの導入**

Aの状態において、認知リハビリテーションが必要とは考えられない。よって、不適切。

問67　　　　　　　　　　　③

この事例問題は、職場復帰支援の各ステップについて理解し、それを踏まえた支援ができるかどうかを問うています。

① ✕ **試し出勤制度の活用**

職場復帰支援プランの一項目として、試し出勤制度の利用があるが、主治医による職場復帰可能の判断の後のステップとなる。よって、現時点では適切といえない。

② ✕ **管理監督者による就業上の配慮**

職場復帰支援プランの一項目として、管理監督者による就業上の配慮があるが、主治医による職場復帰可能の判断の後のステップとなる。よって、現時点では適切といえない。

③ 〇 **主治医による職場復帰可能の判断**

休業した労働者の職場復帰支援の手引きには、「休業中の労働者から事業者に対し、職場復帰の意思が伝えられると、事業者は労働者に対して主治医による職場復帰が可能という判断が記された診断書の提出を求めます」とある。Aは、「復職に意欲はみせるものの、不安は残っている様子」とあり、現時点での支援として主治医の判断を求めるのが適切である。

④ ✕ **産業医等による主治医からの意**

見収集

産業医等による主治医からの意見収集は、主治医による職場復帰可能の判断の後のステップとなる。よって、現時点では適切といえない。

⑤ ✕ **傷病手当金など経済的な保障に関する情報提供**

傷病手当金の制度や手続などの経済的な保障に関しては、休業の手続きと同時に行うことが多い。Aはすでに休職しているため、現状の支援としては適切ではない。

問68　　　　　　　　　　　⑤

この事例問題は、症状の記載と診断名をリンクさせ支援につなげられるかを問う問題です。「したことを忘れる一方、人柄の変化がない点」が正答を選択するときのポイントとなるでしょう。

① ✕ **うつ病**

うつ病の症状として、一時的な記憶障害を呈することもあるが、Aには目立った抑うつ症状がない。よって、不適切。

② ✕ **ためこみ症**

ためこみ症とは、強迫症および関連障害群で、実際の価値とは関係なく、所有物を捨てること、または手放すことが持続的に困難である状態をいう。「家の中や外に大量のごみがあり、冷蔵庫に賞味期限切れの食材が大量に入っていた」という状況は、Aの記憶障害のためと考えられるため、不適切。

③ ✕ **前頭側頭型認知症**

前頭側頭型認知症では、明らかなパーソナリティ変化が症状としてある。本事例のAには「人柄が変わった様子は

特にない」とあるため、不適切。

④ ❌ **持続性複雑死別障害**

持続性複雑死別障害とは、死別に伴う重度かつ持続的な悲嘆反応によって特徴づけられる病態である。「3年前に夫と死別した」とあるが、Aの症状として、持続性複雑死別障害で示されているような悲嘆反応はないため、不適切。

⑤ ⭕ **Alzheimer型認知症**

Aの症状として、「2年ほど前から何度も同じ話を繰り返すようになった」「半年前頃から、Bと午前中に電話で話したことを忘れて、1日に何度も電話をかけるようになってきた」「家の中や外に大量のごみがあり、冷蔵庫に賞味期限切れの食材が大量に入っていた」などは、Alzheimer型認知症の中核症状の記憶障害に該当する。よって、適切。

問69 　　　　⑤

この事例問題は、不適切な養育を受けた児童をどのようにケアするかを問うものです。対象児の年齢や取得済みのスキルの質や量から初期対応を考慮する必要があります。

① ❌ **リービングケアを開始する。**

施設を退所する前の準備期間に行う支援をリービングケアという。Aは児童養護施設に入所するという段階であるため、不適切。

② ❌ **発語を促すために、言語聴覚療法を開始する。**

Aの「発語も乏しく」という状態に具体的な問題解決の方法として間違いではないが、入所初期の対応としては不適切。

③ ❌ **Aのプレイセラピーを通して、ト**

ラウマ体験の表現を促す。

トラウマ反応がある場合、プレイセラピーが用いられるが、入所初期の対応としては不適切。

④ ❌ **歯磨きや整髪、衣類の着脱などの身辺自立を優先して訓練する。**

身辺自立への訓練は、Aに必要なアプローチではあるが、入所初期の対応としては不適切。

⑤ ⭕ **食事や就寝、入浴など、日課の一貫性が保たれるように工夫する。**

入所初期として、一貫した日課により安定した生活をおくることを第一優先とする。具体的な訓練や支援は、安定した生活の後に行われる。よって、適切。

問70 　　　　⑤

この事例問題は、虐待を受けた生徒への対応について問うものです。直接の暴力はなくとも暴力を繰り返し見せられるのも心理的虐待となります。

① ❌ **Aの家庭環境を詳細にアセスメントする。**

心理的虐待の可能性が示唆されているため、アセスメントより児童相談所に通告を行うのが最優先となる。優先される対応として、不適切。

② ❌ **外部機関と連携しAの発達検査を速やかに行う。**

心理的虐待の可能性が示唆されているため、発達検査等のアセスメントより児童相談所に通告を行うことが最優先となる。優先される対応として、不適切。

③ ❌ **Bと協力してAと両親を交えた面談の場を設ける。**

DVや虐待の可能性がある両親を呼び

出し、面談の場を設定することは現時点では避けることが望ましい。よって、優先される対応として、不適切。

④ ❌ **学校でカウンセリングを受けることをAの保護者に提案するよう、Bに伝える。**

Aへのカウンセリングよりも虐待関連の対応が優先である。よって、不適切。

⑤ ⭕ **学校として児童相談所などに虐待の通告を行うために、管理職などに事実経過を伝える。**

「父親が母親にしばしば激しく暴力をふるい、母親が怪我をする場面を見てきたと述べた」ということから、Aに対する心理的虐待の可能性が示唆される。事実経過を管理職に伝え、児童相談所の通告が検討される。優先される対応として、適切。

問71　　　　　　　　　　⑤

この事例問題は、「なぜ犯罪行為に至らないのか？」について考察した理論に対する知識を問うものです。

① ❌ **A.K.Cohenの非行下位文化理論**

ある文化の中の下位文化（集団）で生活しているものは、非行や犯罪を起こしやすいとする理論。友人Bの誘いを断った男子Aの行動を説明するものではなく、不適切。

② ❌ **E.H.Sutherlandの分化的接触理論**

個人は、その属する集団の中で親密に接する人達との相互作用を通じて、犯罪行動を学習するという理論。男子Aは友人Bの誘いを断っており、その説明として不適切。

③ ❌ **H.S.Beckerのラベリング理論**

ラベリング理論では、逸脱行動は他者からのラベリング（レッテル貼り）によって生み出されると考える。非行に加担しなかった男子Aの行動を説明するものでなく、不適切。

④ ❌ **R.K.Mertonの緊張理論**

社会規範等による緊張状態（アノミー）が圧力となり、人を非行や犯罪に走らせる状況がつくられると考える理論。非行に加担しなかった男子Aの行動を説明するものでなく、不適切。

⑤ ⭕ **T.Hirschiの社会的絆理論**

4種の絆のうち「親にも迷惑をかけ」が愛着（attachment）、「進学できなくなり」が投資（commitment）にあたるものとして、Aが非行に加担しなかった理由を説明でき、適切といえる。

問72　　　　　　　　　　⑤

この事例問題は、産業領域に関するものです。プロフィールを読み解き、適切な支援を考えることができるかが問われています。

① ❌ **長時間労働の有無**

「心理的な仕事の負担」は質、量ともに低く、確認の優先度は相対的に低い。

② ❌ **家庭生活のストレスの有無**

「家族や友人からのサポート」が高いことから、確認の優先度は相対的に低い。

③ ❌ **精神的な疾患の既往の有無**

Aのストレスプロフィールは、業務に起因する心理的負荷（下記⑤）で説明される可能性が高いこと、ストレス反応については「いらいら感以外の項目」については問題がみられなかったことから、精神的疾患の既往などの個

548

体側要因を確認することの優先度は相対的に低い。

④ ❌ **職場の人間関係に関する問題の有無**

「上司からのサポート」と「同僚からのサポート」が高いことから、確認の優先度は相対的に低い。

⑤ ⭕ **仕事の与えられ方に関する不満の有無**

「仕事のコントロール度」、「技能の活用度」、「仕事の適性度」及び「働きがい」が低いことから、特に大学時代はサークル活動で中心的存在であったAにとって、現在与えられている仕事の内容、役割、自由度、裁量などに対して、不満を抱えている可能性があり、また、それがイライラの原因ともなっている可能性も疑われる。確認の優先度は、選択肢の中では最も高い。

問73　④

この事例問題は、キャリア形成に関する理論について問うものです。興味関心の移ろいについて理解するのに適した理論を選択できるかがポイントです。

① ❌ **D.E.Superのライフ・キャリア・レインボー**

5つのライフステージと8種類のライフロールの組み合わせで、ライフ・キャリアが形成されるとする考え方。本例のような特定時期の進路選択の決定因を説明する理論ではなく、不適切。

② ❌ **E.H.Scheinの3つのサイクル**

生物学的・社会的サイクル、家族関係のサイクル、仕事・キャリア形成のサイクルの3つそれぞれが相互に影響し合い、人は存在しているとする考え方。本事例は、家族関係のサイクルとの相互作用などについて述べられておらず、不適切。

③ ❌ **J.D.Krumboltzの計画された偶発性**

個人のキャリアの大方は、好奇心や持続的努力などに基づいた行動が呼び込む、偶発的な出来事（計画された偶発性）によって決められていくとする考え方。本事例には該当せず、不適切。

④ ⭕ **J.L.Hollandの六角形モデル**

6つのパーソナリティ（職業的興味）と、職業（働く環境）の特徴を合わせて考えることで、適切なマッチングが実現されるとする考え方。Aが、実際に働く体験などを通して、より「現実的興味」に推移していく過程が述べられており、適切。

⑤ ❌ **N.K.Schlossbergのトランジション**

個々の人生における、結婚、病気、子の独立などの「転換期（トランジション）」をどう乗り越えるかが、後に歩むキャリアに大きく影響を与えるとする理論。本事例には該当せず、不適切。

問74　③

この事例問題は、各心理検査の目的を理解し、必要ないものを除去することが求めるものです。

① ❌ **AQ-J**

自閉症スペクトラム障害(ASD)のスクリーニング検査。環境変化への適応とコミュニケーションに関連する困難や、「もともとコミュニケーションが苦手」の記載があり、その背景因として

のASD傾向を査定する同検査を含めることは、適切。

② ❌ BDI-Ⅱ
ベック抑うつ質問票。部署を異動し暫く後の意欲減退と出社困難を訴えており、抑うつの有無やその程度をアセスメントする同検査を含めることは、適切。

③ ⭕ IES-R
PTSDの症状評価尺度。本事例では、心的外傷的出来事の基準（DSM-5）などに照らしても、それに相当する程度の出来事の記載はなく、バッテリーに含める検査としては、不適切。

④ ❌ LSAS-J
社交不安障害(SAD)の臨床症状を測定する尺度。対人場面に対する怖れや不安を訴えていることから、その重症度をアセスメントするために、同検査を含めることは、適切。

⑤ ❌ STAI
状態-特性不安検査。一時的な不安反応（状態不安）に加え、性格特性などに由来する不安傾向（特性不安）を検査することは、顕在化している問題との連関のアセスメントにもつながり、同検査を含めることは、適切。

問75   ④

この事例問題では、情状鑑定についての理解が問われています。情状鑑定は精神鑑定と異なり医師以外も担当するものであり、両者の違いの理解がポイントとなります。

① ❌ 性格の特性
「情状鑑定」とは、一般に、裁判所が刑の量定（処遇方法）を決定するために

必要な知識の提供を目的とする鑑定とされ、動機や原因を本人の性格や知能、さらに生い立ちにまでさかのぼって分析するもの。「性格の特性」はこれに該当するもので、誤りではない。

② ❌ 認知の特性
「認知の特性」は、①解説に既述の通り「情状鑑定」に該当するもので、誤りではない。

③ ❌ 家族の関係性
「家族の関係性」は、①解説に既述の通り「情状鑑定」に該当するもので、誤りではない。

④ ⭕ 心神喪失状態の有無
「心神喪失状態の有無」を鑑定するのは「精神鑑定」であり、情状鑑定で検討する事項ではない。よって、本選択肢が誤り。

⑤ ❌ 犯行当時の生活状況
「犯行当時の生活状況」は、①解説に既述の通り「情状鑑定」に該当するもので、誤りではない。

問76   ④

この事例問題は、既にSLDとして診断されている児童に対して担任教師ができることを探すために、公認心理師には何ができるのかを適切に判断することが求められている問題です。

① ❌ 個別の指導の時間をとるようCに助言する。
個別指導は、全体指導が入りにくく、合理的配慮でも不十分と判断される場合等に検討されるもの。選択肢④のように、まずは具体的なつまずきの状況の把握が優先されるべきで、最初の対応としては不適切。

② **✕** **Aの感情の言語化を促すように Cに助言する。**

「語彙が乏しいため、自分の気持ちを適切に表現できない」と観察されている。SLDによる学習の遅れが語彙の乏しさの原因になっている可能性も含めて支援が検討されるべきであり、最初の対応としては不適切。

③ **✕** **Aに知能検査を実施して、認知機能の偏りを把握する。**

SLDで説明できない認知機能の偏りが問題化している様子の記述はなく、診断も最近のもの。現時点で新たな検査で認知機能の問題を探るよりも、まずは具体的なつまずきの状況を把握する選択肢④が優先されるべきで、最初の対応としては不適切。

④ **◯** **授業中の学習活動を観察して、Aの学習方略とつまずきを把握する。**

SLDに起因する苦手領域についての詳しい記述がなく、現状のAの学習方略やつまずきの把握が不十分と伺われる。実際の学習活動を観察し、支援の具体的な手がかりを把握することの優先度は高く、最初の対応として適切である。

問77　　①・③

この事例問題は、統合失調症を抱える当事者やその家族との適切なかかわりについて問う問題です。

① **◯** **Aに対するSST**

対人関係を良好に維持するコミュニケーション技能を身につけることで、QOLやストレス対処のスキルの向上が期待されることから、SSTは統合失調症患者の病院でのリハビリや再発予防にも広く取り入れられている。Aへの支援として適切といえる。

② **✕** **Bに対する回想法**

回想法は、主に認知機能の低下や抑うつ症状のある高齢者を対象に、記憶の想起を通して、自尊心やコミュニケーション能力を回復させる心理療法。Bにそうした症状の記述はなく、Aの再発予防との関連が認められないことから、不適切。

③ **◯** **Bに対する心理教育**

Bの言葉からは、Aの疾病についての理解の乏しさが伺われ、その言動が退院後の家族内のストレスを高めるリスクも予想される。BがAの疾病を理解し、接し方を学ぶための心理教育は、再発予防のための支援として適切である。

④ **✕** **Aに対するTEACCH**

TEACCHは、米ノースカロライナ州で1972年から州政府支援のもと実施されているASDの当事者と家族を対象とした地域ぐるみの生涯支援プログラム。本事例には当てはまらず、不適切。

⑤ **✕** **AとBに対するリアリティ・オリエンテーション**

リアリティ・オリエンテーションは、主に見当識障害のある高齢者を対象とした訓練。AもBも見当識の低下を示唆する記述はなく、不適切。

問78　②

この問題では、被虐待が疑われる場合どのように対応するべきかが問われています。

① ❌　**親の生育歴を聞く。**

親の成育歴は、親自身の被虐待歴など、虐待の発生につながる可能性のある家庭環境等の聴き取りに該当するが、リスクアセスメントの優先度としても、面接の場面や段階への相応しさを考慮しても、②に比べ優先度は劣り、不適切。

② ⭕　**親の悩みや感情を聞く。**

子どもへの拒否的感情や、ストレスその他の精神状態など、「保護者に虐待につながるリスク要因があるか?」のアセスメントに繋がる聴き取りであり、その後の親支援を視野に入れた場合においても妥当な内容。③を医師に分担するとした場合には、公認心理師の対応としての優先度が最も高いといえるので、適切。

③ ❌　**受傷起点の詳細を聞く。**

受傷起点(正しくは、受傷機転)とは、打撲や骨折等の外傷を負うに至った原因や経緯。外傷所見からの虐待と事故の鑑別点として重要度が高く、本事例では、医師が診察において虐待の可能性を察知したうえで、「更に診察を行う」としている。公認心理師はその間の親の面接を依頼されており、本問の設定では、医師との連携において、同項目以外においてアセスメントを補強する聴き取りを行うものと推察され、(それを前提として)本問の答えとしては不適切。

④ ❌　**受傷と受診の時間差の理由を聞く。**

「受傷から受診までの時間」も、外傷所見からの虐待と事故の鑑別点のひとつであるが、すでに医師が確認している。本問の設定では、公認心理師の対応としての優先度は低く、不適切。

⑤ ❌　**他の家族が受傷に関与している可能性を聞く。**

目の前の親が受傷に関与している可能性が除外されていない段階において、「他の家族が受傷に関与している可能性を聞く」ことは不用意であり、虐待(傷害)を前提とした質問そのものも尚早であり、不適切。

問79　③

この問題は、高齢者福祉領域での働き方を問うものです。

① ❌　**利用者と家族が安全に面会できるように、感染症予防対策マニュアルを単独で作成した。**

組織の了承を得ずに「単独で作成した」のは、責任の所在の観点からも、同マニュアルの内容の適切性チェックの観点からも、望ましくない業務の進め方であり、不適切。

② ❌　**経済的虐待が疑われたが、当事者である利用者から強く口止めされたため、意向を尊重して誰にも報告しなかった。**

高齢者虐待防止法第2条4項2号『養護者又は高齢者の親族が当該高齢者の財産を不当に処分することその他当該高齢者から不当に財産上の利益を得ること』にある高齢者虐待に該

当。同法第7条2項に『養護者による高齢者虐待を受けたと思われる高齢者を発見した者は、速やかに、これを市町村に通報するよう努めなければならない』との努力義務が定められており、「誰にも報告しなかった」のは、不適切。

③ 〇 **カンファレンスで心理的アセスメントの結果を報告する際、分かりやすさを優先して専門用語の使用を控えて説明した。**

カンファレンスは心理職以外の他職種が参加する場であり、「分かりやすさを優先して専門用語の使用を控えて」アセスメントの結果を報告することは、利用者への適切な支援につなげるうえで大切な基本的態度であり、適切。

④ ✖ **訪問介護員から介護負担が大きい家族の情報を入手し、その家族宅を訪問して、要介護者に対してMMPIを実施した。**

MMPIは、人格特徴やその時の状態像を査定する検査であり、実施の目的に合理性が認められない。550問の項目からなる同検査の負荷を要介護者に課すことも望ましくない。更には、検査実施の要否が公認心理師自身の状況確認によってなされている様子もない。以上の理由により、不適切。

④ ✖ **面接中に利用者の片側の口角が急に下がり、言語不明瞭になったが、話す内容がおおむね分かるため予定時間まで面接を継続した。**

「片側の口角が急に下がり」、「(急に)言語不明瞭になる」は、どちらも脳卒中の前兆または初期症状としての可能性を疑うべきもの。面談をすぐに中止し、医療受診に繋げるなどの対応が急務。「予定時間まで面接を継続した」のは、不適切。

問80　　　　　　　　　①

この問題では、特性論の統計手法を選択することが求められています。

① 〇 **因子分析**

R.B.Cattellは、G.W.Allportが収集・整理した特性に関する用語を基に、因子分析を行い12の根源特性を抽出し、最終的に16因子質問紙を作成した。同じくAllportが収集・整理した用語に対して因子分析研究が盛んに行われた結果、5因子が共通して見出されるようになり、Goldbergは自身が提唱する特性論の中で5因子を解釈・命名し、それらを「Big Five」と呼んだ。因子分析が基盤になっており、適切。

② ✖ **分散分析**

分散分析は、3群以上の平均値の有意差を調べる場合に用いる検定。設問に該当する統計手法ではなく、不適切。

③ ✖ **共分散分析**

共分散分析は、平均の差の検定を行う際、そのデータに影響を与える他のデータ(共変量)がある場合に、その影響を取り除いて検定する統計手法。設問に該当する統計手法ではなく、不適切。

④ ✖ **重回帰分析**

重回帰分析は、2つ以上の独立変数により、1つの従属変数を予測・説明しようとする際に用いる多変量解析のひとつ。設問に該当する統計手法ではなく、不適切。

⑤ **✖ クラスター分析**

クラスター分析は、様々な特性をもつ対象データ全体の中から、類似性を持つ指標をもとに、似たもの同士をグループ分けする手法。設問に該当する統計手法ではなく、不適切。

問81 ①

この問題は、感情にまつわる理論に関するものです。

① **◯ 感情情報機能説**

判断における気分一致は、気分や感情そのものを手がかりとして生じる（気分や感情に一致した知識の活性化が影響してのものではない）とする考え方。同説の考えでは、感情が情報価値を有さなくなった場合には、効果が減じることとなる。設問の考え方がこれに該当しており、適切。

② **✖ 認知的評価理論**

認知的評価が感情や意欲に影響を及ぼすとする考え方の総称。ストレスや動機づけに関する研究の中で提唱されている。認知的評価が感情の生起に先行すると考えることから、設問の考え方に一致せず、不適切。

③ **✖ コア・アフェクト理論**

原初的、根源的な感情状態（非内省的に生じるが、意識化することも可能な神経生理学的状態）であるコア・アフェクトを想定し、その時々のコア・アフェクトに対して、個々人の認知的解釈などが加わって、主観的な感情現象が生じるとする考え方。設問の考え方に一致せず、不適切。

④ **✖ 感情ネットワーク・モデル**

同モデルは、判断対象に対して想起される知識や考え方が、感情状態に一致するように影響される過程は説明するが、その影響に気づいた際の効果抑制は説明できない。設問に一致せず、不適切。

⑤ **✖ ソマティック・マーカー仮説**

意思決定において、情動的な身体反応が重要な信号を提供するという仮説。設問の考え方とは異なるものであり、不適切。

問82 ③

この問題は、質的研究の妥当性を高める方法を選択するものです。

① **✖ インタビュー**

インタビューは当事者との会話を通じて目的のデータ得る方法。本問の「分析結果の解釈の妥当性を高める方法」には該当しないので、不適切。

② **✖ コーディング**

コーディングは、選択肢⑤などの質的研究において、収集した文字データに対して、それらを一定の抽象度でラベル化して整理しさらなる分析につなげる作業。「解釈の妥当性を高める方法」には該当しないので、不適切。

③ **◯ メンバー・チェック**

メンバー・チェックは、分析の途中経過を研究協力者に開示し、その暫定的な解釈の妥当性について意見を求める手続き。その手続きが協力者に影響することへの留意が必要な場合もあるが、それらの影響も考慮して行われる。解釈の妥当性を高める方法として、適切である。

④ **✖ アクション・リサーチ**

集団活動の実際の展開場面において、

ある実験的な刺激を与え、それによって生じる変化を継続的に観察、記録していく方法。「分析結果の解釈の妥当性を高める方法」には該当せず、不適切。

⑤ ✕ **グラウンデッド・セオリー・アプローチ**

収集した質的データ（文字データ）を基に、その分析を通じてデータに根ざした理論を生成することを目的とする研究法であり、「解釈の妥当性を高める方法」には該当せず、不適切。

問83　　　　　　　　　①

この問題は、研究対象者を抽出する方法について問うものです。

① ⭕ **系統抽出法**

系統抽出法は、母集団に対して最初の抽出開始点を無作為に選んだ後、等間隔で標本を抽出し、規定の標本サイズが集まるまで標本抽出を続けていく方法。設問の記述に合致しており、適切。

② ✕ **集落抽出法**

クラスター抽出法とも呼ばれ、母集団を小集団（クラスター）に分け、それらの中から、いくつかのクラスターを無作為抽出し、抽出されたクラスターにおいて全数調査を行う方法。設問の記述には合致せず、不適切。

③ ✕ **層化抽出法**

母集団が、性別・年齢などいくつかの異なる種類にグループ化（層化）される場合に、それぞれのグループ（層）から、必要な数の標本を無作為に抽出する方法。設問の記述には合致せず、不適切。

④ ✕ **多段抽出法**

大きな抽出単位からはじめて、目的とする小さな抽出単位へ、段階を追って無作為抽出を重ねる方法。設問の記述には合致せず、不適切。

⑤ ✕ **単純無作為抽出法**

母集団を構成する全要素に一連の番号を振り、くじ引きや乱数表などを用いて、必要なサンプル数を無作為に選び出していく方法。設問の記述には合致せず、不適切。

問84　　　　　　　　　⑤

この問題は、注意の抑制機能に関する現象を選択するものです。

① ✕ **盲視**

盲視は、第一次視覚野が損傷した者において、知覚経験としては「見えていない」にもかかわらず、視覚情報に対して応答する現象。注意の抑制機能に関連する現象ではないので、不適切。

② ✕ **相貌失認**

相貌失認は、脳損傷によって顔認知が困難になる視覚失認の一つ。注意の抑制機能に関連する現象ではないので、不適切。

③ ✕ **ファイ現象**

ファイ現象は、点滅する2点間などにおいて最適時相のときに生じる、物理的には存在しない滑らかな運動が、仮想的に知覚される現象。注意の抑制機能に関連する現象ではないので、不適切。

④ ✕ **McGurk効果**

ある音節を発音する口の動きに、別の音声を重ねた映像を呈示した場合に、そのどちらでもない聞こえ方をする、発話理解における視覚と聴覚の相互

作用を反映した知覚現象。注意の抑制機能に関連する現象ではないので、不適切。

⑤ **〇** ストループ効果

異なる特性に同時に晒された際に、一方の特性への反応が、それに干渉するもう1つの特性への反応によって妨害される効果。注意の抑制機能に関連する現象であり、適切である。

問85　　　　　　　④

この問題は、特定の鍵刺激によって誘発される固定的動作に関連する用語を選択するものです。

① **✕** 般化

般化には、特定の刺激に対する条件づけの結果、他の類似した刺激によっても反応が生起されるようになること（刺激般化）ならびに、特定の反応が強化された結果、それと類似した反応も増大すること（反応般化）があり、「特定の鍵刺激」「固定的動作」に限定されない。設問の記述に合致せず、正しくない。

② **✕** 臨界期

臨界期とは、生物がある行動を学習したり、特性を獲得したりするのに適切な、生物学的に備わった限られた期間があるという考え方に基づいた、その特定の期間を指す言葉。設問の記述に直接関連するものでなく、正しくない。

③ **✕** 刻印づけ

生後の限られた期間において、条件が満たされた場合に、経験や報酬がなくても、ごく短い時間のうちに、不可逆性の高い（消去され難い）特定の行動を習得する現象のこと。鍵刺激（刻印

刺激）には、多様な刺激がなり得ることから、設問の記述に合致せず、正しくない。

④ **〇** 生得的解発機構

生物に生得的に備わった、特定の刺激（鍵刺激）に対して、特定の反応をする生理学的な仕組みのこと。設問の記述に合致しており、本選択肢が正しい。

⑤ **✕** プライミング効果

先行する刺激（プライム刺激）を処理することによって、後続する刺激（ターゲット刺激）の処理が促進または抑制される効果のこと。設問の記述に該当するものでなく、正しくない。

問86　　　　　　　⑤

この問題は、学習理論に対する正確な理解を問うています。

① **✕** 古典的条件づけでは、般化は生じない。

古典的条件づけでも、オペラント条件づけでも、般化は生じる。よって、誤り。

② **✕** 味覚嫌悪学習は、脱馴化の典型例である。

脱馴化は、ある刺激に馴化した状態で、別の新しい刺激を与えられると、元の反応が復活する現象。一方の味覚嫌悪学習は、味覚刺激と内臓不快感の対提示が1回だけであっても、味覚情報と内臓感覚情報の脳内連合学習の結果、成立する学習であり、学習前にその味覚刺激に対する内臓不快感の馴化の状態を想定しているものではない。よって、誤り。

③ **✕** 部分強化は、連続強化に比べて反応の習得が早い。

午後の部

連続強化の方が部分強化よりも反応の習得が早い。よって、誤り。

④ **✕ 危険運転をした者の運転免許を停止することは、正の罰である。**

正の強化子（運転免許）が除去されることで、行動（危険運転）が減少するので、負の罰であり、誤り。

⑤ **◯ 未装着警報音を止めるためにシートベルトをすることは、負の強化である。**

負の強化子（未装着警報音）が除去されることで、行動（シートベルトをする）が増加するので、負の強化といえる。よって、この選択肢が正しい。

問87　　　　　　⑤

この問題は、5因子それぞれに対する詳細な理解を問うています。

① **✕ 寛大な、協力的な、素直な**

「親和性」に関連する語群であり、「開放性」に関連する語群ではない。よって、不適切。

② **✕ 怠惰な、無節操な、飽きっぽい**

「誠実性」の低い場合に関連する語群と考えられ、「開放性」に関連する語群ではない。よって、不適切。

③ **✕ 陽気な、社交的な、話し好きな**

「外向性」に関連する語群であり、「開放性」に関連する語群ではない。よって、不適切。

④ **✕ 悩みがち、動揺しやすい、悲観的な**

「神経症傾向」に関する語群であり、「開放性」に関連する語群ではない。よって、不適切。

⑤ **◯ 臨機応変な、独創的な、美的感覚の鋭い**

「開放性」の高い場合の、冒険ならびに伝統的価値への挑戦（臨機応変）、想像力の豊かさ（独創的）、審美性（美的感覚）に関連した語群と考えられ、本選択肢が最も適切。

問88　　　　　　④

この問題は、中枢神経系その他の生体の保護や代謝に関与する、体液に関する知識を問うています。

① **✕ 血液**

血液は主に骨髄にある造血幹細胞の働きによって産生される。よって、本選択肢は不適切。

② **✕ 粘液**

粘液は、生物体内の粘液細胞で産生され粘液腺から分泌される液体。消化器官や呼吸器官などで、食物の通過や異物の排泄を助ける等、様々な役割を果たしている。よって、本選択肢は不適切。

③ **✕ 組織間液**

組織間液は、細胞と細胞の間（組織間隙）にあって細胞を浸す液体成分。細胞への酸素や栄養素の供給や老廃物の回収を仲介している。よって、本問の回答として不適切。

④ **◯ 脳脊髄液**

脳脊髄液は、脳室内にある脈絡叢で主に産生され、脳や神経への栄養の運搬、老廃物の除去、脳や脊髄を衝撃や外力から守る等の働きを司っているとされている。よって、本選択肢が適切。

⑤ **✕ リンパ液**

リンパ液は、毛細血管から漏れ出る血液中の液体成分がリンパ管に入った状態のもの。血しょうが主成分。全身を

循環するなかで、免疫機能に関わったり、血液量の調整に関わったり、様々な働きを果たしている。本問の回答としては不適切。

問89　　②

この問題は、心理学概念の応用的理解を求めています。

① ❌　**傍観者効果**
傍観者効果とは、援助が必要とされる状況において、傍観者が存在することによって、援助行動が抑制される効果。設問とは関連がなく、不適切。

② ⭕　**単純接触効果**
ある中庸な刺激に対して、接触回数が増せば増すほど、それへの好意的な認知が高まる現象。本人は鏡像に対して、他者は正像に対して、日常接していることを考えれば、設問の結果を同効果で説明することが可能であり、適切。

③ ❌　**ピグマリオン効果**
他者から向けられた、意識・無意識の期待の結果、当人のパフォーマンスが向上するとされている効果。本設問とは関連がなく、不適切。

④ ❌　**自己中心性バイアス**
自己の有する情報によって（他者が有し得ない情報にもかかわらず）、他者の認知や感情などの心的状態を理解したと認識してしまう傾向。設問とは関連がなく、不適切。

⑤ ❌　**セルフ・ハンディキャッピング**
あらかじめ自分に不利な条件を与えたり、ハンディキャップがあることを主張したりすることで、予想し得る望ましくない結果からも、自尊心を守ろうとする行為。設問とは関連がなく、不適切。

問90　　④

この問題は、J.J.Arnettが提唱した発達期について問うものです。

① ❌　**若者期〈youth〉**
Arnettは、青年期から成人期への移行について、それを新しい発達段階としての「成人形成期」であると提唱した。よって、本選択肢は誤り。

② ❌　**超高齢期〈oldest-old〉**
Arnettが提唱した発達期は、青年期から成人期への移行にあたる時期についてのものであり、本選択肢は誤り。

③ ❌　**ポスト青年期〈post adolescence〉**
宮本みち子による20代後半以後を「ポスト青年期」とする成人期への移行モデル等もあるが、Arnettが提唱したものではなく、誤り。

④ ⭕　**成人形成期〈emerging adulthood〉**
Arnettは、青年期でも成人期でもない新しい発達段階が現れたとして、18歳から29歳までを「成人形成期」と名づけた。本選択肢が正しい。

⑤ ❌　**成人後期移行期〈late adult transition〉**
60-65歳のLate Adult Transitionに大きな転換期が存在するとしたのはD.J.Levinson。Arnettが提唱した発達期ではなく、誤り。

問91　　②

この問題は、C.A.Rappが提唱したストレングス・モデルについて問うものです。

① ❌　**強化子を積極的に活用する。**
学習理論をベースにした、行動療法や応用行動分析の手法であり、Rappのストレングス・モデルとは直接の関連性がない。よって、この選択肢の記述は不適切。

② ⭕　**地域の資源を優先的に活用する。**
Rappは、「地域は資源のオアシスとしてとらえる」とし、クライエントが地域で安心して生活できる状態を実現することを目指した。よって、本選択肢が適切。

③ ❌　**クライエントに支援計画の遵守を指示する。**
Rappは、「クライエントは支援プロセスの監督者である」とし、クライエントの主体としての在り方を重視した。よって、この選択肢の記述は不適切。

④ ❌　**クライエントの症状や障害に焦点を当てる。**
Rappは、「焦点は病理でなく個人の強みである」とし、これを基本原則のひとつとした。よって、この選択肢の記述は不適切。

⑤ ❌　**症状の消失をリカバリーの到達目標にする。**
症状をターゲットの中心とするのは、治療モデルの考え方。ストレングス・モデルでは、地域や個人がもつ強み（ストレングス）を活かして、クライエントが新たな生活を実現することを目標にした。よって、この選択肢の記述は不適切。

問92　　③

この問題は、H.S.Sullivanの関与しながらの観察について問うものです。

① ❌　**支援者と要支援者双方の相互作用の中で共有される治療構造のことである。**
要支援者との関係性においての、支援者側における理解や臨床的態度に関する概念であり、「共有される治療構造」を指すものではない。よって、不適切。

② ❌　**要支援者との関わりにおいて生じる、共感不全に注目した観察を基本とする。**
「関与しながらの観察」は、特定の事象や対象の観察に関する概念ではない。よって、不適切。

③ ⭕　**支援者は、要支援者との関係で生じる事態に巻き込まれざるを得ないという認識を前提とする。**
Sullivanは、治療場面などにおいて、治療者は自分が与える影響を完全に排除して患者を観察することなどはできず、自らが存在することだけでも、クライエントに何らかの影響を与えるものであるという認識を「関与しながらの観察」として重要視した。選択肢の記述の通りであり、適切。

④ ❌　**支援者が要支援者に対し、問題行動を修正する介入を行い、その効果を観察し分析することである。**
「関与しながらの観察」は、特定の事象や対象の観察に関する概念ではない。よって、不適切。

⑤ ❌　**投影同一化によって要支援者から投げ込まれたものとして、支援者が自己の逆転移を観察することである。**
「関与しながらの観察」は、特定の事象

や対象の観察に関する概念ではない。
よって、不適切。

問93 ④

この問題は、各質問紙法検査についての正確な理解を問うものです。

① ✗ **CAARSは、自閉スペクトラム症／自閉症スペクトラム障害の重症度を測定する。**

CAARSは、成人ADHDの症状の重症度を把握するための評価尺度。よって、不適切。

② ✗ **GHQは、心理的ウェルビーイングを測定する。**

GHQ（精神健康調査）は、主として神経症者の症状把握、評価および発見に有効な、精神障害のスクリーニングを目的とした質問紙法検査。よって、不適切。

③ ✗ **IES-Rは、ストレッサーを測定する。**

IES-Rは、PTSD（心的外傷後ストレス障害）の症状評価尺度。よって、不適切。

④ ⭕ **MASは、特性不安を測定する。**

MAS（顕在性不安尺度）は、精神的、身体的な微候として表出される顕在性不安の評価尺度。慢性的な不安傾向を測定するものとして、MMPIから50項目を抽出して作成され、状況要因に影響されない「特性不安」を測定する。よって、この選択肢が適切。

⑤ ✗ **POMSは、認知特性を測定する。**

POMS（気分プロフィール検査）は、気分の状態を評価する質問紙検査。よって、不適切。

問94 ①

この問題は、心理アセスメントについての正確な理解を問うものです。

① ⭕ **心理的側面だけでなく、環境を評価することも重要である。**

生物心理社会モデルに基づいて、クライアントを包括的にアセスメントするという観点からは、「社会的要因」である環境を評価することも重要となる。よって、適切。

② ✗ **クライアントが物語を作る心理検査全般をナラティブ・アプローチという。**

ナラティブ・アプローチは、狭義にはM.Whiteらによる、ドミナント・ストーリーをオルタナティブ・ストーリーに再著述していくことを目指す心理療法を指し、広義にはナラティブの視点から当事者の問題解決に向き合う立場を総称する。いずれにしても、心理検査を指すものではなく、不適切。

③ ✗ **医師の診断補助として行う際は、客観的な心理検査のデータだけを医師に伝える。**

検査場面でのやり取りなどから得られる情報が、客観的な検査データと総合されることにより、よりクライアントの個別性に沿った有用な診断やアドバイスが可能になる。よって、不適切。

④ ✗ **目的は、初期に援助方針を立てることであり、終結の判断材料とすることは含まない。**

終結の判断材料として、アセスメントの結果を用いることは、様々なケースにおいて考えられることであり、選択肢の記述は不適切。

⑤ ✗ **テスト・バッテリーでは、検査**

者が一部のテストに習熟していなくて
も、他のテストによって補完できる。

たとえバッテリーの一部であったとし
ても、検査者は採用するテストについ
ては、習熟していることが求められ
る。よって、不適切。

問95　⑤

この問題は、動機づけ面接に関するもの
です。

① ❌　クライエントに自身の抵抗への
気づきを促す。

動機づけ面接では、「抵抗を手玉に取
る」というスタンスをとり、直面化を
求めるのではなく、クライエントの抵
抗の意を汲みつつ、チェンジトークを
引き出すように聞き返していく。よっ
て、不適切。

② ❌　クライエントのポジティブな面
の承認は控える。

動機づけ面接では、クライエントのセ
ルフエフィカシー（自己効力感）を支
持することを原則の一つとしている。
よって、不適切。

③ ❌　クライエントの問題についての
例外探しをする。

「例外探し」は、すでに存在している解
決の一部として「例外」に気づかせ、
その拡大による解決を目指す解決志向
的な質問技法。動機づけ面接では、聞
き返しの中で「例外」に気づくことは
あっても、それを目的とするものでは
ない。よって、不適切。

④ ❌　ラディカル・アクセプタンスを
基本的姿勢とする。

「ラディカル・アクセプタンス」は、自
分のコントロール下にないことについ

て、良い・悪いの評価をせず、受容し
て前に進もうとする心的態度であり、
マインドフルネスをベースとした心理
療法（MBT）などが基本姿勢としてい
る。動機づけ面接に直接該当するもの
ではなく、不適切。

⑤ ⭕　クライエントの変化に対する両
価性に関わる問題を扱う。

動機づけ面接においては、クライエン
トの「変わりたい、一方で、変わりたく
ない」という変化に伴う両価性を丁寧
に聴き出し、標的とする行動や変化に
関する発言を強化することで、相談者
自らの気づきと行動につなげることを
基本的なプロセスとしている。よって、
適切。

問96　③

この問題は、副腎髄質から分泌が促進さ
れるホルモンを選択するものです。

① ❌　インスリン

インスリンは、糖の代謝を調節し、血
糖値を一定に保つ働きを持つ、膵臓か
ら分泌されるホルモン。よって、不適
切。

② ❌　メラトニン

メラトニンは、季節のリズムや概日リ
ズムの調節作用をもつ、松果体から分
泌されるホルモンであり、不適切。

③ ⭕　アドレナリン

アドレナリンは、ストレスがかかった
時（交感神経が興奮状態になる時）に、
副腎髄質より分泌されるホルモンで、
交感神経系の作用を増強して心拍数
や血圧を上昇させる。よって、本選択
肢が適切。

④ ❌　コルチゾール

コルチゾールは、体内での代謝の促進、抗炎症や免疫抑制などを主な働きとし、ストレスを受けると急激に分泌が増える「ストレスホルモン」の一種でもあるが、副腎皮質から分泌される。設問への回答としては、不適切。

⑤ ❌ **サイロキシン**

サイロキシンは、全身の代謝に関係する役目を担う甲状腺ホルモンのひとつ。脳の下垂体から甲状腺刺激ホルモンを受取ることで、甲状腺から分泌される。よって、不適切。

めの自助グループ。家族の参加できる形式の会も設けられるが、家族や友人を「主な対象」としている訳ではなく、設問には該当しない。

⑤ ❌ **アルコホーリクス・アノニマス〈AA〉**

アルコール依存からの回復をめざす当事者のための自助グループ。一般向けに啓蒙などの目的で開く特別なミーティングもあるが、家族や友人を「主な対象」としているものではなく、設問には該当しない。

問97　　　　　　　　　　③

この問題は、依存症者の家族や友人を主な対象とする自助グループの名称を選択するものです。

① ❌ **断酒会**

酒害者のための自助組織。家族も参加し酒害体験を話す機会などもあるが、家族や友人を「主な対象」としているものではなく、設問には該当しない。

② ❌ **ダルク〈DARC〉**

薬物依存症者のための回復支援施設。回復者が運営に携わる治療共同体としての性格を持つ。家族や友人を「主な対象」としているものではなく、設問には該当しない。

③ ⭕ **アラノン〈Al-Anon〉**

アルコール依存症者に影響されて、様々な問題を抱えている家族や友人が、お互いの共通の問題を解決していくための自助グループ。設問に該当する。

④ ❌ **ギャンブラーズ・アノニマス〈GA〉**

ギャンブル依存症を抱える当事者のた

問98　　　　　　　　　　②

この問題は、タイプCパーソナリティの理解を問うものとなっています。

① ❌ **競争を好む。**

タイプCの特徴を示す行動パターンは、怒り等のネガティブな感情を表出せず、忍耐強く控え目、周囲に対して協力的、権威に従順、他者の要求を満たすためには自己犠牲的になり得るなどといったもの。「競争を好む」は、これには該当しない（タイプAに該当）。よって、不適切。

② ⭕ **協力的である。**

「協力的である」は、上記（①解説）に記載のタイプCの特徴に該当しており、適切。

③ ❌ **攻撃的である。**

「攻撃的である」は、上記（①解説）に記載のタイプCの特徴に該当しない（タイプAに該当）。よって、不適切。

④ ❌ **自己主張が強い。**

「自己主張が強い」は、上記（①解説）に記載のタイプCの特徴に該当しない（タイプAに該当）。よって、不適切。

⑤ ✖ 不安を感じやすい。

「不安を感じやすい」は、上記（①解説）に記載のタイプＣの特徴に該当しない（タイプＤに該当）。よって、不適切。

問99　　③

この問題は、知的障害児の適応行動の評価で使用する心理検査を選択するものです。

① ✖ CDR

CDR（臨床的認知症尺度）は、認知症の重症度を判定するための検査。よって不適切。

② ✖ WISC-Ⅳ

児童用の知能検査。下位項目で能力の偏りなどを見ることは可能だが、「適応行動」の評価を目的に作成されているわけではなく、設問に対しては、④（Vineland-Ⅱ）の使用が妥当。よって、不適切。

③ ⭕ Vineland-Ⅱ

Vineland-Ⅱ（適応行動尺度）は、保護者や介護者などからの半構造化面接を通じて、対象者の適応行動（個人的または社会的充足に必要な日常活動の能力）を評価する検査であり、設問で使用する検査として、最も適切である。

④ ✖ 田中ビネー知能検査Ⅴ

２歳から成人までの知的能力を評価する知能検査。遅れのある子どもの発達状態のチェックには適しているが、「適応行動」の評価を目的には作成されておらず、設問に対しては、④（Vineland-Ⅱ）の使用が妥当。よって、不適切。

⑤ ✖ グッドイナフ人物画検査

人物画を描く作業式検査で、主に動作

性知能を測定する知能検査。言語反応を必要とせず、知的障害児に適用しやすい面はあるが、「適応行動」を評価する検査ではなく、設問に対しては、④（Vineland-Ⅱ）の使用が妥当。よって、不適切。

問100　　②

この問題は、素行症／素行障害の正確な理解を問うものです。

① ✖ 素行症を持つ人の反抗や攻撃性は、反抗挑発症を持つ人よりも軽度である。

反抗挑発症において定義されている特徴は「怒りっぽく／易怒的な気分」「口論好き／挑発的な行動」「執念深さ」についての情緒・行動上の様式であり、一方、素行症においては、『人および動物に対する攻撃性』の基準群に７項目に渡る攻撃性を定義する基準があり、少なくとも３項目が過去12か月の間に存在したことが要求される。この定義の異なる両者間で「反抗や攻撃性」の程度を比較することの適否もあるが、少なくとも素行症を持つ人の方が軽度であるといえる根拠はなく、不適切である。

② ⭕ 素行症における虚偽性には、義務を逃れるためしばしば嘘をつくことが含まれる。

物や好意を得るためや、義務を逃れるためなどに、しばしば嘘をつくことは、『虚偽性や窃盗』に関する基準群のなかの１項目として定義されている。よって、適切。

③ ✖ 診断基準にある重大な規則違反には、性行為の強制、ひったくり及び

強盗が相当する。

「性行為の強制、ひったくり及び強盗」が含まれているのは、『人および動物に対する攻撃性』についての基準群である。よって、不適切。

④ **✕ 素行症は、発症年齢によって、小児期発症型、青年期発症型又は成人期発症型に特定される。**

発症年齢については、「小児期発症型」、「青年期発症型」、「特定不能の発症年齢」のいずれかに特定されるものとされている。よって、不適切。

⑤ **✕ 問題行動歴のない者でも、被害者を死亡させる重大事件を起こした場合には、素行症と診断される。**

過去の特定の期間において、定義された基準に該当する問題行動が、一定の要件を満たす数だけ存在することが、診断基準として要求されている。よって、不適切。

問101 ⑤

この問題は、発達障害者が一般就労を行おうとしているときに利用するサービスを選択するものです。

① **✕ 行動援護**

知的障害又は精神障害により行動上著しい困難を有する障害者に対する福祉サービス。「一般就労を行おうとしている」障害の程度の障害者を支援するサービスには該当せず、不適切。

② **✕ 就労定着支援**

障害者の高離職率の解消を目的に設置された、一般就労後に生じる生活面の課題の解決スキルを提供する福祉サービス。障害の特性を踏まえたうえでの仕事に適応するための支援（能力開発）を提供することを目的とする下記④（ジョブコーチ支援）の方が、設問の想定には相応しい。よって、不適切。

③ **✕ 就労継続支援Ｂ型**

一般の事業所で雇用契約に基づく就労が困難である者に対して、雇用契約を結ばないで、軽作業などの就労訓練の機会を提供できる福祉サービス。「一般就労を行おうとしている」前提の障害者を支援するサービスに該当せず、不適切。

④ **✕ リワークによる支援**

気分障害などの精神疾患によって休職している者を対象とする、職場復帰ならびに再休職の予防を目標とするプログラム。設問の想定に該当するサービスではなく、不適切。

⑤ **◯ ジョブコーチによる支援**

一般就労を前提とする発達障害者を想定した場合、相応の能力が発揮される面があることによって、却って障害による弱点が理解されにくい面もある。ジョブコーチは、障害者本人に対する職務遂行や職場内コミュニケーション等に関する支援に加え、事業主に対しても障害特性に配慮した雇用管理等に関する支援を行う。よって、得意と不得意が、見え難い形で併存しやすい発達障害者の就労には、本人のみならず、事業主側にとっても、ジョブコーチによる支援のメリットが大きい。よって、最も適切である。

問102　④

この問題は、職場のメンタルヘルス対策の実践的な理解を問うています。

① ❌ **人事労務管理とは切り離して推進する。**

　厚生労働省の『労働者の心の健康の保持増進のための指針』において、メンタルヘルスケアを推進するに当たっての留意事項として、「メンタルヘルスケアは、人事労務管理と連携しなければ、適切に進まない場合が多い」との記載があるように、人事労務管理との連携は必要。よって、不適切。

② ❌ **ストレスチェック制度とは独立した活動として進める。**

　ストレスチェック制度は、労働者のメンタルヘルス不調の未然防止（一次予防）を主な目的とし、労働者自身のストレスへの気づきを促すとともに、ストレスの原因となる職場環境改善につなげるまでの一連の取り組みを指すものであり、「独立した活動」ではない。よって、不適切。

③ ❌ **家庭や個人生活などの業務に直接関係しない要因は、対策の対象外とする。**

　厚生労働省が『労働者の心の健康の保持増進のための指針』において、メンタルヘルスケアを推進するに当たっての留意事項のひとつとして、「家庭・個人生活等の職場以外の問題」を明記している様に、家庭や個人生活などの要因も対策の対象外とはならない。よって、不適切。

④ ⭕ **管理監督者は、部下である労働者のストレス要因を把握し、その改善を図る。**

　厚生労働省の『労働者の心の健康の保持増進のための指針』においても、「ラインによるケア」として、「個々の職場における具体的なストレス要因を把握し、その改善を図ることができる立場にある」管理監督者が、労働者からの相談対応を行うことについて、その必要性が明記されている。よって、適切。

⑤ ❌ **労働者の心の健康に関する情報を理由として、退職勧奨を行うことができる。**

　上記理由による退職勧奨を行ってはならないことは、厚生労働省の『労働者の心の健康の保持増進のための指針』の「心の健康に関する情報を理由とした不利益な取扱いの防止」のなかに明記されている。よって、不適切。

問103　⑤

この問題は、身体症状症についての正確な理解を問うものです。

① ❌ **身体の一部に脱力が起こる。**

　身体症状症は、身体症状の存在と持続、およびそれに対する反応としての過度な思考、感情または行動に基づいて診断されるものであり、かつ身体症状については特定されていない。よって、不適切。

② ❌ **視覚や聴覚の機能が損なわれる。**

　上記と同様の理由で、不適切。

③ ❌ **疾患を示唆する身体症状を意図的に作り出している。**

　本選択肢は、作為症/虚偽性障害のDSM-5診断基準に該当し得る項目。身体症状症では、身体症状は「意図的に作り出している」ものではない。

よって、不適切。

④ ✖ **重篤な疾患に罹（り）患すること
への強い不安がある。**

本選択肢は、病気不安症のDSM-5診
断基準に該当し得る項目。身体症状症
では、既に身体症状が存在し、持続し
ていることが診断の要件。「罹患する
ことへの不安」ではなく、不適切。

⑤ ⭕ **身体症状に関連した過度な思
考、感情または行動がある。**

本選択肢は、身体症状症のDSM-5診
断基準の「身体症状、またはそれに伴
う健康への懸念に関連した過度な思
考、感情、または行動」に該当する。
よって、適切。

この問題は、Basedow病の症状に関する
ものです。

① ⭕ **動悸**

Basedow病は、甲状腺機能の亢進に
よるホルモンの分泌過剰によって起こ
る病気。症状の典型例としては、動悸、
体重減少、暑がり、汗かき、疲れやす
い、軟便・下痢など。「動悸」の記載は、
正しい。

② ✖ **便秘**

上記①の解説にある通り、「軟便・下
痢」が症状の典型例。「便秘」は甲状腺
機能低下によって生じやすい。よっ
て、「便秘」は誤り。

③ ✖ **寒がり**

上記①の解説にある通り、「暑がり」が
症状の典型例。「寒がり」は甲状腺機
能低下によって生じやすい。よって、
「寒がり」は誤り。

④ ✖ **顔のむくみ**

「顔のむくみ」は、甲状腺機能の低下に
よる代謝不良などによって生じやす
い。よって、誤り。

⑤ ✖ **声のかすれ**

「声のかすれ」は、甲状腺機能の低下な
どによって生じやすい。よって、誤り。

この問題は、難病の患者に対する医療等に
関する法律〈難病法〉に関するものです。

① ✖ **治療法が確立している。**

『難病の患者に対する医療等に関する
法律』（難病法）第1条は、（指定難病を
含む）難病について、「発病の機構が明
らかでなく、かつ、治療方法が確立し
ていない希少な疾病であって、当該疾
病にかかることにより長期にわたり療
養を必要とすることとなるもの」とし
ている。よって、「治療法が確立してい
る」は誤り。

② ⭕ **発病の機構が明らかではない。**

難病法第1条の定義（上記①解説参
照）の通りであり、「発病の機構が明ら
かではない」は正しい。

③ ✖ **指定難病とされた疾患数は約30
である。**

指定難病とされた疾患として、2022
年9月14日現在、338の疾患が挙げら
れている（難病の患者に対する医療等
に関する法律第5条第1項に規定する
指定難病／厚労省）。よって、「約30」
は誤り。

④ ✖ **医療費助成における自己負担額
は一律である。**

医療費助成における自己負担額は、所
得に応じて上限月額が設定されること
となっている。よって、「一律である」

は誤り。

⑤ **✕** **客観的な診断基準又はそれに準ずるものが定まっていない。**

難病法第5条において、指定難病を「当該難病の診断に関し客観的な指標による一定の基準が定まっていることその他の厚生労働省令で定める要件を満たすもの」としている。よって、「定まっていない」は誤り。

問106 ④

この問題は、糖尿病に関するものです。

① **✕** **血圧の低下**

インスリン治療中の低血糖の初期症状でみられるのは、交感神経刺激による血圧の「上昇」。よって、不適切。

② **✕** **体温の上昇**

インスリン治療中の低血糖の初期症状でみられるのは、体温の「上昇」ではなく、体温の「低下」。よって、不適切。

③ **✕** **尿量の増加**

尿量の増加は、高血糖でみられる症状。よって、不適切。

④ **◯** **発汗の増加**

インスリン治療中の低血糖の初期症状における交感神経症状としては、発汗の増加がみられる。よって、適切。

⑤ **✕** **脈拍の減少**

インスリン治療中の低血糖の初期症状における交感神経症状としては、脈拍は「減少」ではく「増加」する。よって、不適切。

問107 ①

この問題は、強迫症に関するものです。

① **◯** **儀式行為**

強迫症では、強迫行為と強迫観念がみられ、強迫行為の一つとして儀式行為がみられる。儀式行為とは、自分で前もって決めた順番で物事を行わないといけないという不安から生じる行為のこと。よって、適切。

② **✕** **欠神発作**

欠神発作とは、てんかん全般発作の一つであり、短時間の意識消失のほか複数の症状が組み合わさることがある。強迫症の症状ではない。よって、不適切。

③ **✕** **常同行為**

常同行為とは、くり返し同じ行為を行うことを指す。常同運動症や自閉スペクトラム症、脳損傷などからくるもので、強迫症の儀式行為のように不安からくる行為ではない。よって不適切。

④ **✕** **連合弛緩**

連合弛緩とは、考えにまとまりがなくなる症状で、統合失調症の基本症状としてみられる。強迫症の症状ではない。よって、不適切。

⑤ **✕** **カタレプシー**

カタレプシーとは統合失調症の緊張型でみられる症状であり、他者にとらされた姿勢などをそのまま保持し続けることをいう。強迫症の症状ではない。よって、不適切。

問108　②

この問題は、抗コリン作用によって生じる副作用について問うものです。

① ✖ 下痢

抗コリン作用とは、脳内神経伝達物質であるアセチルコリンを遮断する作用であり、消化器症状や口渇、便秘、嘔気などがみられる。よって下痢ではないため不適切。

② ⭕ 口渇

上記の抗コリン作用の説明の通り、抗コリン作用には口渇が含まれる。よって、適切。

③ ✖ 高血糖

高血糖は抗コリン作用には含まれない。よって不適切。

④ ✖ 眼球上転

眼球上転は、抗精神病薬の錐体外路症状の一つである急性ジストニアでみられる症状である。抗コリン作用には含まれない。よって不適切。

⑤ ✖ 手指振戦

手指振戦は抗コリン作用には含まれず、主にパーキンソン病や、抗精神病薬の錐体外路症状においてパーキンソニズムにみられる症状である。よって不適切。

問109　⑤

この問題は、児童虐待の防止等に関する法律〈児童虐待防止法〉に関するものです。

① ✖ 親権停止の要件

親権停止については、民法834条の2第1項に定められており、児童虐待の防止等に関する法律(児童虐待防止法)では定められていない。よって、誤り。

② ✖ 社会的養護の種類

社会的養護については、施設養護と家庭養護とがあり、児童福祉法にその記載があるが、児童虐待防止法に社会的養護の種類は定められていない。よって、誤り。

③ ✖ 人身保護請求の要件

人身保護請求の要件は、児童保護規則第4条に定められている。児童虐待防止法には定められていない。よって、誤り。

④ ✖ 児童虐待を行った保護者への罰則

児童虐待防止法では、第14条にて「しつけの範囲を超えた懲戒をしてはならない」とされているが、児童虐待を行った保護者への罰則は定められていない。よって、誤り。

⑤ ⭕ 児童虐待に係る通告をした者を特定させるものの漏えい禁止

児童虐待防止法では、第7条に「当該通告をした者を特定させるものを漏らしてはならない」とされている。よって、正しい。

問110　②

この問題は、産業医の職務に関する理解を問うものです。

① ✖ 人事評価

労働安全衛生規則で定められていることは労働者の健康保持に関することであり、人事評価は入らない。よって、誤り。

② ⭕ 健康診断の実施

労働安全衛生規則の第14条第1項に、

産業医の職務として「健康診断及び面接指導等の実施並びにこれらの結果に基づく労働者の健康を保持するための措置に関すること」と規定されている。よって、正しい。

③ ❌ **従業員の採用選考**
労働安全衛生規則で定められていることは労働者の健康保持に関することであり、従業員の採用選考は入らない。よって、誤り。

④ ❌ **従業員の傷病に対する診療**
労働安全衛生規則で定められていることは労働者の健康保持に関することであり、直接的な従業員の傷病に対する診療をすることではない。よって、誤り。

⑤ ❌ **職場におけるワクチン接種の実務**
労働安全衛生規則で定められていることは労働者の健康保持に関することであり、健康管理・健康教育・健康相談その他であり、ワクチン接種など実務ではない。よって、誤り。

問111　　　　　⑤

この問題は、臨床倫理の四分割表についての正確な理解を問うものです。

① ❌ **QOL**
A.R.Josenが提唱する臨床倫理の四分割表では、医学的適応、患者の意向、QOL、周囲の状況が検討項目として含まれている。よって、QOLは臨床倫理四分割表の検討項目に該当する。

② ❌ **医学的適応**
①の解説で示したとおり、医学的適応は臨床倫理四分割表の検討項目に該当する。

③ ❌ **患者の意向**
①の解説で示したとおり、医学的適応は臨床倫理四分割表の検討項目に該当する。

④ ❌ **周囲の状況**
①の解説で示したとおり、医学的適応は臨床倫理四分割表の検討項目に該当する。

⑤ ⭕ **個人情報の保護**
①の解説で示したとおり、個人情報の保護は臨床倫理四分割表の検討項目に該当しない。よって、該当しないものとして選択できる。

問112　　　　　②

この問題は、マイクロカウンセリングの細かい理解を問うものです。

① ❌ **声の調子**
マイクロカウンセリングにおける「かかわり行動」とは、傾聴において聞き手の姿勢を示す行動の総称をいう。その行動のうちの1つが「声の調子（声の質に配慮する）」である。よって、ここでは該当しないものとして選択できない。

② ⭕ **自己開示**
マイクロカウンセリングにおける「かかわり行動」の行動に「自己開示」は含まれない。よって、該当しないものとして選択できる。

③ ❌ **言語的追従**
マイクロカウンセリングにおける「かかわり行動」の行動のうちの1つが「言語的追従（相手が話す話題を安易に変えずについていく）」である。よって、ここでは該当しないものとして選択できない。

④ ✖ 視線の位置

マイクロカウンセリングにおける「かかわり行動」の行動のうちの1つが「視線の位置(相手に視線を合わせること)」である。よって、ここでは該当しないものとして選択できる。

⑤ ✖ 身体的言語

マイクロカウンセリングにおける「かかわり行動」の行動のうちの1つが「身体的言語(身振り手振り・姿勢に配慮する)」である。よって、ここでは該当しないものとして選択できる。

問113   ①

この問題は、社会情動的発達に関わる現象を問うものです。

① ⭕ 恥の表出

2歳半~3歳ごろに「恥」「罪悪感」「誇り」という感情がみられてくると考えられている。よって、不適切なものとして選択できる。

② ✖ 人見知り

7か月不安(あるいは8か月不安)と呼ばれるように、生後7~8か月ごろに養育者など愛着の対象とそれ以外の人の区別し不安を感じるようになり、それが人見知りにつながると考えられる。よって、生後1年目までにみられるため選択できない。

③ ✖ 怒りの表出

基本的感情といわれる「喜び」「悲しみ」「怒り」「恐れ」「嫌悪」「驚き」の6つは、生後6ヶ月頃までに発達するとされている。よって、生後1年目までにみられるため選択できない。

④ ✖ 社会的参照

社会的参照とは、新奇のものに触れた

りする前に、養育者などの様子をうかがう(顔を見る)ことであり、生後9か月~1年くらいにみられる。よって、生後1年目までにみられるため選択できない。

⑤ ✖ 社会的微笑

快の感情で微笑むのではなく、生理的な反応として微笑む生理的微笑が生後すぐにみられるが、生後3か月ごろから環境への反応として快の感情により微笑むようになることを「3か月微笑」と呼ぶ。よって、これは生後1年目までにみられるため選択できない。

問114   ④

この問題は、死に対する心理的反応段階についての正確な理解を問うものです。E.Kübler-Rossの『死ぬ瞬間』は公認心理師必読の書です。

① ✖ 怒り〈anger〉

E.Kübler-Rossによる死に対する心理的反応段階は、「否認→怒り→取り引き→抑うつ→受容」という順で示されている。「怒り」は、「なぜよりによって自分が死ななければいけないんだ」と湧いてくるものであり、「否認」感情のあとに出てくるとされている。「怒り」はそこに含まれるため、含まれないものとしては選択できない。

② ✖ 否認〈denial〉

「否認」は、死に対する心理的反応段階のうち最初に現れる「自分の死期が近いということを否認すること」を指す。よって、含まれないものとしては選択できない。

③ ✖ 受容〈acceptance〉

「受容」は、死に対する心理的反応段階

のうち最後に現れる「自分の死期が近いことを次第に受け入れるようになっていき、比較的穏やかに余生を過ごす段階」を指す。よって、含まれないものとしては選択できない。

④ ⭕ **離脱〈detachment〉**

E.Kübler-Rossによる死に対する心理的反応段階に「離脱」は含まれない。よって、含まれないものとして選択できる。

⑤ ❌ **取り引き〈bargaining〉**

「取り引き」は、死に対する心理的反応段階のうち「怒り」の後に現れる「宗教に属しているかにかかわらず、延命するために、神や仏に祈ったり取り引きを願う時期」である。よって、含まれないものとしては選択できない。

問115　　　　　　　　①

この問題は、躁病エピソードの症状について問うものです。

① ⭕ **離人感**

離人感とは、離人感・現実感消失症で現れる「自分自身がそこに存在しないような心と体が離れてしまうような感覚」を指す。これは躁病エピソードには含まれないため、不適切なものとして選択できる。

② ❌ **観念奔逸**

躁病エピソードの一つとして「観念奔逸」がある。観念奔逸とは、次から次へと止めどなく考えが溢れ出てくる症状のことである。よって、不適切なものとして選択できない。

③ ❌ **睡眠欲求の減少**

躁病エピソードの一つとして「睡眠欲求の減少」がある。躁病エピソード中

には睡眠をとらなくてもいくらでも動けるように感じることがみられる。よって、不適切なものとして選択できない。

④ ❌ **目標指向性の活動の増加**

躁病エピソードの一つとして「目標指向性の活動の増加」がある。目標を立てて、それに指向するような活動が増え、活動量が過剰に増すことがみられる。よって、不適切なものとして選択できない。

⑤ ❌ **自尊心の肥大、または誇大**

躁病エピソードの一つとして「自尊心の肥大/誇大」がある。躁病エピソード中には、自尊心が肥大化/誇大化され、自信過剰になるなどがみられる。よって、不適切なものとして選択できない。

問116　　　　　　　　③

この問題は、心理的な支援を行う際のインフォームド・コンセントについての実践的な理解について問うものです。

① ❌ **リスクの説明を含む。**

インフォームド・コンセントとは、「十分に説明を受けた上で同意すること」であり、それにはリスクに関する説明も当然含まれる。よって、不適切なものとして選択できない。

② ❌ **支援の経過に応じて常に行われる。**

インフォームド・コンセントは、支援の経過によって伝えるべきことが変化する可能性があるため、常に行われるべきである。よって、不適切なものとして選択できない。

③ ⭕ **他の可能な支援方法の提示は控**

える。

インフォームド・コンセントとは、「十分に説明を受けた上で同意すること」であり、他の可能な支援方法の提示も行われるべきである。よって、不適切なものとして選択できる。

④ **✗** **文書だけではなく、口頭のみによる説明もある。**

インフォームド・コンセントは、文書などでの同意があるにこしたことはないが、緊急事態など口頭のみの説明と同意ということが行われる場合がある。よって、不適切なものとして選択できない。

⑤ **✗** **クライエントだけではなく、代諾者に対しても行われる。**

インフォームド・コンセントは、その相手が未成年者などの場合、親権者が代諾者となって説明を受ける側になることがある。よって、不適切なものとして選択できない。

問117　　　　　　　　　①

この問題は、スクールカウンセラーがいかに児童生徒を理解するかを問うものです。

① **◯** **児童生徒に具体的な支援を行う前に詳細な心理検査を行う。**

スクールカウンセリングにおいては、必ずしも心理検査が行われない。行われる場合もあるが、詳細な心理検査を行うということまではしないため、不適切なものとして選択できる。

② **✗** **身体的、心理的及び社会的な側面からの理解を大切にする。**

スクールカウンセラーは生物心理社会モデルに基づき、様々な側面からの理解を大切にするべきである。よって、

不適切なものとして選択できない。

③ **✗** **児童生徒の言動を批判したくなる場合でも、まずは共感的な態度で話を聴く。**

スクールカウンセラーは、児童生徒との信頼関係を作り、まず受容的・共感的態度をもって話したり聴いたりすることが求められる。よって、不適切なものとして選択できない。

④ **✗** **作文や授業で制作した絵や造形物などの表現を通して児童生徒の理解に繋げる。**

スクールカウンセラーは、学校という児童生徒にとっての日常生活の中で児童生徒のことを観察ができる立場にある。児童生徒によって表現された作品からも理解に繋げることが考えられるため、不適切なものとして選択できない。

⑤ **✗** **児童生徒の課題を深く理解するために、関係する教師が参加する事例検討会を開催する。**

スクールカウンセラーには、その環境を変化させたり、教員らとチームとして児童生徒とかかわる必要がある。よって、得られた知見や考えは、秘密保持義務に十分配慮した上で、事例検討会などで共有する可能性がある。よって、不適切なものとして選択できない。

問118　　　　　　　　　③

この問題は、障害を理由とする差別の解消の推進に関する法律に関するものです。

① **✗** **行政機関と事業者における障害を理由とする差別が禁止されている。**

「障害を理由とする差別の解消の促進

に関する法律（障害者差別解消法）」は、行政機関や事業者における障害者に対する差別の解消を推進するための法律である。よって、正しい。

② ✕ **国と地方公共団体だけでなく、国民の責務についても定められている。**

障害者差別解消法では、第3条において国及び地方公共団体の責務について定められている。よって、正しい。

③ ◯ **判断能力が不十分な障害者に対する後見開始の審判について定められている。**

「障害を理由とする差別の解消の促進に関する法律（障害者差別解消法）」では、このようなことは定められていない。よって、誤っているものとして選択できる。

④ ✕ **「障害者の権利に関する条約」の締結に向けた国内法制度の整備の一環として制定されている。**

障害者差別解消法は、選択肢のとおり「障害者の権利に関する条約」締結に向けた国内の法整備の一貫として考えられる。よって、正しい。

⑤ ✕ **障害の有無によって分け隔てられることなく、共生社会の実現に資することを目的としている。**

障害者差別解消法は、障害の有無によって分け隔てられることなく、相互に人格と個性を尊重し合いながら共生する社会の実現に資することを目的としている。よって、正しい。

問119　　①

この問題は、スクールカウンセラーがストレスマネジメントに関する心理教育を行う際の注意点について問うものです。

① ◯ **筋弛緩法や呼吸法などの体験的な内容の導入は控える。**

筋弛緩法や呼吸法などはストレスマネジメントの心理教育で、比較的安全に使える方法であるため、導入を控える必要はない。よって、不適切なものとして選択できる。

② ✕ **自分自身にあったコーピングを考えられるような内容にする。**

コーピング（対処行動）は人によって異なり、個々人にあったコーピングスタイルを考えられる内容にすることは適切である。よって、不適切なものとしては選択できない。

③ ✕ **自分自身の心身のストレス反応について理解できる内容を含める。**

ストレスマネジメント教育において、自分自身の心身のストレス反応について理解を促す内容を行うことは一般的である。よって、不適切なものとしては選択できない。

④ ✕ **養護教諭や保健体育科の教師などと事前に打ち合わせて共同授業を行う。**

スクールカウンセラーのみでなく、養護教諭や保健体育の教師と連携・共同して授業を行うことで、さらに深みのあるものにできる可能性がある。よって、不適切なものとして選択できない。

⑤ ✕ **進学や就職などの好ましい出来事であっても、それに伴う心身の変化に注意するよう助言する。**

進学や就職などの好ましい出来事でも、心身の大きな変化を伴うような出来事は意識的・無意識的にもストレスになる。よって、適切である。

問120　②

この問題は、公認心理師法についての理解を問うものです。

① ✗ **公認心理師としての資質の向上を怠った。**

公認心理師法には、第43条に「資質向上の責務」が定められているが、これを怠ったことによって登録が取り消しされることは法律上明記されていない。よって、誤り。

② ◯ **公認心理師の信用を傷つける行為をした。**

公認心理師法には、第40条に「信用失墜行為」が定められており、同法第三十二条2では、その登録が取り消しすることができるとされている。よって、正しいものとして選択できる。

③ ✗ **高校生のカウンセリングを行うに当たって、担任教師と連携しなかった。**

公認心理師法には、第42条に「連携等」が定められているが、これが行われなかったことによって登録が取り消しされることは法律上明記されていない。よって、誤り。

④ ✗ **クライエントの自殺を回避するために、面接で得た秘密を関係者に伝えた。**

公認心理師法には、第41条に「秘密保持義務」が定められているが、自殺の恐れなど正当な理由がある場合にはその限りではない。よって、誤り。

問121　④

この問題は、BDI-Ⅱについての正確な理解を問うものです。

① ✗ **うつ病の診断に単独で用いる。**

うつ病の診断において、BDI-Ⅱは一つの指標でしかなく、単独でのみ用いられるものではない。よって、不適切。

② ✗ **最近1か月の状態を評価する。**

BDI-Ⅱでは、回答した日を含む2週間の状態を評価する。よって、不適切。

③ ✗ **体重減少を問う評価項目がある。**

BDI-Ⅱでは、食欲の変化について問う項目はあるが、体重の増減について問う項目はない。よって、不適切。

④ ◯ **睡眠時間の増加を問う評価項目がある。**

BDI-Ⅱでは、睡眠週間の変化について問う項目がある。よって、最も適切。

問122　④

この問題は、児童生徒の自殺が発生した学校への緊急支援に関わるものです。

① ✗ **全体的対応ではなく、個別的対応に特化した支援に携わる。**

全校児童生徒を考慮した上での支援であるため、個別的対応の前に全体的な対応が必要である。よって、不適切。

② ✗ **児童生徒の混乱を防ぐため、事実に基づく正確な情報を早い段階で伝えることは控える。**

事実に基づく正確な情報を伝えないことは、憶測と不安を増加させる原因となり得るため、早い段階で正確な情報を伝えることは必要である。よって、不適切。

③ ✗ **トラウマ反応の予防のため、最**

初の職員研修において心理的デブリーフィングを実施する。

心理的デブリーフィングは、エビデンスが見いだされておらず、逆にトラウマ反応を引き起こす可能性があるため、不適切。

④ **⭕** **いらいらや食欲不振といった、心身の反応については、特殊な事態における一般的な反応であると児童生徒や関係者に伝える。**

選択肢の記述のとおりであり、心身に生じる反応に対して「一般的なことである」ということを伝えることは重要であり、最も適切。

問123　　　　　　　③

この問題は、高等学校における自殺予防教育について問うものです。

① **❌** **生徒はゲートキーパー養成の対象ではない。**

ゲートキーパー養成に必要な資格はなく、生徒もゲートキーパー養成の対象である。よって、不適切。

② **❌** **自殺の危機が迫っている場合の介入として行う。**

自殺予防教育はあくまで「予防」であり、自殺の危機が迫る前に行う教育である。よって、不適切。

③ **⭕** **自殺について教師と生徒が率直に話し合う機会を設ける。**

自殺についての話を避けるのではなく、率直に話し合う機会を設けることが、結果的に自殺を予防することへとつながる。よって、最も適切。

④ **❌** **自殺予防教育では、「死にたい」という生徒は自殺の心配がないことを説明する。**

「死にたい」ということを口に出しているうちは死なない、というのは迷信であり、自殺の心配がないとするのは不適切。

問124　　　　　　　③

この問題は、いじめ防止対策推進法及びいじめの防止等のための基本的な方針に関するものです。

① **❌** **学校いじめ対策組織に、スクールカウンセラーが参画する。**

いじめ防止対策推進法の第22条では、「学校は、当該学校におけるいじめの防止等に関する措置を実効的に行うため、当該学校の複数の教職員、心理、福祉等に関する専門的な知識を有する者その他の関係者により構成されるいじめの防止等の対策のための組織を置くものとする。」とされており、心理の分野においてスクールカウンセラーが参画する。よって、正しい選択肢であるため、誤っているものとして選択できない。

② **❌** **学校は、学校いじめ防止プログラムやいじめの早期発見・事案対処のマニュアルを策定する。**

いじめの防止等のための基本的な方針では、学校いじめ防止基本方針の策定、具体的な指導内容のプログラム化をすることが定められている。よって、正しい選択肢であるため、誤っているものとして選択できない。

③ **⭕** **いじめの判断には、他の児童生徒からの行為で生じた被害者の心身の苦痛が客観的に認められる必要がある。**

いじめ防止対策推進法の第2条による

と、いじめは、児童等が心身の苦痛を感じている場合をいうため、客観的である必要はない。よって、誤り。

④ ❌ **教職員がいじめ問題に対して適切な対処ができるよう、スクールカウンセラー等の専門家を活用した校内研修を推進する。**

いじめ防止対策推進法の第18条では、「学校の設置者及びその設置する学校は、当該学校の教職員に対し、いじめの防止等のための対策に関する研修の実施その他のいじめの防止等のための対策に関する資質の向上に必要な措置を計画的に行わなければならない。」とされている。よって、正しい選択肢であるため、誤っているものとして選択できない。

この問題は、E.Rodolfaらの心理職の基盤的コンピテンシーについて問うものです。

① ❌ **介入**

E.Rodolfaらの心理職の基盤的コンピテンシーには、専門家としての姿勢、反省的実践、科学的知識と方法、治療関係、文化的ダイバーシティ、多職種協働、倫理・法的基準と政策が含まれているが、「介入」はない。よって、該当しない。

② ⭕ **関係形成**

E.Rodolfaらの心理職の基盤的コンピテンシーには、「治療関係」が含まれており、「関係形成」と同一といえる。よって、該当しない。

③ ⭕ **反省的実践**

E.Rodolfaらの心理職の基盤的コンピテンシーには、「反省的実践」が含まれ

ている。よって、該当しない。

④ ❌ **コンサルテーション**

E.Rodolfaらの心理職の基盤的コンピテンシーには、「コンサルテーション」は含まれていない。よって、該当しない。

⑤ ❌ **心理的アセスメント**

E.Rodolfaらの心理職の基盤的コンピテンシーには、「心理的アセスメント」は含まれていない。よって、該当しない。

この問題は、地域包括ケアシステムについての理解を問うものです。

① ⭕ **医療と介護の連携強化を図っている。**

地域包括ケアシステムとは、医療や介護の連携強化を行うことなどによって、地域住民が助け合うことを目的としたシステムのことであり、正しい。

② ❌ **地域包括支援センターには、医師が常駐している。**

地域包括支援センターには医師は常駐していない。よって、誤り。

③ ❌ **利用者のケアが中心であり、権利擁護については取り扱わない。**

地域包括ケアシステムでは、高齢者の相談のほか、権利擁護や地域の支援体制づくり、介護予防などを行う。よって、誤り。

④ ⭕ **地域ケア会議では、多職種が協働して個別事例の課題解決を図っている。**

地域包括ケアシステムとは、医療や介護、その他の専門家が多職種連携することによって、各個別事例の課題解決を図るものである。よって、正しい。

⑤ ❌ 要介護者が介護施設に入所して、集団的ケアを受けることを目的としている。

要介護者が介護施設でなく、地域でもケアを受けられる形にしていくことを目指している。よって、誤り。

問127　①・②

この問題は、リラクセーションを主な目的とする技法を選択するものです。各技法の名称と目的を関連付けて理解することが重要です。

① ⭕ 自律訓練法

自律訓練法は、J.H.Schultzによって催眠より作られた方法で、自己暗示によってリラクセーションを促すものである。よって、適切。

② ⭕ 漸進的筋弛緩法

漸進的筋弛緩法は、E.Jacobsonによる方法で、筋肉の緊張-弛緩の関係を用いて、筋肉を一時的に緊張させることによって、その後の弛緩を促す方法である。よって、適切。

③ ❌ 睡眠スケジュール法

睡眠スケジュール法とは、認知行動療法の考え方による不眠症への対処法で、起床時間を調整したり、起きている状態で寝床を使わないようにするなど睡眠を調整する方法。リラクセーション法ではないため、不適切。

④ ❌ トークン・エコノミー法

トークン・エコノミー法は、行動療法の一つでトークンと呼ばれる代替貨幣を報酬として設定し、目標行動ができればトークンを与えることによって、行動を強化するもの。リラクセーション法ではないため、不適切。

⑤ ❌ アサーション・トレーニング

アサーション・トレーニングとは、自分も相手も大事にする自己表現の方法を学ぶトレーニングであり、リラクセーション法ではない。よって、不適切。

問128　②・③

この問題は、共感的理解についての正確な理解を問うものです。自己一致や無条件の肯定的配慮も併せておさえたいところです。

① ❌ クライエントを知的に理解することではない。

共感的理解とは、あたかもクライエント自身であるように共に感じ、知的にも感情的にも理解することを共感的理解と呼ぶ。よって、不適切。

② ⭕ 進行中のプロセスとして保持すべき姿勢である。

選択肢の記述のとおり、共感的理解はカウンセリングにおいて常に保持すべき姿勢であるといえる。よって、適切。

③ ⭕ セラピストによって、言語的、非言語的に伝えられる。

共感的理解は、単に言語的な共感にとどまらず、非言語的（態度や表情）によっても表される。よって、適切。

④ ❌ クライエントの建設的な人格変化の必要十分条件ではない。

クライエントの建設的な人格変化の必要十分条件としては、純粋性、無条件の積極的関心、共感的理解が挙げられる。よって、不適切。

⑤ ❌ クライエントの私的世界と一体化することを最優先とする。

クライエントの私的世界と一体化する

のではなく、あたかもクライエント自身であるように共に感じ、知的にも感情的にも理解することを共感的理解と呼ぶ。よって、不適切。

問129　③・⑤

この問題は、睡眠時無呼吸症候群についての詳細な理解を問うものです。

① ❌　**血圧の低下**
睡眠時無呼吸症候群を疑わせる症状としては、「激しいいびき」や「日中の眠気」「熟眠感がない」「慢性的な疲労感」「集中力低下」などがある。高血圧が起こりやすくなるが、選択肢では「血圧の低下」となっているため、不適切。

② ❌　**体重の減少**
睡眠時無呼吸症候群を疑わせる症状には、「体重の減少」は含まれていない。よって、不適切。

③ ⭕　**日中の眠気**
睡眠時無呼吸症候群を疑わせる症状には、「日中の眠気」も含まれる。睡眠時に一時的に無呼吸になることで、脳が防衛反応として途中で目覚めることから、十分眠れずに生じる。よって、適切。

④ ❌　**寝付きの悪さ**
睡眠時無呼吸症候群を疑わせる症状には、「日中の眠気」があるが「寝付きの悪さ」は含まれない。よって、不適切。

⑤ ⭕　**激しいいびき**
睡眠時無呼吸症候群を疑わせる症状には、「激しいいびき」も含まれる。激しく大きないびきとともに無呼吸になることが特徴である。よって、適切。

問130　②・③

この問題は、日本における里親制度に関するものです。里親の種類による違いもおさえておきたいところです。

① ❌　**養子縁組里親は、家庭裁判所の審判により決定される。**
養子縁組は家庭裁判所の審判により決定される。それに対して、養子縁組里親は児童相談所からの委託により成立する。よって、誤り。

② ⭕　**親族里親は、祖父母等の親族が養育を行う里親制度である。**
親族里親とは、3親等以内の親族が養育を行う里親制度のことであり、正しい。

③ ⭕　**全ての里親は、子どもの日常生活にかかる費用の支給を受ける。**
全ての里親は、子供の日常生活にかかる費用、教育費、医療費等の費用の支給を受ける。よって、正しい。

④ ❌　**養育里親は、法律上の親子関係を成立させることを目的とする。**
養育里親は、原則、実の親のもとで暮らせるようになるまで要保護児童を預かり、養子縁組のような法律上の親子関係を成立させることを目的としない。

⑤ ❌　**専門里親は、児童相談所に付設する施設において、子どもの保護を行う。**
専門里親は、子どもの養育を十分できる場所を用意して養育する必要があり、児童相談所に付設する施設で養育するわけではない。よって、誤り。

問131　　①・④

この問題は、認知症を持つ方の支援のあり方を問うものです。「認知症の人の日常生活・社会生活における意思決定支援ガイドライン」の内容を把握しておきましょう。

① ○ **本人の意思決定をプロセスとして支援するものである。**

認知症の人自身の意思を尊重するため、意思決定のプロセスを支援することを意思決定支援と呼ぶ。よって、適切。

② ✕ **本人の意思を支援者の視点で評価し、支援すべきと判断した場合に行う。**

意思決定支援では、支援者の視点で評価したり、支援すべきだと判断した場合だけ支援するのではなく、まずは本人の表明する意思や選好を重視し、その確認が難しい場合には推定意思・選好を確認し、尊重する。よって、不適切。

③ ✕ **本人が最初に示した意思を尊重し、その実現を支援することが求められる。**

意思決定支援を行う上では、本人の意思を尊重することが求められるが、意思は途中で変化し得るため、都度確認することが重要である。よって、不適切。

④ ○ **意思決定支援を行う上で、本人をよく知る家族も意思決定支援者の立場で参加する。**

認知症の人の意思決定支援においては、本人のことをよく知る家族が本人の意向を伝えることも含まれる。よって、適切。

⑤ ✕ **社会資源の利用で本人と家族の**意思が対立した場合には、家族の意思決定を優先する。

認知症の人の意思決定支援においては、本人の意向の方が優先されるべきである。よって、不適切。

問132　　④・⑤

この問題は、軽度認知障害についての詳細な理解を問うものです。

① ✕ **不可逆的な状態である。**

軽度認知障害は可逆的なものであり、通常、認知症が不可逆的なものとされている。よって、不適切。

② ✕ **日常生活動作は低下している。**

軽度認知障害は認知症とは異なり、日常生活動作に大きな支障をきたさない状態である。よって、不適切。

③ ✕ **記憶障害は診断の必須要件である。**

軽度認知障害では、診断の必須要件として認知機能の障害が含まれているものの、必ずしも記憶の障害であることを必要としない。よって、不適切

④ ○ **認知機能評価にはMoCA-Jが有用である。**

認知機能評価には、MoCA-Jが使われる。MoCA-Jとは、軽度認知障害における継時的認知機能変化や早期介入効果のアセスメントに使われる検査(MoCA)の日本語版である。よって、適切。

⑤ ○ **DSM-5では、神経認知障害群に含まれる。**

選択肢の記述のとおり、DSM-5において、軽度認知障害は認知症と同じく、神経認知障害群に含まれる。よって、適切。

問133　　　　④・⑤

この問題は、教育基本法の2006年の改正内容について問うものです。

① ✕　**社会教育**

「社会教育」は、改正前の教育基本法（改正教育基本法では第12条にあたる）においてすでに規定されている。よって、誤り。

② ✕　**政治教育**

「政治教育」は、改正前の教育基本法（改正教育基本法では第14条にあたる）においてすでに規定されている。よって、誤り。

③ ✕　**教育の機会均等**

「教育の機会均等」は、改正前の教育基本法（改正教育基本法では第4条にあたる）においてすでに規定されている。よって、誤り。

④ ◯　**生涯学習の理念**

2006年の改正教育基本法では、第3条に「生涯学習の理念」が新設された。よって、正しい。

⑤ ◯　**学校、家庭及び地域住民等の相互の連携教育**

2006年の改正教育基本法では、第13条に「学校、家庭及び地域住民等の相互の連携協力」が新設された。よって、正しい。

問134　　　　③・⑤

この問題は、刑事施設における特別改善指導に関するものです。併せて一般改善指導についても学習しておくことが求められます。

① ✕　**家族関係指導**

特別改善指導には、薬物依存離脱指

導、暴力団離脱指導、性犯罪再犯防止指導、被害者の視点を取り入れた教育、交通安全指導及び就労支援指導がある。ここには「家族関係指導」は含まれないため、該当しない。

② ✕　**行動適正化指導**

前述の通り、特別改善指導に「行動適正化指導」は含まれないため、該当しない。

③ ◯　**薬物依存離脱指導**

前述の通り、特別改善指導には、薬物依存離脱指導が含まれる。よって、該当するものとして選択できる。

④ ✕　**自己改善目標達成指導**

前述の通り、特別改善指導に「自己改善目標達成指導」は含まれないため、該当しない。

⑤ ◯　**被害者の視点を取り入れた教育**

前述の通り、特別改善指導には、「被害者の視点を取り入れた教育」が含まれる。よって、該当するものとして選択できる。

問135　　　　③・⑤

この問題は、男女雇用機会均等法によって事業主に定められた内容について問うものです。

① ✕　**事業主が、女性労働者の婚姻、妊娠又は出産を退職理由として予め定めておくこと**

雇用の分野における男女の均等な機会及び待遇の確保等に関する法律（男女雇用機会均等法）では、女性労働者の婚姻、妊娠、出産を退職理由として定めることはできないと第9条に記載されている。よって、不適切。

② ✕　**労働者の採用に当たって、転居**

を伴う転勤に応じることができること
を要件とすること

男女雇用機会均等法では、「労働者の
採用に当たっての転居を伴う転勤」に
ついては記載されていない。よって、
不適切。

③ 〇 **男女労働者間に生じている格差
解消を目的として、女性労働者のみを
対象とした取扱いや特別な措置をする
こと**

男女雇用機会均等法の第9条では、雇
用環境の整備として、女性労働者のみ
を対象とした取り扱いや特別な措置を
することが含まれる。よって、適切。

④ ✕ **事業主が女性労働者を深夜業に
従事させる場合、通勤及び業務の遂行
の際に男性労働者と同じ条件で措置を
講ずること**

男女雇用機会均等法施行規則第13条
では、女性労働者を深夜業に従事させ
る場合には、通勤及び業務の遂行の際
の安全の確保に必要な措置を講ずるよ
うに努めるように記載されている。
よって、不適切。

⑤ 〇 **事業主が労働者から性別を理由
とした差別的な取扱いに関する苦情の
申出を受けた際に、苦情処理機関に対
し当該苦情の処理を委ねること**

男女雇用機会均等法の第15条では、
苦情の自主的解決として、苦情の申し
出を受けた際には、苦情処理機関に処
理を委ねることが記載されている。
よって、適切。

問136　　　　　　　　　①

この事例問題は、家族システム論の観点
から事例を見ることができるかを問うも
のです。特に構造派の家族療法の理解が
求められます。

① 〇 **連合**

「連合」とは、構造派家族療法での考え
方の一つで、両親や親子など家族成員
同士の関係性が非常に近づくこと（連
合）を指し、その他の家族成員との間
に不和ができる可能性を示す。ここで
は、父親Cに対して、Aと母親Bが連
合している様子が描かれているため、
最も適切。

② ✕ **自己分化**

自己分化とは、多世代派家族療法にお
ける用語で、自律性により個人として
生きることを求めることと、情緒的な
関わりをしようと一体性を重視するこ
との両方のプロセスをいう。本事例の
記述では、そのようなことが書かれて
いないため、不適切。

③ ✕ **遊離家族**

遊離家族とは、構造派家族療法での考
え方で、親子間など世代間境界が強固
で、それぞれの家族成員間の交流が少
なく、離れている家族の状態を指す。
ここでは、Aと母親Bの間で境界がう
すくなり、近い関係性となっているこ
とから、不適切。

④ ✕ **親役割代行**

親役割代行とは、本来親の立場で行う
べきことを、親の役割をするものが不
在、あるいは何らかの事情でできない
状態にあることから、子どもが親の役
割を行っている状態である。本事例で
はそのような記述はなく、不適切。

581

⑤ ✕　**情緒的遮断**

　　情緒的遮断とは、不安の強い親との（主に情緒的な）接触を回避し、かかわりを断つことを指す。本事例では、Aと母親Bの間で関係性が近く、あてはまらない。よって、不適切。

この事例問題では、事例に適した心理学概念を選択することが求められています。

① ✕　**感情の誤帰属**

　　自らに生じた感情に対して、その感情の生じた原因を誤って帰属してしまうことをいう。本事例ではそのような記述はみられないため、不適切。

② ✕　**恋愛の色彩理論におけるアガペ型**

　　恋愛の色彩理論では、恋愛の種類（ラブスタイル）は、六種類あるとされており、エロス・ストルゲ・ルダス・マニア・アガペー・プラグマが挙げられている。このうちアガペ型とは、献身的で見返りを求めない自己犠牲を厭わない恋愛スタイルであり、不安と言い争いなど本事例の記述とは異なる。よって、不適切。

③ ✕　**愛の三角理論におけるコミットメント**

　　愛の三角理論では、愛を親密さと情欲、責任から成り立つと考え、一つでも欠けた場合に不安定になると考えられる。AがBの行動を常に確認するという意味では、「責任」の部分が欠けている可能性も示唆されるが、他の要素については記述がないため、最も適切とはいえない。

④ ◯　**とらわれ型のアタッチメント・スタイル**

　　「とらわれ型」とはアンビバレント型とも呼ばれ、不安が強く、他者に迎合しながらも関係性の中では情緒的に巻き込まれやすい愛着型を指す。本事例では、そのような不安や情緒的に巻き込まれている様子が記述されており、最も適切。

⑤ ✕　**同一性地位〈アイデンティティ・ステータス〉理論における早期完了**

　　同一性地位の早期完了とは、自我同一性の確立において、親が自営業をしていて、継ぐことが早いうちから決まっているなど、早期からアイデンティティ確立が完了している状態をいう。このような記述はみられないため、不適切。

この事例問題では、事例に記載された状態像から正確な診断名を類推できる力が問われています。特に心的外傷およびストレス因関連障害群の理解が欠かせません。

① ✕　**脱抑制型対人交流障害**

　　脱抑制型対人交流障害とは、初対面の相手などの関係性を築けていない相手に対しても警戒心を持たず、過度になれなれしい態度を示すことが特徴的な障害で、特定の相手と愛着関係を築けないことに示されるもの。本事例では、愛着の問題は示唆されるものの、このような様子が示されていないため、不適切。

② ✕　**心的外傷後ストレス障害〈PTSD〉**

　　心的外傷後ストレス障害（PTSD）とは、死んでしまうのではないかという

ような衝撃的な体験をしたり、それを目撃したりすることで、フラッシュバックや回避行動、過覚醒（、否定的信念）という症状がみられる障害。Aは虐待やいじめを受けていたことから、PTSDの可能性は拭えないものの、そのようなPTSDの症状が問題文に記載されていないため、不適切。

③ 〇 反応性アタッチメント障害/反応性愛着障害

Aは、虐待をきっかけに児童養護施設で生活しているということや、「他人と交流せずに孤立しており、苦痛に感じていない」という記述から、愛着形成が十分できていない可能性が示唆される。よって、最も適切なものとして選択できる。

④ ✕ 自閉スペクトラム症/自閉症スペクトラム障害〈ASD〉

自閉スペクトラム症でみられるようなこだわりや、コミュニケーションの苦手さ、常同性などは問題文にみられず、被虐待歴があることから、自閉スペクトラム症よりも愛着形成の問題が疑われる。よって、不適切。

⑤ ✕ 小児期発症流暢症（吃音）/小児期発症流暢障害（吃音）

小児期発症流暢性（吃音）とは、言葉を発する時につまってしまったり、意図せず不自然に発生する時の音を伸ばしてしまったりすることで、流暢に話せない障害をいう。問題文の記述にはそのことが見られないため、不適切。

問139　　　　　　　　　　①

この事例問題は、事例の病態を理解し、それに適した検査が選択できるかを問うものです。特にPTSDの理解と把握につながる検査が選択できるかが問われています。

① 〇 CAPS

CAPSとは、PTSD臨床診断面接尺度のことであり、PTSDなどトラウマに関するアセスメントである。本問ではトラウマティックな出来事から不眠（過覚醒）や否定的信念、悪夢などが生じてきているため、最も適切といえる。

② ✕ DN-CAS認知評価システム

DN-CAS認知評価システムとは、5歳〜17歳11か月の子どもの認知処理について評価する検査である。23歳の女性であり、不適切。

③ ✕ JDDST-R

JDDST-Rとは、改訂日本版デンバー式発達スクリーニング検査のことであり、生後16日から6歳までに行われる発達のスクリーニング検査である。よって、不適切。

④ ✕ KABC-II

KABC-II とは、A.S.Kaufmanらによって作られた子どもの知的能力を認知処理の側面と知識や技能の習得度の側面から評価する検査の第二版で、2歳6か月から18歳11か月までに用いられる。よって。不適切。

⑤ ✕ TEG

TEGとは、東大式エゴグラムの略で、E.Berneによって作られた交流分析をもとにした検査で、J.D.Dusayが作ったエゴグラムが、東大によって日本版

に標準化された性格検査である。ここでは正確を査定する段階ではないため、不適切。

問140　　　　　　　　　　①

この事例問題は、I.D.Yalomの集団療法の概念について把握していることが求められています。集団療法の治療因子である11項目を理解していることが重要です。

① 〇　普遍性

集団療法の基礎を築いたYalomは、グループが与える11の治療因子として、「希望をもたらすこと」「普遍性」「情報の伝達」「愛他主義」「初期の家族関係の修正的繰り返し」「社会適応技術の発達」「模倣行動」「対人学習」「グループの凝集性」「カタルシス」「実存的因子」を挙げている。ここでは他の人の話を聞いて「自分だけではない」と考えることは、「普遍性」にあたると考えられる。よって適切。

② ✖　愛他主義

I.D.Yalomによる「グループが与える11の治療因子」として、「愛他主義」も含まれている。グループの中で自分が役に立ち喜ばれることで、自分自身が必要とされていると感じることであるが、本問の内容とは一致しない。よって、不適切。

③ ✖　カタルシス

「グループが与える11の治療因子」として、「カタルシス」も含まれている。グループの中での受け入れにおいて、ネガティブな感情に直面し、それが語りによって癒やされていくことをいう。まだそこまでたどり着いた記述はない。よって、不適切。

④ ✖　情報の伝達

「グループが与える11の治療因子」として、「情報の伝達」も含まれている。症状や自分が生活の中で困っていることについて、メンバーから対処法などの情報を受けることである。本問の内容とは一致しない。よって、不適切。

⑤ ✖　希望をもたらすこと

「グループが与える11の治療因子」として、「希望をもたらすこと」も含まれている。グループでの語りによって、「なんとかなりそうな気がする」など将来の希望がもてるようになることである。本問の内容とは一致しない。よって、不適切。

問141　　　　　　　　　　④

この事例問題は、事例に記載された状態像から正確な診断名を類推することが求められており、本事例では統合失調症の可能性が強く示唆されます。

① ✖　Aに対して支持的心理療法を開始する。

Aに見られる妄想的考え、発言からは統合失調症の可能性が考えられ、支持的心理療法の前に、早期に医療機関に受診することが求められる。よって、不適切。

② ✖　しばらく様子を見ることをAとBに伝える。

統合失調症の可能性があり、陽性症状が出現しているという状況で、様子をみることは状態を悪化させる危険性が高い。よって、不適切。

③ ✖　Aに対して集団でのSSTへの参加を勧める。

SSTとは社会技能訓練（Social Skills

Training）の略であり、社会でやっていくための社会的スキルを身につけるためのトレーニングのことを指す。ここではAに妄想が出ていることから、まずは医師の判断を仰ぐことが優先され、SSTは後回しと考えられる。よって、不適切。

④ ⭕ **薬物療法が有効である可能性をAとBに説明する。**

Aの年齢が好発年齢である18歳頃に非常に近いことや、「監視されている」とか「自分の考えていることが他者に伝わっている」というような妄想的思考がみられるため、統合失調症の可能性が疑われる。統合失調症では、カウンセリングよりもまず薬物療法が優先されることが多いため、最も適切なものと考えられる。

⑤ ❌ **Bの意向を踏まえて、Aに対してカウンセリングを開始する。**

前述のように、統合失調症の可能性が考えられるため、まずは医療機関に受診し、薬物療法を含めた医療的対応を優先させることが考えられる。よって、不適切。

問142　　　　　　　③

この事例問題では、事例に記載された状態像から優先すべき対応が選択できるかが問うています。本事例では「不眠」「体重増加」「疲労感」「趣味への関心の低下」などの症状から抑うつに関してのアプローチが優先的に求められます。

① ❌ **睡眠衛生指導**

睡眠状態が精神等に影響を与えることは大きいため、睡眠衛生指導は重要であるが、現時点ではうつ病の可能性も

疑われるため、最も優先すべきものとしては、選択肢3の方が選ばれる。

② ❌ **家族関係の調整**

家族関係の調整も重要かもしれないが、あくまで本問では「現時点におけるBのAへの対応として、最も優先すべきもの」であるため、うつ病の可能性も考えて、選択肢2よりも3の方が優先と考えられる。

③ ⭕ **抑うつ状態の評価**

不眠や食欲の変化（体重の増加）、疲労感、無関心などがみられており、うつ病の可能性も考えられる。そのため、抑うつ状態の評価は合わせて必要である。よって、最も優先すべきものと考えられる。

④ ❌ **身体イメージの評価**

身体イメージに関することついては、本問では特に記述がないため、優先順位は高くできない。

⑤ ❌ **セルフ・モニタリングの導入**

セルフ・モニタリングの前に、まずは公認心理師からのアセスメントが優先される。

問143　　　　　　　①

この事例問題は、事例に記載された状態像から正確な診断名を類推することが求められており、本事例で記載されている症状は正常圧水頭症の症状によく合致するものになっています。

① ⭕ **正常圧水頭症**

認知症状の発言や歩行の遅さや歩きにくさ、頻尿や尿もれなどが生じている場合、正常圧水頭症を疑うことができる。よって、最も適切。

② ❌ **老年期うつ病**

老年期うつ病とは、老年期に入り環境や社会的役割、家庭での役割が変化することなどによって、抑うつが引き起こされる状態をいう。ここでは、そのようなことをうかがわせるような記述が乏しいため、最も適切とはいえない。

③ ❌ 前頭側頭型認知症

前頭側頭型認知症では、社会性が失われたり、違法行為をするなど自分本位の行動や、常同行動や過食がみられたりすることが特徴的であり、認知機能障害はあまり目立たない。本事例の記述は、そのようなことを裏付けるものがみられないため、不適切。

④ ❌ Lewy小体型認知症

Lewy小体型認知症では、幻視・認知機能が変動する（良いときと悪い時と波がある）、パーキンソン症状などの動作・歩行の障害、レム睡眠時の行動障害がみられる。このような症状の記載は見当たらないため、不適切。

⑤ ❌ Alzheimer型認知症

Alzheimer型認知症では、記憶障害や見当識障害、実行機能障害、物の使い方がわからなくなったりがみられる。このような特徴的な症状の記述がないため、不適切。

問144　　　　　　　④

この事例問題は、事例に記載された状態像と選択肢との適合をみる問題です。

① ❌ 強迫行為

強迫行為とは、頭では意味がないとわかっていてもやめられない行為のこと。強迫症にみられる。そのような記述がみられないため、不適切。

② ❌ 誇大妄想

誇大妄想とは、自分のことを過大に評価したり、特別な力があると思いこむ妄想のことで、統合失調症などにみられる。ここでは、そのような記述はなく、むしろ自分を蔑んでいる様子であり、不適切。

③ ❌ 前向性健忘

前向性健忘とは、ある時点からの記憶が障害され、それ以降の記憶が思い出せなくなる障害のことをいう。そのような記述は見られないため、不適切。

④ ⭕ 抑うつ気分

抑うつ気分とは、気分が落ち込み憂うつになることをいう。「どうせ分かってもらえません」「私が悪かったんです」という発言からも、適切といえる。

⑤ ❌ パニック発作

パニック発作とは、何のきっかけもなく異常な恐怖や不安感が現れ、心拍数の増加や過呼吸などを引き起こす発作のこと。パニック症でみられる。本問では、このような記述はみられないため、不適切。

問145　　　　　　　⑤

この事例問題では、トラウマティック・ボンディングについて理解できているかが問われています。トラウマティック・ボンディングとは、トラウマを生じさせる出来事の加害者から離れられなくなる状態をいいます。

① ❌ バウンダリー

バウンダリーとは、自分と他者を分ける境界線のことをいう。他者との関係性や感情に巻き込まれないためには、適切なバウンダリーが必要と考えられ

る。ここでの現象を表している言葉ではない。よって、不適切。

② ❌ ハネムーン期

DVにおいて、ストレスが発散されたことによって、暴力が一時的になくなり、一転して加害者が優しくなる期間のことをいう。よって、不適切。

③ ❌ 複雑性PTSD

複雑性PTSDとは、ICD-11ではじめて公式となった概念であり、幼少期の持続的虐待や長期間続くDVなどにより、通常のPTSDの症状に加えて様々な形で症状が出ることで、社会生活に支障をきたすもの。よって、不適切。

④ ❌ サバイバーズ・ギルト

サバイバーズ・ギルトとは、災害や事件、事故などのトラウマティックな出来事が起き、死者が出たが生き残った者が抱く罪責感であり、不適切。

⑤ ⭕ トラウマティック・ボンディング

トラウマティック・ボンディングとは、暴力などのトラウマを生じさせる出来事によって、加害-被害の関係性にあるにもかかわらず、その関係性にとどまり、離れられない現象をいう。よって、最も適切といえる。

問146　　　　　④

この事例問題は、乳児院から児童養護施設へと措置変更となる際に配慮すべき点を抑えているかを問うています。

① ❌ 児童養護施設の受け入れ準備が整い次第、できるだけ早く措置変更をする。

「できるだけ早く」ではなく、Aのならし養育などAのことにも配慮して行う

べきである。よって、不適切。

② ❌ Cが先入観を持たないようにするために、乳児院でのAの様子についてBからCに直接伝える機会は設けない。

あらかじめ知っておいてもらうことで、スムーズな受け入れへとつなげることが重要である。よって、不適切。

③ ❌ 乳児院で暮らす他の子どもへの影響を考慮し、他の子どもとの間ではAの措置変更に関することを話題にしない。

措置変更に関することを話題にせず黙っていることで、憶測が子どもたちの不安形成につながる可能性がある。よって、不適切。

④ ⭕ BがAと児童養護施設を訪問したり、Cが乳児院を訪れてAと交流するなど、ならし養育（訪問交流）の機会を設ける。

現在、Aには発達上の問題も愛着形成上の問題も特段みられないようであるが、環境の変化は大きなストレスを伴うため、Aと一緒に施設を訪問したり、Cとあらかじめ交流するなど、ならし養育が望まれる。よって、最も適切。

⑤ ❌ Bとの別れや乳児院を離れることはAにとってつらい経験となることを考慮して、措置変更に関することは直前までAに伝えない。

選択肢4にあるように、ならし養育の機会を設けることによって、環境変化のストレスをできるだけ減らすべきであり、直前まで伝えないということは不適切である。

587

問147　④

この事例問題は、スクールカウンセラーとしての責務とその範囲について問うものです。

① ✕　**希死念慮の有無についてAに問うことは控える。**
希死念慮の有無について聞くのを避けることは、逆に危険性を高めてしまう可能性がある。よって、不適切。

② ✕　**Aが手首を傷つけないようBに指導を依頼する。**
BがAを指導することは、逆にAのいらいら感を強めてしまいかねない。よって不適切。

③ ✕　**直ちにAを精神科に紹介し、主治医の指示を待つ。**
精神科に紹介し、主治医の指示を受けることは重要であるが、本問で聞かれているのは初期対応である。初期対応の時点で拙速に精神科に紹介することは、結果としてスクールカウンセラーCとAの関係を損ねたり、精神科への拒否感を生みかねない。よって、不適切。

④ ◯　**Aの自傷行為の習慣性についてのアセスメントを行う。**
自傷が直接自殺につながるわけではないが、現在Aが行っている自傷行為に習慣性があるかどうかについて、初期の時点でアセスメントをしておくことは重要である。よって、適切。

⑤ ✕　**Bと連携してAがSNSのグループに入れるよう、親に働きかける。**
スクールカウンセラーが担任と連携してSNSグループというプライベートな生徒間の人間関係に働きかけることや、親に働きかけるということはやり

すぎである。よって、不適切。

問148　⑤

この事例問題は、合理的な配慮をいかに行うかが問われるものとなっています。

① ✕　**支援方法はAとCの合意によって決められると説明する。**
支援方法に関する合意形成は、学校と本人や家族との間で決められるため、不適切。

② ✕　**Aの精神障害者保健福祉手帳の取得が必須であると説明する。**
合理的配慮を受けるために、障害者手帳の取得は必須ではない。よって、不適切。

③ ✕　**合理的配慮を受けるには心理検査の結果が必要であることを説明する。**
合理的配慮を受けるために、心理検査の結果は必須ではない。よって、不適切。

④ ✕　**Aが、授業を担当する教員に配慮内容について直接交渉する必要があると説明する。**
合理的配慮を受けるために、教員への直接の交渉は必須ではなく、間に入ってもらう人がいてもよい。よって、不適切。

⑤ ◯　**Cは、Aの意思を尊重しながら大学の学生支援の担当者に伝え、支援を依頼できると説明する。**
そのとおりである。Aの意思を尊重する形で、大学の学生支援の担当者へとつなぐことが重要である。よって、最も適切。

問149　②

この事例問題は、G.M.SykesとD.Matza が提唱したドリフト理論を理解している かが問われています。

① ❌　加害の否定
中和の技術とは、責任の否定、損害の 否定、被害者の否定、非難者への非 難、より高度な忠誠心への訴えという 5つの技術を用いて非行事実を正当化 することを指す。「加害の否定」は含 まれていないため、不適切。

② ⭕　責任の否定
中和の技術とは、前述の通りであり 「責任の否定」という技術が、5つのう ちに含まれている。よって、適切。

③ ❌　被害者の否定
中和の技術とは、前述の通りであり 「被害者の否定」という技術が、5つの うちに含まれている。よって、適切。

④ ❌　非難者に対する非難
中和の技術とは、前述の通りであり 「非難者に対する非難」という技術が、 5つのうちに含まれている。よって、適 切。

⑤ ❌　より高次な忠誠心への訴え
中和の技術とは、前述の通りであり 「より高次な忠誠心への訴え」という 技術が、5つのうちに含まれている。 よって、適切。

問150　③

この事例問題では、組織心理学の理解が 問われています。「属人思考」とは指示内 容の良し悪しが、指示をした人物の地位 や権威に依存する悪習のことです。

① ❌　安全文化
「安全文化」とは、安全を最優先する価 値観や行動様式を共有する状態のこと をいう。本事例の内容には当てはまら ない。よって、不適切。

② ❌　権限委譲
「権限委譲」とは、上司が持つ職務上の 権限を部下に委譲し、それぞれの裁量 で業務をさせることをいう。本事例で は当てはまらないため、不適切。

③ ⭕　属人思考
「属人思考」とは、内容そのものではな く、地位や権威など人に判断の根拠を 置く企業風土のこと。本事例はこれに 当てはまると思われるため、最も適 切。

④ ❌　法令遵守
「法令遵守（コンプライアンス）」とは、 社会のルールや規則・法令を守ること を指す。本事例の内容と噛み合わない ため、不適切。

⑤ ❌　役割葛藤
「役割葛藤」とは、競合や矛盾・対立す る役割が存在するために、立場が異な る人同士での役割分担や調整がうまく いかずに、葛藤を抱いてしまうことを いう。本事例では当てはまらないた め、不適切。

問151　②

この事例問題では、事例に記載された状態像から正確な診断名を類推することが求められており、本事例では統合失調症の可能性が強く示唆されます。

① ✕ 双極性障害

双極性障害は、躁状態とうつ状態を交互に繰り返すことからなる精神疾患であり、双極性障害をうかがわせるような症状は問題文にみられない。よって、不適切。

② 〇 統合失調症

幻聴に対して応答しているような独り言や、妄想の可能性をうかがわせる啓示についての話など、統合失調症が疑われる。よって、最も適切なものとして選択できる。

③ ✕ 短期精神病性障害

短期精神病性障害は、統合失調症と似た症状として妄想や幻聴などがみられるが、1日〜1ヶ月未満で症状がみられなくなり回復するとされている。この問では、半年以上前からと書かれているため、統合失調症の可能性が疑われる。よって、不適切。

④ ✕ 全般不安症／全般性不安障害

全般性不安症は、生活全般に対して不安を生じる精神疾患であるが、それをうかがわせるような症状は問題文にはない。よって、不適切。

⑤ ✕ 統合失調型パーソナリティ障害

統合失調型パーソナリティ障害とは、パーソナリティ障害の一つで、妄想用知覚や風変わりな行動、親密で気楽な関係を作るのが難しいことを特徴とする。半年以上前という発症時期がある程度明確であることから考えると、

パーソナリティ障害のような遺伝素因が強く疑われるものは選択できない。よって、不適切。

問152　②

この事例問題では、チーム学校の理解が問われています。チーム内での公認心理師の役割について考える必要があります。

① ✕ いじめに関する専門的な知見などを提供する。

スクールカウンセラーBが、心理の専門家としていじめに関する専門的な知見を提供することは、必要に応じて行う必要があると思われる。よって、不適切なものとしては選べない。

② 〇 いじめの重大事態かどうかの判断を主導する。

教育相談コーディネーターの教師が中心となって開始された会議である。スクールカウンセラーは会議において主導する立場ではない。よって不適切なものとして選択できる。

③ ✕ クラスや学年などで行う心理教育の実施について検討する。

心理教育の実施については、いじめを今後予防するために有効であると判断された場合になされる。ここでは、あくまで「検討する」とあるため、今すぐ実施する話ではないことから、不適切なものとしては選択できない。

④ ✕ Aの具体的な支援策に関わる教職員研修の実施について検討する。

Aを支援するためには、スクールカウンセラーや教育相談コーディネーターの教師だけでなく、チーム学校として考える必要がある。よって、適切といえる。

⑤ ✖ 守秘義務に配慮しながら、Aとの面接についての情報や見立てを提供する。

スクールカウンセラーBは、自らの立場における守秘義務に配慮しながらも、いじめを今後なくすために、情報提供や見立てを他の教員と共有する必要が出てくると思われる。よって、適切。

問153　③

この事例問題では、Weiner,B.の原因帰属理論を理解し、内的統制でかつ不安定（可塑性がある）ものを選択することが求められています。

① ✖ 上手くいかなかったのは、問題が難しかったからかもしれないね。

Bは努力した結果が報われないという無力を感じており、「問題が難しい」とテストそのものに原因を帰属しても、Bの動機づけとはなりにくい。よって、最も適切とはいえない。

② ✖ 上手くいかなかったのは、努力がまだまだ足りなかったからかもしれないね。

Bは努力をし続けているが、成績が下がってきたとのことである。努力に原因を帰属させることは、自責や諦めにつながる可能性を高めてしまうため、不適切。

③ ⭕ 上手くいかなかったのは、勉強方法が合っていなかったからかもしれないね。

「勉強方法が合っていなかった」という原因帰属により、別の勉強方法を試してみるという希望へとつながる。よって、最も適切なものとして選択できる。

④ ✖ 上手くいかなかったのは、予想していなかった問題が出題されたからかもしれないね。

ここでは「予想していなかった問題の出題」というコントロール困難な要因に原因帰属がなされており、Bにとってはこれ以上努力を続ける動機づけとなりにくい。よって、最も適切とはいえない。

問154　②・③

この事例問題では、虐待が疑われる児童への対応についての実践的な理解が問われています。

① ✖ 記述の内容について、Aの父親に確認する。

Aの父親は、母子に対してDVをしていることが記載されており、Aの父親に話すことはDVの隠蔽や、Aの学校への不信につながる可能性がある。よって、不適切。

② ⭕ 通告に至る事実関係を、時系列に沿って具体的に記録する。

今後の調査や処遇を考えるにあたって、通告に至る事実関係を時系列に沿ってできるだけ具体的に記録しておくことは望ましい。よって、適切なものとして選択できる。

③ ⭕ 声掛けの際には、AがSOSを出すことができた力を支持する。

DVの渦中において、他者にSOSを出すことは非常に不安や恐怖を伴うものであったと思われる。ここでAにとって味方がいるということを感じてもらうこと、精神的にAを支持することは重要である。よって、適切なものとし

591

て選択できる。

④ ❌ **担任教師がAに声掛けした後、管理職が現状をAに詳細に確認する。**

声掛けをしているのは担任であり、ここで管理職が出てきてAに詳細に確認する必要はない。このことは逆にSOSが色んな人に知られてしまっているのではないかという不安を高める可能性がある。よって、不適切。

⑤ ❌ **声掛けの際には、Aの発言内容は誰にも言わないことをAに保証する。**

DV・虐待の可能性がある中で、誰にも言わないということは通告義務からしてもできない。できないことを保証するべきではない。よって、不適切。

巻末資料

実力養成用科目別練習問題　解答用紙

事例問題						統計・実験		基礎心理学			
1		35		69		1		1		35	
2		36		70		2		2		36	
3		37		71		3		3		37	
4		38		72		4		4		38	
5		39		73		5		5		39	
6		40		74		6		6		40	
7		41		75		7		7		41	
8		42				8		8		42	
9		43				9		9		43	
10		44				10		10		44	
11		45				11		11		45	
12		46				12		12		46	
13		47				13		13		47	
14		48				14		14		48	
15		49				15		15		49	
16		50						16		50	
17		51						17			
18		52						18			
19		53						19			
20		54						20			
21		55						21			
22		56						22			
23		57						23			
24		58						24			
25		59						25			
26		60						26			
27		61						27			
28		62						28			
29		63						29			
30		64						30			
31		65						31			
32		66						32			
33		67						33			
34		68						34			

精神・身体医学			心理的アセスメント・心理支援			関係行政論		職責	
1		35	1		35	1		1	
2		36	2		36	2		2	
3		37	3		37	3		3	
4		38	4		38	4		4	
5		39	5		39	5		5	
6		40	6		40	6		6	
7			7		41	7		7	
8			8		42	8		8	
9			9		43	9		9	
10			10		44	10		10	
11			11		45	11		11	
12			12		46	12		12	
13			13		47	13		13	
14			14		48	14		14	
15			15		49	15		15	
16			16		50	16		16	
17			17		51	17		17	
18			18		52	18			
19			19		53	19			
20			20		54	20			
21			21			21			
22			22			22			
23			23			23			
24			24			24			
25			25			25			
26			26			26			
27			27			27			
28			28			28			
29			29			29			
30			30			30			
31			31			31			
32			32						
33			33						
34			34						

2020年12月試験　解答用紙

午前						午後					
1		31		61		78		108		138	
2		32		62		79		109		139	
3		33		63		80		110		140	
4		34		64		81		111		141	
5		35		65		82		112		142	
6		36		66		83		113		143	
7		37		67		84		114		144	
8		38		68		85		115		145	
9		39		69		86		116		146	
10		40		70		87		117		147	
11		41		71		88		118		148	
12		42		72		89		119		149	
13		43		73		90		120		150	
14		44		74		91		121		151	
15		45		75		92		122		152	
16		46		76		93		123		153	
17		47		77		94		124		154	
18		48				95		125			
19		49				96		126			
20		50				97		127			
21		51				98		128			
22		52				99		129			
23		53				100		130			
24		54				101		131			
25		55				102		132			
26		56				103		133			
27		57				104		134			
28		58				105		135			
29		59				106		136			
30		60				107		137			

2021年9月試験　解答用紙

午前					午後					
1		31		61		78		108		138	
2		32		62		79		109		139	
3		33		63		80		110		140	
4		34		64		81		111		141	
5		35		65		82		112		142	
6		36		66		83		113		143	
7		37		67		84		114		144	
8		38		68		85		115		145	
9		39		69		86		116		146	
10		40		70		87		117		147	
11		41		71		88		118		148	
12		42		72		89		119		149	
13		43		73		90		120		150	
14		44		74		91		121		151	
15		45		75		92		122		152	
16		46		76		93		123		153	
17		47		77		94		124		154	
18		48				95		125			
19		49				96		126			
20		50				97		127			
21		51				98		128			
22		52				99		129			
23		53				100		130			
24		54				101		131			
25		55				102		132			
26		56				103		133			
27		57				104		134			
28		58				105		135			
29		59				106		136			
30		60				107		137			

2022年7月試験　解答用紙

午前						午後					
1		31		61		78		108		138	
2		32		62		79		109		139	
3		33		63		80		110		140	
4		34		64		81		111		141	
5		35		65		82		112		142	
6		36		66		83		113		143	
7		37		67		84		114		144	
8		38		68		85		115		145	
9		39		69		86		116		146	
10		40		70		87		117		147	
11		41		71		88		118		148	
12		42		72		89		119		149	
13		43		73		90		120		150	
14		44		74		91		121		151	
15		45		75		92		122		152	
16		46		76		93		123		153	
17		47		77		94		124		154	
18		48				95		125			
19		49				96		126			
20		50				97		127			
21		51				98		128			
22		52				99		129			
23		53				100		130			
24		54				101		131			
25		55				102		132			
26		56				103		133			
27		57				104		134			
28		58				105		135			
29		59				106		136			
30		60				107		137			

実力養成用科目別練習問題　解答一覧

事例問題						統計・実験		基礎心理学			
1	⑤	35	①	69	①	1	④	1	①	35	④
2	④	36	②	70	④	2	③	2	③	36	③
3	③・④	37	②	71	⑤	3	③	3	⑤	37	③
4	③	38	①	72	②	4	④	4	⑤	38	⑤
5	②	39	③	73	③	5	④	5	③	39	⑤
6	②	40	⑤	74	②	6	①	6	①	40	④
7	②・③	41	④	75	③	7	②・③	7	②	41	③・④
8	③	42	②			8	①	8	③	42	④
9	③	43	③			9	②	9	②	43	②
10	④	44	④			10	④	10	④・⑤	44	④
11	④	45	②			11	②・④	11	⑤	45	①
12	④	46	②・⑤			12	④	12	①	46	④・⑤
13	⑤	47	①・②			13	①	13	②・④	47	⑤
14	②	48	⑤			14	④	14	②・③	48	②・④
15	②	49	③			15	②	15	②	49	④
16	②	50	①					16	②・③	50	③
17	⑤	51	③・④					17	②		
18	④	52	③					18	①・⑤		
19	②	53	②					19	④		
20	②	54	①					20	③		
21	⑤	55	④					21	④		
22	④	56	④					22	④		
23	①	57	④					23	⑤		
24	③	58	③					24	②		
25	①	59	③					25	②		
26	④	60	②					26	③		
27	①・③	61	①・⑤					27	③		
28	⑤	62	④					28	③		
29	⑤	63	③					29	⑤		
30	①	64	①					30	①		
31	②	65	③					31	②		
32	⑤	66	①・③					32	①		
33	②	67	④					33	②		
34	②	68	②					34	④		

精神・身体医学				心理的アセスメント・心理支援				関係行政論		職責	
1	④	35	②	1	④	35	①・④	1	②	1	④
2	①・④	36	⑤	2	②	36	③	2	③・④	2	①
3	④	37	③	3	③	37	①	3	④	3	①
4	③	38	③	4	⑤	38	②	4	①・④	4	③
5	①	39	④	5	⑤	39	⑤	5	③	5	③
6	①	40	⑤	6	⑤	40	④・⑤	6	④	6	①
7	①			7	③	41	③・④	7	③	7	②
8	①			8	②	42	①・③	8	①・②	8	③
9	④			9	④	43	⑤	9	②	9	⑤
10	②・④			10	④	44	②	10	②	10	②
11	②・④			11	②	45	⑤	11	③	11	③
12	②・④			12	①	46	④	12	①・③	12	②
13	③・④			13	③・⑤	47	④・⑤	13	⑤	13	⑤
14	①			14	②	48	③・⑤	14	④・⑤	14	①
15	②・④			15	②・④	49	⑤	15	③	15	④
16	②・③			16	③・④	50	②	16	②・⑤	16	④
17	③			17	①	51	④	17	③	17	③
18	②			18	③	52	④	18	⑤		
19	⑤			19	⑤	53	①・②	19	④・⑤		
20	③・④			20	①	54	⑤	20	④		
21	④			21	⑤			21	④		
22	①			22	④			22	③		
23	④			23	⑤			23	②		
24	⑤			24	②			24	③・⑤		
25	①・⑤			25	②			25	⑤		
26	③			26	⑤			26	⑤		
27	②			27	③			27	②		
28	⑤			28	②			28	④		
29	②・④			29	①			29	①・④		
30	④			30	④			30	③		
31	③			31	①			31	④・⑤		
32	②			32	①						
33	⑤			33	⑤						
34	①			34	③						

2020年12月試験　解答一覧

午前						午後				
1	②	31	④	61	④	78	②	108	③	138	⑤
2	③	32	③	62	④	79	④	109	①	139	④
3	②	33	③	63	⑤	80	④	110	⑤	140	②
4	④	34	④	64	⑤	81	③	111	③	141	②
5	②	35	⑤	65	②	82	⑤	112	③	142	②
6	②	36	⑤	66	③	83	②	113	①	143	③
7	①	37	②	67	①	84	③	114	①	144	③
8	④	38	③	68	④	85	④	115	③	145	①
9	⑤	39	③	69	⑤	86	②	116	③	146	④
10	④	40	③	70	⑤	87	⑤	117	⑤	147	⑤
11	①	41	⑤	71	②	88	②	118	③	148	③
12	③	42	④	72	①	89	①	119	⑤	149	③
13	⑤	43	④	73	④	90	④	120	⑤	150	①
14	⑤	44	③	74	③	91	⑤	121	⑤	151	②
15	④	45	④	75	①・⑤	92	③	122	④	152	③・⑤
16	④	46	③	76	④・⑤	93	④	123	③	153	①・④
17	⑤	47	③	77	④・⑤	94	①	124	④	154	②・③
18	④	48	③			95	⑤	125	①		
19	②	49	②			96	③	126	①		
20	⑤	50	①			97	②	127	①		
21	④	51	①・③			98	④	128	④		
22	①	52	①・⑤			99	⑤	129	①・⑤		
23	④	53	②・④			100	①	130	①・⑤		
24	②	54	④・⑤			101	①	131	①・②		
25	⑤	55	②・④			102	②	132	②・⑤		
26	④	56	③・④			103	②	133	③・④		
27	①	57	③・⑤			104	④	134	④・⑤		
28	④	58	②・③			105	②	135	②・⑤		
29	④	59	⑤			106	①・③	136	⑤		
30	④	60	④			107	③	137	③		

2021年9月試験　解答一覧

	午前						午後				
1	②	31	②	61	②	78	⑤	108	⑤	138	①
2	④	32	③	62	②	79	③	109	③	139	②
3	③	33	②	63	①	80	①	110	⑤	140	②
4	⑤	34	⑤	64	⑤	81	④	111	①	141	③
5	③	35	④	65	②	82	①	112	②	142	②
6	④	36	②	66	①	83	⑤	113	④	143	⑤
7	③	37	②	67	⑤	84	②	114	④	144	④
8	②	38	②	68	⑤	85	④	115	⑤	145	⑤
9	①	39	②	69	①	86	②	116	⑤	146	②
10	①	40	②	70	⑤	87	③	117	③	147	⑤
11	②	41	③	71	④	88	③	118	①	148	①
12	②	42	⑤	72	⑤	89	⑤	119	③	149	②
13	⑤	43	②	73	②	90	③	120	④	150	②
14	①	44	③	74	④	91	⑤	121	③	151	⑤
15	②	45	①	75	①	92	③	122	③	152	⑤
16	④	46	②	76	④	93	④	123	①	153	②
17	②	47	②	77	④・⑤	94	⑤	124	③	154	①・②
18	⑤	48	④			95	②	125	②		
19	②	49	②			96	①	126	④		
20	②	50	②			97	③	127	②		
21	②	51	②			98	⑤	128	①		
22	③	52	②			99	④	129	④		
23	③	53	③・⑤			100	④	130	①		
24	③	54	③・⑤			101	②	131	①		
25	①	55	②・⑤			102	④	132	②・④		
26	⑤	56	①・④			103	②	133	①・④		
27	④	57	①・②			104	②	134	④・⑤		
28	⑤	58	③・④			105	⑤	135	③・⑤		
29	②	59	③			106	④	136	③		
30	③	60	③			107	④	137	③		

2022年7月試験　解答一覧

	午前						午後				
1	③	31	①	61	⑤	78	②	108	②	138	③
2	⑤	32	②	62	①	79	③	109	⑤	139	①
3	④	33	③	63	③	80	①	110	②	140	①
4	②	34	③	64	④	81	①	111	⑤	141	④
5	①	35	①	65	⑤	82	③	112	②	142	③
6	⑤	36	③	66	③	83	①	113	①	143	①
7	③	37	④	67	③	84	⑤	114	④	144	④
8	⑤	38	③	68	⑤	85	④	115	①	145	⑤
9	④	39	④	69	⑤	86	⑤	116	③	146	④
10	④	40	③	70	⑤	87	⑤	117	①	147	④
11	①	41	④	71	⑤	88	④	118	③	148	⑤
12	③	42	②	72	⑤	89	②	119	①	149	②
13	④	43	②	73	④	90	④	120	②	150	③
14	②	44	④	74	③	91	②	121	④	151	②
15	⑤	45	②	75	④	92	③	122	④	152	②
16	④	46	③	76	④	93	④	123	③	153	③
17	④	47	③	77	①・③	94	①	124	③	154	②・③
18	②	48	③			95	⑤	125	②・③		
19	③	49	③			96	③	126	①・④		
20	②	50	②			97	③	127	①・②		
21	⑤	51	④・⑤			98	②	128	②・③		
22	②	52	①・⑤			99	③	129	③・⑤		
23	②	53	②・③			100	②	130	②・③		
24	④	54	③・⑤			101	⑤	131	①・④		
25	①	55	③・④			102	④	132	④・⑤		
26	④	56	③・⑤			103	⑤	133	④・⑤		
27	①	57	①・⑤			104	①	134	③・⑤		
28	⑤	58	③・④			105	②	135	③・⑤		
29	なし	59	②			106	④	136	①		
30	②	60	⑤			107	①	137	④		

著者紹介

編著

IPSA心理学大学院予備校

公認心理師・臨床心理士の大学院入試対策や、公認心理師資格試験対策の予備校。東京と大阪、また通信講座の形で各種の対策講座を提供している。大阪校にはカウンセリングオフィス（MEDI心理カウンセリング大阪、関連会社である一般社団法人国際心理支援協会による）が併設され、東京にもカウンセリングオフィス（MEDI心理カウンセリング東京）がある。

●共著者

浅井伸彦、伊藤之彦、小山秀之、大浦真一、若井貴史

●協力

田代千夏、乾忠之、金井佑実子、大久保純、長内綾子、山路美波、上安涼子、松岡貴子、竹田達生、田上貢、室屋賢士、可児美緒、中山かおり、福原佑佳子、大武陽一、小山拓哉

本書専用サポートページURL

https://www.shuwasystem.co.jp/
book/9784798069197.html

過去問3回分＋実力養成用科目別練習問題

公認心理師試験対策 2023年版
（CBT付き）

発行日	2023年1月10日	第1版第1刷

編　著　IPSA心理学大学院予備校

発行者　斉藤　和邦
発行所　株式会社　秀和システム
　　　　〒135-0016
　　　　東京都江東区東陽2−4−2　新宮ビル2F
　　　　Tel 03-6264-3105（販売）Fax 03-6264-3094
印刷所　日経印刷株式会社　　　　　　　Printed in Japan

ISBN978-4-7980-6919-7 C3011